U0516438

总 主 编 李红权 朱 宪
本卷主编 朱 宪 李红权

近代蒙古文献大系

见 闻 卷

◇ 第 三 册 ◇

中华书局

目 录

昭君墓

——西行书简

西谛 撰

早晨刚给你一信，现在又要给你写信了。

上午九时半早餐后，出发游昭君墓。墓在绥远城南二十里。希白、雷小姐他们都骑马去。我因为没有骑过马，只好坐轿车。车很干净，三面皆为黑色的纱窗，但道路崎岖不平，车轴又无弹簧，身体颠播得利害。双手紧握着车窗或车门，不敢一刻疏忽。一疏忽，不是头被撞痛，便是手臂或腿部嘭的一声被撞在车门上。有时，猛的一撞，心胆俱裂，百骸若散。好在车轮很高，相距亦阔，还不至演出覆车的危险。有马队四人，带了手提机关枪，来保护我们：因为前日城内出过抢案。骡夫走得很慢，骑马的人不时的休息下来等着我们。十时三刻，才到小黑河，水不深，还不到尺。十一时一刻，到民丰渠，浊流湍急，不测深浅，渡河时，人人皆惴惴危惧。一个从者的马匹倒了下去，骑者浑身俱湿。幸渠身不大宽，河水也至多只有两尺多深，大家都不曾再出危险，骡车也安稳的渡过，据说，春时，汽车可达，此时水深，除马及骡车外，无法渡过。十一时三刻，到昭君墓。墓甚高，据说有二十丈，周围数十亩。土色特黑，草色青翠，多半是香蒿，高及人腰，香味极烈。墓前列碑七八座，最古者为道光十一年长白升演所书之"汉明妃冢"及他的碑阴的题诗，次有道光十三年长白珠澜的碑，次有戊申年耆英的碑，此外皆民国时代的新碑。民国十二年立的马福祥的墓碑云："《辽史·地理志》：丰州下则直书曰青冢，即王昭君墓。据此则昭君墓之在丰州，已无疑义。又考清初张文端《使俄行程录》云：归化城南有青冢……冢前石虎双列，白石狮子仅存其一，光莹精工，必中国所制，以赐明妃者也。又有绿琉璃瓦砾狼籍，似享殿遗址。"民国十九年冯曦的一碑，最为重要：

> 岁庚午，清明后十日，海础李公召集军政各长，议定植树冢右。始掘土，获梵文经卷，随风湮灭；既而石虎、木柱现，而零星璃瓦、碧苔叠篆，犹不可更仆数，知古人于冢〈右〉实有［右］大招提在。

冯氏所推测的大致很对。张氏所云"享殿遗址"，必是大招提的遗址无疑。"中国所制，以赐明妃者也"，语尤无根。惟清初已破败至此，则此遗址至晚必为辽金时代的遗物。惜未获碑文，无从断定。但此冢孤耸于平原上，势颇险峻，如果不是古代一个瞭望台，则也许是一个古墓。至于是否昭君之墓，则不可知了，他日也许能够发掘一次以定之。此望台或古墓的时代当较右有的庙宇为古。石虎一只，今尚倒在田陇间，极粗朴，似非名贵之物。昭君墓，包头附近尚有一座（闻西陲更有一座）。依常理推之，汉时绥、归，尚为中土，明妃决不会葬在这个地方的。但青冢之说，唐人的《王昭君变文》里已提及之，有"青冢寂辽，多经岁月"的话。元人马致远有"沉黑水明妃青冢恨，破幽梦孤雁汉宫秋"一剧，黑水、青冢，皆见于此。冢南的大黑河殆即所谓黑水（《元曲选》说白中，指黑水为黑龙江，万无是理），其后明人的《和戎记》、《青冢记》诸传奇也都坐实青冢之说。究竟有此富于诗意的古址，留人凭吊，也殊不恶。休息了一会，即登冢上。仅有小路，沿山边而上，宽仅容足，一边即为壁立数丈的空际。"一失足成千古恨"，走时很小心。半山有极小的大仙祠一所。据说，中为一洞，甚深，从前游人们常从大仙借碗及水喝，今已不能借到了。闻之，为之一笑。冢上白土披离，似为雨冲刷的结果，仅有此方丈之地不生草。四边仍为黑土及绿草。南望，即大黑河，今已枯浅；北望大青山脉，绵延不断，为归绥的天然屏障；西北方即归绥的新旧城所在。太阳光很猛烈。徘徊了一会，方下山。在碑阴喝水，吃轻便的午饭。我先坐骡车走。骡夫说："青冢一日有三变：一变似馒头，再变为盖碗。"第三变则他已忘记了。骡夫为一老头儿，他说："现年五十六岁，十余岁时已业此，至今已四十余年了。"他慨叹的道："前清的生意好做，民国时是远不如前了。洋车抢了不少生意去。"他似对一切新事物都抱不愤。有自行车经过，骡为所惊，他便咒诅不已。他又说："这车已经三天不开张了。"我问他："是你自己的车么？"他说："不，我替人赶的，买卖实在不好做。每月薪水二元，吃东家的。有时，客人们赐个一毛五分的。东家一天得费五毛钱养车，净赔，卖了也没人要。从前有七八百辆，如今只存二百九十多辆了。"他脸上满是烟容。我问他："你吃烟么？"他点点头。"一个月两块钱的工钱，如何够吃烟？"他道："对付着来。"

骡车在入城的道上，因骡惊，踢翻了一个水果担子。他道："不要紧，我赔，我赔。"结果赔了一毛钱。他似毫不容心的，还是笑着，水果贩子还要不依。我阻止了他。骡夫却始〈终〉从容而迂缓，若不动心的。等到回到公医院，我给了三毛钱的赏钱。

"是给我的么？"他有点惊诧。

"给你做赏钱。"

他现了笑容，谢了又谢，显出感激的样子。

这可爱的人呀！世事在他看来，是怎样简朴而无容思虑。

回望昭君墓，仅见如三角台形似的一堆绿色土阜。同行的王副官说，这青冢，冬天草枯时，也并不显出土色，远望仍是青的。

　　这一天实在是太辛苦了。为了这末一个土阜或古墓，实在不值得写这封信。但又不能不对你诉苦。双腿为了支配的不得当，或盘膝，或伸直，直被颠播得走路都抬不起来，软软的好像大病方愈。

　　最后，还有一件事要说。到昭君墓去的途中，见有不少德政碑。又有禧神庙一所，在路右，已破烂不堪，为乞丐们所占据。然在门外望之，神像虽已不存，而两壁的壁画颇佳，皆清代衣冠，作迎亲送亲的喜祥之进行队，是壁画中所仅见者。

八月十六日下午六时发

《水星》（月刊）

北平文化书局

1934 年 1 卷 1、2 期

（张敬钰　整理）

百灵庙参加蒙古自治政委会成立记

蒙古大妞　撰

　　蒙古在元初时代，一切政令均决于库里尔大会。自世祖以后，库里尔会遂失其效能，统归于独裁。不意至六百年后的今日复有蒙古地方自治委员会的设立，使数百年散漫毫无系统的旗、群、部落复归于库里尔的局面。蒙古肇兴于会议制度（库里尔），灭亡于独裁，所以这一次会议制的实现，是元初的库里尔，或是迎神赛社的庙会呢？这真是值〈得〉我们十分注意的一件事哩。记者为明了真像，参加库里尔盛典起见，于四月十六晚间由南京搭车北上，同行者有白委员云梯、克委员兴额、伊委员德钦，白、克两委员均为革命先进，内外知名之士，无须记者介绍。伊委员系日本士官学校毕业，与前东北之杨宇霆同期，学术渊博，兼通蒙汉两种语言，书法挺拔，严整如峭壁，为蒙古学者之冠。案头常置自制一联，曰"事事岂能尽如人意，件件但求无愧我心"，可以想见其人矣。十八日晨间，车抵天津站，偏偏遇见我最讨厌的荷抢〔枪〕实弹、红帽箍的日本丘八，雄纠纠的强占座位。我曾看见土匪入民宅的时间，常常有这种情形，除此以外就是日本大兵。我希望蒋总司令赶快平定"赣匪"，用"剿共"的方法来打跑我最讨厌的它才痛快哩！

　　十九日午刻很忙迫的把行李运到平绥车上，好在是专车，不用另找座位。停了一刻过南口，穿隧道，望见詹天佑先生的铜像，巍然立在车站右边，两只慈祥的眼睛直直的望着铁轨，现出很不放心的神气。先生安静些吧，这铁轨和隧道都是很牢固的。车窗探出来的头颅，全在钦佩先生的伟大哩。过青龙桥以后，铁路两边有很多土城的痕迹，据说，这都是明代与蒙古作战屯兵的旧址，土木车站就是明英宗被掳的所在。回想王振因一时的私念，竟使元首蒙尘。咳！九一八辽宁车站的事变，又是谁的私念呢？暴子青先生说，前面就是宣化府，戏剧上鸡鸣驿就在这里。北边形如峭壁的山峰上面许多半圮〔圮〕的墙垣，据说都是九花娘的大寨，寨门在山的后面，形成天险。假设有这件事，在没有枪炮的时代，真不易剿除哩。晚间抵张垣，适察哈尔呢、贡二委员整装登车，预备参加大会，不期而遇，自然痛快非常。兹将相见后的几句话写在后面。

"杨猴小怎么样？"陶良五问。

"听说被绥远军赶出百灵庙左近，现在宝昌一带。"呢委员答。

"何委员长应钦对于指导长官怎样表示？"呢委员问。

"已允考虑，并派何竞武委员代表一同赴百灵庙参加成立大会。"白委员答。

"吾们可以到何委员（竞武）那边谈谈吧。"呢委员说。

时间已经十一点多钟，记者因困的关系，以下的谈话并无参加。二十日下午远远望见白塔，在铁路的南边约十余里。据说塔内有《金刚经》一部，甚为珍贵。三时抵绥远站，绥省府预为欢迎，驻绥远饭店。委员们会见以后照例是应酬、宴会，这是吾们贵国官场照例的文章，自然忙个不了喽。

二十一日各委员会商百灵庙大会问题，咸谓开会时间已迫（廿三日），中央监誓大员黄绍雄氏届时决难赶到，公推白云梯委员致电中央，请指定何委员（竞武）代表中央监誓。午后得了回示，准如所请，于是大家赶办途中用品，预备起程。二十二日各委员及随员乘了何委员长代备的汽车，乘风北发。道经蜈蚣坝，曲折盘旋，险阻异常。坝下刻壁有"化险为夷"四字，如斗大，传为吉鸿昌驻绥时所修，可谓造福生民不浅。武川以北完全入了蒙古草地，一望千里，除去有数的牛群马群点缀以外，就是大批的黄羊，时来凑趣。在风沙的阴霾中发现三个蒙古包，远在天边，可望而不可即。人云草地没有土匪，诚然，假设没有引路的向导，就是飞机也会失踪的。吴子玉曾说以十万兵可以平定蒙古，这不过是一时的快论罢了，距实事尚远。身临其境者，当深讳〔諿〕斯言。下午五时抵百灵庙，庙在环山中，外绕清流，殿舍约千余间，均呈红色。山巅积有鄂博，庙周围列以佛塔，形势甚壮。欢迎者僧俗各半，顶翎补服者亦复不少。当由秘书处招待，一切尚称周到。据传元太祖成吉斯汗曾驻军于此，因地势险阻，呼为"巴图哈喇嘎"，谓其坚固也。清初噶尔丹之役，乾隆帝复驻跸于此，因兴修为庙，赐名广福寺。蒙人因地名庙，称巴图庙，书者遂误巴图为白岭。及民国九年，庙焚于匪，经云王重修，书之者复疑白岭为贝勒。自蒙古自治运动勃兴，始有百灵庙之称号，盖始于德王等弟〔第〕一次之通电也。地以人名，良然。

二十三日蒙古自治政务委员会开成立会，以大庙之前殿为会场。各墙壁，满贴标语，或蒙或汉，琳琅满目，如"蒙古自治是御侮图存的"，"蒙古自治要从下层作起"，"欢迎中央监誓大员何竞武先生"，"拥获〔护〕中央实现蒙古自治"，等等。门前高悬"蒙古地方自治政务委员会成立大会"横额及党、国旗，正廊分悬何委员长（应钦）所赠黄缎走穗黑绒楷书"固我边疆"，及黄绍雄部长、何竞武委员红色"导化蒙民"等匾额。殿中摆设座位甚夥，中悬孙总理及成吉〈斯〉汗遗像，严肃静穆，甚为隆重。是日本拟十二时举行大会，嗣闻德王、郭王等行将继至，遂延至下午五时始行开会。云、德、郭诸王公贝勒，各代表，各来宾，约三百余人。由班禅卫队作军乐。包维翰先生赞礼，何委员（竞武）训词，略谓："兄弟今天代表何委员长，奉中央及国民政府林主席，行政院汪院长的电示，来监誓各委员就职，并参加大会成立，深以为幸。不过觉得，蒙古自治的问题，今后待办之事正多，各位委员的责任非常重大，并不是今天就了职，就算蒙古自治成功；应当更深切的继续三民主义的精神，遵照国家的法令，并顺应蒙古民众的需要，来达到自治的目的。我们知道蒙古的一切都很落后，而现在最紧要的是教育、文化、经济、实业四种。我们应当马上建设起来，解除一般蒙古民〈众〉的痛苦，巩固我们的国防。并希望上下一致，精神团结，恢宏成吉斯汗①过去的雄风。"蒙古自治政委会委员长云王答词谓：

"云端旺楚克以衰朽残年，荷蒙党国裁〔栽〕培，并授以地方自治重任，又蒙中央派何委员监督指导，本人于惭愧之余，谨以至诚，接受训诲之意，今后更当遵奉接受总理遗教，努力于建设事业，并恳何大员将蒙古民众倾向中央之至意，代呈中央，请中央始终贯彻扶助蒙古自治。此云端旺楚克之所最盼祷，亦蒙古数百万民众之征〔微〕忱。云端旺楚克倘有隅越之处，尚希贵大员开诚指导，是幸！是幸！"

元太祖成吉斯汗遗像

嗣各委员举手宣誓，大会告成。其到会各委员及代表姓名以及各委员就职通电，俱见本刊专载栏，兹不复记。

记者按此次百灵庙大会在荒烟广漠之中，能够作到这种地步，

---

　　① 后文又作"成吉思汗"。——整理者注

实属非易。云王年事虽高，而精神矍铄，作事切重实际。德王英姿飒爽，勇毅沉着，对一切政治问题，独具特见，且勤苦自持，好学不倦，尤为难能可贵。青年中胡克拔都尔、乌勒吉图、陈国藩、白景窸、吴国璋、赵汇川均为一时之选。诚能戮力同心，实现七项运动，则荒凉野草，未始不可以变作灿烂的金城。事在人为，姑志之以待将来。

四月十六日的平浦快车，拉着留京两个多月的我，又向那百灵庙方面，作第二次的住娘家去了。由车轮的推动，连想到那禁不住的"日""月"双轮，也在朝着那未来的宇宙推进历史的机轮。只看到大部分的人群，在那黑暗专制势力的底下，争斗着要摆脱出来，以求得到他们的自由平等，尤其是近世纪的我们蒙古人，我坐在车中这样的想着。

十七日午，车过济南站，有数新闻记者，上车来探取新闻。待了一会儿，就与那气派雄壮的所在离开，继续着前进了。在那车窗前，望着山坡上的青树丛丛，麦苗绿绿，又加上中吃的西餐，毕竟是写意得多。晚间与同伴们谈了些蒙古自治的问题，吃了三个山东的大苹果。

十八日早五点，车抵天津老龙头，有东邻小鬼送太太上车，并有他们红帽箍、荷枪实弹的丘八十六位，凶纠纠的如入无人之境，强占去了东边四个房间。八点车抵北平前门站，有蒙藏会驻平办事处及蒙古旅平同乡李凤冈、恩克巴图、白振远等三十七人，来欢迎新任蒙古政委会委员白云梯、克兴额等。下午同伴中有去准备途中应用物品者，有去见军委会何委员长促就蒙古自治指导长官职者，倒很忙碌而热闹。

十九日午刻，乘何委员长给预备的一八零一号专车，在那各方面人员到站欢送克、白两委员，与何委员代表何竞武氏的声中，离开了平绥路西直门站，经南口、康庄，及宣化府附近的清乾康间塞北大女盗九花娘的山寨。晚上到了张家口，在站遇察哈尔新任蒙政委员尼、贡二氏，谈后同车西去。

二十日下午三时，车抵绥远城，又于绥省当局欢迎人员，及乐队悠洋〔扬〕声中，与那些委员或代表们一同进城，住在绥远饭店，并筹备些途中用品。

二十一日，应绥远推进盟旗党务委员贺、经、任三委员的欢宴，并谈些蒙古自治问题。晚间听说克、白二委员，因为时间关系，就给南京中央打了一个电报，请指定军何的代表何竞武氏，就近代表中央为蒙政会各委员就职监誓，中央当时就分别覆电，准如所请，令饬知照了。

二十二日早八点，又乘了何委员长代备的大汽车三辆、卫队车两辆，经北沙梁、蜈蚣坝，午抵距绥远城九十公里的武川县城。在那城的南门外电杆上，见到木笼内挂着人头四个，据说是当地驻军前些日子剿获的土匪杨猴小部，用以枭首示众的。车进城后，驻军长官及县长们都来欢迎并招待。下午二时过了土默特旗的边界，到了召河、鸿记，就入了乌兰察布盟的境界了。这时候西北风大作，飞沙走石，车鸣如雷，北望阴山，苍茫无垠。那种荒凉凄苦的情形，非是身历其境的人是不知道的。时过四点，风沙已息，又在那"漫山牛羊成异色，几点帷幕乐天年"的当中，到了百灵庙的南山之巅了。举首望处，见有红色的喇嘛，灰色的军队，黑色的骆驼……分布在现着红白色的大庙前，展旗鸣金，在预备欢迎了。总计由绥远到百灵庙约有四百二十公里。

二十三日下午二点，锡林果勒盟东苏尼特旗的郭尔卓尔扎布郡王，乘汽车带同随员数人到庙。据说，德王约于六时即可抵庙。同时陕〔山〕西的绥靖主任阎锡山来电，说是赠给蒙政会汽车乙辆，机关枪、迫击炮各两挺，以资祝贺。可是今天是大会成立之日，大家很希望，除去青海的四个委员外，其余各地委员都赶到才好，这次全体委员参加成立会的情形是这样（参加委员名单见本刊本期专载栏）。

此外关于宣传方面，还有红红绿绿的几种蒙汉文标语，如"蒙古自治是御侮图存救国"，"蒙古自治要大家一齐总动员"，"欢迎中央监誓大员何竞武先生"，"拥护中央实现蒙古自治"，"蒙古自治要从下层作起"，"蒙古自治万岁"，"中华民国万岁"。全场正中左右高悬元太祖成吉思汗及孙总理遗像，前挂北平军分会何委员长应钦所赠"固我边疆"黄缎黑绒楷体匾额一方，左右分悬黄绍雄、何竞武二氏所赠红色"导化蒙民"等匾两方。门外高张党、国旗，中悬"蒙古地方自治政务委员会成立大会"白色横额一幅。时届下午五时十分，各盟旗王公代表及札萨克官员等四十余人，先在后边大殿中，恭祭成吉思汉先灵，再至会场与那与会的三百多人摄影后，开始举行宣誓就职典礼。中央监誓大员何竞武，于各委员代表及来宾等顺序入场后，很肃穆的进退着，到了赞礼员唱着秩单的时候，就训示了这么一段话（见前篇《百灵庙参加蒙古自治政委会成立记》）。训词甫毕，掌声拍拍的雷动了一响，接着就是蒙政会委员长云端旺楚克氏，来了这么一段答词（见前篇）。于是闹了年余的蒙古自治问题，就在这乐声洋洋中告一段落了。

《新蒙古月刊》

北平新蒙古月刊社

1934 年 1 卷 5 期

（李红权　整理）

满蒙游记

陈华　译

一　洮南城

广漠无边之沙漠中，有榆树一株，此树究为何人所植，何时繁茂，今已无人能言，特就其形状观之，为一经过相当年月之老树无疑也，当地之蒙古人或华人，亦不能考查其究竟。旷野旅行之人，行至该地，必以此树为目标，并在树下休憩。逐水草而居之游牧蒙民或旅行沙漠之商贾，常以此大榆树下为市场，实行交易（物物交换）。每当夕阳西下、暮云优美之际，即有数百鹊鸟，群集树上，守度此神秘的沙漠之夜，亦有呼此地为"萨鸡街茅土"者，即蒙语"鹊树"之意。东蒙都市之洮南，实借此而发达者。——以上系某书所载，当忆及此事时，缓慢摇曳之蒙古马车，已仅距驿站一里许矣。

以蒙蒙风沙、一抹灰白色的大沙漠为背景，有一周围二十华里之城郭在焉，即洮南城是也。

余弃车步行，此时虽当春季，北风仍寒，故尚衣外套。城头为形成凹字形之垛口，仰观东大门，高约三间（间，日本长度名，每间约合六尺，译者注），以黑色砖砌成。左右城墙均贴有宣传标语，城门上额，书"启文门"三字。入城见衣黄色制服之警察及灰色制服之兵士甚多。以前据闻该地街市齐整，与其他北方城市之繁华通衢相当，并有洋式建筑，及百货商店式之营业，如此，度当推为东蒙古一大都市。今足迹至此，乃知殊未尽然，全市均为穹窿式之驴背屋顶。人口约为一万，中有日人一千（朝鲜籍者占十分之九），距繁荣之期尚远，不过次第进步，亦未始不可追及西方沙漠之都市也。

最后有述及必要者，为该地之名胜与出产，前者有满铁事务所、清真寺、如塔高耸之回教教堂、清真女学校、电灯厂、小西门外之风景等。后者以甘草、兽皮、马乳酪等为大宗，尤以甘草为著，质量均优。

二　郑家屯

由满铁"四平街"向西分歧，经八七·九粁铁路连郑家屯，别名辽源，为由满洲达蒙古之咽喉要路。四洮线由此处北上直驱洮南，支线郑通线则远联通辽。此处于前清同治年间，已实行开垦，属于内蒙古达尔罕王族〔旗〕温都鲁群〔郡〕王旗治下，为郑姓村庄。同治十年归昌图府康平县管辖，光绪廿七年改辽源州，民国二年始易今制——辽源县。日本在此方面之势力，自宣统二年获得辽河航行权后，进展甚速。其繁荣情形，特于大正六年建筑四郑线终端车站时，为黄金时代。自四洮路本支线敷设以来，渐呈衰颓之象，然仍不失为蒙古要隘。该处为日本领事分馆、满铁分所、道尹及县长公署、地方审判检查厅、日本宪兵队，又守备队等所在地。人口达六万之多，依然保持东蒙主要都市面目。辽河、西拉木伦流域附近一带，地味肥沃，为南部满洲所稀见，农产以高粱、大豆、杂谷为大宗。又有由蒙古中部输入之皮革、石碱、牛马等物，市况颇形活动。以言风景，则街市东北十华里之处，有勃波儿山，晚春之际，更有桃李、杨柳点缀其间，为温都鲁王府墓地。再街市迤西六华里之处有鄂博山，蒙古称为"蒙古儿陀罗海"（按即蒙古的头脑之意），古名奚王岭，《金史》所载宗干奚王相约会议，即在此处。此山为达尔罕王旗与博王旗之分界岭。

余在此处待车，太平时间，费于城内游览及食事，各处胜迹，未暇玩赏。适有某军一队为日军解除武装，土囊、铁钢〔网〕及车站警戒种种布置，尚未完全去除，当时余亦为此次开赴通辽列车中之一人。

三　郑通沿线

郑通线自郑家屯至通辽，长一一三·七粁。沿线经过蒙古地带，由车窗瞰眺，可偏〔遍〕望蒙古风物。铁路除此而外，当推四洮线，其余均不能达此目的。白布至大罕间，荒芜漠漠〔漠漠〕，为尚未开发之蒙地。四平街至郑家屯，距离八七·九粁，其间附近地带与满洲大平原相同。此地早已允许汉人移居开垦，由于彼等之努力勤勉，今已完全耕地化，其一种悠久的田园风景，可于车窗眺望中得之。眼界离郑家屯以后，无论无树木、无河川、无道路，抑且渺无人烟。吾人只见灰色大漠与青碧天空，当列车轰轰前进中，卷带黄沙之蒙古风，不时袭来，一种凄壮意味，使人不禁发生返回神秘的原始时代之感焉！

实际上研究蒙古者，尤以有志努力蒙古事业之人，必须先体验此伟大荒原的威力，并经过大沙漠可惊的流沙洗礼之后，庶几乎其可。

清朝建国时，对于蒙古领土，曾有绝不侵略之声明，亦不许汉人有所有权。惟时代推移，其接壤肥沃之地带，渐为汉人所有，而形成汉人之居留地，并要求蒙王开放，是即所谓“放荒地”之由来。凡此开放之荒地，经汉人经营，已全成耕作田，每年均有大批谷类收获。其仍属于蒙古旗下未经开放之地，如前述之荒原，依然旧观，其不肯努力，于此可见。

至白市地方，火车停止，群众皆集于车站东方，此处之村落，即汉人自然侵入者，为开放地之先端。“白市”云者，即蒙古语“华人家屋”之意。

由郑家屯至白市之铁路，长为七·七粁，次站巴西，其间势如直线，火车通过沙丘荒原之中，除两旁架线之电杆来去匆匆外，一无所见。迨对方地平线发现有水槽尖端时，须臾，孤立之车站，亦浮现眼帘矣。

离开欧里将近开达时，渐于路线两旁发现水田，草亦颇繁，并时见水禽飞翔，盖已至开放地带，气象为之一变，耕作之田，接续不断。

每站均有警备兵士迎送。过开达、罕大，次站为大林，自此站起，换蒙兵担任警备，乃得与余所期待之蒙古兵士接触。余预想中或如衣蓝色襟章之日本航空兵，表现其慓悍态度，然而事实上幸不如此。大林北方，辽河北岸有乎尔根庙，周围二华里，中有五百喇嘛。地下开有地洞，有名之达尔罕王祖坟墓在焉。南方之卧牛山，形同卧牛脊背，蒙名“伊克图虎儿吉”（大牛之意），与大罕〔罕大〕南方之小牛头山等山，共称曰蒙古七山。所有内蒙旧迹之游玩，原为旅行计划中之一，无如时间已迟，且侦知距离次站钱家店尚有三十华里之遥，不得已，只有待诸异日而已。出大林后，夕暮张开，大蒙古平原，形如绘画。夕阳没于彼方沙丘，映出牧童追逐群羊之影，不啻寓目之诗，其如无歌何？

余凭依车窗，先时遭受凄惨风沙，今则眺望和平夕景，细思之，人间自身之姿态，亦不过作如是观而已！

四　蒙古军

至钱家店车站，迎余者为是枝大尉，为一二十一岁之满洲青年军官，据谓余所寻之目的人最高顾问某某少佐，已去热河。当请余先［生］至顾问部，并命部下备蒙古马二头。

大尉率一小队蒙古骑兵在先，余后随之，张日本国旗，蒙军于此风吹流沙之夕暮前进，殊有英勇气概，前望暮云模糊之钱家店，雄心油然而生，同时，并忆及马踏欧亚两洲盖世英雄之成吉思汗，仰观星斗，中心茫然。北行约十五分钟入钱家店部落，时天色已晚，门均关闭，无何，走出街外，部队于望楼右手之处，停止前进。余观前方有步哨姿态者出现，并揭有白旗，乃知非司令部即顾问部，大尉对于部队训话后，整饬前进，距兵营约有一五〇〇米之遥。至时，守卫兵士举枪致敬，入门后直赴食堂兼会议室，布置颇简。

余当谓君等远离故乡，为国为民，日夜担任危险的第一线警备，实应致钦敬与感谢之意，同军参谋星垣少佐与少年队长加藤少佐不待是枝大尉之介绍，即邀余入浴室，以示出面欢迎之意。实际上旅行者，尤其旅行满蒙者，莫不希望沐浴。浴后同进高粱饭，食毕炉火正炽，相围共话，所谈者为关于以下种〈种〉问题：匪贼、事变当时、建国、蒙古独立青年党、中国革命、杠井清助大佐及磐井少佐之事，又攻取热河等等。就寝时已近半夜矣。

朦胧间不知何时，似闻有冲破半夜寂寞之枪声，又蒙犬吠声，余急起，侧耳细听，一秒、十秒，至于二十秒，但闻寝于两旁之李少尉与丫君平静声音，犬吠既止，枪声亦不复闻矣。余再就寝，时血色弦月高悬，大地被吞没于夜雾之中。

次晨起床洗面后，彼等引其爱马，请余骑乘，余因来蒙，曾预习乘马，此马一似能解余意者。朝食罢，同赴兵营，即内蒙要地营房，大部分兵士已向热河出动，一部分少年队留此，担任附近一带警备事务。

关于兵员及其他诸事，无发表自由，阅者当可见谅。惟蒙古独立青年党与蒙古少年队，殊值得吾人注意。

因一度失败之东北军，复又集合，有待日军南下而袭取通辽之势，警备军得此情报，即由钱家店出发，担任此种堤〔提〕防任务。

是时已当二月天气，清晨气候甚寒，风亦猛烈，午后更甚。将至西拉木伦河时，忽降大雪，雪叶纷飞，咫尺不辨人物。冒雪由冰上渡行，实亦壮举。前方部队过处，冰被踏碎，后队有车一辆，透入河内，幸水不甚深，所载什物，得无损失。车辆二分之一以上夹入水中，虽以三匹马力拖曳，终未能出。旋将车上物件卸完，群视后部，兵士如何处置，当时无一人下水，仿佛等待命令。忽闻有人高呼"余愿入河"，旋有一勇士出现，一似不得已不能不自动出头者。加藤少佐谓："这不是平素成绩优良的达拉伊（人名）么?"并谓"彼年不过十二，一人下水恐无济于事"，但除额首外未出命令。少年环顾同事谓："仅我一人么?"有二人应声脱去羊皮外套下水，盖亦少年兵，于是三人共入河内。北风严寒，触休如割，脚踏冰片及河水，其冷可知。三人拖曳车辆，与冰之抵抗力顽强扎挣，彼等手脚鲜红如血。余者至此亦自动由马背降下，脱去长靴，下水协力相帮，然后车始得出。"万事均须协力，此不过其中之一耳。"少佐语毕感慨无限，余闻之，亦动深思。

现在蒙古少年兵约有一百五十名，分为玄武、白虎……等四班，由上述加藤少佐及是枝大尉主持训育之事。

五　白音太来

普通称此地为通辽，为郑通线终端车站，亦即打通线（打虎山——通辽）终端车站。

此地系民国元年开垦，三年变为开放地，七年颁布县治。今因位置兴安省中，故改为特别区而隶属于奉天省治下，此应注意者也。城内东西五华里，南北三华里，围以高六尺余之土壁。人口约三万五千，因上述两铁路线完成，郑家屯之繁弃〔荣〕，为之夺来，故近来发展极速。附近一带之耕地，在内蒙古颇为著名，且为由开鲁、古城、林西等处远赴阴山地方蒙古各旗之入口处，自地理上观之，亦不失为对蒙贸易要地，其具有发展的可能性，自无待论。

以言名胜，迄北二里在漫塔城北有"敖宝"土岗，西方七十华里之处，有著名之蒙古喇嘛活佛居处之莫林庙。前者于就〔旧〕历每年正月及冬至节以羊猪为牺牲，据闻系祭祖之地。后者于旧历四月十八日及七月十五日，土人召集香火会，以祀古佛。

六　蒙古苞

一望千里，均为逐水草而居之游牧的蒙古人家，所谓"蒙古苞"，果何意耶？

诸君由照像或画片上观之，最先得到之印象，即露天宿幕式之屋顶特别较多。此种房屋，在土俗学上或建筑学上严格研究，谓为自中央亚细亚其尔基斯起，横断亚细亚大陆，均系此种同样构造之房屋固属不当，然彼从事游牧之蒙古人，以此种房屋为最适宜，是可断言者也。

　　兹简单的将其工事说明于下。先在中央立一七八尺高之木柱，次于周围相当之处，筑造接幕设备，然后以木柱为中心张以毛幕或毛帐，长一丈至二丈，厚约三四分，为羊毛所制，即毛毡是也。幕内并板为床，上铺绒毯或羊毛毡，如此而已。虽因目的小有差异，而具有多少个固定形式意味，时时添设装置，然大部分以移动形式者为主，拆解或构成均极简便，仅需时二十分钟，将家中资财载于车上，即可向牧草繁盛地方移住。

　　如寻得适当场所，恒集三家五家为一团，以每家所有之车——五六辆至十数辆——罗列周围，排成圆阵，然后各家在此围中，各自建造家屋，亦即所谓"苞"。此外并有家畜围场，作燃料用之牛粪场，水桶位置等设备。

　　次言苞之内部，家中重要财物，悉藏置苞内。中央置以方炉，烧炉之正面为主人，左为宾客，右为妻女儿仆之坐位，其实用化、合理化为何如也？

　　然自所谓近代的淑媛绅士眼中观之，必指为野蛮的悲惨的生活，而出以讥笑卑视态度，不知当局者心平气和，正感觉无限满足与幸福，是亦世中一不可思议之事。彼等虽无跳舞游戏，然有巴库达（一种博弈）可以消遣，饮羊乳酒，在燃烧牛粪之炉旁，嗅原始的香气，亦殊写意。虽无戏剧、电影可观，但一出苞外，伟大崇严的自然即富有诗的及音乐的意味。万一遭遇贼匪或狼群，彼等自身将变为剧中主人云。吾人试一踏入此广漠无限之大地，仰观苍碧天空，当必发生快感。自微末问题所引起之不纯洁的恶意，终不能遮掩爱好大自然之天真烂漫的心情也。

　　事变以来，日本国民对于"满蒙"，在头脑中发生力量者，有几多人来此以达金钱或职业上之目的，结果，率皆染成听天由命之习惯，因此为满蒙四千年来之传统思想故也。不知不努力于农产发展，仅彷徨享乐于哈尔宾〔滨〕都市，足底决不能踏着沙金之粒也。关于此点首应明了，不过一般日人若谓其对于满蒙认识不足，必招彼不快之感。欧洲及其他白色人种，遇有如表现其"认识"将致不利场合，彼必装作认识不足，此为一般白人之态度。日人则不然，不问情形如何，不知之事，故作知晓。例如满蒙移民问题，一面提倡极力，一面终觉满蒙地方不适于居处。余上述种种调查及态度，或有人认为由于国家公费派出调查，乃作此种报告，未免失礼，听君之言，不过新京或奉天车站旅馆中之女仆一类闲谈耳。如此，前途希望，诚不免贻中国谚语所谓"百年清河"之讥也。

　　顾余对人并无任何私怨，亦断不以恶言忤人为快，特今为非常时期，不能徒尚议论。尤须离开都市，走向各路沿线，与彼等之土地、风俗、习惯及生活切实接近，然后始能深入三千万人民之心腹。预想亚细亚之将来，而意识到帝国国策意义，所谓"非常时的日本"，则上述之意，自易明了。余以拙文介绍蒙古，亦即因此。

七　蒙古旅行种种

　　今将旅蒙应注意事项，略述于下，以为初次旅行蒙古者之参考。

　　道路　北自海拉尔，南自四平街均可，但现在入蒙道路已多至六处。

　　季节　除两期（七月至八月）外，一年中天气均称良好，尤以晚春为佳。在两期之内，虽无河流，因水泽地方颇多，故非全然不能降雨。

　　防寒用具　冬季气候严寒，固无待论，即当夏季之时，因夜间温度低下，气候亦颇寒冷，如无北欧妇人出嫁用之大皮衣，应备置蒙人之所着之毛皮织物，价廉质坚，可以代用寝具。大抵在交通起点之处，即须着冬季靴帽。

粮食　与吾人相同之食物有大酱、盐、砂糖、冰糖、咸菜、葱、白米、面粉等物。倘喜食豚鱼等类肉食，仅食蒙人所食之羊肉不能满足者，可携带鱼肉罐头，以备佐餐。

娱乐品　日人既无人照料，日处异国环境中，难免有被雄大的自然压迫之感，如进入无声无嗅之死的世界，精神上发生变化，故可仿效白种人办法，携带多少娱乐品。

药品　日用药品之携带与否，可视自己之需要如何而定。不过蒙人见我携带要〔药〕品，必定索要，与之，可以增加亲密程度。

赠物　如深入蒙古内地，需要借宿时，大抵赠以礼物较钱币为尤佳，盖彼等视物品重于金钱故也。倘系官吏，必更重礼仪，其品类大致不外茶、火柴、烟草、蜡烛、药品、钱袋、钟表、洋杯、戒指、铅笔、绘画书籍、玩具等物。

蒙古犬　造访蒙古人，恒被其恶犬扑吠，应一面持鞭防身，一面高喊"那瓦伊，屋基埃！"（即有犬之意），唯主人出来时，切不可用鞭笞犬，因蒙古人大都均甚爱犬故也。

问候家畜　入室时宜置鞭户外，首先问安曰："门得门得！"（即安好之意）然后让座，但不可坐于正面，应谦坐左旁，此为蒙人礼节。饮茶时，关于天气如何一类应酬谈话毕，随即问候其家畜，蒙人与家畜关系之密切，由此可见。

聚餐时各出个人携带之"蒙古刀"（刀箸并收于一鞘之中）及碗等食具，此物概不外借，旅行者可向同伴中通融使用。向导及杂役人夫，以用华人为便，唯与蒙人接触感情上稍欠圆满，是其缺点。对华人问明日天气，恒触其怒，蒙人亦然。蒙人天性与华人不同，且相反之处甚多。蒙古王府时常移动，地址不如庙宇之确实。

译自《满蒙知识》第十卷一、二、三号

《新蒙古月刊》

北平新蒙古月刊社

1934 年 1 卷 6 期

（朱宪　整理）

百灵庙士兵日记

白廷喜　撰

十一月二十一日

　　昨日余在大兴昌代（带）民夫作工，至十二时，张佩换班后，即去三连探望景勇，谈约四小时许，忽有出发消息，余急进城，四连队伍已准备妥，专候命令。开饭毕，即结队出城，全团在北门外集合，七时许，开始向西北前进。余因携子弹过重（子弹、手掷弹及应用之物，约六十余斤），周身流汗，行至四十余里，余腹内痛，头昏眼花，两腿无力，幸有常拴营、刘名道二同志挽余，未落伍。中士又送来仁丹数粒，服后略觉清醒。时至半夜，不知所至之村名。喝茶数碗，吃豆腐二块，并休息片时，余精神渐复原状，连长命余坐车，风吹的甚冷。余穿大皮衣一件，又将杨建时的自制毡鞋（每只四斤）蹬在足下，队伍行的太快，沿途落伍的士兵很多，固然兵贵神速是作战的要诀，可是我们的军队还没练到这种程度。至下午三时许，余因冷下车步行，不料大车走至西路，始终未赶上。余行走甚慢，每与军队或人民相遇，皆注视余所穿之毡鞋，余满不在乎，下午七时至汗海子宿营，距武川一百四十余里。

二十三日

我们的目标就是白林庙，敌人约有四团之多，据说我们军队步、骑、炮共六团，除我们四二一团第三营由该庙东截敌人退路外，其他各部均取包围形势，向前进攻。下午三时半，开来汽车十余辆，即时由汗海子出发。行约二三十里，即成草地，人烟稀少。营长的命令：汽车不准鸣喇叭，不准开电门，此乃行动秘密之意也。

经过附近有蒙古营盘一处，派九连连长前去击毙蒙兵二名。这个就是恐怕泄漏军机，呜呼，被击毙之蒙兵真是莫名其妙，死的可怜！

距该庙十余里下车，当时营的展开，连的疏开，继续着排的离开，班的散开，前方并派搜索斥候，实行接敌运动。

忽有蒙民数人由白林庙逃难而来，我们的斥候问谁，而不答惊走，斥候开枪捕获，考〔拷〕问该庙情形，只闻哭泣之声。

此时已晚十二点了。我们的其他部队已与敌人接触，开始射击了，枪声、炮声、手掷弹炸声、喊杀声，一阵比一阵激烈。在此混乱的当儿，应着各种声音而死的人，不知有多少。许多的汽车载着奋勇在山沟里左右冲锋，汽笛呜呜的叫，好似魔鬼一般。

我们第三营的任务是待其他各部夺取白林庙之后、敌人退出之际，出其不意而歼灭，应当隐秘才好。糟糕的九连，不能沉着，一见敌人就开枪，敌人亦调过一部分与之对抗，我们八连因为九连的牵制，得不到适宜的地点，整整的半夜，队伍布置不开，我们距敌人约百十米达，不过始（终）未开枪，没受若何捐（损）伤。我们六班是轻机关枪与重机关（枪）同一位置，地址不十分荫蔽。正前方二十米达处，派潜伏斥候一名，其余在稍后方抱枪休息。

是晚天气温和，微风不动，我们服装虽薄，尚不觉寒。这是天予我们打白林庙的好机会。

天上的星星很稠密，却不住闪着金光，好像参观我们的战争，许多流星移动着，如同替我们胜利军施放的照明弹。

二十四日

天已弗（拂）晓啦！不通知我们后退了，我们也后退。敌人不住的向我们射击，我们刚爬至山头上，忽有敌人的许多骑兵，从西北的山上下来，似有东窜的模样。又东北山后，迂回来一股骑兵，均经我们的轻重机关枪集中射击，向西北逃去。不过距离太远，约五六百米，命中困难，仅打死数人而已。开枪过早了，所以不能予敌人以极大的打击，甚为遗憾。

我们的长官掌握不住队，往往一排找不着二排，三排不知道一二排的行动，排长不知连长的所在。这个原因，就是连络不得法，传令不确实之故耳。这一点我很不同意，而且是危险的。

营长的命令，队伍向后退，退约二里，不到一刻钟，又令跑步前进，不是徒费兵力吗？翻了几个山头，汗如雨下，衣服湿透好几层，简直连气都出不上了。看见一片整齐的房屋，周围又有些散乱蒙古包，不用问，这就是白林庙了，此时敌人已经退出，枪声、炮声也渐渐的和缓了，其他各路的部队，均是二路纵队向该庙前进，我们也下了山，朝着目标前进，这时候白林庙的陆地战已告完结。

前进的当中，瞥见几个死尸，鲜血淋漓，甚觉凄惨。穿的黄军装，其中一个还未死，有位老总劈头给了一刀，我甚为不然，他已经挂彩了，何必加害他呢？虽在战时，我们也得讲人道啊。

白林庙附近敌人遗弃的滥物品很多，十分狼藉，七杂八货，谁拾它，真个没人要！晋绥军向来纪律森严，一般当兵的不会发洋财，却有些放着胆子拿了点，都是不值钱的物品，真可笑！许多人说："我认不得东西好坏，不知道该拿什么？找大洋找不着。"

我认为凡是敌方设立的机关，如（无）论大洋，如（无）论东西，均可发，因为他们的财物，全是剥削的，全是掠劫的，全是民脂民膏，不是从血汗中得来的。

孙旅长大声喊道："各连赶快集合队伍，报告伤亡人数！"

听说我们四二一团三连伤亡的最多，约有二三十名。

忽有飞机一架由东面飞来，我们的警号连吹数次，队伍都躲避墙根下，经高射机关发射一弹，仍向东飞去，未敢停留。该高射苗（瞄）的差不多，众人齐喝彩。

上头的命令，队（伍）赶快找地方休息一会，不准吃白林庙的饭，不准喝白林庙的水，违者决不宽贷——恐怕有毒药，同时各山头上都有哨兵。

下午三时，各部分继续南返，命余押汽车，全连的东西，由汽车运输，汽车距此十余里，尚未来。四时半，汽车来了。正在装车的忙乱中，又来飞机二架，高射机关发二弹，该飞机绕一周而去。汽车出白林庙十余里，又来飞机八架，实行轰炸，在该庙附近投掷二十余弹。

四一九团的军风纪坏极了。沿路上三个一群，五个一伙，有穿蒙兵军装的，有戴蒙古帽子的，不像胜利的队伍，好似溃退下来的残兵。当兵的随便上汽车，官长不问事。汽车共二十余辆，只我们的一辆载重汽车，爬了二十余人。开车的驶机员生气了，不开车，当兵的要死狗，没有一人肯下来。

坐车不要紧，一旦发生意外，怎样集合？官长们就该想一想！晚十时，至二份子宿营。

二十五日

连日劳苦，甚觉疲倦。昨晚曾与怀珍饮酒，临睡已有三时多了。今日十时始起床，开饭毕，余急急整理散敌〔乱〕行李卷，并摧（推?）苏世海找大车三辆，向武川运送。

下午二时，我连到二份子，余令伙夫速烧开水，每人发给饼干二个，以便充饥。

九连坐汽车仍返白林庙，约四时许，连长命各班自由找房屋。我班所住之房屋十分破滥，无作饭器具，无窗纸，无席，真是冰锅冷灶之现象。余带兵二名，急到城外找锅、案、盆、切菜刀、赶〔擀〕面杖，一面派人领面、割肉、买调料。

是晚下雪二寸，刮大风，天气甚寒冷。

二十六日

今天清晨的天气特别冷，滴水可以成冰。七点钟，集合队伍二返白林庙。有骑兵、炮兵在前；余所戴之毡帽不遮风，好似冷水浇头，眉毛上发白色，不知是霜是雪。我的耳、鼻、手指完全失掉知觉。

（十一时至玻□村）

本日有三个太阳同时出山，光线夺目，约一小时之久，余不曾研究地理学，不知其所以然，甚觉奇怪。

十一时，至玻□村打尖，距二份子四十余里。下午三时，由该村前进十里以内，尚（有）村庄，嗣后七八十里，一片荒凉。未休息，走的两腿无力，身体发酸。晚十二时，至白林庙。白林庙蒙民全逃走了，除了军队以外，别无其他的职业人民。

我督催弟兄找毡子、皮子、食物、应用的东西。一面打扫房屋、造饭，一夜未合眼。

二十七日

太阳出山时，余与中士冲锋长到外边找给养，找得敌人的洋面处，约有一千余袋。此面系一月前我们驻武川时敌人每日用十余辆汽车运来，当时我们十分发恨，谁知此面，却被我们所用。余率领弟兄搬了四十余袋，并报告连部，其他各连均纷纷搬运，霎时一空。

八点钟开饭毕，即上山避飞机。刚至山头，忽来一架，沿白林庙飞绕一周，投炸弹五六枚而去。

二十八日

上午七时开饭，七时半上山避飞机。本日天气寒冷，风甚大，预料飞机不能来，十二时即下山回连。

我军据暗探报告，二日内有敌机五十架轰炸白林庙，团长命第三营在该庙周围挖枪眼，其余各连均在山头上作工。

余工作完毕，即赴各大庙游览。

各大庙佛像很多，大小不等，多系金身，贡献的乱七八糟，陈设的（古董玩器）五花十彩，不知是些什么玩艺儿。绸缎条子，挂的无数，满地上都铺着四寸厚的毡子，仅铜碗碗、铜钟钟之类，可拉几火车。不满尺的小佛爷实在数不清，蒙文经卷堆积如山，全用黄包布裹着，黄线带缠着，木板子挟〔夹〕着，每根黄线带可值大洋一元之普（谱）。

想当初修此庙时不知费了多少金钱，足见蒙古人的迷信，较吾汉人深远千百倍了。

经此次兵灾之后，已被炮弹、手掷弹轰炸的狼狈不堪，一切的一切都是漫无秩序，满目疮痍，令人可叹。

尚有一件奇事，我公开的记出来，使未到蒙古的人知道各庙中都塑着或画着一位三头六臂的神像，手持武器，脖子上挂着许多的人头，骑着一只青牛，此青牛与一蒙古女人配合。

此一段历史，余不十分明白，据一般说系燕王扫北，将蒙古完全灭绝，只留下此女，因天不灭蒙，使青牛与此女作配，说蒙古人是牛种子，确乎否乎？

二十九日

上午十时许，我们在庙的周围挖枪眼，来了蒙古人三十余名。伊等系攻白林庙之时逃走出去，在附近的山坡里忍冷受饥，有家难归，恻隐之心，人皆（有）之，余不自禁的流泪，有心向伊等安慰，但言语不通，只有以极和霭〔蔼〕之态度向他们接近点头，并给他们饼子吃而已。

团长集合官长训话，我们四二一团固守白林庙，如若不能成功，就要成仁，白林庙就是我们的棺材！我们要抱定有敌无我、有我无敌的决心，即有一枪一弹，绝不放弃白林庙，此外尚有注意事项：一，小心起火；二，严守军风纪；三，讲求卫生。

是日鱼王（即白灵王）到此交涉之结果不明。又有上海各界代表前来慰问，各连派军士一名接见。该代表略谓此次战争，各将士很辛苦的，很光荣的，是为国家图生存，是复兴民族。现在全国人民的视线，都集中到白林庙了，希望各将士努力奋斗，各界替打白林庙的将士所捐的款，已知的达二十余万元，每人慰劳衣一套，后续的不知有多少。同时接到北平各师范大学的宣言一张，赞美攻白林庙的将士，鼓励攻白林庙的将士，言词十分激昂，十分慷慨，并捐皮坎肩一千二百件，给作战的士兵御寒。

是晚，我军据暗探报告，有敌骑兵七八百人，由东至德王飞机场，并有汽车百余辆，攻白林庙的消息。我们在庙的周围高地挖单人掩体，整整的准备了一夜。

是日来飞机二架，投弹数枚，有高射枪应付，旋绕一周而去。

十二月二日

自到白林庙以来，搜集了许多的毛毡子和破皮子，各士兵均自动的缝皮袖筒子，造毡鞋。余亦缝皮袖筒子一付，仿效八中的样子，又作了毡靴子一双。

余叙述至此，内心里发生了许多的感想。我们当兵的可怜极了，临动员时每班仅发了大皮衣三身，每人小旧皮衣一件，羊毛手套一付，除此，内外就是平时的破军装和枪械、子弹了。我们在雪天冰地的寒带上，北风紧吹，隆冬里与敌人血战，与敌人肉搏，怎能过去？若打不开白林庙，若白林庙没有毛毡子和破皮子，我们不被敌人打死，也要冻死。最高级的长官应该替我们穷兵设想一下，国家真穷吗？请把资产阶级的生活观察观察，再把官僚政客的用度检点检点，在平时我们当兵的买东西，商人还要高抬市价。要知道我们在前线上拼命流血，是为国家，是为民族，决不是为个人的本身啊！他们幸（享）受荣华，我们却受洋罪，一日国家平妥，让他们欺侮我们，剥削我们，一点义务不尽，岂有此理！现在应当把他们的财产拿来，把他们的薪饷扣来，供给我们。

我们也有家庭，也有父母妻子，我们只顾为国家为民族，谁养活他们呢？

再把我们最近的生活，简单的写在下边。

我们住的是蒙古包，洋炉子燃着牛粪，较屋子为暖。一切应用器具，不感困难。

在此警戒严密的当儿，枪不离手，弹不离身，我们没铺盖，睡觉不能脱衣服，而且亦不敢脱衣服，各个人身上的虱子，都是结对成双的。脸面闲的时候一天一洗，忙的时候三天不洗。

至于饮食方面，以洋面为主，并找了许多干牛肉、牛油、牛奶子、炒米等。

总括的说，我们最近的生活，与蒙古人差不多。

是日来飞机一架，投弹数枚。是晚有王靖国的一个补充团开至白林庙。

三日

上午六时，东方发亮，忽闻西南角里有枪声。余急将酣睡的各弟兄唤起，收拾应携带的东西。枪声愈打愈紧，大炮、机关枪已开始射击了，转瞬之时，白林庙的空气已变的十二分严重啦！各连的队伍很忙乱的向山头上增加，我们八连是预备队，在白林庙周围占领阵地，炮兵连发数弹，均命中，炸毙敌人数十名。嗣后我步兵与敌人愈接愈近，炮兵辨不清是敌是己，即停止射击。我步兵与敌相距不过数十米达，长短兵器互用，敌人用波浪式的攻击，连冲数次，未得成功。又经我步兵反攻，骑兵包围，打死敌少校一员，俘虏士兵数十名，获得物品很多。敌不支，始向后退，有敌一队人向我军投降。此时由陆地战转移到空中战，敌人的飞机三四架，轰炸了七八趟，我们的高射炮连发射击，把我的耳膜快震破了，只是奇痒痒。

据投降兵谈，他们是副指挥带来的，共六队人，每人除枪械、子弹外，尚带着摧〔催〕泪性的毒瓦斯。"我们受黑暗社会的压迫，生活的困难，找不到相当的职业，才投到王英部下。我们现在觉悟了，咱们都是中国人，都是同一阶级，打什么味儿！我们不愿在王英的指挥之下，替日本作走狗。不愿自相残杀，大家战（站）在一条线上，携起手来，为国家争生存，为劳苦群众谋幸福，走向光明的大道。"我这样的答道："是的，我们应当认清目标，应当认清敌人，这样的干下去，才有价值。"同时我的脑海里，似有千言万语，只是说不出口来。

余正在大庙的大殿里缝着一只毡靴子，忽听人说："六班下士，你班韩宽云挂彩了，是在左膝盖的下部，已派人抬至医院了。"余心中非常难过，如刀刺一般。余走至月台上瞭望，看见由山头上抬回来许多的死尸与伤兵，鲜血淋漓，状极凄惨，呻吟之声，顺风入耳，真使人目不忍睹，耳不忍闻。

下午二时以后，枪声渐渐的远了。白林庙由混乱的状态而又入于安静的状态。

余回来吃饭，韩宽云向余哭，余说了许多的宽心话，向伊安慰。

四日

临明的时候，我七连乘汽车出发，追击敌人。行约数十里，来敌机数架，误认七连为己之部队，越飞越低，并放彩烟数缕。我七连惊慌失措，不知如何对付，急忙布置队伍。该机知系敌人，投弹轰炸，死亡士兵一名，受伤三名。事后得知敌机放青烟以青旗联络，放白烟以白旗连络，放红烟以红旗连络。

是日下午，在屋内挖掩蔽部，连夜工作，一面担任巡查，临明完成十分之七。

五日

本日仍继续作掩蔽部，上边盖着三寸厚双门闩，门闩上又铺了许多破毡子，积土一米达，可谓保险矣。

今日无事，不妨再将余之生活补充几句。初到白林庙的时候，一切应用器具与食料均系蒙古人的东西，一股腥味，闻之发哯（呕）。余之饮食骤减，各士兵亦如此。此地燃料缺乏，不是羊砖，就是牛粪，不卫生极了！近日习以为常，略觉舒适。古人说"入鲍鱼之市，久而不闻其臭"的话一点不差。

约有一月之久，未曾剃头，足够一寸长，实与囚犯无异。

我军汽车连日由绥运来手掷弹、炮弹很多，又运来高射炮二门，及防毒面具若干。各山沟要道都下着地雷，以此观察，有长期抵抗之形势，且有进攻敌人之可能。

我们的士气是旺盛的，精神是振作的，子弹是充足的，给养是丰富的，指挥是统一的；敌人的军心是涣散的，精神是萎靡的，给养是困难的，指挥是分歧的，虽有新兵器，何足畏哉！

六日

本日上午连部传各班预备三日的熟给养，我们正在作掩蔽部的交通壕。

十二时，韩宽云乘汽车回绥公医院养伤。

下午四时，有子瑞、东海兄与余坐谈。旋来六连的一位中士，亦坐谈，互相戏谑，甚觉有趣。该中士拾得一个如意瓶，从腰中掏出，让大家看，我中士与朱茂德每人也拾得一个，亦掏出来，与伊之如意瓶比较，不知是玉石，是玛瑙，是化学，是料？巧小玲珑，煞是可爱，好像神仙斗宝的一般。余从口袋里摸出一粒琉璃圪塔，托言夜明珠，众皆哗然。

俟后谈及第三连连长，此次打白林庙，抱奋勇，有功，提升三营营长，三营营长升为中校团附，中校团附升为旅部参谋。各界代表纷纷与三连连长接见，并照许多像片，真是名闻全国了。你一言，我一句，津津有味，余此时默无一语，若有所思，自古以来，在战场上作战死的是弟兄，得功的却是官长，弟兄死的愈多，官长的功劳愈大，谁升官啦，谁出名啦，这完全是弟兄们的头颅和热血换来的啊！

余不为升官者庆，只为死亡者哀！俗语说："儿行千里母担忧。"又云："幼妇弱子依靠谁？"想他那白发苍苍的老母，正在依门而望，幼妇弱子，也是坐卧不安，今后……只有梦中相会了。余幼时曾见《芸兰日记》，有"可怜无定河边骨，都是深闺梦里人"两句话，这是多没〔么〕凄惨呀！话又说回来了，尽孝不能尽忠，尽忠焉能尽孝？余所谓尽忠者，是对被压迫阶级的忠，是对劳苦大众的忠，绝不是为任何私人的忠，或反动统治的忠，以及卖国军阀的忠。

吾辈青年是社会上的中坚分子，历史的车输（轮）要我们去推动，只要为真理而奋斗，虽死尤（犹）荣。

七日

是日下午，团部传各连预备二十天的燃料，各连又传知各班，各士兵纷纷搬运羊砖、牛粪、木料、木器，真是"囫囵吞枣"，见甚拿甚。在此搜集燃料的当中，有很少数的士兵得了些大洋和元宝，以及裁〔裁〕绒毡子，因而起了许多的风波，突墙凿壁，层出不穷。好些人像得了神经病一样，结果，"横财不发命穷人"，"屎蜗牛吃屁哩，都扑了空啦"！

是晚接到北平各大学敬告白林庙前线的将士书一张，大致云：白林庙是西北的门户，也是我国家的生命线，各将士为保我领土的完整、主权的存在，如（无）论如何艰难，如何困苦，应当与卖国求荣的土寇拼命，不惜牺牲的奋斗。此次白林庙的战争，比较长城战与沪上战，还要光荣，他们正在后方筹款子，购物品，供给我们呢。

八日

下午二时，连长集合队伍讲话——新闻报告。

有 F 一手枪团包打白林庙，该团在小庙子驻扎，距此数十里，欲向我投降，尚在交涉中，我营有收服该 F 之任务。

应注意事项：

一、如有获枪械弹药者报营。

二、有士兵获得私物品，要放置妥当。

三、着汽车捎东西要慎重。

四、无公事不准外出。

五、现在有组织的稽查队，如在各庙内随便取东西，不守规矩者，就地惩罚。

六、由绥派来宪兵数名，我们对军风纪，要特别注意。

九日

上午七时，营长集合队伍讲话如左：

此次我们作战的成绩很好，军风纪不好。人尝说：损人利己的事不做，损人不利己的事更不当做。

现在看大家很危险的，许多人以财迷心了。"人为财死，鸟为食亡"，大家应该明白。蒋委员长说："白林庙战争是我们复兴民族的起点。"全国人民都在希望我们，各报纸替我们登着很大的字，所以我们要赶快收心，惟有纪律的军队，才能打胜仗。

现在军长暗派人收买打白林庙士兵所得的枪械、弹药、物品，你们若有，绝不可私卖，这时候卖东西，就等于卖脑袋。

我们的哨兵不会问口令，不知道连络，各班长要负责教育。至于我们的饷，团长为慎重起见，暂存武川，谁用钱可向营部借给，家汇兑可由留守处办理。我所说的不爱财，是不爱意外之财，我们分内之财，却应当十分爱惜，万不可浪费。

其次，我们要洗脸，要讲卫生，不洗脸的是懒人。

十一日

近数日内甚觉安闲，除步哨巡查各种勤务而外，只有看书、整理服装、拭擦枪械而已。

自我们占领白林庙后，有许多的忠心狗留守着，其他的动物均逃之遥遥了，每于夜间，可以听到它们无精打彩的吠声，有似哭泣者，有似诉冤者，有似愤恨者，从它们的声音里，好像说："可恨的王英，可恼的德王，你们受着倭奴的指使，在白林庙胡闹一起，现在呢，家败人亡，主仆离散，害的我好苦啊！眼前能见他们，也得咬他几口。"或有问于余曰："此系何兆？"余曰："非兆也，乃丧家之犬，应有之现象也。它们主人在时，喂它们肉吃，目下糊糊也是喝不上，岂不悲乎？我们要当了亡国奴，还不如它们呢！"

是晚，赴九班找三排冲锋长，见九班下士给怀珍修理手电，该下士素与余戏，穿着四个儿的军装裤子。余因曰："四排长会修理手电吗？"该下士笑而不答。冲锋长接曰："讨吃的学会编罩篱，虽有点穷手艺，却误不了讨吃。"众人大笑，余觉有趣，援笔记之。

十二日

晋绥军有一种官僚习气，什么接官啦，送官啦，站道啦，真讨厌极了！

上午八时，我团中校团附赴绥就参谋职，全体站队欢送，整整的冻了两个钟头。汽车走后，团长讲话，先宣布中校遗缺由三营营长充升，该营长遗缺，由三连连长充升，盼大家对各新任官长，要绝对服从，并发敬礼口令，以表恭敬。

又云："按现在的情况，似乎不十分紧张。敌方有一陆军少将，初来白林庙时，放羊放牛当差，处心积虑经营了三十多年，才有这样的成绩。而今虽被我们占领，敌人是不会甘心的，我们要保守白林庙，唯一的方法就是加紧工作。

敌人退却时，把白林庙毁坏的不堪言状。现在我们要好好的保护，不但自己保护，别人再毁坏时，我们还要干涉。"

　　下午三时，有傅军长作义、王军长靖国、骑兵司令赵承绥到白林庙视察，又有南京立法院代表刘先生前来慰劳。

《大众知识》（半月刊）

北平通俗读物编刊社

1937 年 1 卷 10、11 期

（丁冉　整理）

黑城探险记

[瑞典] 斯文赫定　撰　侯仁之　译

原作者是斯文赫定（Sven Hedin）先生，为世界有数的地理学者并中亚著名探检〔险〕家，本年六十九岁。他二十岁时即已开始旅行生活，十年之中到我新疆考察者前后已达四次。其著名游记如《长征记》、《霭佛勒斯峰》、《探险生涯》（又名《亚洲腹地旅行记》）均已由李述礼先生译成中文。他如关于一九二七年与我国合组的西北科学考察团的科学专著，以及《外喜马拉亚山》、《南藏》等十余册巨著，则尚未见译本。本文乃专记一九三一年至三二年斯文赫定亚洲探检〔险〕队（Sven Hedin Asia Expedition）在我宁夏黑城一带最近工作重要结果之一部，不容忽视。原文载本年英国 The Listener 二月号，原题名：The Black City of the Gobi Desert。

译者

在已往两年中，我们考察团中的古物学家贝格满博士（Dr. Folke Bergman）曾经集中他的研究工作在额济纳河（Etsingol）流域。这是在这大沙漠中一条很可注意的河，在某几方面也是很著名的。贝格满是一位热心的青年研究家，在我们的考察团中，他算是属于老练而富于经验者的一流。因为自从一九二七年我们第一次开始工作的时候，他就已在中国的内部从事工作了。在第一年中，他忙着搜集石器时代的遗物和绘制石器时代原人冢居地域的地图。因此，他曾走遍了内蒙古、额济纳河流域、大戈壁沙漠、东土耳其斯坦，以及西藏和新疆的北部，他和他的中国合作者把搜集品运送到北平去的约有一万五千余件。

这期间，他回国去住了不久的工夫，又第二次整装向北平出发（译者按，贝格满与赫定先生同为瑞典人）。这次他伴同一个设备周全的大旅行团一同回来。和他结伴同行的还有鲍林博士（Dr. Bolin）、郝奈先生（Nils Hoerner），与白克苏博士（Dr. Bexell）。这个大旅行团的领队者是约翰生先生（Dane Johannesn）。他施展他的最大的干才，居然很成功的把贝格满的搜集品平平安安的送到北平——这真是非同小可的一件事。这次考察团按照各种专门的工作范围，分作了好些小组。鲍林起初专心致力于他专门的石器时代的研究，既待他来到了布鲁雄齐（Boro-Sench）之后，因了重要的历史发现的结果，他遂不顾一切的转移到古物学的工作范围来，而且在这一方面他竟达到了开创新纪元的成绩。那几乎是叫人不能相信的：他居然能把那被人遗忘已久的一个时期中的生物与事实，从保存不善的废墟与大戈壁焦燥不毛的荒芜中发掘出来，并加以有系统的整理。贝格满也掘出了两千年前古代中国的废墟和荒芜的沙洲以及这带草原域上备御蛮夷的边防。当他们在额济纳河上长时期的逗留期间，贝格满把工作报告书交托给东来的商队带到帕斯图（Pasto）去，到那儿再由传教士代为发送，这样他始终没有间断过。我相信每一件报告都无虑的收到了。他所发现的汉代（纪元前二百年至纪元后二百年）抄本的数目，继长增高，到现在为止，其数目已经超过一万件了。这些东西的出土处是在大戈壁沙漠中——特别是沿额济纳河的两岸。额济纳河从祁连山——即南山（Richthofen Mountains-Nan Shan region）（注一）一带发源，北流注入嘎顺诺尔（Gashonor，译者按，即居延海）、索果诺尔（Sogonor）二咸水湖。

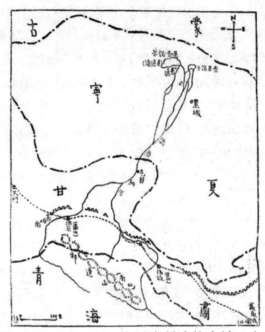

　　一个叫作毛目（Maümü）的围墙颓败的小城，坐落在离额济纳河口一百七十哩的地方。在附近差不多一整列的边陲堡寨——一种附有碉楼的边墙建筑——被发现了。这道边墙与斯坦因（Sir Aurel Stein）（注二）所发现的同属一条。在戈壁的中央，额济纳河的边陲的古老的文化地带上，又发现了一带城堡一类的建筑，与万里长城是极相像的。贝格满把额济纳河以东的边墙作为主要研究的对象。城墙差不多是与额济纳河平行并进，直到河身宽阔下去的地方为止。在河的对岸，有一条水道接近城墙。这条水道有十六哩长，从外表上推测起来也当是与城墙的建筑同一时期所开掘。据贝格满的观察，这一带地方最有趣味的建筑要算是 Taraling。此等诱人的荒墟，早已被发现了，不过还没有断定其时代，贝格满足以指出此等城寨与那著名的"黑城"（Black City）（注三）——哈喇和〔合〕图（Chara Choto）——大约是同一时期的建筑，并且在汉朝被利用过作卫戍的重地。探掘者从这儿发现了书简、货泉、箭镞、青铜的武器、木制的羹匙、饭碗以及丝织品。围着这个小城（据我们的经验来推测），这道边墙应该是在东北方面引伸成一带弯曲的部分。在万里长城的工程上是有许多类似的建筑格式的。贝格满在这道边墙之内又发现了两座巨大而坚固的炮台，在北边的一座——如抄本所示——居于比较重要的地位。在这一些废墟之北，沿着额济纳河的方向，又有三十八处其他的废墟，就中有三十二处是属于汉朝的。此等废墟只有一个例外，就是加添了望楼的建筑。在这些寨堡之中，并没有发现什么遗物，因为其地基过低，河中的湿气浸渍进来，以致所有的木器都朽烂了。就中有一座守望楼证明了是一个很完善的古物保藏的地方，因为贝格满在这儿发现了一册书卷，是七十八件书简，用绳索钉在一起。

最大和最丰富的发现还在北方，是靠近额济纳河的一带地方。大概城墙是一直展延到布鲁雄齐去——因为在那儿还有两座守望楼。但是在这一带草木郁茂的低地中，贝格满竟一点东西都没有找到。在额济纳河与布鲁雄齐之间，有二十八座颓败的堡寨，约略在一条干线上。在布鲁雄齐的那边，还有十五座堡寨，是以石板代砖而筑成的。在哈喇合图与额济纳河之间，有四座守望楼的土堆和一座堡垒。这些废墟形成一长列，与河身平行。在额济纳河的西岸也有一带边墙，上面约有二十八座守备的望楼，造成了恰如一座小城寨的形式。在河身开展而从河口三角洲的尖端向北方伸展下去的地方，这一列城垒，渐渐凸起。这条城不大容易辨识；附近的地带多半为草木遮掩，以致常常失去了线索。在北方，沿一条从额济纳河分支下来的干涸了的水道，来到一个"干湖"（Dry Lake）中，在那儿郝奈发现了一列自西而东的汉朝的寨堡。由此证明这个湖是被围绕起来了。

　　贝格满的工作已经证明得清清楚楚：在汉朝的时候，哈喇合图附近的地方，曾是人烟稠密的地带，如今则因为乏水的缘故，完全遗弃而荒芜。再者，当唐、宋、元三朝的时期，这儿一定是一带文化发达的中心。在哈喇合图之东，又发现了一百五十处的农舍、清真寺和寨堡。在那时，这一带地方的生之命脉就是现在已经涸竭了的通到"干湖"来的额济纳河的那条支流。哈喇合图——"黑城"——第一次在一九〇九年被俄罗斯的柯斯洛夫上校（Colonel Kosloff）所发现。他把他的发现写成一本书，书中他辨识明白这座城就是马哥孛罗的 Etsina 城（一二七二）（注四）。斯坦因也曾来到过这儿，在城墙中从事发掘。他得到了很丰富的遗物。以后我也曾和团里的几位同伴一块儿去过，只是没有留在那儿从事发掘。去年冬天，贝格满继续着他的研究工作。在春天，他在他的报告书中写道："'黑城'仍然包含着许许多多前人所未曾注意到而尚待解决的问题。我相信，在这道城墙之中，一定有一个汉朝的城镇，可是我还没有证明。"无论如何，他曾经希望能在唐朝时代的村落中找到一些遗物。的确，他在那儿找到了中国的古写本，而且最后他终于发现了手写的原本真迹，其书法是前此所未尝见过的。

　　"我真幸运，"贝格满说，"在别人从来没有搜索过的一堆废物中，我竟得到了对于古代的一个最重要的大发现。到现在，我们已经明白哈喇合图并不同于其他边陲戍留地，不过其特殊的建筑格式我们未曾注意罢了。那儿还有一处无疑的是比较古老、不过规模较小的废基，我还不能确定他的年代。以我看来，无论如何那当是一个唐朝的城镇，因为在哈喇合图附近，曾发现了一些唐朝的遗物。"

　　供给附近一带村落与农田以河水的额济纳河，止于离这个城镇数哩的地方，那么，其水的供给就只有靠井与水泉。

我上面已经说过，贝格满的搜集品现在已经搬运到北平来，存放在 Slnological Institute 中，而且现在正对这些东西加以研究。柯罗伦教授（Prof. Karlgren）与中国的学者正从事翻译那些抄本。贝格满他自己也回到北平来，为的是研究他那些石器时代的搜集品。北平是他作研究工作的最好的中心点，因为在那儿他可以有机会与同事者比较他的搜集品。科学的世界里常在期望着一种非常的惊人的消息吧！

注一：李希霍芬（Ferdinand von Richthofen，1832—1905）系德国著名地质学家，并为开创中国地质学研究的第一人。当四十余年前，本文作者赫定先生游学柏林研究地理地质学时，曾就教于李氏（见《探险生涯》页四四—五）。李氏于一八六八年初来中国，开始地质工作。一八七七年于柏林出版《中国》一书，推为地学界伟作（去年五月五日为李氏百年诞辰，赫定先生为作小传，可供参考。译文载《方志月刊》七卷四期）。本文中称祁连山为 Richthofen Mountains，当即由李氏得名。

注二：斯坦因（Sir Aurel Stein），英国考古家，一九〇〇—一年由印度政府遣派领队来新疆和阗一带考古，其重要报告书为 Ancient Khotan, Oxford, 1907, 2vols.。一九〇六—八年再来甘肃敦煌及其西北部长城故垒，从事发掘，发见汉简甚多，即世所谓"流沙坠简"。一九〇七，斯氏在敦煌千佛洞一石室中取得许多古文书、古佛经手写本、古画卷之类，满载而去，现大部陈列伦敦博物馆中。是为敦煌大发现之始。其主要报告书为 Serindia, Oxford, 1921, 5vols.；Thousand Buddhas, Lond, 1913；Documents Chinois etc., Par Chavannes, Oxford, 1913.

注三：见注四。

注四：一九〇七年俄国柯斯罗夫探检〔险〕队入蒙古作考古

旅行。一九○九年发现此西夏时代的黑城的遗址，其主要报告书为 Mongoliya Ando, Maskva, Petrograd, 1923. 关于黑城的外观，徐旭生先生有比较详细的描写如下："黑城为一正方土城，东西南北各半里余，垣堞大体完整。城外西南角有一庙，建筑上为一大圆顶，前为一大圆门，门向东南，余三面亦有小门，不似中土式。内多积土，佛像全无，圆顶已缺一小部分，露天；然余部分有些地方，石灰尚未脱落。若专就外形观，时代似非太早。……少休息，到城内（从西门进，城只有此一门）潦草一看，城正中为一土台，或当年的瞭望楼在其上；北面正中墙未全倒，旁有琉璃瓦片，建筑似颇宏壮。土台前有一佛龛，神像无存，但圆泥佛像颇多。"（徐旭生《西游日记》页一二二）赫定先生在他的《长征记》中对于黑城也有一段比较详细的叙述，录如下，以与徐先生文较："……透着哈喇合图西南城墙和一列突出的城楼，西南角是一座清真寺。……城墙颇为完整，只东面和西面有门（徐谓只一西门）。城作不正的四角形……南面长四百二十五，西三百五十七，北四百十五，东四百零五公尺，城内有房屋的遗迹，城墙内外堆成沙丘，高达城雉，而在西门内却耸起一座孤丘，位置正处在剧烈的西风六百年来扫过这开敞的城门所达得到的地点。"（《长征记》页一四八）

《禹贡》（半月刊）

北平禹贡学会

1934 年 1 卷 9 期

（丁冉　整理）

归化素描（地方印象）

李万森　撰

　　一提起归化来，谁都知道它是平绥路上数一数二的一个城市；在现在开发西北的当儿，它也是西北的一个重要地点。所以我在未描述归化的情形以前，就先惊〔警〕告国人几句话：现在的归化，就仿佛是我们那时的沈阳，沈阳是东北的繁华重镇，而归化差不多又是西北的繁华重镇了；因此望国人看重西北的沈阳——归化——特别的来一番经营，保守，要知道归化是收复沈阳的门户，也是抵抗日俄进展的门户，是我国对外的西北门户，呵！现在的归化是这样的重要呀！

　　归化倒底是怎么样子的一个世界呢？归化是绥远的省会，绥远的政治、军事、教育、商业、工业都以它作中心点，各县的物产，以它为云集荟萃之地，自平绥路通达以来，更是繁华的不得了，一切的一切，真有日新月异的气象，再衬了十多万的市民，遂成了稍具现代城市性的归化了。

　　归化是前清帝国所开辟的，清帝为了保护他的满人，就另建筑了一个有城垣的新城；所以现在事实上，归化城是分作旧城、新城二个，这两处相距有五华里，中间有一条新修的石子马路连贯着。两边的杨柳树，排列着如梳栉的整齐，射下来的荫子，行路人倒也觉得凉爽，但是遇着了雨天或风天，就有点不合适。来来往往的人，也算不少，在这条马路上，你就能看出归化市的人，可以分成四个阶级：（一）徒步彳亍的，完全是些乡村里的农人和市里的穷人；（二）坐轿车或骑脚踏车的，大半是学生们和商人；（三）坐在黄包车上的不睁眼者，差不多是些吸收民脂、〔舐〕吮民膏的"公务人员"了；（四）这就是公子、阔少、姨太太大人物们的行路了，他们的行路用具就是汽车；所以归化的公用汽车，简直就没有一辆，这样岂不是成了个"阶级化"了吗？哪儿像一个"归化"呢？不，这不过是社会的普通现象吧〔罢〕了！

我们的脚步一踏入了旧城，就要很留意的走，一方面还要用眼特别的注意，不是这样，那就不知从哪儿来了个车或人，把你撞倒了！所以旧城这个地方，真有人山人海的势头，也真像一个近代文明的城市；尤其是一入了西门，一条大南街横顺在眼前，各种式样的商铺货店，陈列着五光十色的物品，什么帽庄、鞋铺，什么绸缎庄、杂货店……真能使你目光撩〔缭〕乱，手舞足蹈起来；声音的嘈杂，更是不知到了个什么地方！到了晚上，电灯一闪，把全市照的如同白昼，光明灿烂，映的这条大南街，简直成了"世外桃源"，参天盖地的大厦宏楼，矗立云霄，电灯的光色，红紫蓝绿，应有尽有，因此夜晚的热闹，比白天还盛一些儿！就这样子，直弄到夜半十二点才住歇！

在归化的男女时髦上，也算是蒸蒸日上，平日倒没有什么；可是每逢到了星期日，那就红男绿女充满了街巷，什么高跟鞋、面条臂、粉腿肚、曲线腰、樱桃嘴、墨丝发……都有，摇摇摆摆的在街上往来，有的固然是买东西，更奇怪的是有的专为着表现自己的肉体美，野鸡似的在街头巷尾徘徊着，不知道他们是作谋着些什么？说到娱乐方面，归化虽然是个塞外的边塞，因为靠了平绥路的灌输，也渐渐开了风气，最有名的娱乐场，如大观剧院和同和院二处，京邦子、山西邦子都有，但观者们都是些有闲阶级；至于电影呢，非得有特殊情形之下，决没有（如去年的蒙汉联欢会，国难宣传团都有过电影的映演）映，这里的饭店也有，旧有的古丰轩虽然有些不振，而新起的绥远饭店、蜀珍饭店等，真是名不虚传，中西大菜俱有，且为当代要人的安息之所，这是旧城的素描。

新城的设施，是没有特别而新鲜的，大体的说来，完全是绥远的几个政治机关和实业机关所在地，如省政府、民政厅、财政厅、建设厅、教育厅……等。不过最使人钦佩的还有个国货陈列馆，由此也表现出绥远人的爱国了，其次再有个农林试验场，可供闲人们的游散地，里面的花草树木倒也美丽。

末了，我在这里祝祷着，这美丽、重要的归化，他日不要变作沈阳的第二！

一九三三，八，十一，归化

《新生》（周刊）
上海新生周刊社
1934 年 1 卷 35 期
（李红权　整理）

平绥线上

本社特派记者比得　撰

从正阳门大街趁洋车到西直门车站，大概只须半个钟头。我到绥远去，趁的是军用火车，车站就在西直门车站的左近。我是上午十时左右达西直门车站的，因为军用火车是定在这时候开行，可是到了车站之后，三十五军办事处的副官才说车要下午二时方开行。我本来打算在北平购备皮衣、皮帽，然后才赴绥远的，因为听说车在十时左右开，所以便来不及购置这些必需品，想不到抵达车站时又说是下午才开行了。我只好穿着在上海穿的呢大衣、黑漆皮鞋，在北平的寒风中挨着无聊的时间。这一天本来是北平冬天的难得着好日子，有着太阳的热光泻着大地，寒风也刮得不大猛烈，只是在南方过惯了煦和日子的我，别的都不要紧，却是那双穿黑漆皮鞋的脚不很听话，它只是一阵一阵的发疼，疼不过时，我只得在车站上跑着小圈子。慢慢地脚也不疼了，便跑到西直门客车站那儿拍了一张照，也在军用车站上跟朝阳学院、东北大学等的战区慰劳团拍了几张。

车终于在下午二时出发了。这列军用火车总共十六个车卡，车卡里都是运往前线的粮食。我跟各校的慰劳代表便睡在粮食卡里。睡的地方很小，可是人数很多，我们只好有的生〔睡〕在面粉包上。打开了卡门，朝外面望着野景。北平是一个古老的城池，建筑物大部分已呈出苍旧之色，尤其是郊外的村落，那种荒凉的样子更是我们所意料不到的。车经过清华园车站的时候，远远地瞧见燕京大学里面的高塔，也瞧见清华大学的建筑。过了清华园车站，接着的就是清河站、沙河镇站、昌平县站。到了将近抵达南口站时，我们的机车不知为了什么损坏了，等了半天才由南口站来了另一部机车，把我们的军用车拖到南口站去。这当儿，天色已经黑下来了，风也刮得有点刺骨。因为列车要爬上居庸门〔关〕，须分为三段，用二部机车前后的推与拉上去，所以我们便利用这时间进南口站的市街上吃晚饭。吃完晚饭，我跟一位同行者到鞋店里去买了一双棉鞋，花了一元三角，又到帽店里去买了一顶皮帽，花了一元。回来车站里，推第一段车卡上居庸关的机车还未回来，我便独自在车站左右溜跶着。在一部运许多马匹的列车旁边，瞧见四五个穿笨厚的羊皮大袄的关外人，我便问他们是干什么的。其中一个很和气的答我，说是：从绥远运了一百多只马，将经过北平运到南京去；马是中央宪兵司令部购的，他们运马来的一共五个人，每人的工薪是二十多块钱。我见他们是从绥远来的，不禁喜出望外，便向他们探询绥远的情形。一个未曾到过绥远的人，首先问的当然是天气了。那个刚才答过我的话的运马夫便说："冷极了！咱们穿着皮裤、皮袄、皮靴，戴着皮帽，可是风还透得过，刺入了肉里去！"这说话使我吓了一跳。我便抢着问："那末我穿这点点衣服，到了那边可不是要给冻死了！"那运马夫望了一望，从我的头到我的脚。"当然哪，这不算事的！"他泰然的说，我可急死了，恨我为什么不在北平购整了衣服才走。好在那家伙接着说："在绥远城里就有点不同，城里是暖和多了！"可是他这话也安不了我的心，因为我到绥远去不单是不能长住在城里，而且是打算越过大青山，到收复了的百灵庙去。

　　跟运马夫的谈话还未完结，机车已经回南口站了，我们便攀上守车里。守车里比我们的粮食车暖和多了，里面有一个蛮大的煤炉，烧着熊熊的火，挨近生煤炉，还嫌热气太强猛哩！这守车里有一个守车长，留着一撇仁丹须，胖胖的个子，我们因为天太黑了，瞧不清居庸关的面目，便只好跟这守车长攀谈。守车长倒是一位爽快的人物，他晓得车里都是往绥远前线去慰劳的学生子，便放胆的骂起中国人来，什么中国人不长进呀，贪官污吏都是拥着娇妻美妾过他们的快乐日子呀，结论是把中国的不兴盛全推在贪官污吏的身上。我们的卡车〔车卡〕上了居庸关，又从居庸关的另一边下去，到了康庄才三段合为一部，又向张家口前进。

这天的晚上实在睡得不很舒适，人既多，位又小，并且合拢起来的被窝也敌不过冷风的侵袭，于是有些高唱着歌曲，来驱走了冷气，又有些在高谈阔论，打算解这寂寞的环境。我终于得了一个时间，一睡就到了第二天的早晨。早晨时分，车已到达了张家口，许多人都上街去吃豆腐酱，我不想吃什么，但也跟着上街去浏览浏览。可是一上了大街，最先映入眼帘的就是几家日本商人开的铺子，门面全用日本文写了一些斗大的字。张家口是察省南边的一个大商埠，与张北接离甚近，也与商都、多伦、沽源离得不很远，所以在军事上也是一个很重要的地方，它更重要的就是位于平绥路的中段上，如果这地方有一差二错，平绥路便只好给切断了。

车在张家口约停留一个多钟头，到八时五十分就由张家口出发了，出发时在我们的军用车上挂了三四个客车的车箱，我们便都跑到客车里去烤火。趁客车向西去的，一部分是到山西省的，一部分才是到绥远，这些人们大半是穿着笨厚的皮衣的北方大汉，那种强健的体格真是有点使人喜爱，可是由半途的柴沟堡、西湾堡上车来的女人们，那双"三寸金莲"可就使人心里满不舒适。入山西省境之后，沿途的农民住屋，比较的齐整一点，不过那种荒凉的景色，也还是南方的农村所未有的。下午一时零三分，车

到了天镇。这也是一个在军事上占很重要的地位的城镇。这镇上
驻有六十八师李服膺的部队。它是跟阳高县、大同县等一样，都
是绥远前线的运输道路，如果这三个城镇有什么危险，那末绥远
全省的需给便要发生问题。所以在这一带的驻军，都跟兴和、陶
林的守军一样，只有死守这些城池，虽至全军覆没，也不能退后
一步。不过，收复了百灵庙之后，我们已开始进攻商都了，伪蒙
匪军不但不敢想来侵犯我们的后方，就是前方，他们也不敢走近
半步。所以从天镇、阳高县等地的外表上看来，都是现着极度的
安详的样子，半丝的紧张空气都没有。车到大同县时，已是下午
的四点钟了，我们相率进大同县去吃晚饭。在县城外边的馆子里，
我们就吃到了北平菜，原来馆子的老板是北平人。菜虽然是完全
北平味的，可是价钱就比北平的便宜多了。吃完了晚饭，我们在
城郊溜跶溜跶，那些高低不平的道路，几乎全是没踝的泥土，真
合那一句"无风三尺土，有雨一街泥"的老话。

　　军用火车是一种无一定的时间开行的车。本来我趁军用火车的
原意就是希望它快，现在倒反拖延了许多时间，可以在二十二个
钟头内跑完的铁路，现在看起来却非三十多个钟头是跑不完的。
回车站时，站长还说要明天才开，各校的慰劳代表便跟他交涉，
结果是定在晚上十一时开车。这许多空闲的时间，大家便跑进待
车室去闲谈，有的则下象棋，有的则跟前线回来的士兵谈前线的
情况。我却在站长室里买了一本顾颉刚著的《王同春开发河套记》
读着。读后才知匪军领袖王英的父亲王同春原来还是一个民族的
伟人，是一个开发河套的功臣。不过在顾著的书里，有一段却把
王英的贱性描写得淋漓尽致："三子王英，号杰臣，民国初年随父
到南通，读过几年书。回五原后，他不去种地，专喜招集流亡，
聚众至数千人，后又增至万余人。政府任命他做军官，曾在山西
骑兵司令赵承绶部下做过旅长和副司令等职。但他为人心气高强，

不能郁郁居人下，而有势力的又垂涎他的产业，逼得他难堪，二十年，他提了两师兵造反了。"

　　车虽说是十一时开，但直至十二时才蠕蠕而动。我们粮食车里大部分的人都跑到守车去睡，留在粮食车里〈的〉只有我跟其他的两个人，和一个工友。我们四个人占一个大粮食车，自然睡得较舒服了，可是那位工友因为没带被毯，挨不了冻，半夜里就在中途下站跑进守车里去，这是我在第二天的上午，当军用车到了绥远城外时才晓得的。在绥远车站下车的时候，我并不觉得怎样冷，天气委实是很暖和，这大概是一个反常的日子吧？

十二月十三日

《汗血周刊》
上海汗血书店
1937 年 8 卷 1 期
（李红权　整理）

平绥线上

萧乾　撰

一

年青人（西北忧国的长者说），又来调查了。去年秋天才走了一批。年年一群一群的洋装学生跑来调查，追问我们有多少只"破鞋"，追问我们有多少杆烟枪，好用那个数目对付教员或读者。可是，这于西北民众有多少好处？你们自己说！你们逼着本地人带去逛破鞋，明里说是调查，去了也搂搂抱抱。高雅的，去看看古迹。在一块荒土的昭君墓前，凭吊凭吊，跑到禹王庙去便叩一个头。然后，你们原车回到了北平，挺着胸脯儿告给国人说，我到过西北了，而且得到了第一手的材料！西北神秘的荒唐给了你们说谎造谣的机会，你们〈给〉西北的却是些什么呢？

我刚走到关塞，就给这样的一位长者拦住了。回去罢，他说，用其余的时候写一部"破鞋艳史"，你的报告不会比去了那边少惹人的注意。一个病人给十个医生戏弄地诊了脉，却没有一个给一剂定命药，吃后，对于一切医生都会讨厌的。你这调查者纵受不到西北民众的棒打，也决不会得到诚意的迎纳。

我不能回去是再明显没有的了。对饯别者，我曾豪兴地述了我的行程，好像签了一纸契约，十五天之内，脚不站北平的尘土一样。我怎么好意思在吃了人家送别饭的第三天，就被人在原来城市的马路上发见呢？回去虽办不到，但这长者的话却给予我旅程上一个新的提示。

我答应他：我来看看，绝不用西北的大地名回去骗人，我的胆量只容许我沿着守有军警，设有旅馆、澡堂的平绥沿线都市走，我自认看不到西北的灵魂。我答应他：我不去搜集烟枪的杆数，破鞋的户口。自知与西北解放和救助无益，也绝不骑在经济破产后西北特殊的娼妓身上，发散我在内地不敢发散的粗野，增加我这个年青人的罪恶。并请他相信我从没写过艳史，也不会把破鞋浪漫化了，在日报上给大都市住客们开心。我此行只是看看而已。如果我要说什么，也止于说所见到的。不引用惊人的数字，不诗化丑的现实。

"我劝你别去，"他不甘心地说，"你偏要去。年青人好奇心盛，短不了一点拗劲儿。我放你过去。但记住你才说的。别凭着调查者的执照叩西北的门。"

我点点头，轻松地走出关去了。

二

关外的山峰像条条多筋的铜臂，余脉长长地伸入稀疏的小村舍中间。我们的车就在铜臂的阴影下爬，有时还要钻到铜筋里去。排排的油麦梳着车中人的眼目，葡萄架扎成蜘蛛网的形体。土的城墙笼罩着土的矮屋，城门处粘的是红锡包美女烟广告。近河套、肥沃的土壤盛开着罂粟花，颜色配置的冶丽，像在伫候内地诗人去徘徊。一望无际的草原上放着棕、白诸色的马匹，嘶叫的声音惊不了山穴中沉酣于毒物的居民。

有谁个保守者还在追念着未现代化前的北京，我劝他出关去看看。齐整的方城还那么宁静。窄窄的街道晴时是香炉，雨时便是泥粥。路旁摆着各行摊商。吃吃的拉锯声和叮当的打铁声伴奏着。粗大的汉子抡起大棰来，迎头一下，就是一团火花。菜馆门口坐了口衔丈长烟袋的掌柜，隔壁私塾里还有成群的孩子喊读着《孝经》。高额隆颅的蒙古人，负了被包沿街走去。到深夜还会有募修大雄宝殿的僧人，敲打木鱼金钟向你化缘。

关外的更柝分外清脆，街心的警察也见得忠厚而带点憨气。突然，一乘高鞍白马飞奔来了，尖锐的鞭声吓开了小辫儿驴夫。长袍绅士立在汉蒙对照的布告前，朗声长读去年官家的令文。世家门前还悬着御赐的"文魁"匾，矗立着"节烈"牌坊。城隍庙壁上还保留着秀才的榜纸，经年的雨水冲不净历史的虚荣。

一匹骆驼惊了，路人一起在它后头追去。连小孩子都有胆量，有义气，就地抓把沙土向那兽物深陷悲戚的眼边扬起，想迷住这用大脚鸭奔跳着的畜生。

当啷啷的铜铃系在每匹骆驼的项脖间，稳重地向着长远、寂寥的天边迈进。

三

在地理的接近上和市面繁荣上，张家口是关外第一镇市。城倾斜地建在山坡头，坡的高处是上堡，低处是下堡。这是横的分界。经过大水的教训后，民十四年建了一座清河桥。于是，纵来说，全市分桥东和桥西。桥两端都有省府树立的忠孝格言。

如果是夜晚下火车，站台出口道上照例是站满了旅馆的招徕人。每人手提一盏书明字号的纸灯笼，火龙似地一字排开，鸡鸭似地争抢着嚷出旅社的名字。每个声音都企图压倒另外的一个，结果除了一片嘶喊声随着灯光摇摆，什么也别想听见。

街上多是麻菇店，高丽纸上写了"上等"、"顶上等"、"特别上等"一类以"好"为起点的字样。补碗人担着挑子，响着铃铛沿街走。街心立定了黑衣的警察。不需要申斥，人都靠左边沿着桥走。走到桥头，不由你不为那"忠孝仁信礼义廉耻，诚诚恳恳你去实行"的木牌所吓住。

白荷叶帽上刺了"奋斗"红字的是当地驻防军。紫红的脸，天不怕地捍〔提〕了大柳棍在街上走。"这是老国民军！"

太阳一擦山边，夜游的人就由上堡下坡倒来，直倒进花园去。这是一个任人游玩的私有花圃，进门处题的是"静观"。在小堂子里招待一天客人的娼妓，莫不需要一个时间呼吸空气、散散步，于是花园柳堤上三五成群地徘徊着许多艳装女人。有养女的携着养女，没有的则或把另外一件漂亮衣服挂在臂上。商铺的伙友和社会人士有权利来瞻仰，论评，或飞一个眼风。因此，挤在红粉旗袍间的是些对襟小褂。家庭妇女来游的，没有一个男家属步步紧跟可不成了。

第一顿饭就遇到了有雅座的饭馆（雅座据说即是有女人侍候的意思）。那是一个临近桥畔的小楼呢，座位选的刚好靠栏杆。一个未失村姑气的女人，黑粗的脸，穿了一件更黑的袍子，把身子伏在栏杆上，似在遐思，偶尔却向马路上的车座打一个招呼。她是要我来请的呀，但我没想及如何说第一句话，忽然，像是不屑睬这拙笨的食客似地，她反过了身，由袋里掏出一团花红的东西，撇着嘴，抽出来一件宝贝。那是一条印度绸手绢儿，平平地把它放在凳上，又去抽第二件。那是一个粉色的荷包。及至使她那一团胜利品逐一地平放在凳子上后，见这食客仍在低头吃饭，于是，她喃喃地自语起来：

"三天工夫使去了多半瓶！"举着一瓶廉价的香水似骄傲又吝惜地说。

这无视同在者的夸耀招气了我。但我仍在喝着我的口麻汤。终于，另一个饭客把她唤到对面小间去了。我无从眼见他们的亲昵情景，但我听见她在数说昨天什么副官请她听梆子戏的事。

街上灯火稠密起来时，许多闲散人堵在巷口去听布铺的话匣子。刘鸿声的嗓子使这些欣赏者忘掉天气的燥热，点缀街景的仍不缺乏丽装的女人。而且我看见了那饭馆里的女人，臂倚在另一个女人肩上跟跄地走。

杂在食物铺间的妓馆门前热闹了。盲歌者携了弦乐器，向乐户的门槛处摸。

虽然马路上偶尔也飞过一辆汽车，骡子车在这大市镇里还算是交通器具之一。就是这样一乘骡车，蓝的蓬子，坚实的宣化府御者，爱摆耳朵的黄骡，把我送到赐儿山下。说本地名胜就数这里了，那条攀山的汽车路告给我们"要人"如何喜欢到这里来。

大境门确仍保持着镇威夷狄的气魄。巍峨的城楼壮壮地题着"大好山河"。旷敞的黄土道仍有着古往的意味。汉蒙商贩，赶着牲畜向山沟处走。轿车下徘徊着寻食的猪仔。山上还留着古箭楼、炮垒的痕迹，用那个，我们曾镇吓过别的民族。

四

像罗马战士胄甲的眩目，车到大同站时，特别是在夜间，站台上布满了闪烁的铜器。如定州眼药或滁州网篮一样，大同的铜商选本地最精致的出品，供路过的行人买去作纪念。

被历年攻城军打满了窟窿的是城墙，那些炮火的痕迹向每个初游者诉述了这城在内战中的厄运。北门顶上已颓成只剩两三块随时可落下来的砖头，倒悬在稀薄的土堆上，向着每日在它下面路过的千万行人祝福。什么时候，也许为了一阵风，这两三块砖头高了兴，就会在一个行人头上落了下来。

古旧的凸凹式的城墙上盖着一座业已破旧的洋楼，尖尖的屋顶也曾遭过炮火的攻打。弓形的门楣上，一壁题着"云中锁钥"，另一壁是"屏藩紫塞"。料想必是那位知府羡慕西方文明，在这纯东方式的高城上盖成这么一座高高的洋楼。

城门脸贴的是些"山西人吸山西省办的香烟"一类广告。革命的标语和破旧的匾额比赛着谁"老"。尖尖的瓜皮帽下绉着黄瘦的脸。一个漂亮的女人走过去了，许多批评者都奋兴起来。

恰巧是刚下过雨，拖车者的脚拔伸于半尺厚的泥粥里。泥路的两旁是铺户。"戒药烟丸"的条子斜贴在玻璃上，炕上横竖正躺着几个瘾者。萤火似的小灯映着桌边称货的小天平。咚咚的鼓配着天国的歌声的是救世军。灰色的制服飞在快马上，溅起细碎的泥花。枯瘦的乞丐，唱着梆子腔，向着铺主要钱。八岁的姑娘，胁间系着粉色小绢，立在一边悬着本省军事领袖、一边是本地最漂亮女人放大玉照的照像馆门前，咬着手绢嘴儿，呆呆地瞅着玻璃窗里托腮的娇态。

城中心区四牌楼，窄窄的十字路口堆满的是菜筐、布挑。往东，那泞泥得像猪圈的路旁，屹立着九龙壁。粗壮的黄绿琉瓦的龙身交叉地爬满了一个高大的墙壁。周围有无数小龙条条地镶成边缘。看来虽缺乏北海那块的光泽细腻，却有着更雄伟的气魄。壁前立着一些碑石，记载着这壁在某年旱灾时显了如何的灵。

受到历史的特惠，大同有着许多罕见的大庙。云冈的石刻，华岩〔严〕上下寺和善化寺的泥塑之伟大，说明了北魏时中国统治者〈的〉魄力与佛教〈的〉魔力。几乎每个庙都有着布满的壁画，各样表情的仙佛伸着细长的手指，在云端里逍遥坐禅。白的鸽和轻的燕，一群一群地环着那巨大的屋角飞，对着每个来者呢喃地道着时光之隐秘。

虽然"妇女应以瞭街为耻"的条子贴在武定街壁上，黄昏时分，人家门口还不缺乏一些艳装的女人，露着拙笨的笑颜。常为拉车问到的是：逛不逛破鞋。种类不同：明的，半明半暗的。包月，靠家，凭你选。多么难为情呢，当着她丈夫和女人调笑，回过手来还由那驯顺的男人手里接一杯滚热的茶。"难道不嫉妒吗"，你向他笑。他会无言地又为你斟上一杯。

哪一户是好人家呢，你会好奇地想。有了，好人家门楣上有这样的对联："良民住户家，行人须止步。"其余的呢，谁也不知道。对一个稍稍耳闻此地风俗的生客，每个开着的门都成了诱惑，每个阖着的门也保持着相当的神秘。于是，纵使是平坦的巷路，街上也仍有着探险者。

这样一个大城没有一份报纸，谁相信呢？但我连县立图书馆都去了，也找不到一份壁报！我也不曾见到。这些人，裸着油亮的背，呼呼拉着他们的风箱，叮当打着他们的铜器，笑着女人新制的衣裳。对于路的泞泥，天国的福音是什么，民国遭着如何的厄运，都似乎一例的漠不关心。由此门脸上那空悬着的两块威胁人命的砖，就可以知道这些人是怎么样地生活着哪。

这叫我想，仅是交通便利也未见得就提高文化呢。

五

由大同，只要几十分钟的火车，就可以看到煤的世界了。多么富的煤田呵，黑黑的炭山，因为运不出，自己竟由核心燃烧了起来。

口泉地方虽然不大，给咪咪的小火车和耸立的大烟囱点缀得很像个工业区。站在由大同开来的小火车看坡上停的矿务局的小火车，小得令人发笑。汽笛一拉，声音弱得像女孩子在捉迷藏时打的招呼。但带我去永定庄看晋北矿务公司岩村的煤井的却正是这样一种小火车。

转过一座山，入了可怕的境地了。煤的堆上正走动着几十个黑的脸，黑的臂，光着黑的腿的装煤手，用后脖颈顶着一筐筐的煤块，往才驶进煤巷的货车皮里装。装满了四十吨，大家共同的平分着那一块把钱。

沿着煤谷走上去，奔着那高耸的烟囱，奔着那隆隆的声音走。交错的小火车道上正滚着小煤车呢。下坡路的车飞似地跑。车由井口一送出，黑的人，狂舞地骑在下奔的车上，呲着白牙，扬着黑手掌，高声喊着地就溜下山去了。苦的是上坡路。咧着红唇，揉着汗咸的眼，喘喘地缓缓地向井口推。

井口才是忙地呢。几根交叉的木条中间转着一个通了铁绳的滑车。直径丈余的煤口交换地升降着空车和煤车。当当的铃声，隆隆的车声，杂着在井口司事的喊声，令一个过惯宁静生活的人感到这些几乎不是同类。

这么的一个小井口每天有千五百人作工？我怀疑了起来。工程师是位直爽人，说，不信吗？带你去看看吧。于是，他发了一句话，随着，就有人抱来一堆衣服。蓝的褂子，蓝的裤子；高厚的牛皮靴，柳根编织的小帽。随着，他交了我一盏手提水电灯，一条木棍。

“别怕！”他笑着说。又拿一张蓝地白线条的地下路线图指给我看，什么地方已经采过，什么地方正在开采。“我们这矿最老实不过，伤人的事极不多见。”

我不曾怕呢，我在笑我的服装。肥宽的褂子，扁浅生硬的柳帽，白昼提的灯和手里那木棍完全把我扮成个丑角了。

煤井口的人们待我们一走出门来就呈出突然的镇静了。待发的煤车子停顿在道岔口，推车人收住了狂肆的笑容。司铃人规规矩矩地立在井架旁。井上的绳子停止移动了。两架漆黑的升降机，淋淋着满身的汗，伫候着我们。我懂得，这是上司到了。

走到机旁，工程师一定要我先走进那个大匣子。

"我进了地狱，"我心里说着。矿的恐怖我开始感到了。矿的悲剧将临到我身上了。有什么办法呢，我终于先他而迈进湿湿的煤车升降机里了。

我握住旁边的铁杆。当当，两声沉重的铃声招呼高车司机人的注意。随着，当当，更严肃的两声，我们就由地面沉下去了。

井边的一线光逝去了。机身增加了速度。呼呼的冷风袭人的骨髓。工程师微笑着，修理手里的那一盏灯，对这下坠，呈着熟习的坦然。机车达到了井底，他仍微笑着要我先走出来。

黑的洞，蠕动着黑的人儿。隆隆若雷的是煤车在窄轨上推动的声音。洞径的两旁不息地流着水，阴森的声调，阴森的漫流，像一条地狱的小溪。

呵，地狱，这是再能解释一切不过的名子〔字〕了。呼噜噜，那边洞口冒出一串咧着白牙呐喊着的黑鬼，愁苦包着他们狰狞的脸，推着那地狱的车。为了两三毛钱，把自己埋在数百尺的地层下，一切听凭另一个神的安排。

矿里掘洞者为了生命却把生命押放到不妥的地方去了。抗了粗大的铁锤，硬向那煤壁上撞。撞，撞下来一块驯顺的煤，就被煤车推到井上去了。撞下的是一堆黑黑的东西，并力地压了下来，这煤块便作了采煤者自然的墓土。

洞中还有着分段的办公室和随手的铁工。拉着呼呼的风箱，迸着地狱中碧色的火焰。

就着我们微小的灯光，我们钻进了说是最保险的一个洞。托着一颗怕死的心，我们屈了腰，偶尔扶一下两旁的石断层，沿着流水走去。阴森森的煤洞垂线似地落着雨珠，腾着煤气的雾。工程师一路走，一路给我讲说着煤如何因为军事运输及关沟行车不便而不能畅运的话。恐怖的氛围使我愈走愈慢，终于，我们又为那高车带回地上。

像对着一个新工程师，井口那些煤黑那么地看着我。包围着煤井的，是高车房、电力房、铁工厂。井旁一个口眼，冒着由矿里挤出的白煤烟。

沿着小铁轨向下坡走，进了一个开着许多小店铺的肮脏的巷子。土的房子低得几乎压到住房人的背上。巷里正踱着些应该下午入矿的矿夫。手伸到袋里去，懒懒地向前走。我跟了他们，走到一开〔间〕小屋门前。他们停住了。门紧紧地关住，里面土炕上荡出吆喊声。

门叫开了，我趁势探了一下头。许多条铁黑的汉子把背围在一起，正用眼睛瞪着粗碗里的一颗乱舞着的骰子呢。细碎的响声，使得一些工人喜得在土炕上顿脚，也恼得一些工人捶着身上多肉的大腿。

把街走到尽头，我懂了那卖命赚钱的人一天那两毛二钱，除了油面，花费在什么上头了，赌局、鸦片、姑娘、药店。

六

又过卓资山了。这是四年前我曾度过夏的地方。那时鸦片花正在盛开着呢。黑早就把光光的脚伸到藤拖鞋里去，拖到罂粟花丛中，守在提铅桶拿剪刀的土人身旁，看他们刮采花苞上的嫩白浆汁。车过十八台，我就眼巴巴地凝视着车窗外。建在山坡上的土房子显露了。卓资山到了。我在盼着看那一片美丽的毒花。但是，今年神怒了呢！一顿雹子把才冒出地面几寸的花全打毁了。但我们能和灾难搏战的农人却又种了出来。

　　久违的绥远又呈在我面前了。城还是那么方整，不再是黄土碎石道，城里城外都已铺成平整的马路。沿着路栽着平排的树木。树荫交界处立着带白手套的警察，连行人走路的方向都指挥着。铺面有的由雕栏金匾改成西式商店。女人有的剪掉了大髻。卧龙岗修成了龙泉公园。一间泥污的小茶楼新近刷了一层漆，挂起"新生活饭馆"的招牌。民众教育馆添了若干标本。日报附了新文艺创作。旧城开设了为接待要人、学者的绥远饭店。这个辽远的城市似在尽其全力向现代大都市的憧憬阔步着呢。

　　大台〔召〕（依克台〔召〕）里虽仍住有百多个喇嘛，东边却辟成共和市场。凉粉、酸梅汤的摊子陈在魔术场的隔壁。擦了满脖子红粉的女人端坐在长条凳上，一壁吃，一壁听着四面交攻的锣鼓声。台〔召〕门前就是据说曾被清圣祖的马蹄踢出泉水的玉泉井。

　　在建筑的美丽上，我总愿推崇舍力图台〔召〕。只它那欧亚合参的构造已够使一个对此道全然不懂的人醉心了。方的角隅嵌的是金色的装饰。梵文的字母被构成如中古月牙琴形的图案，圆圆地并立在屋的各方。雕廊的粉壁上是极富想像的佛典的壁画。殿中大柱上爬着巨大的龙身。给我们开门的喇嘛指着殿中央的太师椅，用生硬的腔调说："这是班禅活佛的宝座。"

　　走到内殿，同行的友人要求他将康熙皇帝的胄甲取出来看。不很甘心地他打开了黑角落里的大箱，小心翼翼地抱出一个大黄包袱来。

　　他拿出一件用钢片凑成的沉重的战衣来。抚摸一下上血〔面〕的宝蓝缎，就授给了我们来端详。连那黄缎靴他都顶不舍令我们玩赏得太久。问到来历，他说：康熙帝驻跸归化时，误杀了一个蒙古亲王，惹起了蒙人公愤。

　　"那时候这台〔召〕都给我们的人包围了。"他立在黑的一片里，瞪大了眼说。"一个喇嘛和他换了衣服。他装作喇嘛逃走了。把胄甲留在这儿。"那人真神气，好像康熙皇帝就同他换过衣服一样。

召殿的旁廊，住有一位王爷。双髻搭在肩上的蒙古女人，用大大的眼睛凝视着我们。穿着紫衣、系了黄腰带的小达子伏在女孩子的背上，满院背着走。廊的柱子上贴的是些欢迎民众信仰的班禅大法师的标语。一些拖了油长辫子的喇嘛闻着鼻烟正在廊下踱步。

我憬然明白了宗教对原始民族统治者有甚么用处。

遇到了一位现任省吏的朋友，在一家酒楼上。谈起话来了。

他是南省人，在塞外已作了六年官。说：

"你这书痴子，理想者，来这儿就知道在中国，应付环境都不容易，先别讲改造。"

"呕，你骂本省鸦片公开。请问，设若今晚发一道命令，吸鸦片者死，明天早晨恐怕全省剩不及五十人。你准他们吸而不准种，好，经济状况已凋敝不堪的绥远将因鸦片销耗而把仅剩的一些现金全数流入别的邻省——最可痛的，是多半流到奖励种烟、质料最佳的热河去。而且，种了鸦片的田地再种别的已不长了。更明显的，这是省府财政主要的收入之一项。看看你有什么办法？"

事实和职务为每个官吏找到类似的一番议论，来解释当前的矛盾，但收着烟税，心下盼企着中国认真"拒毒"那一天的也大有人在。

临行我想登城墙，看一下城中的全景，就由石砌的马道攀到北门城墙上去看。由火车上看来齐整的城是没有把握的。城楼入口处是所毛房。城楼上正摊着一大堆褴褛泥污的男孩子，扯了喉咙喊着一些由记忆□中掏出的经书，而实际在用小胳臂角力玩。一个咬着红萝卜的孩子向我笑着。一下，也被隔壁打着的孩子卷入争斗的漩涡里了。

城角处临风正立着两个艳装的女人，用粉色的手绢比说着什么可笑的事，引得跟踪在后面的男人不能不笑，引得卧在楼下的私塾书生们也非笑不可，直笑到陌生的男人和她们熟了，就揣起那条曾作为媒介的手绢，三个影子便消失在城的马道处了。

朋友说："有什么办法？几乎家家都干。此地人很淫。作官的管得了一切，能管得住人的性情吗?"

我索然地随他踱下了马道。心下不服着上面的话。

看了几家仍徘徊在手工时期的毛织业。织毡工人受着最大的苦。羊毛屑堵塞着呼吸器官。一个被刀割破了手指的学徒正倚定一根柱子啼哭。毛呢在样式上虽尽力模仿舶来货，其品质之粗糙，仍毫无进步处。

想去百灵庙，朋友说："可不这么容易了！虽然离此才百多里，只隔一道大青山，自蒙古自治以来，那地方我们没有胆子去了。"但自治了的蒙古人看来头脑仍是那么简单，朴实，易被人欺呵！

在离开绥远那早晨，我拜访了一位师长。这不是篇悼文，容我在这游踪里留下他的名字罢。刘半农和白涤州等先生动身比我早了一天。那天早晨我在绥远《朝报》上读到了"刘博士由包来绥，现寓绥远饭店"的新闻，就决定用一个熟悉的口音和面孔来惊吓他一下。

本来是同友人肃庵君偕往的，但他因怕见生人，愿在楼下等我。白衣侍者把我领到一条窄路尽头的房间。半农先生捏着他的烟卷，微笑着站在门槛处了。

带着孩气的好奇心，我随说话随看摆在镜台上的测音器。知道他参观了本城的学校，测过了许多处的音，并且打算日内去百灵庙。

火车时刻表不容许我多坐。而且我也没有理由用一个熟人的名义扰他学术的工作。

"有什么事我能替你在北平作呢?"

"唔,"他笑了一下,把手伸到袋子里,掏出一个名片来。"请你到北平打电话给我的太太,说我在这儿平安。"

我接了片子,一面用手势往回推他,一面自己就退了出来。

被他推起短髭的微笑送出饭店的楼口后,我就匆匆地赶上了西行的火车。

七

包头是个仍带点原始朴质气的小城。包围车站〈的〉只〈是〉一片荒凉黄沙地。南边是一带黄河,闪亮地睡在南海子。城是倾斜地建在山坡上。像泥模型似的,一座座的小土屋静静地躺着。

因为是走到了蒙古地草〔草地〕的跟前,沿街走的红油脸垂着黑油辫子的人特别多,回族人也很不少。在交通上,这里几乎是个水陆的中心。平绥路的车走到了尽头,南海子长年往来着走包、宁的高帮大船。宁夏、甘州、凉州的货都以这里为尾闾。所以在商业上,便是个很重要的地方。

城年青得很。民国十二年才因为铁路的到达而设治局,十五年才成县治。但因为地势的扼要,市面上还熙攘热闹,骡轿车停在道旁,洋车夫操着山西腔,在人丛中吆喊着奔跑,繁荣中心的前街有着大门面的店铺。陈旧的富于象征性的幌子低垂在铺檐下。

东门外的转龙藏是最惹目的名胜。龙王庙建在小山阜上,瞭望着全城的土屋顶。庙后是马将军筑的炮垒山,坡上潺潺流着终年不涸的泉。这是城中住民的饮料,虽然迢迢地跑来泉水发源池处洗眼睛的也不乏人。

立在炮垒上，南可以眺望如带的黄河。坡下沙地上，不时地过着驼水桶的牲畜，印在沙地上静默的影子，给人以沙漠的幻象。

十五里的轿车会把一个旅行者载到了南海子。那是一片汪汪的黄河。成百只的高梆船，七站船，小筏子，各靠在河边，飘在黄水的摇篮里。船里正有人吆喊着装载货物，岸上站着些穿红襟的汉子，吹〔吸〕着烟袋，守着面前的景色。

距河岸近处是个由船户所组成的村子。他侍奉的大神是治理洪水的禹王。

归途遇到了当地的一位官吏。对着开发西北的前途他说了不少沉痛的话。像是述说一个将断气的人的病状，他告诉了我某国如何勤敏地按月派武官来调查，去年的兵灾如何地使本地人旧历除夕握了现洋买不到一斤面粉。

"回去罢，"另一位西北的长者拈着枯黄的胡须对我说："告诉国人说，屯垦不是容易事，想速成地来发财，必至失望而归，让我们吃惯了苦的人去和自然对抗吧！如果国内有能吃苦的青年愿意和我们下田工作，我们竭诚地欢迎。响亮的口号与我们是毫无用处的。"

我翘首望那广漠的一片，我信任了生存的意志所赋予西北民众的与天人暴虐的对抗力。

《新生》（周刊）

上海新生周刊社

1934 年 1 卷 39 期

（李红权　整理）

内蒙古之回忆

刘涵松　撰

余生于陕西渭南，才十龄，先母即挈我来沪就学，盖余母早感觉到，受过教育之女子，始具有作事能力，其服务社会，固与男子无异也。是秋九月，余母留余在沪攻读，独往甘肃酒泉县省余父。缘余父自十四岁后即往返陕、甘，经营商业，其活动范围，西达新疆，北通蒙古，南遍青海，而酒泉适居其中，乃创立基业于该地，作永久计焉。

余在沪初则肄业于启秀小学，继则肄业中西女塾，思亲之念，无时或已。如是年余，余母始由内蒙古北草地来沪慰余。同处方一载，又返酒泉。再越三稔，余忽患大病，虽幸医治得法，未致丧生，然精神衰颓，思亲若渴，乃商准长兄，伴往酒泉省亲。时陕甘大道，土匪猖獗，军队骄横，行旅客商，时有生命之虑，不若取道内蒙古北草地之安全，斯余幼年旅行内蒙之由来也。

八月中秋自沪起身，随长兄乘车直达包头。一旦由极繁华之上海，骤临此数百里无人烟之内蒙，恍若隔世，胸中引起无限疑问，叩诸兄长，则答以："包头乃内蒙古之上海，入北草地后，并此而永不见矣。"余心中亦疑且怪，注意力亦随之倍增。于是在蒙古北草地之生活状况，深深地刻画于吾脑海中矣。迄今虽时隔十数年，偶一回忆，其状其景，犹历历在目，惜彼时年幼识稚，未知调查民情风土、详记地名，用备于今日各界人士热烈开发西北之顷，写一有声有色之文，以飨读者，为可憾耳！同乡杨觉天先生热心西北事业，主办刊物，屡以余曾身临蒙古而索余文，此又余勉强描写几件有趣之事，供阅者茶余饭后谈助之动机也。

抵包之翌晨，余兄携一大包袱来，对余而言曰："暂且改换装束，免得行人注目，待到目的地后，再穿汝平日之衣装，望勿难受。"余笑而受之，启包视，则粗蓝布衫裤一套，黑斜纹布布底鞋一双，白粗布袜子一双，反面老羊皮袄一件，蓝粗布方巾一块，粗驼毛线围巾一条，在吾兄意想，恐余久处繁华之上海，奢侈最著之女塾，顿换此类装束，心中必十分不快。然余固未念及此，盖幼受父母之训诲，居恒以"俭朴吃苦为人生美德"，深惜已往久居繁华之上海，身处贵族式之学校之非是，今幸遇机会实践父母俭朴吃苦之教训，心中实快慰万分也。

计自上海到酒泉共费时七十日。途经沙漠甚多，而沙漠地之惟一代步工具为骆驼与马。马又只能乘人，且其所用之干粮饮水，尚需骆驼为之驮背。盖行走蒙古地，往往六七日不见滴水，气候又极不均匀，日间炎热如盛夏，晚间寒冷似隆冬，非马所能忍耐，即骆驼行走，在夏秋亦只能于下午六时至翌晨八时行走，每日行程约七八十里之遥。在沙漠地旅行，并无路线可循，亦无足迹可践。因纵有足迹，亦随走随被风沙填没，是所行路线，全凭驼夫与骆驼之经验前行。骆驼之性情驯良，敏捷、耐久。余同行之骆驼有二百余只，每第十只，颈项系铃一串，其前之九只听此铃声而行，若任何一只，或系铃者遇有意外之事，则带铃者停止向前，全体伫立，故驼队除有生病致死之外，行途中绝无遗失之患也。

驼夫帐蓬内之规则，既神秘又严重：一不准在帐蓬内之上而行走；二不准在帐蓬内放屁。触犯前者，重打三鞭，触犯后者，则屈体绕蓬之三面，往返九次。一日余入驼夫之蓬内参观，无意中从右边经上面直向左边走，全体驼夫大怒，欲鞭余，但以余乃一女子，不便重打，又以余系老东家之幼女，万里省亲，筹思再三，结果将余所赖以御寒之没面老羊皮袄脱下，重打三下，是无异在一望无际之沙漠大舞台上，演了一出打黄袍矣。经此意外，常存再不敢擅登三宝殿之戒心，嗣后细询帐蓬规律为何如此严重之原因，始悉帐蓬内之上边为驼夫敬设神位之处，不容任何人冲犯，尤其是女子，更犯忌讳。荒诞不经，真堪发噱！至于放屁一层，其说颇觉有理，并可概见无知无识者之公德心。盖帐蓬为皮布所作，每蓬内，须卧二三十人，呼吸之空气，已觉局促，何堪再加一屁之臭味，此无怪乎有此之重罚也。

　　沙漠地之饮食，全凭牛羊肉与乳汁，沿路从未见些许蔬菜。某日正在张蓬休息，忽来一蒙古女子，手执一大布口袋，硬索米面蔬菜，吾等即分与之，借免纠缠与意外之麻烦。此女子携米面跳跃而去，一种天真简单之神色，尽情毕露，俄而又来三四女子，滋扰无厌，我等不得已，乃另迁较离蒙古包稍远之地，下帐休息以避之。

　　蒙古风俗，男子骑马闲游，其传达消息，间或速于内地之电报。女子照看小孩，兼带牧牛羊，并向来往客人索取米面，若得之，则以为荣，夸示朋辈。一日余伴长兄探望一绅士式之蒙人（此人乃吾兄之老友），彼邀我等在伊包内坐谭，其妻给余大砖茶一杯，杯内茶锈约一分厚，外附珂单子一块，污秽不堪，臭气扑鼻，此犹为蒙古最上之食品。余兄示余以眼，命少食，以免开罪主人，余勉强用舌舔之，幸而余胃甚强，否则必大呕吐矣。蒙古人之辨别力很强，余虽男装，然每遇一蒙古人，则呼余为珂珂。珂珂者，小姑娘之称也。新疆缠回往来蒙古地之数，不亚于汉人，最喜人呼之为"阿洪"。某日一缠回骑马来止帐蓬外，余即呼之曰"阿洪"、"阿洪"，彼快乐非常，继而余嬉之曰："阿洪！适来曾见一骑马之回回乎？"彼当时大怒，骑马而去。后到酒泉时，将此事告知先父，适有客在座，皆哗然大笑。

骑驼之乐有三：能念书一乐也；能疗百病二乐也；能健饭三乐也。骆驼腿长身高，故欲骑时，执其缰，口呼"所所"，驼即向前卧下，骑者即由头向背上爬，然后驼起前腿步行而前矣。行时稳匀而速，盖跨步之距离远，如长腿行路较短腿者步数少而反快也。惟其稳匀，故能念书，余自包头起到酒泉上，共计六十五日，读完《左传》与《孟子》。余在包头起身时，余病未痊，行至百灵庙，竟霍然大愈。余有一侄，在校染肺病，随余二兄由蒙古地奔丧，肺病全愈。每日三餐，每餐进食至三大碗，可供余平素三日之粮，沙漠地之水，味多咸苦，有时其气味颇近马尿，不惯者饮之，常常作呕。然此水还得用骆驼驮之，以备无水之地饮用。但亦有时能得极甜之水，其清香又远胜雨花台之天下第一泉也。

十月终，到达酒泉，天气已冷，见余父头发胡须俱白如雪，与曩昔大异，幸言论风生，行动甚健，精神矍铄，无异往日，余萦回再三，不禁悲喜交加矣。在酒泉闲住一年，遵陕甘大道而回，其闻见自与蒙古无关，故不多写。

《西北问题》（周刊）

南京西北问题报社

1934 年 2 卷 1 期

（朱宪　整理）

百灵庙旅行记

子青 撰

　　百灵庙在绥远西北三百六十里，可通汽车，交通亦称便利。庙名永福寺，蒙语称为"巴图哈喇嘎召"。传元太祖驻军时，见环山险固，称曰"巴图哈喇嘎"（意即坚固之关）。建筑仿西藏拉萨，计房千余间，僧众八百余，为达尔汗旗南部著名大召也。教权归诸达喇嘛，僧政则属于格斯贵。法度极严，按向来习惯，周庙三十里内，女性不得居住，即商人亦不得携带眷属。凡逗留百灵庙附近地者，须得格斯贵允可，否则驱逐，形同租界，虽旗务公署，不得干涉。自蒙古地方自治政务委员会设立于此，职员携眷者渐多，会政浮于僧政，格斯贵之权渐次失其灵应矣。

　　百灵庙地属达尔汗旗（云王旗所辖旗）。按达旗旧属四子部落。康熙间，噶尔丹北侵外蒙，云王先祖因不堪其蹂躏，遂率札萨科图汗民众南来。清廷为怀柔招徕计，令沿疆各省区，供给牛粮、帐棚，设地安插，遂割四子部西北隅与焉，即今之达尔汗云王所辖旗也。达旗东西计二百里，南北长四百里，人口七千，气候严凉，五谷不能熟，完全游牧地带也。王府在百灵庙以北七十里，骑者半日可达，建筑宏壮，风景甚佳，天然结构，有胜于人功也。

　　百灵庙迤南有丘，高三十丈，曰寇肯山（即女儿山）。传山中有女神，曾佐成吉斯汗而建大功者，喜音律，又云马头琴之发明者。按马头琴，音韵壮烈，弓弦松软，故于驰骋之间，能幽扬中节，诚旅行之良侣、蒙人之绝技也，惜能者甚鲜，殆将失传矣。康熙驻跸时，每闻山中奏乐，恶其为祟，因建秽物以镇之，神恶其不洁，遂远荡北海，今镇物尚严〔俨〕然在庙也。寇肯山以南，土地平衍，清流横贯，水草极盛，每于夏际，绥、包驻户，均牧畜于此，毳幕星罗，牧群棋布，山巅群马，绝壑怪驼，兔走鹰飞，猎犬纵横，乘马驱犊，回环如画，夕阳在山，炊烟缭绕，虫鸣马嘶，游者极感兴趣。倘于此间，辟为菜圃、果林或稻田，均极相宜。十年树树，古有明训，执事者三注焉。

庙西南有山如五指，高峻险要，登其巅者，非数息，莫能至。凹处垒石成围，方可二亩，即所传之康西〔熙〕营也。山脚有河，曰埃布格，谓其小也。河东流，会女山〔儿〕河，转西北，环庙如带。河多草鱼，如流沙，产怪蛇，绿质红章，逢人辄追逐，性极凶悍，游者戒惧。水流湍急，导而用之，可以磨面、制电；浚而深之，可以种荷、养鱼。山产药材，如黄耆、大黄、柴胡、桔梗之属，随在皆是。药商以七千元之代价，拟行开采，主持者，以迷于风水而未允。弃材于地，良深可惜。

百灵庙西北八十里为成诺尔图召。呼图克图为亚勒格孙，民国十七年圆寂，转坐于百灵庙以南格前公。本年六月，僧众迎请回庙，仪式颇盛，毳幕云集，男妇拥塞，几至全旗动员，而所费不资矣。百灵庙北四十里，曰罗隆苏木，富藏煤炭，因风雨侵蚀之结果，块然巍立，掬拾可用。土人迷于神说，谓用之不祥。蒙委会苏宝丰先生力主采掘，众口铄金，智者束手，结果石拐讲〔沟〕（萨县煤窑，距庙三百里）大发其财，而罗隆苏木则时运不通。

百灵庙以东七十里，古迹有乌兰巴特儿城，城垣已倾圮。传有乌兰巴特儿者，性极勇悍，当噶尔丹之变，清军溃退，乌兰据城苦战，经半载，食尽粮绝，清军不至，城陷被戮，乌兰自忘其死，往往显形于世，土人因以神事之。

　　百灵庙稍东，为蒙政会，全体职员群居毳幕中，入则盘膝危坐，出则鞠躬塞门，每当烈风怒吼，全幕摇撼，公文横飞，雨雪一降，毳幕寸冰，血肉作抖，执事者虽能忍受，而负边疆之责者能无动于中乎？诚所谓蒙事艰难也。至于政事措施，以困于经费，不能有何进展，各报均有论述，兹从略。

　　政会以东为商户，凡三十家，以手工业者居半数；余则为杂货店，其著者曰白明三、复元奎、积记、聚义公数家。邮局、无线电台、稽查处亦在是焉。百灵庙商户贸易方式，各商号均以百灵庙令〔为〕中心，分画各旗为若干贸易区，每区设负责者二人，由总号（在百灵庙）以一牛一车，载货至区，散诸蒙人，收其牧畜、皮毛，归诸总号。牛羊则放置牧群，秋后驱诸内地；皮毛则随时运之绥远，售诸外商。周而复始，故每当春夏之交，各商户常集牛马数千头，羊以万计，闻者咋舌。凡赴蒙贸易者，绝无富商大贾，而结果如斯者，蒙古文化落伍，易于受愚也。

　　百灵庙之二害：一，即是成群结伙之恶狼，土人牧畜之被啮者，年约百分之三十强，独不伤人，故土人目之为神兽，猎之不祥。嗟呼！茁壮而肥大者，牛马，洁白而柔弱者，羊群，食之不尽，用之不绝，狼虽无知，当知人肉不若牛羊之可口，土人曲而护之，幸哉，狼也，蒙地之豺狼日多，不亦宜乎。二，刺眼虫，腹白睛红，大如马蛭，飞如闪电，偶着眼际，即遗蛆如脂，倾刻似蛭，沿眼球转入脑中，而人毙矣。故人多御风镜以避之，或备药以防之，其害甚烈，但不及牲畜，或人畜眼部之构造不同耶？

　　百灵庙以旧历六月十五、六、七三日为庙会期，如北平雍和宫正月廿九日之跳神驱祟。即牛鬼蛇神，禹步盘旋，铙钹聒耳，凡居平者，人人皆知，然其命意所在，知者极鲜。记者为明了真像，叩诸高僧，[记者]所述如下，以飨阅者。

十五日为麦达佛（即文殊）出巡日，神出风随，舞作盘旋者，拟风也。十六日曰跳塔，事出藏经，缘神建佛寺，一切木材、砖石之属，均由一青牛独力运载，其功甚伟。寺成，佛竟忘其功。牛怒，遂在人世以暴力称王，日食人畜。佛母命神兵及罗汉、星宿之神，合力擒捉，牛悔其非，佛悯其功，度为神。是日因人数既多，面具奇玮，极为火炽。十七日为弥勒出世日，有二猎者，日嗜杀牲，一日追逐群鹿，鹿窜入弥勒洞，弥勒悯其无辜，以法收鹿，继猎犬至，复收之。猎者失鹿忘〔亡〕犬，恼丧奔寻，至弥勒洞，则鹿、犬伏于僧侧，呼之不应，驱之不起，引弓钻射，矢复纷坠，惊惶莫测。弥勒劝其皈依，遂成正果。

此系佛教之宣传，国人寓目者极多，而知其寓意者则极鲜，故略述之。记者居百灵庙二月，专从事于实际调查，所得结果，略如上述。

《新蒙古月刊》

北平新蒙古月刊社

1934 年 2 卷 4 期

（李红权　整理）

外蒙行纪

心佛　撰

一　从鄂尔多斯至察罕淖尔

这次去外蒙旅行，同行者除我而外，尚有爱丁堡《晨报》的主笔汉生博士，牛津大学的监督毕亭顿爵士，以及牛津大学教授莫蕾氏三人。我们于一九三一年的三月上旬由英伦起程，沿途略有耽延，直至四月底，始抵中国的上海。在上海度过炎热的夏天，原本打算去四川游览，后因水灾、"共匪"等等的阻碍，乃决计北上蒙古视察。当计画决定之后，因为此行费用的巨大，按照莫蕾教授等的意思，本想请求英国政府的补助，后因时间上迫不及待，乃改由私人集资若干，组织一个小小的视察团（也可以说是一个小小的探险队）。在初秋从上海而徐州、开封、西安、固原、宁夏；在宁夏稍事停留，然后北越长城，至阿拉善旗地，复折而东，渡黄河，而至黄河大弯曲之鄂尔多斯。我们到达鄂尔多斯，正当一九三一年的九月下旬（就是中国废历的中秋前后），我们在鄂尔多斯领略过了成吉思汗陵前的秋月，即从鄂尔多斯北上，越黄河而至河套。然后出河套，越乌兰察布盟之哈都那林乌拉岭，西北至外蒙三音诺颜境，再进西行，经大沙漠，至诺颜哈喇山（此山为三音诺颜与扎萨克图汗之界山）。再由此山折而东北行，过巴颜察罕山而至察罕湖岸（察罕湖，蒙人呼为察罕淖尔，"淖尔"意即湖也）。在这一段的路程中，所费时日共计二十九日，正合四周零一天之数。

我将我们半年来漫游外蒙的旅程，分为三个段落。以上所言从鄂尔多斯到察罕淖尔，是我们视察蒙古的第一段的路程（第二段路程是从察罕淖尔至唐努乌梁海，第三段路程是从唐努乌梁海至索伦秘密国，均在另文叙述）。在这第一段的路程之中，所经过的以沙漠为多，尤其从越过哈都那林乌拉岭后，便天天在沙漠中辗转。蒙古沙漠，在蒙古高原中要算是低的部分，高出海面自二千五百尺至三千尺；沙漠面积，约占全蒙土地三分之一，南北自北纬三十七度黄河北岸起，至四十八度外蒙库伦止，约一千二百里至一千七百里；东西自东经百度甘肃居延海的东部起，跨满、蒙经界，至兴安岭西麓止，约三千余里。这片广大的沙漠，横亘内蒙与外蒙之间，在土谢图汗与三音诺颜之交界处中断，将沙漠分成东西二部。以往旅行蒙古的人，多取从张家口去库伦之大道，所经沙漠为东部沙漠，地当车臣汗与土谢图汗之南。而我们所经过的沙漠，乃系西部沙漠，地当三音诺颜与扎萨克图汗两部之间。我们经过的这条路，中国队商经过的很多，西洋人士曾经从此经过的，据说仅有美国第三亚洲探险队。

我们这个小小的视察团，虽说是由四人组织起来的，可是四人除我而外，都是富有经验的专门学者：一个汉生博士，他是新闻学家而兼历史学家；一个毕亭顿爵士，他是英国有名的生物学者，对于地质学也有相当的研究；一个莫蕾教授，他是考古学的怪杰，又是一位伟大的旅行家，他在一九二九年的时候，曾经徒步漫游遍了南非洲的全境，我们这次远涉蒙疆，备历艰险，都是依赖他的那种富有经验的指导，而他也是我们这视察团的领袖。说到此行的结果，大体上总还令人满意的。然而，这满意是指全体而言，单说我自己，则既非什么学术专家，就连极普通的，作为考察上所必须具有的科学常识，也还未能略窥门径。以我这样一个门外汉，滥竽富有经验的专家之林，实在觉得有些不配。在旅行结束之后，他们差不多都是满载而归（什么人骨、兽骨、化石，以及他〈们〉寻获的古物等等），而我却仍然是"两袖清风"，所仅存的惟有这一部寥寥数万字的旅行日记而已！

在我这一部短短的记录中，不过仅对外蒙的生活状况、民情风俗，作一普遍的视察。至于考古学上的发现，则因与莫蕾教授有约，暂不发表，等到他们每人的著作（那自然是一些极有价值的大著作）完成之后，我再择要译出，贡献国人好了。

看看外蒙的现状，想想中国的前途，这种普遍的视察，对于我们，也许较之那些考古学上的特殊发现，更为重要的吧！

一九三一年九月二十三日　星期三

今天到鄂尔多斯。

清晨，渡黄河，过一宽约十丈、高约三百英尺的沙堤，复从沙堤东行八十余华里，而至鄂尔多斯右翼前末旗之伯穆湖。

从宁夏起程，直至西套蒙古（即阿拉善）之黄河西岸，差不多是一片黄沙。渡黄河后，这种黄沙更是连续不断，途沿树木稀少，居民寥落。但在伯穆湖之四围，黄沙一变而为可以耕种的土地，居民以蒙人为多，汉人约占十分之二。伯穆湖，蒙人呼为伯穆淖尔，系一小湖，周围二十余华里，湖水颇深，作澄碧色。湖滨气候温和，不类秋天经行之处，野花繁茂，草深及膝，俨然江南深春风景，同行诸人，深以为异。

湖之南岸，有喇嘛小寺院一所，因为天色已晚，我们即去该寺借宿。寺中"大喇嘛"年近六旬，自言曾经到过北京，他的态度庄严而和霭〔蔼〕，我们饮食一切，都蒙殷勤招待，盛意可感。莫蕾教授欲与摄一小影，彼竟坚决拒绝，我不禁在心中暗笑。

此地居民生活，全赖农田收获。可以耕种之土地虽不多，而农民一岁勤苦所得，尽足自给。环绕伯穆湖之东、北两面，尽种木棉，秋阳影里，白花如雪，亦塞外稀有之风景也。

九月二十四日　星期四

由湖滨起程，托"大喇嘛"给我们觅来一位向导。向导刘姓，山西人，年纪不过四十岁，是一个体格非常高大的汉子，他曾在外蒙住过多年，凡外蒙之主要乡镇与城市，均曾有过他的足迹，最令我们觉得满意的，是他还精通蒙古语。我们同他订立契约，每天给以六元大洋的酬劳，使他伴送我们直到三音诺颜之察罕淖尔。我们得了这位精明的向导，对于旅行的前途，增加了不少的乐观的成分。

今天因为我们那可爱的"沙漠船"——骆驼——有一只生了病，走得很慢，预定今日走一百二十华里，结果尚不曾走得一半。汉生博士因此急得直嚷，直叹气，而我们的向导却仿佛见惯了的样子，一点也不着急。

沿途无甚可记，只是风霜拂面，黄沙满眼而已。

九月二十五日　星期五

昨夜气候很冷，我〈们〉在篷帐中烤火谈天，听向导对我们讲说外蒙近来"赤化"情形，令人起了一种"到莫斯科去"的感觉。

据说，近来旅行外蒙，的确不比从前容易了，最大的困难，就是凡去旅行的人，都要有外蒙政府发给的护照。在外蒙通行的大道之上，每隔五六十里，即有驻军扼守，荷枪实弹，如临大敌，他们所以如此之原因，无非是受了苏联的指使。

向导的话，平空加重了我们每人心中的暗影。外蒙近年情形如何，一向无人确知，伦敦几家报纸，虽然也曾不断登载关于外蒙的消息，但那差不多全是一些所谓"捕风捉影"之谈。好在我们此行是预先抱有一种探险的决心的，无论将来发生什么困难，此刻实无预先忧虑与焦急之必要。

一夜无眠，清晨精神稍觉疲倦。那只病驼已被驼夫治好，七只骆驼全部走得很快，从清晨至日暮走了一百一十华里。鄂尔多斯地势，中部较之西部为高，日暮到达呼宋尔图时，验之空盒风雨表，地高四千五百英尺。

今夜即在呼宋尔图一个蒙古包内借宿。呼宋尔图系一小乡镇，又从榆林去包头必经之地，人烟稠密，牛羊遍野。汉人在此谋生者，多系由山东、河南两省新来之苦力。

九月二十六日　星期六

从呼宋尔图起程，北行四十里至巴彦淖尔。此仍系沙地，莫蕾教授因有考古学上的发现，在此逗留约有四小时以上的光景。

向导告诉我们，由此前去不远就是成吉思汗的陵园。我们的路线本来应当从此折而西去的，听了向导的话，便决计东去参谒成吉思汗的陵园。

下午二时，由巴彦淖尔东行五六十里，至成吉思汗陵园。陵园是由无数毡幕及土房合成的，我们到达的时候，天色已晚，即在距离陵园约有二里以外的地方安好我们的篷帐。

我们正在用饭的时候，突然走来类似兵士的十余位武装蒙古青年，向我们问话，他们的语言我们一点不懂。幸赖向导操蒙语告诉他们以我们来此目的，他们很欢喜的答应明天招待我们去参观。

夜来月色很好，我们走出篷帐散步，遥望成吉思汗的陵园，已经完全笼罩在苍黄的月光之内。我因此联想到当十二世纪中叶，成吉思汗以轻骑健儿，崛起肯特山阴，整军经武，以备外侮，侵吞诸郡，统一蒙古，然后南侵金室，西平辽、夏，追玛哈点于里海，讨俄罗斯于喀尔喀河，杀人五百万，灭国四十余，统一亚洲及欧洲的东部，而建立有史以来稀有的大国。终成吉思汗之世，蒙古帝国之版图，东起太平洋，西达聂迫尔河，威震全球，雄视一世，造成蒙古史中最为光荣的一页。我在月光下遥望着陵园上的起伏如连山的毡帐，想到那位以世界为其活动舞台的一代怪杰，不禁发生深深的感慨！

九月二十七日　星期日

得到守陵兵士的特别允许，清晨即去参谒成吉思汗的陵园。

陵园建立在高约四五尺的一片土丘之上，分为前后二部。前部有类似中国内地的土房十余所，后部立有毡幕无数。守陵兵士最先引导我们进入一过较大的毡幕内，毡幕内的地上平铺一方猩红色的地毯，向导正要向我们解释时，兵士已将红毯揭去，在一个颇深的地穴内陈列着大汗神圣的银棺。银棺作长方形，外雕极精细之玫瑰花纹，杂以蒙古文字。那文字，向导告诉我们，都是叙述大汗生前的战功的。

我们从此进入另一毡幕，在这一毡幕内藏有大汗之"博克多"。博克多，为蒙语"纪念品"之意。那些纪念品也是完全陈列在红毯下的地穴内，不过这地穴较之前一地穴为浅。纪念品之最引人注意者，为古代之马鞍、火箭、箭囊、铠甲，以及三足古鼎等物。莫蕾教授欲摄一影，兵士初不允许，后给以银币五枚，仍不允许，不得已添至十枚，方才达到摄影目的。

我们将主要部分参观后，其余约略浏览，即相率离去。在归途，向导告诉我们，成吉思汗陵园，素由伊克昭本盟七旗轮流管理，在全蒙人民的心目当中，是把它当作一个"圣地"看待的，每届春秋祭陵之期，全蒙王公、人民前来顶礼者不下数万人，足征蒙人是如何崇拜这伟大的英雄了。

九月二十八日　　星期一

清晨由巴彦淖尔西行，沿途风沙迷目，中午至准戛尔特。准戛尔特，是一包围在沙漠中的小乡镇，有喇嘛庙一所，我们到达的时候，正值喇嘛在庙前空场上演唱假面戏；戏的内容，虽经向导解释，仍然不甚明了。但见喇嘛们头戴牛头马面的假面，身穿奇形怪状、五颜六色的衣物，从空场后方一个帐幕上走出，且歌且跳，状极滑稽。四围观众以蒙古老人、妇女为多，中有一位盛装妇女，仿佛忽为戏剧中的悲哀的情节所感动，频频举手拭去面上之泪痕，其余观众也无不表现一种悲哀的神色，旁观〈的〉我们，仍然一点也莫明其妙。

在准戛尔特用过午餐，由此西北行，至日暮行抵大白生淖尔。大白生淖尔系鄂尔多斯有名的湖泊，临湖有王爷府及喇嘛庙。我们先去王爷府请求见一见所谓"王爷"，竟被拒绝，不得已将篷帐安置在距王爷府不远的地方，预备在此度过这个漫漫的长夜。我们睡至午夜，忽听帐外起了一片狗吠的声音，惊起视察，看见在王爷府的门前，灯火辉煌，人声喧攘〔嚷〕，使向导前去探问，回报我们说是王爷今夜因公外出。他为什么在这夜深人静的时候带领这许多扈从外出，实是一件耐人寻味的事。

大白生淖尔，虽是一个有名的湖泊，然湖的面积既狭，湖水又浅，而且仅是东部有水，西部则是一片盐地。据说全鄂尔多斯人民日用的食盐，都取给于是。盐地覆面〔盐覆地面〕，远望宛如一片雪野，居民常常直接取用，并不经过什么提炼的手续，自然取之不尽，用之不竭，堪称鄂尔多斯唯一特产。

九月二十九日　星期二

今天清晨在大白生淖尔西岸掘得两枚头颅的化石，及黄玉箭头十余个。化石大小如鹅卵，作苍黄色。箭头完全系极贵重之黄玉作成，晶莹温润，令人爱不忍释。我们的心情，都为这个伟大的发现而兴奋着，莫蕾教授更是喜欢得跳了起来。最令我们惊异的，每个箭头之上，都带有一行细小的字迹，那字迹，即在放大镜下，亦不能辨别是哪一时代的文字（这自然因为我个人的学识浅陋的缘故）。但据莫蕾教授的意见，两枚化石，较之箭头，更多考古学上的价值。

因为此地情形不许我们继续搜掘，在上午十时，即从大白生淖尔西去。沿途赤日当空，人困驼乏，行至中午，求一不带盐味之水泉，竟不可得。此处去黄河渐近，但在大白生淖尔以西，仍然是一片盐隰。盐隰中每隔二三里地，即可看见用牛皮作成的大帷幕，询之向导，知系蒙人运盐的"盐站"。据说此地盐产，异常丰富，经营盐业者，皆蒙古王公，彼等常用一二百头骆驼，组织一个"运盐队"，来此装载天然食盐，运销东三省、归化、包头、宁夏一带，谓之"蒙盐"。此种蒙盐，外观虽不洁净，然而味既浓厚，价又低微，中下居民，无不乐用。此地盐产如此丰富，如果有人集合巨额资本，在此设立大规模之制盐工厂，则中国西北一带民众之食盐问题，当可立获解决。惜乎蒙人不知建设，而政府日言开发西北，对此重要利源，竟亦漫不注意，思之可叹！今夜寄宿黄河南岸之哈喇乌苏井，如无特别耽延，明天当可乘筏渡黄河矣。

九月三十日　星期三

今天中午乘筏渡黄河，人与骆驼及行李等分十二筏，进行甚缓，费五小时，始得平安到达彼岸。

渡头水势甚急，汪洋澎湃，一泻千里，河阔自六百码至七百码，水色污浊，较之鲁、豫两省水色，有过之，无不及。河之两岸，群集无数以驾筏为生之渡夫，此辈每日图得低微之收入，冒生命之危险，与狂涛巨浪相搏，且其驾筏技术，又甚低劣，据说在风平浪静之时，亦不断有"人仰筏翻"之事发生，可怜亦复可叹！

建造木筏之材料，系用合抱之巨木，用铁钉钉成一排，约长两丈，宽约丈余，有时复用铁炼〔链〕将三四筏或四五筏结成一块，宛如火烧赤壁时曹孟德之战船，其行动之笨重不灵，真是无以复加。犹忆伦敦太晤士河之木筏，其长宽，其重量，无不与此相等，而驾筏之人均能前后左右，运转自如，较之眼前所见，真有天渊之别。

河中除木筏外，亦有古式之舟楫，据说全系所谓"粮船"、"渔船"，一向不作渡人之用。在一片黄浪白沙之间，远望桅樯纷纷，帆影如画，较之太晤士河上的"歌舫"，另是一番风味！

十月一日　　星期四

清晨从河滨起程，过一高约四百英尺的沙堤，顺永济渠北上。我们现在已经来到黄河北面一大平原之"河套"，沿途虽尚不断发现片段之沙漠，然而大部分都是由于粘土、软土二者凝合而成之肥腴的土地。北去地势渐低，验之空盒风雨表，较之鄂尔多斯低下一千五百英尺。

沿途景物荒凉，居民寥落，以如此大好之农田，而竟任其荒芜，无人开垦。中午行抵一小乡镇，居民约十余户，另有喇嘛小寺院一，据说因为前几天不戒于火，此时仅有灾后之颓垣破瓦，供人凭吊。我们来的时候，正有黄衣之喇嘛六人，对着火场喃喃诵经，在露天下作祈祷仪式，据说寺中一人被火烧死，故为鬼魂诵经超荐。

河套之内，气候温和，树木中如松、柳、枫、榆之类，亦与内地无异。永济渠之水势极盛，此地雨量缺乏，引此渠水作灌田之用，实甚便利。渠之西岸，枫林甚多，斜阳影里，红叶如火，此种美丽的秋景，即在内地，亦不多见。俗语云："黄河百害，惟富一套。"实则河套不仅有"富"的价值，同时亦有"美"的价值也。

傍晚行抵永济，因借宿不便，仍在篷中休息一夜。永济亦系一乡镇，居民约有一百余户，蒙汉杂处。永济附近田地，仅有少数开垦，大部分乃是保存那种蓁蓁莽莽的原始状态。夕阳西下，一游近郊，极目青天白草之间，仅有荒陇、牛羊，点缀风景而已！

十月二日　星期五

从永济西北行，地质愈肥，居民愈少。过乐字渠后，一片非常空阔而又丰腴的平原，展开在我们的眼底。此地无汉人足迹，蒙人居此者，就水草丰富处，作那祖传的牧畜生涯，虽有大好农田，亦无开垦之力。此地水草既丰，牲畜繁殖极旺，诸如驼、马、牛、羊之类，遍布原野。虽在霜露既降之深秋，河套气候仍极温暖，蒙人往往三五成群，在野外看守牛羊，彼等服装仅着一裤，上身完全裸露，妇人、小儿亦然，无怀氏之民欤，葛天氏之民欤？

途中经过喇嘛寺院五六起，在某一喇嘛寺前，看见"火葬场"一所。此场是一片平地，周绕以石块，场之中央有类似床形之铁架一，据说蒙俗妇女之夭亡者，即将尸身置此铁架上焚之，另有喇嘛在旁高声诵经，直至尸身化灰为止，亦奇俗也。

傍晚行抵乌兰不尔，即在此处休息。乌兰不尔系一颇大的乡镇，我们在一皮货店内购得蒙人所穿之大黑狐斗篷四身，费去二百三十四元。乌兰不尔之西有小岭一道，当夕阳在岭外沉落下去的时候，从岭巅传来蒙古喇叭同牛羊的鸣声。

十月三日　星期六

今天从乌兰不尔起程，出河套，行九十余华里而至哈都那林乌拉岭。沿途气候仍甚温和，在距离哈都那林乌拉岭二十里以内的地方，有蒙人经营豆田甚多。蒙人经营豆田之方法，与中国内地不同。内地农民多趁豆未枯槁时从田间割下，在日下晒干，而蒙人则俟其经过几次严霜，豆粒完全零落之后，再去田间将豆粒收取。我们所经之豆田，尽系大豆，此刻已降霜，豆粒尚未完全零落，故蒙人尚不加收获，任其弃置田野，日日遭受风霜之袭击与牛羊之踏践，待至收获之时，一亩好豆，所余无几，技术之拙可知。

哈都那林乌拉岭为大青山（即阴山）之分脉，横亘大沙漠以南，乌拉特旗以北，为乌兰察布盟内主要之山脉。岭高八千尺，长约数千里，远望山势峭削，崖壁斗绝，层峦叠障，高入云霄，其秀丽远非华北诸山所能比拟。岭前矿产，蕴蓄极富，煤矿尤多。蒙人常从岭前挖掘丈余深之土穴，即可发现成分极佳之无烟煤块。此地煤矿如此丰富，蒙人始终不喜用作燃料，以致货弃于地，无人开采。蒙人家居日常所用之燃料，说来可怜，仅赖牛粪、驼粪，以及极难寻觅之树枝而已！

今晚在岭前一个蒙古包内借宿。此包甚大，包内家族之人数亦多。在此繁盛之家族内，包括曾祖父、祖父、祖母、父母、兄弟、姊妹、儿孙等等。最令我们注意的，是两位年近十五六岁的蒙古少女，他〔她〕们每人蓄美丽之发辫二条，分垂左右，前额发际饰以珊瑚小梳，耳悬圆圈形之玉环，手戴白骨戒指，他〔她〕们举动甚为温柔，轻言寡笑。今夜因为我们在包内借宿，此二女同他十余位老幼家人蹲坐包之东南隅，而我们同我们的向导，则分坐包之西北。晚餐之后，对话家常，在牛油灯昏昏之光焰下，东南与西北成一奇异之对照！

十月十〔四〕日　星期日

清晨从岭前起程时，因为路线问题，费却许多踌躇。据向导告诉我们，通常从此处去外蒙之三音诺颜，必须绕岭之西端，沿着去额里寺乌苏的大道前进。莫蕾教授以为这样在时间将要多费两日的光阴，未免太不经济，乃决定"穿山越岭"而过。但当决定路线以后，即刻发生一个困难，就是山路崎岖，实非骆驼所能通过。不得已将全队分为二部，一部由向导同汉生博士带领骆驼、行李绕道岭西，一部由莫蕾教授及毕亭顿爵士同我，携带简单的行囊，步行越过岭去。这样的计划决定之后，大家即在岭前分手。

我们同汉生博士分手，向着崎岖的岭路努力前进。这时朝阳还未升起，我们在黯淡的微光中行走二小时后，方才看见东方的山峰上慢慢发着玫瑰色的光焰，千万道旭日的红光，开始浴着那空洞的长天，看了这样奇异的山景，莫蕾教授喜得叫了起来。现在我才知道莫蕾教授不但是一位考古家，而且还〈是〉一个诗人呢！

我们走的这条道路，以前好像不曾有人走过。沿途荆棘纵横，景物荒古，动物中如大蜥蜴、棕鼠，以及沙鸠、野鸽等物，时时发现在我们的足下及眼前。最令我们感觉兴趣的，即在一处山坳之内，遇见一个大鹿群，那鹿群至少有鹿一百余头，鹿的皮毛作火红色，带有白星斑点，鹿群见人不知逃避，一种温驯的态度令人见而生爱。从这鹿群看来，可证此处以前确系无人经过，不然，这些温驯的动物，早已将它们的生命断送到那些长于骑射的蒙人之手了！

岭之南面，水草丰富，气候极佳，行近顶部，山势渐高，气候亦渐寒冷。在夕阳西下的时候，我们即在顶部偏南的山坳内，安好我们的篷帐。为防可怕的猛兽袭击，我们今夜将要轮流在帐外施以严重的警戒。

十月五日　星期一

今天有一个伟大的发现，这发现较之以前任何来游蒙古的旅行团、考古队，或者探险队，所有最伟大的发现，并无逊色，原因是我们在哈都那林乌拉岭的北面山坳内，发现一座古城的遗址。

古城周围约有十华里至二十华里，作椭圆形。环绕此城的城壁现在仅存尺余高的残垒，而且有很多地方中断数尺，或者数丈。城内地形低下如盆，在一片荒烟蔓草之中，砖石纵横，碑碣满目。这宝藏，我相信以前是绝对没有人发现过的，但就我们说，也不能有怎样丰富的收获，因为，我们相信，在此古城的地下，必定埋藏许多更可贵的物品，无奈我们人数既少，时间又迫，既不能在此多作停留，又不能在此从事发掘，只有对此宝藏，连称可惜而已。

虽然如此，莫蕾教授决定明天在此停留一日，以便在砖石堆中寻觅一些对于考古学上有所贡献的古物。我们今天除了沿着城壁步行一周之外，并未开始别的工作。傍晚即在类似城壁的北门的缺口处安好我们篷帐，我们今夜不妨好好休息一夜，明天再去尽我们的所能，在这可怕的荒烟蔓草中寻觅我们的幸运吧！

十月六日　星期二

今天在城中工作一日，从黎明到黄昏，三个人全都累得满身大汗，而且忙得滴水不曾入口。这工作前进一分，我们的悲观便加重一分，到了最后，我们全部都感觉没了办法！

悲观的原因，是我们发现的东西太多，我们既不能全部带去，弃之又未免觉得可惜。而且，我们所得到的，不过仅是古城北面及中央一小部，其余东、西、南三面以及埋藏地下的东西，不堪想，不堪说！我们深悔此行不曾多带几个人！不曾作发掘的准备！

今天工作的成绩如下：

一、古代作战用的大刀十一柄（刀系铁杆铁头，杆长八尺，粗如鸡卵，头长二尺，宽五寸。古人使用如此长度之大刀，则其人体格之高，膂力之强，可想而知。这些大刀完全暴露在日光之下，全身满生黑褐色的铁锈）。

二、铁枪头、铁箭头、石箭头无数。

三、残破不完之铁盔一顶。

四、古铜镜六个（镜系正圆形，周围镂刻玲珑透空之细碎花纹，中央铜作紫红色，光可鉴人，虽经风雨，不蚀不锈。直径七八寸，背面有古代文字，惜因学识浅陋，不能辨认。六镜合在一处，被极浅之沙土所掩埋，中有一镜露出一边，因而寻获）。

五、大绿玉版一方（版长三尺，宽一尺，厚四寸。玉色晶莹，中央刻一篆文"狼"字。此物亦系暴露日光下，所幸完好无缺，惟篆稍模糊，作何应用，无人知晓）。

六、三足古鼎七，四足古鼎一（鼎之大小相等，鼎身作圆形，高约二尺五寸，直径一尺，表里均不可辨认之图画及字迹。鼎质非铁非铜非金，重量极大，是何金属，尚未辨明）。

上面所举物品，仅就古鼎一项说，一人最多能拿两个（？），所以，我们三人要将所得物品尽行带走，直比骆驼穿过针孔还难万倍，而况我们还有轻便篷帐同简单的行李须要携带，更无余力多带所获得的物品。踌躇再三，决定由莫蕾教授带一三足鼎，毕亭顿爵士带绿玉版同一柄大刀，我就原有轻便篷帐之外，将古铜镜六个，全行带走，这样的分配携带，已经是筋疲力尽，超过我们力量所能做到的了。

今夜仍在此处休息一夜，明早即与此蕴有无限宝藏之古城告别！

十月七日　　星期三

黎明由古城起行，此去是下岭的道路，地势倾斜，加以携物过重，行走极为困难，不似岭南之温和，朔风吹来，砭人肌骨。我们一面同崎岖之岭路挣扎，一面抵抗袭来之朔风，从黎明至日暮，步行六七十里。

今天虽然未能下岭，但是明天上午总可到达平地。在岭上耽延四日之久，真非始料之所及，但当我们看到在古城寻获的古物时，就又很快愉的忘却了一切之困苦！

十月八日　　星期四

今天大风扬沙，双目不能辨别路线方向，使我们的行走更为困难，竭力挣扎到了下午三点，才到达岭下一座喇嘛庙内休息。看来在蒙古旅行，离了骆驼的帮助，毕竟是不行的，我愿寄语预备来游蒙古的人，慎勿再作步行越过山岭之企图，凡是骆驼所不能〈到〉的地方，人是同样所不能到的，否则，小之遭受无边的苦楚，大之就要危害到你的生命了。

庙中的喇嘛，用了惊异的眼光将我们三人引进庙去。他用一种疑忌的口吻问我们的来历，我用了新从向导学习的破碎不完的蒙古语回答他们问话，他听后仿佛不甚了解，但是显然的，他的疑忌是无形的减轻了。

徒步越岭，备历艰苦的我们，今我坐在喇嘛特为我们收拾出的一间砖瓦建造的庙房内，喝着喇嘛款待我们的牛奶茶，抚摩着玉版同铜镜，欣赏着古鼎同大刀，一种成功后的喜悦，很快的就将我们的疲劳恢复了。

十月九日　星期五

今天在风沙中徒步来到额里寺乌苏，汉生博士已经立在一所喇嘛庙前等候我们。他比我们早来半天，因为我们晚来，他颇忧心我们在岭上迷路。实际上，在那荆棘纵横的峻岭之上行走，迷路本是一件很平常的事，我们不但不曾迷路，而且还获得不少珍贵的古物，不能说是出乎他的意料之外了！

今晚大家用一顿很愉快的晚餐，餐后各人细述各人途中的遭遇。正在谈兴浓厚的时候，一位面带喜容的胖喇嘛，走来加入我们谈话。不过我们用的是英语，他一来，我们反倒不开口，于是，同这喇嘛谈话的，只有我同向导二人，其余三人都沉默起来。

这位胖喇嘛先向我们讲说佛教那种博大精深妙义，次即对于我们在岭上古城内拾取的东西很仔细鉴定它们制造的年代同金钱的价值。他的话终了之后，即从那只长长的袖内取出捐簿一本，向我们殷勤募化，我们觉得没有理由拒绝他募化，即每人出大洋一元。这数目对他好像很满足，因为，当他将钱接过之后，两只眼睛更加笑成了一道缝的样子。

额里寺乌苏，是一包围在沙漠中的蒙古乡村，地当由内蒙去外蒙之要道，因此人烟颇为稠密。村中喇嘛庙特多，而我们住的就是其最大的一个。寺中小喇嘛每日按时撞钟，一种悠扬的金属音与逼来的风声相应和，令人听后起一种庄严而又孤宿〔寂〕的心情！

十月十日　星期六

今天我们的"沙漠之舟"特别卖力，清晨从额里寺乌苏起程，走了一百四十华里，把我们送到托果海伊尔罕。

记得从前游历中国内地，所见到的骆驼，无不举动迟钝，徐行

缓步，令人见了疑心这种动物是天生一付"懒骨头"的，而今用
骆驼在沙漠旅行，始知以前所见之"徐行缓步"，并非骆驼的真
相。骆驼原来也会跑路，并且那种跑路的速度，较之一匹好马，
并无逊色的（一匹好马，用她在沙漠旅行，或者反不如骆驼来得
健步如飞）。

驼夫告诉我们，骆驼这种动物，最适宜于沙漠生活，一只骆
驼，在沙漠可以活到一百余岁，若置之水草丰富之农田，寿命反
不及此数。他并且说，骆驼是有十二肖形的，它有羊头、龙额、
虎耳、鼠目、兔唇、蛇颈、鸡胸、马腹、犬股、豕肾、牛蹄、猴
毛。我们骤听这话，觉得很是古怪，再将骆驼细看，证明驼夫的
话语是不错的。

托果海伊尔罕，地当乌兰察布盟与三音诺颜之交界，实际上已
归外蒙政府势力范围，此地有外蒙驻军二百余人，军人年岁，全
系二十岁左右之青年，体格雄健，精神坚强，每人全有鲜明的军
装与新式的枪械。这几年来，外蒙已在苏俄政府的卵翼下，进步
到了这样可惊的地步，无疑的，是中国未来一个大大的隐患！

今夜将篷帐安置在托果海伊尔罕的近郊，暂时还来不及到市内
游览。晚餐〈时〉有蒙兵数人走来同我们谈话，此辈均在库伦受
过短期教育，见人彬彬有礼，不类武夫。在谈话中，有一点最可
注意，即此辈脑中，知有苏俄而不知有中国，言及苏俄，则手舞
足蹈，言及中国，则态度冷淡，我虽百计向彼等讲说外蒙与中国
之密切关系，以及不可脱离中国之理由，彼等终属茫然不解也！

十月十一日　星期日

清晨被武装兵士十人，将我们带去见他们的"大队长"。关于
外蒙军制，我们此刻尚不明了，但知此地驻军二百余人，是一个
骑兵队，所谓"大队长"就是这个骑兵队的最高级军官。

托果海伊尔罕，是一个颇大的村镇，居民六百余户，村之北面，有首尾相接之毡幕二十余个，就是骑兵食宿之所。大队长的办事处，是一所外观颇为整齐的砖砌的房屋，屋顶覆以苇草，如同内地乡下之民房。我们先由兵士将我们带到办事处的门前，少作停留，即被引进一间布置极为简陋的居室内。此室入门甚小，四壁亦无窗户，室中无椅凳之类可以坐息，我们只好立在这所光线昏暗的居室中，等候那位"大队长"的来临。

我们立在那里约一点钟之久，方见队长从外走了进来。队长是一位年近三十岁的青年，身穿红褐色的军装，外加羊皮背身〔心〕，头带一顶厚而且大的皮帽，他的背后跟随五六个同他一样武装的兵士，荷枪实弹，气象森严。队长先问我们来此的目的，继又向我们索看外蒙政府的护照。我们告他并无护照，他就用了严厉的态度，喝令身后的士兵前去检查我们的行李。我们对于检查虽然并不觉可怕，然而倘若经过这些纠纠武夫的检查，当然免不了重大的损失，在此千钧一发的时候，莫蕾教授究竟不失为旅行的"老手"，他先使向导操蒙语尽量向队长解释我们此行完全是"游历性质"，后又向队长要求检查时不要使兵士经手，最好请队长立在一边，由我们自己的〔将〕物品一件一件拿给他看。正当队长听了我们的话在踌躇不决的时候，莫蕾教授又使向导低声对队长说：如果他能够与我们前去的便利，使我们完成"游历的目的"，我们情愿缴纳相当的金钱，作为"不带护照"、"手续不合"的罚金。果然，天下事"有公就有私"，"有官就有弊"，队长眉开眼笑的说是可以将我们"放过"，而我们也甘心情愿的奉献给他雪白大洋一百元！

"钱能通神"，一并也能疏通这位神圣不可侵犯的大队长。百元大洋不但救我们脱出"此路不通"、"中途折回"之厄，并且还成就了我们同队长深厚的交谊。正午的时候，队长特别请我们吃了一餐很丰富的羊肉，餐后他又提议请我们参观蒙兵的赛马。赛马场是由碎石压成的一片平地，位置在村镇的东北，面积之大，使你一眼望不到它的边沿。骑马一道，本是蒙人的专长，此次赛马，因为队长有意夸耀，更是显得有声有色。五六十匹战马作"一"字形在队长面前排开，队长将手一扬，战马同时前进，争先恐后，电掣云飞。此时看出一个特点，就是蒙兵骑马不用鞍镫，马虽俯仰疾驰，人并不见动摇，而在最险急时，亦不过用手将马鬃轻轻一按而已。看了蒙兵赛马的绝技，想到十三世纪初期蒙古军之震动全欧，称雄一世，并非偶然的了。

此地气候极冷，傍晚北风忽起，黄沙迷目，我们安坐在我们的篷帐内，在熊熊的火堆旁商量着明天起程的计画。我趁别人不注意时，偷偷走出篷帐一看，天上闪耀着疏落的星辰，地上绵亘着毡幕；另有数十个武装蒙古兵士，远远地立在我们篷帐的四围，想是奉了队长的命令监视我们的。这时夜深了，不知从哪里传来了蒙古军的军号同狗吠的声音，一种荒凉而可怕的夜景，为我毕生所不能忘记！

十月十二日　　星期一

今天自托果海伊尔罕西行，临行蒙队长的好意，送我们一纸用蒙文木版印成的通行证。这张通行证，对于我们实在比什么都重要，我们得此可以免去许多麻烦。通行证上的字，大概有一点"密码"性质的，这不但我们看了不懂，就连我们那位"蒙古通"的向导，看了也莫名其妙。

西去村落渐多，人烟颇密。此地蒙人，属于喀勒马喀种，亦即喀〔额〕鲁特种，头大面黄，鼻低颊黑，目小耳大。在途中偶与此辈谈话，询以外蒙最近情形，据说外蒙自受苏俄指导后，社会上各方面情形，较之以前已有显著的进步。例如外蒙"王公"，在外蒙向有很大的势力，但在最近几年来，已有日渐没落之势，所谓盟长、部长、旗长（扎萨克）等等，不过虚有其名，原因是外蒙青年革命党，根本反对此辈势力的存在的缘故。

沿途村落甚多，在每一个较大的村落内，即有蒙兵若干驻守警戒。我们因有队长那张通行证，一路得以通行无阻，所至自由，因此节省了不少可贵的时间。

黄昏行抵乌兰呼图克，因了天气的严冷，在一蒙古包内借宿。包内主人，性喜音乐，晚餐之后，伊即相约家人在来宾前合奏蒙古小曲。所用乐器，为胡琴、月琴、琵琶、小鼓、铜锣等五种，奏时音律颇低，且甚杂乱，但当转入佳境之时，也能娓娓动听，耐人寻味，莫蕾教授以为此种音乐像南非洲土人之音乐，颇能在简单的音节中表示出未开化的人类的情形，我觉这话不无几分理由。

十月十三日　　星期二

由乌兰呼图克西行，沿途沙丘起伏，人烟稀少。我们今天经行的路线，以前好像无人走过。清晨起行时，向导告诉我们，由此往西，将要进入一个多风的地带，我们最初不甚相信，谁知行近中午，忽有大风自北而至，飞石扬沙，不辨晦明，驼夫睹状，赶紧喝令骆驼伏了下来，我们也一齐伏在骆驼一边。所幸此风一瞬即过，过后我们的身体差不多完全埋没在可怕的黄沙里了！

下午三时，在沙漠遇见蒙古包一座。此包甚小，且甚简陋，包内并无男子，只有一蒙妇带同一六七岁之男孩居住。我们因在此地有点学术上的工作，必须在此作三四小时以上的停留，遂将我们的篷帐安置在蒙古包的一边，预备工作完后，即在此处休息一夜。

黄昏时，工作完毕，大家回到篷帐闲话。那位蒙妇忽然走来请我们去吃她精制的美味"烤牛肉"。天！她原来将大块生肉拿到燃烧着的牛粪上烤的，而且烤得半生不熟，就拿来享客，我们只好说我们向来不吃这种烤牛肉。我们虽然不吃，她的那番盛意却是难忘报答的，于是我们就将带来的饼干送些给她。她将饼干接了过去，拿起一片看了又看，带着怀疑的神色将她扔到不远的地上。哈哈！她又不敢吃这片美味的饼干，犹之乎我们不敢吃她那块半生不熟的牛肉也！

妇人说，从此北去不远，即有小河一道，河滨水草丰富，极宜牧畜。她的丈夫现在是被政府征去加入军队服务去了，当她丈夫未离家前，她同她的丈夫终天在河滨牧羊。妇人说时，仿佛对于那过去牧羊生活，兴起了深深的回忆与怅惘！

外蒙近来厉行征兵制度，其法令之森严，即此穷居沙漠之牧羊人，亦不能逃避所谓"被征"的命运。

十月十四日　星期三

今天自晨至暮在沙漠中辗转，人困驼乏，艰苦万状。所谓旅行的乐趣，在此完全不能得到。而且气候冷热不定，当乌云蔽日，北风吹来的时候，即穿厚重的皮裘，尚不足以保持身体之温度，而在风止云敛之际，沙土受太阳直射，热似火烧。一日之间，气象万千，不但我个人感觉难以应付，即在体格坚实、老于行旅之莫蕾教授，也是现露着不能支持的窘态。

沿途看见许多业已枯萎了的小树丛，在那枯木的枝头，时有沙雉、云雀等等的小鸟落在那里。从此可以证明人们所说"沙漠无飞鸟"那句话是不对的。而且，禽鸟中除沙雉、云雀而外，还有那黑色的乌鸦，也是沿途常见之鸟。沙漠之鸦，其身体较之内地所有几大一倍，而且见人并不飞避，且能同人争夺食物。今天中午作露天野餐时，毕亭顿爵士手中的一块面包，被一飞来的乌鸦一嘴夺去，这一来我们全都有了戒心，而那个勇敢的乌鸦，也始终不见再来了。

黄昏时，在一颇大的沙丘前安好我们的篷帐。当晚餐吃过，大家预备就寝的时候，忽听有人在帐外谈话，我们出帐查看，见有两位喇嘛坐在我们的帐后休息。细问究竟，才知他们从库伦来，打算去西藏之总本山受活佛戒律。他们除了随身衣物之外，并不携带什么篷帐，白天在沙漠中辗转，夜间即在露天下休息，其困苦，真非笔墨所能形容。令我觉得可惜的是，以这两位喇嘛那种巡礼圣域、备历艰辛、一领袈裟、徒步万里的精诚，为什么不用之去作些对人类比较更为有益，或者更为伟大的事呢？

我受了同情心的驱使，请那两位苦行的喇嘛到我们的帐中休息一夜，不料他们坚不允许。那位年纪比较大些的赠我小铜佛一尊，这佛名为"怀中佛"，据云挂在胸前，可以消灾纳福。我将此物拿到帐中灯光下鉴赏，看见铜佛的脊背之上，镌有"唵嘛呢叭咪吽"一行难解的文字，字迹劲秀，不类俗书。你好心的喇嘛啊，什么理由使你将这一行难解的咒语，镌刻到光可鉴人的佛背上呢？

十月十五日　　星期四

今天从黎明起程，至日暮行抵诺颜哈喇山麓。诺颜哈喇山为三音诺颜与扎萨克图汗之界山，山势雄峻，奇峰插云，高达八千余尺，远望山巅积雪，晶莹耀日，为沙漠旅行中不可多得之奇景。

山前有喇嘛庙甚多，且均为土木砖石所建，外观规模宏大，金碧辉煌，建造年代，似不甚久。我们由向导引入一个喇嘛庙内休息，即有庙内之"大喇嘛"出来向我们问话。这位大喇嘛为一庙之主，有统辖全庙事务之权，当他出来接见我们的时候，特别换穿一身黄色的法衣，身后跟随大小喇嘛不下二十余人。

大喇嘛自言他本是土谢图汗部右翼末旗之"扎萨克喇嘛"，因为处理一件事情，同库伦之"蒙古青年革命团"发生冲突，卒被革命团逐出所住之寺庙，因此漫游外蒙各地一年有零，最后来到诺颜哈喇山之喇嘛庙内，被人尊为庙中之"大喇嘛"。听了这位大喇嘛的伤心的历史，想到外蒙自实行"赤化"后，喇嘛的宗教已不复为革命青年所笃信，在"输入常识"及"打破迷信"两大口号之下，喇嘛的势力实有一蹶不振之势。彼等不但对于外蒙政治无法染指（因为当一九二四年，蒙古大国民会议在库伦开会时，所制定新宪法之第十一条明白规定喇嘛僧无选举权），就连日常生活也已陷入不能维持之苦况。喇嘛们有的逃入内蒙，有的放弃其宗教生活，实行"到田间去"。像我们眼前所见这位大喇嘛，在日暮途穷之时，尚得被人尊为一寺之主，使奴唤仆，架子十足，不能不说是他的幸运了！

夜晚十点钟左右，大喇嘛请我们吃"全羊席"。此处所谓之"席"，颇觉名实相符，因为我们都是席地而坐的，席间别无食物，只有用木柴烤熟之全羊一只。我们对于这种食物都感困难，每人仅用小刀割食一小块，而那位大喇嘛却用两手撕肉，狼吞虎咽，一转瞬间，已尽羊腿二只。常听人说蒙人食量极大，差不多人人都是饕餮之徒，看了这位大喇嘛吃羊肉，远非吾人仅从"食量大"三个字上所能想像得出者。尤令我们感觉不快的，是他吃过羊肉之后，即用胸前所系木碗满盛清水，然后将水含在口内，吐到手上洗涤他的脸面！

晚餐过后，大喇嘛赠送我们"哈哒"一方，此物为丝织品，蓝色，作长方形，上绣极精致之五彩佛像。这方哈哒却〈是〉一件颇可宝贵的东西，因为，它除了宗教上的和交际上的实用外，还有美术上的意义呢！

我们今夜即在大喇嘛给我们指定的一间庙房中休息，此房另居一院，房内供面目狰狞之铜佛一尊，佛前一灯如豆，鬼气森冷，另有死人髑髅三具，一盛清水，一盛炒米，一盛乳酒，陈列佛前供奉。他们为什么把这些奇怪的东西拿出来供佛，却是令人百思不解的！

十月十六日　星期五

今晨由喇嘛庙启程时，天忽降雪。沙漠之雪，不似内地之洁白，为一种略带黄色之细小雪片。中午北风陡起，空气寒冷异常。我们的路线从今天起折而东北，途中遇见两三处蒙古毡幕，孤立在四望无际的沙漠之内。此地蒙民，大约因为久住沙漠，与外界甚少交往之故，见人四散惊逃，并且，此地蒙民之语言，亦非普通之蒙古语。我们的向导听了也是莫名其妙。在某一毡幕前，曾见两位蒙古老人，用两手之姿势，互相表示内心之意见，其状宛如初民所用之"形语"。

傍晚，气候愈冷，路愈难行，劲风卷地，黄雪扬天，景色之荒冷寥落，恐非未亲临者所能想像。未来沙漠的人，不可不来观此人间特有之奇景，既来沙漠的人，便终身不愿再来第二次！

黄昏时，择一足以屏障风势之沙堆前安好我们的篷帐。晚餐之后，帐内空气，愈加冷不可耐，同行诸老均在昏昏之灯光下书写一日的日记，我在这样奇冷的空气内安睡既然不能，就将随身携带的一本《吉诃德先生》展开在灯下阅读，借以消磨这个堕指裂肤的深宵。

十月十七日　星期六

清晨风止雪霁，旭日照射沙漠积雪作黄金色。雪后的沙路极不易走，就是长于沙漠旅行的"沙漠之舟"，到此也是筋疲力尽，作出一种快要倒毙的样子。前去景物更为荒凉，但见童岩土丘，乍起乍伏，百里之内，杳无人迹。空中时有一两只仿佛鹰隼之类的大鸟，掠过人的头顶飞去，带一种尖锐而巨大的鸣声，令人闻之而生恐怖。汉生博士曾两次用手枪瞄准此鸟击去，可惜均未命中。向导告诉我们，此鸟名叫"沙鹰"，是一种极凶猛的沙漠之鸟，当它饥饿的时候，它能用它的利爪扑杀一只小羔羊！

　　下午，在途中望见东方的天空，出现了类似喇嘛庙的楼阁的影子，影之四围，有类似五色虹彩样的大圆圈围绕，圆圈之内，有层层楼阁隐约〈如〉画。向导告诉我们，这是"海市"，为旅行沙漠的人所常常遇见的东西。莫蕾教授说，当他旅行阿拉伯时也曾遇见一次，不过那次所见不如这次之清晰可爱。我因"海市"是不可多见的风景，就用快镜对着东方的天空摄下一影。当我收藏好我们影机时，再看东方的天空，已完全变成了烟笼雾揽的景象，那一霎时的美丽的海市，早已消归于乌有之乡了！

　　今夜仍在沙漠安置我们的篷帐，当我们预备就寝的时候，那无情的风沙又在帐外吹了起来。

十月十八日　　星期日

　　昨夜寒气之凛冽，真如万针刺骨，帐内虽有重裘烈火，仍觉无济于事。天近黎明时，听到帐外有骆驼的叫声，走进另一篷帐一看，七只骆驼，已被冻死一只，其余六只也是气息微弱，不能行动。我们帮助驼夫在每一骆驼的鼻孔内灌入少许麦酒，随即将我们带来的无烟木炭堆在一边焚了起来。感谢天！一小时候，六只骆驼完全苏醒过来，我们心中的不安也轻松了。

　　起程时，我们对于那只冻毙的骆驼兴起了无边的怜惜，想到它曾帮助我们跋涉穷途，横渡沙漠，耐饥耐渴，任劳任苦，在华氏表零点下二十二度之寒天下，冒烈风，踏冻雪，伴送我们走过一段修长的道路，而今竟免不掉在沙漠"冻毙"的命运，旅途惨事，孰过于此!?

　　我们在极度紧张的心情下，同那只委弃在荒沙中的死驼告别。沿途仍是一望无际的沙漠，天空作碧绿色，一轮火红的太阳高悬在中天，但并不能给与沙漠的旅人以少许的温暖。此时天晴无风，空气十分干燥，六只骆驼因为受了气候的影响，走路不及平常之快，而且有两只比较老些的，从鼻中直流鲜血，驼夫忙将地上的沙土敷在骆驼的鼻上，流血马上终止，真是一种奇异的治疗法呢！

　　傍晚行抵苏欢特，此地有外蒙特派驻军一千五百人。我们来到的时候，先将我们的篷帐安置镇外，即有蒙兵前来向我们索要旅行护照，我们将在托果海伊尔罕所得大队长送给我们的通行证拿出了来，蒙兵看了一看，走去报告他们的领袖去了。

　　蒙兵去后，候之许久，并无他人再来查询，我们就认为这是一种准许通过的表示。此地离察罕淳〔淖〕尔已近，中间仅有巴彦察罕山一脉之隔。我们本来预备详细调查此地民生状况，并作些考古学及地质学上的工作，终因去察罕淖尔心切，加以此地军人太多，恐生他变，决定明早黎明时即与此红旗招展之市镇告别（外蒙国旗，一如苏俄国旗之红色，附以不甚美观之外蒙国徽）。

十月十九日　星期一

　　从苏欢特北行，不见沙漠，所经过的尽是地质极肥腴的农田。外蒙农田，并不分亩，往往十余里连成一片，土人遵守古法，一年之中仅有六、七两月为耕种期，余时任其荒废，或者用作牧场。蒙人重"牧畜"而轻"耕种"，对于"耕种"方面的工作，远不及对于"牧畜"之努力而有兴味。

　　下午行近巴彦察罕山麓，在此处遇见去山打猎之蒙古青年十余人。彼等有的携带新式手枪，有的臂鹰牵犬，兴高采烈，活泼异常。我们先向彼等问话，得知彼等尽系"青年革命团"的团员，中有一人，曾被政府派往苏俄专习军事，故能口操极流畅之俄语。

当我用俄语同彼谈话时，彼竟毫不客气的称颂苏俄的政治，对于中国反而表示一种冷淡而漠视的精神！今将我同他的谈话，择要写几段在下面，作为今天旅行的纪念（下注之"我"即系我的话；下注之"蒙"即系蒙古青年之话）。

先生是从英国来的？（蒙）

是的，但是我们来游外蒙之前，曾在中国住过几个月。（我）

你来外蒙有什么感想？（蒙）

感想，此刻尚谈不到，因为我们不过仅是走完一段沙漠，关于外蒙主要城市的情形，还是完全不曾知道。（我）

那么，对于苏俄的感想可以说说听吗？（蒙）

对于苏俄，正同对于外蒙一样，时〔此〕刻尚不能轻易表示我的意见。不过，有一件很显明的事实，就是苏俄频年侵略外蒙，现在差不多已经到了成功的地步，这事在苏俄自然是有利的，但在外蒙就未必有利的了。（我）

你的话是不对的，苏俄向来就以独立国家视外蒙，所以外蒙也乐得同他"亲近"，中国到了现在还把外蒙看成中华民国领土的一部，这是外蒙人民所不忍受的一件事。（蒙）

苏俄果然以"独立国家"视外蒙吗？就我所知，赤军近年盘据外蒙，阳假防制白党之名，阴行赤色侵略之实，他的眼里何尝将外蒙看作一个独立国家！（我）

这仍然是隔膜的话。等到你到库伦等处一看，你就知道你的观察是错误的了。现在可以告诉你的，就是外蒙青年近来受了世界"民族自决"潮流的影响，不想侵略别人，同时也不能忍受别人的侵略，在这样意义之下，外蒙如其亲近中国，倒不如亲近苏俄为有益了！（蒙）

你所说的"亲近"，是否含有一种"依赖"的意味在内？如果我的推测是不错，那么，世间断无依赖别人而能成事之理。外蒙既然脱离中国而独立，就不应再去依赖苏俄以建国。外蒙青年如果是有志的，当在"两不依赖"之情况下，努力建设起自己的文化、军事与教育，必能这样，方才称得起是"民族自决!"（我）

说到这里，那位青年显然不愿再谈这个问题。随即同我谈了一些关于打猎的情形，当我同他分手的时候，蒙他赠我鹿角一枝作为纪念。我们眼看他们远去之后，方才重复循着巴彦察罕山的山路前进。巴彦察罕山远望不及诺颜哈喇山之高，惟险峻过之。我们所经之山路，系山脉中断处之洼下地带，道路狭窄，仅容一驼通过。向导告诉我们，此山野兽甚多，举凡狼、豹、熊、鹿、狐、貉，以及獐、狗、兔、黄牛〔羊〕、野豕之类，无不应有尽有，从前外蒙王公，往往当春秋二季率领无数蒙兵来此打猎，近来王公势力消灭，来此打猎的尽系一般受过相当教育的青年军人，此辈射飞逐走，技术精妙，往往在天气晴和之时，结伴出入丛林灌莽之中，一日所得，颇甚可观。因为举凡鹿角、雕羽，以及狐、貉、狼、豹之皮，得者居为奇货，非有重价不售也!

傍晚即在山路近旁安好我们的篷帐，因了向导所说此山多野兽的话，使我们平空加重一番戒心!

十月二十日　星期二

今天在上午十点越过巴彦察罕山，复由山脚北行八十余华里而至有名的察罕淖尔。

沿途毡幕林立，闾阎相通，居民之众，为自鄂尔多斯到此所仅见。此处蒙民，最喜一种类似"角力"的游戏，常见二三袒身之蒙古壮士，立在寒冷之北风中，用两手互相扑击，另有类似发号施令者一人，穿着轻飘飘的老羊皮裘，立在一边袖手旁观他们的胜负。向导说，此处蒙民，性情残暴，常常结队与其他部落之蒙民械斗，民国十九年六月，即有一次大械斗发生，双方死亡几达

二千余人。此地又为外蒙马贼之大本营，彼等平日尽系安分之平
民，一旦风闻他处发生祸乱，或因政治上有所变动，彼等即啸聚
成群，日以杀人放火为事。一九二一年蒙古政府成立时，此处同
时发生一大变乱，虽有赤军助剿，终由政府以和议方式平定之，
民性强悍，于此可见。但〈以〉我们旅行者的眼光看来，此地民
风，并不似向导所说之粗野。在道上遇见之蒙古老人，均将怀中
所带之鼻烟壶取出，鞠躬捧献，对我们表示一种敬意，汉生博士
不知这是蒙人之"虚文"，他竟认为蒙人送他一个鼻烟壶，于是点
首致谢，接过鼻烟壶来纳入袋中，引得其余诸人大笑不止。

　　傍晚在距离察罕淖尔约有五里以外的地方休息。此处靠近大
道，中夜有无数马步军队以及辎重车辆等等，络绎不绝的走了过
去。看了这些军队的调动，对于中国目前的边境状况，不禁发生
了无限的隐忧！

十月二十一日　　星期三

　　今天我们在察罕淖尔南岸寻得一个喇嘛庙，预备在此庙小住十
日，以便整理我们沿途所得的化石、古物，以及决定今后的行程。
我们的向导，原定伴送我们到达此处为止，但是因为此后所经地
方情形更为生疏，而且一时又不易觅得他人代替，最后决定仍然
请他继续担任我们的向导。

　　察罕淖尔为外蒙有名的湖泊，地当三音诺颜右翼中末旗之西
南，周围百里左右，为拜塔克利河所潴。此时湖水正结坚冰数尺，
夕阳影里，有无数蒙古青年在湖上作"跑冰"游戏，一种天真而
自然的动作，颇有古代生活之遗风。据说此湖在夏秋产鱼甚多，
而蒙人以鱼为"神"，相戒不敢捕食，青年们有时破例捕鱼，常为
老年人严厉禁止，亦奇俗也。

　　湖之北，群山纠纷，势若屏障；湖之西，杨柳成林，牛羊遍

野；湖之东，冈阜起伏，风景寂寞；湖之南，寺院林立，毡幕云连。据说湖滨每隔十日即有市集一次，届时百货杂陈，交易繁盛。此地蒙民之日常生活，亦与其他各处之蒙民生活一样，不守秩序，不讲卫生。当我们从比较繁盛之街市通过的时候，看见有无数猪羊圈、马牛棚、水道、粪坑，同人家居住之毡幕或者土房相连接，弄得我们掩鼻而过，狼狈不堪，而蒙人反而安之若素。

此地交易不用钱币，纯用货物交换，譬如用一斤猪肉换一斤羊肉，或者用一坛乳酒换几尺粗布之类；银元亦有行使者，仅限外来旅客，至于本地人，仍然喜欢用那祖传的货物交换法。据说全外蒙除了匿居深山之野人外，仅有此处尚保存此古代交易之遗风！

此地情形，对于我们仿佛是合式，莫蕾教授宣言在此停留十日，并且从明天起，我们将要分别出发至沿湖一带努力工作，希望在学术方面有点满意的发现！

（旅蒙日记第一部分完毕）

《开发西北》（月刊）
南京开发西北协会
1934 年 2 卷 5 期
（李红权　整理）

视察记：中俄东部国境三百里

译自日本《陆军画报》一九三四年四月号

[日本] 高桥利雄 著　　力生 译

日苏关系的波浪一起一伏。伏下去时，这所谓"满洲国"就当作一块缓冲地而存在，高涨起来时，它就有变成巴尔干第二的可能，"满"俄国境问题的严重，可想而知了。

本文作者去夏亲到额尔古纳左右旗和内外蒙古东端一带去视察了一转，回国后，在各种日文杂志上做了许多记实的文章，颇引起了世人的注意。这一篇视察记，把这一带地方的地形、警备、政教、风土、民情的情况画出了一个轮廓，而且这一幅轮廓画的每一笔线条，都画得非常细腻生动，使读者一如身临其境。

本文原名《苏"满"国境三百里》，今改此题，惟文中之"满洲国"字样，均存而未改，恐有违原文意义耳。

力生

一　苏"满"国境的一角

苏"满"国境问题，与中东路问题同为日、苏、"满"三国间的重大悬案。我生命线的盟邦"满洲国"，其东、北、西三面与苏联作成最长大的国境线，这作为苏联共产主义与"满洲国"所谓王道主义之摩擦点，而含有极大严重性的两国国境，在"满洲国"

建国二年后的今日，其实情究为何如呢？某部分，尤其在北呼伦贝尔①、额尔古纳河沿岸，苏联是整然地张设着水泄不通的军备，刺戟了游子的心绪，比较地倒是南呼仑贝尔与内外蒙古的国境线是极弛缓的。

　　因为从来中东路是苏联独占的经营，运费很是昂贵，致南北呼仑贝尔国境线的内地，经济上差不多停顿在封锁的状态中，虽然这方面的资源是相当地丰富，而开发上，却一点都谈不上。中东路让渡一旦如能实现，那末国境方面经济的开发上，当可以此铁道为主要交通机关，而收得划期的利便。不消说，我们去尽量认识苏"满"国境方面的实情，是件极重要的事。

　　我的视察地带，是"满洲国"西北部的对苏国境，即一条包括南北呼仑贝尔的长大地带。时间在昭和八年四月末至七月末的三个月间，适是冬去夏来的当儿。像呼仑贝尔的民歌一样："谁说呼仑贝尔是荒野！万里葱茏，绵延复绵延，直达乌拉尔。"越过国境，自西比利亚以至乌拉尔，那兴安岭以北的大陆，真好比苍茫的大海，那自然界，那人们的生活，都染着典型的大陆性。

　　气候和日本完全不同，只有冬夏而无春秋，以五月末和六月初头为界，冬翩然而去，夏跃然而来。前此在积雪下冻结着的草木，至今即以无比的速度成长起来，繁茂起来。到九月末和十月初，并不经过秋天，冬天却又开始了。这冬天的温度，降低到零下五六十度，万物如死，景象寂然。但在这里，也可以看到一种大自然的妙境，农事虽不行，而那夏期潮湿得不便通行的草原地带，冬天却冻结着坚冰，车马的交通极为利便，尤其河川湖沼的冰面，是供给了我们以理想的道路。这样，夏期要走一礼拜或十天的路

　　　① 后文又作"呼仑贝尔"。——整理者注

程，冬天乘汽车或橇之类，便只须一天就行了。

以上是这次观察地带的大概情形，以下要写这次视察的实况。

二

我的观察，最初先到北呼仑贝尔一带的国境线。这一带地方，恰以额尔古纳河为界，与苏联方面的后贝加尔地方相对，是一极有重要性的地带。因为这地带的满洲匪盗，和比这更为凶暴的白俄匪贼，出没无常，我和适在此间积极经营砂金事业的旅友中野清助氏，以"满洲国"的卡伦兵及临时武装的私人兵约三十余名护卫，携带了机关枪一挺、步枪数十枝并毛瑟枪、手枪等，由海拉尔北上。这所谓卡伦兵，是当时"满洲国"在这方面的唯一守备兵力，其驻屯地，自西南方的满洲里至东北端的北奇乾间，有十八个所在。驻屯处所称为"卡"，守备兵即名卡伦兵。每卡有兵十名、官长一名，官长曰卡官。这种卡伦兵的能率并不很好。

我们自第四卡的水泉子起，至十八卡止，均由卡伦兵以次轮递护送，这是需要很高额的谢礼的。一行三十人均鞭策着蒙古的骡马而前进，分配给我乘的，五卡卡官萨穆札普君的一匹荒〔黄〕马，萨君是威仪堂堂的蒙古英男。

兹把海拉尔至漠河的北呼仑贝尔国境列举于左：

一、海拉尔（出发点）

二、头站

三、甘泉子

四、水泉子

五、黑山头

六、小河子

七、全山子

八、九卡

九、水毛

十、吉拉林

十一、加尔特契

十二、柯奈

十三、奇乾

十四、十八卡

十五、漠河

海拉尔以北至吉拉林称为室韦县，吉拉林以北至漠河称为奇乾县，但最近前者已改名额尔古纳左旗，后者额尔古纳右旗，自水泉子、黑山头、小河子、金〔全〕山子延〔沿〕内地一带谓之三河地方，发源于兴安岭之根河、得尔布尔河、哈乌尔河三大河均北流注入苏"满"国境的额尔古纳河。

三　对岸苏联的警备状态

自海拉尔至根河约三百四十华里，其间道路均延〔沿〕国境线而设。地形苏联方面高，"满洲国"方面低。自海拉尔以至吉拉林是内外蒙古大平原的尾段，不过丘陵起伏，较之内外蒙古，殊欠平坦。根河下流地方距对岸苏境的斯特洛赫田村约五十米的河面，以肉眼亦可看得清楚，如用望远镜，则村里那苏联守备队张着监视的眼光兀立着的样子历历在目矣。得尔布尔河位于三河之中央，靠近该河河口的小河子，则与苏境后贝加尔的诺图尔赫田村相对，这村里苏联住民的情况和警备状态，也一样可以看得很明白。

海拉尔至吉拉林间一带几乎仍在原始的未开化状态中，费了五昼夜的时间，与自然的、人为的障碍战斗，才通过了这一带地方。

兹把分布在额尔古纳河对岸的苏联村落及其户数列举于左：

一、斯脱〔特〕洛赫田　一〇〇户

二、诺图尔赫田　一〇〇户

三、波拉　一〇〇户

四、朴尔青斯加　一五〇户

五、巴达柯细加　一三〇户

六、特莱姆　一〇〇户

七、托姆林斯克　五〇户

八、奥银霍会　一〇〇户

九、沃洛契尼柯夫　二五〇户

这样看来，额尔古纳河沿岸，苏联方面有好多百户内外的村落，但以我观察所得，有一种特异的现象，那便是"满洲国"这边没有部落的地方，则苏联那边虽有村落，也不过是些烟火不兴的屋舍在大陆的阳光里暴晒着而已，只有到了傍晚，才可看到其中一二处升起晚炊的寒烟。调查其原因，大概是由于那些村里的壮年男女都从事砂工、农业、林业，或修筑道路去了，留下来的，只有缺乏劳动力的老人和小孩，这些老人和小孩被收容在一二所房子里生活着，这才生起烟火的。这不但在国境上是如此，苏维埃政府对于一切国营企业所需要劳动人员，是都以团体雇佣契约组织起来出去工作的。但是，"满洲国"这边有部落的地方，则对岸苏联的村落亦与此相对峙，住民都住在各户里，并不集团式地出去工作。

例如，吉拉林对岸的沃洛契尼柯夫，则到食事时分，不但家家户户烟火鼎沸，并且还可看见有许多俄妇在近得可以相互呼应的额尔古纳河对岸，或浣洗，或汲水。又，赤骑兵、政治保安部马队乘马入河沐浴的情景，亦可看到。即这边没有住民的对岸村落，亦有守备国境的政治保安队或赤军配置着，驻营与驻营时时以次由骑兵作连络。往往"满洲国"这边有军队或警察队伍通过时，苏联那边马上从什么地方驶来几辆汽车，即由赤军作成示威的行列与之对抗，这是常例。

对岸驻营上架着许多电线，那是兵营与指挥部的联络网。夜间时时可以听到对岸发出续〔断〕续的枪声，这并非是对"满洲国"这边而发的炮，而是对其国内而发的。想来是因为国内的住民往往有脱逃到这边来，以是对之示威耳。

我的旅程中，目睹两三个由苏联这边脱逃来的农民，得了和他们谈话的机会，他们都异口同声诉说苏联国内食粮的缺乏。可是"满洲国"这边土民的粮食亦极粗恶，他们有的逃是逃来了，回去却又不能回去，便只得觅地求活。其中亦有由政治保安队乔装逃民混进来的，但往往因为他们元气跃跃，举止活泼，好容易看破，被看破后，便受相当的处罚，遣回本国。

自吉拉林至漠河奇乾县的旅行，更感艰难。走过本地特有的山上湿地，又走过倒树纵横的山野，夜间为防避毒蛇猛兽的来袭，躲在大小适可藏身的布袋里，在里面扣了纽子，拿着手枪和电筒，好像是在太古的高原上做起南柯之梦了。以吉拉林为界，地形骤然一变，树木有如北库页所见的那么苍郁，奇岩绝璧〔壁〕，"满洲国"这边和对岸后贝加尔那边都很多，像南面为秃山而北面为茂林的奇观亦不少。这地带，因为只〔即〕使是盛夏，在地下数尺之处亦常年冰结着，所以树木不能望下生根，只能望横铺开来，前面所说的倒木，就是因为生根不深，被强风吹倒的。

奇乾有警署在焉。依这警署的新名称则为额尔古纳河右旗警察署。署长为数年前在明治大学法科卒业的善于武术的青年仓重政雄君，他和节子夫人一起，指挥着多数"满洲国"的警察，立在苏"满"国境的第一线，继续作悲壮的活动。

奇乾的对岸为乌契洛夫村，这村和乌〔沃〕洛契尼〈柯〉夫同样，因为"满洲国"这边有比较集中的部落，所以人烟很稠密，警备也十分严密。自奇乾经十八卡，以至额尔古纳河与黑龙江合流处的呼仑贝尔北端，我的行程便算完了。

四　额尔古纳河

额尔古纳河与黑龙江、乌苏里江同为形成苏"满"国界的大河，所以它成了苏"满"两国间重大悬案的国界划定问题和水路协定问题之中心，现在照通常是以河心为分界，右半为满领，左半为苏领。因此，满洲船只通行于满领部分，苏联船只通行于苏领部分。航行终点为吉拉林，吉拉林上流河辐狭，河底浅，故利用价值少，航运不兴，尤因水较深的河心不能自由航行，致利用价值更形减少了。

可是，苏联方面，恰在去年我的旅行中，开始以积载量凡数十吨的钢制汽船自黑龙江下流溯江而上吉拉林来。两岸的住民大概看见这样的近代船舶还是第一次吧，所以恰如美国"黑船"开到浦贺来的时候一样，用惊奇的眼光迎接了它。"满洲国"方面却比这落后得多了，还只有帆船通行。下水则扬帆，上水则因为水急，曳着牵绳而行。不过两国都一样，目下船只利用的次数是极少的。在冬期，两国都以橇和汽车代替船只在结冰的河面往来。

最有趣的是，两国间发生种种纠纷之时，双方官宪便都无分冬夏，集于河面中央，或作争论，或以温言作折冲。

所谓纠纷，则例如"满洲国"的马逃到苏联方面去，交涉牵回来咧，苏联的农民逃到"满洲国"方面来，交涉遣回去咧……之类便是。

因为河是同一条，不免有这样的疑问，即苏"满"两国间的秘密输出入是相当旺盛的吧，而事实上是并不，因为苏联方面缺乏可以交换或支付的物资和金钱。

额尔古纳河虽不能说是清流，但也不像中国其它大河那样黄水滔滔，可以说是半浊流。但在晴天期间，水便澄清起来，两岸都可垂钓，这颇有一种悠闲的风情；但若游泳是不适宜的，因为水太急，一下就要被冲激到下流去。

五　内外蒙古国境地带

我由北呼仑贝尔旅行归来，适值当时的呼仑贝尔特务机关长桥本欣五郎中佐想到南呼仑贝尔与外蒙古毗连地方去视察，我不欲错过这良机，遂亦参加，分乘几辆汽车，于七月初自海拉尔出发，向蒙古大平原南下了。其重要的行程为：

一、海拉尔；

二、甘珠尔庙[①]；

三、阿尔香庙；

四、强球庙；

五、汉达加亚；

六、哈尔哈河；

七、哈龙阿尔香；

八、察哈尔。

呼仑贝尔南部地方，大部分以平原与湖川与外蒙古接壤。即自北端至贝尔湖大多以平原与外蒙古接壤，贝尔湖以南则以哈尔河与外蒙接壤，南端则与察哈尔、热河毗连。外蒙的广大地城，早已成为苏联的势力范围，一切政治、军事、经济、文化等均在苏

---

① 后文作"甘珠儿庙"。——整理者注

联的支配之下，带有红的色彩，这是周知的事实。因此，在与苏维埃化外蒙接壤的地方便发生了严重的对苏问题。尤其当满洲建设渐次推进，要把支配力伸及未开化地方的时候，其紧张程度便愈益加重，这地带，在历史上已成为中国东三省政权与外蒙、苏联的缓冲地带，在现在"满洲国"建设进展的过程中，问题之最严重者，亦莫过于与苏联的折冲。

甘珠儿庙，大家知道是呼尔〔仑〕贝尔每年一次在此行物物交易的最大定期市场，同时也是闻名的庙宇所在地。由此至阿尔香庙有十里的草原湿地，为汽车所不易通行，更向东南走三十里，则达强球庙矣。次日午后抵汉达加亚，此处是与外蒙哈尔哈相接的呼仑贝尔之一要隘。自此至呼仑贝尔南端与察哈尔接近的高原温泉地哈龙阿尔香凡三四十里，其道路或沿兴安岭山麓而筑，或越兴安岭支脉而行，地形与他处大异，有深山幽谷，有松林杂木，有山上湿地，颇多难行之路，不过展开于兴安岭山脚的草原，恰似百花燎〔缭〕乱的花园，异常美观，像那野生的芍药，尤其怒放着异彩。

从来许多日本人都以为蒙古大平原，只是一片沙漠，但我所见的夏之蒙古，却是万卉百花适由长冬解放出来，一齐把泼渆的生命力洒遍大地，红黄青白的颜色织成毛毡一般，其鲜丽雄大，有非日本箱庭、南画的风光所可比拟者。在染着刚快风光的高原温泉地——哈洛〔龙〕阿尔香，与要回海拉尔去的桥本中佐一行分别，我则更由俄、蒙的私人兵和驻屯温泉地的皇军××联队兵数名护卫，通过兴安岭山麓，在有如伏虎的山间，过了几夜的露营生活，受着大陆的洗礼，继作横断察哈尔的旅行，数周之后，始返海拉尔。

六　苏联之支配外蒙

内外蒙古方面的国境线，如前所述，除了贝尔湖和哈尔哈河部分以外，都是广漠的平原和旷野，所以界线很是模糊不明。即内蒙与外蒙的分界亦甚不明确，形式上虽以"沃薄"（蒙语，大概是一种碑揭）为界，事实上却往往外蒙牧队侵进内蒙，内蒙也便变做外蒙，内蒙牧队侵入外蒙亦然。这种情况，颇带有一种大陆的宽宏气分。

从外蒙逃到内蒙来的人是相当多的。其中亦有被征去当兵的青年，他们是受过赤军军官教练的苏维埃式军事教育的。我曾遇到这种蒙古青年，听过他们谈论脱逃后的感想，以及外蒙的状况。

据他们说，外蒙青年都要被征去当二年兵，每一中队有一赤军指挥官，担任实施赤色军事教育。部队又分电信队、马队等等，受军事教育之外，并须做种种之劳动工作。这和苏联赤军屡屡依国家的必要，须从事军事以外的工业、林业、农业的工作是同样的。可是，要那在水草上过惯了游牧生活的蒙古人，忽然着起不自在的外国服，去受科学的机械的军事教育和职业教育，自然是耐不住那种厌烦的，耐不住了，所以就有连制服也未脱，即逃遁到内蒙古来的，因为这里，大家都依然过□比较悠优的游牧生活。这些青年一向不明白马克思主义是什么，列宁主义是什么，只吃到一些粗劣的食物，做到一些不关紧要的工作，所以感到苏维埃式生活的可厌恶。他们每日虽读着蒙文的共产党报纸，但从来不得其要领。

内外蒙古的境界上，比较利于瞭望的砂丘高地，都设有"外蒙共和国"警备队的驻营。逃兵如给这警备队瞥见，便马上要被捕，即使已经逃过了境界线，只要他们已探知事实，也会马上派数十名一队的武装兵，到内蒙行政单位"旗"的公署或旗长这边来强行交涉，遣回原兵。这是司空见惯的事。

我们一行，在蒙古的平野上，遇到了两位外交部派到阿尔香庙去研究语学的青年留学生，他俩骑马前进，我们则驶汽车，车中和马上的旅客们，很亲热地谈着天。

又在甘珠儿庙，正有两位年青的日本和尚，住在那里想积极改革喇嘛教的内部。

满清政府时代以严酷的支配力，把邪恶的喇嘛教普及于蒙民，使他们由喇嘛僧那里传染了可怕的霉毒。依喇嘛教教仪〔义〕，这可咀〔诅〕咒的霉毒患者喇嘛僧们，对于蒙古一切女子都有"初夜权"。所以蒙民十九都是这种恶疾的牺牲者，病入膏肓时，往往毒入骨骸，使全身腐烂。就是那在莫斯科红色广场代表蒙古共产党参加劳动节或革命纪念节大会，高呼"同志呀……"的蒙古战士，也差不多难免有这种因袭的恶病，看他们那颈部转动的不灵，而且生着肿块的样子，就可知道了。因此，今后欲谋蒙古文化的向上，其最要紧的先决条件，便是这霉毒的清除。

在苏维埃外蒙，治毒政策业已着着进行。外蒙设有许多国立霉毒疗养所，强制患者施行注射。原来迷信甚深的蒙民们，最初往往脱避，非常不愿受注射，但一度受过注射的，病势马上轻下去，身体也就舒适起来，有此体验以后，再度罹病时，便自动赴疗养所要求注射。治毒政策的效果是渐次实现了。

七　北呼伦贝尔的结论

这次实地视察的苏"满"国境线中，以额尔古纳河为界的北呼仑贝尔一带，其国境线本身，可以说比南呼仑贝尔国境线明确得多。像内外蒙古的分界，像东面国境的一部分，像江中有许多大小岛屿的黑龙江，像苏联大大侵入的满洲里方面国境，都很不明确，不自然，这里却不然，有河幅不足百米的额尔古纳河判然地流着。然而国境的根本问题还在另外的地方。在这地带，我所痛感到的事实，是额尔古纳河对岸的苏联已有建国十六年的历史，"满洲国"方面则不上两年，这里有十余年的间隔。恐怕不但在这一带地方，就是其他地带也一样，苏联方面防备得国境像铜铁一般坚密，而"满洲国"方面，则完全在废弛无防备状态中。后贝加尔国境线之赤军、政治保安队等张设着水泄不通的警备，这已如前述。至于北呼仑贝尔"满洲国"方面的警备，则只有二百名内外而且能率极低的卡伦兵，分驻于距离甚长、每十人一卡的十八个"卡"上，此外不过左旗与右旗额尔古纳的两处警察署而已，与对岸苏联比较，那真是贫弱得很。航行的船舶亦一样，苏联方面已使用新式的轮船，"满洲国"方面则只使用着少数的舢舨。万事都这样子，可以看出相差十余年的程度。兼之，不知是出于谁的政策，近来听说颇重用那以拍细柯夫为头目的一派白俄，他们原为赤色暴徒，后来转变为白色，置中心势力于三河地方，又不知从什么地方呼集来许多谢米诺夫的残党，令其经营种种非法的事业。这一流白俄，最近其势力已伸及吉拉林以北，在额尔古纳左旗一带，懒视一切地阔步横行着。照世界的定评，原来这流寄生为活的白俄们，是最无力量，最无定见的。现在最无信用的东西之一，也就是白俄。他们中之最优秀的巨头们，或住法国，或住欧美其它各国，现在都已经失败，没有人要理睬了；何况远比欧洲白俄素质更为低劣的远东这部分白俄呢，如以为他们有什么可利用的价值，而让他们放纵着，这是不要回顾十五年前哥萨克、谢米诺夫的史实，也可断定其认识得太不清楚的。成为现实问题的，倒是他们的横行妄动，并不能达到所期待的目的，反生出各种旁岐〔歧〕的恶果来，例如有的狂饮之后，强奸满妇，有的对满人作威作福，一如支配者。此等愚劣举动，徒然时时刺激了对岸的苏联，使他误解，好像这是日"满"两国作为一种国策，嗾使他们这样做的，结果使他那方面的国境警备愈益紧张起来，这是有心者所不可忽视的事。像这种事，既不合世界的大势，又表明对于苏联的无识，我认为非常不可乐观。

苏联对于远东国境，由党和苏维埃机关的有力指导者中，还派了特别通晓彼我情形的，来担任种种工作。"满洲国"有鉴于此，自然也把国境的警备充实起来，配置于这一带的国境警察队、兴安警察局等处于指导地位的机关，其与世界大势的关系倒在其次，而对于苏联是不得不正常地作彻底的认识。如仅仅浅薄地懂得一点远东苏联的表面，是极不够，而且危险的。

又，不消说，若以这一带为舞台，想到一旦有事之时，则那夜间放在野外任意吃着草、白天终日奔驰于高原上受着训练的蒙古马，是狠〔很〕必要的；同时，乘这种马的人们，也要受过一种训练，要吃得惯那边土民所常用的面粉做的馒头，并以高原的草类为副食，喝得惯那以泥壶烹的水，又能像野兽一样地驰驱着才行。这不但在北呼仑贝尔应如是，就是南呼伦贝尔，我视察后所得的结论亦如之。

八　南呼仑贝尔的结论

视察南呼仑贝尔、内外蒙古国境后所得之结论，是应该赶紧划定不明确的国境线，多多设立国营疗养所，以彻低清除霉毒。照现状看，专向蒙古青年高呼着"恢复成吉斯汗的精神"只能算是一种不负责的空言罢了。其次那在广袤万里之蒙古平原上耸立着的喇嘛庙，虽是目下政治、教育、信仰的中心，虽是还在政教合一的状态中，我们却应该把它断然割绝，另外设置"满洲国"直辖的政治教育中心机关，彻底而周到地，设法阐明喇嘛教之不可信的事实，并扫除之。

笔者曾遍游东西洋，总觉得蒙古民族其本质极为勇敢，是一非常有希望的民族。若把霉毒清除，把政治、教育、宗教改革而善导之，则其前途的发展，实未可限量也。

现在公认为最优秀的"勃利耶脱蒙古族"，苏联已经把他们，在作为外蒙乃至苏联共和国之一构成单位国的勃利耶脱·蒙古利亚自治社会主义共和国内，重新施以政治、军事、产业、文化的教育，自然不免有一部分青年，因不喜欢苏联式的教育而脱逃到内蒙来，但就一般说，外蒙的苏维埃化是进展得非常迅速。在这虽分内外，却属同一血统的蒙古民族上，谁来掌握支配权呢？这是今后必然要发生的苏"满"间的重大问题，也是谁都无可否认的吧。

关于这，我以为，巧妙地把握住蒙古民族所有的传统精神，是最紧要的事。日本人只知短见地打算着兴安岭以南的所谓满洲，而未计及兴安岭以北那如大海般的蒙古大陆，这真是谬误之至。理学士、农学士之类的专家，前赴蒙古调查，只知埋头于牛马之学术上的解剖、蒙古人种之生理学上的研究等枝叶末节的事项，而对于整个蒙古应如何去把握这一当前的重要课题，却拿不出卓越的根本国策，这很使我们失望。专门的枝节研究固为必要，而把握其全面的必要尤属迫切。幸日"满"当局猛省之。

《时事类编》（半月刊）
南京中山文化教育馆
1934 年 2 卷 11 期
（朱宪 李红权 整理）

鸟居龙藏探查热河自述

宗孟 编译

日人鸟居龙藏于去岁八月初，一家总动员，探查热河古迹，本刊前已谭及（载四卷一期）。迨鸟居于年终返国后，曾撰文自述此行经过，刊载各杂志。一题《满蒙之探查》，载《经济往来》（本年二月号）。两文所述，互有详略，参互观之，弥足显示鸟居氏所代表之日人文化动员为可畏。兹故参译大意，撮缀成文，固非完全鸟居之所自述也。

斯行也，自去岁八月三日由东京出发，探查热河省及察哈尔省之一部，于十二月二十四日归来，计已五阅月矣。予为东方文化学院东京研究所之研究员，故此行之目的有二，一为调查热河省内喀喇沁中旗内存在之辽中京，一为继续往年所调查小巴林旗境兴安岭中存在之辽陵。

予一家共同出动，分工合作，故此次探查，虽谓为予个人研究所之移动可也。探查各地，既须用华语，复须用蒙语，予妻皆差可通解，即无庸舌人，已能达到目的。至此行所费，非如大探险家之耗用巨款，仅由外务省对华文化事业部支领二千元，以完成此五阅月之探查。所幸得关东军之热烈援助为可感耳。

予等所经，交通既极不便，地方治安又随处堪虞，同行更有女性二人，顾虑尤多。衣也，食也，又须如所谓"入乡随乡"。在探查中之服装，既时蒙时汉，而入蒙地则蒙食，入汉地则又须汉食焉。

沿途颇受关东军之特务机关、兵站监部及各守备队之特别护卫，与自动车及载重汽车之使用。南满铁路与"奉山"铁路亦予以运转之便利。而因有飞机、自动车与载重汽车等之乘用，可将十日之行程缩短为三四日。则此次探查虽历时五月，实则固不止五月矣。

予自大连上岸后，而沈阳、长春，以至锦县。在锦考查辽之古塔后，即赴义县。留义十日，颇留心辽代之古塔碑刻。此地有辽圣宗时建筑之大佛寺，对于契丹研究上最值注意。附近之万佛洞（按即万佛堂）尚有北魏时代碑文残存，佛像亦杂有辽代遗物。予曾一宿洞内，并采集古瓦残片。

由义县经北票至朝阳。朝阳在辽代为中京兴中州〔府〕，辖属县甚多，在当时亦一文化中心地，故建有三塔，残存。渡河至凤凰山，亦有三塔。附近颇多辽代遗物，供研究资料。

经凌源、平泉以至承德，沿途颇多塔与土城之辽代遗迹，而古塔之多，尤足惊人。在义县大佛寺内，有金天眷三年碑文云："自燕而东，列郡〈以〉数十，东营为大。其地左巫闾，右白霫，襟带辽海，控引幽蓟。人物繁夥，风俗淳古，其民不为淫〈祀〉，率喜奉佛，为佛塔庙于城中……"据此可知辽代燕东居民喜建塔寺，在朝阳、承德间所见尤可证明。

予与予妻在二十八年前曾同喀喇沁王及王妃在承德参观各名胜古迹，固已叹为极乐净土。乃此次来此，离宫既荒芜残破，喇嘛庙亦率多颓毁，诚令人不胜今昔之感。在此本拟竭数日之力，从事多方探查，又适值松宝特务机关长有招致热境各蒙旗王公会议之举，予因得与各王公为蒙语之谈话，亦一大快事。

承德之任务毕，遂不得不作最感困难之旧辽中京一行。旧辽中京在老哈河畔之大宁城，为喀喇沁中旗地，即今宁城县也。其地在阴山山脉中之一盆地，土匪充斥，而无日军驻守，行旅极感困难。幸得松宝特务长之策画，利用代理喀王之白云昇，调遣蒙古骑兵负责护卫，始克成行。

九月十五日，予等与白云昇诸蒙人同乘长途汽车至平泉。在此小作勾留后，即于十八日由数十蒙古骑兵，拥护予等铙吹而前，卒冒万险以达到目的地焉。

辽都本为上京，其遗迹今犹残存。中京则建于圣宗统和二十五年，即宋真宗景德四年（一〇〇七年），在当时实为辽代一大重镇。其遗迹之保持于塔寺与土城者，今尚易于探考。予等留此凡十七日，逐日在蒙古骑兵保护下，奔波古城中，其苦乐亦正自惟均也。

予在此所得，非短文所能详，容日当有论文公表。但就此土城言之，则此城南接老哈河，周围约六里余，东南隅有高台。城内为土壁区划，亦极复杂。城内外有佛塔三，以在城中者为大，八角而白色，故亦有白塔子之称。塔之八面，各饰以佛像及其他物象。城内禾田尚未刈除，则在田禾中从各方搜求遗迹遗物。于高台上发现石人、石狮及碑刻等遗物。予等此行之第一目的遂如愿以偿。

十月四日至赤峰。其地为予妻二十七年前旧游之地，在此仅有六日之探查，即随日本守备队而北征。历英金流直北至乌丹城，更北渡西喇木伦河，即入巴林右翼旗境。渡河处为一石桥，即契丹时之潢水石桥所在，后经清初公主下嫁巴林王又新筑者（按即巴林桥）。渡桥而北，沙漠地带，汽车殊艰于行。至林西后之翌日，又前往乌珠穆沁王府，携其王归林西。时天已降雪，温度颇低。而日军之入乌珠穆沁旗此为第一次矣（按该旗本在察哈尔境内）。

予等于十七日偕同中国骑兵十名，乘火车两辆，与守备队分途，翌日抵小巴林旗之白塔子，即第二目的地契丹陵墓之所在也。其地予曾于前二十七年及前四年两度探查。在白塔子北数里兴安岭山中有地名洼林漫额，即辽陵所在。十月二十一予等偕蒙古兵乘蒙古车拂晓即行。既抵其地，邈无人烟，乃张天幕为宿所，燃枯木以取暖，而在风雪交加之下，寒夜温度恒在零下八九度，故颇感困难。然留此凡十有五日，在阴寒之陵墓内，缘子娘则终日速写壁画，龙次郎则随处撮〔摄〕影，艰苦已备尝之矣。后因山上发现土匪，始不得不遄返白塔子（按此陵即辽之庆陵，计凡三处，此前已有数次开掘。西人牟里神甫著《东蒙古辽代城探考记》，商务有译本，对庆陵考记颇详，可参阅）。十一月九日离林西南返，往返恰为一月。

十一日抵亦峰，再于此附近探查。当二十七八年前，予妻曾应此地喀喇沁右旗旧王之聘，充女学教师。及今校舍尚残在，而已物是人非。新王方十九岁，仍热烈招待，盖旧王素亲日，新王之母又系肃亲王之妹，自应尔尔也。

二十二日赴乌丹城，并至其数里外所谓国公坟之所在，就坟之碑刻及石人、石虎加以考查。据碑文所载，系元顺帝元统二年孟春立。碑阳为汉文，碑阴则为畏兀儿文，至足珍视，因亟拓摄而去（按畏兀儿即《元秘史》之委兀儿，为元时西北种部名，唐回纥之遗裔，其文字刻石，世不多见）。

自赤峰东归，于二十七日抵朝阳。更探查此地大梁河前凤凰山之三座塔及朝阳喇嘛庙壁之佛像，并整理携带物品。十二月十四日，遂离朝阳满载而归。

《行健月刊》

北平东北行健学会

1934 年 4 卷 3 期

（李红权　整理）

东北中俄国境探查记

雪若　译

本刊四卷三期《日俄对峙中之黑龙江沿岸近况》一文，曾就黑龙江省中俄国境东部之情形，根据日人之实地调查向国人介绍，本文系日人高桥利雄负有关东军之使命，前往黑省西部呼伦贝尔一带，就沿边九百里之中俄国境，实地探查。所述情形，虽多本诸日人观点，然由此已可见苏俄准备对日，固与东境有同一之紧张情形也，因亟译之。原文载日本《陆军画报》四月号。

一　武装出发

我的视察，最初是北呼伦贝尔国境一带，此地恰以额尔古讷河①为界，与苏俄的后贝加尔湖相对，是一个带有极重要性的地带。因此地常有满洲系匪贼及更横暴的白俄系匪贼出没其间，所以我和正在此经营砂金业的盟友中野清助氏带了"满洲国"的卡伦兵及临时武装的兵约三十名，携带机关枪一挺〔挺〕、步枪数十支，及手枪等武装，从海拉尔北上了。这个所谓卡伦兵者，是当时"满洲国"唯一的守备兵，其屯驻的所在，从西南方的满洲里

_____

①　后文又作"额尔古纳河"。——整理者注

至东北端的北奇乾间，共有十八个屯驻所，此屯驻所通常称之谓"卡"，守备兵曰"卡伦兵"，每卡有兵十名、官长一名，官长普通呼之谓"卡官"。

我们从第四卡之水泉子，一直到十八卡，皆由各卡伦兵轮流护送，因此我们对于那些辛辛苦苦的卡伦兵，必须重金酬谢。我们一行三十人，都鞭策着蒙古马前进着。我骑的是五卡官萨穆扎普君的一匹马。

从海拉尔至漠河北呼伦贝尔的国境线上，重要地区大概如左：

1. 海拉尔	5. 黑山头	9. 水毛	13. 奇乾
2. 头站	6. 小河子	10. 吉拉林	14. 小八卡
3. 甘泉子	7. 全山子	11. 戛尔土其	15. 漠河
4. 水泉子	8. 九卡	12. 库讷	

从海拉尔以北至吉拉林为室韦县，吉拉林以北至漠河为奇乾县，最近室韦改称额尔古讷左旗，奇乾改称额尔古讷〔河〕右旗，从小〔水〕泉子、黑山头、小河子、全山子一带深入，称为三河地方，发源于兴安岭的根河、得尔布尔河、哈乌尔河均北流入苏"满"国境之额尔古讷河。

二　对岸苏俄的警备

从海拉尔至根河下流，约三百四十华里，这边的道路完全沿着国境线，地形倾向于苏俄方面者较高，成为可以俯瞰"满洲国"的形式；从海拉尔至吉拉林，连续着内外蒙古的大平原，仅有些突起的丘陵在起伏着，较之内外蒙古的地形，颇乏平坦；从根河下流地方至对岸俄领斯托洛哈奇村，是一条约距五十米达的河，为肉眼所不能见；但用望远镜看时，在这村中的苏维埃警备队的监视情形，好像很明显的立在眼前；位于三河中央的得尔布〈尔〉

河近于小河子河口，正对着苏领后贝加尔之诺次尔义哈奇村，此处的苏俄人烟及警备状况，也一样的可以看得清清楚楚。

从海拉尔到吉拉林仍旧未脱离原始的状态，我们费了五昼夜工夫的苦斗，才排除了那些地方的种种自然的人为的故障。

现在将位于额尔古讷河对岸的苏俄村落及户数列下：

1. 斯托洛次洛哈奇	一○○户
2. 诺次尔哈奇	一○○户
3. 捕拉	一○○户
4. 泡尔勤斯卡	一五○户
5. 巴达考西卡	一三○户
6. 特雷姆	一○○户
7. 托姆林斯苦	五○户
8. 奥尼奥哇	一○○户
9. 奥洛奇尼考夫	二五○户

在额尔古讷河沿岸，苏俄有许多在百户内外的村落；但是我观察得了一个特异的现象，就是在"满洲国"不见村落的地方，在对岸苏俄的村落也只有废墟似的家屋浮出在大陆的阳光下，仅仅在夕阳西下的时候，从一二个家屋放出了团团片片的炊烟。调查其所以致此的原因，大概这些村中的青年男女们，都出去从事砂工业、修筑道路或是林业、农业等工作，所剩下的只有失去劳动力的老弱们，所以把他们都收容在一二个家屋中生活着，而起了炊爨的浓烟。这种工作的情形，不仅限于苏联的国境一带，就是苏维埃政府下国营企业的劳动人员，都是依照团体雇佣契约的组织而工作的；然而在"满洲国"国境对岸相对峙着的苏联农村住民，也有不是营着集团工作的。

例如前面所记的吉拉林对岸的奥洛奇〈尼〉考夫，不仅食事的时候，从每个独立的烟筒上，看到缭绕的炊烟；就是那些苏俄的妇女、小孩子们的呼唤声音，洗濯及汲水的情形，都能够清清楚楚的听到看到；也可以看到赤军 G. P. O. 的马队乘马在额尔古讷河水浴；在对岸没有住民的村落，也配置着 G. P. O. 特务队与赤军，从这个屯驻地带，常常以骑兵与其他屯驻区保持联络，偶然要有集团的"满洲国"军队或警察通过时，那么苏俄可以立刻无论在任何地集聚许多汽车相对抗，形成了赤军示威的行列，这是司空见惯的事。

在对岸苏俄的屯驻区，引着多数的电线，与本队保持着严密的联络网；在沉寂的夜里，会常常听到苏俄的枪声，这不是向"满洲国"所发的空炮，而是向自国内所发的枪声，我想他的目的，是在威吓逃向满洲来的住民。

在我的旅途中，遇着许多从苏俄逃脱出来的农民，得到与他们谈话的机会，他们都异口同声的诉说：苏联内缺乏粮食；但是满洲土民的粮食，也是极粗恶的，他们只知逃来了，而不知再想归去，也归不得了！只好在"满洲国"苟延残喘的谋生。其中也有苏俄的 G. P. O. 装作逃民的样子混进来的，但是因为这些士兵，多是元气充分，举动活泼的青年，常被人家看破，受了相当的处置，遣送回国。

从吉拉林至漠河、奇乾的行程，感觉得格外的困难；不是凹入地内的特有湿地，就是散乱着纵横倒木的地带，在夜里为避免毒虫猛兽的袭来，把身子藏在一个似袋的东西里，拿着手枪、电棒，从里面结好纽扣，这好像在太古时之高原上，作一场妖艳的梦了。

到了吉拉林一带，地形就完全一变：有像在北桦太所见的苍郁树林，有像后贝加尔奇岩绝壁的场所；就是南面秃山，北部树木的那种奇观，实在也不少；此地虽在盛夏，而地下仍冻结数尺之深，故此地的树木，不能在纵的方面向深发展，而只能在横的方面向广扩张，前面所说的倒木，就是这些根弱的树木，被风吹倒的结果。奇乾设有奇乾警察署（额尔古讷右旗警察署），署长为数年前卒业于明大法科一位勇于柔道三段的青年仓皇政雄和节子夫人，指挥着多数的"满洲国"警察官，在苏联国境第一线，继续着悲壮的活动……

在奇乾对岸的屋奇洛夫村，也和屋老奇尼考夫一样，因为在"满洲国"方面有了稍稍集中的村落，所以人烟既稠密，警备也十分的坚固；从奇乾到十八卡，更向漠河之途中，至额尔古讷河与黑龙江合流处的呼伦贝尔北端，我的行程就此中止了。

三　额尔古讷河

额尔古讷河与黑龙江、乌苏里江是苏"满"国境的最大河流，因此这条大河遂成为苏"满"两国间的重大悬案之国境划分问题与水路协定问题的中心，现在从河心分为左右两半，一半属于"满"领，一半属于苏领，所以"满洲国"的船只，通行于满属的一半内；同样苏俄的船只，也只能通行于苏领的一半河内；船行终点吉拉林的上流，因为河幅的狭窄，河底的浮浅，很少利用的价值，所以直到现在，没有开航；尤其是在那最深的河心，都不能自由的航行，越显其利用价值的稀少了。

可是苏俄方面恰恰是去年，正在我的旅程中，他们开始以载重数十吨的钢制发动机船一只，从黑龙江下流溯江驶向吉拉林，西〔两〕岸的住民，恐怕看见这个近代船舶，还是第一次罢！恰如美国的黑船驶向浦贺的时候，我们用那样惊异的眼光去迎接它一样。"满洲国"方面的交通，却比较落后得多了，仍旧蠕动在帆樯站驿的状态中，除了利用天然扬帆曳行而外，再也看不到什么新奇的利器；然则此河苏"满"二国都极少利用的机会，到了冬季，往来于冰结的河上者，则有汽车、〈雪〉橇等，以代船行。

最有趣的事情，即是苏"满"两国，起了种种争执时，两国的官宪无论冬夏都集中在河的中央，开始他们折冲的谈判。这个所谓争端的，例如满洲方面的马匹逃向苏俄境内的返还交涉啦，及苏俄农民逃入"满洲国"境的引渡啦……等是。

苏"满"二国，都占有这一条河，那么两国间的输出入应该有相当的繁盛；然事实上交易的发生极少，这是因为苏联已没有交换或支付物资与金钱的能力了。

额尔古讷河虽然不是一条清澄的河面，然也不像中国那些浊流滔滔的大河，而是一条半浊流的河，在天晴的时候，那些半浊的水流，便呈现着绮丽澄清的状态；此河的两岸皆可垂钓，颇有一种清闲的情景，但不宜于游泳。

四　内外蒙古国境地带

当我在北呼伦贝尔的归途中，正遇着呼伦贝尔大特务机关长桥本欣五郎中佐赴南呼伦贝尔之外蒙接境地方视察，我便乘着这个机会，分乘几辆汽车，在七月的初头，从海拉尔出发，走向蒙古的大平原了，其重要的行程大概如左：

1. 海拉尔	5. 汉达戛亚
2. 甘珠儿庙	6. 哈尔哈河
3. 阿尔先庙	7. 哈龙阿尔先
4. 尖求庙	8. 察哈尔

呼伦贝尔的南部与外蒙古接壤的地方，大部分为平原地带，即自北端以贝加尔湖平原与外蒙接壤；南则以哈尔哈流域与外蒙接境；南端则接察哈尔、热河，这个广大肥沃的外蒙地域，早成了苏联势力下的附属品了！无论是政治、军事、经济、文化都带有可怕的赤色，因此与苏联化的蒙古接境的满洲地方，生出了重

要的对苏问题；尤其是满洲正从事于建设，希望渐次把这个建设输送到未开化的地方，以普及其支配力的时候，越发加强了两国的紧张程度。本来这个地方在历史上已经是中国东三省政权与外蒙、苏俄的缓冲地带，在今日"满洲国"建设进展的过程中，也不失为苏"满"两国间的问题要因。

甘珠尔〔儿〕庙是呼伦贝尔每年有一次物物交换的最大定期会所，又是一个有名庙宇的所在，从此经过十里草原湿地，则达阿尔先庙，更向东南经过三十里，可更尖求庙。翌日的下午，至与呼伦贝尔接境的一个要冲地带汉达戛亚，从此至呼伦贝尔的南端，到了近于察哈尔高原的泉地哈龙阿尔先，约三四十里的路程，就是大兴安岭的山麓；再越兴安岭的支脉，则地形又为之一变，有深山幽谷，有苍翠的松林，有湿润的山地，也有许多非常荆棘的道路，也可以看见展开在兴安岭山麓的草原，恰如花园似的百花燎〔缭〕乱。

元来许多日本人，仅知道蒙古是一个荒凉的大平原，但是我见的夏天蒙古平原，那些从严冬解放了的千草万花，都在此时把她们那种活泼的生命力显在地上，那些像毛毡似的种种灿烂光彩，恐怕比日本的箱庭南画的风光，更要雄大而且鲜丽吧！就在那高原温泉地之哈龙阿尔先，与返海拉尔的桥本中佐相别；我则更由俄蒙之私兵及驻扎于同温泉之日本××联队士兵二名的卫护，横切了兴安岭的山麓，在那伏虎似的山中，过了几夜露营的生活，受了大陆的洗礼，接续旅行察哈尔，数周之后，才返回海拉尔。

五　苏俄支配下的外蒙

所谓内外蒙古的国境，如前所述，除以贝加尔湖与哈尔哈河为界外，其余都是广漠的旷野了，故内外蒙古实在是漠湖〔模糊不明的境界线，在形式上虽依"奥包"为划分国境线的碑界，然事实外蒙的家畜，出入于内蒙，则内蒙的地方，也变成外蒙的了；反之内蒙的家畜，进出于外蒙，那么外蒙的地方，也同样变成内蒙的了。这种情形，很明显的表现出大陆的慢性。

近来从外蒙逃往内蒙的人非常众多，在此等逃脱的蒙民中，有许多是在外蒙被征兵的，我遇到在赤军指挥官的指导下受过苏联式的军事教育的蒙古青年，得听到他们种种逃走的心境及外蒙状况的机会。

外蒙的青年都要负二年的服兵役的义务，每个中队有一位赤军指挥官，以施行赤色军事教育，这种军队可分为电信队、骑兵队，及其他各兵种。在军事教育以外，亦使之从事各种劳动动员的活动，这种情形，与苏联赤军应国家之必要而行军事以外之工业、林业、农业等动员一样；但是时常追逐在水草间而以游牧为生的蒙古人，穿着不如意的洋服，忽然使受科学的机械的规律军事教育与职业教育，所以他们忍耐不住这种纪律的生活，索性连制服也不脱了，逃到内蒙来过着游优的生活。这些青年，对于什么马克斯主义的教理，列宁主义的实践，一向是不彻底的；并且使他们食粗恶的东西，作多量的工作，他们早嫌恶了苏联式的生活；每天虽在读着蒙语的共产党新闻，但是一向是不得要领。

在内外蒙古的国境上，比较有利于展望的砂丘高地，都设有外蒙共和国警备队的驻扎所。这种警备队，如果发现了逃走的兵，他会立刻捕获的，就是有逃出国境线的事实，被他们知道，他们立刻组织起数十人的武装兵队，向内蒙的行政单位所谓"族〔旗〕"的官署长官交涉引渡。在前记的阿尔先庙附近的旗公署，遇到了二位外交部派遣来研究语学的学生，他们骑着马，我们坐着车，马上车中，我们互相谈着；更在甘珠尔〔儿〕庙遇到二位日本的青年僧侣，努力从事于喇嘛教内部的彻底改革。

　　蒙古人民受了清政府恶辣的支配，普及了邪恶的喇嘛教，而从这些喇嘛僧感染了可怕的梅毒，依蒙古的教仪〔义〕，这些梅毒患者的喇嘛僧，对于蒙古一切婚嫁，许可他们有初夜权，所以百分之九十的蒙古人，都是这个梅毒恶病的牺牲者，往往病入膏肓时，那种梅毒的蔓延，把骨头都腐烂了！就是在莫斯广场纪念劳动与革命示威运动高呼"同志！……"的蒙古共产党代表的战士，也逃不出这个因袭的恶魔！我们由那个周转不灵而且臃肿的颈部，可以看出的。因此欲企今后蒙古文化的向上，其最必要的先决条件，就是这个梅毒的根治。现在苏联在外蒙梅毒政策，已着着进行，设立许多梅毒国营疗养所，强制患者注射；起初那些固执于迷信的蒙古人们，虽极力避免注射，但一经受过注射的人，病势大减，得了这种良好的体验，所以若再罹病时，则自动的到疗养所乞求注射了。这种梅毒政策的效果，将次第遍布了肮脏的蒙古。

六　结论

　　这次实地视察的苏"满"国境中，以额尔古讷河为界的北呼伦贝尔一带的国境线，较之南呼伦贝尔国境线极为明确，例如在南呼伦贝尔内蒙古境及东部国境之一部，如黑龙江中有多数的岛屿；在满洲里直无境界之可言，苏联亦利用此种机会，着着侵入"满"境，这些我们都认为是不明确乃至不合理的界线。但是在北呼伦贝尔虽河幅不足百米，然额尔古纳河则为严然判明的境界。然苏"满"国境的划分，余以〈为〉犹属次要，在此处我所感到者，厥为额尔古纳河对岸的苏俄，已经有了十六年的建国历史，而在"满洲国"仅建国不过二年；且苏俄仅限于这个极少的地带，已经有了铁板似的国防，而"满洲国"仍旧在无防备的状态中；在后贝加尔湖的国境线上，赤军特务队布置了水泄不通的警备，

已如前述；但在此地的满洲警备，一卡仅有十人的样子，而此十
人又是一些素质极低的卡伦兵，以此综计不过二百名的卡伦兵，
防此长大的地带，何堪胜任！除此以外，还有左右旗额尔古纳警
察署的警士，比较起对岸的苏联，真是贫弱得可怜。在航运方面，
苏俄则有最新式的马达船，以为运输之用，而在"满洲国"仅有
少数的船只，凡此种种，都足证明"满洲国"是迟进了十余年的
程度；加之不知谁的政策，出没于三河地方的赤色游击队，其后
转向白色的俄人首领卓西考夫，聚集许多协密诺夫军的残党们，
营着掠夺事业，最近其势力已由三河扩张到吉拉林，横行于额尔
古纳河一带；本来白系俄人在世界上已失却其固有的力量，而成
为世界上一个无定见的民族，现在最无信用的存在者，恐怕就是
白系俄人了，他们所谓最优秀的巨头，或住法兰西，或在其他各
国，到现在事实已经告诉我们，白俄已经是失败了！已经没有亲
爱他们的人了！况且这个比较他们素质更低的远东白系俄人呢！
如果说有利用他们的价值，让他们那样放恣专横，那么应该回顾
十五年前的克尔萨库、协密诺夫，实在是认识不足；现在成为最
严重的问题，就是他们阔步横行的结果，反生出了种种恶影响，
例如他们喝醉了酒，有的强奸满洲妇女，有的对满洲人一如支配
者，这种事情，如果继续下去，徒激刺了对岸的苏联，最易使苏
联误解，这是日"满"两国的国策，结果益使苏联的国境增加警
备，此盖有心者所不可忽视的，这不仅不合世界的大势，就是对
于苏联也表明了无识的举动，实在是一桩可悲的事。

　　苏俄在极东的国境线上，在党乃至苏维埃机关干部有力的指导
下，选派通晓我方之事实者，担任工作。鉴于这种事实，"满洲
国"亦宜急起直追，充实起国境警备，对于世界大势的应付，犹
属其次；然对于苏联，则非有彻底的认识不可。

　　这种情形不仅限于北呼伦贝尔，依南北呼伦贝尔踏查的结论，

都应当如此的。一旦以这些地带为舞台，起了战争的时候，那些夜里放牧在野外吃草的，白天整日驰骋在蒙古高原的马的训练，是很必要的；即乘马者也要养成蒙古食欲上的习惯，并且有像兽似的驰驱训练才可。

视察南呼伦贝尔内外蒙古国境线的结论，其最重要的自然要算急速划分不明确的国境线；但是从蒙古人的现实来看，第一件不可不行的事，厥为国营疗养所的设置，以使梅毒彻底的铲除；以现状来说，只会向蒙古青年喊着"恢复成吉思汗"的口号，恐怕终是一种无责任的空言罢！其次就是喇嘛教的改革，耸立在广袤万里蒙古平原的喇嘛庙，虽然是政治、教育、信仰的中心，而成为政教一致的状态，但此应使之断然引离，而另设"满洲国"直辖之政治、教育之中心机关，再从邪恶的喇嘛教来说，也应当详加改革。

记者历游东西洋，觉得蒙古的民族，在他的本质上，是一个勇敢而非常有希望的民族，假设要从驱逐梅毒及改善政治、教育、宗教入手，则蒙古将来必有惊人的发展。

苏俄现在把最有优秀定评的勃利亚托蒙古族与外蒙古合并为苏联之一构成单位国，在勃利亚托蒙古利亚自治主义共和国内，已经有了很完备〈的〉政治、军事、产业、文化及教育的设施，此点苏俄已先发而制"满洲"矣。固然虽有一部分青年，受不了苏联式的教育而逃往内蒙，但以全体观察，外蒙的苏维埃化，是非常迅速的，在此虽分内外境界而实同血种的蒙古民族，所谓握政权者何人，必然的是此后"满"苏间的重大悬案，恐怕这是任何人也不能否认的罢。因此我们必要以极巧妙的手段，把握着蒙古民族的传统精神。

这虽然是我去年腊月从欧俄的归途中至长春与"满洲国"当局所发表的议论，但大多数的日本人，仅能以极浅的见解，计议着兴安岭以南的所谓"满洲"，而不知如大海一般的兴安岭以北的外蒙，更有计及的价值。所谓理学士、农学士，以及其他专门蒙古的调查者，或从事于牛马学术的解剖，或研究蒙古人种的生理，要之所埋头努力的，不是把握着蒙古整个的重要课题，而仅仅是一些枝叶末节的议论，没有一个卓越的根本国策，这是使我们失望的事情。要知专门细部的研究，虽属必要，然从大局着想，把握全体，尤为必要。

《行健月刊》
北平东北行健学会
1934 年 4 卷 6 期
（李红权　整理）

脱了线的一页旅蒙日记

刘家驹　撰

　　这天，在王府侧一个半旧的蒙古包中，兀自坐着，包内外四围的空气，异常寂静，连那蝇子在墨汁瓶内嗡嗡告急声，也听得十分清晰。我这时，百无聊赖地坐在那儿沉思，想到一个人的人生，有如电影般的转变，什么得失荣辱、悲欢离合，都是一般不能大彻大悟的蠢奴，在那儿扮演，等到一棺附身，万事都了，白骨碧血，只有与荒草为伍了，那时还有什么荣辱得失呢！

　　"呜……呜……呜……"的汽车声，忽然从包外传来，声音越响越近了，这时满包的空气，顿形紧张，我静寂的思虑，也被那远来的吼声打断，情不自禁地拉开了仅堪容身的单扇门儿，啊！呼的一阵狂风，送进了许多碧草黄沙，我擦眼仔细一看，原是前月派去采买公物的汽车由口内回来了，这时蒙古当地的一些男女老小，叮叮当当的拖着五尺长的珠饰，大家挤在一团，用一种很惊奇的眼光，观察那能够载着十多个骆驼所不能载重的东西——汽车，而且跑得这样快，叫得这样响，不吃不喝，睁着大眼睛，在那儿雄伟的站着，他们以为这是世界上的怪物，并且晓得世界上还有比骏马快的东西。正在看得出神的时候，机师把火一灭，煤汽一放，乌了一大圈，臭得那些男女们，都掩鼻而逃了。

　　南天的黑云，马上罩满了空中，似乎将要落雨的样子，我便急忙把门拉回来。顶篷的毡子，也拉了十分之九，只留一个小口通

光通气，正在忙乱的时候，那倾盆也似的大雨落下来，哗……哗
……哗……乱响一阵，把毡包淋得如同一个落汤的鸡。我真忙了，
收拾公文，检取提包，不料收拾这边，淋湿那边，收拾那边，淋
湿这边，东掩西护，好容易把东西弄好，不料那包边的行李上，
已积了半茶杯的水，而且包上的烟尘，为雨侵〔浸〕湿，发出一
股刺鼻的臭味，令人难耐，勉强把毛毯拉来，盖着两膝，拿起念
珠，念了几遍常诵的佛经。这时雨声渐渐地小了，听得包外什答
……什答……的脚步声，自远而近的传入了我的耳鼓，近前一看，
原是机师送来一封四角破旧的信，上面的邮戳，印有"五月二十
八日由西康寄"，再回头看看枕边的日历，已撕到了"九月十号"
的一页。

《新亚细亚月刊》

上海新亚细亚月刊社

1934 年 7 卷 3 期

（丁冉　整理）

呼伦贝尔南部神秘境之探索 （注）

——从甘珠儿庙到哈伦阿尔先温泉

[日] 桥本欣五郎　著　　　李瑞章　译

一　引言

　　兴安岭以西的呼伦贝尔，仍是人文未辟而隐存太古神秘的蒙古人，盲信着不脱原始宗教之范围的喇嘛教，在茫茫无涯的草原中，以乐其继续牧畜的生活。尤其是西南部，隔一线之河与湖沼，接连外蒙古，成为无须分划的自然界线。呼伦贝尔，据考证是古来蒙古民族发祥地，特别是从此往南，灯画似的向着纯粹蒙古地方展开。在内蒙地方，与其他的汉人接触，已经失了纯粹性；但在此地，未染其他任何民族之文化，仅保其原始的本来面目。无数的牧畜、蒙古包、喇嘛寺院，与蒙古之草原等，在此世很明显的、很自然的表现出极和平的乐地。按地图看来，此地大部，差不多接连外蒙，南端与热河及察哈尔相连；民族的关系，极其微妙，且多兴味深厚者。将来"满洲国"内部一旦充实，无疑的，当然要与此地发生种种复杂之境界关系。所以最近正在锐意向蒙古方面进展的苏俄，当然又特别的注意到呼伦贝尔与外蒙的界境；听说边境的守备，也更加严重了。此地与蒙古接壤，且为同种的蒙古民族地带；又因在历史上有一切密接关系之点，所以当"满洲国”成立的时候，就将此收为己有了；同时对苏俄方面所决行的根本政策，与以打击，这是很明显的。在现在，"满"、俄两国的关系，虽然不是露骨的紧迫，但此事与中东铁路关联，将来显然的必成为日、"满"两国的大问题。呼伦贝尔的南部地方，在历史上，看作是中国东三省政权与外蒙或苏俄的缓冲地带，无论环绕此地的哪国，也没有积极的下手，所以能继保其自治的存在。然自"满洲国"成立以后的亚洲局面，认为不许这种缓冲地之存在，有将呼伦贝尔编为一部之必要；所以将来与外蒙的关系，更切实的说，就是俄、"满"的关系，预料着在此地舞台上，要显示出相当的紧张吧！在广原中逍遥自在的牧者与牧畜，一无所知，一无所欲的，乐其完全原始的和平环境；但世界历史进行的波涛，不绝的向着所谓世界中心人类发祥地的蒙古推进。可怜的蒙古人，突破了世界史的旋涡，而能使他的民族生命勉强生存的，结局怕是不外日本人罢？

二　从甘珠〈儿〉庙往正旧庙

在去年苏炳文事件以前为止，呼伦贝尔南部地方，在日本人差不多是不知道的地方。除去有特殊任务的人以外，就没有人明白这地方的事情。俄国人，从早就很注意这地方，巴尔喀（呼伦贝尔的别名）地方研究会，留下了很有权威的研究成绩。此次因日本及"满洲国"侵入苏俄所致力之地，所以与俄国在不同的视点之下，因独特的指导原理，有改换观看呼伦贝尔的必要。七八两月，呼伦贝尔是地上的乐园。在这个时期，此地起始从长时间的结冻寂静中，转入活泼的活动期了。花开鸟舞，极呈自然的飨宴。七月二十一日，日本视察团一行，早晨，起始出发海拉尔的旷野旅行。

从海拉尔，取途西南往甘珠儿庙。一路渺茫的草原，连续不断；蒙古幼尔达地方，每十里有五六个包，点点的存在着。在每个包的周围，有十辆牛车或马车转动着。他们因追逐有水草的地方，而移居此处的大草原。水和草，在他们游牧人是生命线。我们旅行蒙古的途上，在傍晚所看到的幼尔达，明天起来再看看，是没有不消失的样子的。包的材料，外面围以柳枝，用羊皮遮蔽它的周围；这种建筑，仅用几个钟头，就可以完成。因为汽车停留在包中，所以三三五五成群的人，用一种好奇的眼光，在四周抚摩这机械和兵器。从文明的阶段看来，属于莫尔干氏所著的《古代社会》（Ancient Society）中，区别出的野蛮时代最初阶段之牧畜时代的他们，接近文明特别进步的日本人，是当然要有惊异的瞠目吧！在从海拉尔至甘珠儿，约五十里行程的中间，是一片草原；但多属曹达地带，适合于牛马饮料之水的地方，比较的不多。曹达地带，在地面上露出灰白色的曹达，草也不茂盛，所以可一望而知。此种地带，绵亘着相当的广泛，又地下能发见约一二尺的曹达层，曹达湖也不少。现在对运货的关系和贩路的关系上的经济价值，是稀少的；但若从"满洲国"工业发达上看来，必得认为有相当的经济价值的。现在向距海拉尔南西一三〇粁的夫基奴尔湖行去，又有广信公司在一九一九年起始开采的天然曹达。然其采取方法极幼稚，制造量也少；又因制造不精的缘故，只能用以擦革；但如按扩张销路的精制方法去作，很有大大发达的可能性；更从品质分析的结□□之，有如下的极良的品质：

成分	夫基奴尔产结晶炭酸曹达	英国产结晶炭酸曹达	加里佛尼亚产结晶炭酸曹达
纯炭酸曹达	三八%·九	二〇%·〇	三二%·〇
硫酸曹达	六·一	一七·四	二·〇
水分	五四·五	六二·二	五四·〇

与此一样的，采盐业也在此地盛行，现在正行着的地方，有夫基得湖附近的八音奴尔湖，及其附近的八音何干奴尔湖，归"满洲国"中央银行管理，而所采的原始之天然盐，送往海拉尔盐务局；最近之产量，有五百基罗各拉姆。将来很有发达的可能性，尤其是盐类，因是此地一带的必须品，所以值得十分注意的。有的地方，在盐湖附近的地层上，可以看到天然盐所结的盐层；在盐湖的四周，盐都涌出而结晶于砂上。虽然农业不收，牧草不茂，但有各种天然的富源，不能不说是有兴味的。

上午七时，向海拉尔进发。此地人烟稀少，旅行于此平原上，顿生萧条之感。将近十二时，遥望甘珠儿庙宇了。

到甘珠儿庙，感有一种特别的异国风味。在四顾苍茫旷野中，各种色彩、形状的庙宇情况，恰如历史绘图中之太古文明国在目前似的。庙宇，以甘珠儿庙为中心的有六个庙，中心的庙，在庙门上，悬有乾隆帝御笔书成的寿宁寺匾额；建筑是纯然佛教式的，有各种雕刻。颜色以青、赤、黄为主，这是与喇嘛僧之绯色衣、黄色冠相调和，而造成奇异庄严的气象。此寺，是在距今约百五十年前乾隆帝时，把在乌尔顺河岸的蒙古寺庙移来的，其名称，出于藏在此处的一〇八卷圣典《甘珠尔》。

蒙古人的生活，如民族志，与原始人一样绝对的有宗教力。宗教的权力，不独有神权，且兼有五权；在一望无际广漠的大平原地方，能建尽善尽美的寺院；所以喇嘛教权力如何伟大，可想而知了。曾到过甘珠儿庙的诸佛，在短期间，是彼等蒙古民族的绝对命令者与支配者。喇嘛教权力所及的地方，在呼伦贝尔，在以甘珠儿为中心的各支庙一带地方的当中，无论地上权，亦即政治权，不能入的圣地，一切都属于教主之手。蒙古人的生活一切，到最近仍以喇嘛为中心，以送子弟为喇嘛僧自骄；所以按此种状态，宗教的权力，是在寺领以外的政治权力之上，这是不能否认的事实。惟最近寺领内的租税，受其他族长或其他政治权力的拘束，决第的把文化内容实行分化了；宗教与政治与经济，归纳于各种的分野；很显然的从原始的未分化渐入于分化的过程。例如，以甘珠儿庙为中心，每年旧历八月一日，有定期市；此时各地的蒙古人，拿家畜或其他的东西，与内地商人所拿的物品交易，作为一年间最大的买卖；但最初这也是在甘珠儿庙支配之下，后来，照道尹（呼伦贝尔知事）等布告或指示而施行的事，也是其中之一种。

甘珠儿的定期市，在呼伦贝尔是一年一次最大的物与物的交换；最近商品贩卖提高，按一九二六年的计算，骆驼五〇头、马一五〇〇头、牛一七〇〇头、羊五〇〇〇头，若计算其总数，有五六十万元，在以前达二百万元。但最近因税金增高，"国"境封锁，及外蒙喀尔喀人不参加定期市，所以在呼伦贝尔的店铺或组合，有把必需品不断的供给的样子；而甘珠儿市，渐渐开始衰落了。然正在实行着交换原始经济的甘珠儿市，是显示了人类生活开展的过程，而含有很深的意义；这是暂时失掉政治的权力，成为纯粹的宗教中心吧，这宁是蒙古人的幸福，但决不能认为是宗教的毁灭，这对宗教独特的分野，正可充分的发挥其机能呢。

现在甘珠儿庙，没有活佛，但有一代理的大喇嘛；其下二百大小老幼僧侣，朝夕在庙集合敲钵，努力而虔诚的诵经。最近两个日本青年僧人，入了甘珠儿庙；希望他们努力，以除去喇嘛教的弊端，且使以真佛教为内容的完善喇嘛教，有复生之日。现在的喇嘛教，对于蒙古民族，或者就是鸦片。然若使之再成为完善的宗教，就可以说有以蒙古为亚细亚精神复兴之先导者的使命。

在此游览一日，见到庙内的仪式，并享受羊肉、粟粥等等的款待。午后一时出发。离此行片刻，是一片湿地，有很多的水草；但生在极湿的地方是不适于牧畜的。约十余里，达阿尔先庙。附近有清流可嗽口，使人爽而忘倦；蒙古各村中有喇嘛庙，其多色的原始建筑，与吾人以相当的安慰。按理论来说，虽可认为是不合理的宗教；但对住广漠大平原的蒙古民族，只知拜神信神，这是被惑于祈祷家畜繁殖与后世安乐的心理，而如此的。他们未受到文明的恩泽，只有朴素的安心与和平。扰乱了这种和平是无理由的，使其感受文明的恩泽，他们也能展其所长，而逐渐进步。彼等蒙古民族也有可爱之点。十几个喇嘛僧，住在此处的喇嘛庙里，猬集我们汽车的周围，谈着种种不能通晓的话。在此处有对呼伦贝尔最具势力的新巴拉喀右翼旗长的住宅，旗长名爱乌库尔达，是一个美髯的伟丈夫，甚至使人终日有想像到昔日成吉斯汗复生的情绪。我们很被款待，并飨以美食。在他的住宅，有一应的兵器、家具、果子、电话等，依然有部落时代的王者地位。但电话是架设在与此相距约二里的旗公署之间；很可笑的，是旗长在我们面前用电话谈话的得意神情。在旗公署的附近，有二青年日本人研究语学，我们离开此地片刻间，此二日本人，乘着悍马来蒙古平原上相会。对此先驱的二青年，惟有满腔感谢和祝其将来的幸福。旅中匆茫〔忙〕的断片，在此顷刻立谈间，已经明白了。在四顾茫茫的草原之涯，直至看不见他们的迹影；拍手相应的清〔情〕景，在蒙古是不能见到的事。现在使我不能不追念数年前的，是当一九二五年，我曾纵横踏遍蒙古，与同行人分别的时候，有"在蒙古的原野上，说再见再见的告别同志们，现在在何处呢"这种感慨。

　　由此三四十里，又到湿地的正旧庙。在此处湿地，也不知道把汽车轮陷没了多少次，那时候就得用群力把它从泥中拉出；蒙古的旅行，渐从难行的道路入于好的途径，始有牛车相应了，即所谓"蒙古原，牛车之辙几千里"。此时忽然黑暗，继之电雨大作。没有灯火，在完全不辨咫尺的当中，生火作饭，用罐头的空盒子作汤——这虽不知道是谁的创意，但在此时确是很好的提案。因为疲劳的缘故，在一面听着电雨之音，分宿于喇嘛僧的家里。

正旧庙，据传古时蒙古正旧军长有功业，将死骸置于石棺中葬埋了，一九二五年，北京活佛，来此祭祀时而建的。他的坟墓，建立在距庙一·五粁地方之礼拜堂内，是使在蒙古人胸中，常存浪漫的英雄心的。

三　从罕打加雅到哈伦阿尔先温泉

二十二日晨，离正旧庙向罕打加雅，午后就到了。罕打加雅，遥望外蒙；一方隔丘陵与外蒙喀尔喀相连，一方为经哈伦阿尔先温泉至察哈尔之要地，是四边围以平坦丘陵的盆地；满满的丛生着柔美的牧草，丘陵上有悦目的绿松。一条清流流行于平野之间，更牧放着无数的牛、羊、马。在此三四十码地方，攸攸的长昼中，可以缓缓的听到蒙古乐器之音。蒙古的和平气象，在此外蒙一部中，可以意识到的。外观是和平的本身，但此处因与外蒙接近的缘故，在呼伦贝尔与外蒙之间，屡为民族运动发起的中心，它的本身就存有此种情势。此地的副旗长，名纠罗喀尔达，是眇一目的勇者，有雍容不迫的风格。蒙古人，尤其是海拉尔附近的蒙古人，惊异于日本人等的奇妙，独此勇士，有不可犯的态度。大蒙古的建设，不是照汉人化之附近的海拉尔施行；这富于野生味的人们，想是从自知自觉而获得完成的吧！现在蒙古，有达瑚尔族、厄鲁特族、索伦族、布利雅特族等；达瑚尔族，握现在本地的政权；但气势渐衰，索伦族和布利雅特族等，将扩张而掌民族生命。尤其是布利雅特族，很受了苏俄的教育，将来支配蒙古，就许是此族；这种观察，是很妥当的。

此处的蒙古人，对日本人有异常的好感，飨以干羊肉和茶等。

接近外蒙地方，有丰富的牧野和森林。往呼伦贝尔更远的方向行去，就是外蒙，在［在］此驻有"满洲国"政府的边防警备队。稍一越过山岭之处，又有外蒙的守备队，在时刻紧张之中的"国"界，一旦事起，立刻成为战场。惟一的希望，就是期待着"满洲国"与外蒙，因同民族、同宗教和密切的历史关系，日趋于和平的境地。在呼伦贝尔松林地带，兴安岭支脉之间的途中行走，约三十里路程，抵哈伦阿尔先。屡屡的遇到难路，同时在兴安岭的山下，展开着缭烂的旱田的风景，恰如行于日本秋野，而置身于其柔和空气之中似的。山之斜面多松，湿润的地方，是白桦丛生的地带；此地的燃料和建筑材料，就是用此种松木及白桦去输送到海拉尔地方。此地的草原，现在正是百花盛开的时期，有秋日七草，有芍药，有姬百合；其他无名的草，也满满的开着，将自然的美景，一时皆集于此似的。在兴安岭渐低的地方，喀尔喀河，穿流于灌木之间不止。水带暗黑色，水量也丰富；而此水的去处，有时流入外蒙，成为"国"界，终注于贝尔湖，平常并不见很多的水；对蒙古，有许多水流的预备知识；对我们，眺望着流行于此无人之境的大川，不禁涌起雄大的感想，有一时难去之念。

由此再沿着难行的道路前进，午后九时半达温泉。现在有国际运输公司的运货汽车，作定期的交通；但因道路不良的缘故，行程非常的不易。在入夜的阴雨中，抵哈伦阿尔先，止宿于此。哈伦阿尔先是蒙古语温泉的意思。此处是呼伦贝尔的东南部，与外蒙最近，注入喀尔喀的阿尔先河，在五〇〇〇呎的高地上，风景极雄伟，在此地一带涌出的温泉，是古来蒙古民族的疗养地。外蒙的喀尔喀人，俄国人，也来此处沐浴；现在虽然外蒙人多半不来，但浴客是永达三百人左右的。住宅并列于斜面及山腰，浴客混浴于露天的温泉里。对蒙古人和俄国人等混浴的样子，是有异样的感想。我们没有这种混浴的习惯。然温泉永保适宜的温度，这是上天加惠于蒙古人的赏赐。温泉的种类，有十余种，可疗百病。

　　哈伦阿尔先之名，从蒙古传播于西藏、满洲诸远地；最多时，曾达万人。蒙古人作包居住，俄国人作临时简单的建筑物居住。在五、六、七、八四个月的期间，有蒙古的警备兵驻此。发见此地的是俄国人，仍旧充满了蒙古习气，而有又小又简陋的喇嘛庙。最近的温泉，移转为在海拉尔的产业公司所经营，也有日本人，从海拉尔运来最好的食品。尤其是最近驻屯着日本警备队，设立卫戍病院。大本教的施疗班停留在此，约一月之间，被治疗的病人达三百人左右。此处的浴客，因为大半都是病人，所以与这温泉相合着疗养，是非常有效果的。宗教的团体虽然很多，但我不愿多谈宗教，以直接触犯蒙古民族的生活线，而对大本教的努力表示尊敬。方便不止于方便，方便的成绩，表现出一时渡化众生的大慈悲。

　　此地蛇很多，住在温泉附近的石罅中，然而是不为害的。蒙古人对此物看作有宗教意义的，绝对不伤害它，且在蒙古人的温泉中沐浴，到什么地方，也保有宗教的态度，施行着种种的仪式或祭祀，以虔敬的态度入浴。

　　接近"国"境的这个灵泉，对外蒙将来关系上的意义很深。现在温泉的地方，是原来的露天澡池，设备也不完全；但渐渐的改善，而建造病院与澡池了。且建造寺院，成为南呼伦贝尔的中心。此处与外蒙及察哈尔，因皆笃信泉的灵验而彼此连络；那些地方的人们不断的来此沐浴；如此，现在"国"境的闭关自守政策，自然解除，而发生密接的关系。这不独是政策上的问题，也是使蒙古人们获得真正幸福的捷径，这是很明显的。

　　在此停留一日，因招待蒙古和其他的人，开了一夜的宴会。吃俄国饭，喝俄国酒，全是很快乐的。在此住有一个名奥山的女子。

不几年能遍游北满，很有胜过男子的气概，并有欲独自通行海拉尔及呼伦贝尔等的大志愿。服务于"国"境的妇女，常有类此的人，而从内心欢迎日本人来游，感情是粗率的，但是纯真的、直爽的，较之腐败的男子，胜强万万了。这样人在我们眼界中没见过，但在边境无论作什么的日本人，都是有力的；单独旅行，是谁都能作得到的事，腐败的男子，耽于内地享乐的人们，念及此先驱的巾帼丈夫之风，当知反省。兵队们非常的欢迎我们。在遥远的边地，与同民族相遇，欢慕之形，溢于为强光所晒的军队们的脸上了。一夜的集会，有不能尽兴的融乐气象。

由夜间达于次晨，总是下雨，放晴已是午前十时了。沐雨的喀尔喀山，生着满满的青草，映出鲜明的颜色。行路十分痛苦。因为雨的缘故，有人提出停留一日的意见，但是该走就走，终于十二时出发。在停留一日的当中，彼此都很亲密的，承他们的送行而踊跃登车就道。下次能否有机〈会〉再来，是不可预知的；但现在若就离开停留一日的"国"境灵地而论，使人有凄然的复杂心情。蒙古尤其是"国"境地方，人们是很浪漫的，离合集散，习以为常；但在蒙古人与俄国人去后而只留下日本人时，是很寂寞的，且充满了羡慕的意念。只一日二夜之缘，就是多少年的交谊，也感着过于亲密了。

四　往海拉尔的途上

回来的道路，仍过喀尔喀河桥，平安的越过山顶。但过赫尔哄河时，汽车的机器，因浸入水中，不能运转了，遂决定在河畔张幕停宿一宵。从海拉尔至哈伦阿尔先，有国际运输公司的交通汽车，有二辆并止于此。乘客全是蒙古人和俄国人，来到我们这里，谈些种种不公平的话，听来是很夸口的。利己心太重，那是人情之常吧！但接待他们的场合，要充分的自重，而抑止利己心，有所谓恩威并行的必要。将来日本人进至大陆的时候，可接近许多的民族；但微妙的妇女的同情，反倒招致了不好的结果，应惩者惩之，应叱者叱之，欲使他们永久从内心的反省与努力。来此处的日本人，毕竟是有训练的。舍己为人的义心，是他们可夸口的长处。

汽车在坏的道路上旅行，是很困难的。决定停留一宿的心是一致了，众人分任张幕炊爨等事，午后九时吃的晚饭。劳动的一天，吃饭是很香的，也不知道吃了几碗。无论是什么苦的事情，越特别的用力，以后越愉快。不彻底的马马虎虎的生活，是不能忍受的。旅行是玩味此种事体的绝好机会。要使可爱的人旅行，但不是苦乐相半的旅行；而运用生命力全部的旅行，这对于动辄怠堕的我们，是无上的锻炼。用尽全力，这是我的旅行哲学，与生活上的信念。

这里的鸭鹛很多，所至的水泽都有。在草原上，有无数的山七面岛〔鸟〕与鸥鹭。在河中更多鱼类，别饶山猎捕鱼的风味。蒙古人很不愿意猎取这等野生的生物；但捉获疾驰四十哩速度的鸥鹭与不怕人的山七面鸟等，是极其健速的。在无可为乐的蒙古原野中，行猎是十分有兴趣的。

翌日因汽车损坏，修理需时；但从此至罕打加雅仅三十里，由清晨出发，十二时就到。人造车漏了油，乘来的运货汽车，修理器留在从海拉尔所到的赫尔哄河畔了；所以在此分了三班，乘坐由蒙古警备军借的汽车为一组，乘人造车的为一组，其他一组，留宿于罕打加雅。从罕打加雅至海拉尔五十里；但我的自造车，在午前十二时出发，次晨（二十五日）四时半到达。其他一辆，午前八时半到的。罕打加雅的一组，就张幕于彼地的草原上一夜，乘着午后五时到的汽车，于二十六日午前二时，返海拉尔。

　　停留在罕打加雅的一日一夜，印象极深。粗朴的蒙古人，生活于密接的天幕里。傍晚的时候，牧放的牛、马、皆〔羊〕等成群的家畜，无声息的归还，在夕阳西照里，可以听到牧童的歌声。

　　罕打加雅，是一个要地。自接近外蒙看来，将来能否永保和平的气象，是不可知的；但对直耸于"国"境的山，刻有不能忘掉的印象。大蒙古的黎明，自呼伦贝尔，向茫茫西方的大平原，与以光辉，那就是蒙古民族的幸福吧！

　　（注）原文载于一九三四年《改造》十月号

《地学杂志》（季刊）

北平中国地学会

1934 年 22 卷 1 期

（李红权　整理）

绥西视察记

由包头至临河途中所见，大好原野反成荒凉世界

珠侣　撰

　　临河通信　自三十五军军长傅作义氏指挥晋绥军进驻包头以来，记者得讯后急赴军部谒傅，求准通行，幸蒙不弃，于三月十七日晨五时，分乘载重汽车五辆，由包头出发。春二三月，此时若在江南，早已杂花生树，群莺乱飞矣，顾塞上春晚，朔风如刀，江〔沍〕寒之状，不亚隆冬。车出包头西门，大风骤起，黄沙蔽天，五步之外，一物莫辨，天地瞑〔暝〕晦，如在黄昏，风中微挟雪花，扑面如锥，车上人虽毡裘深裹，而风姨多情，却偏能钻孔寻隙，向人遍体抚摸。诸人受风姨此等特别温存，瑟缩如刺猬，僵直如木鸡，且道路奇劣，崎岖似疲牛背，车行其上，每一颠簸，缩作一团之乘客，辄抛起如球，旋抛旋落，既落复抛，直至五原，车老爷此种抛球练习，始算兴尽。呜呼，西北之交通。

　　由包头至临河，计程七百余里，汽车道所经，为包头、安北、五原、临河等县。兹数县者，处阴山山脉之南，黄河之北，在地理上称为后套。其土地之肥沃，农产之丰富，不仅甲于绥远，且甲于全国。记者由包头出发，高踞车上，极目平原，千里无垠，三里一溪，五里一渠，纵横交错，如机上丝。西北天气尚寒，各渠犹坚冰厚凝，一旦解冻，当可见春水涟漪、绿波荡漾之致也。顾此广袤沃野，而居民之稀少，乃出人意外。汽车行二日之久，

为程七百余里，所见村庄，不过十数，居民多者二三十家，除
〔余〕均一二家而已。其生活之困苦，绝非平、津人士所能梦见。
记者途经一村，下车小步，见有以土坯垒成之建筑物，高仅逾人，
上覆茇茇草，草上又覆土泥，厚可四寸，在记者眼光中，绝不认
其为人类之居屋，迨见有蠕蠕而动者出，鹑衣百结，面目黧黑，
手持一物，徐徐咀嚼，始知其为当地居民之住室。入室审视，则
土炕无席，上置破老羊皮裘一袭，败被一袭，旁有灶，上置炊具
三二事，灶下堆牛羊粪二尺许，此即炊饭之燃料也。记者出室，
索手中食物视之，入手甚重，坚硬如石卵，色黝黑，似糠屑杂以
泥土所制，记者思之，此人之齿，若非钢制，决不能嚼动此物也。
闻此人在村中为小康，以其炕上有破被一袭，乃全村居民所无者
也。记者初谓此人或此村之贫人，而此村或诸村中之穷村，及沿
途视察，乃知人人如此，村村如此，此人此村，乃西北各县村落
中之铁中铮铮、庸中佼佼者也。

　　绥西平原弥望，白草连天，如此原野，乃不见一树。包头尚有
数株，安北境内，绝未一见。七百里间所见之树，不过三五株，
途中偶逢，其欣赏欢慰之情绪，恍如天涯游子，于数千里外，遇
其久别之情人焉。然土地之肥沃，实非任何区域所可比拟，人民
种地，向不施肥，亦不中耕，只于浇过伏水后，将地耕开，散播
种子，从此置之不理，次年收获，少者一石，多则石余，而地价
之廉，尤为闻所未闻。土地交易，无以亩为单位者，起码以顷计，
每顷现时价值，约七八十元，最高百元。茇茇草高可及人，遍地
皆是，此草在绥西收买，每一大车需洋一元二角，运至大阪，每
千斤售日金十八元，除运费、关税外，可赢余十元云。

　　是日下午七时抵五原。五原为绥西县治，有新旧二城，旧城为
县署所在，居民约二十余家，新城原名隆兴场，居民约千余家，
此为绥西最大之城镇。

　　十八日晨，由五原乘汽车西进，道路崎岖，坎坷之状，愈甚于前，时见运载给养之大汽车，损坏道左，停进待修，且汽车路所经，两旁均系河渠，渠身高出道路，由四五尺至七八尺不等。现在冻河期内，此道尚可通行，一旦春暖冰融，黄河水溢，必有哥哥行不得也之叹。临河距五原一百八十里，车行五时始达，城系新修，周约三五里，居民约八九百家，均系草房也。

《道路月刊》

上海中华全国道路建设协会

1934 年 43 卷 3 期

（朱宪　整理）

瀚海横渡记

黄举安　著

自序

今春内蒙之游，余本无远大目的与奢望，只以数年来在平、京两校同学皆为边陲优秀青年，每于课余之暇，辄谈及西北各地山川人物与广大牧场和蕃殖牲畜，自然之美，令人悠然神往，时余乃萌旅游西北之念，自恨心余力绌，徒有其理想耳。本春适刘家驹先生来电约余赴蒙，同往西藏，斯时也，余仅一学期即行卒业，若去犹恐牺牲学业，不往则机会难得，彷徨歧路，苦闷万分，不得已，乃向学校请示，幸邀何主任之准许，并以学校之意派余前往，闻命之下，感慰无既，第念主任及诸师长平昔优遇之情，何忍遽别，故频〔濒〕行之晨，犹参加最后一次之学期试验，其不忍与母校远离，于斯可见。惟所恨者，此次关于旅行所需之仪器、什物，百无一备，即自身生活所需亦未周全，途中饥以黄米、黑面果腹，冷以羊皮大衣御寒，个中苦味，惟余知之。幸叨学校之福，遍游蒙疆，复经甘、宁、青而至塔尔寺，迄今无恙，此可告慰于主任及诸师长者也。举安不学，无识无知，对于调查工作尤犹属门外汉，途中所得，除呈学校外，无可告人，惟蓬舟张先生两函催促，嘱余整理笔记，早日寄京。昔在校时，先生对余督责甚严，余甚敬之。今仅以耳闻目染之事实，与乎蒙疆风土人情及旗务、工商各项，整理以成兹篇。当此边防问题吃紧之秋，开发西北声浪最高之时，借此供诸社会，想于边事不无小补也。

中华民国二十四年七月六日，举安序于西宁塔尔寺之僧院

蒙古沙漠

蒙古的沙漠约占全面积三分之一犹强，蒙古人名之曰戈壁，汉人谓之曰瀚海。东部起于内蒙、黑龙江之兴安岭西麓，西尽外蒙及西套蒙古而直至新疆境界。自东北迤向西南，斜亘内外蒙古之间。长自东经四度至西经三十六度①，凡三千六百余里，阔自北纬三十七度至四十八度，约千二百余里，或云二千余里。其地势高出海面约四千尺，平坦阔广，茫无涯际，道经其中，俨如置身于太平洋之内，天沙相接，不能穷其目，沙峰峻峭，宛如岛屿，又若太平洋的赤流，后浪追前浪，滔滔不绝。沙中湖泊甚多，但亦有千里不见一个湖泊的地方。每届夏日大雨，然雨止即涸，其沙质之干燥可谓无与伦比的了。因是无从耕种，即畜牧亦感困难，而人烟亦因之稀薄。沙漠为花岗石所化，其性质有二：一在汗〔旱〕地，类似灰烬，细小成粒，不能耕种，如内蒙的苏尼特部，及阿霸垓部者是也；一在低湿之区，受雨水浸润以后，而土性肥沃，如河套是也。盖河套自明季即为蒙人所有，不事耕种，多牧牲畜，职是之故，而畜粪颇多贮压，即不下肥料，亦为沃地，河套且有水利之便，而生产量亦为之强大也。

此外蒙古沙漠中每届冬春之际，暴风甚烈，作者今年春曾躬

---

① 原文如此。——整理者注

临其地，领略其风味也。据俄人科兹罗夫（Kozloff）的研究，蒙古沙漠，有〔以〕极小之速度向东南移动，此以科布多蒙古人及地方湖泊逐年减少可为例证。沙漠被风移动之速力，每小时可向东南移十二公里或九十余公里不等。该地自古有流沙之称，而今日扩张犹甚。今言开发西北、移民垦殖者，应知西北雨量、土质、气候与蒙古之沙漠的关系，而今后怎样防御蒙古之暴风与飞沙，应速种植森林以资御防也。否则如近年浙人之于洮南，湘人之于依兰，鄂人之于大赉，及绥远萨托之民生渠，其结果终归失败焉。

班禅窝包

　　班禅窝包在距定远营西边约二百里，该地有一大沙漠，广约五十里，据蒙人说"上游还有八十乃至百余里宽之沙漠"，蒙人谓此为"天格里土"，因云沙与天大故也。当未至此沙〈漠〉之前，蒙人说能徒步踱过此沙〈漠〉者胜念皇经十三编〔遍〕，盖念皇经一编〔遍〕数十万言，而仅徒步踱此沙漠即得十二〔三〕编〔遍〕皇经之功德，余初听此，犹不足信，及至沙中同行之喇嘛皆爬下骆驼，徒步而行，余亲见之，方知言之不谬也。

塔尔寺僧欢迎班禅之帐幕

　　班禅窝包（此为汉语，藏语为"拉札"，系山神之意），它在此沙漠之中段，亦在我们所经道旁，而包在沙峰之上，峰高二十余丈，骆驼至此，藏、蒙人们皆下驼叩拜，余因好奇心所驱使，乃爬上沙峰，一睹为快。该包为许多干枯之树梢所插成，周围宽大约数丈，上悬无数哈达及羊毛、驼毛于其上，并赘以铜板于其中。据云此为班禅第六世由藏赴北京时，经新疆南部再经甘省过此而作之窝包，至今未变，班禅今为第九世，而将迄两百年矣。此峰未曾迁动，因是蒙民信之甚深，盖斯地为一大沙漠，且为流沙，人烟全无，其他沙峰年年迁徙，惟此职是之故，蒙民年年祭奠，藏商经过斯地，必杀羊宰牛奠酒以为祭，且添包上之树梢，此为蒙古最有历史价值而得蒙民信仰之一胜迹也。

《边疆事情》（月刊）
南京边疆事情社
1935 年 2 期
（朱宪　整理）

楚鲁盎克齐旅行记

哈达巴图尔　撰

旅行的声浪，早已弥漫于全校了，在上星期的星期二晚上，晚餐后，当我们正在饮茶的当儿，忽然呜呜的哨声，很清脆的传入我们各个人的耳鼓。我们马上就意识到，这是校中学生集合的信号，于是就都慌慌忙忙的走出寝室门，在房檐下，顺着身材的高下，一字儿排开。

这时拿着哨子的校长，就开始很温和的对我们大家说道："近来校中同学，时常染受疾病；这种情形的发生，最重要的原因，就是因为缺乏了新鲜空气和充足的日光的缘故！的确，我们每日坐在教室中，在精究学术，固然对学业上，帮助很大；然而对于身体的健康上，是有很大的损失的，所以古人才有"藏珍，息游"的一句话。现在正是春光明媚的时分，我们蒙地虽没有桃似火、柳如烟的景色；然而如果能到一个风景稍佳的地方，去游玩一次，对于我们身心的各方面，未常〔尝〕没有相当的补助！听说，楚鲁盎克齐东南，有一个大山，叫做吉克思台。那里附近，风景尚称幽秀，所以我和别的先生们商议着，在明早的七时，打算到那里旅行一次………"

校长说完后，就散队了，这时候同学们，个个人的心中，都燃烧着希望之火，恨不得今天的太阳，早早的从西方落下，再快快的从东方升起。即使就是平时少言少笑的人们，在今天的晚上，深深的笑靥，也是时常能发现在他们的颊上的。

　　不料，到了第二天早上，当我们起床时，推开窗子一看，呀，浓云密布在天空，一丝丝的毛毛雨，不知已从何时下起，院子中的水，潺潺地流着，不消说旅行，连出外都难了，于是我们不期然而然的发出了"天公太恶作剧了"的语调！然而宝贵的光阴，是不许我们虚抛的，不得已，我们只好是仍旧上课了。在这一天的工夫中，我们的心中，不知为什么，总是有一种异样感觉！

　　到了明天，雨虽然止了，但是天空里的云儿，还兀自在相追逐，猛烈的北风，极尖利地吹在人面上，觉得痛如针砭，这在蒙地是不足为怪的，于是我们冷静了的心愫，不禁又沸腾起来了！全校的同学，人人都鼓起勇气来，冒死抵御着寒冷，吹着洋号，擎着校旗，二路进行，慢慢地向楚鲁盎克齐出发。

　　这是〔时〕大地上的草儿，已很柔软的伏在我们的足下。百灵鸟们，也很清婉的放出歌声，送到我们的耳中。大约走了七八里路，楚鲁盎克齐已近了，附近居民的房屋、牲畜，也都一件件的映入我们的眼帘。我们的目的地已到达了，我们的希望是实现了，所以我们就面对着耸峙于东南方的吉克思台山解散了队形，席地而坐，准备着作爬上的工作。

　　但是，当我们注意到该地居民时，见他们有的赶羊，有的赶马，他们的情形，扰乱极了。经过我们互相的猜想，才知道是因为我国社会情形不稳定，人民不能得到一天的安居乐业，盗贼充斥，土匪遍野，居民们，坐不暖席，一夕数惊，所以他们看见些服装一律的人，又会联想到是土匪或是溃兵了。所以他们赶快的把羊和马等，赶到了山沟中，为得是免去损失。这种思想，固然是可笑，但是也很可怜的！因而我们也就急忙举起了校旗，奏起了军乐，仍然集队前进。等到走近了他们，他们辨清我们是学生了，才把一场风波，平了下去。

从这里向东南行，差不多半里地的样子，就是吉克思台山。这个山是八支箭和九支箭的分界，虽不能有多么高，但是在本旗中，却也是有数的了。我们走到山脚下，看见荒草没径，人迹寥寥，心中不禁感到一种悲哀。同学们努力的向上追行，终于到达了山顶，向着四面望望，只见居所到处，牲畜成群，圆房子，方屋子，羊羔子……等等，一个个如同黑点似的呈现到我们的眼前。山阳是一抹平原，广阔无垠，山阴是峰峦起伏，气象万千。山坡向阳的地方，灌木丛丛，差不多有一多半都是樱桃树，这山俗名叫做樱桃山的，也就是因为如此。每年到了六七月间，树上满结着殷红色的樱桃，在那时，摘樱桃的人，每天总会多到五六十个以上。可惜现在是五月，樱桃花已开谢了，樱桃果尚没有结成！山上的小花和小鸟是普遍极了，到处有婉转的歌曲可闻，芬芳的花香可嗅，但是山上的空气很冷，云儿很厚，我们站在上面，直觉着全身在疲倦着。所以我们就从这里慢慢下山，经过樱桃树的矮林，费了很大的努力和挣扎，才走下山脚来，这时风势仍然怒吼着，云儿仍然笼罩着，我们也很满意的从原途回来了！

民国二十三年六月作

《蒙古前途》（月刊）

南京蒙古前途月刊社

1935 年 26 期

（李红权　整理）

夜过兴安岭

都额雅纳　撰

月儿在人们不经意的时候冲破了云团，孤另另地悬挂在天上，惨白的流辉洒遍了大野。

夜，很快地就降将下来，在地球上展开了它的翅翼，万物都投到黑暗的怀抱中去了。疾风在凄厉地咆哮着，像一匹中了伤的野兽在荒原间疯狂般地骤突叫号，恐惧占满了各个旅人的心灵。月儿凄凉地俯瞰着，显着没精打彩的样子。云，很浓密的，在天空里腾涌不定，有时漫天飞舞起来，连月儿也给遮掩着了，大地顿时又觉得阴森异常，茫茫的旅途，也迷惑着不大分明，依稀难以辨认得出。

两部车子，一前一后的在荒野里不停息地驰行。坐在车上的我们，大家都是默默的不做声，车子颠播得特别利害，我们的精神更加困倦不堪，谁也不愿意先开口说话。只有车轮辘辘声，马蹄得得声，车夫的"嘻……唔……嘶"的叱马声，鞭子举在空中虚鞭着发出的响声，和马首昂起来的喘气声，敲破了一点迢遥的长路上的静默。此外只是沉寂，沉寂，死一样沉寂。

从月色昏黄中，望着面前的平原，凄迷的衰草，在秋风萧萧声里不住地颤抖着。如果是盛夏时，草原青发，远远地瞧将去，宛然似弥漫连天的碧海，绿波浩淼，常有游牧民族驱着牲畜践踏到这地方。此时却是四顾荒凉了。

坐在后面车上的克鲁穆德罗，大概是耐不住这么长时间的缄默，突然放声唱了起来：

诺尼江（注一），波汤汤，

室韦山（注二），峰苍苍，

中间一片好牧场，蕃我牛儿孳我羊，

大家欢喜乐徜徉，徜徉谁不恋旧疆！

我今弗乐往何方？抛我好家园，

弃我美牛羊，跨马出门去，

去去走他乡；腰悬百宝剑，

闪闪寒生光，快马便如飞，

击剑何慨慷，举头但见天茫茫，

少年意气独飞扬。

我们都觉得有点飘飘然了，这是多么豪壮的歌声呵。

望望呼玛尔（注三），旌旗蔽空江，

哥萨克人来（注四），铁骑逞纵横，

呼我亲弟兄，杀贼莫停当，

荡尽江头尘，归报我贤王；

我是俄伦春家儿（注五），出门那肯怀忧伤？

一阵尖锐的凉风袭来，大家身上都瑟缩个不住。是仲秋的天气了。我把车前的帷幕拉下，使得由迎面吹来的风给它挡住，这样，呆在车上帐棚里面的人们，就可以稍稍暖和一些。

"真丧气！放着有站头的地方偏不住下，却要赶什么夜路。"才只有十五岁的孩子巴海图，满肚子的不高兴，便怨埋起来了。

"哈哈，老阿达（注六）！你不要怪我了，过天到了墨尔根，请你大大地玩一个痛快，算是弥补我的过错，好不好？"海兰海里老是那么笑嘻嘻的，带着调皮的口吻，逗着巴海图这孩子玩。

"都是你弄的鬼，这样的长夜，又冷又饿，总算够受了罢。"

"吓，是俄伦春人便不会讲败兴话的！你没听见克鲁穆德罗刚才唱的么？你也可以做摩诃谟（注七）第二呀，哈，哈！"

巴海图赌气不做声，一翻身便躺了下去，海兰海里给他盖上一条"兀斯其"，大家又都默然无语。

今天白昼里我们到达库木尔的时候，只有三点多钟，原想就在那儿歇下。海兰海里却提议说，时间还早，不如再赶些路程，便越过大岭西头，也不过走个七八十里长的夜路，能早到墨尔根一天，便多停留几日玩玩，然后再从从容容地搭船往卜奎，进学校也还不迟。我们被这个话耸动了，就和那两个车夫讲好，走夜路另加酒钱；大家匆匆地吃了些点心，马上又驾车向前赶。走了二十多里的道儿，到了一个名叫萨富里的小屯子，刚停下来预备休息一刻——因为从这里一直往西，便没有什么人烟，渐渐走过去，就渐渐逼近大岭了——对面也跑过一辆车子停着，车上跳下一个行人，我瞥眼望见那是我们四年前小学时代的同学，拉古列克多，他也看到我们了，都不约而同的一声"哎呀"叫了出来。大家聚拢在一块，问长道短。原来拉古列克多是从科布多来的，费了几个月的时间，经过数千里的沙漠和无数的高山，才得到了这儿，打算从黑河渡江往海兰泡，去看他的父亲。他是沿途顺便访问几个亲戚，所以才绕了这么远的旱道儿。碰巧又在这里遇着我们，相隔多年的老朋友，一旦异地重逢，更是分外的欢喜。大家东扯西拉地谈着别后的一切，忽忽又是一个钟头消去了，彼此才分手上路。这时已是暮色苍茫，将残未尽的落日的余霞烘染在长天的尽头处。

车声辚辚地奔驰着，渐渐经过了一起一伏的小丘陵，放旷的平原大概走完了。

道程也不知行了几许，我们的精神也真有些不济，坐着打盹，巴海图已经睡熟了。

"到了大岭边下啦!"

和克鲁穆德罗在一车上的鄂勒特尔,猛然大声地嚷着。我揭开车帷一看,果然,库穆尔室韦山峰巍峨地雄踞在目前,层峦叠叠,矗立上耸霄汉,高峰顶头,茫茫的白云缭绕着,看不到真面目,好像与天相接,连月儿似乎也比较它要低些了。延绵盘回的山势,宛如一条蜿蜒夭矫的游龙。那勃郁奇伟的气象,谁见了也都要目眩心摇的罢。

从伊勒呼里山脉东南来,便为东兴安岭山脉,库穆尔韦室山是其中高峰之一,支脉分布,但山势都是逐渐倾斜下来。兴安岭虽然是个著名的大山,斜度却甚长缓,即是山岳地带,旅行也觉不到登陟之苦,有时行人入万山重岭之中,还以为是在平地上呢。盛暑时,岭上的林木枝叶纵横蔽空,不见天日,在这柯条交荫下行着,尤能引起了行人的快慰之感,一切的疲乏和忧思也都消失了。

车子被两匹强壮而有力的马拖着,向高冈上奔赴,腾踔而上。我披了件斗篷,跨出车帷的外面,和车夫并坐在一起,左右瞻瞩,细细欣赏着夜间的山中景色。

月儿,这时已走到中天,光彩却分外澄澈鲜明,不似先时那么昏黄了。驿路(注八)的两旁,层层的树木错杂着,枯秃的残干,月光映着的影子,槎枒在地。一派苍凉的幽邃的茂林,风声在林中飕飕的凄响,忽然似龙吟,忽然如虎啸,更加增了山中的严肃的气氛,并且带有一种不可思议的神秘性。使人到了这个境界,有超然脱出尘世之想。修真养性的道士,面壁参禅的和尚,他们必须潜身深山大壑、人迹罕到的地方,现在想来,原来不是没有原故的。

"行行重行行",经过了几个平岭,几个山谷,呵,又走近大窝集(注九)了。黑压压的丛林,漫山遍壑都是的,树木全是数千百年的老物，一颗颗〔棵棵〕地直立着。因为树丛太密了的关系，月光仅渗进一小块一小块的碎王〔玉〕，朦胧地映照着车道。望着林中的深处，却是漆黑得有点怕人，毛发不禁竖了起来。我想像那里面藏有什么鬼怪和恶兽，或是那些大刀阔斧的草莽英雄，在这深夜，谁能担保没有这些危险呢？到了这时，又未免胆怯起来，后悔不该夜行了。

又是十数里罢，才出了窝集，月儿依旧明朗地照在头上，风也静下来了，真像从幽壑中走到崖头，心中一种莫名其所以的愉快自然流露出来。我顿一顿向车夫问：

"到陡沟子还有多远？"

"快了，只有十五里，那峰头不就是山神庙吗？"

他用马鞭子指着左边的一个山顶。

一会儿，车子从两山之间跑过，仰望那个高峰上，隐隐有一座很小的庙宇，白色的墙壁，让树林掩映着，模糊地不大十分看得清楚。

"山神庙建在这地方太没意思，附近连一个人家都没有。"

"先生，你还不知道这是有一段故事的呢。"

"什么故事？"

他对我瞧了一眼，又略沉吟一下，便说出来了：

"在前清光绪庚子年间，老毛子（注十）突然把我们江东各屯地（注十一）占住了，烧杀淫虏，无所不为。他们借口说是报什么仇，把各屯地住着的中国老百姓差不多有六七千人，通驱入黑龙江里，会游泳的侥幸逃过江右，也不过百十来人。谁知不上几天，老毛子又渡江来了，瑷珲城居民顿时逃得一空，都向大岭西边躲避，后面老毛子又在追赶，走得慢点的便被杀了。大家跑了一天一夜，已进大岭山中，实在筋疲力尽，又饥又渴，一点也动弹不得，看看后头的敌人快要逼近，只好等着去死了。

"正在这个危急万分的时候，猛然有无数的中国兵马，从对面冲来，大家欢喜的了不得，以为是救兵到了，可是泛泛〔眨眨〕眼就没看见，正都在怀疑，忽听着振山撼岳的一声霹雳，接着便是一片人马交相践踏的哀号之声，大家心想老毛子准来了。可是过了一些时间，后面陆续逃来的难民说，敌人正追赶近来，不知是什么原故忽然又退走了，并且还带着惊慌的神气，所以他们才得脱难。

"于是大家都断定这是山神显灵，救了这些老百姓的生命，等到太平之后，就在当日遇救的地方起了神庙，便是我们刚才望见的那个山顶。每逢六月里，远近各屯子的人都来迎神赛会，一直到现在，香火还是很兴旺的呢。"

我听完了这神话的故事，心头像春潮般地荡起了很深的悲哀：哥萨克人的凶残，和中国人的遭难奔逃的幻影，在眼前幌〔晃〕动着了。

月儿渐渐向西斜去，隐约望到一两个屯子房舍。

我们投宿在一个俄伦春人家。

注：（一）嫩江，一名诺尼江。

（二）库穆尔室韦山的简称，为东兴安岭山脉诸山之一，岭东西的交通大道由此经过。

（三）呼玛尔，河名，下游注黑龙江。

（四）一六五八年，哥萨克入侵满洲，清人败之于呼玛尔河上。

（五）俄伦春是黑龙江省土著的民族。

（六）阿达即"老弟"的意思，很亲密的称呼。

（七）摩诃谟，俄伦春人，呼玛尔河上中俄大战，他曾参加，甚有勇名，哥萨克人最怕他。文中所引的一首歌，就是俄伦春部落赞美他的事迹，原歌为俄伦春语，此汉人所译。

（八）室韦山通岭东西的大道，原是清代征雅克萨城时开辟的驿路。

（九）森林丛聚的地方，满语曰窝集，又称窝稽。

（十）俄国人的绰号叫老毛子。

（十一）指江东六十四屯地，庚子年间被俄人所占。屯者，即"村"之意，关外胡匪甚多，各村或数十百家聚于一处，外缭以土垣如城，以资防卫。

《人间世》（半月刊）

上海良友图书公司

1935 年 31 期

（李红权　整理）

五当召游记

WU TANG CHAO, WELLKNOWN TIBETAN MONASTERY OF SUIYUAN

王彬　撰

五当召为内外蒙古四大名召之一，在清康熙时建立。建筑用西藏式，颇有欧化意趣。山水秀丽，风景之佳，为西北各地冠。召址位于包头东北百里。自内蒙实施自治以来，国人甚为注意。来往西北志士，遂多以百灵庙为考察蒙情之中心；而于交通便利，距离较近之五当召，则疏人问津。故特绍介于关心蒙情之同志，俾咸一往焉。

本团（按即国难宣传团）于绥西、绥后套各地工作，返回包头，适值绥远农业考察团（留学北大同学所组织）来包，有五当召之行，余于县党部李、张两君处得此消息，经介绍后，相约八月三日晨七时出发。本团同行，仅余与黄肇昌两人。是日天晓起床，赶理行装，购备食物。约六时半，雇车已到，由张君电话通知考察团。双方同时动身，于顺道之东北门会合出发。该团因行装未就，而所请保卫士兵，武器通过证尚未交涉妥帖，延至十时起身。同行考察团七人、保卫士兵四人，连同本团车夫十五人、车马一列，蜿蜒长约数百步。前进数里，下坡入山沟，沿溪流而行。日来雨量过甚，路基多被水冲坏，车行缓慢而颠簸。午后一时抵东瓜小店，仅行三十里，稍憩，用茶点。谈话中，始悉同行之高君善蒙语，同人可不至受语言隔阂之苦，旋即促车夫套车前行。路旁居民，多依崖凿山为居，窗牖具备，空气流通，盖亦贫民，穷无立锥，无办法中之办法也。途中时遇三五成群小驴，由乡人赶着，背负重量之煤块向城村进发，易钱与粮。午后四时半抵石拐沟，计程不能即日到达目的地，乃宿村之东端栈内。雇夫烧饭牧马，余即携本团所制宣传品往村内区公所接洽，代为发散张贴，并拟召村民作一度演讲；唯因村居散漫，聚众困难，因此终止回栈。时村长来访，同人详询农村情形，考察团诸君出表册笔记。饭后相邀往探矿区，涉山越水，登顶一望，距煤窑尚远。时已夜色苍茫，时计快到七点钟，恐归途黑夜不便，乃于高峰稍憩，绕村西而归宿地。翌日晨兴登程，时晓雾未收，迷茫一片，树色山光，蒙蒙莫辨，人夫车马，乃由夹沟进发。八时经福寿窑，下车访问，乃悉窑为嘛喇所有，秋冬时节，销煤较旺，此刻仅容工人数名开凿，工资日得五六角。余与黄君持电筒下窑探视，行数十步，寒气袭人，冷不可当，折返出洞，同人相促登车上马早达目的地。行约二十里，两旁荒凉遍野，四无居人，道路崎岖，车夫迷失路途。后发现蒙古包二座，进前探问，知已错走。改向北山沟而行，途遇牧羊蒙古老妪，问五当召相距多远，渠以手作势，语态似乎不远。过此峰峦秀丽，景色宜人，集团之蒙古包、牧马羊群，渐次多见。约十时许，于群山环绕中，发现崇楼极殿，气象宏阔，具西式意趣、色彩惊人之五当召。抵召后，由喇嘛导至客堂休息，款以炒米、茶点。同行之高君，操蒙语，谈我两团体之来意，并送以礼物。少顷，执事喇嘛嘎森腊合化，出而接见，招待以上品之奶皮老疤等点心。寒暄〔暄〕中，经高君之翻译，始悉召内主持喇嘛逝世，刻尚无人继承，现已派人去五台，请示活佛，伊为暂时之主持。同人急于出外观光，未及多与周旋。时天雨大作，不顾一切，冒雨而游，由值日喇嘛领导，瞻仰佛堂。正殿广慈寺，壁上图画类多佛像，天板花纹，均有图案画意趣，金碧辉煌，富丽已极。堂内甚黑暗，五尺外不见人影，渐亦有窗牖透光处。美妙之雕塑、绘图、刺绣，多高悬，无法赏鉴。堂中置短榻，上垫毡绒，或名贵刺绣，是佛爷诵经坐位。两旁长条方木为喇嘛等坐位。四周之柱，多包以彩色绒毡。上用布加裹保护，雕梁画栋，美不胜收。佛殿凡四座，布置均相仿佛，惜乎天雨，光线不佳，所带之像机，未备三足架，时间不能久支，以至摄片无好成绩。游毕，同行诸位，多无防雨衣伞，乃回住地。余与陈君等四人，寻召内之木工汉人引导翻译，冒雨往后山游。陈君持采取标本剪刀，余携带宣传品、照片等沿山泉而进。行二三里，山径渐狭，涧水淙淙，远望层峰叠嶂，时为云雾所罩，若隐若现，变化莫测，无殊国画中之一幅烟雨图也。行约六七里，抵泉源，断崖绝壁，高数十丈，泉声淙潺作响，行无路踪，乃折返。披荆榛，攀老杉古松，而上高坡，虽衣服湿透钩破，亦所不计。俯视深壑远山，云雾咸至山腰喷射而出，将山峰截为两段，仅露出少许之顶峰。余常观古画，见有此种布景，初以为伪，今证实不虚也。同人心旷神怡，虽心房跳动，气喘吁吁，毫不觉乏。登顶入召，喇嘛群来围观。余出本团制彩色宣传图报，上有蒙文说明，及班禅活佛照片作赠，大受欢迎。相邀至住所，先礼以鼻烟壶，后敬奶茶、点心。一小喇嘛，眉清目秀，聪明伶俐，熟习汉语，问知系达拉特旗人，即包头黄河之南不远，早为汉化，来此仅一年。按蒙人之家庭有三子，必选一为喇嘛，其民族有减无增，日积月累，只有消灭之一途。同行诸君因衣裤湿透甚冷，不能久支，仅到喇嘛住地三四处访问。乃寻捷径下山，循原路回转，换去衣服，时已五点钟，不再外出，登炕高卧，以待晴朗。大雨终日，夜半乃止。五日早起盥漱后，喇嘛送大锅之羊肉面来，同人努力加餐，仅食其半。考察团诸君为时间经济计，商定准于午前十钟动身，赶回包头。余即携像机外出，叫车夫套马，先往石拐沟等候。时红日已升，云霞灿烂，斜照松林，美丽动人。余邀高君往访蒙古包，一蒙人正起床盥漱，其法与汉人不同，以小碗盛水，喝口内，再吐掌中，向面部涂抹，如此二三次，然后用衣襟揩拭，而实则耳旁、颈项之汗垢依然尚存。蒙人对于卫生，毫不讲求，反以油污为富贵尊荣。时各蒙古包人家，忙于早餐，所食同为羊肉、炒米、奶茶之类。一蒙女黑靴赤袍，面色红润，黄发垂鬌，耳际吊珠宝，依篱驱羊群出牧。见余等，作憨笑状。出镜为之摄影，伊向蒙古包去。余跟至前，见饲小獐，毛褐色可爱，跑甚速。邀女抱獐摄影，不肯，后仅为獐拍照。时已约十点钟，保卫士兵前来催促起程，乃徒步三十里，于石拐沟进膳。登车赶行，黄昏时候抵包头。此行虽受雨阻，未能畅游，然于余，印像极好，故为之记。

五当召全景

佛殿前之铜钟

五当召建筑之一部

蒙古包头前蒙女饲养之小獐

召内雕饰精美之梁柱

五当召临时方丈嘎森腊化合喇嘛

赴五当召途中经过之卫君埧夹道口风景

喇嘛制作陈献佛前之泥供

上海国难宣传团访问蒙古人家留影于蒙古包前

《中华周报》

上海中华周报社

1935 年 31 期

（李红权　整理）

绥萨旅行观感

陶葆楷　撰

我于九月八日和清华大学水利工程教授张仲伊先生乘平绥车西行，我们此次旅行之主要目的，在调查民生渠，视察其工程的缺点，并研究其失败的原因。近来国人都注意开发西北，前往调查的人很多。开发西北主要工作之一为振兴水利，民生渠即是应付这个重要使命而产生的。

我们九日到萨县，事先曾打了电报给民生渠工务所和水利公会，所以有人到车站来接。同时有复旦大学考察团及华侨二人亦来参观，为照料便利起见，我们暂时和他们合在一起。当晚住在新农试验场，承该场殷勤招待。次早参观该场工作后，即至民生渠水利公会，后赴民生渠第九支渠渠口视察闸门，返民生渠工务所休息。在萨县普通的交通工具是骡车，这是对于我们时间上有极大损失的。第三日复旦大学考察团及华侨和我们分手，我们一早乘火车赴镫〔磴〕口视察渠口，视察完毕赴包头。第五日我们回到归绥，耽搁一天，又到大同、张家口，行程总共十天。在归绥和绥远省政府服务人员谈的很多，在张家口又和察哈尔建设厅的人说得异常起劲。关于民生渠工程方面专门的问题，我们希望不久有报告出来，我这里单把民生渠目前的困难及其原因，和今后的希望，作简单的叙述，此外并就我们在萨县乡间耳闻目睹的情况，提出几个问题，供关心西北者的参考。

（一）民生渠　民国十六年，绥远大旱，灾情以萨拉齐、托克托两县为最甚。因绥远建设厅及地方人士的合作，实行开渠救灾。当时没有好好的测量，更谈不上审慎的设计。西面从镫〔磴〕口的黄河岸边开挖起，引河水以供灌溉，东至后野场，由大黑河以入黄河。招集流亡，以工代赈，在当时确是迫不及待的问题。所需工款，由平绥路及绥省烟亩罚款附加赈款，同时政府方面亦筹发急赈，综共集资二十余万元。以四分之一，用于工赈，兴工一年，即用去六七万元。于是由绥远省政府和华洋义赈救灾总会商妥，民国十八年订立合同，双方集资，继续未完的工程，请美人塔德（O. J. Todd）为总工程师。经三年的开挖，至二十一年始大部告成，总共用费八十余万元，除绥远省出资约三十万元外，其余五十余万元，均系华洋义赈会担任。干渠长约一百二十余里，坡度八千三百分之一，渠口宽九十五尺，深十二尺，底宽五十六尺；渠尾宽四十尺，深一尺，底宽三十七尺，桥梁十三座，闸门五座。支渠原有十四道，皆在干渠之南，后仅开九道，总长约一百四十余里，桥梁七座，闸门十五座。据估计现有渠道约可灌田七千顷，将来支渠全部完成，可灌田一万四千余顷。

工程告一段落后，由华洋义赈会、绥远省政府，及萨、托两县，各推代表三人为理事，组织民生渠水利公会，以管理渠工，救济农村。不料二十二年雨量增加，河水大涨，支渠之闸门土坝，多被冲坏。派工陆续修理，至二十二年冬始放水试验渠道，又以种种困难，不能进而为农田的灌溉。现渠口、渠身，均已淤积，渠口并筑土堤，以堵黄河的水灌入渠内，而发生泛滥的危险。所以是项工程，至今还不能应用，全国经济委员会有鉴于斯，特组织民生渠工务所，先在民生渠灌溉区域内，作地形的测量，然后再进行工程方面改进的设计。

民生渠工程方面发生困难的原因，据我们调查所得，主要的不外下列两点：

（甲）地形没有经过测量，渠道没有精密设计　现代工程，在实施以前，必须作详细的测量工作，以为设计的依据。民生渠因为以工代赈的关系，仓促间地形没有测量，土壤没有分析，就开挖东西长一百二十余里的干渠，南北总长一百四十余里的支渠九道。现在所有的干支渠剖面图，是开挖完成后测量的。因为没有地形测量，支渠都是平行的，相距都是十里，地势的高下，当时大概没有顾到。现在有许多地方，因地势太高，不能上水。查民生渠灌溉区域内，西部七千顷地势较高，现已开挖支渠九道，多数不能上水，将来须用人力水车或风车打水，势必增加灌溉费用。东部七千顷地势较低，水可自然流入田地，支渠却尚未开挖。现在经济委员会所组织的民生渠工务所，正在做地形的测量，预计在本年冬季以前，把全部灌溉区域都测量过，然后计划改良旧渠，或在东部再挖新渠，这种工作，不是一时可以完成的。我们知道，修理一部坏了的机器，有时比造一部新的机器还要费事，所以我们对于民生渠工务所的工作，不可希望过急，应当与以充分时间的。

（乙）泄水问题　按原定计划，民生渠是要引用黄河的水，以入黑河。不过有时黑河的水位，高过民生渠渠尾的水位，所以黑河的水，倒灌入民生渠，黄河的水，无法排泄，有泛溢的危险。即便不至泛溢，河水所含泥沙，必逐渐沉淀，渠床一天一天的加高。目前闸门的位置，都不适宜，闸门前亦是泥沙沉淀的场所。民生渠工务所现在进行的测量，想在东部低的地方，找到一个泄水口，确是十分重要的。

上举的两个问题，是计划灌溉工程必不可忽视的，民生渠八十余万元的工程，却因此而发生种种的困难，不能用作灌溉，弄到等于废物，令我们抱无限的遗憾。最近江苏又有以工代赈开发水利的计划，我们希望主其事者，能详细设计，勿再蹈绥远民生渠的覆辙。

还有一个重要的问题，就是民生渠灌溉区域内的土壤，含碱颇多，碱的成分和分配，已由地质调查所土壤专家研究。关于这个问题，我们以后可以看他们的报告。

（二）农作的改良　绥远自民国十六年大旱三年之后，近四年雨量充足，又形谷贱伤农的现象，再加上捐税的负担、军队的供应，农村破产，已到山穷水尽的地步。据民生渠水利公会的调查，地方捐税名称，有二十一种之多。故谈到复兴农村，第一步是政治的改良，废除苛捐杂税。关于这点，讨论的文字已经写的很多，我这里不再申述。绥、萨一带，农产向以糜子为大宗，以前外蒙为大市场，需要极多，现外蒙交通断绝，他省销路又少。故谈开发西北，振兴水利之外，还要研究作物的选择。民生渠水利公会及新农试验场，已经做过一点点的试验。如灌溉问题解决，再能改种他项作物，如小麦、黄豆之类，才可称为实际的效果。

农具问题，新农试验场已有经验，民国十九年，曾购犁、耙等项机器，价值二万余元，次年即弃而不用。据该场主任任承统先生说，用机器犁耕田，每亩油价需洋三角五分，如用牲畜和人工，每亩总共需洋三角。假若当时用两万块钱去买了牲畜，该场现在的规模，要大三倍。这一点材料，值得我们参考。

（三）鸦片问题　这问题的重要，不仅绥远一省，凡在中国旅行稍多的人，没有人不感觉到的。绥、萨等地，因气候的关系，每年农作的时期较短，人民懒惰而多暮气，又因租税的苛重，迫得不得不种烟以图存。据绥远省政府某君言，普通农作物，农民终日勤苦，不特一无所入，每亩平均还要赔洋八角。如果种烟，租税固然加高，每亩平均农民约可赚洋三四元。这位先生所说数字的可靠与否，我们且不去管他，不过种烟对政府、对农民都有好处，那是显而易见的。凡是萨县街道上挂红布灯的铺子，都是吞云吐雾的场处，门口还大书特书写着对联，我还清清楚楚记着的是："嗜，可壮身体；吸，能增精神；请尝试之。"萨县人民的脸色，一个个都像腊纸。与这种人民谈改良，其困难不言而喻。

（四）民众教育　据民生渠水利公会的调查，萨县人民识字者，仅百分之三。县立小学只有一所，学生不到一百人，读的还是《三字经》一类的陈书。同时天主教的势力，却一天一天的澎涨，每个教堂都设有学校，除了诵读《圣经》之外，还念教育部审定的小学教科书。他们传教对于民众的影响，姑置不问，他们茹苦耐劳的精神，确是值得我们钦佩的。因此我想到我们现在提倡的乡村运动，如平民教育促进会在定县所办的事业，已有十年的历史，他们所引以自慰的，是定县为一个实验区，定县的工作，是要试验出一个改良农村的方法，应用到全国的农村去。所以他们虽然每年花了很多的经费——中国普通的农村绝对无法供给的经费——他们还觉得心安理得。我以为中国今日的乡村教育，应当尽量地推广，以定县一地所花的钱，应该可以照顾到十几县。并且在某一地方试验出来的结果，不一定可以引用到别的地方去。在定县采用的方法，到绥远来，不合适的恐怕很多吧。我们要开发西北，除了生产建设之外，这个民众教育问题，实在不容忽视，所以我希望主办乡村教育的人，竭力向横的方面发展，比较实用些。

《独立评论》（周刊）

北平独立评论社

1935 年 122 期

（李红权　整理）

察绥晋旅行观感

巫宝三　撰

我于九月初赴察、绥、晋等地考察物产状况，为时近月，见闻所及之处，颇多兴感，爰为纪述如次，以饷国人。

第一个感触

屏障河北雄伟的关山，只有亲眼看过的人才知道是如何雄伟。南口、八达岭，从前曾旅行过一次，这次重过此地，滋味显然有酸甜之不同：从前心头充满着欣赏的乐趣，现在却笼罩着感伤的情分了。车过沙河，望着重重叠叠的高山峻岭渐渐逼近面前，我不由得不低下头来。我中华国民应如何不辜负此天赐的雄伟关山！

怀来的水果

怀来城依山而筑，西部城墙随着小山蜿蜒，从车站远望，很像一个卧牛势。城内街道颇整洁，市廛亦甚盛，较之河北省博野等县，高出甚多。不想塞外尚有此整洁殷盛之城市也。怀来城东与城西，皆有山自东北向西南行，在东者名为南山，在西者名为北山，两山的脚下，全是荫深深黑密密的一片果园。果园的面积不详。据云，沿北山脚约有二十里，沿南山脚约有五十里，皆是果园。此外南山的山谷中尚有果园甚多。果产以苹果与沙果为大宗，每年约产五六万公担，计值约三四十万元，大部运销平、津。在每年八九月间，果产成熟，道上牲畜所载，站上批批堆积，皆是果筐。不过今年春间受大风影响，花事受损，出产大为减少。余到怀来时，适值果产外运正盛，虽说是歉年，犹见驼载络绎于途，货商不断以大叠钞票缴付运价。心想此一筐筐果产之运出，亦即果农一年血汗的结算。

怀来果业有待改良之处甚多。第一，果园对于虫害尚未应用有效的驱除之法。果产约有五六成皆为虫所啮伤，因此其完整者售价颇昂。有些果农，亦未尝无意讲求新法，但资力有限，同时园园相连，我园虫除，他园虫能飞越，卒致束手无策。此事地方政府亟应加以指导与帮助。关于此点青岛市的办法大可以供仿效。其次，果产包装外运，皆用柳筐，尤其外运天津，筐件甚大，层层叠压，易于毁伤，此亦有待改良。最后，水果经铁路外运时，皆须缴纳按值百分之四的牙税，兹姑不论此税之应否征收，及税率之是否太高，但征税者往往不按市价估价，致实际税率超出所定税率，商民交困，政府实应加以校正。中国水果的市场，在外货竞销之下，日趋萎缩，怀来的果业如欲发荣滋长，亦唯有从积极改良着手。

宣化的山羊皮褥

从怀来到宣化，铁路在两山之间的平原中行走，这一带就是所谓宣化平原。平原地势是东高而西低，在傍山的极低处，就是洋河的河道。农家的分布很显明，就是高处稀而低处密。挨近宣化一带的庄稼，显然比怀来一带长得好。高粱的穗子很大，小米的穗子垂得很长很重。

　　宣化城内人口的殷密，商业的繁盛，又较怀来高胜一筹。宣化出产除以葡萄及铁矿著名外，尚有一种山羊皮褥，亦曾盛极一时。山羊皮褥的制作，由于外国人的需要而兴起，考其历史，已有三四十年之久，不过这种小工业最兴盛时是在民国十年至十五六年。据该业中人说，在十四五年最盛时，宣化共有厂七八十家，每家有工人七八十人，出货每年达八九十万张，每张价格皆在二元左右，计值约一百七八十万元。自十七八年到现在，转入恶运，销场日趋清淡，作厂歇业者亦多，现所存者只有三四十家，每家工人只有一二十人，出货每年仅二三十万张，而每张价格只在一元二三左右，以较往年，真是不堪回首了。皮褥的原料，以前多来自外蒙，现时则来自张家口、归绥及包头。这种皮褥业特别在宣化发达的原因，一方面是历史的，工作技术比较熟练，一方面据说是因为宣化的水含有碱性，特别适宜硝皮。关于宣化皮褥业的衰落，外国的销路减少，自然是最重要的原因。其次，外蒙皮张不能来宣，张家口等地皮张远不如外蒙之优良，致所出货色亦不如往日之佳，也是一个很重要的原因。

张家口的衰落

　　"张家口现在差多了！你去看看西沟（在大境门外，为通库伦的要道，往昔外蒙贸易汇集之处）一带，现在是一个什么境况。那山脚下的一片房子，从前每家都是做着几十万元的生意的，现在呢，还有几家做着买卖？房子空着没有用，给军队住了！还有，现在的牛羊马市是移到西沟了，在从前这里哪有它的份呢？西沟从前是皮毛交易的地方，空旷的沙石地上，堆满了皮毛，珍贵的貂皮獭皮，才收在房子里面的，堆在外面的皮毛，也从来不丢失一毫。现在呢，珍贵的皮子是不来了，栈房也收歇了，剩下来的三四家，也是货色不多，只是勉强支持着罢了。咳，外蒙的路子一阻断，张家口是被制死了。"这一类的说话，老于张家市口情〔张家口市情〕的人都能同你谈，带着一种无限追怀无限感慨的调子同你谈。我是听过不止一次了，每次听他们讲述时，总是非常的兴奋，心里老是泛出过去西沟商货车驼的拥塞的盛况，但是听人讲述完时，又总不免随着讲述人的一声叹息而感到无限怅惘。西沟现在是一个供人凭吊的地方了！你出大境门外一看，一座高山突在面前，两旁也是高山蜿蜒着一直向前面伸张成功许多山峰，在这些高山间冲出两道宽平的沟涧，右面是洋河，左面就是西沟。气势之雄，直如铜筋铁骨英雄一样。但是这英雄现在是无用武之地了，沟涧上走着断续的牛车，沟涧旁布着零落的摊贩，摊旁憩息着无声无气的行人，沟涧两旁山坡上一片又一片的屋宇是静悄悄的在睡着，这英雄是吼不起来了，他是交了恶运了，他的活动地盘失掉了。这恶运何时交完呢？

张家口是中国北部一个大商业中心，内蒙外蒙的牲畜、皮毛、及药材等，与北平、天津的制造品，皆集中在此交换。其商业尤以对外蒙方面为重要。在民国十二三年商业极盛时，每年进出口贸易额约达三万万元。自外蒙发生变乱后，张家口、库伦交通阻断，张家口商业乃一落千丈。现在张家口与外蒙贸易，仅赖德华洋行一家从中沟通，而车驼亦仅达于乌得，来往货物多受限制。现在由外蒙运来之货，仅有花标、蘑菇、黄芪等，皮张、羊毛已经绝迹。运入外蒙之货，为绸缎、砖茶、皮靴、马鞴、烟草等。此种不生不死状态，政府实应设法打破，同时应积极筹划双方贸易具体办法。

张库交通既阻，张家口的商业，主要只有靠口外几县及内蒙来维持了。现在货物运出或运入负担捐税太重，如运一头羊到张家口，要纳张多边境税每头一角三分九，牲畜牙税按值百分之四，要是在张家口屠宰的话，每头还要纳屠宰税四角九分。至于来往外蒙的货物，还要加上检验费按值百分之六。这样重的捐税，怎能望商业发达呢？好了，现在有大胆的人用汽车装着货，不管税不税、局不局，向口内口外直驶的运了，这样下去，中国商人全得关门，政府的税收亦将一文没有！这是张家口目前的一个大问题，政府应及早谋一解决。

张北之行

从张家口去张北，有两条大道，一由西沟直趋张北，一绕道万全县城去张北。前一条道因为大坝的坡度太高，汽车不能上，所以去张北的汽车都走后一条道。可是后一条道的坡度也就够高啦。张家口是位在三面环山的凹子里，往北面走，就得爬山。汽车一出张家口市，就开足马力都都的往山上爬，前面看着的许多高山，不一会，车过其地都如小丘陵了。这样走了四五十里抵达万全县城。自万全县北行通过山涧上万全坝，坡度较前更高，汽车傍着山涧绕山而上，走了二十余里才到坝顶。在坝顶转过身子一望，许多山峰全在足底了。是日恰为阳历重阳，同行严君和我说，今天我们真是登到高处了。坝上有长城东西蜿蜒着，不过这地方的长城，工程比较草率，只是乱砖碎石堆成的一道矮垣罢了。过了这道坝，就是拔海一千余公尺的高原，地面平坦，山有也不高。地里所种的农作物，也和坝内不同，这里大部分是莜麦、马铃薯。原野中的点点牧群，也到处看到了。张北县城内商业很盛。一横一直的十字街，都开着铺子，买卖很不错。街上有很多的水果摊，西瓜、苹果、葡萄全有，我想这里的老百姓在吃水果上，至少是比关里人强了。在县城盘桓时，曾登北门城楼眺望，广漠平原，一望无极，对此伟大山河，我不胜祖国兴衰之感了。

大同的煤矿

大同除石佛以外，没有什么可以留恋的。街道灰土之厚，旅舍之欠整洁，皆使游人望而却步。云冈石佛，大家都知道，我不想再说，这里且简略的述一述煤矿。大同口泉地方现有煤矿公司三家，即保晋、晋北和同宝。以历史言，保晋开办最早，同宝次之，晋北最后。以规模言，晋北最大，保晋次之，同宝最小。以生产能力言，晋北永定庄、煤峪口两矿每日可出煤千吨，保晋可出煤五百余吨，同宝可出煤百余吨。不过今年因煤销阻滞，积煤甚多，自六月后皆各减工缩小产量。关于三公司煤的推销，自二十一年起，三公司与山西营业公社合组一大同矿业公司，所有三公司出产的煤，全归矿业公司推销。三公司的销额，也定有一定的比例，晋北为百分之六一，保晋为百分之三一，同宝为百分之八。矿业公司规定价额，购买各煤矿公司的煤，而以在市场所售价格的高低为其盈余或损失。继大同矿业公司而起的，有同煤总销处。大同矿业公司总销三公司之煤，同煤总销处则总销土窑的煤。同煤总销处与矿业公司销煤的市场，亦经分配。同煤总销处的煤专销康庄至包头一段，矿业公司的煤则销康庄以东以至平、津一带，二者不得互相逾越。同煤总销处规定每月收买土窑煤七千吨，其外销不足之数，则向三公司收买。其收买与销售方法，与矿业公司同。同煤总销处是由各大煤栈及私人合股组织的。自这一个机关成立后，土窑煤的价格、土窑煤的产量都受限制，土窑无法在市场上自由竞争，曾一致表示反对，但这个反对没有生效。关于大同矿业公司及同煤总销处这两个组织的活动，以及其对于煤业的影响，我觉很值得我们做一个仔细的研究。

这里附带述一述大同的酒精厂。这个厂原为私人创办，现归西北实业公司经营，叫做西北兴农化学工业社，资本共计十五万元。酒精厂所用的原料是马铃薯，这种原料在张家口、大同、丰镇、平地泉一带产量极盛，并且因为体重值微，不能运出销售，现在利用它来做酒精，实在是于农于挽回漏卮，都是一件盛事。现在这个厂每月所用原料，约为七八十万担，大同、丰镇一带所出产的已能供给。厂中每月可出酒精一千八百余听（听大如煤油箱，合十八公升），货色较普通舶来品犹稍强（据说纯量为百分之九十六），现在销路颇好。我想企业家或政府可以调查一下，看中国现在各酒精厂产量是否已足国内需要，如尚感不足，张家口很可以再设一个酒精厂。

平地泉的繁荣

遍走平绥路沿线各地，所听到的全是慨息叹苦之声。商铺关的关，倒的倒，还开着门的，都是减工缩业，勉强的撑持着。独有平地泉表现不同的姿态。你到那里一看，有一件最使你注目的事，就是到处忙着盖房子。据说，近几年来，每年都增加二三千人，从去年到今年，新开张的粮店就有十多家。平地泉主要是个粮食市场，对于兴和、凉城以及集宁的粮食的吸收上，它同丰镇是立于竞争地位的。平地泉的繁荣，一由于它所用的量器比丰镇大，粮客们自然愿意以略为高点的价格购买多量的货。现在量器已改新制了，这个优越条件是不存在了，但平地泉还有一个优越条件存在着，就是平地泉的粮店多，共有三十四家，没有操纵粮市的毛病。而丰镇粮店只有五家，这五家资本都是非常雄厚，在乡农粜粮时，则肆意压低价格，在粮客购粮时，则拼命抬高价格。这样一来，粜粮的农人和购粮的粮客当然愿意到一个自由的市场来了。虽然车运的运费稍为贵些，粮客们还是觉得花〔划〕得来。

从这一点来看，丰镇粮店的垄断政策要变成自杀政策了。

平地泉属于高原带（海拔一千四百余公尺），树木很少，房屋都是土做的，黄茫茫的一片，在空旷辽阔的高原上，似别具一种风格。平地泉原只有一二家车马大店，因为铁路通后，人口渐渐增多，至民国十年才设县治，现有人口近三万人。现任县长于君，勤恳任事，擘划甚多，近方筹设粮食集市，此举想对于平地泉的繁荣更可加一助力。

归绥的外强中干

归绥是个政治中心，街道宽大整洁，有些地方也在大兴土木，从外表看来，境况很是不坏，实际也是外强中干。从前外蒙走归绥的羊毛，每年就有一千万斤左右，现在这一路的买卖完全断绝了。其次新疆的来货，现在很稀少，新绥汽车公司的汽车，往往空车放回。去新疆的货也不畅旺，听该公司的人说，沿途共有税十二道，货物负担不起，多改用包裹走，公司屡向政府交涉，不得结果。我听了这话，感到很大的苦闷。

归绥设有一毛织厂，系省政府出资经营，开工已年余，出品比较粗糙，销路仅限本地一带。绥远羊毛供给便利，人工廉贱，毛织业前途很大，如能从减低成本及改良出品注意，出品未尝不能远销平、津。宁、甘一带，购买力甚弱，恐怕不能作为一个主要市场。

包头也是不景气

包头是有过他的光荣的历史的。你到那里可以看到许多气魄很大的屋宇：四围墙壁很高，院落很宽大，房屋也很讲究。我曾去过一家皮毛栈，房屋非常厚实精致，布置也很整洁合度，我看得真不禁心羡起来了。后来和他们谈起，才知道这屋是从前和平洋行的行址。包头这种洋行在民国五六年以至十一二年间有十多家，都是天津各洋行所设的分庄，来包头收买羊毛的，各洋行的买卖普通多达几十万元。这些洋行在十二三年后都相继收歇了。洋行既走，转运栈也就搬进这阔绰的房子了。不过这几年的羊毛行市不好，业务清淡，转运栈也由二十余家减至十二三家了。包头的主要商业是皮毛、水烟和药材。皮毛大部分是来自新疆、青海、甘肃、宁夏和陕北，内外蒙来的还比较少。现在外蒙固然没有货来，就是新疆来的货也没有了；从前一年一来往的几百只的驼队，现在是搁浅了。包头的皮毛，现在只剩了青海、甘肃、宁夏、陕北这一路。这一路在前五六年每年可来五六百万斤，去年只来四百万斤左右。水烟呢，这几年南方销路不好，并且被陇海路夺去一笔买卖，来包头的也只有一二万箱（每箱二百余斤）了。此外甘草、枸杞子等药材，近年销路也不好。

河北村移民与晋绥军屯垦

在包头县城东十里，有一个新建的村庄，在大围墙之内，一所一所的土房子很规则的排列着，这就是河北移民协会办理移民的河北村。这一批移民，共计一百户，多是从河北濮阳、长垣一带灾民区移来的。移民协会得到河北省政府的帮助，先在这里买了六十余顷地，后来就在灾民区一带办理征求和选择手续，选定之后就在去年冬季移到包头。协会规定每户授地一百亩（现尚未达此数，每户授五十亩），房屋、农具、牲畜、籽种等由协会制备分给，共计每户用款约四百元。这部分用款，由移民协会垫借，自第三年起分五年还清，还清之后，地即归农民所有。现在这个村中有学校，有消费合作社，有运输合作社，有纺织合作社，有牛乳合作社等。村行政方面，有村长、副村长、闾长、邻长等。主持移民协会并办理这一批移民的，是段绳武（承泽）先生。段先生同村民住在一起，躬任村长之职，指导村中一切事业的进行，他的太太也在那里的学校教书。他不但把这次办理移民当做一种社会服务看待，他并且孜孜不息去研究它，他要从这次办理移民的实验中，找出一些原则和方法来。这种精神，这种态度，是中国移民事业成功必须具有的条件。我希望有志于移民事业者，都到河北村去看一看。

谈到移民，还有一件事可以使我们注意的，就是晋绥军的屯垦。这种屯垦，是由傅作义主席、王治安师长、李生达师长三位提倡的。他们在五原、临河二县选定了地区，各挑出一团兵士，另外加上被编遣的自愿去垦植的三个军官队——在二十一年把队伍开到那边去屯垦。屯垦办法，是每连组成一村，每人地一顷，关于房屋、牲畜、农具等等，由屯垦办事处供给，用款共计三十二万，规定分三年偿清。偿清之后，地即归为兵士所有。今年已到第三年，借款本应还清，但因连年水灾关系，作物损失甚大，不得不展期一年。兵士屯垦这一种办法，可以说是解决中国兵多的唯一出路。西北荒地甚多，化兵为农，实是一举两得。不过我希望办理的人，不要求速效。如垫款偿付的期限，应稍放长；村民的教育和组织，应多着重。

河套的一瞥

沿平绥路由康庄到包头，我们在车上瞭望，总还可以看到疏疏落落的村庄，地上也多长着庄稼，但从包头再向西走，情形就大不同了。包头的西面，有乌拉山山脉东西蜿蜒着，这一带地势较高，黄河的水灌不上来，是一个天然牧场，在二百多里的行道中，只能看到一些蒙古人放牧的牧群。过了乌拉山山嘴，就入了河套的境界。从山嘴到五原县城，约有二百里，这里地势比较低，黄河的水可以由渠道往上灌，并且也有几条干渠，如塔布渠、长济渠、通济渠、义和渠，一道一道的横在平原里，但是这里的地耕种的不达百分之一，在这二百里的途中，看不到几个村庄，并且有的已经是庄户他去，仅剩几道败垣了。满地长着丰盛的苴芄草，与人同高，使人有洪荒之世之感。就河套五原、临河二县言，可耕种地至少约有十万顷，但现在耕种的，五原仅有二千五六百顷，临河仅有四千顷左右，不及可耕地十分之一。据说近十年来河套农民数目有减无增，这是因为一方面渠道失修，有的渠水不能上灌，有的渠水泛滥成灾；一方面十五年遭遇西北军，二十一年遭遇孙殿英军之征粮征车，农民损失很大；再一方面就是近年来谷价低落，农民耕种每多亏损。河套农民多租人之地以种，大半来自山西。他们种地是流动性质，今年某地浇上水，并且一般情况还好，他们就赶了大车，装上家具，带了牲畜，到那里去种田。到了那里的地不能种，或是境况不好，他们就拆了房子，带了牲畜，把大车赶上别处去，或是回老家去。据五原屯垦办理处农事试验场张场长说，河套的开发，只要水利和交通有办法，不愁没有人来。我想这个观察是很对的。河套的基本问题，是水利和交通。水利不修，地不能种；交通不便，出产不能运出。关于水利方面，去年绥远省政府曾对于各渠道及退水地方做过一个很详细的测量，我们希望跟着这个测量就开始进行工程。关于交通方面，只有希望赶快修筑包宁铁路了。

王乐愚先生谈黄河水患

到过河套的和谈到河套的开发的，莫不知有王同春氏。我们为想多知道一点河套过去的情形，特去拜访王同春氏的五公子王乐愚君。王君说起河套水利情形，固然是数家珍，就是论到河套及包头一带的经济情形，也是头头是道，很多独到之处。这位先生可以当得起河套通的名字。最后我们谈到近两年的黄河水患，王君慨然道，近人言黄患治标治本，究竟标在那里，本在那里，恐犹未弄清。照他的观察，近年黄河水患，似与下列二事有关。第一，黄河发源于青海，青海多雪山，春夏气候暖，雪山融化，源流乃大，秋冬气候冷，雪山冰结，源流乃小。根据经验所示，近年西北气候似较往年为暖：往年五原地方在中秋节要穿棉衣皮衣，现时穿夹衣就可以；在光绪年间冬天地要冻深三尺，现在仅冻到一尺五至二尺深。气候一变暖，雪山当然要大量融化，并且要继续融化。第二，黄河第二个来源，为各地方的支流，如山西的汾河，陕西的洛河、渭河等，这些入黄河的支流，因近年大雨关系，水流涌急，冲刷较深，阻碍水流的减去不少，因此，各支流在以往雨后十小时水始能流入黄河，现在七八小时就能流到。水流既急而速，黄河的排泄自较困难。此第一第二两原因如不幸而碰到一起，黄河即难免成患。关于治黄办法，王君仍秉承其先君之见，认为"治下游与水争地，不如治上游以地予水"，如能在上游择可耕之地，开渠引水，以分水势，则"下游灾澹，上游利溥"了。我对水利是一个门外汉，对于王君所说的，不能表示什么意见，不过觉得王君根据其家传之学与多年所见，其中或有一部分真理，特录出之以供研究黄河水利者之参考。

平绥路政的进步

这次旅行的路程，西止于五原，以后就返到大同去太原了。这里我要说一点平绥路政的情形。我在平绥沿线各地考察，常常同各站站长接头，我看到他们忠勇任职，及以发展铁路业务为己任的精神，我每每暗自钦佩不止。平绥路现在不但枕木换了新的，车行时刻准，并且商人运货，上午要车，下午就可以装走了。平绥路的整顿，为期也不过两三年，居然有这样大的进步，实在不能不使我惊讶与兴奋。路政的复杂，定不会让于行政，为什么中国的政治永远那样没有效率和不干净呢？我想国人并没有天赋的劣根性，重要关键还是在是否有严密的制度，及行政首领是否有奉公守法的精神。

略论察绥经济的前途

察哈尔、绥远三个大商业中心，现在皆已凋蔽不堪。论其原因，外蒙、新疆贸易之受阻，国内外经济之衰落，皆有极重要之关系。国内外经济尚可望有好转之日，至于外蒙、新疆贸易，即在通商恢复常态以后，是否尚能回到往日繁荣状况，很可怀疑。察、绥现在不能不在其本身上谋各业的繁荣。察、绥现在可以说完全是个农业省份，出产品以耕种作物为主，牧畜产品居次。照目前的情形看起来，二省可耕种的地，及可放牧的牧场，荒着的仍然很多。政府应该在这两方面努力提倡。尤其关于畜牧，如能在畜种等等方面着手改良，将来可连带着在内地建立许多工业，如毛织厂、制革厂、罐头厂等等。这在发展察、绥经济上极关重要。察、绥二省有许多地不适于耕种，勉强开垦，亦所得无多，这类地如适于放牧，应该用做牧场。其次，有许多地方如河套一带，距离市场太远，产品不易运出销售，这些地方的作物，应该设法使它改变，政府最好经过一番研究，有计划的提倡某种作物，这种作物就作为在附近地带设立某种制造工业的原料。五原农事试验场现在正在试种甜菜，如果这种试验成功，河套大可广植甜菜，而在包头或归绥地方设立制糖厂。这样，内地产品可以有出路，地方工业可以发达，都市人口可以逐渐增加，农产品与工艺品的市场可以逐渐推广。察、绥现在需要由农业（包括牧畜）的改良推广而建立几个制造工业的中心。

山西的经济建设

我从大同到太原，在太原住了四天就回到北平。这四天里看了不少的新兴事业。山西自从十九年以后，军政领袖改变方向，由兵工厂的充实转为大规模的经济建设，几年来锲而不舍，成就很多。最为人所熟知的同蒲路，现在已筑成四百六十公里，由原平至侯马间直达通车。其余侯马至蒲州及原平至大同两段，预定明年上半年完成。这条铁路，贯通山西南北，对于山西经济的发展，当有很大贡献；虽说轨道窄而轻，不免有车行缓慢（现在车行速度，每小时约为二十公里）及不能与其他铁路接轨联运的遗憾，但是有一条铁路总比没有好。其次，在工业方面，政府除将兵工厂改造为农工器具制造厂、机车厂、铁工厂、铸造厂、水压机厂、电汽厂、机械厂、枪弹厂外，并出资本八百余万，新设印刷厂、造纸厂、火柴厂、毛织厂、制革厂、窑厂、酒精厂（即大同之兴农化学工业社）、洋灰厂、炼铜厂，及煤矿厂等十厂，另加育才炼铜机器厂、汽车修理厂，及化学工厂，合共二十一厂，统归西北实业公司管辖。以上二十一厂，除炼钢厂、造纸厂尚在筹备外，其余各厂皆已开工。这些厂的兴办，有些是应社会的需要，如火柴厂、毛织厂等，有些是专供某种工业建设的用处，如洋灰厂、机车厂供给同蒲路的洋和灰配件〔洋灰和配件〕，窑厂供给炼钢厂的耐火砖，电汽厂供给各厂的动力等。现在开工各厂的出品，有些很受社会的欢迎。各厂如能在管理技术方面，力求改进，前途是很有希望的。再次，说到农业方面的设施，山西当局似乎倾全力于信用合作券及"适地农产"的推行。所谓信用合作券，就是各村村民联合组织合作社，以所有土地为担保，领用流通券的意思。这种组织和其作用，既与普通信用合作社的通融资金与积蓄存款不同，也与德国式的土地抵押信用协会（Landschaft）的抵押借款不同。它的特点，是（一）不问需要的有无，按照土地发行合作券，（二）合作券有准备金，可以兑现，可以汇兑，与普通通货一样，（三）发券及兑现机关由合作社与村中殷实商号订立合同，由商号包办。这一种组织，是一个很大胆的试验，为利为弊，很值得我们来做一个仔细的研究。现在山西推行这种组织的已有十余县，共发券五十六万元。至于"适地农产"，是政府想就某地土之所宜，推广工艺作物的生产。政府从今年起已选定实验区开始试验。其办法为选定两顷大小的面积，耕种作物以二种为限，派一监工依照所定计划指导农民耕种。这种试验成功以后，准备在各地照样办理。工艺作物的推广，与发达工业及农民经济都有利益，不过如限定农民至多种植两种作物，恐中国小农制度之下，不甚合宜。再者，山西当局对于农民经济的改善，不很信任合作办法（推行合作券的合作社，是一种畸形的合作），我很不能解释。

　　以上所述的几种事业，都是规模比较大，并且都是由绥靖公署主持的。此外，尚有私人的一种企业组织，叫做营业公社，共集资本四十万，预定在各种社会生产事业方面发展，所得赢余，作为公共资金，用为发展全省实业。如此，至第四十八年时，可累积至一万万元。到那时候，股东愿收回股本听之，但不派分股息，不愿收回股本者，就作为捐助于社会。这一种办法，如果管理得当，也未尝不是一种蓄积社会资本的方法。现在营业公社经营的事业，有前述之大同矿业公司，晋丰面粉厂，一家银号，及七家当铺。

山西近年的经济建设，方面很多，内容很复杂，上面所述的，不过是主要的几个方面，并且是简略的一个介绍。我很同情于山西经济统制处处长张汉三先生的话，就是外面所批评于山西各种设施，多与事实不合，不过这里我有一个希望，就是关于山西各种新的设施，政府的，公益的，都应当有详细的报告公诸社会，一方面使一般人可以明了进行的状况，一方面可以给人以研究的资料，我想这对于新事业本身也是有益的。

廿四，十，十四

《独立评论》（周刊）
北平独立评论社
1935 年 176、177 期
（李红权　整理）

暑期旅行记：绥远西安之行

张彭春　谈

张彭春先生乘暑假之便，至绥远、西安、郑州、开封等地作内地考察，回津后，编者至南开大学，访先生于百树村四十二号，请述说此次考察之观感，适大学开课伊始，课务繁忙，受时间之限制，不能作较详细之报告，仅谈下文所纪之数点。

编者识

我个人因为久居沿海，对于内地情形不十分明了，所以借着暑假的机会作内部的考察。这回特意去绥远和西安，因个人以为两地在未来的局势上，或者有重要的意义。

到两地考察的行程：七月十二日动身，十四、十五、十六日在绥远，十七日晨返北平，十八日抵津。八月廿二日动身，廿四日早到郑州，廿四日晚离郑，廿五日晚抵西安，九月一日离西安赴开封，在开封小住一日，搭陇海路绕徐州转津浦路，九月四日返津。

绥远印像

没有到绥远之前，以为绥远是个半沙漠的地带，可是到了绥远之后，四处展望，田野都是青青的稼禾。绥远的雨量虽然少，但和北美洲加拿大西部的雨量，相差不多。加拿大西部居然可以成为世界大量产麦区之一，果国人能将绥远加以相当人工，将来粮食的出品一定不会少的。绥远水源离地面只一二丈，如加以掘井工程，灌溉便利，将来便可增加收获量，在麦产方面的希望很大，愿国人不要轻视这地方。并且绥远以往多是牧畜的区域，在牧畜方法上，如能加以改良，牧畜事业更可发展。

绥远地面辽阔，人口比例稀少，现在全省人口不过二百多万，据普通的观察，将来很容易扩张到六百万。自傅宜生先生主政以来，已经把土匪消灭，从此人民可以安居，如果不发生什么特别的变故，将来必有发展的可能。

北美西北部的地形与气候和绥远相似，都具着广阔的平原、干燥的气候。美人对于北美西北部经过几十年的经营，出品丰富，地方日见繁荣。中国有这样好的地方不想法经营，实在是坐失很好的机会。傅宜生先生在这里治理的精神很可佩服，他绝不因办新政给人民增加担负。因绥远人口少，傅先生拿治县的方法治理全省，事事躬亲处理，各种事务都可注意到。

绥远在国际上的地位与意义，我们更应注意。

西安印像

我个人早就有到西安的凤〔夙〕愿，不只在西安附近有观仰周、秦、汉、唐许多遗迹而生吊古的意念，并且自潼关以西一直到甘、宁、新，在未来的变化上其意义还要加重大。

到了西安的第一夜，使我感觉到在海岸上所享受的舒适生活，像是超过了我们生产力所应当享受的。譬如第一日晚，因连日多雨，路基不稳，火车误点三小时，到了西安车站，已是晚间九点。西安站台尚未峻〔竣〕工，同时因仍是落雨，且没有电灯（市电灯厂约在年底发电），兼以道路的泥泞，很容易使人想起在这儿没有现代时期旅行的方便。从车站到旅馆的道路，泥泞的可怕；听说这马路比以前已经好的多了，但和大都市的柏油路相比却差的很远。

当晚投宿"西北饭店"，听这个名子〔字〕像是很现代化的，可巧因为我去的晚了点，较好的房间都已被别人占用，便住了一个旧式房间。砖砌的地面，纸糊的顶蓬，屋子里充满了潮湿的气味，桌上放着一盏煤油灯，住在顶蓬里的耗子不时的东跳西跑，更有伴睡的臭虫常加光临，这一切，像是使人感觉出没有现代各种生活方式的舒服。其实这都不算什么，全国得享受海岸生活的人数很少，全国以内按其生产能力，配享受现代海岸式生活的人更非常之少，因之联想到海岸人的消费习惯，觉得其生活基础摇摇不稳！

第二日移搬中国银行去住，生活设备比较舒适多了。中国银行主任李紫东先生和办理农村放款的孙天放先生都是南开校友，蒙他们费神招待！

在西安的几天以内，能得与政、教、商各界的人谈话，借此知道当地情形不少。教育厅特意招集高中以上教职员和学生约我讲话，讲题是"国与或"，这儿的"或"字有两个意思，第一"或"是没有围墙的国，第二"或"是国家尚未决定前进途径的意思。所讲的话个人觉得没有什么价值，但刚由平、津去到那里的人，倒有一种特殊的感想；讲话的最后一句说："希望在西安一带，永远保存着这样谈话和集会的自由！"

西安的教育界很有纪律，几年来的整顿颇著成效。西安省立高级中学的校长唐得源先生，是清华同学，也是南开校友，蒙他殷勤招待！

西安有个戏剧的团体，叫做"陕西易俗社"，有廿四年的历史，特为我开欢迎会，并演秦腔。没有想到在西安得着这样研究戏剧的机会，可喜！

西安附近古迹很多，因连日落雨，四郊汽车不能通行，所以看的颇少，能看到的几处，现在也暂置不谈。陕西省主政的人，有平民精神，对于各种建设都努力进行。现在最重要的是剿匪问题，匪区情况，也由朋友处知道些（教育建设和剿匪情况，容有机会，再为详谈）。

在海岸久居的人，常往内地各处走走，可以增加许多观察的材料，同时对于各种事业的计划上，也可增广些推测的范围。

今夏这几处的旅行，遇着不少的南开校友，蒙他们殷勤的招待，特在此致谢！看了这几处的校友，知道校友如果有一种灵活的组织，一定能在许多社会事业上增进互相鼓励的精神。

《南开校友》（月刊）

南开校友总会

1935 年 1 卷 1 期

（李红权　整理）

平绥沿线旅行记

谢冰心　撰

序言

民国二十三年七月，应平绥铁路局长沈昌先生之约，组织了一个"平绥沿线旅行团"。团员有文国鼐女士（Miss Augusta Wagner）、雷洁琼女士、顾颉刚先生、郑振铎先生、陈其田先生、赵澄先生，还有文藻和我，一共八人。我们旅行的目的，大约是注意平绥沿线的风景、古迹、美建、风俗、宗教以及经济、物产种种的状况，作几篇简单的报告。我们自七月七日出发，十八日到平地泉，因故折回。第二次出发，系八月八日，文女士赴北戴河未同行，因邀容庚先生加入。八月二十五日重复回来，两次共历时六星期，经地是平绥全线，自清华园站至包头站，旁及云冈、百灵庙等处。此行种种的舒畅和方便，我们是要对平绥路局和沿线地方长官，致最深的感谢的。

平绥沿线的旅行，自我个人看来，有极重要的几点：一、自从东北失守之后，国人蓦然的觉出了边防之重要，于是开发西北之声，甚嚣尘上。而到底西北在哪里？中国西北边况到底如何？则大抵茫然莫知所答。且自东北沦亡，西北牧畜、垦植，又成全国富源之所在，而西北的土地、物产、商运等各种情形，我们亦都甚隔膜。平绥铁路是人民到西北去,及货物从西北来的一条孔道,是个个国人所应当经行,应当调查的。二、较早的中国铁路之中,只有平绥线是完全由中国人自己计划,自己勘测,自己经营的。青龙桥长城之侧,矗立着工程师詹天佑公之铜像,这充分的发扬焦虑、深思、坚持、忍耐的国民性的科学家,是全国人士所应当瞻仰纪念,并以自励自信的。三、平绥路线横经长城内外,所过城邑的人民风俗习惯、宗教信仰各不相同,是研究中国政治、经济、文化的最好的园地,同时,在国难之中,我们不当在狃于旧习,闭居关内,目边人为异族,视塞外为畏途,我们是应当远出边境,与各族同胞剖心开怀,精诚联合,以共御赤白强邻的侵逼的。四、平绥铁路的沿途风景,如八达岭之雄伟,洋河之纡回,大青山之险峻;古迹如大同之古寺,云冈之石窟,绥远之召庙,各有其美,各有其奇,各有其历史之价值。瞻拜之下,使人起祖国庄严,一身幼稚之感,我们的先人惨淡经营于先,我们后人是应当如何珍重保守,并使之发扬光大!

我自己生平的癖爱,是山水,尤其是北方的黄沙,茫茫的高山大水,虽不尽瑰奇神秀,而雄伟坦荡,洗涤了我的胸襟。我生平还有一爱,是人物,平时因为体弱居僻的关系,常常是在过着孤陋寡闻的生活。这次六星期的旅行之中,充分的享受了朋友的无拘束的纵谈,除了领教了种种的学识之外,沿途还会见了许多边境青年,畸人野老,听见了许多奇女子、好男儿的逸闻轶事,耳目为之一新,心胸为之一廓,我对于这次旅行的欣赏感谢,是罄笔难书的。

同行的诸君子,从他们的注意点,各有所得,都已发于文章。这篇所记载的只是沿途的经历、印象,和感想,以月日为系,写了下来,作为诸君子的文章的小引。非敢僭先,亦如戏曲中的楔子,开场白,配角先登,只为介绍舞台中心人物而已。

旅行归来,小病数月,迟至今日,方追记月前所得,并收集同行诸君子的作品，汇成一集，以献路局，并致感谢之忱！

二十三年七月七日

清华园

距丰台站二〇·二一公里

高度四〇·五三八公尺

七月七日晨，阴，八时二十分出发清华园车站，车上会到了张宣泽上校，系与我们同车到绥远者。我们用的是平绥路局的公事专车，卧铺、书案，应有尽有，一切设备均极整齐舒畅，饭车上厨师，自言是梁燕孙旧佣，谈及世家往事，似不胜今昔之感。

将行李安排好，刚过沙河站，我们便在车上的会客室里开会，由顾颉刚先生分配工作，计注意沿线经济状况者有陈其田先生，宗教状况者有雷洁琼女士，古迹故事者有郑振铎先生，民族历史有顾颉刚先生，蒙古毡房者有文藻，文国鼐女士写英文导游小册，赵澄先生担任摄影，而我只担任记载途中的印象，是最轻工作。

分配既毕，大家随意谈笑，看书，或倚窗眺望。两旁庄稼正在青葱时节，田畦在车旁旋转，一望无际。黄土的小道上，时有小童骑驴经过，状极闲逸。过昌平站，遥遥的已看见矗天环抱的天寿山，横障天北。明朝的十三座陵寝，沙点一般散见于山峦之间。过南口站，系本路机厂及材料厂所在地。厂址及员工住所，自成一村。过此即是关沟，北行列车，到此须改用山道机车，推行而上。自南口至康庄一段，虽仅三十公里，而纡回险峻，火车须穿行于巨壑、悬崖、急湍、峭壁之间。詹天佑先生废寝忘食，历时四载，方完成了这巨大的工程，使今日行旅之人，得以卧游于凿空天险之地。到过青龙桥的人常说："游青龙桥，登长城者，永远会追慕两个伟人，一是秦始皇，一是詹天佑。"其实八达岭上的雉堞，并不是秦始皇时代的长城，而长城边的铁路，却是詹天佑先生的心血。

青龙桥站

距丰台七二·九六公里

高度五六一·一三七公尺

在特大号的机车徐徐推行之中，火车渐渐上山，两旁青崖摩天，近逼车窗，如绿绒的屏障，旋转重叠。悬崖上的羊群游牧，仰视小极，如鸟栖树巅。山下流泉之间，大石罗布，令人想起唐人"一川碎石大如斗，随风满地石乱走"之句。众石错杂之间，遍生小树，也有山田和人家，在微阴的天色之中，一层层的远远点缀开去，极青翠清远之致。这时忽然穿过居庸关三百八十五公尺余长的山洞，车上点起灯来，窗户间微微觉着烟气，五分钟之后，又豁〔豁〕然开朗，纡回曲折，其间穿过五桂头及石佛寺两个小山洞，便到了青龙桥车站。

在停车倒车头的数分钟之间，我们下车散步。阳光已出，仰首回顾，正在关山重叠之中，长城奇观，悉在眼前，雄伟高厚的城墙，飞龙一般的越岭蜿蜒，每三十六丈便有座墩台，想像着当年城头拒胡，烽火烛天，戍卒无声的满山攀走之状，使人热血潮沸！

车站布置清幽，山峡之间，丁香花丛里，黯绿色的詹天佑先生铜像，巍然矗立，如在沉静的眺望欣赏着自己劳瘁的工作。

重复上车，循着转折的 V 字形路线，倒转而下，又入八达岭的一千一百四十五公尺余的山洞，此洞为世界著名巨工之一。过此便是康庄，忽然降下到一片广漠的平原，回望八达岭上远远起伏一线长城，如在天上！不经过"天险"的关沟不能理会所谓之"康庄大道"之意，此时我们已身在塞外了！

康庄（距丰台八四·八○公里，高度四九八·三四八公尺）是个大站，自西北来的货物悉屯于此。自此而北，一望平坦，黄沙茫茫，天末的微云远树，引人起苍凉之感。

十二时许过怀来站。城墙跨在山半，状颇别致。一时许到土木堡站（距丰台站一一一·七八公里，高度五三三·[五三三·]○九五[九五]公尺），系明正统十四年（公元一四四九年）乜〔也〕先入寇，英宗被俘之处。景泰初，侍臣死难者受祀城内之显忠祠，有文臣王佐以下，武臣张辅以下共六十六人。这是民族的古迹，车上除了我以外，都下车步行进城而去。

我们的专车卸入岔道，我自己下来，坐在车下阴凉处一块大石上，蝉声聒耳，远望车站墙下，有些人在那里吃瓜乘凉。

三时前后，去的人陆续归来，满口嚷热，开了几个罐头，他们一边吃波罗蜜，一边报告我以城内及显忠祠的状况。

五时五分自土木堡又挂上列车出发。过沙城——此地出青梅酒，据说是曹操和刘备煮酒论英雄时所饮者，闻其名，甚觉可喜，归途中曾带了一瓶——新保安、下花围〔园〕各站，一路与洋河并行，水势浩荡。隔河有鸡鸣、玉带两山，山间隐约的露着寺观。这一带远水遥岑，极引人入胜，如看山水横幅。六时余过辛庄子，在车上用着晚餐，餐桌正对后窗，两旁一望，尽是整齐的稻田，田畦间种着密密的杨柳，柔条摇曳，竟是江南风味，从后窗中看着车后一线轨道，两行垂柳，不尽的宛转牵来，顾颉刚先生因为诵俞平伯先生"一路牵愁出蓟门"之句，大家均叹其写景之工！

洋河两旁的山上，时时露着沙碛，似乎是一阵极大的旋风，卷成这许岗峦，远望极其平滑细腻。此时童心忽生，心中暗想能到那无际的细沙上，翻身一滚，才有意思。

在青紫的远山，绯红的晚霞之中，七时五分，我们到了唐末李克用"英雄立马起沙陀"的宣化！

七月八日

宣化

距丰台一六八·九七公里

高度五九一·六一七公尺

晨八时左右，坐人力车入宣化南门，即昌平门。城系明洪武廿七年（一三九四年）所筑，历代都经重修。城门两旁有石刻门神，城门上的铁钉悉作覆钟形，城墙上还有石刻的厌胜小儿，和顶着石盘的小猴，为他处所未见。我们穿城经过钟楼、鼓楼和最繁盛的大街。径出北门。一路最使我感着有趣的，是大道两旁的行人道上，有石沟，沟中有小泉流，经过家家门前，小孩子在沟中濯足，小女儿在沟中洗衣，既方便，又清雅，亦是他处所无。宣化城内男女在盛暑中均着"腰褡"，和南方人所着的"兜肚"正相反，"腰褡"是保护后背，兜肚保护前胸，大约是塞外风劲的缘故。

出北门，登城头之威远楼、药王阁，均系明代建筑。相对有镇虏台，高四丈，穿洞而上，四顾苍茫。台上有扁，书"眺远"二字，此台为明嘉靖甲寅年（一五五四年）所建，有明代碑记。楼名"威远"，台名"镇虏"，可见明代的胡人已逼近宣化了。

再向西北便抵龙烟铁矿。矿废已久，办事处仅有守门人，门外堆积着未敷设、已生锈的铁轨。此矿在民国十年，本为官商发起合办，炼砂处在石景山。矿质甚佳，每日在〔可〕出铁砂数百吨，以时局不靖，停顿有年，极为可惜。今夏在张家口开的"开发西北协会"提议的建设事业之中，即有开发龙烟铁矿一项，希望不久可见诸实行。

自此而北，经过瓜田和小林，涉过小小的浑泉，便到北山脚下。山下有天主教的修道院一所，清雅宜人。有阍者带领参观，据云院长姓吴，本院修道者有六十人，都是西北各省来的。大堂中有神座，四壁挂着十四壁中国画的耶苏圣迹，并附以诗，系北平辅仁大学陈君所作。

出修道院，踏着乱石上了北山。山项〔顶〕有恒山寺，系明代建筑，已颓废，墙壁都无，仅有前殿——安天殿——后殿——子孙娘娘庙尚可进入。下望宣化全景，历历在目。山前葡萄园极多，葡萄是宣化的名产之一。

回车上午餐，餐后三时许又进城，上了城中央的镇朔楼，本是鼓楼，明正统庚申（一四四〇年）御史罗亨信建，今改为民众教育馆，图书尚多，秩序亦好。对面是清远楼，明成化壬寅（一四八二年）御史秦弦所建，楼高三层，本是钟楼，颇见颓敝，正在修理中，不能上去。

次到北门一清真寺，寺中有初级小学校，由教员领导参观，据云城中回教徒有数千人，学生都是教徒子弟。瞻仰大殿时，大家脱履入内，洁无纤尘。殿中红柱整立，挂着玻璃灯，极为美观。

又到甘霖桥东的朝玄观，清因避康熙讳，改称朝天观。观内驻着军队，外殿已改为习艺厂，内殿楼下亦成为存储处，楼上规模尚具，殿旁有明代碑记。

自此又到城西北的玉家花园，又称介春园，系清守备玉焕功之别业。今已荒芜，而轩阁墙上尚有石刻，假山、鱼池、石坊、小桥，布置础础，具见当时匠心。芍药栏中，所余已无可观，小桥边匠人正砍伐着一株古柏，旁有小儿女围观嬉笑，似不生〔胜〕盛衰之感！

出介春园至虎溪桥第二师范，即古之弥陀寺，所谓之"先有弥陀，后有宣化"者，即系此地。按弥陀寺本建于元代，历代均曾重修，今殿宇已荡然无存，只在操场北边，仄小的茅亭之下，尚矗立着一座高伟的铜佛，高约两丈，重四千余斤，为明宣德间（一四二六年）造。据第二师范校长张君说，铜佛腹中本有些珍宝和元代纸钞，均遭兵劫，所余纸钞少许，在民初曹锟时代，运到保定陈列，迄未运回，今已不知去向了。

校园中有葡萄数株，结实累累，古者已有六十余年。葡萄架的结法，如倒置的雨伞，伞柄向上，这样一枝一叶，悉受阳光，是园艺家所当效法的。

晚七时廿分离宣化，八时半到张家口。

七月九日

张家口

距丰台站二〇一·二〇公里

高度七四二·一九八公尺

晨八时许乘省政府汽车离站出大境门至元宝山。大境门上有高维岳写的"大好河山"四大字。出门至西沟，山岭峰峦，重叠围抱，西北门户的元宝山，已横在眼前，两峰夹峙，气象雄伟，牛车在山下穿行，远视小仅如蚁！此路为到库伦孔道，山下有小泉回绕，许多驱车人在那里卸牛饮马。立此四顾，处处看出当年边塞交易之繁盛旧迹，店招都用的是汉、蒙、藏三种文字，路旁关闭着许多安寓塞外客商的大店，所谓之口外馆者。按张家口本属直隶万全县，与独石口、古北口有塞外三关之称。自民国十七年改省，遂成省会。此地东连辽碣，西接归绥，南通津沽，北达库伦，为内地入边之大枢纽。其交易以皮毛、牲畜、茶、布匹为大宗。从民十二年外蒙独立，汉蒙贸易断绝，张家口之繁华为之大减，近来又有中俄通商之说，未审何时可见实行？

我们见到用牛驾车时，觉得很诧异，想像中总以为塞外交通是全借骆驼的。牛车之制亦极古拙，双十字形的最原始式的轮轴，徐徐辗行，漫漫长道，人畜都极可怜！

大雨之后，不能到门外的孤石儿去，远望泛滥的河水之中，立着一块人形石，因遥遥的为摄一影。

自此又上赐儿山，汽车路系新筑，极平坦。曲折而上，张家口全景平展眼前。赐儿山巅有云泉寺，祀子孙娘娘，扁联甚多，正在修理中，金碧焕然。各殿依山曲折，层阶曲楹，栏柱头均系石刻之各种供果，极有佳致。正殿下有水、冰二洞，冰洞无冰，水洞亦涸。按此二洞本为"渍玉"、"泛珠"二泉，不知重修后泉水能重流否。

下山，由陈其田先生作东，在城内鼎丰楼午饭。菜中有蘑菇，系本处名产，味极清美。

回车少息，热甚，下午三时许又出游，此回分道扬镳，张宣译〔泽〕先生、陈其田先生、文国鼐女士、雷洁琼女士和文藻，参观经营中蒙贸易之德华洋行，及瑞士教堂。顾颉刚先生、郑振铎先生、赵澄先生和我则经清河桥至公园。公园有水池，有树木，还有些鸟兽的栅笼，和格言及民族故事图画的木牌，一切尚整洁。

出门即到大境门内西高崖上之朝阳洞，亦称地藏寺。外观很小，历层阶而上，先到正殿。和尚出迎，盛暑中穿着棉裤，我们正在疑讶，殿门一启，冷气侵入，热汗顿消。殿顶层崖上遍刻着《西游记》故事，人物极细小可爱。殿桂〔柱〕上的盘龙，也和云泉寺的一般，盘空攫拿，麟甲生动。旁边尚有仓神殿等，都作了请仙扶乩之所，并有吕仙等的现形摄影多幅，想见当时此风之盛。

出寺夕阳已落，凉风四起，黄沙飞扬，迷茫中又乘车到上堡，即新堡，亦称"来远堡"之市圈。系明代马市，万历四十一年

（一六一三年）所筑，为汉蒙交易之所。圈之大小，如长方形之小城，面北有戏台，两旁有小房，本为市场，现在驻着军队。历层阶而上，有关、岳二庙，关帝像骑赤兔马，仪观甚伟。戏台以娱商贾，关、岳庙宇以感慨远人，具见前人苦心。堡中有万历四十四年（一六一六年）沈万亨《新城来远堡题石记》。

出上堡，经旧城门，入下堡即旧堡，亦称"张家口堡"，为明宣德四年（一四二九年）所筑。城墙上有玉皇阁，登之正望见汉城灯火，满山烽堠，我们以为祀神是假借，而瞭望敌情，是当初建阁的本意。

归来经过怡安市场，大似北平之隆福寺、护国寺庙会，无可纪者。

张家口新建的马路，及横驾上下堡之清河桥，均甚整齐壮观，街市繁盛处竟有上海风味，为当初想像所不及。旧房子门口有额"活泼池"、"雨金处"者，大约如关内影壁上之"凝祥"等字样，后来在大同、绥远亦常见同样额字。

回车晚餐，夜中大雨。

十〔七〕月十日

大同

距丰台站三八三·一五公里

高度一〇五〇·〇三六公尺

晨六时二十分，阴雨中离张家口，一路有阴山山脉环峙于左，洋河浑水奔流于右，阴云横抱山腰，山水云树，一时相映，顾颉刚先生说此景大似展看米南宫山手水卷，信然！

午一时半到大同。

　　大同为北魏旧都，武帝于天兴中（三九七—四〇三年）建宗庙于此，为塞北首要之地，历代均有伟大建筑，古迹极多，我们神往已久。今日地湿，不能远游，半日中只在车上看书谈话，并到车站附近看看大同的名产，沙锅和铜器。

　　十一日晨九时，乘骑兵司令部汽车出发入城，城外马路尚平坦，惟城内泥泞之极，车行甚艰。先到全城中心之阳和街即皇路街之九龙壁。按九龙壁本为明代王府照壁，为洪武九年（一三七六年）所建。今王府已改为玄都庙，此壁当街，启栅入内，仰视见壁高约五丈，宽约二十丈，上嵌大龙九条，为琉璃砖瓦砌成，小瓦上尚有小龙无数，姿态各异，据云大小龙共有一千三百八十条，瓦色暗绿淡蓝，龙的形势也飞跃生动。壁前有小池，旁有乾隆、嘉庆各代重修的碑记。

　　次到大华严寺，在清远街之西，俗称上寺。辽重熙七年（一〇三八年）建。清宁八年（一〇六二年）又加增建，供奉诸帝铜、石各像。明洪武三年（一三七一年）改为大有仓，旋供佛像。现已破损，入寺，四顾荒凉，大殿楹上，鸟鸽群飞，漆色剥落。上台开锁进殿，阳光射入，仔细凝视，四壁悉是佛教故事的壁画，工细已极，金漆尚有甚新者，大约是清代曾装饰过的，北壁左边近门有字云"云中钟楼西街，兴荣魁画工董安"，又北壁右边有"信心弟子画工董安"等字样。董安未知为何许人，字迹亦劣，大约他只做些修补的工作。

　　殿极高大，结构简洁，佛像甚美，目长鼻直，肩广腰细，极庄严慈妙之致，中间五佛：南宝生，西弥陀，中毗卢，东阿閦，北成就，垂目合掌盘膝而坐，座前各有胁侍，座后火焰重重，极雄壮绚丽。

　　出上寺，下一条街，便是下华严寺。两寺原本相连，明代断成两处。下寺外部驻兵，有新修讲座一处，正殿较上寺为小，为藏经之所，四壁有"壁藏"，当大佛座后悬有天宫楼阁五间，均是辽代建筑。橱内尚有画幅及藏经，但都非金、元古物。佛像数十尊，亦极美，可惜佛前坐着关圣塑像，当系军人所祀，艺术上大相悬殊，殊觉不伦不类。

回车午餐，知到云冈去的汽车道，已由工兵修好，午后一时又向云冈出发。

云冈在大同城西三十里，武周山之云冈堡，当北魏建都大同时节，云冈逼近魏都，山石又好，正为佞佛的魏帝所利用，于是于文成帝兴安二年（四五三年）开始云冈石窟的雕刻，《魏志》称云冈石刻始兴安（四五三年），终太和（四九九年），共四十六年。计建同升、灵光、镇国、护国、童子、能仁、华严、天宫、兜率十寺。元代又建石佛十龛，今洞名可考者仅有数洞，如五佛洞，碧霞洞，佛籁洞等，刻名尚在崖上。

关于云冈石窟雕刻的建造年代，石窟之数目次序，建筑形式等，同行的郑振铎先生有更详细的记载，同时关于云冈的中外书籍和论文如：

王耀成：《大同旅行记》，《地学杂志》六年十、十一期

袁希涛：《大同云冈石窟佛像记》，《地学杂志》十一年二、三期

赵邦彦：《调查云冈造像小记》，《国立中央研究院历史语言研究所集刊》

陈垣：《记大同武周山石窟寺》，《东方杂志》十六卷二、三号

梁思成、林徽音：《云冈石窟中所表现的北魏建筑》，《中国营造学社汇刊》四卷三、四期

刘敦桢、瞿兑之：《大同云冈石窟详记》，《北平京报画报》廿一年五月（稿存中国营造学社）

松本文三郎：《云冈之雕像》，《东洋美术报》十一年

伊东忠太：《北清建筑调查报告》，《建筑杂志》一八九号等均可参考，我又只记此行的感想和印象了。

自大同车站出发，同行者尚有大同车务段长贺渭南先生。沿着泥泞颠簸的山路，汽车徐徐的开向武周山，沿途傍武州河而行，河水浑浊汹涌，时见人畜绝流而渡。五里许到观音堂，是一小庙，庙前有三龙壁，略如城内之九龙壁。庙门首有一桥洞，预备山水穿过者，洞额曰"潮音"。上阶入庙，庙内亦驻着军队，大殿内纵横的设着兵士的卧具，只将神像的两目，用黄纸蒙上，以避不便，极为有趣。营长姓吴，招待我们吃茶，并为指点对山顶上之汉马武寨，传是马武为盗时啸聚之处。吴营长又微笑对我们说："这里静极了，夜里只听见水溅和狼叫。"我忽然觉的这话大有静趣！

又曲折的走了廿五里，汽车横涉两次武州河，云冈一片的洞窟寺楼和大佛的肩顶已横在眼前了。

车停在石佛古寺东边，山西骑兵司令赵承绶先生的别墅门口。云冈之游，蒙赵司令见假他新盖好的云冈别墅为我们下榻之所，赵司令和夫人那天都在别墅里，相见甚欢。匆匆的安排好卧具，我自己休息了一会，同行诸君急不及待，都分头到石窟里去探访千五百年前的神工了。

晚六时赵司令设宴为我们洗尘，我们是一身行装赴席。席间谈到西北牧畜问题、开垦问题，因提起开发河套的民族英雄王同春氏，大家都感着极大的兴趣。顾颉刚先生立刻就作了一些笔记（此则顾氏有专文发表）。

赵司令饭后就回城去。我们信步走出别墅向东而行，入别墅东第一窟，土气触鼻，从人以束香高照，鸦鸽惊起，从我们顶上纷纷飞出。在洞中暮色迷茫之下，我瞻仰了第一处云冈的造像！当中一尊坐佛高六丈许，旁有两大佛侍立，腰以下，已见剥损，法相庄严，默然外望，对于千数百年来窟外宇宙之流转变迁，在美妙慧澈的目光中，似不起什么感触。绕到大佛身后，洞中更黑，地上更湿，四壁都是水冲风剥的痕迹，雕刻之处已极模糊，摸索着出洞，在深沉的足音之中，不知为何，忽然想起《埃及金字塔剖尸记》那一本小说！

向东再走，又过一洞，泥封半截，顾颉刚先生指点说这是刘孝标的译经楼。

不能入内，又走过数洞，或封或启，启者石像有的剥落，或不完全，是被人敲落盗卖者。而数十丈高的崖壁之间，无数的窟龛之中，却仍有千万的大小诸佛，坐立姿态，各具其妙。天边晚霞已暗，凉风四起，洞中不能再留，抱肩出洞，归途中忽然有说不出的迷惘和战栗，不知是车上劳顿？洞中寒冷？还是弱小的灵魂，被伟大的美感，劈空压来，觉的此身在黄昏中一无依傍了？

回来大家添衣围坐在别墅亭上，又谈河套故事，听得山下有鼓乐之声，说是人家娶亲，郑振铎先生等都去参观，我因旅倦早睡。

七月十二日

云岗

十二日晨，晴，阳光极好，大家精神倍爽，早餐后一齐出发，自别墅向西，穿入石佛古寺，先到正殿，入门就觉的冷气侵人，仰视坐佛大像，高亦五六丈，在洞外登上四层高楼，又经过一条两条块板的横桥，才到大佛的座下。洞中广如巨厦，四壁琳琅，都是小佛像，彩色亦新，是寺僧每日焚香处，反不如他洞之素古可爱。

出寺门向西，到西来第一山、佛籁洞、五佛洞等处。计中段诸洞石刻最完全，有庙宇掩护，不受风日之侵削。自此而西诸窟均沦为民居，土墙隔断，叩门而入，始得窥一二。第七窟佛像之伟大，为全山之最。像系坐形，莲座已湮没土内，两旁侍立之尊者亦璎珞庄严的露立天空之下。

由大佛像处再向西行，尚经十余窟，或封或启，佛像大小及坐立、扶倚、姿势及窟顶花纹鸟兽等，式样各不相同，亦有未完工者。总计全山石壁东西数里，凡大小九十五窟。佛像高者约七十余尺，次亦五六十尺，小则有盈寸者。各石窟高者二百余尺，广者可容三千余人。万亿化身，罗刻满山，鬼斧神工，骇人心目。一如来，一世界，一翼，一蹄，一花，一叶，各具精严，写不胜写，画不胜画。后顾方作无限之留恋，前瞻又引起无量之企求，目不能注，足不能停，如偷儿骤入宝库，神魂丧失，莫知所携，事后追忆，亦如梦入天宫，醒后心自知而口不能道，此时方知文字之无用了！

走进窟洞，自山下云冈堡绕回，进怀远、迎曦二门，门上额书为明万历十四年（一五八六年）所立。堡内道旁尽是民居土屋，并有"留人小店"。街中朝南有庙名碧霞宫，对面有戏台一座，也是明代建筑。

午餐后少息，下午四时许沿别墅东边之和尚沟上山，山上有田地，并有明万历、清康熙时代之和尚坟三座。向西走入一处土城，为云冈上堡，系明代屯兵之所，今已夷为田圃。再向西走为云冈山顶，有玉皇阁，门窗破损，阒然无人。看钟上款识，为明崇祯末年（一六四四年）所铸，钟声初鸣，国祚已改了！

七月十三日

云岗

晨九时许，微阴，因定下午回大同，因又遍探各窟，作临别之依恋。先向西走尽山末，又回来向东沿河岸行，过刘宋刘孝标译经楼，和云深处左云交界处的刻石，走到河岸尽处，崖壁峭立，俯视浊流，少憩即归。

午后由云冈巡长和堡中村长率数十民夫，打开东边数窟，使我们得窟〔窥〕一二，只破墙上一部，我们登梯上去，只见到石窟寒泉一洞，中有石柱屹立，上刻佛像，地下有泉水流迹。其余诸洞以时间匆促，因止不发。

下午四时又乘汽车回大同。重过观音堂时阴云已合，大雨骤至！十五分钟之后，便又放晴。而四面是山之中，山洪四围奔合，与车争路，洪流滔滔，顺山沟倾泻而下，横截山道，势如瀑布。河边沙岸为水冲陷，纷纷崩倒，奄然随流而去。我们在一座桥边，暂停了二十分钟，候到水势渐减，方涉水而过。自此一路如在河内乘车，水花四溅，直抵城下。

山西四围是山，稍有雨水，便可成患，由来已久，这也是我们到处出游，看见镇水的铜牛等像的原因。

回站已是黄昏，登上专车，竟如回家一般的欢喜。稍憩即进城到兴华春晚餐，尝了代酒、汾酒的滋味。饭后有赵司令请大家到电灯公司看电影，系营中俄国技师所摄，有山西骑兵队抗日之战，内长黄绍雄百灵庙之行，及五当召等景，茶毕回车已一时许。

七月十四日

口泉镇

距大同一九·八一公里

高度一〇七九·六〇二公尺

晨在车休息，午后二时到口泉镇参观煤矿。从小读地理，即知山西藏煤之富甲于全球，急欲一睹实况。同时煤矿中情形，在十三年前在门头沟参观过，已不大记忆，极想探味这"暗无天日"的地下生活。

大同到口泉之间，路桥被山洪冲折一段，下车步行，跨桥而过，换车到口泉站，有矿中工程师吕君来接，又乘晋北矿务局的小火车，径到永定庄。

沿途已看见巨大的煤块，整齐的堆在轨旁。两旁山窟里不时的露见门窗，是穴居的工人住处，此处土质极黏，土穴亦不虞倒塌。

晋北矿务局是一所半洋式的房子，有办公处、图书室等设备。自招待室后窗，望见了后面山上的工人俱乐部，有些面目黧黑的工人，在门口坐立。晋北矿务局成立于民国十八年，廿一年末改组为公商合办之股份有限公司。矿区已开采者有煤峪及永定庄两处煤井，均用新法，掘成许多横贯的平洞，每间一百尺，即开一风洞。上下用吊车。矿中并有排水、通风各种设备。工人本用包工制，二十年十月改成里工制，即局中备有工牌，由工人自行领取，至井下公事房中，由工头登记，分别工作。工人分日夜三班，每班八小时，工头工资每日四角，工人最少者一角七分。矿中现共有工人三千余，每日产煤量本可有二千吨，近来因销路不佳，每日只开采六七百吨。

三时又下雨，屋后山洪奔注，声如巨雷，我们在矿务局用过午餐，已近四时，才收拾下矿，有个年青的工头带领。我们都穿上很厚的蓝布套衣，戴上柳条编成的帽子，穿上套鞋，拿着镁光灯，拄着棍子，从井口的吊车中，降到矿里去。

吊车的构造，好像升降机，沉黑中大家挤在一起，只听得井壁四边水声滴沥，潮热薰人，蒸气水从吊的铁槛上缘着我们的臂手，流到衣上袖里，湿的难受，这吊车飘忽地不住在沉黑中下降，忽然机身微微的一震，便停住，是到了深三百尺的地下了。

睁开眼，借着手灯的微光，我们俯身鱼贯的在六尺至八尺宽的圆洞中进行。洞顶都用很粗的木柱支撑着，洞壁闪烁着黝黑的光。地下流着又湿又热的泥水，洞中流转的是沉重闷热的蒸气，顶壁间还不住的落下水点。我们稍一抬头，便要碰着顶壁，这时才知柳条帽的用处。

地道里的小仄轨上，不时急速的隆隆地走过煤车，有黧黑褴褛的工人，伛偻的推着，从我们身旁挤过。这样气也不出的俯身曲折的走了半天，才到一处修理器械的中心，这里周围稍为宽阔，炽着熊熊的煤火，几个工人，在那里打铁，还有几个童工在等着传递，见我们露齿而笑，目光闪闪。这里因着生火的缘故，空气更为窒闷。过此便是升降机的发动处，机声隆隆，有几个工人在搬着机闸，洞顶安着电灯。

出此又到开采的地方，有许多工人，着力的铁锄向着壁上一下一下的掘，煤屑飞溅。落下的大块，便有人检〔捡〕起，掇上煤车推了出去。

出矿已过六时，重见傍晚的阳光，重吸着爽晴的空气时，我们心中都有说不出的悲恻和惭愧。大家脱去蓝衣，发现彼此的内衣上满了黑灰，鼻孔和耳窍也都充塞着黑垢时，那年青精悍的工头，傲然的微笑道："我们连肚里都是煤屑呢！"我默然！

回大同已七时许，晚赴贺渭南段长的晚餐，菜极丰美。

七月十四日

大同

晨十时，坐人力车至南门边的南寺，建筑宏伟，而门外荒芜污秽，门内石碑亦湮没倾侧，最古的为金皇统三年（一一四三年）朱弁撰，大定十三年（一一七六年）三纲寺沙门惠烛立的《大金西京大普恩寺重修大殿记》碑，内有云："辽末以来，再罹烽烬……所仅存者十不三四。"此外又有金明昌（一一九〇年——）、明万历（一五七三年——）、崇祯（一六二八年——）、清乾隆（一七三六年——）诸碑，乾隆的碑上云："始于唐玄宗元年间，名之曰开元寺。"（七一三年）"正统中更名善化寺。"（一四三六年——）是此自唐至明已三易名了。

自大门入，外殿有佛像三座，并有尊者侍立，长眉垂目，极其端妙。座前已无香火，长案前亦无供具。正殿上有坐佛五尊，两旁立像共二十四尊，姿态都极生动。壁画则仅存西墙一扇，尘土蒙满，略加拂拭，底下金漆不落，似明代作品。

佛座前供着铜花瓶，小炉中也上着香，是冷落中的一丝点缀。在殿前遇着一位老和尚来上香，态度闲雅，和他谈起，知道是寺中住持，四川梁山人，俗名苏德华，法名妙道，二十岁出家，到大同已十九年。他发过愿，斫指燃灯，并蘸指血写经，十余年中已斫去五指，而经文尚未写完。观之肃然！问他出家缘由，只微微的笑叹说："在家无甚意味！"谈吐间又知他家有继母，少失父欢，恐总是家庭之变也。

大殿前钟亭中悬大钟一，明天顺五年（一四六三年）成都僧道中所铸，重三千三百三十三斤，亦古物之一。

自此出寺，又出城东门，文、雷二女士和我共乘骡车，余人则由人背负而过，涉御河到曹福祠。曹福即旧剧"南天门"义仆，相传为明代故事，据说曹福一路护送他的女公子，备尝艰苦，到此冻死雪中，土人因立祠，供为土地神。庙本名玄都观，供着三清，那天正有庙会，茶座上很热闹。曹福祠在偏殿上，小小的三间，中间是曹福像，两壁都画着曹福和他的女公子，一路的风波惊险，画工甚劣。

登庙后小楼远望，西五里有曹福村，亦是汉高祖被匈奴围困之地。庙的四围都栽着杨柳，隔水遥望，葱笼可爱。

进城又到久胜楼，在城内酒楼巷，今已改为长胜楼，传说是明武宗（一五〇六年）和卖酒的李凤姐初见之地。店主孟姓。我再四的盘问店伙"孟姓以前谁是店主"？追溯三四姓，亦无姓李的，大约是店伙亦不知道了。——不过旧剧中的《游龙戏凤》，对饮对唱，有声有色，居庸关上也有李凤姐墓，墓上长着白草，似乎李凤姐又实有其人。

次到天王庙，本以为是辽萧太后的梳装台，入庙遍寻不见，建筑甚新，无可纪者。

下午在车中休息，夜十时离大同，十二时抵丰镇，至此已入绥远境了。

七月十六日

丰镇

距丰台站四二八·一〇公里

高度一一八四·一四八公尺

晨七时许，闻平绥路局长沈昌先生快车停此，将往卓资山视察铁路冲断处。隔窗匆匆招呼，听说刘半农先生，到百灵庙考察方言，得病回平，不治而逝。闻讯之下，大家惊悼！

十时出发游丰镇城，此地无处觅代步，大家步行。先到文庙，系清代建筑，也有泮宫和牌楼。两廊已改为民众教育馆。正殿上供孔子牌位，两旁有陪祀的子弟。殿柱的础石，刻作石鼓形，别致可喜。

自此往东北行，到城外灵岩寺。途中经过城隍庙、大仙庙等，均狭小无可观。

灵岩寺在城之东北，负山面水。下层为牛王庙，上层为大仙祠，石阶曲折，共九十九级，上至山巅。阶旁有石棋〔旗〕杆数十对，左右夹峙。

下午在车中休息，傍晚出看兵士晚操，午夜车开平地泉。

七月十七日

平地泉

距丰台站五一〇·二八公里

高度一四〇二·六九〇公尺

晨晤平地泉高站长，知卓资山一段冲断轨道甚长，需两周方能修复。回车大家商量，不如暂折回平，等路修好再来，直赴绥远。这时绥远主席傅作义自平来的专车，也停此不能前进。九时傅主席到我们车上来谈。我们对于傅主席在涿州的战绩，心仪已久，会晤之下，觉得他是一位勇敢诚恳的军人。谈及绥远地方建设，和学校人员合作问题，甚为投机。

午前我们又到傅氏行辕回拜，也会见了傅夫人刘芸生女士。

后出城登老虎山，山上有一小庙，大约是平地泉唯一的庙宇了。自岩下望，看见山上纵横的战壕，和城内外十三条平阔的马路，是当年冯玉祥氏在此屯兵、训练骑士时的旧迹。四顾茫茫，远山如线，中间一片平坦浩荡的平泉。牛马千百成群，远远的走来，如绿海上的沙鸥万点。倚杖当风，心旷神爽！这种无边高朗的天空，无限平阔的草原，无尽清爽的空气，是只有西北高原才能具备的，我愿个个南方孩子，都能到此一游，一洗南天细腻娇柔之气！

入城走经街上，苍蝇极多，据土人云系冯军马匹所带来者。路经一蛋厂，入内参观，有女童工数十人，正在做破黄凝粉的工作，手段极为敏捷。生鸡蛋与蛋粉，为本地出产之大宗，惜不讲卫生，厂中处处苍蝇纷集，使人望而生畏。

晚餐后信步出站，出怀远门。晚霞艳极，四山青紫，起伏如线，萋萋芳草，平坦的直铺到天边，而四天的晚霞，由紫而绯红，而浅绿，而鱼肚白，层层的将这一片平原包围了来，所谓"天涯何处无芳草"、"芳草无情，更在斜阳外"者，始于今日见之！在这"前不见古人，后不见来者"的处女地上，此时心情，是欢喜，是感激，是惆怅，也分不清了，晚风飘飘的吹起衣袂。我们都相顾默然无语。抬头时却远远的看见白光万点，缓缓流来，原来是羊群罢牧。羊群过尽，有两三牧童悠暇的柱〔拄〕着鞭竿，低头行走。落日的金光中，完成了这幅伟大静穆的黄昏图画。

大家心上的黄昏，也有几十百个，却谁亦忘不了这最深刻、最移人的"平地泉的黄昏"。

夜中二时十分离平地泉。

七月十八日

返平途中

晨五时许即醒，却已过了大同。自此一路经过旧站，倚窗外望，远山近水，掠过眼前，都如旧友重逢一般的欢喜依恋。午后四时许过居庸关，天气渐渐的热了起来，我们又忙着换了夏衣。出关以来，日日在初秋的天气之中，把暑天都忘却了！

晚七时许到清华园站，此游暂告□段落。

八月八日

赴绥道上

八月八日晨仍于清华园站登车，八时十分启行。文女士因赴北戴河未偕行，由容庚先生加入。微阴，夜中雨。

八月九日

赴绥

距丰台站六六九·三六公里

高度一〇四六·九八八公尺

九日晨八时许过卓资山，轨道坏处旧迹，依约可见，弯曲的铁轨，横卧路旁，折断的枕木，也散堆堤下。经白塔站时，遥见白塔远峙，为辽、金时所建，浮屠七级，高二十丈，据云顶嵌金世宗时（一一六一——一一八九年）阅经人姓名，俱汉字，内藏篆书《华严经》万巷〔卷〕。惜未停车，无从探其究竟。

路旁见有民居，北墙特高，只有南詹〔檐〕，似一间屋子，自屋脊剖成两半者，状甚奇特。我们猜想这种建筑法，当是防御劲风，或木料缺乏的缘故。

十时许抵绥远，正遇见开发西北协会会员专车开往包头，站上颇热闹，大家介绍相见，匆匆数语。

午由张宣泽先生约饭于旧城内之古丰轩。按旧城即归化城，系明万历中（一五七三——一六一九年）忠顺夫人三娘子所筑，为归绥之商业中心，街市颇繁华。古丰轩系羊肉馆，开设已有二百年，烙饼大釜，云重八百余斤，因为之摄一影。

饭后至政治中心的新城——即绥远城省政府谒傅作义主席。按新城建于清乾隆元年（一七三六年）。地址在归化城——即旧城——东北五里，马路极整齐宽大，两旁杨柳亦郁郁成阴，是西北军的政绩！并参观省府之新建筑。此为合署办公之准备，工程正在进行中，砖瓦满地，建筑完全为中国式，颇为美观。

下午应傅主席之招，自车上迁住绥远公医院，其地系租自比国教士之公医院，改为省府招待处者，傅氏公馆，就在隔壁。门外空旷，树木亦多，略事休息后，下午四时访傅主席夫人。

晚张宣泽先生约餐于绥远饭店，会见了许多绥远各界人物。席间又谈到王同春事迹，听到王同春女儿二老财的故事，大大的引起我的兴趣。将来拟为专文以纪此河套无冠帝王之公主！

绥远饭店，为绥远最新式的客店，有浴室、电影场、中餐部、西餐部等，地点亦好，只恐不无太热闹耳。

八月十日

归绥

晨八时先到东邻参观比国公医院，院址甚大，设备亦好。院长比人费君，到华已四十余年，衣着悉同汉人，慈蔼可亲，少谈即出。

十时出发至旧城参观召庙（"召"系"招"之省文，即招提之意）。先到舍力图召，召创建年代未详，清康熙三十五年（一六九七年）西征驻跸时重修，赐名延寿寺。其后嘉庆、咸丰、光绪各代均经重修。大殿前有额曰"阴山古刹"。院中有藏经白塔一，咸丰九年（一八六〇年）建。殿前部是西藏式的经堂，正中有活佛讲经座，两壁有壁画，梁柱间都挂着哈达和佛像画轴，后部是佛堂，供养佛像五尊，佛前两楹间，蟠着悬空二龙，争攫明珠，梁上横悬木柱，上缀排钟，状如铃铎，以绳牵引，喇嘛上香添水时，引绳摇曳，铿锵可听。

殿后有楼，似是藏经处，现在空着。

次到小召，亦称崇福寺，在舍力图召东百余步，清康熙三十六年（一六九八年）所建，为康熙西征准噶尔凯旋驻跸之地。殿前有碑亭二，上刻御制碑文，纪平准功绩，用汉、满、蒙、藏四种文字纪述。文曰："丙子冬，朕以征厄鲁特噶尔丹，师次归化城，于寺前驻跸，见其殿宇宏丽，相法庄严，命悬设宝幡，并以朕所御甲胄之〔弓〕矢，留置寺中。……时康熙四十二年，岁次癸未（一七〇四年）。"读碑文，想见当年的宏丽，今已破损无可观。建筑略如舍力图召，为汉藏合璧。前堂西室内，挂有康熙之甲胄，以铁环编缀而成，甚沉重，已锈黑，并有铁盔。东室亦佛堂，梁间悬空遍雕《西游记》故事，人物小仅如指，寺门内小院有琉璃塔一。自此转入，有代用小学校一所，生徒数十人，正在诵读。读本悉系经书及《百家姓》等。壁间悬有作文成绩，大半是五七言诗。

离小召不远即为五塔召，清雍正五年（一七二八年）建，十年（一七三三年）赐名慈灯寺。今外殿已全废，门扃不开，自旁门开锁，直抵塔基下。基围十丈，暗中摸索，曲折而上，基上五塔矗立，皆系炼砖筑成，上刻佛像，亦有如四大天王状者，正中塔上，朝南一砖，上有佛脚印。砖上花纹均极精致，而金彩则已剥落不存。

下塔出寺，又到城西南隅的大召，未知建自何时。明崇祯中（一六二八——一六四四年）清都统古绿格楚琥尔与德木齐温布喇嘛，协同将原寺扩大，周围四里许，因赐名无量寺。康熙三十六年（一六九八年）喇嘛奏易黄瓦。当年亦必辉煌，今已颓败，前殿辟作共和市场，甚见嘈杂。大门口悬"九边第一泉"额，泉在寺前百余步，今名玉泉井。传康熙至此马渴，以蹄抉地，泉忽涌出，因赐名。大殿前部亦有经堂，中间有圆形层台一，周围七层，供着水、烛、香、花、灯，香灯灿列。喇嘛言是"五行台"，似是香花供养之意。殿中佛前有地藏王圆龛，佛像后右边柱侧阴暗处有铜质小欢喜佛一尊，燃灯细看，佛像狞恶，足踏一牛，牛下仰卧着一裸女。

午赴绥远饭店，应教育厅长阎伟先生之宴。

午后三时到民政厅即旧归绥道尹公署之恔园，清慈禧后之父惠徵官归绥分巡道尹时，后随宦在署，恔园为朝夕玩赏之地（按慈禧于咸丰元年入宫，年已十七，是在归绥署中时代，当在一八三四——一八五一年之间），后任者别建一亭，额曰"懿览"，取曾经太后游览之意。园中树木荫翳，楼阁相连，颇有雅趣，楼下碧霭屏前有卧石二方，云为太后少时坐卧之处。

出园回公医院，我因旅倦少息，别人又到城北五里之公主府，今改为省立第一师范，系康熙中（一六六二年——）建，惜未往，无从描述。

午睡至六时，独自出门，信步向东行，过广场至三十五军联欢社。社系新式建筑，堂中有讲台，可映电影。四壁挂抗日死事士官遗像，两旁有阅报室、球房等。社东有操场，有些兵士正在练习掷手溜〔榴〕弹。据带领参观的潘君说，如今三十五军兵士，年纪只在二三十岁之间。社北有兵房，南有网球场等，设备甚周。

回来与同行诸君赴傅主席晚宴。席间傅氏谈到民十七年涿州入城守城之役，及去年抗日之战，大家均为动容。同时又得三十五军第七十三师机关枪连正兵张恒顺廿二年五月廿三日在怀柔石厂之杀敌战绩。张君山西人，年十九，是役该连在石厂西北山脚任掩护之职。在全班五人中炮阵亡之后，张君仍沉着支撑，以孤身奋战，扫敌数百，侧障全营，自晨五时至晚七时，奉命始退，全线赖以保全（事载廿二年五月廿七日大阪《朝日新闻》）。如今论功行赏，越级晋升，由正兵得少尉待遇。我自少即喜闻鼓角之声，听人家谈到杀敌战役，总有万分的感动与高兴。当下即和傅氏商量，能否和张君图一晤会，询问详情。傅氏说："张恒顺现驻丰镇、平地泉一带，将来你们归途过平地泉时，我可以电报命他上车相见。"不想我们回平，半夜车抵平地泉，有张君的长官上车："张恒顺病了。"何等的缘悭！这已是后话了。

八月十一日

赴百灵庙途中

晨三时即起，六时乘三十五军军用汽车出发，同行者有翻译龚君，及班禅无线电台长沈焕章先生。沈君，江苏人，居青海已数世，此行为迎班禅行李而去。启行时，草上凝霜，冷如晚秋，东方乍明，晨曦美极，穿城过时，商店都未开门。出城一路看大青山，环拱如画。行二十里，渐至山下，一路有泉水细流，行人和牲口都在水边憩息取饮。此时见有数十骑，迎面风驰而来，近前通语，方知是蒙民来迎拜班禅活佛者，男女均着牛皮靴，衣服多红紫色，金锦沿边，腰间束带。男子结一辫，女人则两辫垂肩，发上加银板，垂挂珊瑚璎珞，晨光下璀璨如画。有小孩只两岁光景，坐母亲怀前鞍上，坐态极稳，面颊黝红，双睛如漆，状极可爱！匆匆数语，听我们说活佛已赴包头，乃又纵马急驰而逝。

自此上蜈蚣坝，系入山孔道，山路为民十四冯玉祥氏驻军所开筑，尚平坦宽阔，今已渐崎岖。汽车宛转上坝时，我们都下车步行，走到仙姑庙，庙建石壁洞中，洞深五六尺，距地面约二丈，

凿石为阶，可以上下。西北有关帝庙，建石台上，高立巍峨，为
蜈蚣坝之最高点。山峡间有树林，亦为西北军所种，并有留人小
店。立此前瞻后顾，群峰如画，起伏环绕，有山回路转之胜。过
庙不远有"鄂博"一，为蒙人祈祷之处，形似坟墓，以乱石堆成，
上插长杆，杆头系以牲畜毛角，及刷印藏文经咒之小旗或哈达。
后闻蒙政会之赵君云祭"鄂博"之日，各杆头均揭杂色之咒文旗
及五色纺绸，以牛羊供献，喇嘛唪经，男女礼拜，为蒙地盛会。

　　自此顺山涧宛转下坝，阳光灼甚，大家均减衣取凉，始信绥地
"早穿棉皮午穿纱，抱着火炉吃西瓜"之谚，不是虚语。下坝后回
望，阴山已在后面，我们都被"打在阴山背后"了！

　　山后时见农田，为汉人移居来此耕种者，小冈头时见"鄂
博"。十一时抵武川县，县为唐高祖（六一八年）生长之地，城池
甚小。入城至县政府少憩，土屋数进，后倚小山，有野犬据檐下
瞰，景状甚奇。县长席尚文君招待极殷。午餐后赵澄先生忽觉不
适，大雨又倾盆而下，不能前进，我们只得暂作住计。晚晴后登
平顶山，四望均是平原。因我们人数太多，雷女士和我及顾、郑、
张诸先生和文藻均移住由娘娘庙改成的武川县党部，有总干事贾
世魁先生等欣然招待，情意殷渥可感。夜中空气凉极，一宿之后，
精神悉复。

八月十二日

赴百灵庙途中

　　晨九时离武川县，七十里到召河，经保商团营盘，系一小堡，
营房均土筑，团兵二百余，大半蒙人，骁勇善骑。午到段履庄，
至山西商店鸿记少憩。店卖油酒米面，并及杂货。也有书成包，

打开一看，只是《上论》数卷，还没有人买。此店专与附近蒙人及汉族农人交易，生意很好，有店伙二百人，四出销货。我们在此饮水并进干点，他们招待周到，并不算钱，亦蒙人淳厚好客之风所薰染也。

自此上车，便是达尔罕旗地，这时才理会到前人所谓之"天圆地方"及"天地玄黄，宇宙洪荒"等句，均指鸿蒙初辟时的景物而言。一路驰过绿海般无边的草原，地平如镜，道直如矢，同时亦使人忆起北齐（五五一—五七七年）斛律光所作之"敕勒川，阴山下，天似穹庐，笼盖四野，天苍苍，野茫茫，风吹草低见牛羊"。其写景之妙，真不可及。

平原上时见黄色的野鼠，在草中出没，亦有巢居地中的小鸟。不远的便有一大丛、一大片不知名的紫色、红色、黄色、白色的野花，彩毡一般的平铺地上，绚烂已极。也不时的看见有毡房二三，远远的棋子般地点缀在草原上。又遇到一群三四百只的野羊（即黄羊）在原上吃草，听见车声，惊走四散，迅疾如鹿。龚君说黄羊是很难遇到的，遇到者大吉大利，我们都笑着。

此时迎面开来运载班禅行李回绥的大汽车数辆，沈君即与我们作别，登来车而去，车上有大堪布即班禅之大弟子，我们因请他下车，为摄一影。

三时许，阴云又集，在"天苍苍，野茫茫"之中，看着大雨欲来，四天浓白之景，极为奇观。顷刻间雨阵从后面驰来，大点的落在蓬上。不久雨脚即过，天又放晴，此时已将进九龙口，山围中便是百灵庙了。

忽然看见两个古蒙〔蒙古〕骑士，自晚霞的天边急驰而来，帽影鞭丝，一时如画。迎到了我们的车子，便又回头，鞭马与车偕驰，其马上姿势之闲散自然，都显示着他们终身马上的生活。

进了九龙南口，远远百灵庙一簇的白色建筑，和西边蒙政会办公处之数十毡包，已罗列眼前。红檐金顶，在小河抱环萦带之中灿烂的掩映于四山霞彩之下，一天的乏倦，都被此荡涤净尽了！

到河东下车，此地为百灵庙一带之山西商人住处，房屋多系汉式。我们到了集义公店，商量宿处，在他们问答之顷，我看见了正屋东壁上挂的褚民谊先生所写的《敕勒川歌》。——这时有蒙古地方自治政务委员会的科长赵福海、任秉钧二君，来邀我们到河西毡房中去住，乏倦之余，大家欣然应诺。

登车驶过清浅的百灵河，到庙西一簇数十个毡房前停住，这便是蒙政会的办公处了。俯身入"包"，寒暄之顷，又有几个蒙古青年，进来握手，都是蒙政会人员，俄、日、北平各处大学的毕业生，相见纵谈，极为欢畅。据说委员长云王回府去了，秘书长德王偕来此游历之前东北大学校长刘风竹先生出猎未归。正谈着，忽然"包"外阴暗，雨雹交至，冰颗跳进毳幕，小如珠粟，少顷即止。出"包"一望，四山如浴，新绿照人。西边是明艳的晚霞，东边有虹影双重，直垂到毡庐门口。百灵庙的白墙、红瓦、和金色的殿尖，在明净的霞光山色之中，竟如天宫楼阁，不可描画。

不久德王猎罢归来，便来过访。交谈之下，我们都觉得他是一位有为的领袖，沉着英明，年约三十余岁，汉、蒙学问都很深造。谈话之间，问到百灵庙故事，任君说是康熙西征时，兵驻庙南之女儿山，夜闻百乐争鸣，山后又有二泉奔涌，似二龙戏珠，因建此庙以压王气。二十里之内，不许住有人家，以阻遏新天子之降生。今庙后白塔之下，即系泉源。

德王及各委员别去后，大家均收拾就睡。我们分住了两个毡包，安下行军床，铺设了卧具，灯光之下，便细细的观看包内的布置。我们住的是蒙政会的客室，顶轴略如伞形，都是红朱油漆，顶有天窗，上有毡盖，可以卷舒。四周圆壁，蒙着绿色呢围，地下铺着白羊毛毡，上面又铺着彩花的毛毯。当中南向，有朱红漆的长方矮榻，上供元太祖成吉思汗（一二〇六—一二二六〔七〕年）像。中央有方框，为冬日安炉处，四围有长方形小矮桌，都是朱红油漆，上画金花，甚为美观。门扉两重，朝南安设，内层两扇，外层只一扇，上部作栅栏式以通空气。"包"内华丽舒适（关于一般蒙古包的布置，文藻有另文述及），周视之下，我们都涌起了欢乐新颖的感觉！雷女士和我因为听说这是河西圣地自鸿蒙开辟以来，第一次住着妇女，觉得是我们旅行中的一个大纪念！拥衾默卧，天窗洞开，夜气凉爽，星光满天，听见牧马嘶鸣，群獒追逐，边声四合，心里觉着有无端的悲喜。

八月十三日

百灵庙

距绥远二一八·八八公里

晨早餐时，赵君以德王命，送来点心一盘，系奶豆腐、奶粿子等，味略如西制之 Cheese（干酪）。十时许到德王包内去回拜，门口有荷枪的蒙古兵守卫，相见道晨安毕，即递奶茶，并进杂点，甚丰美，包内陈设与我们住处相仿，只东壁下有小桌，上设文具，也整齐的堆着书籍，如甘地、俾斯麦、希特勒诸传，和各国历史及《新土耳其》等书，具见德王对于世界大势之关心。

十时半辞出，即由赵君导游百灵庙，庙亦称广福寺，康熙时赐名鸿厘〔釐〕寺。百灵庙乃贝勒庙之转音，或系某贝勒所建。正殿院中有经柱一对，上挂刷印经文之长幡，迎风飘拂。两边墙下有法轮十余个，以手转之，可代念佛。殿檐两角上各有金柱，上缀以铃，此为"合一"之意，正殿门上有梵符，旁注汉字云："凡在此符下经过一次者，得消除千百世之罪孽。"殿前部为经堂，有活佛诵经座等，金漆甚新。按现在庙宇，已非当时建筑，民国三年土默特旗军官玉禄哗变，聚众据庙，绥远都统张绍曾部兵来攻，玉部退出，诱张部追入，乃纵火焚庙，此一役后，当时古迹，均成瓦砾之场。今庙系新建，民国十三年完成，所费颇巨。四壁周视，其壁画工笔较大同各寺，精粗迥殊。南壁有欢喜佛画。后殿供佛像，供案右端，有金漆圆台一座，据喇嘛云"系小世界"，分水、地、天三层，上层有小楼阁，四面插有伞形及日月形，以别方面。

上楼看见经格，有藏经数十束，状如锦枕。佛桌前悬虎皮软索二条，据云此系大喇嘛传令所用，如汉将军之令箭，有红衣小喇嘛正在佛前铜盏内添水。

庙中有佛殿及经堂十一座，喇嘛住所百数十处，可容三千人，今仅有二百余人。因建筑形式大略相同，未遍观。

出至庙后，在一大"鄂博"前小憩，赵君因指庙周围的小石堆，说这是新定的庙界，又说阴历三月二十一日是祭成吉思汗之日，因为他每次出兵必择黄道日，而屡战屡败，愤而改用黑道日，竟获大胜，此为特殊记念，因以此日为大祭日。

在正午骄阳中回"包"，下午稍息，又有刘风竹校长及蒙政会青年诸君来谈，谈及蒙古音乐、诗歌、婚姻、家庭等，大广见识。晚五时德王请赴"全羊席"，此为蒙俗盛宴，宾主入座后，有两仆人衣清代冠服，水晶顶、蓝翎、开襟袍、马蹄袖，抬捧着一大长方木盘，上盛蒸好的全羊，放在矮桌上，德王先引刀割下羊首、羊尾，供于成吉思汗像前，然后请大家自割自吃，肉味极好，毫无腥膻之气。又进肉汤，内有炒米，味亦甚佳。

席后大家都出至"包"外西边篮球场上，看德王和蒙政会人员玩球。又散步至东边保安队营盘处，借马试骑。蒙古马极灵，知骑马人技术之优劣，我们骑上去，加鞭叫走，它却动也不动，只傲然的低头龀草。

　　晚在隔包内听保安队军官刘健华君谈到他在东三省抗日火烧飞机场的故事。刘君，东蒙人，年只二十三岁，谈次慷慨激昂，有目眦皆裂之慨。这时赵君又来，带了两个乐人，也是蒙政会职员，大家围坐灯前，先听笛子和胡琴合奏。笛子略同汉制。胡琴则有四弦，柱头系铜质。歌为蒙古情诗，歌辞是爱人别嫁，悼忆追慕，描写到爱人的眼睛、衣服、姿态之美，比喻她像一朵龙相花（黑芙蓉花）。歌调掩抑哀怨，联音甚多，缠绵不断。次听马头琴与胡琴合奏。马头琴身系长方式，柱头刻马首，弦用马尾制成，传为成吉思汗所制。歌为红旗歌，蒙名"托伦托"，系成吉思汗出兵所唱。奏时有保安队长韩凤麟君引吭相和，声调激越。散时已是夜深。

八月十四日

百灵庙

　　晨起朝露犹零，和文藻走到包后山上，下望绿野如画，涓涓的百灵河，正绕住这一带高原。群马晨牧在晨光之中，毛片润泽。牧人骑在无鞍马上，手执鞭竿，上绕长绳，系用以套马者。在万马群奔之中，欲取一马，遥掷竿绳，即可套住，百不失一。山坡上无边的长着各色的野花，也有各种草虫，在飞鸣跳跃。下坡走至东边广场上，看保安队晨操，队兵有二百余人，都是德王部下，正在操演"开步走"、"向后转"种种姿势，有着军衣者，也有长袍束带、着牛皮靴者。步伐盘散，不见精神，而一飞身上马，立刻振发奋迅，绝尘而奔。蒙人骑马技术与天俱来，八九岁儿童即能据鞍飞驰，且能在马上入睡，苟能练成劲旅，西北国防，当收大用。

　　包南广场上有红衣喇嘛在井旁汲水，庙墙外也正有一大队红衣喇嘛，拈香奏乐，绕庙诵经，据说这是早晚的日课。

　　九时许由赵君引导，乘汽车至百灵庙东南五里之康熙营盘，传为康熙西征准格尔时驻兵之所。营在一小山上，四周有大石嶙峋，叠作垒形，山巅传有汉白玉宝座，但已不见。踞石而坐，四顾廓然，石隙中丛生着捕蝇花，花淡红色，细碎如小雏菊，叶瓣皆干，经冬不凋。

　　离康熙营向东数里，见有民包两个，即下车访问。两包一系住处，一系厨房，有牛羊百余双正在包外龁草，探首内视，有剃发老妇（按蒙俗，寡妇不嫁者，剃发为识）坐起寒暄，自言年七十五岁，子年三十三，外出未归，媳年廿五岁，结婚仅两年。其媳旁坐，低头缝衣，状甚羞涩，与语都含糊应答，双颊殷红，头蒙布块，耳旁垂珊瑚璎珞。包内颇洁，并畜猫狗。厨房内锅中正煮着奶皮。包外有一汉童，十龄左右，系被雇牧羊者，工资每日一角，或年终酬羊一头。包后荫中坐着一个青年，蓬发垢面，颈系大铁环，下连长圆形大铁炼〔链〕，见人嘻笑。起初以为是疯人，近与谈话，方知是蒙人之犯罪者，被本旗官长鞭责后，上锁纵流于此。自言再到开庙时，便该开锁释放了。因为他懂汉话，便和他细谈，他说："咱们是察哈尔人，家里只有一个哥哥，咱们只十九岁，因为和人吵嘴，扎了人家一刀，就受了罪了。"问他："吃什么？"他笑了说："这家人吃什么，咱们就吃什么！"这种"天地为牢"、"四海为家"的因犯，恐怕只此处可有，比较内地土牢的生活强胜万万了。

　　回来的道上，看见一串骆驼，负载重物，疾奔如风。赵君因说骆驼载重行远的持久性较胜于马，可疾走七昼夜，不饮不食，亦不休息，它们在北平城里的笨重的脚步，只是"英雄无用武之地"

的表示。

回包休息，午餐，午后参观云王居处，内容与德王之毡房相仿，只德王放书案处，云王则设佛桌。包中央立四红柱，上达天窗，此系王公包内所特有者。这时旁边正搭一新包，只四五人工作，由立架，而上顶，而围毡，只十五分钟光景，即已毕事。蒙人夏日逐水草而居，冬日则移住山坡凹暖处，迁移时全包可折〔拆〕卸收卷，载驼背上出发，到合意处，顷刻便可成立家室，真是方便！

黄昏时邀集蒙政会职员等为摄一影，他们又与我们合摄一影。摄毕，德王特为我们开赛马、摔跤二会，广场上聚满了僧俗人等。计有马十余匹，除职员和兵士外，德王自己亦欣然与赛。先赛跑马，后赛走马，绕场两周。骑者上体垂直，两膝微屈，鞭丝扬处，绝尘奔腾，观众欢呼，声震原野。德王马上姿势极好，神意暇逸，赛毕又请我们骑马，大家都谢不敢，只刘风竹先生欣然上马，刘君骑术绝佳，大为"教书匠"吐气。我们团中，只张宣泽先生、容先生、雷女士三人，驰骋少顷。

次是摔跤，观众均围坐地上。德王将与赛者分成两队，以次唱挑战歌，辞句简单，声高而长，两边就各有人走出，先向德王举臂过顶，跳跃为礼，就开始相扑。先用两手擒住对方腰带，或颈下系佛像之带，胸颈相倚，盘旋相持，伺隙猛以腿膝互击，以能将对方摔倒地上为胜，然后胜者扶起败者，再向德王行礼归队。

在赛马、摔跤时，自百灵庙中已出来许多红衣喇嘛，杂坐围观。这时有个年轻高大的喇嘛，面圆颊红，看到技痒处，出家人似乎亦见猎心喜，每次挑战歌停，他就笑嘻嘻地举臂跳掷而出，胜后又笑嘻嘻地行礼归队。他每次出队，我们都拍手欢呼。我忽想起《惠明下书》一出中之"……仗佛力呐一声喊，绣旗开，遥见英雄……"之句，觉得一种豪放自喜之态，流露于纸上的，今又在真人格上表现了出来！想为他摄一影，惜日光已沉，无从印迹了。

晚餐由我们回请德王及韩、赵二君。饭后其他委员会中人员也加入聚谈、奏乐。德王亲为我们拉胡琴，弹马头琴及三弦琴并吹笛子，似于各种乐器，无不谙熟，真是多才多艺（我们行前曾各请德王在一张小纸上题字，词系蒙字，款用汉字，笔意秀劲）。当德王奏胡琴时，韩君又为唱一情歌，唱时相顾而笑，问起唱词，才知是说："我犯了相思病，神仙般的大夫亦治不好，只有爱人能医。她若来时，不但立时病愈，且能立刻起来操刀剁肉，包饺子给她吃。"词意直截真挚，大家听了，也无不欢笑。

乐毕，陈其田先生起来代表本旅行团，致谢蒙政委员会的招待，德王亦用蒙语致答辞，述内蒙自治运动之经过，及坦白为国之苦心，希望内地智识阶级，予以研究与援助，辞毕由韩君译成汉语。次由赵君致辞，中有"汉蒙合作，当首由有知识的青年，联合起来……开发西北，即以巩固国防，当为助进西北而开发，勿为消灭西北而开发"，说到沉痛处，声泪俱下，合座默然动容。顾颉刚先生和文藻也相继发言，大约是说到我们所能尽力的种种径路。

会散已是午夜，明日行矣，大家都觉得心头梗塞。三日的留连，闻见上所得固多，而对于这班我们从不知道的，苦干的，有为可爱的蒙族青年同胞，更油然生敬爱之念。他们是逼居强邻墙下的我们同母的孩儿，利诱势逼，春晖又远。我们是他们同气连枝之人，当如何为他们呼号传语，使全国同胞，都知道在穷荒极北的漠漠寒沙之中，有这些孤军奋斗的青年，正在等待着我们的同情和援助……！

星光下，耿耿反覆，不能成寐，此时心理，和年少读《吊古战场文》及《李陵答苏武书》时，冷暖大不相同了。

八月十五日

回绥道中

晨六时半离百灵庙，有蒙政会委员数人来送行，又在灿烂的晨光中与金顶红檐作别。车过百灵河，转出九龙口，蒙政会数十个毡包都隐没在高冈之后，不能再见了，而我们心头深刻的印象是不能磨灭的。

平原上有栖息的灰鹤一群，毛羽灰白，映着绿草，极雅澹有致。张先生向天放手枪一响，群鹤惊飞，赵先生急为摄影。

道上还遇见羊群、马群和骆驼群，都在晨牧。也曾遇一狼，近在道旁，见车不避，状似狐而稍大。将抵召河时，道旁有蒙古包二，并有羊圈。下车访问，有少女在包外浣衣，极健美。包内用具极为汉化，有手提箱之类，堆在包角。

近午抵召河，至普会寺，系班禅活佛避暑之处。下车入院，简素整洁。长廊层槛，建筑纯系西藏式，胜于百灵庙多多。扁额系乾隆（一七三六—一七九六年）御笔，上书汉、满、蒙、藏四种文字。外殿亦为经堂，存活佛鸾驾、车乘等。后面是佛殿。绕至西院，庭宇阒然，门窗掩闭，自隙内窥，室内壁楅玲珑，椅桌精致。墙上有画数幅，中有画马，甚生动。再西又一小院，有树二株，此为出蜈蚣坝后所仅见，更觉得凉荫袭人。

在寺饮茶，并中午点，茶炉中燃牛粪，火光熊然。蒙地煤木缺乏，而牲畜只饲青草，粪无臭味，因此燃料都用兽粪，据说火力极强，可融生铁。

下午二时过武川县，四时过蜈蚣坝。城郭在望时，路旁过焦赞坟，惜未停，六时抵归绥公医院，雨，少顷即晴。

八月十六日

绥远

晨起，雷女士和容、郑、张、赵诸先生骑马赴昭君墓（第二十四图）（郑先生有另文详记）。顾、陈二位则到财政厅、教育厅等处。我和文藻在公医院休息。午饭只两人共食，虽然是举案齐眉，而热闹惯了，似乎反觉得寂寞！

晚六时许，郑振铎先生请全体在古丰轩吃饭。此时由平绥路局有电报来报告顾颉刚先生太夫人病笃的消息，顾先生定明晨快车回平，合座都为之愀然不欢。

夜到傅主席家辞行，随后傅主席和七十师长王靖国先生又到公医院来谈。

八月十七日

包头

距丰台站八一六·二三公里
高度一〇〇四·九二六公尺

晨六时迁回专车上，先送顾先生行。八时许离归绥，一路与大青山并行，起伏如障，又是无际的平野农田。十二时半抵包头站，为平绥路线之终点。午餐后偕七十师吴参谋到生活改进社。社为包头最整齐的房子，有餐室、球房、宿舍等设备。社长段承泽先生，在此主持西北移民协会，并立有电灯、面粉两公司，贸易极大。时段先生外出未晤。少憩后即到城东门外之转龙藏，即龙泉寺，寺系龙王庙，树木葱郁，风景清幽，有道光二十九年（一八四〇年）① 的修庙碑记。庙院内有池，系储泉水处，已干涸，池底龟裂。西墙外岩畔有石刻龙头三，今只有两个龙头出泉，居民悉于此取饮，据云可治眼病。寺东尚有玉皇阁。

次至永茂、新兴两厂，参观地毯，各有童工数十人，规模尚大，毛质亦佳，惜图案不新，颜色亦少，据云出品多卖与蒙古人。

四时许到城内大南街西阁看所谓之郭大将军戟，或云宋将杨再兴戟。西阁状似城楼，正由包头教育局修理油漆，将改为"民众教育馆"。戟长丈许，重百许斤，以铁炼〔链〕悬梁上，柱倚地上。柄有刻字云"记名简放提督军门，镇守山西大同等处地方，统辖雁门三关，总镇都督府冠勇巴图鲁马"，又似是清代"巴图鲁马"之戟。戟上云有血迹，审视未见！

晚有段社长在改进社约宴，席间又听到王同春及二老财的故事，并移民屯垦的经过和成绩。

回车睡。

八月十八日

包头

这天本想到固阳县之五当召，五当召系牡丹招之转音，又称广觉寺。建于清乾隆间（一七三六年——），在包头东北九十里，松柏成林，牡丹满山。我们在大同看赵承绶将军自映的电影时，银幕上见到七十余座西藏式的、华丽庄严之白色佛堂禅舍，神往已久，昨晚问路时，七十师的梁参谋长，已说到大水之后，山路尽

---

① 道光二十九年为一八四九年。——整理者注

失，不过我们可以试行，并于侵晨令骑兵先发探路。我们于晨七时，乘七十师的军用汽车出发。出城数里，在山岩中觅路徐行，雨点渐大，车陷山石泥泞中，进退维谷。车夫摇头说："行不得了！"大家商量再四，以为前途尚近百里，中途且无处住宿，山水再大，恐还不能转来，不得已，只好折回，到车上已天容如墨，衣履尽湿。

阴雨终日，大家只在车上看书下棋解闷。晚，晴。七时又到生活改进社应梁参谋长之宴，席间晤及王县长等，又问到包头状况甚详。此地为西北商业中心，水路由黄河上通宁夏，陆路可达青海，为平、津、陕、甘、新疆、蒙古、伊犁、乌里雅苏台等处货物转毂之区，铁路货运收入，年可八九十万。居民多为商贾，蒙人亦多。民十四冯军过包头时，民间损失极大，今元气已稍复。

宴后在社中晤及金陵大学农学院美人卜凯先生（Mr. J. L. ossing Buck）（其夫人即《大地（good-earth）》小说作者赛珍珠女士），相见甚欢，互询近况。卜先生是到五原、临河一带，调查土壤、农产者，后闻亦因阻水未果。

夜宿车上。

八月十九曰

包头——磴口

距丰台八〇一·六五公里

高度九九五·一七二公尺

晨七时乘汽车至段先生所办之河北村，在城东南十五里，行至半道，因雨后地湿，车又陷泥中，我们都下车步行，不远已望见新村的田亩，田里都种的是糜米、莜麦、玉蜀黍等。绕入新村的短墙，又行里许，至办公处，乘骡车涉水到河边用水车种稻处，泥泞太甚，车颠簸已极，稻田近接黄河，畦中水满，葱绿可爱，水车旁正有数人工作。据云包头试验种稻，此为第一次，水车系采南式自制。农民拟自冀南移来，系黄灾难民。第一次大约移民一百户，年底可到。

出来拟到南海子即黄河码头，又因路湿折回。

午餐仍在新生活改进社，系应包头李段长、周站长之约。黄河鲤鱼，自前天起，已吃了三顿，清腴肥嫩，入口即化，其味之美，只有西湖醋鱼可以仿佛一二。据说鲤鱼最肥是在春冰初泮时，顺流群趋而下，有长至二三尺者。

下午三时，挂小机车至磴口，参观萨、托民生渠。有周站长及夫人偕行。到磴口站适遇驻渠口的工程师徐浚源先生，说到渠大道已被水淹没，只有小路可行，于是由徐先生引领，大家鱼贯的在狭仄的小径上走着，两旁有长得很高的刺草，攀擒衣袂，二十分钟已到河岸，河水浑黄，旋流甚急，一望无际。落日照在水上，水面似起白云，一种雄伟浩大之气，所谓之"黄河远上白云间"者，真情景悉合了！

自岸边上船，在急流中渡到对岸，便到民生渠口。桥洞四孔，铁闸紧闭，桥上有铁梁，气象甚壮。按民生渠之兴工，由于民国十七年绥省大旱，萨、托二县受灾最重，主席李培基氏倡议开民生渠以工代赈。十八年冬，由省府与中国华洋义赈救灾总会，合作一切贷款及工程事宜。二十年春由傅作义及王靖国在七十及七十三两师内，拨兵士四千人加入工作，六月而干渠及数支渠告成。渠干长百九十五里（里按一百八十丈计算），由萨县磴口村黄河沿之瓦窑口起，至托县城南直入黄河。全渠所括熟地约四万余顷，成功后水力能达到者，至少亦有两万余顷。但因当时急于救灾，测量方面未免疏忽，渠道太高，水不能入，至今尚未收灌溉之利，极为可惜。

徐先生日间到渠口城堡式的办公处，测量水量，下午四时后，即须回磴口车站。河西土匪太多，时常过河，无物不取。他们是河西的农民，穷不聊生，农暇时以抢掠为业，兵来即散，无可防备。

归途中徐先生遥指大青山半的一丛殿宇，说那就是沙尔沁召，传说是当初汉蒙分界，汉人一箭射到大青山上，因建此召，自此阴山以南，都是汉人的领土了。

五时许回磴口站，徐夫人亦上车相见，她是天津北洋工学院的毕业生，一对科学家夫妇，在此辛苦工作，真是青年人的好模范。

六时半回包头。

八月二十日

包头——公积坂

距丰台七八六·二六公里

高度九八八·四七〇公尺

昨因骡车震颠太甚，胸部骤感不适。晨雷女士及容、陈、张、赵诸先生到南海子参观，我未偕往，终日在车上偃卧休息。

十一时半车挂至公积坂，阴雨。午饭后由雷女士及陈、赵两先生乘骡车至八拉盖参观天主教村庄（雷女士有另文详纪）。天主教会在西北一带有特殊势力，教民甚多，拥地亦广。据说宣教者本拟在蒙人中传教，教堂立后，蒙人不耐热闹，移“包”北去，而汉人却都聚来耕种，渐以成村，此村遂成为宗教、教育及自卫的中心。此种村落在绥远有数处，如二十四顷地，萨县如八拉盖等。村多整洁，有教堂，有医院，有学校，并有无线电台等近代设备。村民男不吸烟种烟，女不缠足，生活甚佳。西北移民协会总干事段先生说，假如内地的智识阶级，有教士般的热心和毅力，到西北来组织起几十个新式的村落，则于巩固国防方面，胜于军队多多！

雷女士等归来后，五时半，车又开麦达召。

八月二十一日

麦达召

距丰台七五三·九〇公里

高度九九六·〇八七公尺

旗下营

距丰台六一七·八五公里

高度一二四一·一四六公尺

晨拟游麦达召而天雨不止，又无代步可雇，车中闷坐，听说三道营至卓资山一段，轨道又出问题。大家商量，恐路轨又断，欲归不得，不如趁未断前赶回。十二时车挂往旗下营，沿途各站均有耽搁，到旗下营已八时半。

八月二十二日

旗下营

晨闻站长云，电话、电报，均因天雨不通，前方实情，无从探得。南下之车，皆停于此，站上颇热闹。晚绥远段长李君来，言轨道又冲断，须三天才能修复。我们商定尚有麦达召未看，在此三天之中，不如再折回麦达召，郑振铎先生因有要事，决定随工程车先行。

八月二十三日

旗下营——绥远

晨，郑先生匆匆道别下车，同伴中又少了一个。闷卧车上，听站上人闲谈，有老人年七十岁，言此处河水，五年必一改道，再过五年，全村就洗荡了！夜回绥远。

八月二十四日

绥远

晨，有绥远军部兵士持帖来，云傅主席邀往午餐，大家都觉得不好意思，两次回车，屡屡叩扰，而又情不可却。我因仍觉不适，留车未往。有蒋恩钿女士，清华大学毕业生，现绥远第一女师教员，刚由南来，闻讯来访，相见极喜。

午后，大家回来，从军部借马六匹，二时半另开小车，有雷女士、容、张、赵诸先生共往麦达召（容先生有另文详记），九时许方归。

八月二十五——二十六日

回平道中

八月廿五日闻前线已修复，下午三时四十分离绥远。蒋女士又来送行，赠我捕蝇花一束。张宣泽先生也与我们作别，同行月余，分手均觉恋恋。

行不得时，觉得闷人，一旦路畅无阻，却又不忍即离这雄壮的西北！一路上倚窗望着白塔，望着青山，暮色中看一块块地毡般覆在山头的田陇，心中有说不出的依恋。过三道营站，轨道新修处，还有许多工人，荷锄带锸，坐立路旁。伸首窗外，看见旧道弯曲在数十步外，已没河中。新道松软，车过处似不胜载，铁轨起伏有声，亦是奇景。

过福生庄站以东，山水奇伟，断岸千尺，河水萦回。车道即紧随山回路转处，曲折而前。时有深黑的悬崖，危立河畔，突兀之状，似欲横压车顶。来时系夜中，竟未及见。

中夜过十八里台站，为平绥路线中之最高点，高度为五一八一·〇〇尺，急视寒暑表，已下降至五十六度。

廿六日午后重过宣化，买葡萄一筐，过沙城时又买青梅酒一瓶，过南口又买白桃一篓。六时半抵清华园站，下车回家，入门献酒分果，老小腾欢。我们则到家反似作客，挟衣柱杖，凝立在客室中央，看着家人捧着塞外名产欢喜传观之状，心中只仿佛的如做了一场好梦！

　　　　　　　　　冰心，竟于二十四年，一月廿九夜

《铁路杂志》（月刊）
南京中华全国铁路协会铁路杂志编委会
1935 年 1 卷 1—4 期
（李红权　整理）

记游塞北

W. P.　撰

我的家庭，因环境关系，寄居塞北——察哈尔的省会，张家口——从事电气事业。所以我们姊弟三人，乘暑假之便，一方面往省父母，一方面离开炎热的津市，找一处地方避暑，并参观正在开发中的西北。

七月六日的黎明，坐平沈二次，于车身蠕动后，就和繁华的津市告别了。北仓、杨村间所见到的，无非坟墓与田地，车只在廊〔廊〕房站了十分钟，就勇往直前的预备直到北平去；两旁的庄稼，都提不起精神来，垂着脑袋。有的地被水淹着，有的地是在旱着，太阳猛烈的晒着，树上的蝉"知了，知了"的叫个不休。约在十点钟车到了丰台，我们因为要上平绥车，所以才在这里下车，预备再上平绥路。

几个花言巧语的旅馆伙计，把我们领进去，吃了一顿饭，又到站台去等车。大家全说：丰台的旅店不好惹，今天我们被敲了一个小竹杠，才领教了原来是这样滋味。

在我们刚坐完清洁舒适、沙发椅的北宁蓝钢快车，而再坐客货混合的平绥慢车，车厢不但不清洁，而更没有秩序，人很多，座位少，有人竟拉开褥子睡眠，占了三个人的地位。人汗的臭味，旱烟的笼罩，把一辆车弄成乌烟瘴气，车僮的不讲理，全是中国人的特性。

　　车行之后，风景的确美丽，丛绿的树间，映着灰色的庙宇和塔，河内的碧绿成片的荷叶，浮着相逐的鸭子，柳树垂在水皮之上，真使人神清气爽；这样的过了两站到了清河、沙河，已走向乡间来了！

　　到了南口，也可说到了平绥路的名胜地，那里有西北军和奉军作战的痕迹，山头被炮轰得秃平，一片一片的坟墓，峙立着一座白碑，式样很艺术，是冯玉祥纪念阵之〔亡〕将士们建筑的！

　　南口的大车头，在中国很出名，也被我们瞻仰了，并且拖了我们直向西北走去。由南口到康庄是古迹最胜之处。车到青龙桥，只在山腰上盘旋，并且是两个车头来推，形势的险峻，令人咋舌。青龙桥，詹天佑先生的铜像，我已曾给他敬礼，他那千古不朽的精神，是很值我们纪念的。

　　八达岭，美丽的风景，在全国很有名，许多的外国人，到那里骑驴游逛，可惜我们因为不能在中途耽误，辜负了这样美景，没法来把它描写下来。

　　再走就是四十里的大关沟，车只在山沟里走，又继续过了四个山洞，大概是：1. 八达岭山洞；2. 居庸关山洞；3. 武桂头山洞；4. 没有看清，最长的一个走了十几分钟。

　　万里长城，从南口起，沿途都可见到，随山的形势，或上或下，或远或近，冈峦起伏，鬼斧神工，但是年久失修，有的残缺，有的倒塌，竟没人修理，任其自坏，岂不可惜？

　　居庸关是三个城，火车由山腰下望，竟没人居住。房屋、庙宇，仍然存在，也是倒塌得不可收拾。两行大车所陷的土辙，仍然可辨，据说从前通西北的要道，自有火车以来，就荒芜没人住了。

　　山上的平滑大石之上，往往有刻的神像，最著名的有杨六郎的像，手提长枪，威风凛凛，和他的喂马槽，全是巨大无比，据云杨六郎把守三关口（大概是居庸关）所遗的古迹，现在全被人凭吊了！

火车经过的三家、四家的村落时，房子全是石头和泥筑成的。那些缠足的妇女们，穿着土蓝的衣服为男人们纳鞋底子闲谈着。她们康健的皮肤与耐劳的精神，决非纸醉金迷的现代女子可比哟！那些男人们戴草帽，只穿蓝裤，捋过腿上，赤脚在地里工作，有的吸旱烟在树荫休息，有的小孩们却牧牛放马，各有各的工作。看他们的神情全是怡然自得，可是都市一般人都在呐喊农村破产，但是这一部分人却能幸免似的！

康庄的熏鸡，与沙城的青梅煮酒，都被小贩们在站台上叫卖。南口、保安、怀来的水果，华北最出名，桃、沙果、拉车、梨，全是用一个柳筐盛着，只有中国人会骗自己人，每一筐的上头的水果是特别大而好看，下面却是不好的，尤其是筐底垫一堆报纸，旅客们往往受骗。但是我们可论斤买，然后买筐合算得多。这也是中国人能治中国人。

车行到新保安和下花园已下午四点了，据说黄帝和蚩尤打仗是在这里，但是没有古迹证明。下花园产煤铁，全国出名，我们坐火车仍能看见高线上运煤。

现在离张家口已一百多里了！走近宣化效〔郊〕外，看见一座形势高耸的高山；据云上面的寺，叫做鸡鸣寺，就是民间小说《彭公案》捉拿九花娘的鸡鸣山鸡鸣驿的鸡鸣寺，上下很困难的。

"宣化"离张家口只六十里了！车站之上，可以见到几个穿半中半西服装的学生，夹杂在土头土脑的乡人中，几辆人力车，混在马拉的轿车中。由此可证明，宣化是察哈尔的二等地方，尚且半开化，何况其他的各县呢？

过了宣化，天已黑了，只有车头上的灯，射出来的光，打破了前途的黑暗，龙龙〔隆隆〕的前行。至于车内只有手提的煤油桅灯，挂在车顶之上；同车的呵欠声，和旱烟味，不时的冲来，在车内已感觉凉意了，只好每人多穿一件大衣服，我更把已经不知看了多少次〈的〉《大公报》，重来消磨光阴！

"离张家口站还有五分！"车僮在喊。好像给大家一种奋兴剂，各各由昏睡中醒来，整理各人行李预备下车。

远远的看见红色的电灯，由远而近的进了喧哗的张家口的车站，脚行卸了行李，我们便乘车到目的地——我们的家庭——了！

我在张家口住了五十天。所见到的，分几类来拉杂写在下面。张家口的市面，亦受了不景气的传染，没一家不赔钱。金融更紊乱，只有交通分行和中国银行的寄庄，差不多银号有二十家，全是山西人经营的。天津、北平的钞票，可以到本地来使用，而本地的钞票却不能出境。大洋一元可换铜元五百五十枚，而大洋一元可换铜元券四百枚（铜元票比铜元有价值），假若买东西值一毛五，付铜行〔元〕券六十枚，若付铜元就要折合八十二枚。

张家口的商业，在前二十年真不可同日语。差不多是和蒙古人交易，大批的货物运往库伦，商业非常发达。现在近十年来，库伦也不通了。人口由十五万减至八九万。土货无法销，只有赖销售本市。街市的外国商品，全是日本货，日用品、化妆品，自不待言。从前专和蒙古人交易的驼店、古玩店、靴帽店、乳品蘑菇店，现在依然存在。本市的皮毛业不下百家，据云斯业亦大不如前。自有德华洋行以来，库伦方通，运内地茶糖、日用品，然后运回蘑菇、毛皮等品，可〔于〕是内地稍见繁荣。街市商店的营业时间，上午六时至晚十点，有一家茶食店曾设立在明中叶，可谓少见。本市的苛捐税太多，这也是摧害商业原因之一。

本地的土产品非常便宜，一毛钱可买一个旱地西瓜，几个铜元可买许多蔬菜，或瓜果。

为竞争营业的商店，也由平、津运到无线电收音机，但是白天没有火电，只好在晚上收放，至于所收到的电台，南京最佳，北平或日本全很低小的（四灯收音机）。收音机在中国差不多以日货最多，这也是大漏卮之一。

彩票在本地，却很畅销，据调查航空一项，每期约一万余元，新闻纸只有北平的报当天六点可看。天津的报，只好等明天。至于本地的报纸只有《国民新报》（十六裁）、《商业日报》（四开），销路亦只限本省，至于其他刊物杂志，不敢说没有，只有一份没有价值的某月刊。

长途汽车行有七八家，开往本省各县，近来也受日本长途的竞争，且常有匪患及水冲道路之虞。

本省的大宗出口品有皮毛、羊毛、蘑菇、药材等手工土产品，杂粮等物。

本地的交通，车站是平绥路的中心点，每日有快慢车，东行至北平，西行至包头各二次，夜晚有特别卧膳快车，东西行各一次。

汽车公道已完成的有：万北路，由万全即张家口至张北县；怀刘路，由怀来县至延庆县的刘斌堡；宣蔚路，由宣化至蔚县；宣沽路，由宣化至沽源县；怀蔚路，由怀来至蔚县；张怀路，由张垣至怀安县；张柴路，由张家口至柴沟堡。其余诸路正在修理中，本省的公路日臻完美，在国防上有莫大的帮助。

无线电台，本地只有部办无线电台一座。广播电台，尚未装设。电话公司是商人经营的，现用磁石摇电式，资本十万元，有六百余号，月租六元六角，机关及公馆完全半价，营业亦不十分发达。惜用户蛮横不讲理的，因不是部立，也无可如何。

长途电话，只军用一所，现早通本省各县，至于冀、鲁、山、陕、绥各省，亦于月前实行通话了！邮政、电报，全是交通部立，居民十分称便云。

汽车，除长途及廿九军军用之外，私人乘坐者没有廿辆，自行车及人力车却十分发达。

电灯，本地有商办华北电灯公司一处，只是八十电压，燃户电费的计算是按盏数和烛光计算，因此偷电的太多，以及电光非常昏暗，现在也渐渐的使用电表了，这也是历年纠纷与改组后的成绩。

本省的工实业（因为只拿省会来代表了，所以称之），由不发达，可以说快没有了。造币厂是在前十九年创设的，现在只有破机器与房子存留了。其余制革、纺纱、磨粉，虽在竭力提倡，但终是没有设立一处，发达的手工业有皮毛的造熟及羊毛毡子、鞍鞯等，亦需要大家来援助！

本地的教育太不发达，［有地］有男子师范、女子高师、农业专科，及私立塞北中学；小学有县立八校，男女师附小，及省立的三个小学，设备顶好的是教会立的培植小学。

小学教员的待遇太不好，每周四十小时，每月十二元。待遇顶好的师范附小教员，级任才三十元，食宿自备，往往欠薪几个月，发薪发五六成，要扣公务员救国捐。这样的苦差，还有许多人在那里争夺呢！

至于义务教育，平民学校，更谈不到，总之也是需要我们提倡的。

本地的风景古迹，本地的地势三面环山，分上下二堡，及堡外长城蚰〔蜿〕蜒于北，大清河横过本地，上堡高，下堡低，街市（上堡的）就在峙立着的山的下面，只要太阳稍西沉，街市就被遮者〔着〕，所以本市气候最热的正午，才八十多度。

张垣虽有"穷山恶水"之称，但亦不见得，山山〔中〕除酸枣、荆棘之外，也有草和树木。而点缀风景的是古雅的庙宇，最著名的山叫赐儿山，上有奶奶庙，因赐儿而得名。在张家口西郊三里许一段很长的长山坡是由黄土和沙修成的，两旁的树，有的活了，有的枯死，湾〔蜿〕蜒的上行，至庙门（山的半腰）有百层的石阶，直抵竖着两根大旗杆的庙门，庙门的对过是戏台。寺名云泉寺，有数层大殿，分山神、三清、药王、三皇、关公、五殿阎王、财神、送子娘娘等，全是十分美丽庄严。院中有明代古树，仰观白云，俯视全市。在大殿之下有三洞，一名冰洞，无论冬夏，永远结冰，一名水洞，无论冬夏，永不结冰，二洞相隔咫尺，竟寒热悬殊，有待物理学家之研究，一名风洞，惜正在封锁，内中情形，不得而知。在庙宇的四周，罗列许多各式的亭子，更觉锦上添花。新建的博物馆因不知何时开放，亦未得一瞻。山顶之上平坦异常，风鸣鸣的吹过，穿一件衣服，似乎少一点。下山的归途，又可从小路而回，更觉有趣，所以凡来张垣的人，没有不到本山来的。

其余的山，馒头山像馒头，鱼山像鱼，元宝山像元宝，全没有可记之价值。

公园，本地有二，太平公园在明德街，是新建筑的，榭亭楼池，花香鸟鸣，游人非常之多。中山公园在上堡，地势小，但设备全，假山、球场、图书馆，但是近二年来被二十九军、妇女培德学校所占，每日下午四点才开放，除此之外，只好望门兴叹而已！

本地多庙宇，玉皇阁筑于北城之上，雄伟庄严，有数十层石阶方达，香火盛很〔很盛〕。现在政府虽然拆除庙祠，但是人民竭力反对，也无可如何。

大境门，按为长城出口外的要径，上有"大好山河〔河山〕"四字，字非常大而劲，愈显庄严了！

狼烟台，到处可见，亦是封建时代的纪念。本地没有西门，北门特别小。

本地的生活程度很低，俗有张家口三宗宝，莜面、小米、大皮袄也。洋面、大米有，而不是供给一般平民阶级的。一切风俗和北平相仿，而北平的人，却非常多，山西人各各油头粉面，亦颇占一部势力！

宗教，有回教、耶教的美普会、救世军，和佛教，全很发达。本地治安很平静，每见日本飞机翔飞，居民全惊吓不定，这也是受了几次大战的影响。

这次游张的感想，想到了整个的察哈尔现在已不能忽视了。那里的人在找不着生活，许多的宝藏，让外人开采。外货畅销，土货捐税充斥，西北的势力，外人自由任意胡为！中国欲强，不是一个人的力量或集中于失去的土地。快要失去的土地，岂能不去管他。努力吧！援助它待兴的察哈尔！

有感于九一八之夜

《商职月刊》
天津公立商科职业学校
1935 年 1 卷 2 期
（李红权　整理）

绥远巡礼

陆庆女士　撰

民国十八年的秋天，我曾去过一次绥远，屈指算来，到现在整整已经有五个年头了。那时正当内战，败兵（好像是冯军）刚刚退去，吃人的旱灾还没有过完，京绥路（现在的平绥路）上旅客稀少，我一个人带着一小卷铺盖，一只手提包，踽踽西行，格外觉旧得荒凉满目。

今年夏末秋初，趁着开发西北协会在张家口举行年会，得获旧地重游。我意气扬扬，自以为总可以够资格作向导了，谁知道这一路除掉大青山还照旧千叠云嶂外，其余的城池村落我都仿佛不认识了。这个边野的新辟行省确是迅速地在近代化。五年不是一个悠久的时间，一个边荒省份能够在短短的五年之内，改变到我都不认识起来，这也就值得惊异。

现在先从这条铁路说吧，民国十八年我坐的是三等车，那时固然因为我是穷学生出不起头等车的钱，但是路局根本也就没有挂头二等车，坐车的除掉平民还是平民，很少看见冠盖往来。车上是脏得一塌糊涂，满处堆着粘痰、鼻涕和各样的垃圾。窗子零零落落，关上和不关一样。尤其叫人恶心的是坐着坐着就会身上发痒，一摸就是一个臭虫。今年我们的车上可干净了许多，臭虫也还有吧，然而我不觉得咬。鼻涕等类虽不免有些点缀，然而总不会黏牢在人的鞋底上了。

旅客里面不少中流以上的人物，车辆也比较齐整得多。一个机头挂起一大串列车，头、二、三等车，铁闷子车，敞车都有，比起从前来，真神气得多。秩序也好，宪兵、稽查们巡来巡去，还算尽职。从前常有税卡上的人来搜检走私货色：

　　……车到卓资山站，有查税员两人上来查私货。在我斜对面座上的一个乡下人模样的旅客藤包里搜着半打"九一四"，说那是贵重的药品，非完税不可，那个乡下人抖抖地分辨说是别人托带的，不是他贩的。也不听，车要开了，硬把他逼下车去缴税，结果竟没有能够赶上车。我因为不知道"九一四"究竟值几个钱，所以只能旁观，车开了，车上人议论纷纷，都替那人抱不平。看车子的茶房也来加入议论道："卡子真要不得，前些日子有一位客人带了一瓶酒，预备自己喝了解冷的，卡子上的人说洋酒要完税，客人生了气叫他颠酒瓶，看是喝动过的不是！哈！也是活该，一下子就打碎了。客人哪能依呢，那不赔不行！好歹那小子赔了一块大洋钱！"唉！苛捐杂税，小民苦死咧！……（节录十八年九月十九日日记）

　　这次就没有看见踪迹。大概是路局不许他们上来吧！从前各大金融机关、慈善团体以及官所职员都有长期免票，可以白坐车，现在这种优待也取销了。上次我独自旅行，为了一点随身行李，给站丁气得头痛，这次是团体旅行，又是特别招待，自然不能和前次相比，然而我冷眼旁观，其他旅客看〈来〉也没有受什么无理的打扰。这些我们不能不赞一声路政当局刷新的功绩。

　　车子过了卓资山，沿途就有许多土窟，有门有窗，讲究一些的还有土墙围在门外，以供羊群的主人全家住宿。在十八年时，我看见好些好些这一类的原始房屋，这一次我竟没有看到多少。倒是土房子好像增加了一些。沿铁路一带照理是应该日臻繁盛的，土穴之减少正是当然的事。

美中不足，曾经几度禁种鸦片，现在竟遍野开花，洵〔绚〕烂夺目。记得五年前来的时候也正当鸦片收割。在毕克齐站时，车上有一个乘客指点烟田给我看道："现在少得多了，官所不许种，前一个月还派人来铲了好几十亩的烟。要不然你还可以看见晚烟的花，很好看的。"那时真梦想不到五年之后来这里，还会开这么一次眼，地方当局为了财政困难的缘故，不惜饮鸩止渴，重开烟禁，中央真不应该抱"随他们去"的态度。

绥远城外夹道高树绿荫，风景依稀。城里的胡同还是那么土深一尺，骡车轮子印的轨沟纵横交错，不过热闹街市的确是比前进步了，新的马路也添了几条。

大街上新开了几家酒饭馆，绸缎洋货店的招牌挂得更其多。商店的门面装潢一样也是电炬通明，陈列得耀人心目，诸如这一切仿佛都在告诉我说绥远是都市化了，繁华了。然而进出店铺的顾主们，并不见得踊跃。和店主们谈到生意经时，又见他们愁眉苦脸，叹息着市面冷落，撑面子之不容易。经济的实况，并没有显得比五年前宽绰到哪里去。朴素的城市也染上了浮华的时尚，这〔只〕却是我们所不愿意有的事。

人力车比从前多了许多，这是一种解决贫民生活的捷径，只要有气力，不要什么技术和资本，就可以作的职业。然而它却只〈是〉东方都市的点缀，于国民经济的发达岂但丝毫没有关系，而且还有害呢！因为它夺去了发展生产事业所需要的一部分劳力，所以这也不是可以乐观的进步。

电灯、电话统是近三年来的新建设，虽说比不上京沪方面（电话用的是手摇机），然而也就很不容易了。

新式的旅馆有一家（绥远饭店），洋式的建筑，里面的卫生设备等等都很好。这是前次所不曾见到的，近代的最低限度的享受，我以为凡属近代人都应该有的，希望再过几年时，这种近代设备能够普遍到民间去。

近代的事业，大都是外省人经营的。例如电气厂、面粉厂的老板等，各银行、各公司的经理等差不多全是南方人。南方人带来了南方化的太太，形成了另一派的妇女社会。本在〔地〕妇女的服装和生活方式随着也有了改变。妇女受着教育的是比前多了。剪发的、天足的在街上都能看见，然而大多数的妇女们却还藏在家里，坐炕头，作作零星的针黹，消磨时日而已，占着全民半数的妇女们，不赶快把她们解放出来，分担改善社会的责任，却〔确〕是可惜。

农家的生活情形似乎没有多大改进，土炕连着锅台，马粪烧着莜麦。十七八岁的姑娘苍老得像三十已过的徐娘，一切的一切都如旧如旧。今年虽闹水灾，收成还不坏，可惜因为粮食价格看低，种鸦片的却比种麦子的多，荒着的田又比〔种〕耕种着的田亩数多。移民开垦，发展交通和取消苛捐杂税，必须同时并行，那么才能讲到改进西北农村。然而这也只是改进现况而已，发展西北农业的根本要政，还在防灾。这里的水利实在需要专家来研究。因为当地的雨水量既不均〔匀〕称，又没有很好的蓄水设备，大青山的山洪说发就发，下雨闹水灾，不下雨又闹旱灾，成年闹灾，所以防灾确是当前急务，灾要是防不好，其他的一切都谈不到。关于这一层，傅作义将军已经看得很透。当局者觉悟了，自然便有希望改进。

工业方面，比五年前显得是发达了许多。小规模的工厂里织的栽绒地毯、毛毯以及毛织衣料等的花色居然不尽墨守古法了。尤其是毛织衣料一项，东西实在不错，这是新兴工业，完全用国人新发明的木机纺织的。其他若梳毛、弹毛，也各有新的器具和方法发明。西北的同胞是真肯干，可惜限于资本，限于天时地利的自然环境，限于大部分人未能发展他们的才力，一时不能有惊人的表现。

包头是绥西的一个重镇，这五年来自然也着实有些变化。车到了二里半村站（因为离城有二里半路，可以叫做这个名字），下来就看见了前所未见的人力车。再往前走又发现街灯林立、广坦平衍的新马路（马路是从前有的，可是已经大大地修过了。电灯在这里还是第一次看见）。进城之后，看吧，市街虽然还只得两条，市面虽然也不见得热闹，可是里面的确有了新活力。电灯，各机关和大商店都装上了，电话，不但市面上有，就是包、绥之间的长途电话也通了。新式的织毛厂、织毯厂规模虽小，出品很精致，这是前所未曾想得到的。

街上也有穿西服的人走过，也有装束颇摩登的太太小姐之流坐黄包车。田里也是种烟的多。一切和绥远都差不了多少，无庸细说。

普通人民家庭里的妇女，还有许多耳上挂着大如小儿手镯的银耳环，臂上套着重要四五两的银手镯，大红衣服，绿绑腿，脂粉涂得像泥阿福。小姑娘的头发多数剃得像个木桶圈或者锅盖儿模样。太太奶奶们病了，初步治疗总是在两太阳穴上各贴一张大烟膏，否则在额头上一排拔上几个火罐（拔火罐法，用小瓦罐一个，里面放上火纸，燃着之后，把瓦罐叩在头上，即吸住），拔得头上紫疱像铜板那么大，别致极了。关于这些琐碎风俗，我以为无关兴业大旨，时代的潮流，会自然而然的把它扫荡而去的。

触目惊心的是，街上竟新开了两家很华丽的洋货店，陈列着不少的日货、俄货。我们自己还没有开辟好的商场，帝国主义者已经侵略到了。这是何等可怕的事实？！

目下开发西北的声浪可说是已经达到了顶点，自然这声浪，绝不仅是纸面上的，口头上的。在最近的将来，我相信绥远是会更可观的。

《西北问题季刊》
上海西北问题研究会
1935 年 1 卷 2 期
（朱宪　整理）

由包头至平凉之一瞥

警中　撰

余友某君，热心开发西北之士也。去岁因事赴甘，为考察包头、宁夏、平凉一带情况，特绕道平绥路。此篇所记，皆系各地形势、民情、风俗、出产之实在情形，惟原稿零杂简略，某君不欲刊登，著者以此边区实在材料，特稍加整理而成是篇，登诸本刊，以饷阅者。

一　由包头至宁夏

包头为平绥铁路终点，黄河上游货物如皮毛等，皆从此上陆，由平绥路运往平、津，再销售于各处。城垣广阔，商业甚盛，人口约四五万，黄河经流于城外，土地亦肥沃，商家以山西人为多，人力车、电话、菜馆、戏园、妓院、澡堂等，一切新都会应有者皆备焉。由此可知为商业富庶之区。至牛羊肉甚贱，牛肉每元可买十五六斤，大米则每元仅买四斤上下。但一般平民所食者，是为粗而黑之面食。

自包头至宁夏，计程一千三百里，人烟甚少，行旅维艰。自石嘴山至宁夏一带，土匪较少，其他各处，则皆蒿苻遍野，抢劫之事，时有所闻。尤其是后山一带，土匪极多，行旅视为畏途。此不仅旱路尔也，即河道亦莫不然。

　　沿途风尘仆仆，满目凄凉，其蜿蜒于右者，系一石山，长约二三百里，询其名于土人，则曰后山。除此山而外，别未见他物，其荒芜之象，可想而知。间有人烟，多系蒙人出没，而居户稍多且有市集者，汉人生息之所不过数十里始一见也。凡见一村落，则必畜牧成群，尤其是羊居多数，马、牛极少。其可怪者，每一村落，必畜有强悍肥大而吠声如雷之犬，一见汽车经过，则狂吠追逐。

　　包头至五原，计四百八十里，汽车一日可达。五原市面，距城三里余，李陵坟冢在此地之附近。

　　五原至临河百八十里。

　　临河土城，系近年所筑成，居民不多，商家尤少。湘民移垦合作社，所领地亩，在去城六十里之六合公地方。

　　临河以地临黄河故名。地质肥沃，水利方面，已开有渠。古语云："黄河千害，利于一套。"即黄河至五原、临河一带，水流较缓，有舟楫灌溉之利，而土地又膏腴。最近闻东北流落关内将士，拟到五原开垦，果能办到，于移民上裨益不少。

　　临河至磴口，计二百七十里，沿途平旷，一望无涯，惟黄河向五原、包头方面流去，纡曲萦绕，觉有意趣。而旱道距河身，则呈若即若离之象。

　　磴口系一镇市，在黄河南岸，水陆交通，萃会于此，故地居冲要，设有各种税捐局。原来此地属平罗县辖，旋以距离县城远二百里，不无鞭长莫及之患，今遂改为县。

　　自磴口至平罗县，经过石嘴山，而石嘴山为磴口、平罗间之较大市镇也，在包头至石嘴山间，每八九十里无人烟，以故往来人马，常见有困饿于途中者。过石嘴山以后，村落渐多，道路亦甚平坦。

　　磴口至平罗，计程二百里。平罗城内，商户栉比，俨然一繁盛城镇，县政府前，横竖三匾额，一题"高山仰止"（指贺兰山而言），一题"大河横前"（指黄河而言），一题"西抗皋兰"。平罗产米、煤、皮、毛，米价每元可买十六七斤，〈煤〉其质纯系无烟，皮毛则以羔皮与老羊皮为多。由磴口至此，因系向西南行，故气候较为温和。然途中风尘，仍未少减，不免令人感受行旅之苦。其在未过石嘴山之先，常见道路两旁，横有马尸，及究其故，因沿途人烟稀少，骡马半途乏食困惫而致于死也。

二　誉满全国之滩羊皮的宁夏

平罗到宁夏，计程一百里。宁夏城为长方形，南北凡三里，东西五里余，周十六里。贺兰山在城之西南，隐约可见，汉之霍去病即生于是山。黄河在城之东，距城三十里。在形势上观之，此地是擅山川之胜也。人口约八万，集居东、南、北三城，东西正街，商户林立，贸易颇称繁盛。城之西北隅，地多旷野，中山公园、西北运动场及练兵场等在焉。城有宝塔两座，曰西塔，曰北塔，西塔高二十余丈，北塔在城外，较西塔为低，其来历无碑记可稽考，惟西塔寺中，有乾隆、嘉靖〔庆〕年代一匾，载及此塔建于夏，增修于晋、宋，今则重修之云云。又有一匾，其旁跋数行小字，有云宁夏八景，此塔（西塔）即其一，其他七景，问之当地人，无有知者。惟云宁夏于前清咸、同间，匪回作乱，城内一切古迹，焚于兵火，荡然无存。且此地多咸〔碱〕质，虽有碑碣，亦易崩裂，故古迹无从稽考。

城外黄河，水流甚缓，长年无甚涨落。居民并于其旁筑渠甚多，有灌溉之利。西门外举目一望，历历皆是。古语云："黄河千害，利于宁夏。"（一说利于一套，指五原、临河一带，见前节）由此观之，洵非虚语。尤可异者，渠中盛产鲤鱼，味极鲜美，即世所称为黄河鲤。查黄河鲤以此处产额为最多，惟此鲤鱼，仅生长于渠中，其他黄河经流之处，不特不产此鲤鱼，即其他任何鱼亦不产，盖以他处黄河，水流湍急，鱼无淹留之可能。

宁夏出产，以滩羊皮为最特色。查滩羊皮，系羊生聚于沙滩之上，毛质洁白，轻暖异常。毛之湾曲，多至十三道。究其底细，系冬季出之小羊，于生后十余日，宰剥其皮，来春再行洗制即是。

居民燃料，以煤为大宗，其煤质极佳，无烟且少灰烬。此煤之产地为平罗及贺兰山，人民用大牻口车（此车轴宽可一丈，轮径可七尺，为他处所少见）推来，运输极感不便。

宁夏产蒲苇、芦草及牛、羊、驼毛。惟人民无实业知识，蒲苇、芦草，不知编制；牛、羊、驼毛不知织造，诚为可惜。一般人民生活，牧畜以外，悉恃天然农产物。又此地产鸦片，每两价洋六七角，无论老幼，相习吸食，精神衰败，偷逸随之，以故人民懒于耕作，农业不振。至教育一项，亦不发达，平民识字甚少。一般妇孺，对于寻常家庭工业，且未学习，以故裁缝工价极昂。其商业上，以山西帮为最盛。

宁夏为古雍州之域，西夏曾建都焉。元改为宁夏路，明置宁夏卫，清置宁夏道，民国初，因仍其旧，属甘肃省，十七年，国府因甘省过大，不便统治，遂另划为省。省城仍称宁夏。由省城至兰州一千三百三十里，至平凉七百八十里，均有汽车道。因常无客货车，商贾往来，仍以轿车及驼载为多。

宁城人口，以马为最盛，且皆系回教，城中有马府街，前主席马鸿宾子寅，今主席马鸿逵少云，即属斯族之最有声誉者也。

宁夏于今春为孙殿英军围攻时，磴口、平罗及省垣一带，备受兵灾，所幸孙军退后，马主席及各负责当局，善后有方，兵燹遗黎得庆更生矣。

三　枸杞渊薮的宁安堡

由宁垣至宁安堡，计程三百二十里，而广武堡则为宁垣与宁安堡之正中，距二处各为一百六十里。广武堡属中卫县治，雄山环抱，有住户百余家，为古来战场。宁安堡原属中卫县，近岁省府因原中卫县，面积辽阔，农村广大，县政府对于地方行政，每有鞭长莫及之感，经省务会议议决划为两县，而以宁安堡为新县中宁之县治。新县东临金积堡，西傍圣井关，南至海原，北至大坝，西北界阿拉善，东西长一百五十里，南北广一百里，全面积一千五百方里，农产物除头发菜（全县每年产百余担）、杂粮及罂粟外，而以枸杞为最丰富。枸杞则集于此新中宁县城的宁安堡。故此堡为枸杞渊薮，外商群来采办。又此堡距黄河十余里，西至兰州，南至陕西，均由此渡河，有商户三四百家，商业颇盛。其特产之枸杞，大可成材，农民皆原亩栽栋〔种〕，恰如江、浙一带之桑林。统计枸杞每年产量，约在一千五百担（每担二百四十斤），每斗价值，自三十元至八十元不等。上等名曰枣黄，每斗八十元，次为魁元，每斗六十元，再次为汇货（即普通者），每斗三十元。

宁安堡建筑古致，商店居户，栉比一团，朴实不华，为长江各省所罕见。尤可异者，市中购买盐，不用权衡，只用斗量。

四　宁安堡至平凉之途中

由宁安堡至大红沟，计程八十里，由大红沟至镇远县属之同心城，亦名半个城，计程六十里。在宁安堡至大红沟之沿途，仅有人烟一处，其荒凉景象不问而知。至同心城则形势颇古，居民商户，亦称繁盛，惟一加探询，有谓回人占十之七八，汉人以晋、陕两省业商者为多云云。

由同心城而李旺堡，而三驿营，抵固原县。该县汉时属安定郡，隗嚣倡乱，马援进兵于此征服之，魏、晋、唐、宋，皆称原州，至明始名为固原，我国古时匈奴、突厥犯边，此处为兵备重镇，清顺治间，驻有三边总督，其视为军事要隘，于此可知。惟时地属陕西，康熙五年，划归甘肃，同治十三年，改直隶州，平凉属焉。最近改县。又此地古称为高平关，亦称肃关，现有地池，系完成于明万历三年，内外四重，颇坚峻。至此处生活程度甚低，面每元可买四十余斤，煤每元可买三百余斤，牛肉每元可买四十余斤。

自固原城起程，经过前场、牛营子、大湾等地而抵瓦亭驿（属固原县辖）。沿途柳树、榆树、杨树，行列苍老，蔚然可观，此等柳，人恒称之曰左公柳，盖纪念左宗棠所植也。该驿城堡，老〔亦〕系左文襄公所修，闻〔周〕围约三里，形势险要，东据三关，西扼六磐，自来称为要害，汉时隗嚣作乱，闻洛阳陷，曾使牛邯屯兵于此。

由瓦亭驿东行，过金佛峡、嵩店、下马湾、安国镇，抵平凉。金佛峡，距瓦亭驿二十里，即三关口，三关口两山耸接，崖石壁立，道路崎岖，形势险要。

六盘山距此甚近，与此口并称天险。古来宁夏战争，视此为得失关头。相传宋时杨六郎守三关口，现犹遗有六郎石像及六郎庙；焦赞、孟良之营盘，在口之附近。此口因道途狭隘，崎岖难行，匪徒劫货之事，时有所闻。

民国九年冬，甘肃地震，震区城墙圮落，房屋摧覆，人畜埋于地下，人口死亡，计全省约二十余万，财产损失难以数计，其祸之烈，震古罕有。据述及地震当时情况者云，地震时，震声如雷。所震时间，约二十分钟云云。此番由宁安堡至平凉，足迹经过，均系地震最惨之处，其中尤以同心城，海原、固原为最甚，海原县之养老庄，附近有大山一座，已变为陂陬，沿途所见倒塌之房屋及山崩川塞之迹，皆因地震所致。

五　陕甘宁三省咽喉的平凉

平凉县城，在泾水南岸，崆峒山东麓（此山距城三十里，相传系神仙窟宅）。因山建筑，地势高峻，城壁分内城与外城，内城在西，外城在东，为东西横长形，西宽而东锐，形如葫芦，周围十余里。惟以地当西安、宁夏、兰州咽喉，出入货物，咸汇于此，街市虽不如宁夏之宽整平坦，而繁华则与相埒，就中东关庙街及城庙街，为本城繁盛之区，较大商铺，在其间焉。出产以粮食、皮毛为大宗，生活与固原相同。又以地介甘、宁、陕三省，军事、政治，呼吸相关，尤称重镇。

城内回人颇少，东关外则占多数，其所以如此者，闻系左宗棠平匪回时，沿途各城镇，不准回人杂居城内，因此回人则多在各城堡之外居住。但此种分畛域办法，在国内各民族一律平等之今日，亟应剔除昔日观念。

民风纯朴不华，惟以生活容易，习于安逸，多数人又嗜好鸦片，以故普通工业及手艺工匠，本地人少有学习，缝工之贵，几非长江各省所可比拟。

商业上占势力者，以晋、陕两省人为多，而回民则多开清真馆及小贸，操他业者，是居少数。以故此处回民生计，无甚发展，甚至失业，在整个国民生计上而言，政府亟应为此等回人开辟生路。

北门外有柳湖，为宋代蔡廷所建，湖中一温泉，严冬不冰。温泉旁建有亭，左宗棠所题碑碣，树于其中。又柳湖书院一匾为左宗棠所书，书法遒劲，观瞻之余，令人向慕左公之为人。

　　平凉居民燃料，多用木炭，其炭每元可买百斤。距此九十里之华亭县出煤，每元可买三百余斤，惟其煤质不若［若］宁夏煤之纯洁无烟，故用之者不甚踊跃。

　　甘省煤矿储藏量甚丰富，惜均未开采，其已发现之少数，皆系土著以土法掘取，无规模之可言，且境内交通梗塞，运输不便，掘取之煤，稍远即不能行销。

六　尾语

　　由包头至平凉，计程二千一百余里，经过绥远、宁夏、甘肃三省之地，综括而言，各地有三种共同现象：即（一）土地肥沃，（二）资源丰富，（三）荒凉急待开发。吾人今标榜开发西北，应从此包头、宁夏、平凉一带之近西北地方做起，且较有利。何则？包头、五原、临河、宁夏，地质肥沃，有黄河灌溉之利，颇适农耕，如投资开垦，必能操左券。且宁夏之盐碱，及无烟煤，为一般人民日常需要之物，如作大规模经营，先助政府兴筑包宁铁道，然后就地设厂，则运输便利，生产与消费衔接，其企业自日趋发达。又包头至平凉，为盛产驼羊毛之区，当此国内流行呢绒衣着，可即在此呢绒原料区域，设厂织造，且现在包头至平凉一带，已有汽车道，呢绒轻细货物，在近包头者，可由此汽车道运至包头，由平绥路运往平、津各大市场行销，在近平凉者，即可取道西兰公路，运至西安，由陇海路转运长江各大埠行销，如将来包宁、西兰［西］铁路修筑成功，其运输之便利，更不待言。夫现在及将来之运输既如此，如能投资，则其企业之发达，又不待言。

　　现国内农村破产，资金悉集［聚］中于都市，推其原因，盖在有资金者无事业之可经营，不得已以极薄利存储于都市各银行耳。今包头、宁夏、平凉一带，近西北地方，资源既如上述之丰富，现在及将来之运输，又如上述，投资其间，是极有利益之途，我富有资金之同胞，盍兴乎起！盍兴起乎！

《边事研究》（月刊）
南京边事研究会
1935 年 1 卷 3 期
（李红权　整理）

蒙古旅行考古记

黄文弼　撰

仲良同志，湖北省人，本会会员，北大毕业，初习哲学，继攻考古，叠赴新疆，发现及著述甚多。此篇系述其去岁由蒙赴新时之经过情形，至在新疆一段，后当陆续发表也。

编者

余此次奉教部命，随新绥公路查勘队赴新，考察教育及古代文化，于九月杪发自南京，十月中旬由北平西行，经内蒙草地到达新疆。二十三年十月中旬离迪化东返，同年十一月十五日返抵南京，计一年零一月，兹将旅行蒙古经过略述于次。

一、绥〔绥〕哈段　按由内地至新疆有三路：一为北道，即由绥远往北经行内蒙草地至新疆哈密，现新、绥商人均由此道，谓之商道；一为中道，由绥远西至包头，经宁夏至甘肃，与大道会，此道亦为商行道，因途中未安宁，行之者稀；一为南道，即由陕西西安，西北行至兰州，循甘、凉、肃至哈密者，为官员往来大道，旧为左宗棠所辟，亦可称为左宗棠大道。余等取其捷径，决由北道西发，返时由大道东归。余等在北平筹备就绪后，即同乘车至绥远。时因汽车被火车碰损，另行购备，尚有十余日之耽搁，余即乘时偕同西北科学考查团助理员白万玉君，往托县、清水、和林考察古迹古物，十月二十四日出发，十一月三日返绥远，共行十日。在托县时，过河西，踏查十二连域〔城〕故址，探询蒙古情形。此地即鄂尔多斯之左翼，属伊克昭监〔盟〕，蒙汉杂处，而汉人垦地者较蒙古人为多，情感尚属融洽。返经清、和县，踏查盘山沟、大小红城一带古迹，皆为汉代遗址，并在盘山发现古城基一座，盖古长城所经行之地也。三日由和林返至归化，又住数日，十一月十日，全队发自归化，经武川，十一日至乌兰淖尔。至此已入草地，皆蒙人牧畜之所，毡帐为室，酪浆为饮料，汉人甚稀。因装置汽油，在此住三日，十五日全队发至贝勒庙。此地属乌兰察布盟达尔汉族〔旗〕，有庙，为达尔汗贝勒之庙，故称贝勒庙。庙基甚为宏阔，驻喇嘛千余，在乌兰察布盟中，以此庙为最大。河东旁有汉商十余家，均以米面、布匹为业，此处为东西往来冲要，新绥汽车及往来驼商，均经行过此，绥远亦有汽车数辆来往于归化、白灵庙之间，故白灵庙为中国北部重镇。当余等抵贝勒庙时，值内蒙自治会议开幕，黄部长莅止之时，余等驻于贝勒庙之北，河布洋河边。在十三日之清晨，自治会中要人闻余等至，前来谒访，包悦卿、元仁两君，并至余等棚帐谈叙，中述自治会成立之原因及经过，并述及中国教科书中引用八月十五日杀达子故事，认为与五族共和主义有防〔妨〕碍，经余等加以解释，彼亦涣然冰释也。

十八日，全队又由贝勒庙西发，经伊铿淖尔，至塔布毛坦，此地有一小河湾，曲行山中，故名羊肠子沟。北地天寒，水已成冰，汽车驶行过速，堕沟中折轴，同行尤君碰伤鼻梁，因在此休息。四月二十五日，发至黑柳图，过浑阔尔鄂博。二十七日至黑沙图，此地有道可通五原、临河、包头，亦为中国北境要地。有汉商数家，大率皆山西人，出售米面、布匹，收买皮毛。东黄旗设卡兵十数名于此，借以警卫行旅。二十八日即至乌利乌苏，此处为北道之首站，盖由黑沙图西南行，经善丹庙，过拐子湖，至额济纳河上之黑城，为草地南道。由黑沙图向西北行，经乌利乌苏，过

银庚，至瓦窑陶来，为草地北道。南道多沙碛，汽车不可行，故
走北道。此地有汉商一家，包头人，余等抵此后，因贝克满病，
并拟俟由天津购买之新汽车来，约有数日之停留，余遂乘机作考
古之探查。先是闻在此北约三十里谱，有古长城遗址，东自张家
口，西抵额济纳河上，堑山淹谷，蜿蜒千余里，每四十里有一土
城，以为守望之所。余以为此必古代国防遗址，乃雇驼担粮，前
往踏查两次。由科尔登至察罕鄂博，沿边墙行约百余里，墙宽约
四尺、高三尺许，多为石板所砌，亦渐倾圮，每四十里有土城一
座，四方形，每面约九十步，中间布黑磁淘〔陶〕片等，亦无他
物。在科尔登之西，阿尔巴图山中，有土城一座，城基尚存，想
亦为长城之守望者所居也。商客在此拾乾祐元宝铁钱一枚，以赠
余，盖西夏时故物，当宋乾〈道、庆元〉之间，今以此钱合磁片
证此边墙，则此边墙为辽、金所筑已无可疑也。十二月十四日，
复全队出发，往西南行，至黑山头、松道里，又转西北行，过公
胡图克、干曾莫多，至银庚，寻觅石器。此地为内外蒙交界之地，
有井二口，一属内蒙，一属外蒙，中国商队每在此处为外蒙所掠
夺。往西即为班全托罗盖，有汉商三十余家，均为与外蒙贸易，
收买皮毛情形良好。西过迭纳生胡图格、可可托罗盖，二十四日
至瓦窑陶来，即抵额济纳河边。明日即为耶耶基诞日，在此停留
一日。二十六日至王爷府之东二里衙门察罕住焉。

　　按额济纳有二海，东为索果淖尔，西为喀巽淖尔，中国地图统
称为居延海，有二大河，均自甘肃境内北流，东为额济纳河，中
国地图称为弱水，或黑水，河流入索果淖尔。西为乌兰木伦河，
在西庙与额济河分支，西北流入喀巽淖尔，河身宽约二百余步，
夏秋水大时，深约三尺，沙滩湍回，不便行舟，河床颇高，沙山
迤逦，余等为绕过此沙丘及过河之困难计，遂由瓦窑陶来北行，
绕索梁〔果〕淖尔之北面，转南行，过王爷府，仍住于额济纳河

之西岸。王爷府在两河之中间，水草甚优，蒙人毡帐，大率溷布此一带也。余等在此度阳历年关后，因查勘队预计在此休息两星期，修理汽车，余乃乘机作考古之探查。在二十三年之元旦，雇驼五匹，携帐担粮向西出发，一月十四日返衙门察罕，共两星期。此行成绩尚优，先是额济纳河自甘州北流入戈壁后，沿河两旁，均有土墩，直抵湖边，皆为汉代防御匈奴之遗址。余在民国十六年时，在天仓附近发现汉简后，瑞典人贝克满继续在此一带工作，发现汉简甚多，有地节、神龙①等年号，则此土墩为汉代遗址，与居延塞有关，毫无可疑。然居延故址，即李陵等所出入之地，今在何所，迄莫能明，余乃乘此作第二次之踏查。时天寒地凉，北风凛冽，在一月二日之清晨，发现西夏国庙塔等，惜多被焚毁，其余烬中尤包藏不少西夏文经典。复前行，进入沙窝，出没于沙窝中者十日，骆驼不饮者七日，每日奔驰，必得古房址十数处，屋宇虽已倾圮，而墙基则岿然独存，石碾石磨、稻场沟渠，尚宛然如旧。尤其在每村之旁，必有一庙或塔，并在沙碛滩中觅得石器及铜件之类，如有预留于此而供余等之探取者也。在探检之最后一日，复得土垒若干，散布如星棋，其布置区域，直径约十五里，拾有五铢钱及绘纹陶片等物，确为汉址无疑。又在附近发现古道一条，车轮遗迹犹存，道旁有汉绘纹陶片甚多，上为浮土所掩，高约三尺，私自庆幸以为此为居延故址，觅之数次不获者，今竟无意中得之也。

抵河上时，彼等已福地而西，返队后，略休息，料理一切。一月十六日，仍随同出发，向南西行，过乌兰木伦河，时河已冻冰甚坚，吾人已安然渡过。至乌兰参纪，再西行，经大戈壁，沿途

---

① 原文如此。——整理者注

不见一人。二十日，至野马泉，在四山中间，显露平原，有一泉，泉水甚旺而甘，驻三日。过石壁井，至公跑泉，蒙名端布半省，有土房遗址，虽无人居住，而房屋建筑，甚为精巧。在民国初年，有自外蒙逃来之端布喇嘛驻此，并随带蒙民十余户，斫山筑屋，自为守卫，此房亦即端布喇嘛所筑，故名端布半省。半省，土房之义。后被外蒙兵所逐，遂无居人矣。汉名公跑泉，泉水甚旺，草亦丰美，可养驼马数万头，惜中国人不顾也。二十九日至明水，有汉代土堡一座，西行穿行天山，四日至鸭子泉，五日过庙见沟，为民国十六年杨增新派兵阻余等于此，今已荒寂无人，只留数段围墙、几株柏树而已。六日过黄芦冈，有马部缠兵在此守卡。即西行，是日抵哈密，至是吾人方脱去内蒙游牧生活，入于新疆农居境地矣。

《西北问题季刊》

上海西北问题研究会

1935 年 1 卷 4 期

（张楠楠　整理）

百灵庙征程记

作者不详

一 引子

在新闻学会发起旅行百灵庙的时候，只怕没有人参加，等到开始报名的时候，又恨没法来限制人数，结果，全体团员，达到五十八人。在短距离的旅行，这几个人，并不算多，可是长途跋涉，就感到有难以兼顾的苦处。所幸全体团员，都能忍耐。在未出发前，团长曾经说过："希望我们回来的时候和出发的时候，是一样的快乐，一样的团结。"现在果然应了团长的话，大家和从前一样的回到学校里，这是可以庆幸的。此外，除掉公家津贴的个人和团体而外，完全以私人资格组织而成的这么大的团体到百灵庙去的，恐怕"燕京大学西北考察团"要做个开路的先锋吧，这是值得纪念的。

二 从北平到绥远

三月二十九日早晨七点正，由贝公楼前出发，七点一刻到达西直门车站，全体在站上留影，八点开车。这次平绥路局为我们特备一辆三等车，所以满车都是自家人。大家上车后精神极为兴奋，唱歌的，是檀香山来的同学；打牌的，是男女混合的队伍；闲谈的，是比较好静的同学；看书的，是预备多得些平绥沿线景物风俗的智识；睡觉的也有，大约是起的太早的缘故。据说有人因为精神太兴奋，一晚没有睡着，早上四点钟就起来打行李。当时车上的情形，非常热闹。这样过了半天，到了下午，大家因为精神已经用完，一个个都想晋谒周公，报告一切，车厢空气，才由紧张而转入松弛。车过阳高，大地已被夜色笼罩，于是拥被入睡，形势平静。一觉醒来，车已过旗下营，绥远到达在即，大家又忙着整理行装。钟鸣七下，车进绥远站，省政府代表孙光祖秘书长及校友郭文元已在站相候，大家握手寒暄，乘省政府预备汽车，分别各赴寄宿地点，男团员住省立第一中学，女团员住绥远新闻社。

三　绥远的两日

行装甫卸，肚子已不能再忍，于是全体开赴麦香村午饭，因沿途辛苦，故菜肴特别丰富，大家筷子两〔齐〕下，不一刻已杯盘狼藉，碗底朝天。肚子既饱，精神又足，于是应省政府之约，乘汽车赴各处参观。参观地点为面粉公司、烈士公园、赛马场、绥远毛织厂、图书馆、社利图招。

以上六处，除社利图招为古代喇嘛庙外，其余皆为绥远省政府近年来之新建设。面粉公司与市电灯厂在同在一处，利用电力发动机器，每日产量，尚不算少。烈士公园，为纪念五十三军抗日阵亡将士，内有纪念塔一座，上刻诸烈士姓名，后有纪念台一所，内陈诸烈士照片，堂后即为烈士公墓，建筑非常伟大。全体团员，列队向纪念塔行三鞠躬礼，以示敬意。赛马场，为绥远一年一度赛马之所，占地非常广阔，大致与上海之跑马场相似，不过没有洋楼而已。绥远毛织厂，成立不久，由官厅主办，利用本地土产羊毛织成各种呢绒，手工与机器并用，故出品虽良，惟尚欠精细。若逐渐改善，对于挽回漏卮，定可有相当成绩。图书馆系省立，成立不到一月，内部藏书，多半还未寄到，惟所藏一部分古物，系由官购自民间，还值得一看。社利图招，是一所大喇嘛庙，建筑非常庞大，内有喇嘛多人，常年驻守。参观毕，已时近五点，上车回住宿处，途中汽车忽将路旁之电话杆撞断，有团员一人，稍受微伤，幸为电话线，若为电灯线，则其结果，真不堪设想矣。六点在天心元进晚餐，此馆系回回所开，所做之菜，不外牛羊肉，惟极丰富，所以大家皆能果腹。绥远多吃麦饭，米饭极贵，一碗米饭，即须大洋一毛二分，所以平常不吃面食的同学，到这时也不得不勉强尝试。

三十一日，上午约好第一中学的学生，作篮球及排球友谊比赛。篮球九点开始，我方团员，人马不齐，以乌合之众，当久练之师，失败自在意中。惟双方精神均极好，虽属游戏，而不以游戏出之，打来尚有精彩。十时排球开始，我方以混合阵势应战，女将陈佩桃，坐镇中军，颇能称职。其他如马廷栋之关门，程绍经之扣压，尤为出色，两旁观众不禁同声喝采。结果以二对一获胜。午饭后，个人自由活动，盖省政府茶会，须四点钟也。大部团员，皆出外购买土产，如地毯、呢绒、羊皮等，其中尤以羊皮为最受欢迎。盖绥远羊皮，价值极廉，用以做短衣，质地虽不能与舶来品相颉颃，而一衣之资，只及舶来者四分之一，故团员选购者，为数颇巨。三时一刻，乘省政府汽车至新城，为时尚早，乃赴大街周游一匝。新城为政治、实业之中心，故街道平垣广阔，迥异旧城。四时茶会开始，地点在省政府议事厅，列桌为丁字形，主席傅作义居中坐，水果茶点，陈列满桌，颇为丰富。首由傅氏作简单致词，嗣复对于此次绥蒙税务纠纷，有所解释，最后由团长蒋荫恩致答词。散会后，全体与傅氏合摄一影。团员中有欲骑马者，傅氏为命人备马，在省政府门前大路上，驰骋多时，直至夕阳西垂，始握手言别。回寓进膳，已钟鸣七下矣。

四　赴百灵庙前夜

本团赴百灵庙汽车，以人数关系，非四辆不办，在省政府茶会时，傅主席曾允许代备，致个人心中，充满快乐。盖明日（一日）即可安抵百灵庙也。晚餐后，省府孙秘书来电，谓军部汽车大队，大多开往包头，目下只余三辆，但其中二辆已有损坏，不能行驶，望予等自己设法。当时得此消息，中心焦急异常，盖此〈行〉之最大目的，在能至百灵庙一看，若因汽车而不果行，则五十余团员，不知将若何失望。因此事〈先〉决定将此恶消息暂不宣布，以防团员灰心，同时由正副团长，分头设法。会知绥城之新绥长途汽车公司，有空车二辆，久搁未用，乃由北平军分会参议张宣泽君之介绍，往晤该公司总工程师扬少丰君，恳其将车暂借一用。杨君当即声明二点：（一）该车已多时未用，虽经检查，但不敢必其中途无损，设有差池，不负任何责任；（二）该车借用未邀上峰允许，完全出以私人关系，中途设有危险，不得损及公司名誉。此项意见，由正副团长正式接受，车辆现稍有眉目，百灵庙之行，或不致失望。乃由正副团长回宿舍分别向男女同学报告，并慎重询问大家是否愿意冒险一行。当时各人为热望所驱使，皆愿同生同死，一齐出发。适省府孙秘书可有电话至，谓傅主席对于汽车事，极为抱歉，现已下令军部汽车队，嘱其连夜将汽车修复，以便明日准时出发。至此，事既粗定，睡意亦至，携电回宿舍，同学均鼾声如雷，齐四〔回〕睡乡，举腕视表，已时近午夜，盖来往奔波，不觉时间之易过，明早七时即须出发，遂六时起身，亦不过有六小时之休息也。

五　赴百灵庙途中

天迄将曙，团员皆已起身梳洗，略进稀饭油条，个人乃自携行李，至门外候车。八时，新绥汽车两辆至，一部男团员先行登车。九时许，军部汽车两辆亦至，于是其余男女团员，相率上车，各事妥当，已钟鸣十时，于是团长令下，四车乃鱼贯出发。团员高唱校歌，声彻云霄，慷慨之情，溢于言表。两旁围观群众，亦皆含笑相送，点首示别，一若已知予等内心之欢乐，而故亦其〔甚〕同情者。

车行未出五里，一车机件忽告损坏，久修不复，前行两车，在中途久候不至，知必有变，但以相距太远，不通消息，决先开至武川相候。沿途爬山越岭，渡河涉水，备极险阻。汽车皮带，一再被石子刺破，进行尤为艰难。下午四时，先行二车抵武川，乃借用县政府电话专线，至省政府查询落后二车消息。据谓一车已继续前行，一车机损不能开，暂停郊外。五时许，第三车亦至，因知尚有团员四人及行李一部，已回绥远，候车再来。乃由团长屯孙秘书，请其务必设法将回去四人于二日送来，以便一同赴百灵庙，孙君允之。事现如此，势不得不在武川耽搁一宵。武川地方极小，五十余人下榻处，颇费踌躇，结果男团员住县党部，女团员住女子小学。只求容身，不计其他。一路颠簸，精神已疲，拥被而卧，不觉东方之既白。

早餐既毕，团员有借乘县党部所备之马，来往奔驰于大路间，路旁围观民众，不时报以微笑。会当地驻军第四百二十一团团长孙兰峰来访本团团长，接谈之下，颇为投机，孙君乃请团员至城外校场参观跑马。孙君有良马一匹，曾得绥远赛马之走马第一名。

由该团马教师乘骑，来往数匝，疾走如飞，果属名不虚传。孙君在旁手指口讲，兴致极高，而武人之爽直干脆，亦一表无余。由校场归来，又至该团教育班参观操演，观毕归来，时已正午，而由绥开来之汽车亦至。于是与当地人士，握手言别，相率上车。沿途道路平坦，与前半迥异，平原广阔，目极千里，既无房舍，又无人烟，间遇一二牧群，点缀其间，然而转瞬过去，仍是一片沙漠也。

六 在百灵庙

四时许，百灵庙已隐隐在前，团员心情，为之一振。五时渡河抵蒙政会，蒙古同胞，相率出迎，对吾等服装，颇引以为奇，左观右看，互相批评，惜不通其语言，否则，记而出之，必有趣味。会员分别将行李搬至蒙古包中，乃进晚膳，菜肴丰富，佐以馒首稀饭，几不知身在荒凉沙漠中也。略事休息，乃展被入睡。蒙古包完全以毡制成，地上亦铺以极厚之毡子，人卧其上，虽不及弹簧床之舒适，然而柔软温和，实较木板床为佳。包内生火炉，以驱寒气，包顶有天窗，可以自由掀开，流通空气。每包睡十五人，颇有你挤我我挤你翻身不灵之苦。顾以数日颠簸，疲倦已极，头一着枕，即鼾声如雷，梦中固不觉身卧沙漠中也。

三日，团员七时起身，阳光微露，寒风刺人。梳洗毕，乃由赵科长引导，全体赴庙参观。至则正殿院中，满地喇嘛，恒四五人为一组，口中喃喃互语，不辨何词，询之赵君，始悉正在举行讨论会，为每日功课之一。另有大喇嘛一，头戴高冠，身披大红袈裟，手持戒尺，来往巡视，遇有不守清规者，辄责之以尺，极为严厉。吾等绕庙一周，适讨论会亦完，乃觅人开正殿大门，会司钥者他往，不果，遂出庙回包。

　　十时，德秘书长与团员相见，因人数太多，包内无法容纳，乃在露天举行。德秘书长头戴瓜皮小帽，蓄辫，身穿蓝缎长袍，腰束红带，足登黑缎靴，胸间插有一九三五式真空派克自来水笔二枝，颇足代表世纪进化的特色。即演说时，出以蒙语，另由蒙政会某职员译为汉话。大意除欢迎、抱歉、鼓励外，对于汉蒙关系，亦有提及，惟语简意长，有心人自能领会。继由团长蒋荫恩致答辞，对于蒙政会诸人埋头苦干精神，极为称颂，并勉励团员，一致努力。最后与德秘书长及蒙政会职员，合摄一影而散。时团员之带有纪念册者，群绕德秘书长求其提〔题〕字，乃相率入女团员所住之包，席地而坐，握管挥毫，字迹俊秀，虽汉人不辨。多数未带纪念册团员，亦搜求片纸杂簿，以免失此机会，时近正午，方始完毕。进膳后，乃由德秘书长亲自率领，赴庙外广场打靶。伊之枪法极精，百发百中，观毕同声叫好，团员亦争相试放，一时轻机关枪与步枪声，不绝于耳。打靶毕，复举行"套马"表演。

　　所谓"套马"，即一人骑马上，手持长竿，竿上缚以长绳，追逐于马群之后，遇有马离群乱驰者，即由后赶上，用竿上之绳套之。来往奔驰，疾走如飞，只见沙尘四起，不知人马究至何处。蒙人骑术最精，马不备鞍，一跃即上，且姿势尤美，反映于斜阳中，不啻一幅塞外牧马图。"奔〔套〕马"既毕，复有蒙政会职员表演摔跤，时已一轮西垂，暮色苍茫，乃返包进膳。饭后由蒙政会召来蒙人四名，表演蒙乐，一吹笛，一拉四胡，一拉古乐器，一唱蒙古歌曲，其声悲壮凄凉，令人不忍卒听。掌声雷鸣，一再继续，唱者固声嘶力竭，奏者亦面现疲容，于是乃告辞而别。

　　十时，团长蒋荫恩，赴德秘书长包中，代表全体向伊致谢招待之盛意。约谈十余分钟，对于目今汉蒙关系，伊颇发表意见。略谓蒙古地处边陲，于国防上极为重要，蒙古人民亦知自身之利害，故力谋振作，以期共同复兴中华民族。然而主持国计者，固未曾将蒙古人民放在心上。试举一例而言,蒙古目下官用关防,尚系前清时所颁发,民国成立以来,已廿四载于兹,虽重要各关防,亦未发给一个,蒙政会成立,亦无新关防,中枢对于边陲,其忽视如此,所谓开发,不过口号而已。言来极为有理,吾人聆此,诚感有无话可说之苦。

本定四日晨七时由百灵庙出发回绥,故团员六时即起,但汽车久候不至,盖彼处天寒,早晚气候,均在零度以下,汽车水箱结冰,不能行使,乃以牛粪烧之,约一小时,始恢复原状。时德秘书长出包为我等送行,乃请其用汉语作简单演说,讲来亦颇流利。汽车至,团员乃相率上车,并高唱燕京校歌,钟鸣九时,团长下令开拔,四车乃鱼贯前进。四围蒙古同胞,皆摇手为礼,颇有依依惜别之意。德秘书长亦立人丛中,目送吾等。车渡小河,百灵庙乃渐次模糊,一转瞬间,即不为吾等再见矣。

归途车次山中,轮胎忽坏,修理一时,始克继续前进,一路无话,到绥远时,已六时过矣。

七　大同与云冈

在绥远继有半小时之勾留,将所存行李取出后,乘原车直驶车站,至则车已进站。七时十五分开车,省府孙秘书及校友郭文明〔元〕,皆送至车站,握手言别,不胜依依,相交虽短,而情特深也。

夜四时到大同,因吾等所乘乃系包车,故团员仍酣睡如故。五日早七时起身,所雇之汽车三辆及马十八匹至九时始至,乃出发赴云冈石佛寺。云冈据〔距〕城约三十余华里,道路崎岖不平,且须渡河两次,故费时九十分钟,始克到达。云冈石佛,世界闻名,工程之伟大,雕刻之精细,诚值得一观。团员中携带照相机者，均纷纷拍摄，以备归留纪念。在云冈盘桓两小时，十二时半，乘车返城，至兴华村进午膳，团员连日只图果腹，未得良餐，群思开怀大嚼，于是定六元一桌之和菜五桌，菜肴丰富，口味亦可，在平、津恐非十元不办。连日欠缺，想由此一餐，可以补足矣。下午自由游览。团员有至曹福寺赶庙会者，有游九龙壁者，有上街购物者，有回车休息者。五时，一部分团员，由大同站长率领，至附近之酒精厂参观，该厂系私人所创办，成立不久。原料采用本地土产，成本极轻，且出品有百分之九十六七为纯酒精，故销路甚佳，惟因经济关系，规模尚欠宏大，但他日发展，正未可限量也。七时晚餐，仍在兴华村，但已由六元一桌减至四元一桌矣。

夜四时，由大同出发，团员早已拥被高卧，故多不知已身离大同。一路气候渐转温和，车进八达岭，即柳绿桃红，已是一片春意，较之百灵庙之结冰数寸，绥远之草木未青，相去不知几何矣。

六日晚七时，车到西直门车站，移时，大陆汽车四辆亦至，于是相率登车，直奔一别九日之燕京。到校第一件工作，即为香汤沐浴。盖各人九天未洗澡，尚是小事，沿途之沙土灰尘，身上不知沾光若干。洗毕一身轻，未曾亲历其境者不知其中滋味也。

归来后，特制缎旗两方，赠与绥远省政府傅作义主席，及蒙政会德秘书长，前题"党国干城"，后题"民族之光"，借表谢意，并资纪念。

《燕京新闻》（半周刊）

北平燕京大学燕京新闻社

1935 年 1 卷 68—72、74、75 期

（朱宪　整理）

察绥游记

褚绍唐 撰

余于二十三年七月下旬由沪首途北行，经首都、天津、北平、张家口、大同、绥远及包头七地，往返经月，于八月中旬返抵沪上，归后曾草二文，投刊《西北问题季刊》察绥专号及《中华日报》中，而游纪则以时羁于病，迄未整理发表。年来华北不宁，而察、绥二省首当其冲，大好河山，将继东北而沦亡，是则此稿虽已昨日黄花，然犹有可为国人警惕者。全文计分九节：（一）津浦车中；（二）天津一宿；（三）平津之间；（四）故都北平之游览；（五）平张道中；（六）在张家口；（七）大同览胜；（八）绥境内之所见闻；（九）归程。

一 津浦车中

出发北上 七月二十六日，晨八时，即收拾行装，由下关雇车至江边，予本欲一见首都轮渡工程，乃渡口处离此过远，决不获一睹。俄顷舟开行，乃与子藩先生等同行过江，购半价票。十时，火车由浦口徐徐启行，余数载北行之愿，乃得偿矣。

地方景色之渐变 车中无事，余乃悉心于地方景色之观察。至是，两目遥望窗外，见绿荫载道，田野如织。惟今夏以天旱过久，渠水十九皆干，土裂如龟纹，禾苗枯若黄花，农夫戽水，汗滴成流，其苦为吾侪所远不及。途中所见农作，在滁州一带，多水稻，渐北则高粱、水稻参半，过嘉山则高粱居多。至农家住宅之构造，滁州一带尚多瓦屋，嘉山以北则多土房。盖嘉山居皖中丘陵之间，实为长江与淮水之分水处，亦水稻区与高粱区之分界线也。

蚌埠与淮水　车停蚌埠甚久，余乃下车一观车站情形，见站址宽阔，积货甚多。此处北濒淮水，凡淮水上流一带所产之豆、麦、高粱，均舟运此间，装包待车出口，南赴上海、无锡，北赴天津、济南等处。蚌埠初不过一寒村，自铁道告成，开为商埠，一跃而成安徽北部第一名城，进步之速亦可观矣。过站北行，经淮水铁桥，桥长一百八十丈，九孔，建筑费百十万元。河中停泊，不下一二千艘，帆樯林立，一望数里。

皖北之民生　皖北一带，平地千里，村落甚稀，与江南较，其相悬殊甚。民生状况，虽道过不获详询，惟生活之低贫，已可一历其概。车站叫卖之烤鸡，约二斤余，价二角；小鸡三只，亦价二角；西瓜一大枚，重八斤，价一角。此外大饼充饥，土房供宿，疲衣褴褛，贫弱载道，我国农民之真实情况盖亦类此！

车抵徐州　晚十时车抵徐州。徐州古曰彭城，西楚霸王项羽都此；其地，汴泗交流，岗峦环合，土宜菽麦，良田万顷，早为历史上之重镇。今复扼陇海、津浦两路之交点，轮轨四达，他日开发西北，更将控门户之冲要矣。车站范围宽敞，灯光之下，但见军队森严之精神，与火车汽笛之声相掩映。

月色下观淤黄河　车过徐州三里，渡淤黄河，河中留水宽丈余，芦苇参杂，皎月悬空，银光普照，要非车声轧轧，处身其间，必有无限凄凉之感。考黄河自明孝宗弘治七年，泛流至此，南入淮水，于清咸丰五年北徙，经三百六十一年，而沧桑已如此。

泰安寄意　车入鲁境后，地势亦渐高，气候转冷，在京衣衬衫一件，犹觉其热，至此晚间则非绒衣不可。二十七日晨五时，车抵泰安站，北望云雾迷离中之泰岳诸峰，巍然屼立，心神为之一振，惜不能留此作竟日游，但寄意以候诸他日耳。

泰山地态　泰安北上，车傍山麓而行，溪涧不绝，岩石均作砾状，盖泰山曩日，殆为海中一岛，由火成岩所构成。其后黄河泥沙冲积，乃与太行、嵩山等岭毗成大陆。山地所产，高粱、小米、山薯杂缀，景色已与皖北异。

砾口黄河铁桥　车停济南半小时，济南车站建筑宏敞。北行十五里至砾口，过黄河铁桥。桥一千二百公尺，费银四百万两，为德国工程师所建，宣统三年告竣。河两岸有堤，厚可数丈，上植树木甚多，建筑坚固，惟观水面约高于地面丈余，水流急湍，宽可半里，水外距堤脚尚有数十丈之遥，故堤防可称无虞。

德州车站　过黄河，经禹城、平原，而至鲁北德州，一望黄野千里，盖尽为曩日黄河沙土淤积所成也。河道旧迹，犹隐约可睹，地势低下，远非泰山山麓之高坑〔宄〕可比。既而车停德州，就站购西瓜一枚，重可十斤，费银一角，亦云廉矣。食之甘甚，江南产所不及也。遥望城墙、民房，与田野一色，盖均属土筑。田间小米翠色如碧天，征人心寄，其情难抒。

河北大平原　入河北省境，景色如鲁北，其连续则为一片黄土平原，固无彼此之界限。惟河迹虽遍地，水利缺乏，犹甚前此所见耳。农田所植，惟高粱、小米与玉蜀黍。旷地甚少，村庄稀疏，农夫耕作者，往往于平野中架一草房，以作休息之地。

二　天津一宿

一轮月色抵天津　时迫薄暮，皓月东升，天津在望矣。计自浦口出发，至此已二日一晚。烟灰中之怠倦，至是乃为之一振。银色之下，黍稷万顷。渡南运河，车停西车站，复过永定、北运两铁桥，水流均甚急。车复停总站，予等至东站下车，乃坐惠中旅馆之接客汽车入法租界。

旅社生活　惠中为津地最大旅社之一，其停留车站接送之汽车均不收费，凡行李一切，亦均不计值。汽车渡沽河，有铁揽之桥，建筑甚坚。至旅馆后，登电梯上四层楼，租一卧房，中包客室一间、卧室一间、浴室一间，房金仅四元。下寓后，以身倦过甚，嘱茶役备葱饼作晚餐，旋即将行装打开，席地而卧，时已二句。

全国矿冶地质参览会　二十八日晨起，悉全国矿冶地质参览会，即将闭幕，乃与同行李、黄二君雇一汽车经〔径〕往北洋工学院会址。汽车自法租界西北行，过铁路至天津西北郊，约十余里即达。会由实业部地质调查所、北洋工学院、中大地质系及各采矿区所组成。陈列出品以地质调查所为最精萃，计其要者，约有下列数种：

　　　各种矿产产量表
　　　大青山、湖南、镇江、广东、山西等处地质之分析
　　　世界矿产万有标本
　　　中国矿产万有标本
　　　洪氏矿产万有标本
　　　火成岩、水成岩及变质岩标本
　　　地形侵蚀褶曲图
　　　地质时期各种岩石
　　　各种化石（三叶虫，虎类，爬虫，大青山树木，昆虫等）
　　　周口店发掘状况
　　　地质调查所出版物百余种
　中大地质系之出品：
　　　火山模型
　　　侵蚀模型

　　　　结晶模型

　　　焦作工学院出品：

　　　　冶矿程序

　　　北洋工学院陈列品：

　　　　化学仪器

　　此外如峰县中兴煤矿、山西煤矿、陕西延长石油、北平景泰蓝、磁县磁器、云南东川铜器、个旧锡矿、浙江地质、平阳明矾、西北科学考察团成绩等，不下数千种，诚为我国空前之地质参览会。其中名贵之物为地质调查所之各种化石，盖均学术上之重要结晶也。

　　沽河取影　参观归来，以距下午二时赴平之车尚早，乃漫步沽河之滨。河水黄浊如沙土，流速每小时约四里，河宽约三十丈，其上流支流甚多，河域尤广，一遇洪水，沽河宣泄不畅，各流遂时生水患，据华北水利局之测量，沽河五源之洪水量为每秒二万立方公尺，而沽河宣泄之量仅每秒一千二百立方公尺，二者相差达二十倍之多，此实河北水患之症结也。现水利局已于沽河上端疏浚新开河以通金钟河，使洪水时可分流入海，此诚治沽之要图也。乃摄一影，以留纪念。

三　平津之间

　　北宁车中之感想　下午二时乃复由旅舍至东站，北宁车自山海关开来，触景生情，无任心悸。车中秩序肃然，布置亦整齐，各人心中，殆莫不存一异想，慨自《塘沽协定》之后，华胄北塞之长城，已非我有，东望长白之山，血腥未已，鸭绿江上，敌忾〔氛〕方炽，吾为国为民族牺牲之健儿，其能得酬壮志于后来者乎。

北京湾　平津间农田逐渐富盛，惟以低湿之地略受水浸，难免欠收。车西北行，地势亦渐高，此曩古永定、北运二河冲积而成之平野，地文学家名之曰北京湾，盖古代之海湾也。

故都在望　车至丰台，此处轮轨幅臻〔辏〕，北宁路之货车巨站也。时微雨靡靡，既而折向东行，故都即在望中，城墙蜿蜒如带。入外城后，荒凉不见住宅，烟林漠漠，颇饶古色。复折向西行，停于前门车站，余侪一行数人，乃雇一汽车至华北学院暂息。

四　故都北平之游览

华北学院之生活　华北学院为前之华北大学，虽处于市廛之中，惟校舍朴实清静，松竹蔚郁。余侪下榻于一教室之中，物质设备实远不及沪上之私立大学，惟余侪精神上，颇为愉快。膳食每餐一菜一汤，价二角，殊适口。余行装甚简，仅带一绒毡，而晚间气候转寒，实觉不支。

出西直门　七月二十九日，适为星期日，余乃至清华大学访诸旧友，便中参观该校一切设备，晨八时自华北学院出，坐电车至西直门，转坐包车，向西北行。

康熙大钟寺　平西北郊外，农田似较平津间尤肥美，所值〔植〕小米、高粱、玉蜀黍之属，高逾人身。车行土道中，深陷数寸，行约八九里，至一大钟寺，乃下车入观。寺为康熙年间造，中藏大钟一，号为天下第一钟，钟高约三丈，径约丈余，外刻尊经一部，字密如珠。

清华大学之建筑与设备　至清华后，访友人项、郑、何、张诸君，契叙别后甚欢，以时已午刻，乃入该校合作社午餐，合作社为该校学生会所主持，组织管理均严，秩序甚佳，而食物亦雅洁，颇觉此处生活，远非沪上大学零乱琐碎者所可几及。后即参观该校宿舍、生物馆、化学馆、体育馆、办公室、图书馆、气象台等。其中尤以图书馆之建筑为最宏伟。馆中一切布置装饰均极雅洁美观。气象台为新落成之建筑，以未能入观种种设备，颇为遗憾。

燕京大学晚色　傍晚时，复与项君趋车至燕大一游。燕大建筑外表均属皇宫式，惟内部装置则为西式。校舍绕小湖一周，夹道垂杨，倒影入湖中，隐约如入画图，此校景色实足与清大比美。人谓清大足以代表男性，燕大则为女性，清大校舍则表面完全洋化，而实际生活实为中化，燕大外表为中式，而实际生活则完全洋式也。环校一周，旋即返清华借宿。

天然博物院　八月三十日晨告别诸友，即坐清大汽车入城，至西直门天然博物院游览，院中畜养狮、豹、犁〔牦〕牛、袋鼠、象、狐、意大利鸡等属，盖即前之万牲园也，此外尚有农产陈列室一，荷池亭榭，相映尚丽。

北海公园　下午偕同行张、李、王诸君至北海公园。是园由一湖所构成，湖径约一里，中有一岛，自门入，有长桥达岛上，桥可十余孔，建筑甚美，岛上有一高塔，旋由石洞中穿行至岛边，泛舟湖中，饮清风，餐柳丝，举桨迎波，绕湖行一周，可一小时，而达北岸，计舟资八角。后乃登岸观九龙壁，壁高二丈余，厚三尺，长约五丈，以玻璃砖砌成，上雕九龙，或云为光绪时物，所以象征光绪以前之九帝也。余等遂复铭茶北海之滨，至傍晚乃返华北学院。

最经济之晚餐　下午六时，余一人散步于西单牌楼，入一平民面馆晚餐，计肉面一碗、粥一碗、大头菜一盘，计大洋九分，较之中午于外城某西餐馆之一餐费八角五分者，相差九倍有余，然饱食则无以异。

日货充斥市面　西单牌楼为北平布匹市场之一，余至数家规模较大之布庄一览，则大部均为人造丝及洋布，叩之则谓来自天津及大连者，日货之市场，实已征服华北矣，国人其毋惧乎。

北平图书馆　八月三十一日上午至北平图书馆抄录新疆问题之书目，共得五十余种，便中一览馆之规模，计藏书共五十万册，为国内之最大图书馆，然与巴黎图书馆四百万册较则犹仅十分之一，馆中多藏古藉〔籍〕，此外杂志中文约百余种，日文约三十余种，英法等文约四十种，该馆现已编印《中国地学论文索引》，计论文五千篇。

团城　出北平图书馆，乃至北海公园前之城团城，与中国地学会接洽购《地学杂志》事，得八折优待。团城为圆形，周可百丈，现有元代玉瓮一。

中山公园　下午至中山公园，园景亦颇雅丽，遂复北行入南海。总统府旧址，现已略现荒凉气象，返中海公园，时蒙雨如烟，荷叶恋珠，秋意箫〔萧〕然，遂即趋车返寓。

三和殿　八月一日上午与李君同往故宫，由午门入，雍〔甬〕道宽广，现为故物陈列所所在地。午门城墙，高可十五丈，雄伟为全国冠。既入，即为太和殿，前清皇帝御座之处也。陈列清帝热河行宫诸物，如明人山水、屏风、鹿角椅、檀香床、黄〔杨〕木席、玉壶、玉花、玛瑙等。太和殿后为中和殿、保和殿，是即所谓三和殿也，后二殿陈列古弓箭、瓷器、木器、雕刻、竹器，均希世珍宝也。香妃浴室结构亦甚趣。

天坛与先农坛　出故宫，趋车至外城天坛，途中与黄包车夫谈彼等之生活，一人月入约二十余元，除月租四元、牌照费数角之外，可入廿元之谱，计前门、天坛约五里，仅铜元三十余枚，似较京、沪为廉。车至外城，若入旷野。天坛为昔日皇帝祭天之处，范围甚大，中建一圆形之楼，高可五丈，中立四柱，为檀香木物，粗数人抱，顶光而圆状，亦伟建也，前有石台一。先农坛有观耕台，荒凉无可赏处。

师大一瞥　返车至师大访友人宗君，借棉被，以准备明日出发
也。便中在师大参观宿舍、运动场、办公室、自修室、浴室、图
书馆等处。

准备出塞　返华北学院后，准备明日出发行装，盖自到平后，
忽闻平绥车为大水所冲断，稽留五日，至是乃决北行。

五　平张道中

出发　八月二日晨七时，开发西北协会及西北问题研究会会员
共八十余人，雇汽车多辆，搬载行李、什物等，自华北学院至西
直门车站，路局准备察哈尔宋主席（哲元）、大同赵警备司令（廷
〔承〕绥）、绥远傅主席（作义）、包头王师长（靖国）之公事车
四辆，设备远较头、二等车者为华美。钟鸣八下，车蠕蠕动矣。

平绥路之历史　车中一切均由平绥路局招待，并发每人概况及
沿线物产调查各一册，乃详悉平绥路建筑之历史。此线创始于京
张铁路，当前清光绪三十一年，由袁世凯、胡燏棻奏请由关内外
铁路（即今北宁路）余利项下，提款开办，以詹天佑任总工程师，
为我国资本、人才自造铁路之开端。三十三年八月，京张工程，
渐次告竣，时詹公天佑，已升任总办，建议由张家口展修至绥远，
复援照京张例，仍提拨关内外铁路并京张余利兴修。先是由张家
口展修，议有二线，一至库伦，一至绥远归化，后以张库线货物
减少，里程过长，于是先筑张绥一线，宣统元年九月兴工，历经
分次展修，中因经费困难，及材料缺乏，停顿数次，至民国九年
一月，始通至平地泉。是年九月，前交通部长叶恭绰，出掌部务，
严督进行，乃于十年五月一日，全线告成，复以绥远至包头，不
过一百五十公里，该地为西北物产总汇之区，水陆均便，急应展
筑，以利行旅，因继续展修至包头，十二年一月全线竣工通车。

地势渐高　车出西直门北上，地势逐渐增高，路旁种植高粱、玉黍、小米之类。十时车至南口，乃由平原而入山地，岗峦〔峦〕重叠，峭壁参天，最为险峻，路线绕山腰蛇行，掘山凿崖，辄深至三十公尺，循沟筑堤，又高至二三十公尺。南口至青龙桥间，开辟坚石山洞凡四处，共长一千六百四十五公尺。其中以青龙桥山洞为最长，计行三分钟始出北口，再北则入于高原矣。

万里长城　车停青龙桥，有詹天佑铜像，各会员均下车摄影。凡欲游览长城者，亦于此下车。其地山石横空，长城曲折回环，高居两崖之上，如卧如行，诚属伟观，自此循峡西行数里至八达岭，即居庸关之北口，距南口凡四十里，余侪以不获下车畅游，心为不释。

塞外景象　出青龙桥后，车复行于平坦之地，高粱、麦、黍之属，虽远不及关内之盛，然一目数百里间，莫非良田。行经怀来、康庄、宣化诸站，于下午四时至张家口。

六　在张家口

车站之欢迎　西北协会及西北问题研究会会员至张垣车站时，察省府各机关、学校及军队等均已列站欢迎，军乐之声，洋洋而作，各会员乃相继下车，出站乘省府预备之汽车至广仁栈下榻。

广仁栈之生活　该栈为商〔张〕垣最大商栈之一，约有平房百余间。每间有一土炕、一方桌、一面架、二方椅，其他一切均无。租金每日四角。可宿三四人，设备简陋，然较江南小市镇之栈房，为清静而安适。余与张、王二君共居一间，旋即将行李打出，暂作休息。

清河桥　傍晚乃散步市廛。悉广仁栈所在之处为商埠，在清河之东，为张垣最繁盛之区，商店均为洋货、蘑菇庄、皮毛庄、书店、旅舍等。出市街后，漫步于清河之滨，河宽约十余丈，其中，水宽约丈余，浅可数寸，挟石砾而下，其声潺潺。现构〔沟〕通河东西有新式之洋桥一，为前数年张之江所建者，计费金二十余万。

各界欢迎会　八月三日上午九时，察省府暨张垣各机关开欢迎会于公共体育场，到宋主席、各厅长、各大小职员、学校、团体、军队等数千人，秩序井然。

二九军之精神　散会后，至二九军卫队营房参观，房中卧室、厨房、浴室、俱乐室、图书室均甚整洁。卧室中之被褥等均具有一定之位置，光线亦甚充足，士兵月入四元，较南方及他省为低，惟观其精神则颇愉快。宋军均习大刀，体魄强壮，平日有暇，辄由班长率领，在各地修路，颇能刻苦耐劳。

聚餐会　午时宋主席于剿匪司令部宴各会员，食西餐，此或张垣之上礼也。席中有一会员发言，谓察省森林太少，此后希望多植树林，实颇切要。

察省食盐情形　午后至张北盐署调查食盐状况，据谓张垣食盐多来自蒙古，产于察北之盐池中，号称青盐。此外尚有白盐及土盐，白盐为本地产，土盐产于山西。

观音庙会　后漫步至张垣北境，适值该地观音庙会之期，每年旧历六月十八、十九、二十，三日为观音例会日。庙前有一广场，建台演戏，一如通常江南之草台戏。

大境门　张垣现分上堡、下堡、河东、大门外（西沟、正沟）四区。上堡为官署、学校所在地，下堡为全埠金融中心。河东为民国三年新辟之商埠，最称繁盛，车站在焉。大门外即大境门外，大境门为上堡北门，口外、口内之分界处也。大门外多为旅蒙汉商汇萃之区。大境门形势险阻，上刻"大好河山"四字，北望草原，乃为蒙境。山阜起伏，曩昔为汉蒙二民族竞争之地，今则五族共和，徒增历史上之纪念而已。

西太平山之形势　张垣处东西两太平山之间，山颠即外长城所在。长城屹立山顶，蜿蜒而行。余自大境门入，登西太平山。峭壁悬崖，山径蛇行而上，计高度约百丈，达其颠，观长城残迹。城以黄石堆砌，高可丈余，底宽八尺，顶宽仅一二尺，不可登行，实远不及八达岭之宏伟。俯视张垣市廛，房屋栉比，清河一流如带，颇壮形胜之观。

日本在张之野心　西太平山既下，以体乏即返寓休息。晚察教厅长赵伯涛先生来栈谈张垣近况，据谓察省原有十六县，自多伦失守后存十五县，怙〔沽〕源被占半县后，存十四县半，最近拟增三县，二县已成立，故现有十六县半。察东与暴力为邻，危机日迫，张垣、察西，且夕可下。现有日领事馆，职员仅数人，昔日全年经费六万，今则增至二十余万。察省本无日商家，亦鲜日侨，据云其开支尽为特别费，现开设平民饭馆一，为小贩、工人、农民所猬集。由该店得知各种消息，对于全省物产、商情、教育、军政、村庄、人口、道路、及饮食、储粮等，莫不详为调查，了如指掌，如是而察之不亡者亦几希矣。

开发西北协会第二届年会开会式　八月四日晨九时赴剿匪司令部会场参加年会开会式，由马鹤天先生主席，各厅长、各界代表等均有演说。

张市商务萧条　午后赴商会调查，得悉近况甚详。张垣商业以皮毛、茶叶、蘑菇等为大宗。皮毛可分细皮、粗皮二种：细皮多销售上海、天津、南京等地，粗皮多销口外，亦有销于口内者。现张市细皮庄约百二十家，粗皮庄约九十家。蘑菇多自口外及库伦运来，庄家约二十，蘑菇价最高者约四元一斤，亦有八角、六角即可购得一斤者，惟系本埠产，煮之成黑汤，多含泥沙；质佳者多成黄色，郁馥清洌，其味至美，为酒席上品。茶叶多自汉口运来，转运蒙古，以库伦为集中地。盖蒙人多食牛羊肉，味腥而膻，必饮茶以助消化，故茶之消量特大。张市贸易为出超之埠，在昔张垣通商最盛之时，经营皮毛之庄铺，每年贸易额有三五百万者，普通亦有数十万，可想见其营业之盛。惟自民国十四年，张垣交通中断以后，库伦政治，为赤俄所支配，蒙古贸易，由蒙俄合办之协和公司所主持，商人不得自由经商，因之库伦汉人之商务，大受打击。在张垣经营张库贸易之汉商，损失尤巨。库伦之汉商，由十余万减至五万，由五万减至数千，今则大都被迫出境，留居者则由商人而变为工人，原有财产，均被没收，不得携归，汉商之苦，不堪言状。至张库汽车公司，原有汽车三百余辆，交通中断后，留库百余辆，被政府没收，现存百余辆，暂租于德华洋行，载运货物。该德华洋行为德人所设，承库伦协和公司之命，专营张库贸易，年营业总额达千余万，垄断张库贸易，获利至巨。如一皮靴，在张垣售价数元，至库伦可售数十元，任意提高价格，剥削压轧，在张垣所受之痛苦，为销路滞塞，在库伦所受之痛苦，为百物昂贵。而蒙人于茶叶、皮靴，乃日用所必需，今受此痛苦，一般老成者，莫不回思昔日自由贸易时代之可贵，而向化之忱，亦溢于言表。故对张垣通商运动，数载以来，活动甚力，去岁日军侵多伦时，张垣方面，曾有代表数人前往库伦接洽，惟此项消息，传至日人耳中，彼即散放谣言，云张垣危急，旦夕即下，前往库伦之代表为日方之侦探云云。库伦政府得此讯，随即驱逐该代表出境，张垣贸易交涉，遂复中断。迄今张家口商家对于通商问题，莫不亟谋恢复，盖张库通商为张垣商业命脉，命脉中断，商况如死。余谈既竟，乃兴辞而出，步行马路中，所见商家莫不营业冷落，即可想见萧条一斑。

德华洋行　趋车至德华洋行，所见仅有空旷之园，斜阳照射，门可罗雀，而谓每年贸易额达千余万元之洋行，亦殊奇矣。

别矣张垣　前日绥省府又派教厅长前来欢迎会员赴绥考察，而年会亦已完毕，遂决定下午四时乘车西行，临行省府宋主席、各厅长、各界、军队又复前来送行，厚意殊为铭感。张垣别矣，所留于余之印象，为诚朴之民风、殷恳之招待，而北望赤氛〔氛〕，东望伪帜，方并起而谋我，而吾会员来此，空言开发，其将何以慰张垣父老，以巩固民族之前卫乎？

七　大同览胜

深夜抵大同　五日下午西行后，夕阳将坠，行经洋河铁桥，地势逐渐增高，入暮后，余等遂宿车中，于深夜抵大同。

三十里程四易车马　八月六日，晨曦初上，余等即起，盥洗俱废，出车站雇一马，价一元二角，急上云岗。道穿大同城中，出西门而行。余初骑北马，疾行如飞，抖擞马背，心颇战栗。行十里后，与同行者易一洋车，道中泥尘，厚可五寸，车轮陷入，如老妇行然，但见善驭马者，自后干〔赶〕上，疾驰而过，奋甚。遂复易一轿车，车系木制，以马拖之，似较洋车为速。行数里后，入山坡地，道中石砾，高低不平，木轮击石角，颠簸及股。如是十余里后，车复渡河而过，河中水深及半轮，水沫飞溅如花，心实危甚，将及云岗，而大同赵守备司令特派载货汽车来接。余乃急登汽车，车中以铁皮为坐位，铺以麻袋，行经石砾之道中，震裂〔荡〕更甚，余乃咬定舌根，遂转瞬达云岗。三十里程，四易车马，亦云趣矣。

古石佛寺　云岗堡为一小石山，高可二三十丈，余侪既至，乃在云岗别墅休息，承赵守备司令招待茶食，旋即往观石佛。佛藏于石窟中，石窟外建楼护之，重檐叠厦，顶覆蓝、绿两色琉璃瓦，计分二楼，面南：东楼覆高七十尺坐像一樽〔尊〕，其首登至第四层，始获正视，耳孔巨穴，足容人立其中而无碍，鼻高亦如人长，其下一层可登攀至膝上，双手叉于膝头，其中可容十余人；略西一楼，制作相等，有飞桥互通，石佛之高亦相等，每层石壁，皆遍刻姿势不同之像，惜楼之造法欠善，透光不足，高大宏伟，又非灯烛之光所能遍照。两楼之像，于重修时曾敷以土垩，施以金装彩绘，纵金碧炫目，反不若石质外露刀工生动之可爱。两楼之西，有窟而楼残者约十数，光线充足，得尽睹雕刻之妙，惟亦经施行彩绘，与泥塑无别。出寺外即见寺门，上刻"古石佛寺"四字。寺西露天数窟，较小之像，肢体皆被盗斩。有座像一尊，两臂足容数十人，外间所见照像，大都即此。全部石窟造作，费工若干，颇不可考，传说均谓历北魏七帝，一百余年始告完成。《魏书》记洛阳伊阙石窟三所，施工二十四年，用工八十万，以推云岗之作，当十倍于此。窟成迄今约千四百余年，而斧迹犹新，举世伟迹，亦推巨制矣。下午一时，余等乘汽车径返大同城。

上寺与下寺　返城后，即至上寺观壁画，上寺一称大华严寺。下寺为北魏时物，现尚藏有北魏古佛三尊，其雕刻之术，一如云岗。二寺均佛迹也。

大同市街　大同系由五城合成，为明代建，晋北之重镇也，行经市廛中，则市政远不及张垣之整齐清洁。泥尘载道，绳〔蝇〕头群集，商店亦均属旧式。

九龙碑　城东有九龙碑一，传明末天旱，邑人祷雨，有龙来临，乃建壁纪之。壁以琉璃砖砌成，雕九龙，龙之耳目均如其形，较北平北海公园中之碑犹伟，历清季诸代，时增饰之。

澡堂与面馆　计自平出发后，已八日未浴，时值盛暑，奔涉旅程之中，身秽已不堪言，子藩、济时、文如、仲骏诸先生与余遂同至一澡堂沐浴。浴资每人三角，池盆均不洁，而蝇头狺狺，遍集吾侪之身，作啜食状，频以扇挥之而勿去。出浴室，至面馆晚餐，美味可口，远非平、沪餐馆所可及。

登车出发　八时复返车站，所备上海中国实业银行纸币已不能通用，幸得大同站长为换银元，以应绥境用途。十时车再启轮北行。是夜又宿于车厢中。

八　绥境内之所见闻

绥远地广人稀　绥远省面积三十万方公里，大于江苏三倍，人口二百万，为江苏十五分之一，以人口密度计，约为一与四十五之比。八月七日余等入绥境，沿路除大都市外，数十百里不见人烟，乘车西行，右侧为阴山所盘绕，左侧即为旷野，荒山童童，绿草如织，车有时穿行山壁中，蜿蜒如游蛇，岩壁屼立两旁，工程至为艰险。有时疾行平漠，则又垣〔坦〕然如江南境。绥远地势，东境最高，拔海在一千三百公尺上下，西境逐渐低下，在一千公尺左右。沿途农产为罂粟、高粱、粟（小米）、黍（糜子），惟以人口甚少，故大青山麓地多荒芜。

罂粟花遍地　车中远眺，则崇山峻岭之谷，五色之罂粟花遍处皆是。绥省初植鸦片，自民国十五年始，当时以冯军退出，为整理金融起见，始植此以济财政，迄于今日，遂不能止。今全省三分之一之耕种地为罂粟田，包头、河套一带，地势较低，气候和暖，所值〔植〕较绥远东部为早。据谓全省罂粟田共约千顷，即十万亩，每亩出膏四十两，则全省可四十万两，然大多数农民、教育界人士及青年学生，均知洁身自好。吸食此物者，多为官衙、军队、商民等，每两膏价约八角（上海约四元），则每亩出产按四十两计，可得三十余元。种植税每亩十二元、十元、八元不等，除去人工肥料（均较农田为大）等费，每亩无论如何，可获十余元。较之种植高粱、小米，每亩仅获一二元者，相差无异十倍。

车至归绥　十时车抵绥远车站，时省府傅主席及各代表又均莅站欢迎，旋即分乘汽车至绥远饭店休息，以人数过多，寓所遂分二处，余则至教育厅下塌。午时傅主席在绥远饭店设宴招待，食西餐。席中傅主席提出绥省三大问题，一为国防，二为河套农垦，三为包宁铁路，言词颇中肯。席罢即趋车至各处参观。

归绥胜迹　下午乘车至公主府（现为省立第一师范）、面粉厂、抗日纪念碑、跑马场、龙泉公园、五塔招、锡拉图招等处参观。面粉厂每日可出一千石，一半由平绥路输出。抗日纪念碑系长城战役中，傅部所丧士兵之纪念塔，现正在建筑中。跑马场系新辟，围以木槛〔栏〕，周可数里，绥省每岁例有产〔跑〕马竞赛，即于此场举行。五塔招有五塔。锡拉图招现藏有康熙之甲胄及宝剑，为归绥之最大之喇嘛寺。招即寺也，中塑黄教始祖宗喀巴像。

新旧域〔城〕之分别　归绥系新旧二城合称。旧城即归化城，南临大黑河，西流会于黄河。新城即绥远城，在旧城东北三里。车站即在新城。二城间以马路连络之，茂树浓荫，青翠可爱，据谓系昔日冯军驻绥时所植，去今仅十载。旧城为商埠所在，燕晋人之移寓而来者多居之，商务较盛，南大街即全市精华所聚。新城为省政官署所在，居民甚稀，二城径各里许，人口约五万，输出品为羊毛、小麦、粟、甘草、药材、牛马、皮张等类。输入品有棉布、砖茶、杂货等。归化人专营新疆贸易者，谓之西庄，现归绥至迪化已通汽车，经百灵庙，而渡沙漠，直达约五六日可到。归化南二十里，黑河之滨有昭君墓，号称青冢，余等以时不许，未获往游。

霪雨竟日　八月八日，天雨，余等竟几日留居教育厅及绥远饭店中，烟云飘渺，婉如南国新秋时节。本年察、绥及华北诸省均遭水灾，入夏即时有雨霖，水国泽乡，遍目可见。考塞外及华北农田多为旱作，无需多量之水，则雨泽连绵，与长江流域多水田之入夏无雨者，同殃农民之生计，多难之邦，盖如是夫。

塞北气候　绥远气候，纯为大陆性，温度较差颇大，车经卓资山站（为平绥路地势最高之地）时，余曾见一站长披皮敞，午后在绥城，余则着单衣，看寒暑表上之温度，则晚间为华氏六十余度，昼间则升至八十余度。相差二十余度，虽不及此时京沪之热达百零四度，然寒暑之差，远超于南方，绥境有谚曰："早穿皮袍午穿纱，怀抱火炉吃西瓜"，可谓写实之描写（塞外西瓜多在秋季成熟，而秋季入晚则间用火炉矣）。

包头考察　八日下午大部分会员以年会假期已满，亟欲东返。余等二十余人则九日上午乘车至包头。绥、包间一片平原，丰草芳碧，北面大青山，为阴山系之主峰，屹立如带，与路轨平行，造物之工整，有如此者。下午三时至包头车站，王靖国师长又盛意欢迎，感愧无似。包头旧为萨拉齐县一乡村，民国十二年改设包头县，县城在车站北二里，距黄河北岸约五里，外围缭以土垣，周十六里。

"二里半"村之黄河　下车后，即至王师长预备之饭店休息，旋即乘汽车至车站南"二里半"村之黄河眺望。河宽约二里，对岸即鄂尔多斯高原，沙丘起伏，芳草漫漫，黄水流速每小时约十五里，大溜集中北岸，北岸之黄沙于瞬息间，即崩塌七八寸，散步不能迫近河边，否则塌入河中，葬身鱼腹矣。归途经一烟栈，烟叶自兰州由黄河运至此，再经平绥路运至天津。

包头为绥省经济中心　包头为平绥路之终点，为绥省富庶所萃，经济之中心也，举凡河套一带之谷物，甘、青、宁三省之皮毛，莫不集中于此。包市街道，不及张垣、归化之盛，营业以山西商人居多，民国二十一年输出额，计羊毛五百万斤，骆毛二百万斤，羊绒一百万斤，狐皮五千张，羊皮七万张，药材（甘草、大黄、当归、枸杞、苁蓉）四百万斤，麦子二万七千石，豌豆二万七千石，蘼〔糜〕子四万二千石，高粱八万五千石，多销于平、津一带。蒙古所来之牲畜，数量亦大，每年来包者，羊约九万只，马一万匹，牛九千匹。药材甘肃货占十分之六，河套所产占十分之四。由内地运往包头之货物，以河北土布为大宗。包头亦为鱼米之乡，黄河之鲤，其味嫩而鲜。米则来自宁夏。工业以面粉、制革、酿酒、制毯等为最要。毛毡一条重十余镑〔磅〕者，仅售七元，若至沪上，则非十五六元不可。所织花纹亦甚佳，惜资本微小，产量有限，不能大量输出耳。

　　河套水利及农田　"天下黄河，惟富一套。"黄河与五加河间，计有干渠八道，支渠与子渠无数。据云此渠道为数十年前流犯王同春及其他士绅等所开，当时全凭经验，而迄今水利普饶，远胜于用科学技术开掘之民生渠。王等毅力之伟大，尚为今日一般民间所称颂。该渠水面夏季常高于农田，故灌水时，仅须将渠口开放，水即灌入，甚为便利。河套田价每亩约二元上下，甚至有荒田仅须费八角，即可领垦者，故大地主甚多。计临河县有拥地十五万亩之大地主一人，十万亩之大地主二人，五六万亩者数十人，数千百亩者，乃平民耳。五原县之情形亦如此。地主之田，大多租与佃农耕种，佃农一户，男子五六人，可种田三四百亩，惟岁入犹难敷出，苟少种则更难生活矣。现山西阎靖绥主任兼任河套屯垦督办，王靖国师长为会办，抽派七十、七十一、七十二诸师士兵数千人屯垦五原、临河一带，成效卓著，惟兵垦之地，多为农民已垦之荒田。

　　绥省民生状况　绥省税捐繁重，平常种高粱或粟一亩，其税如下：

乡公所办公费	〇·一九四元
区公所办公费	〇·〇七一
差役招待费	〇·一八〇
县党部费	〇·〇三二
县教育费	〇·〇一三
县建设费	〇·〇三四
县公安费	〇·〇二〇
县保卫团费	〇·〇八四
乡民团团费	〇·二七〇
军差代办费	〇·〇二二
印花	〇·〇一四
官租	〇·二一〇
共计	一·一三四元

农田每亩获高粱或粟一石，可售价二元余，去税捐一元余，尚余一元，再除人工、肥料、工具等用途，无论如何，亦不能相等。故近年关内人民率裹脚不前，而留绥省耕作者，亦无法可想，只得不计人工，勉强耕种，以渡生计。至于商业，则税捐更多，凡货物由产地运至包头，须完纳陆地统捐、营业税、粮石捐、斗捐、卡所查验费、保商让路费、船筏捐。自包头运出，又须经过塞北关。余等曾至塞北关探询，据云该处近年收入萧条，年仅十五万。其中重要之税，如马一头输出，征税二元，羊一头一元，税则如此之重，其如何望工商业之兴盛？

民生渠　　八月十日上午八时由包东返，至磴口站参观民生渠。由站南沿黄河而行，可五里，适一渔舟来渡，余等乃泛舟河中，顺流而下，其速如矢。达渠口，登岸参观水闸。承渠口黄河水文站徐汇濬先生详述渠况，得悉种种。是渠创议于民国十七年，当时绥省旱灾惨重，由省主席李培基以省款二十万开工。后以工程艰巨，乃商请华洋义赈会接续进行。开干渠一百五十华里，支渠十四条，现已完成十条，费金八十万，平绥路复担任免费运输职工及材料。二十一年渠工大部完成，经萨拉齐、托克托两县，可灌田二万顷，现以华洋义赈会担任之大部工程已竣，已呈由省府、义赈会及萨、托地方代表合组民生渠水利公会接续永久管理。惟于去年开放闸口试水灌田后，乃以黄河含沙过多，渠道坡度太小，水流迟缓，宣泄不畅，泥沙遂多淤积，余等在视察时，见渠底已与黄河水面同高，此时黄水尚为普通高水位，如达最高水位时，水始能灌入，故当低于普通水位时，水即不能灌入。目今之民生渠，实为不能应用之涸渠，现水利公会，已聘定专家，作整个测量，研究重行改造计划，约明春可开始工程云。

九　归程

登车东归　八月十日上午十时，余等由民生渠参观水闸后乃返磴口站，登车返平，以旬日中各处游览及谈话，精神颇形疲倦，上车后，除略记行程之外，即时倒身作睡态。

内蒙自治真相之一谈　车中遇包头一旅平青年，谈绥省情形颇详，兹记其关于内蒙自治真相一则。据谓内蒙自治区之人口仅十五万，较绥省汉人总数一百八九十万，相差十余倍，自治区之军械，约一万枝，军队均缺少训练，然此举之所以不可轻视者，约有三点：（一）则蒙人民族观念甚深，彼常谓汉人所居之地为夺自蒙人者，他日蒙古苟有力量，即当归还原主。据当地一般长辈言，彼等幼年亦常闻父老辈以蒙古人南下为诫，是可见蒙古民族意识实甚浓厚。（二）则日俄侵迫日亟，自治为蒙人求自保之运动，惟背景含糊，据张家口方面之意见，谓蒙人自治为防敌之不得已办法，因中央无力北顾，蒙人非求自保，不足以图存，然自治运动进行后，德王从中活动，与日方联络，故背景实可注意。（三）则蒙古善骑射，每发必中，万一汉蒙发生冲突，亦非易与云。

国防之亟亟可危 车中倦坐，百感交集，而于察、绥二省之国防，尤觉亟亟可虞，盖日本之目标，非仅得东北为已足，抑且欲席卷华北，深入新疆。察、绥二省居漠南地广人稀之地，为通新疆之惟一孔道。以暴日霸吞东北之野心，对此二省，决可一鼓侵占而有余。方今且屡派人前往实地调查，其用意所在，不难知之。同时苏俄对于日本之咄咄迫入，亦亟谋于〔与〕蒙人联络，与汉人表示好感。是则察、绥二省，将继东北之后，为日、俄竞逐之场。且一旦日人由热西进，夺取张垣，平绥路即行中断，晋北大同一带，富产煤矿，亦旦夕必取，则绥远全省孤悬塞外，岂能独存？察、绥既失，华北缓冲尽撤，其于国家民族前途，关系何等重大。言念及此，实所凄痛！

返平 车于十一日晨行入察境，午时至张家口，停一刻即南开，十一日晚由西直门绕行平垣，停于前门。是晚宿花园饭店。八月十二、十三两日留平搜集各种材料，并至华洋义赈救灾总会探询关于民生渠之材料，暇中便游景山及故宫博物院。

南下 十三日晚由平登车南归，至天津已十一时，宿总站一小旅馆。十四日晨由津出发，车中倦不可言，日来以刺激过深，入晚恒不眠，如是已有数日。十五晚至浦口，即渡江坐京沪夜车回校。而检视白番布外衣，已成灰色，面廓亦清癯多矣。

二十三年十二月毕稿于暨校

《地学季刊》
上海中华地学会
1935 年 2 卷 3 期
（李红权　整理）

包头河北新村参观记

张佐华　撰

一

自从地大物博的东北失去了以后，［但］有一些人提起了西北，于是"开发西北"、"移民西北"的声浪，响遍了全国，认为西北是中国新生命的源泉，还未开发的处女地。是的，我们不能否认西北的广大，我们也不能否认西北丰富，然而，徒空口喊"开发西北"又是何用？作者于暑期得一个机会到西北去旅行，在包头参观了由河北省长垣、濮阳、滑县水灾区移去垦殖的河北新村。该村第一批移民是民国二十三年十一月一日到达包头，现在仅仅有短短的一年历史，然而成绩却非常优良，爰将参观该村所得为文公告国人，在这响遍了全国的"开发西北"声中，也许不无小补吧。

二

河北新村在城南南海子，距城十五里，在七月二十五日的早晨，同行八人雇了两辆轿车子到那里去参观。轿车在不平的道路上颠簸着，使每个人都不安于车，于是常常在地上走。车行很慢，十五里的路子，要走两个多钟头才到。远远地便在田稻中看见一座围墙，那围墙还正在建筑中，我们知道是到了河北新村。村的四周是一片茫茫的草原，一个牧童正在赶一群牛在碧绿的草场上吃草。我们就都走到牧童的前面，问他就是这个村子的居民，年纪不过十二三岁，但对于陌生的人，并没有表示一些畏缩，我们请他领我们到村公所去，在道中我问他：

"来这里多久了？"

"快到一年了。"那小孩子很爽快的答覆。

"在这里比家好吗？"我想知道一点他们的实生活。

"好。"

"好在什么地方呢？"我又问。

"有地种，有衣服穿，吃的也好，还念书。"

这样谈着，我们已经走进了泥土堆成的围墙，里面是一排排新建筑成的房舍，几个农民正在工作着。我们一直走向南方那一个土屋，外面有白布蔽着日光，还有一个桌子和几个椅子，小孩子告诉我们：

"那就是村公所。"

走到村公所的前面，村长段绳武君，亲自出来迎接，我们都坐在村公所的外面。在说明了来意之后，段先生首先表示欢迎，并且加上一句说：

"小小的试验，太不值得看了！不过，这是我们的一个尝试，我们也希望社会给我们以指导，给我们以援助。"

段先生在过去是充过师长的，现在自己领着一群灾民在向生路上走，他每天都在村子里面指导的村民工作。

"贵村是什么时候移殖到这边来的？"我们问。

"民国二十一年的时候，河北省长垣、濮阳等县，闹着水灾，人民无以为生，乃纠合同志，组织河北移民协会，想把灾区民众，移殖到西北来。在去年一月间就开始筹备了第一批移民一百户，三百一十二人，在十一月一日移到这边来，暂时在南海子搭帐棚工作。迁到这里，还是前两个月的事情。第二批移民一百户，我们介绍到萨拉齐县的农村试验场去，是今年三月十四号移过去的。"

"贵村的面积多少？"

"本村共占地六十顷，每顷一百亩，内有水田十余顷，旱田五十顷。因为是在初办，所以也没有占多大地方。"

"贵村的垦民数目若干？"

"移来的时候一共是一百户，三百一十二人，后来因为有几户退出，现余九十四户，二百九十四人，内有女子六十四人，壮丁一百零四人，学龄儿童六十余人。"

"贵村的组织如何？"

"村的组织很简单，设村长一人，下有四闾，各有一闾长，一闾有五邻，有邻长一人，一邻有五户，有户长一人。村长、闾长由河北移民协会选派，邻长以下则由移民中推举。"

"贵村移民计划和实施的办法如何？"

"关于敝村的移民计划和实施的办法，可以拿下面几项去说明：第一是对于移民的选择办法，我们知道农业经济的原则，必须具有劳力、土地、资本三个要素，再加以适当的领导，才能收发达的实效。所以移民素质的良否，能够直接影响农业的成败。本村对于移民资格的选择，有下列几项：1. 年在二十岁以上，四十岁以下，确有坚决的志愿，赴西北垦荒者；2. 勤俭诚朴，安分务农，确无恶习嗜好者；3. 体质强健，确无残废疾病者；4. 对土地耕种，确有独立经营之能力者；5. 有切实负责保人者。

"第二是移民运输和授田办法。移民先由各县，按以上各条，详为选择，选定后即乘公家所备的火车，由本会派员沿平汉、平浦两铁路率领北上，向垦地去，垦民到达之后，先行集团开荒，第二年全区域开荒工作完毕，即按户授田，至贷款偿清后，即完全变为自耕农。

"第三是贷款分配偿还办法：甲，贷款分配办法，贷款以移民一户，垦地一百亩为标准，其分配概数：1. 购地一顷计洋一百元；2. 附加捐三十元（此系应缴绥省政府附加建设、实业及社会文化事业，基金部照等费）；3. 应加垫村公田，购买经营费二十元；4. 移民旅费计洋五元；5. 耕牛或耕马一匹，计洋五十元；6. 犁耧锄钯车辆农具等共计洋五十元；7. 移民衣食杂费医药牲畜饲料第一年共计五十元；8. 第一年籽种费计洋十元；9. 房产建筑费计洋二十五元；10. 水利设备费五十元（开渠）；11. 自卫设备费十元，以上共计大洋四百元。乙，贷款偿还办法，第一、二年因一切设备不齐，生产量少，所以仅望其能自足自给，由第三年起分五年偿清，其分配数目为第一年偿还一成；第二年偿还一成五；第三年偿还二成；第四年偿还二成五；第五年偿还三成。移民中的特别勤俭，而能在此规定偿还期间内，提前还清者，除土地所有权应即提前付与外，并另奖励之，如实因自己的懒惰，或其他不良的原因，以致不能按规定办法偿还贷款者，得按其情节惩处之。

"第四是村公田经营办法。新村应在民田之外，购买村公田二十顷，为本村公费基金，其经营法，由村民平均分配耕种，因不另立门户，只备土地、水利等费，所以暂定每顷垫款二百元。

"第五是携带眷属办法，因移民的重要工作，首在安民，安民之道，眷属乃是根本问题。但移民初到荒地，诸多不便，生产亦少，不应多加担负，按事实的研究，暂定前二年不多带眷属，每户只限壮丁一人，至携眷者之生活费，由自己筹画。第三年后，设备粗定，生产亦增，各户分居，妇女工作，随之亦多，有眷属者，得于指定时期及地点，乘公家所备的火车，集团前往，沿途由协会派员照料。如无家眷者，由干事会负责于各地居民、孤儿院、育婴堂等，与该移民介绍择配，必完成眷属而后已。

"第六是第一批移民对于以后移民应尽的义务。查以往西北移垦的失败，原因固多，而不注意安民办法，实在也是重大原因之一。常见关内的贫民，自动地往西北开垦，因孤苦无依，困难实多，甚至因为欲求工作而不得，以乞食而归，勇气全丧。不良的宣传，影响于移民前途者极大。本村移民，既受公家帮助成功，所以应当尽以下两种义务：1. 把自己的经过事实和应注意之点，向乡邻广为介绍，以收因亲及亲，因友及友的效果。2. 贷款价〔还〕清后，应酌量协助后来贫民及移民等公益事业。"

段先生把这一长段的移民计划说过了之后，并不感觉疲倦，他很客气的说：

"很浅薄的一个计划，现在已经开始实行去了，诸位有什么高见，我们极愿意接受。"我们连说很好很好之后，便又问了一个新问题：

"垦民的耕种方式怎样？"

"我们因为经济的关系，所以仍然采用旧式的方法，不过对于灌溉方面，我们一部分应用电汽抽水机抽水。水利方面，在村内有水井二，渠道计有干渠一，支渠四。"

"贵村垦民的生活情形怎样？"

"自然是一个典型的农民生活，不过，我们尽量提高他们的生活水准，减少他们的工作时间，每天里有一个集会，向他们灌输现代思〔意〕识和普通常识。垦民除了耕种外，现有副业三种，一个是本村最近买了二十几匹乳牛，以取乳供给本地的需要，一个是女人有纺织合作社，他们每天在余暇的时候替工厂纺毛绳，每天可得工资一角多，在农余的时候，男人替电灯公司运输原料。将来并且想养蜂养蚕。"

"贵村垦民的教育情形怎样?"

"本村对于垦民的教育，也极为注意，成人方面有补习教育、精神教育，就是在每天那一个集会中举行。至于儿童方面，本村已有学龄儿童六十余人，成立一村立小学校，一切都按照部章办理，由本村干事担任教职。小学生在课余之后，从事校园的管理，以使其接近农村，不要因为一读书便把农事忘了。"

关于河北新村所要知道的事情，差不多都知道了，我们又承段先生领我们在村的附近参观。段先生先指着正在建筑中的围堡说:

"这是本村的围堡，用以防匪，东西长一百六十丈，南北长一百六十五丈，在围堡的每一个角上和门楼上，都建以炮楼，在防匪时由村民轮流居住。现在本村有十几枝步枪，地方平靖，没有什么危险。"

然后由段先生领我们到村民住宅中去看，因为是刚迁入不久，所以一切都在整理中。在村的正中有礼堂一座，是村民集会之所。我们出了堡门，便是该村所耕种的土地了。因为现在完全是试验性质，所以什么农作物都有，有的长得很好，有的因为土质的关系长得不好，长得好的那块土地，下年度还种植那个，长得不好的，就得换一种了。段先生很高兴地领我们在他自己心血的结晶的田地里穿来穿去，并且给我们解说，哪一块土地含有碱性，哪一块土地适宜种什么。最后领我们到小学校的校园去，几个小学生正在工作着。虽然园子很少，但任何农作物都有了，很可以训练学生从事农业的工作。

因为段先生还要去南海子垦区办事，我们耽搁的时间已经过久了，于是我们称谢别去。段先生最后向我们说:

"一个小的试验，希望社会予以指导。不过，一年来垦殖的结果，已经有了相当的效果，相信移民西北的确是一段新的生路。"

给段先生摄了一个影，便离开了河北新村，在我脑子里永远不能消逝的是那牧童的谈话，段先生的精神，和从死亡线上逃出的河北移民的生路。我的感想是移民西北是可能的，只看有没有计划，有没有干的精神而已。今年中国又是闹着严重的水灾，几千百万的农民没有生路，而西北却又是那么一个地广人稀的地方，这里介绍一个小规模的移民的成功者，有志开发西北的，不妨领导灾区民众，到西北垦殖，这是一劳永逸的办法，比临时的救济强的多。

九月二十日于东北大学

《民间》（半月刊）

北平民间社

1935 年 2 卷 13 期

（朱宪　整理）

包头——地方印象

平甫　撰

　　包头是平包铁路终点的一个大市镇，从车站到城里足足有两里路程。经了长时间在车上受震动的旅客，只要从车站进城时，仰头去读一读那南门上大书着的"奋斗"两个字，就是你是一个消沉到了极点毫没有勇气的人，在这触目惊心的标语下，疲倦了的身子，也难保不受他的刺激，使你耸一耸肩儿，挺一挺胸部，忘却了自己的懦弱，而把精神重新振作起来。

　　包头为西北三大名镇之一，依山筑城，其北面的城墙，即筑于那终年草木不生的黄泥山上。南门外，景物凄凉，一眼望去，全是荒草原野。西城为西行要道，有车路可达五原、临河。只有东门比较热闹，有政府机关，有人民住宅，亦有瓜田菜地，并有一路水源，可以开井咴水。沿城一周，栽有一株株斗大的杨柳，四五月间，城外草色青青，那一群群在放草的各色牛、羊、马匹，掩映在嫩绿色平铺地毯似的旷野上，风景美丽而别致。

　　城内人烟稠密，道路曲折不平，只自东至西，筑有一条直线的马路，在这马路的两旁，间有几栋二层楼新式的店面房子，开设着各种大商店。此外庄院林立，全是些黄泥筑成矮小的平屋。驼毛羊皮，各地汇集于此，善于营利的洋人，在那里开有几家专收皮毛的洋行。经营蒙地商业的华人，也以包头为出发点，而大部住民，反多业农，因为包头地临河套，土壤肥沃，而四郊土匪很多，不适居住，尤其是冬季里，黄河冰结之后，所以包头又是一个市镇的农村。

帝国主义的势力，虽早伸至我国的穷乡僻壤，可是包头的住民，始终是守旧俭朴。他们穿的，除老布衫裤、红肚斗、羊皮大氅、厚毡鞋之外，尚无别种显著欧化的服式。吃的是黑面、曲面、小米之类。捐税很重，就是肩挑贸易，如一篓鸡蛋、一担西瓜入城，亦得纳税。而农务会又常为当地驻军摊派粮秣，剥削农民。鸦片为民间请客上品，流毒很深。无疑的，这种种是减低一般民众生活至水平以下的因素。

男女社交，平时绝不公开。日常街路上看不到女人的足迹，要末有几个老太婆去做远方的旅客时，头上包着一块青布，横骑在矮小的驴上，但大多数年轻的姑娘出行总坐在一种轿车里，面前挂着帘子，羞答答怕见人面似的。在不识包头真正的实际的人，很可能的会疑为这仅仅是男人所独有的世界，但这又不尽然，因为只要你是一个参观过包头元宵节的人，就知他们亦有社交，而且十分公开，深知包头并不是男人们所独有的世界。

在住民脑子中印象最深的元宵之夜，亦即是包头一年四季中最生动最热闹最神秘之夜。在废历的正月十四日，夕阳西下了后，这全城的姑娘们都很勇敢的出头露面，并且还都打扮得很齐整，她们面上擦着雪白的花粉，颊上涂有血红的胭脂，后脑上梳个田螺髻，额间覆一方花的缎帕，衣裤有绸有缎，但尽是红绿色，而生为贫家之女的，也有着红绿布的。高高的领子上，小小的裤脚边，以及上衣的四缘都镶着彩色的花边，也有学点新式，纽扣间挂着一块有花的手帕，使人特别注目的。她们都盘膝地坐在一辆辆四轮的牛车上，那些牛车，就是他们家里平时运粮用的。而牛的旁边，一律的有一个头戴狐皮大披帽、身穿老羊皮板白大氅、束着一条腰带的人，一步步地蹀着，这些人，就是她们的保护者

——父兄。

这样的车子，一辆二辆几百辆，成队的在马路上慢慢地过去，每一车上坐着的姑娘，有三个的，也有四个的。在她们队伍的进程中，能给与人们较深印象的，除了那动的车子，红白的面相，夺目的服饰，还有那一颗颗闪烁的眼珠中所宣泄出来的那处女的羞怯，少妇的大胆，以及那些保护人的庄严。

她们出来做啥？她们是来看灯火的。而灯火是早早在每一家的门前燃着了。说起灯火，又得我来细细述说：这灯火燃于一大号的铁锅中，那铁锅搁在一离地二尺的木质架子上，铁锅的中央，竖有一束豆茎，豆茎的四面叠着小山样的煤块。只要那天一黑，全城住民，好像有人在发号令似的会一齐生火，顿时间，到处是弥漫的烟雾，那高升的火焰，会照耀得满城通红，这光芒不要说牛车上姑娘的面孔，就是她们生着的汗毛，也能数得清清楚楚。可是他们还预备了一种木屑，在暑季里早经安排好的，这木屑还几度用油脚浸透晒干，但由这一点，也可知道他们准备的充分了。

但这时间，我们又不可忽略了包头的男人，原来他们也都早早穿着漂亮而入时的衣服，成千成万的立在街头巷尾以及人行道上。这中间不免也有老头子小孩子，笑嘻嘻你推我挤，他们虽不要在这种场合中物色对象，可也不肯放弃这良好的时机，来把这全城的女性尽量的看个饱。牛车是在街心中蠕蠕地行着，这些人目不转睛的一个个把女人看过去。这时候男人们的情绪，多半是紧张、兴奋而轻松。而女人们的表情有得意的，有态度自若审视两旁的，也有羞羞答答低头蹙眉的。及至"加上！"、"加上！"的声浪来了，我们能见到那店铺的主人或伙计，会立刻把那油浸的木屑一把把撒上火去，"哄呵"一声，红火中生出绿焰，光明里发出异彩，接着就是"好！"、"好！"、"不坏！"、"不坏！"的喝采声，众口一声地叫得那些牛儿畏缩不前。可是这种"加上"、"加上"的呼喊，一夜中是有数次的，非等美丽的女郎来到，多数人有一致的同感时，他们决不开口，因为这是对她们更进一步的审美和恭维。但是还有些好事的人们，不肯把她们轻易地放过，继续着他们破沙的嗓子，连喊着："脸儿可好，脚儿小不小，我们还没有看到呵！"而那些车上的姑娘们，也有很顺从地把脚从坐毯上移出向上一伸，无疑的都是三寸金莲，于是那"好！""好！""不坏！""不坏！"的喝采声又来一套。这一下，连七老八十的长者，十二三岁的孩子，也都按不住性子，同声助兴，热血在他们的身上沸腾着，蒸汽由他们颈间额上透露出来。不但如此，就是那些被他饲在屋上的黄狗，也来趁个热闹，狂吠数声，加以附和。

这样，车儿一乘乘地过去，人们一次次地喝采，大街小巷，直闹到黄昏过后，煤火熄了，游人散去，车儿打回，活跃的包头，又同个死城一样，而此后一年的生活，他们又得在鸦片烟雾的弥漫中，苛捐杂税的重压下，为生活的鞭子所驱遣而挣扎呻吟着！

《新生》（周刊）
上海新生周刊社
1935 年 2 卷 15 期
（朱宪　整理）

一周间西北旅行记

孙媛贞　撰

近年常听得"到西北去"的呼声，常看到"开发西北"的论文，不知不觉地对于西北的事也渐渐注意，于是"到西北去"这句话，慢慢的在我心中发生了实践的热望。事有凑巧，一月十三日《北平晨报》发表了平绥路发起"西北考察团"的消息，专门以上学校的学生可以随便参加。那时候的惊喜哦，简直是哥仑布奉了西班牙女王的上谕。

虽然这次所到的地方，仅只有平绥路沿线的几个城市，对"西北"二字，不无惭愧，事前又毫无准备，更说不上考察，可是就这么略略走近一步，接触到一点塞外的空气，也就够我们兴高采烈了！事前并未想到作记，况且时间太匆促，又要多到多看，再也没有笔记的余暇了。兹就记忆所及，逐日追记如下。

二十一日，上午七时以前，在正阳门车站集合。那时候天还没亮，月色很好。我们全团共二十六人：北大五人，清华十人，燕京四人，天津汇文二人，中法、财商、工商、育英与天津礼和洋行各一人，备有三等客车及膳车各一节，虽然是二辆破车，却似乎行色甚壮。

十时五十分到青龙桥，下车向长城出发，这天天气还晴和，风并不大，顺着指路牌前进，不久就到城下，关门上有"居庸外镇"四字，出这重门就是塞外了。所谓万里长城，在下面看来是一随山起伏的长墙；登其上，又像是一条又阔又长，忽而上升、忽又下降的砖砌的梯阶；两旁各有一道高起的短墙，向北的一面筑有雉堞。我们一路走，一路两边儿看，才知道历史上所谓长城之险，洵不虚传。北面是坦堂堂的一片高原；南面却山陵重叠，险阻非常；中间界上这么一条坚高亘长的城墙，真足使塞外骁骑，难于飞渡。登八达岭，眺望最畅；旋又下城，顺着洞道下山，到八达岭坠〔隧〕道洞口（山上半面覆着厚厚的黄草，那半面可还积着残雪，结晶特别粗大），寻着原路回站。

十五时二十二分再开车，经过西拨子到康庄。停半小时，等车辆全到了，才一齐前进。二十一时到张家口，站长领我们到附近街上参观了一周。街道很宽广而整齐，商店也繁盛，麻菇店、皮货店尤其多。只是行人极少，据说口外人习惯如此，晚上是不常出门的。二十二时回到车站，宿车上。

二十二日，九时下车，雇一向导，出车站指西北方走，过清河桥，桥面是砖形的木块砌成的，看去与砖地无二，但是有年轮表明着他的本质。再穿过东关街，大约十里路到赐儿山，山上有云泉寺，寺内石壁间有两个泉洞，相距不过几尺，而右洞终年坚冰，左洞则四时不冻，我们去参观时，也仅只有很薄的一层冰而已。问问寺僧，但说是山灵的巧妙，不能道其所以。洞前有耸然亭，寺前，沿山脊有好几座亭子，都面东立，可以俯瞰张家口全境。最下是察省物产陈列所。山麓有许多逊清王公贵官们的墓碑，和乞丐住的垫着干草乱放着什物的土洞子。由此又走了好几里才到上堡。察省省政府、教育厅、二十九军司令部、《国民日报》报馆、省立师范学校，以及专为二十九军女眷设立的培德女校，都设立在玉带桥一带。沿路市廛也很热闹，最惹我们注意的是刘把式膏药店、马公道剪刀店、青盐庄、辔鞍店等等，好些招牌都是汉蒙文对照的，就是省府门前的布告也是如此。到大境门稍憩，饿极了，随便跑进一家饭馆就大咽其烧麻菇与扒羊肉。果腹而归，一路所见的新奇事物也不少，譬如刚从大境门进来的满载行装的骆驼，和牵着它们的蒙古人，他们从头到脚的装束，我们看来都很新鲜特别；同时他们也在用奇异的眼光打量我们，大概彼此有同感罢？再则上堡、下堡，耶苏堂、福音堂之多，恐怕关内哪个城市都比不上。门前张挂着蒙文的广告，这实在是很可注意的事情。

十六时开车，二十二时到大同站。

二十三日，八时下车，改乘长途汽车。由北门进大同城，出西门，不久就入崎岖的山路。尘土在车后飞扬，汽车颠簸得像只破浪的海船，每逢险狭处，就只能下车步行。十时左右到云冈堡。下车就见崖壁峭立，屏风似的展开眼前；冈前楼阁层起，就是石佛古刹了。入寺第一个石窟，就有高楼掩护，铁锁严把守着。寺僧殷勤招待，我们便先到西边一个佛籁洞去。这石洞既高深而又广大，正中是一尊大佛，四壁、洞顶，甚至于门框上，都满满的刻着石像，或大或小，都活泼泼地表演着各种的姿态，这时寺僧已把护佛楼的楼门开了，于是连忙跑过去，一直跑上三层楼，这儿还只能看到佛的肩胸，更上一层，这才窥见了佛容。这是七丈多高的大石佛，庄严伟大，可叹观止！但是经后人涂金饰彩，装点得同泥塑木雕的佛像一样，未免可惜了！正想往下再细细看察，而下面在催着要关门了，只得又匆匆的出来。在西院许多石窟中，也有不可胜数的石像，大的高几丈，小的仅几寸，有经过后人重修的，五光十色，真相难辨（我们从一个神像的破损处，看出了他的内部的确是泥木而不是玉石，不觉大为其他的石像恼恨）；也有保护不周，以致断头失臂、面目模糊的；然而大多数还很精美很完整地保存着我国古代艺术的光辉。出寺门往西，还有许多石像，沿崖排立着，其中有一个三丈多高的大佛，因为雕刻得精，而且又曝露在外面，光线最好，所以摄影者都以他为标准的对象。我们在他身边照了好几张。寺东也有很多石窟，可惜都破坏不堪了。于是转而上山，到巅上却又是一片平地，而且都是垦熟的田地。恍然悟云冈这"冈"字之来历。冈上有一带土墙，大概就是云冈堡的围堡了。冈前有一条川流，从西北方流来，绕到冈南，就直往东去，这就是武周川，现在结着厚冰，闪烁地反射着太阳光。回到石佛寺，在一所精美的西式客厅里喝茶、吃硬面包。十四时乘原车回大同，先到九龙壁，再到民众图书馆，借一份城市全图，把游览的路径看个明白，然后出发。馆中主事先生很热心指导我们，并且把本县的县志也捧出来给我们看，最后说，上次冰心女士也来过，她很赏识南寺的壁画。我们道谢出来，先到上寺（即大攀岩寺）登大雄宝殿，殿前有一个八角石柱，上面刻着"佛顶尊胜陀罗尼幢"，是辽太康二年的遗物。据说大殿也是辽代建筑，十分宏丽，可惜光线太暗，四边都漆黑，用电筒一照，满墙都是很美的壁画，寺僧说是明时绘的，却一些也没有损坏。此外还有许多历代留下的石碑排立两旁，可惜未能细读上面的文字。其次到下寺，又到南寺（善化寺）。途中经过女子师范学校，我很想能和这里的学生谈谈，但是全放假回去了。有一位留校的先生领我们参观校舍，记得礼堂上正中有两条标语："女子应该消除虚荣心"、"早晨起来呼吸新空气"。女子教育的口号如此而已？还是另有深奥的含义呢？南寺的大门紧闭着，须从小门进去。满眼是颓垣断壁，只剩二座灰暗的大殿，一间破败的钟楼，孤立其间。西边有所仅存三堵壁的小屋子，满地瓦砾，满墙绘画，也许就是冰心女士所赏识的绘画罢。

　　从一条由南门直达北门的大街走回去。这条街可以分做显然不同的两截，中间以四牌楼为界，南半截是一团古老的乡土气，满街摆着小货摊，有卖香烛、年祸的，卖冻羊头的，卖各式各样杂货的，两旁是高挂幌子与棉门帘的米盐店、糖坊、面馆、铜器店，以及墙上用墨大写着"留人小店，茶水方便，来者通顺，去者发财"等广告的小客店。街上行人拥挤，间或也看到一二个小脚伶仃的妇女。北半截就大不同了，杂货摊逐渐减少；高楼大房，各处有大玻璃窗陈列着商品，洋货店、钟表行、电料行、理发馆、新式澡堂，都整整齐齐，像模像样！城外还有好几家大旅馆。这是何等明显地表示了铁道对于城市的影向〔响〕啊！

　　快到火车站了，路上又遇到两个"喇嘛"。和他们攀谈起来，知道他们是从蒙古来的，曾经过北平，现在正要到五台山去进香。他们都很和霭〔蔼〕，还教了我们几个蒙古字，例如母亲是"爱琴"，小孩是"霍"（ho），朋友是"谈得来"，谢谢你是"求完啦"，中国人是"蛮子"，真是有趣。当晚二十二时四十四分，火车由大同站北进，路过平地泉，这里是平绥路全线最寒冷的地方，我们睡在车上，倒没有感觉什么。同行中有姚君曾发奋下车测量寒度，结果水银柱降到温度表的最低限度以下，无法测候而归来了。

　　二十四日，六点到绥远，八点半下车，出车站，往南直达新旧二城的康庄大道。成队的骆驼在和煦的阳光中矫健地前进，道旁齐整地排列着二行树木，枝头空空的，另有一种静默的美，没有想到塞外的景物，那么泰然自适。最先到绥远毛织厂，门前挂着"飞羊牌"大商标，这是省办的工厂，才开幕了两个多月呢，出品以毛呢、毛线为主，现在全厂工人只有一百多，而且多数还在练习期中。次之到绥远省立图书馆，也还没正式开幕呢。九一八纪念堂与民众教育馆就在斜对面，参观之后，他们还送我们几本《绥远省分县调查概要》与《河套调查记》。入归化城（旧城），已是晌午时分，就先上饭馆去。饭后到怿园。园在西城民政厅里边，慈禧太后幼年时代常住这儿，所以园内有许多太后的遗迹。

此外在民厅办公室前面，有一棵四围大的大柳树，据说是五代留下的古物，柳树而如此长寿，也真可贵了！从怿园出来，沿着沙溪向南走，再向东穿过几条街就到大招（无量寺）。殿旁一路摆满了零食小摊，游人拥挤，和无锡崇安寺、苏州玄妙观差不多。再往东到锡拉图招（延寿寺）与小招（崇福寺）、五塔招。锡拉图招最美观，小招藏有清圣祖平准部时留下的弓矢、甲胄、櫜鞬等物，我们匆匆走过，也忘了问喇嘛要来看。最后到城南的海窟，那儿有四口井，一个大池，水面都高出于平地一尺多，所以特地筑起高高的堤岸同井栏围着它。人民挑着水桶来此汲水的，络绎不绝，附近田圃多赖以灌溉。井前有一所小屋子，供着甘泉之神。

从海窟向东北走，就可以到绥远城（新城）。这时田野里既没有植物，沟渠也都结着冰，所以我们能毫无阻碍的取捷径直抄到新城的西南角上，就踏着一条环城的大冰河前进，左边站的默默的城墙，右边一带细瘦的杨柳，望出去是无边的荒郊，看不见一个行人；远远地在西边，有一圈白木桩系着铁丝网围住的广场，这就是有名的绥远赛马场，不时有一二匹快马疾驶而过。

从新城的南门进去，顺大街走，不久到西门。天色已垂暮，到农业试验场也没有进去参观，径回车站。

二十五日，七点十七分从绥远开车，十一点二十分到包头。饭后王站长亲自领我们出发参观。最先到东门外转龙藏观泉，泉伏在山崖间，由三个龙嘴里流出来了，直泻平地，聚成一个大湫。从龙嘴到池面，两旁岩石上都积着很厚的冰块冰柱，琼崖瑶壁，璀璨可观！赶着骡车前来取水的，辙连踵接，而湫水终是满满的。附近的风景也很好，倚山临水（城壕），面对城郭，踞坐崖岸，可以俯瞩包城的全景。

入城，先到中央政治学校包头分校，全校分小学与简易师范两部，学生八十余人，大部是蒙古人，待遇和南京中央政治学校的学生一样，十分优裕；生活偏重于军队化，目的在培养蒙古人材，以巩固边防，全年经费是五万元。据说这样的分校，除了包头，还有康定、西宁两处，其他各边省，也预备次第添设呢。

次之到商会、交通银行，一路多有很大的商店，不愧是西北贸易的中心。本来还想参观"卍字会"的地毡厂的，恰巧工人都放工了。再次到第七十师司令部屯垦督办处，师长王靖国到山西去了，由某主任等招待，他报告自民国二十一年创办屯垦以来的概况，说明屯垦在军事上、经济上的价值。虽然试办到现在，资本化了三十余万元，而收获所得，仅只有十二万，然而屯垦事业还是要努力干下去。随后我们略为询问些屯垦的实情，就告辞了。

转弯就到包头县政府，屋宇的简陋，同司令部大有天壤之别哩！坐定后，某科长报告本县的概况。包头在前清不过是个小镇，后来因为商业逐渐繁盛，民国十四年才又改为包头县，现在又在筹备改"市"了。全县财政的收入以商税为主，田赋有限。当时就有人问，听说此地鸦片①税的收入很大，不知详情为何？回答说，这属于省税的收入项下，县府不知底细。教育方面全县全年经费仅只一万二千余元，共设有小学八所。最有趣的是包头人口的流动情形，春夏二季，人民都聚在田里耕种，加上山西、河南等处的游农，也都驾着牛车来此佃耕，这时乡间的人口，突然增加到八九万；秋冬之际，农业既已完结，游农回故乡了，本地人也搬进城了，这时乡间的人口，就只有三万左右。至于城市中人口的变化情形，恰恰与乡间相反，春夏少而秋冬多。何以这些农人，定要进城过冬呢？这完全是为了生命财产的安全而已。

最后到第七十师大操场试骑。绥远素来多名马，然而体强性

----

① 后文又作"雅片"。——整理者注

烈，不易驾驭。我们所骑的，都是最驯良的了，尚且横奔突驰，难于指使。末了我们就请一位善骑的马夫表演，果然，左右进退，轻快灵活，十分神妙。

傍晚才回到车站。晚餐后段长、站长等特备茶点款待我们。座间有平绥路第七段段长报告平绥路过去的状况，今后的计划，与路局对于开发西北的热心赞助。谈到开发西北，他说最大的问题还是在治安。从前非但是乡村，就是火车站一带，也时常枪声不绝的。内地人到此地来垦殖的也很不少，但是五谷刚登场，往往就被土匪劫掠一空，下次就再也不敢来冒险了。自从第七十师到此驻防以后，地方上已渐趋安靖。然而生活艰难，知识不开，安居的良民，聚合起来立刻就会变成土匪；成队的土匪，一经穷追，也一霎眼就分散为老百姓了。这种种都不专是武力所能解决的，必需教育与实业相辅而行才好。

二十六日，九时，一同向黄河出发。到那里却但见黄河千里，驼队往返其间。原来河水早已冻冰，又加上厚厚的一层黄土，简直就像沙漠了。然而领导的人告诫我们别向中流去，因为流急处冰还是很脆薄，一失足可没命了，所以非有熟悉路线的人引导是不能乱走的。于是我们跟着驼队，走了一程就回。

因为想尝尝黄河鲤鱼，所以特地进城吃饭。随便闯进一家饭馆，真妙！雅片烟具竟公然陈设在餐室里饭桌子上。我们就问问伙计关于雅片的事，他说："可惜先生们没有在夏天来，那时候哦，遍地都是美丽的罂粟花。外来的旅客都争着为他照相呢。你们不信，可以到那边照相馆里去看看。"言下倒颇有北京人夸耀中央公园牡丹花的神气，可惊可叹！黄河鲤鱼，现在只有冻藏的，其味也不过尔尔。饭后仍慢慢的走回车站，出城时警察遇有形迹稍有可疑的人，就要检查。十五时就上车东归。次日十九时二十分回北平正阳门。

当初出发那天，在车上遇见了回宣化去的同学童君，他见我们穿着和在北平差不多厚的衣服，郑重其事的劝告我们到张家口买一件老羊皮袄，以为御寒之计，他又说平地泉一带地方，到夜里连炉火都生不着的；再则在野外冻僵了耳朵、鼻子，切不能抚摸按摩，否则一定随手掉落了。我们听得毛骨悚然，不觉防戒在心。但是在张家口那一夜，气候十分温和，就放了一半心。嗣后游历各地，也始终没有感到添衣的必要。这大概因为今年天气特别温暖；况且在这一星期里，没有遇到风雪，而天天有好太阳。虽说运气好，但是我们殊以不能领略到西北的寒威为憾呢！

《禹贡》（半月刊）

北平禹贡学会

1935 年 3 卷 2 期

（张敬钰　整理）

绥远之行

刘宝华　撰

绥远地处我国北陲，西连宁夏，东接热、察，北与外蒙连毗，南与晋、陕接壤。境内山岭重叠，河渠纵横，地位、形势之重要，实不亚于平、津、沪、汉。设中国再发生不幸事件，绥远一省，势必为交锋拆〔折〕冲之场所。观东省，热河之沦亡失陷，不禁叹绥远、宁夏之隐虞堪忧。故自九一八后，举国上下，对于绥远、宁夏之一切情形，莫不一致注意。惟其情形内幕，究竟若何？知之者，殊属寥寥无几。是则内情不悉，而徒言保卫边圉，开发西北，其何异于缘木求鱼，至发生对外事件之无所措手，则更不待论。数年以来，吾人曾经注意到西北问题，惟因个人环境所限，未克尽全力之所致。今年卒业后，复就职太原，一番研究西北盛意，又从而中断。旋因同学阎君云溪之介绍，始有游绥之举，数年宿愿，于以得赏〔尝〕，衷心欣慰，为何如乎？吾人苟能尽一分力量，为国家增加一分元气，则个人荣辱，曷足计较。此次来绥，其有意乎？兹先就此次来绥路途、经过，略述梗概，俟后考察研究再有所得，然后陆续发表，此所述者，不过为吾人经历一部分而已。

此次来绥，同行者，为李君安文。吾等原拟十月一日起程，旋因俗务耽搁，皆相继返里，起程之日，因之移后。待十月八日先后皆到太原后，始订为十月十日离并。起程前一日，余等收拾行篓后，各分别辞别友好，傍晚赴同学等之饯宴，席间杯盘交错，盛极一时，同学皆黾勉有加，期待异日。余等深思，寒窗十年，不学无术，今蒙同学等介绍勉劝，愧仄万分，故盛筵之下，不免有几分警惕。席散酒醉，分别安息，睡中梦划舟入水，衣衫尽湿，正当骑虎不下之顷，忽然钟声乱喊，一场甘梦，方烟消云散。起身离床后，即整顿行装，以待出发。好友旋尊三汝舟等，皆先继扣门入室，与余等一并收拾行李后，即趋车至太原北门外汽车站。余与寄住两月之久的文化会，至此暂行告别。车甫抵北门时，回首顾视，犹觉依依不舍，惟因前途在念，亦不得不割爱而别。车抵北门车站时，天甫未明，星月皎洁，四野声净〔静〕，远山近水，隐隐可辨，立足未定，云溪兄等亦相继而来。钟打六下后，站房始启门售票，佣夫为余等购票，同学等代余等占坐，或诂〔话〕别后来往信件，或赠临别善言。数年相处知友，汽笛一响，脱帽点首而别。车初行时，尚蠕蠕而进，余启窗远瞻，见送行诸友，皆近站前，瞬息间，形影已不得再瞻也。余回顾李君曰："古诗有云：'今夜不知何处宿，平砂〔沙〕万里绝人烟。'余与君此行，可以当之也。"李君俯首不答，想是与诸友好临别，有所感触也。与余等同车者，共十数人，或云出张家口，或云将到绥远、五原，咸属远道作客，无一近游者。车前坐一老叟，银须冉冉，尚健谈，豪谈未毕，全车为之哗笑；车尾坐一幼妇，衣衫红绿，两泪汪转，时作悲痛声。余等前顾老叟，听喜语之流畅，几忘乘车巅〔颠〕簸之苦；回头四顾，满目怆凄，又不禁生前途黑暗之想。车抵忻县境时，余隔窗远望，见荒墓满目，数不可计，每墓顶置锥石一，此种情形，在晋南一带，极其稀少，其用意之所在，盖取吾人头帽加顶者然。同蒲铁路，正在兴工修筑之时，吾等车始到忻县时，见碎石积山，枕木林立，铁轨则横置路侧，车行许久，形迹依然。工人作整饬铁轨者有之，荷镶平削者有之，或三五成群，或数十合伙，要皆手胼足胝，劳动不息。闻同薄〔蒲〕铁路，现已北抵原平，南达运城，其余诸段，正在兴工修筑之际，不久将来，定可全线完成。阎主任对于山西建设，可谓劳苦至极，用能以一省精力，经理完成此浩大铁路工程，恐在现在中国，不可多觏。沿路农夫，正当收割季节，谷黍高粱〔粱〕，皆结实垒上，红绿黄叶，点缀着百般景致。秋季谷类，大抵尽有，惟于宿麦，数不多见。回忆此忻、代各县一带风景，与吾前数日乘同蒲车南返时之所见，深觉大相悬殊。吾南返时，除在忻、代一带能见者外，尚有青草平〈野〉，宿麦成毡，杨柳青青，鸟声百啭。至此则除红黄叶木外，惟有一望无际广原。山西一省，南北竟判若两季，气候之于地理，竟有如此之差异。再想长江以南之两广、湖、浙，真不知又有如何之情景也。

十一时半，车抵阳明堡，同车者皆离车就食，余与李君得之亦携手箱而下。该栈院内，谷积若山，每当风过，满院尽叶，院内有玩童两三，高唤低呼，情形怡然，天真浪慢〔漫〕，洵足乐焉。车到崞县时，卖梨者，高声狂呼，洋洋盈耳。余等买梨一筐，剖而食之，味甘可口，崞县雅〔鸭〕梨，颇负胜名，在太原市上，消〔销〕路颇广。山西社会上，有四句言山西出产谚云："汾州潞安的酒；曲沃代县的烟；泽州的铁；崞县的梨。"名符其实，洵非虚语。车到崞县差〔岔〕道时，车人点首示余，谓此路北走，为五台河边村，即此一举，亦可见庸人仰慕富贵之意，余于无意中，又认识一新的路径。

雁门关一带，山高路遥，行旅极难，前人跋跋〔涉〕之苦，固不待论，即现在行旅者，亦莫不视为畏途。汽车行〔路〕沿山麓河旁修筑，遇溪架桥，逢山凿窟，山路崎岖，而车巅〔颠〕簸，车上之苦，于此可知。峰回路转，汽车环攀路上，前望则车路在左，后顾则车在右，至一山峡处，必看见途径洽〔恰〕如人字形，前后各可望数十步。及至山巅，则回转而广武在前，待过广武后，返身回顾，长城高关，历历在目，无限感想，不禁油然而生。同蒲铁路则须经过此关，始可达大同，现在设计途经〔径〕，未知又在何处？

山阴县有阎主任创设牧畜职业学校一所，闻设备精致，成绩斐然。余等行经山阴时，已午后六点钟，惜因时间所限，不克造访，此种参观思念，只好待诸异日，车行疾驰，惟能瞭望而已。

自过雁门关后，再不复见秋苗，伸首远望，平砂无际，路旁虽时见矮树成林，然已木叶尽黄，零落待〔殆〕尽，现虽在秋深天气，实与严冬无异。晋南之秋景，在此不可复睹也。

晚八点钟，始抵大同县，改乘车后，由西而北，休息于北门外之塞北客栈，是晚余等身体疲倦，不暇游览，进晚餐后，即展被而眠。

大同为北魏旧都，武帝于天兴中建宗庙于此，为塞北首要之地。历代均有伟大建筑，古迹极多，惜余等初至斯地，未能一一参观，实属遗憾。十一日早饭后，余与李君得之步行入城，城外马路，尚称平坦，住户、商号，为数甚多，马嘶车鸣，不绝于耳，惜大风吹过，尘沙满天，咫尺对面，不办〔辨〕人形，其地势高燥，风力甚大，即此一举，已可窥见大同全县一般之气候矣。

城外有塞堡，地形广阔，人烟稀少，塞内北面，有营房二，当余等路经塞内时，该营住军，正在塞内广场中操练之际，枪械架立于北，军兵练习于南，精神焕发，颇觉可喜。出塞南门，不数武，即入北门。城内街道颇广，堪与临汾、太原比较，惟民商各房多不整洁，歪斜横竖，无奇不有。且每铺房门外，沙土皆积厚数寸，其铺房内之整洁，已可推想。阳和街马路，正在兴工修筑之际，街中尚铺有用以运石之狭小铁轨。玄都庙前，有明洪武九年建之九龙壁一座，上嵌大龙九条，用琉璃砖瓦砌成，小瓦上尚有小龙无数，姿态各异，飞跃生动。清远街之西，有大华严寺，隔街又有下华严寺，该寺皆为辽时建筑。

大同城西三十里，有北魏时石刻云岗佛，余等因时间忽促，未克去游，此番知欲，只有待诸异日。

十一日晚九点半钟，乘火车向西出发，经丰镇、平地泉、卓资山、绥远、萨拉齐，至十二日上午十钟，始达包头。在此一段路上，因夜间行车，殊少见闻。车到平地泉一带时，余等身着棉衣，犹觉冷不可持，旋取被褥着身后，虽觉较前可冷，然犹毛骨悚然。盖此处地形高昂，北风易吹。据同车人云：夏日经过此地，尚须携带棉衣，至于秋冬，则不待论。绥远至包头一段，北有大青山为屏，此处气候，较平地泉、卓资一带为暖。车抵碇口时，南望黄河，一片无际。余等至包后，即寄住于城内之绥西宾馆。包头商业，交通便利，陆有铁道，可直达平、津，水有黄河，可达宁夏、青海，在我国西北上讲，此处最为重要。皮货、羊毛，皆以此为运输孔道。内地一切物品，亦由此以达宁夏、青海、新疆。城内有电灯、面粉公司各一，本年三月间，有新建马路，街道甚整洁，入西门有包头市公园一所，园内有县立图书馆一，馆址虽小，然甚洁净。出东门有龙泉庙一，庙址居山侧，庙内有水泉数，自东向西，直流入河底，庙主用石砌池，刻石为龙头三，泉水皆自龙口出，山上有庙，庙内有水，风景颇觉幽雅。余等登山远眺，南望黄河，曲折东流，清白如镜；北望大青山，风霜高洁，历历若绘。东门内有隙地若干亩，邑人引水灌地，培植菜园。此地马路，惜尚未修筑齐备，苟他日能从事努力建筑，则繁华前途，实不可限量也。中国银行、交通银行，在此地皆设有分行，市面周行纸币，至不一致，在此数日内，吾人所见者，有中国银行、交通银行、河北银行、山西银行、平市官钱局、中央银行等各种纸币。《包头日报》馆在富三元巷南首，每日出四开报纸一张，其大小与太原出之《华闻晚报》、北平之《实报》仿佛。邮政电报局，亦在富三元巷设立。大〔火〕车站在城南二里许。中央政治学校师范简易科，在城内车巷。城内前大街，为包头精华之所在，每当夜晚，电灯照耀如昼。此处最长〔常〕见者为蒙古同胞，大抵皆红袍黄褂，黑皂靴，头上非束红布，即带红帽。此处妇女缠足之风甚炽，每当大风之后，俯首至街，其经过者为汉人，为蒙人，为妇女，不用启齿，便可一一了然心胸。盖蒙古同胞，皆着黑皂朝靴，其足影甚大；汉人皆着便鞋，其形小；妇女皆缠搏〔缚〕金莲，其形更小，用沙影之大小，即可分别为汉、为蒙、为妇女，是虽不可一慨〔概〕而论，要亦相差无几。街上售朝靴之铺，亦不可胜数，盖专为蒙古同胞而设也。城内地形，北面高而南面底〔低〕，民户以北面一带为多。城外有大青山为屏幛〔障〕，故此处气候，较为和暖。包头县西，有五原、临河、安北等县，此数县为绥远沃野之区。社会上常言"黄河百害，只富一套"之谚语，即是指此数县而言。吾现在只到包头，异日有相当机会，定当一往视察。王师长等在五原、临河等有创办数十新村，闻内部一切编制，皆系新法，想该处定必有一番新气象，俟以后考察所得，再为记载。

　　包头民商屋顶，除少数有产阶级外，皆不用瓦，系用泥土垩合而成，商人房顶，皆洁净，并不搁置货物。民户房顶，是微坡形，生大紫及南瓜、蓁椒等，皆束之高搁〔阁〕。此处人情、风俗、教育、经济、政治等，余等初至，尚未着手考察，异日有暇，再为调查。

　　上述为吾人之耳闻目染，既非议论，又非叙述，惟就吾人之来包经过，濡笔记载，以备不忘云。

《新建设》（半月刊）

太原新建设杂志社

1935 年 3 卷 3、4 期

（李红权　整理）

包头南海子河北村参观记

举安 撰

一 参观的动机

　　三年以还开发西北的声浪弭〔弥〕漫了宇宙，传布了全球；这显然是九一八以后的反应，而"失之东隅，得之桑榆"未使〔始〕不是我们中国人民的觉悟呢？因是政府人民组织团体，先后不断的到西北去考察，但其结果，亦不过"纸贵洛阳"于一时罢了。

　　开发西北的口号已经喊了数年了，可是我们进一步去考察其实际成绩，可以说绝无而仅有呵；政府虽然也有某某委员会之设立，但亦不过是一纸具文而已，这样的只是唱高调而不实际，你叫西北民众怎不失望呢，而西北前途又怎会光明呀！总之我们大家应该认清，开发西北是国家民族的出路，也是整个中华民族一致的要求，而不愿任何人假借这个招牌去做升官发财的勾当。

　　余此次为旅蒙之便，寓居包头，适有同寓刘君健贞及郭君冠军来约参观河北村。因刘君为四川人，郭君系沈阳人，系同赴宁夏教育界工作者，同时再添上我的同伴杨光耀及策觉两君。杨君系西康人，我的老乡，策君系西藏人，我们五人的相遇真是难得。于是大家步行出城，殊天时突变，巨风大着，满地砂石迎面扑来，幸我们的步调一致，毅然前进，约历时余而发现一个大的村庄，长约三里许，询之，系南海子村。该村内的人口很多，俨如街市，再住东遥见百尺标杆上的国旗飘扬，同行者皆说目的地到也。复向前行乃见有三颗树条架成的村门，上悬木牌一道，写着"河北村西门"，进门后见村里清洁整齐，与其他村落迥然不同，同时耳听说话之音全为河北人的说话，于是大家皆乐，惟策觉君莫明其妙，因他系刚由西藏到内地来的，不知道汉话，更不知道今天来参观的意义了。当由杨光耀君与他解释，彼始以了，由此可见语言不通的痛苦了。

时由一村民引我们到民众办公厅里去，厅里适有干事孙焕棠、李兰停两君招待，目击二人装束朴实，态度老诚，真不愧为做乡村工作的人材。该厅门首横挂一匹红布，因在过年，而厅堂仅一小间，土屋、土地、土墙，内置白木的方桌一张、条凳两个，并有一对破坏的沙发，但是点缀于此地，实亦光辉不少，寒暄已毕，我们就开始谈话了。

二 参观的记实

问：你们贵村是何时移到此地的？

答：我们是去年十一月一日方始到达此地，本年计划是在秋天便应到达此地，但以铁路被冲毁，无法来包，迄至冬日，本不是移民时期，但复以移民中之请求，及协会既定之计划，又不得不来，故至十一月方始到达此地。

问：移民现住房舍系何时所造？

答：我们初到此地一无所有，而三百余人借住于民间，乃当由移民中选择有会木工及泥工者建造，同时有力者亦为之出力，共同合作；未几而造成住房百间、炮台一座、村民礼堂一大间、木工厂一大间、皮工厂一大间、织布厂一大间、厨房一大间、保健所一间。

问：他们的饮食系吃大锅饭呢？还是各立炉灶？

答：本村人民全在一起吃饭，且在一锅做饭，因为我们用的大锅每次可容石余粮食，当钟响吃饭时，每家家长到厨房取膳，以人数之多寡而取其所用膳食，每日两餐皆然。食料以稷米为其大宗，菜蔬以熬白菜为主要之食物，日仅食粮石余。

问：他们蔽寒的衣物系由会发给，亦〔抑〕系移民自购？

答：他们御寒的衣物全由协会发给，凡在十五岁以上者，均给以短羊皮袄，而妇孺则给以棉衣，总之使其各个人均无冻馁之患。

问：移民中有无组织？

答：移民现暂定为一百家，而将百家组成三十邻；每邻之家数及人口不均，因均由移民中自动选择其意气相投，以及勤惰相迅〔迎〕者自由为邻。家有家长，邻有邻长，如有事项须得通知全体移民者，则召集邻长或家长谈话，俄倾〔顷〕全体皆知也。

问：目前还未解冻之先，而离垦地期间尚远，他们作些什么工作？

答：我们买有驴马共百匹，大车数十辆，以抽签之法分配与移民，计每户驴或马一匹，三户或二户自由结合，共用大车一辆，除打草及拉本村所用粮食外，兼可代人拉脚。我们初次去给人家拉粮，即遇土匪而损失马三匹，到第二次又遇着匪了，可是他们见我们的车上插有河北移民协会的旗帜不问而去了。

现在我们在各地打草，其所打之草用途有二，一则以所打之草中粗者作为炊饭之料。同时本年本村建房时需砖甚多，而移民中有刘魁义者能烧青砖，则以打回之粗草，除炊饭外，可为烧砖之用，计每斤草可烧一片重量当六斤之砖，嫩的用作喂马之用。

现设有木工厂一，内有学徒四人，由技师一人领导工作，其所作皆为本村将来建筑房舍时所需要之门窗、器具等。皮工厂现为试办时期，系由移民中张平心为其领导人物，因彼昔日专作此业。西北本为产牛羊皮原料之区，而绥、宁各地所用的马鞭稍概由河北省运来者，本会现以五十元购买皮料，作为试办时期，如将来有望则在〔再〕扩充。除皮鞭稍外，尚有绳套、鞍鞑等均作，此项货物如系本村自用，则概以折七作价，货有余时即向外推销。以上所述均为成年者的日常工作。

问：男的成人既全有工作，而女人又作何事？

答：本村有女子纺织合作社之设立，因黄灾区域内的人民均喜穿自己织的土布，故移民中之眷属对于纺线之手工娴熟，若改之使纺毛线，颇为适用，而本市毛毯厂所用之毛线皆为本市男工所纺，且纺工多属抽烟之人，其纺线不按时交厂，致使厂方常常吃苦，今以我们喜于纺线之劳苦人民继之，且〔岂〕不甚善也，因是本村与新兴毛织工厂共立合同，其所用一切器具概由厂方供给，她们每天每人可纺二斤，每斤可得工资一角三分，如能纺细毛线，则每斤工资可得二角六分，然此皆归她们自己所有也。妇女于作工之暇，可教识字三十分钟，每次教以日常生活所用之生字二个或三个，并讲礼教及其作人的故事。

本村现有织洋布机及织土布机各一架，将来拟直购洋纱自纺，其尺寸、成分始终不渝，此路如能走通，则本村以此为重要副业，迨有发展时，再为扩充。

问：以上所述成年男女皆有工作，而一般小孩怎样管理呢？

答：本村设有国民小学校一所，凡本村学龄儿童皆要入学受教，计有男孩三十五名、女孩七名，共计四十二人。我们教育主旨：从根本上做起，养成儿童能在乡村服务的精神与兴趣，并使教育与生活打成一片，当上课时使学生明了村中一切生活的意义，并使其知道读书是为增加农民智识的，对于工作是要比较不读书的人效率高。其村中清洁，全由儿童维持，除洒扫外，并作应对进退等礼义〔仪〕的实行，且随时于可能范围内帮助分担父兄之劳，以增长其孝悌之情绪，即不能做劳工之小学生亦得在旁观看静听，且由老师说明其意义。

成年失学的移民，亦于每晚良心省察会举行后教识字半小时，并讲解日用单字二三个，且讲解作人及改善礼俗的故事。其他各厂如木工、皮工、织工等学徒，亦于工作之暇教以识字，兼收半工半读之实效。

此外每日晚间六时至六时二十分有个良心省察会的召集，如村民中有在外未归者，在外亦必同时举行，其方式静然，扪心自问，在今天一日中自己的言论行动有无不合理处，及有〈无〉违背良心之事，有则改之，无则加勉。届时除各家家长出席外，而四个干事亦必全体出席，若村长在时，有事则召集全体村民齐集礼堂听讲，教师除干事兼代外，移民中能者亦被选任。

此外各股干事每晚亦必有个集会，报告自己一日经过，若有问题，当将提出讨论或研究解决之，本会组织简章之除干事长外，仅四个干事负日常指导工作。

移民中如欲与会中借钱寄回家庭者，得由干事调查属实时得暂借，俟开工后则由工资内扣还。

嗣由孙、李两君领导我们参观移民自己建筑的屋舍，他们房屋的构造极是简单，可是实在也不容易，该村移民住屋及礼堂、工厂、炮台之样式与建筑完全相同，所不同者，惟马房耳。它的构造是以四根柱子为干，上架以梁，梁上再排以树条，树条上再铺上膏梁〔高粱〕及粗草，草上敷以一层薄的水泥，屋的侧背面全为泥墙，而屋的前面泥墙仅及半身，上半身则用膏〔高〕梁杆扎成窗户，窗上用白纸糊闭，门系用粗草做成的，与门帘相似，屋内顺次铺设嫩草，上置移民的被褥，中设洋火炉一个，升火以御寒，因为时值冬日严寒的时候，屋顶太薄，且通风，故现置若干炊饭所用的嫩草于屋顶上以御寒。至于里面的空气和卫生，因为事实使然，亦为无可若何的事。

此外有座长十余丈的马房，其构造亦即〔极〕简单，以木桩为柱，上架以梁，梁之两旁朋以树条，树条上再架以膏梁〔高粱〕杆，膏梁〔高粱〕杆上铺以粗草，草上敷黄泥一层。远望之如一长堤，房内之中心置一马槽，而马即系于槽之两行，偶一进去臭气扑鼻，气焰逼人，但在沙漠地方之马能得此草栅寄身，实亦难得。

三　尾声

此次参观的结果使我得到莫大的欣慰，因为能在这儿看到一点不事宣传、不喊口号的苦干成绩，该会以艰窘的经济，及有限的时间能与黄灾内的数百移民谋如许福利，除不受冻馁之外，并使他们"老有所终，壮有所用，幼有所长"，你说这是都〔多〕么值得赞美的呵！可是我们回头看看黄灾区域里面的人民过的是甚么生活呢，那儿不是有某某委员会的设立吗？同时政府不是也常派人去视察么？视察结果，仅得"印象甚佳"而已，所谓某某委员会他们能为灾民谋这样的生活么？我真为这数百黄灾内的移民庆幸呵！同时我们希望河北移民协会的干事长段绳武先生及该会同人继续奋斗，期于最近将"河北村"建设完成，余以为河北村建设完成，亦即是开发西北、建设西北的基石完成。

最后我们希望，喊口号、唱高调的先生们改弦更张罢，再不要自欺欺人了，我们现在需要的是苦干！实干！！硬干！！！要从"大处着眼，小处着手"，从一村、一乡、一县、一省的去着手改进建设，再大而至于国防建设，这才是复兴民族，富强国家的根本工作呀！

二十四，二，十三，于包头

《新青海》（月刊）
南京新青海社
1935 年 3 卷 3 期
（朱宪　整理）

平绥路旅行归来

徐文珊　撰

现在我们所能到而又易到的边疆，实在太少了。东北方面暂时只得断绝了我们的足迹。新疆、西藏，若不筹得很多钱，结合了一个团体，腾出一两年的时间，是不便去的。外蒙古又早已隔离，连消息也不通。我们的力量这样薄弱，我们所可涉足的似乎只有察哈尔、绥远、宁夏诸地。所以我们对于平绥路真不能忽视，纵然不能亲去做开发的工作，也必须前去看一看，知道那边的大概情形，好回来后向中原人士宣传，使有志而又有力的人肯去经营创业。平绥路局近年奖励游览，实足助成这个使命，本刊三卷二期载有孙媛贞女士《一周间西北旅行记》一文，他们是本年寒假中去的。这回又收到徐先生这文，是本年春假中去的。这两位的游踪大略相同，但记载则有互相补足的地方，所以就发表在这里，愿我中原人士看到这二篇，都高兴去一望。孙女士文中，载寒假去的只二十六人，观此记则春假去的亦只三十三人，人数实在太少了。难道这种容易去的地方还踌躇而不前吗？同志们，起来！起来！

编者附记

我是个最好旅行的人，但是机械的、紧迫的生活哪能容我信马由缰的跑！春假到了，算得了一周的自由。目的地呢？云冈石刻早已在那里用极大的诱惑力来牵引我这好古好奇的心。恰好平绥路局在春假前公布了优待办法，能在一周间以很少的代价游览沿线各大站，经济的条件也能勉强应付了，于是乎促成了我这次的长途旅行。

这篇文字不打算写的很长，因为"开发西北"的声震起以后，到平绥的沿线考查，作文记述的，已经很多，不必千篇一律的重述，所以现在只就我所见和所感的信笔写了下来。

四月一日早七点北平前门站开〈车〉，同行的有汇文同学和我十六人，平大工农二院、税专、辅仁、协和医学校等同人，共是三十三人，由路局专备卧车、饭车各一辆，给旅行团乘用。南口换大机车，推行上山。一路景色愈好，山势愈险，铁路也愈难修。火车时而与山岭并行，时而向峭壁盘行，时而在山头绕转。忽然走头〔投〕无路了，眼看要逼得作穷途之哭，然而我们的民族英雄詹天佑早替我们披荆斩棘，凿山开路，于无路之中求出路，给我们开了深邃的隧道。车入其中，顿陷黑暗世界，及蜿蜒出洞，豁然开朗，已另是一番天地了。如此者三，再出便是青龙桥车站，站边高高站立的是詹公的铜像。旅行团的车便在此摘下。大家携手上长城，登最高峰，极目而望；这道万里长城好像很自傲的站在山岭的脊背上，对着它无数的后辈而微笑。我醉了！不知道是该自豪我们民族的伟大，还是自叹我的藐小，或是抚今思昔，触物伤情？自己的心灵自己把不住舵了！引吭高歌吧？顿足起舞吧？留恋了好久，该回车了，一路走便一路想：不读中国历史，不走平绥路，不跑万里长城，哪里知道中华民族的艰苦的奋斗！回头观望：山怎样的起伏，它也怎样起伏，无论如何，它是要站在山的最高处的。忽然友人说道："从前报纸上曾见有人提议，拆除长城，修筑汽车路！"大家笑了。我不敢说甚么，只由此得了个教训：紧睁眼，慢张口。

三时半车开，过土木堡，车略停，不能下。明英宗蒙尘处不能凭吊，显忠祠也不能瞻拜，只有"心向往之"而已！宣化，是李克用的旧都，也一样地在遥望中消失了！

晚九时抵张家口，天还不甚晚，大家都兴致勃勃要去逛夜景。同学兰君是旧地重游，就由他作向导，尽向热闹的街市走。还好，很整齐，也还清洁。大略的看去，蘑菇店、发货庄较多，鲜果店也不少，并且很象样，书店则凤毛麟角了。发货庄只有字号，没有商标；发的到底是甚么"货"呢？他不说，我也没有问。

人多走路快，一条、两条、三条……不上半个钟头，几条热闹街市全给我们走完了。不行，不尽兴；再走，虽然没人拦阻，但是一家一家的闭门大吉了。闭门羹有甚么吃头，大家不得不收拾未尽的游兴，暂时把它带回车上。

二日晨起，由路局特派招待我们旅行团的朱瑞年列车长替我们计画路线，画成图样，决定一齐出发大境门。途中且行且看，给我们发见了两个学校，一致的要去参观，于是先进一所省立师范。其中有初中班、师范班两部；小规模的图书馆、体育场，都应有尽有。经费虽不丰，但亦不欠。学生共一百二十人。次到对面的女子初中，此校与教育厅比邻，学生八十人，地址狭小，课室、办公室在一院，宿舍、体育场另在一院。很清洁，较师范规模稍小。全市中等学校四处，无大学，农业专门则已因去年军兴而停办，现在自然要以师范为最高学府了。

我们行抵大境门后，就大受了盘查，旅行团的旗子不中用，学校的片子也不够，还要领导人的名片；一一照办之后，才得步出关门。门前张望了些时，想再向西北去元宝山，不料又有警察索名片，请示长官，才得放行。走不多远，又来一关！名片，唇舌，时间费了许多，才得走到近在咫尺的元宝山！所以如此的原因，据说是最近曾有外人来此查看地形，所以门禁骤然紧了起来。及至元宝山下一看，也不过如此，只因它是口内外交通与互市的要地，所以会得这样驰名。结果，上山的念头打消了，成了一幕"雪中访戴"的滑稽剧。

进了大境门，直奔赐儿山。一上山坡，有宋主席新建的二亭；一画后稷像，一画伏羲、神农、周公像。再上有建设厅新建的察省物产陈列馆，尚未开幕。更上则有云泉寺，祀子孙娘娘。名胜有水、冰二洞，在正殿西偏山下。二洞比邻，不出一丈，各为一门。俯身入洞，则水洞有积水，冰洞有厚冰，果名副其实。为什么盈丈之间冷暖相差如此，只得待科学家的解释。全寺随山高下而建筑，油饰甚新。更上山东行，有亭可憩息，由此俯瞰，广袤二十里的全市，尽收眼底。河流、铁路、桥梁、房屋，错落有致。稍憩回车，四时西上，晚十时抵大同。

三日早，由路局代觅汽车赴云冈。路是难而险，颠簸与灰尘不算，最可怕的是四五丈高的危崖，上有高山，下临河水，车不方轨的小路，看着未免吓人。再不修筑，将来恐有路断之虞。幸而这次还在春天，无雨无泥，只过两次河，夏秋之间可想而知了。危崖过后，有佛字湾，石上刻大"佛"字，径可七八尺。这好像是给游人一个信息：伟大的云冈快到了！再走，路旁有寺曰观音堂，寺为金崇熙年镇压水怪而建。门外有三龙壁，似北海九龙壁而略小。再行不远，举目西望，见一带不很高的山岭由西南而东北横截在眼前。山冈间有一段是遍体鳞伤，大大小小的窟窿数也数不清。这不用说，自然是云冈的石窟了。目光既捉住了它，怎肯放松：从此一直注视到山前。车停在骑兵司令赵承绶的别墅，寺僧引导我们，替我们开门，燃香，凭这香火的光照在四面张望。哎呀！不行，我们小小的六尺七尺的身躯刚刚齐到佛的脚指〔趾〕！上楼，看见大腿了，再上，看见胸腹了；佛容呢，还得"更上一层楼"！一直上到第四层，好了，我看见佛容了！佛看着我笑呢，我不知道他笑的甚么，慈悲的笑？骄傲的笑？笑这蚂蚁

般的小人在他面前玩耍？究竟这佛有多高呢？七十余尺？六十余
尺？我不敢说，因为他还在坐着呢。由此而西，而更西，大大小
小的石佛真以万数，完整的，年久风雨剥蚀的，泥塑石身的，泥
皮脱落，露着遍体打木桩的伤痕的，横遭刀斧，少头无额的，楼
阁层层保护的，任他露宿山前的……受着不同的待遇，他们也只
有任着命运了。至于雕刻之精、姿态之美，以及年代之考定、掌
故之说明，早有人说得很详细，这里不再费话。时间不够了，匆
匆地辞别云冈，进城游上下华严寺及九龙壁。回车晚饭，还不很
晚。再出来时，就不受团体的约束了。我和张、葛二君直奔久胜
楼，要拜一拜这位女招待的始祖李凤姐的发祥地。那位游龙戏凤
的明武宗呢？不见了！这座天天播演于戏台上的酒楼呢？也改建
了好几次了！少顷，到南寺，残破荒凉，而建筑颇伟大。寺有断
指血书《金刚经》的僧人普照，出来招待我们，很恳切的和我们
攀谈，示以断指的残痕。他砍断的是右手的四、五两指和左手的
二、四、五三指。一而再，再而三，至于"五"，宗教的力量真是
不可思议！天晚了，回去吧。沿街慢慢的蹀着，要买点云冈照片，
这照片，站上本有的卖，是去年燕大旅行团来时赵澄君摄制的，
六毛七分钱一打，不能选，所以到照像馆去问。第一家要一毛钱
一张，贵了，第二家，两毛，第三家，四毛。哦，我明白了，他
们是有整个计画的，走一家加一倍，不用问，第四家一定是八毛
了。技术呢，纸张呢，要逊赵君的作品好几倍。干脆，回站再买。
城内所见的标语，最普遍的是"人民三怕：一怕上帝，二怕法律，
三怕舆论"。

　　四日早六时抵绥远，无意中在站上遇见故友孙君在此任站长，
感到了"他乡遇故知"的甜味。刚一出站，走上马路，便觉有一
种新兴的朝气，比大同大不同了。这是大家一致的感觉。在此参
观了三家工厂。第一绥远毛织工厂，刚有三个月的历史，官商合

办，承工程师孙君领导参观，解说：工人一百人；美国毛织机器；原料是土产羊毛，出品是各种呢绒床毯。很可观。看了使人兴奋，觉得前途有望。次到大有亭地毯工厂，小手工业，地址狭小，出品尚好。再次赵记毛织工厂，用中国旧式织机，出品床毯、毛布、毛呢等，也很好，很贱。同伴中买床毯的大有人在。名胜有王昭君墓，在城西南二十余里。七八里以外早已看见，如果没人告诉，恐怕谁也不敢认它是坟墓，因为这分明是一座山。我所见过的大坟墓有东陵、明陵、孔林，当时已惊为奇观，今见昭君墓，简直使先圣先王之墓也显出它的渺小了。墓前后有路，可攀援而登，不过太陡，太滑，很难上。我是由别人帮忙才上去的。墓前有碑五座，皆清以后乃至今人所建，无古碑，怪极！（按包头城西南六十里亦有昭君墓，据《平绥路旅行指南》说，此处原系鄂博一堆，古人误会，遂启后人疑惑，乃以绥远青冢为真。此地出白土，可作粉笔。）返城游大召、小召、锡拉图召、五塔召等蒙古式的庙。五塔召则殿后有高台，可拾级而登，上有五塔，皆炼砖筑成，雕刻佛像花纹，精美不亚云冈，而完整则过之；因为始建于康熙，就觉得无甚历史意义。街市繁盛，商业亦优于大同。这是在归化（旧城）所见，下午又至绥远（新城），只有官署、住户，商店甚少，而街道颇整齐，原来本是一座很大的八旗营子。路经西街，见有省立乡村工作人员训练所，进去参观，刚刚开办一星期，招待我们的训育主任赵君报告一切；从他的精神谈吐的诚恳跟和蔼上看来，已十足的代表了此校新兴的朝气和前途的希望，不禁暗暗地喝了一声彩。不过绥省固有好处，同时也有坏处，由地方人士异口同声的报告，知道除了沿铁路地带之外，土地大多数是种鸦片，公开征收亩捐。这种冲突的现象，我想当局者不定是怎样的痛心，有多少说不出的苦衷呢！

　　五日抵包头，由站长派查票员王君带领我们进城游览，并计画明天去武当召的车（武当召又名广觉寺，在包头城北九十里，为内蒙最大的西藏式的庙宇）。在奔转龙藏的途中，又发现了中央政治学校包头分校。进去参观，内分师范和小学两部，学校直接隶属中央党部，去年双十节开办，军事训练，官费，教职员和经费都来自中央，专收蒙旗子弟，或与蒙旗有关系的学生，汉、蒙文并授。这可见中央对于边疆并不忽视。出到转龙藏，寺在东门外小山上，山下有泉，清冽可饮，全城饮料都仰给于此。至于城内的井泉则都是苦水。进城到红卍字会，承马君招待。到此可要打听王同春了。自从顾师颉刚先后两次发表《王同春开发河套记》之后，一字字的读过，脑筋中已深深印上了一个很不安分守法的民族伟人。这次一过张家口便打听，不料很使我失望，这个名字虽然都知道，但没有一个人会详细述说的。问马先生，他说："这个人我是知道，他叫瞎进财，可是事迹我不知道多少。现在有他的五儿媳妇住在此地。"急问住址，想去拜访她。承马先生厚意，怕我人地生疏找不到，亲身带我们前去。到门前看门牌，知道她住的是"包头大文明三号"。但是进去一问，空空如也，只有看房的老太婆在。向她打听王五太太，她说："现在农忙，太太赴五原种地去了。"到此时一团高兴化为乌有了，只得罢休。武当召呢？据王君答覆，说汽车行怕路不好走，都不敢答应，去不成了！

六日早起独自出站西行，要走穷这平绥路轨，结果一里之外就给我走完了。早餐后齐赴黄河沿，约行十余里抵岸。水势不大，很平稳，岸有渔船，便想荡船玩耍。交涉好了，一行九人同上了一只渔船，果然别饶风味。但是没出十丈远，拨回来了，我们不尽兴，要他再远去些，又强走了一两分钟，未及中流而返。再央他时，抵死也不肯了。向他论时给价，却比求他还难。支吾搪塞，也说不出什么道理。那一付执拗不通气的心理真气死人，急死人！费了九牛二虎的劲，连句痛快话都没听到。俗语说得好，"软关硬渡"，也许是我们这班人太和气了。正气愤间，由北来了五个蒙古人，牵马一驴一，抵岸求渡。中一喇嘛正从武当召来，和他谈话，知道这条路甚平坦不难走。大家听了很懊丧，痛恨汽车行胆小，害得我们失去了一看这内蒙最大的西藏式大庙的机会。这位喇嘛通汉语，谙汉俗，余四人则只通蒙语，恐渡河不便，所以特请他护送到此。和他谈话，都能答。请他写蒙古字，也肯。先给我在日记本上用蒙文写了"先生"字，同伴便蜂拥而上，把他包围，争前求书，终各书数字而罢。正在纷扰，猛回头看见一个蒙妇在那里伏地拜黄河。拜时把全身平伏地上，两手前伸，移时始起，如此者不下十数次。我们注目看她，她也看我们，好像以为我们是少见多怪。另一蒙少年亦拜如妇人，但次数少些。渡费，四人二畜，共索一元四角，汉人求渡者则铜元数枚即办；就是一毛不拔，称谢而去，也不留难你。如此歧视蒙人，如何能使汉蒙感情融洽？真是大不应该。回车午饭后又赶赴第十七师司令部，调查绥区屯垦情形，承刘科长详细报告经过、组织、经费，所感到的困难等等；临别并赠送他们已往两年的工作报告书。及询以王同春的事迹，则也只少少的一点，不出顾师所记。迫于开车时间，匆匆辞出。至于街头所见，则"△△烟馆"在在都是，公开售卖烟具。书铺有一家有些新书，但是不能销。

三点回程车开，一路无话。车过张家口，便渐渐觉得温暖，抬头望去，早已"绿上柳梢头"，桃杏花满山满谷，一片片碧绿的麦苗又温柔又鲜艳，这比较塞外春寒枝头不见春意的大不同了。

回来了，心里算是得到了些安慰，所不足者，短短的一星期看不到甚么，更谈不到考察。路程呢？只限于平绥沿线的几个大站，未能北逾阴山，纵横驰骋于大沙漠，西止包头，也未能至甘、宁、青、新，哪能过我的好游的瘾。印象呢？好的坏的都有：地广人稀，地力未尽，荒野未辟；矿产丰富，自己不能尽开；教育力微弱，不普及，人民无强固的国家观念，耶稣教则到处皆是！一批批的外国考查团来，关于民族、地理、河渠、政治、矿产、农业、经济、文化，无不有详确的调查。我们的土地，人家倒比我们清楚，比我们用心深，下手早，岂不使我们愧死，使我们惶惧！至于毒物方面，在张家口见的是"发货庄"，绥远是收亩捐，包头是"清水烟馆"，这是开发西北的途径吗？在现今从事屯垦，训练乡村工作人员，努力边疆教育，发展工业的时候，如何容得下这种丑恶的现象！

　　还有一个感想是关于交通的。现在的平绥路自然对西北负有重大的使命。由于优待移民、奖励考查团体各点看来，当然路局是很想肩起这个重任的。路员服务的精神，以及虚心征采旅客的意见编印《旅行指南》等类书籍，到处都很令人佩服。不过无论陇海路也罢，平绥路也罢，必须努力进展，直达新疆、外蒙古，才算真到了"西北"，现在的平绥刚刚到了正北，陇海还在中央，都是说不上西北的。此外汽车路也应该努力修筑，以补铁路之不足才是。

二四，四，一三

《禹贡》(半月刊)
北平禹贡学会
1935 年 3 卷 7 期
(朱宪　整理)

白灵庙旅行日记

曼虹　撰

白灵庙是蒙旗的腹地,自蒙政会成立以来,更成为蒙古政治的重心。我们到绥远以后,早就想到那里去作一次蒙古社会的调查,但一则因来往的汽车极少,同时土匪出没无常,故迟迟未能起程,后得省府的帮助,并蒙派一位蒙文翻译随往,始得成行。以下就是作者此次赴白灵庙的日记。为读者便利起见,就每日所记的重要事项,加以标题。

起程之前

十月十六日　下午省府黄交际主任来说:"明早七时,有一公司汽车开往白灵庙,班禅办事处镡科长同行,如果你们愿意去,省府可以派一位蒙文翻译随往,关于汽车的事情由我负责交涉。"我们听了很高兴,立刻就答应了。当晚张科员带了一位蒙文翻译来了。我们问以起程时应购备什么东西。李翻译说,第一须买"哈达"。我听了很觉奇怪,问他哈达是什么,有什么作用,他说哈达是一条几尺长的绸条,为蒙古人的见面礼式,如我们握手或鞠躬一般,凡定婚、朋友初见以及朝见王爷、大喇嘛,都以两手递哈达为礼。张科员走后,我们便同李翻译出去,先到布店买了哈达,再到糖食店购买礼物。据李翻译说,蒙人送礼以砖茶、冰糖、点心、罐头为上品。砖茶我是第一次看见的，用红茶制成，很坚实，其形如砖，所以叫做砖茶。这种砖茶是专销蒙地的，多来自汉口，每块一元三角。蒙人极嗜茶，因每天都是吃肉和面，红茶有消腻的作用。冰糖、罐头、点心完全来自内地，运输困难，价值极贵，蒙人视为珍贵物品。我们把东西买好了，就与李翻译分手，约明早在汽车公司会同出发。

到白灵庙去

十月十七日　听说山北的天气特别冷，我们从来没有穿过像今天多的衣服，着了皮袄，戴了皮帽、皮手套，除了绵袍，上面还加上一件皮袄。大家看见都大笑起来。我们稍为吃过了一些东西，早上六时就雇了洋车到汽车公司去了。一会儿，张科员、李翻译也相继来了。

乘客共六个人——赵君、李翻译、镡科长和我，另外还有两个商人。汽车已经很旧了，形式同普通货车一样，没有篷盖，底下满载货物和行李，人就是坐在货物的面上，晴天还好，遇到下雨或降雪可就糟透了。我问他们为什么不装车篷，他们说："有车篷，搭客有时将货物堆在篷上，弄到车上重下轻，很容易倾覆。其次，车篷太低，货物装得不多；车篷太高，风很大，车行不便，沿途高低不平，上坡下坡危险。这里来往的车都是这个形式。"

车夫把行李、货物装好了，铺上一块油布，就叫我们上车。车旁没有梯，货装得很高，加以我们穿得一身臃肿，非人牵了手，爬不上去。我们六个人分为两行，背靠着背坐着。每人手执住绳，据说路上颠簸得很厉害，这样互相靠倚，大家坐得舒服。所谓"相依为命"，我至现在才深彻地领略到这句话的意思。

七点一刻，我们同张科员握别后，车就向着郊外的大路上前进。

　　晨早的野外，很少看见行人，有时遇到一两群骆驼队。车行得很快，迎面吹来的北风，透人骨髓。

　　车行了大约一个钟头，忽然出了毛病，不能前进了。两个车夫忙着修理。茫茫前路，颇堪忧虑。不久，车修好了，又开始行驶，但行不到几十丈，又停了。这样时行、时坏、时修，好像患肺痨病的人似的，我心里很着急，赵君倒很镇静，很不以为意，真不愧为老江湖。

　　"无论如何，今天是到不了了。"大家这样断定了。只有抱着"走到什么地方就到什么地方"的意旨。

　　到后来，司机终于宣告没有把握。车是靠不住了，于是一致决定退回绥城。在路上有的说耽误了事情，有的骂司机不小心。回到公司，掌柜向我们说了许多好话，决定明晨另找一辆车去。

骑骆驼第一次尝试

　　十月十八日　今晨七时，抵汽车公司，货物已装好了。搭客比昨天多两位，连司机、车夫，一共十个人。我们稍坐了一会，车就开行了。

　　这路是原来的车马大路，没有修理，沿途石头极多，高低起伏，颠簸得异常厉害。有时把人抛起一尺多高，要是手不执住绳条，时时有堕车的危险。

　　车经过两个村庄，穿过往包头去的火车路，沿途间有一些毛病，但稍为修理，又可行驶，走了一个多钟头就到大青山了。绥远南北为大青山横隔，山南山北的气候完全不同。车打山沟路上曲折蜿蜒地横穿过去，万峰重叠，约共有三十多里。山路崎岖难行，车一发生毛病，尤觉危险。在上山坡时，一个车夫在车后跟着，一遇车坏了，立刻用一根木横阻着车轮，以防倾倒。像这样实在时时有性命之忧，但也只得听天由命，今天能否到白灵庙还是问题。车坏了，我们下车跑跑，修好了，又上车去。

途中车马、骆驼相隔不远可以遇到，也不感荒寂。车至山沟时，非常和暖，太阳也出来了。我们见车时时出毛病，几个搭客，除李翻译不大能行走外，都下了车，脱了面上的老羊皮，三两个一队迈步上山去。

我们和镡科长等四个人一队，一路走一路谈。其中有一位老旅行家，对于此地的情形很熟识，就地述谈，很觉有趣。大家爬得乏了，就坐在石头上休息。这样大约走了大半个钟头，转了一个山弯，望见一座很新的砖石小庙。我们沿途见到的村庄，都是一些剥落的土房，这小庙就很使我们注意。于是顺着路径往那里去看一看。这是一个关帝庙，中间有一座泥塑关羽，两旁分站着四名比人还高的好汉。这庙建筑在山顶的下坡处，前面山下有一条山涧在流着。我们走到山下的桥上时，另外一队同伴也遇到了。我们已经走了不少的路，但车还没有来，大家都起了怀疑的忖测，有两个爬上稍高的地方探望，也望不见车的影子。刚巧有两辆马车在后面赶来。我们问他们在路上有没有看见汽车，有一个回答说："看见，但已经驶陷沟去，不能行驶了。"我们听了，知道出了意外，连忙跑回去，见车倾陷在沟中，行李完全卸下。这是下坡的地方，前面倾斜得像墙壁一般。因为车太旧了，下山坡即要转弯向左驶，车行得太速，机收不住，直陷下去。还好，只有一个车轮空跨在斜壁上，险些儿就倾覆下沟了。李翻译一个人坐在车上，吓得什么似的。他口讲指画来叙说出事和他跳下车来的情形。我们如果在车上，又不免要吃一次大惊。前面刚有一个村庄，约十几家人家。车夫把全乡的老壮少的男子三十多个人都叫了来，一齐合力用绳绑拉，或用木头抬扛，足足费了一个钟头，然后把车扛了出来。车夫赶着把车修理，我们就坐在行李堆上休息。

今天天气还好，暖和的阳光普照着山的四周。一路看来，童山濯濯，看不见一颗〔棵〕树。绥远木材的缺乏，实由于不知造林，路上很少看见农地，想这里的百姓必多以牧畜为生，但四周都是不毛之地，居民的贫苦，于此已可想见。

这汽车走了五万多咪线，已过了保险期，比昨天那辆车还要坏些。他们未免太大胆了，用这么旧而坏的汽车，走这么长而难走的路，据那位老旅行家说，由绥远城到白灵庙可以坐马车或骆驼，费用比汽车廉，不过没有汽车那么快。

汽车	每人十元	行九小时
马车	每人五元	行三天半
骆驼	每人三元	行四天

车修好后，行不到几十丈，又完全坏了。所谓到西北吃苦，现在才真正的尝到了。脾气不好的人，能够到这里旅行一两次，一定会使他和气很多的。我们同车中有位老旅行家，可以说是炉火纯清〔青〕了，他穿着一套没布面的老羊皮衣袄，足穿着很厚的棉鞋，束着腰带，不时地吸着旱烟，很泰然地一步一步的向前走，眼睛老是望着前面，好像心有所思似的，车坏了，不慌不忙地跳下来迈步走，修好了，又不慌不忙地上车去。在我们几个乘客中没有一个不发过怨言，或骂司机的不当心，只有他不曾说过一句责备的话，大有泰山倒于前而颜色不变的神气。

车坏在一家留人小店的门前。我们都到小店去歇息。小店是个单间土房，入门右边就是炕，我们进门时，已经有几位客人盘坐在炕上。每个人的旁边各有一个铺盖，据说无论什么客人都同睡一个炕。稍坐一会，司机向我们宣告车完全坏了，不能行驶，乘客三两个一团的议论起来。有的主张雇骆驼——只有在车出事前的小村可以雇到骆驼——到武川，有的主张雇骆驼回绥城，有的主张在小店住一宵，由司机回城取配件修理，再行前进。在这许多议论中，我们什么也不熟识，不免迟疑不决，问问李翻译，他也没有主张。坐骆驼到武川还有好几十里路，现在已将到三点钟了，未到那里，天色已黑，听说山北土匪猖獗，杀人越货，时有所闻，晚上尤为危险；回绥城，又已走了六七十里路，未免太冤枉了，谈来谈去，觉得两有长短。末了，镡科长决定坐骆驼回绥城。他征求我们的意见，我们也只得同他取一致行动。四个人就雇了五个骆驼——每人一元二毛。

坐骆驼，我和赵君都是第一次尝试，心里倒很高兴。骆驼非常驯熟，驼夫将穿在驼鼻的绳子往下曳，驼便四肢跪在地上，动也不一动。驼夫把行李分装在驼峰左右两边，在驼身一拍，叫一声"和"，驼便起来。我的心很冲动，立刻就想骑，但驼夫说，上山下坡艰难，不容易骑，须过了这山峰，到山沟稍平的地方，然后上驼。我也只得忍耐着，同他们一起跟着驼队走。我趁着这个机会就找一个有经验的驼夫来研究关于骆驼的事情。

据说骆驼能负重致远，耐劳持久。马虽比它快，但马每天须吃粮喝水，否则不能行动，驼吃喝一次，能走两三天的路，所以远途运输或路经沙漠，马就不及驼了。在夏天沙漠酷热，驼队须在白天歇息，夜间行走。驼的寿命很长，能供役五十年（马供役二十多年，驴供役三十年）。但幼驼八岁始能劳作，这较马、驴稍迟（马四岁、驴三岁便可使用）。驼每头能负重五百斤。每三年两产，每年十二月为性交期。在这时期中，雄驼目变赤，口流沫，发怪叫，性如狂，遇人犬必咬，因而致死的也很多。在这时候，行人不敢在驼的牧地附近行走。

我们一路走一路谈，倒得到不少的知识。到了山沟路上，驼夫才叫我们上驼。他教我们用脚踏着驼颈作梯，然后爬上驼峰去。

我初时很觉害怕，其实很稳定。

出了大青山，天色已苍茫了。明媚的月光，洒照着这万籁俱寂的沙滩，虽感到有点微寒，但望着我们几个骑在驼背上的同伴，随着驼的行动一摇一摆地前进，却又别有风味。

回至绥城时，已是晚上九点多钟了。

在蒙古包中

十月二十七日　今天赴白灵庙是又传之三章了。昨天汽车公司的掌柜来说："前几天两次都出了毛病，很对不住，明天有汽车往白灵庙，保险可以到步。"我们想趁天气未冷的时间往蒙地一行，也只好鼓起勇气，再作一次尝试。西北旅行真是一件不容易的事呀！

上午八时十五分，车由太平街出发。司机说今天很有把握，决不会出事。乘客共八个人，镡科长早已雇马车走了，只有赵君、李翻译和我，另外有三个专做蒙地买卖的商人。

今天天气颇觉寒冷，车行至大青山，太阳出来了，渐觉暖和。车走得很快，一路来没有出过毛病。至坝村时（第二次出事的地方），我们不断地回头看望，那天的情景，如在目前。在车上我们不好说话，但大家相顾，会意地摇了摇头。

车穿过大青山，共有三十多里，车行一小时。十一时半，抵武川县城。我们下了车，在一家饭店吃了一点东西，车又开行了。

过了叉叉，便入蒙旗地界。一路上完全是一片草地，看不见一个村落。车马绝少遇到，倒遇见两群野羊，毛黄色，每群有百数十头，见汽车来了，即分头窜逃，走时很活泼迅速，不像家羊那么迟钝。

车由武川走了三四点钟的光景，路上看见两个蒙古包，这是我第一次见到。车在包前停住了，据说是蒙政会的税卡，凡来往蒙地的车马，必须检查收税后，始准入境。一会儿包中有几个蒙古人出来。他们都是穿着破污不堪的紫色或红色的长袍，每人脑后拖着一条长辫子，足上穿着齐膝的长靴，面色污黑，但身貌魁梧。李翻译说，这就是蒙古兵。据〔按〕蒙古为征兵制，军民不分，遇有事时，旗长一有命令，全体人民都有服兵役的义务。他们体魄健强，能耐劳吃苦，精骑术，善打枪。出发时每人只带一些炒米，就可以日行三百里。我现在才明白历代对付所谓匈奴的困难，汉兵到塞外去，天气严寒已够人耐受了，更又不熟路径，以徒步之师，对这些强悍的骑兵，胜败之分，已很明白，我不觉为李陵等叫冤了。

车夫同收税员说了几句话后，车又继续放行。不到几分钟，我们所渴望的白灵庙，远地里可以望见一个轮廓了。庙的地方很宽大，四周围以白色的围墙，建筑得很庄丽，远望之，有如王宫。

抵步时为下午三点五十分。

车停于一条小河的东边，那里有二十多家专做蒙古买卖的汉人的房子。这是山北汉、蒙贸易的中心，白灵庙就在河西，相距约有三里多路。庙的后面的山麓一连有三十多个蒙古包，这些包就是蒙古地方自治政府〔务〕委员会的办公处。我们在站上叫了一个人引到办公处去见第四科长，由李翻译说明我们的来意后，他们便派一个人带我们到河东的买卖人家去找住的地方。但各店都住满了人。后来遇到刘副官，他问我们愿不愿意住蒙古包，我们以找地方困难，一面想起蒙古包别有风味，我们也就答应了。

在一家买卖人家的饭庄（这一家完全做蒙政会的职员的生意）吃过了饭，就把行李搬到河西的蒙古包去（这河的水很浅，河底铺有大石，行人可以踏着石上过去）。

这是一个布置得很讲究的蒙政会的会客包，包是圆形，门口有两扇二尺来高的木门。一入包，就看见正面挂着横扫欧亚两洲的大英雄成吉思汗的半身遗像。他身配武装，荷着剑，神采奕奕，在他的像貌上表现出一个勇敢、刚毅、意气纵横的大英雄的典型。这像不知从哪里得来，翻影得很好。包的中间是泥地，装有烧煤的暖炉。四周的地上铺着红绿色织有图案的坐褥。秘书长（德王）的办公包在后面之左，委员长（云王）的办公包在后面之右，其余过去尽是各处各科的办公包。

包中生了炉火，很暖和。我们点着洋烛，三个人席地而坐，畅谈蒙地的风俗习惯。蒙古包的生活，这是破题儿第一次尝试。

蒙古青年与蒙政会

十月二十八日　晨，包外温度华氏表十五度。我们住的包约有一丈圆径，三人同睡包中。包内没有台、凳、床等用具，只有两张七八寸高的小长桌，作放东西用的，无论坐卧都在坐褥上，一进门便要脱鞋了。他们写字时好像日本人一样：一脚垫坐着，一脚蹲在前，搁着手册书写。我现在也变了蒙古人，记的日记也要这么写了。

刘副官来包坐谈，据说是蒙政会派他来负责招待我们的。他身配军服，操着一口北平话，我起初以为他是汉人，但他说会中的办事人都是蒙古人，他们大半是着汉服、能说北方话的。他是黑龙江的蒙旗人，东北失后，曾参加抗日工作，来此只有六个月。他又引我们到保安处的包中去会阿尔弭吉呼书记官，据说自韩总队长在京失踪后，保安处的事情完全由他负责（韩为日本留学生，人很能干，为德王最器重的人）。书记官是南京军校毕业，年约二十四五岁，外表很清秀英俊，但带有点公子哥儿的派头。我们同他谈了一会，话还算投机，我们临走时，他约我们今晚四时在他包中吃饭。

刘副官陪我们到河东的汉人的饭庄吃饭，所吃的菜都是羊肉，没有牛肉、猪肉及蔬菜等菜，味还适口。

这饭庄住有好几个蒙古青年，他们的衣服、言语和一切的生活都完全汉化，年纪多在二十五六岁以上，三十以下。有两个是黄埔毕业的，他们都在广东住过很久，听说我们是广东人，非常欢喜，同我们谈了许多关于荔枝湾、黄花岗等名胜。有一个还同我说了几句在广东学了来的"丢那妈"、"契弟"等骂人的话。他又把广东人吃猫、吃蛇、吃老鼠等事情形容得过分的可怕，引得十几个人都围着倾听，有些不绝地说："嗳呀！这些怎么能吃呢！"

在黄埔毕业的两个现任中队长，还有两个是平大毕业，一个任教育科长，一个任实业科长。他们异口同声称赞德王，差不多把德王描写得同一个理想人物一样。

回包时，实业科长来谈。他年约二十五岁，一头乱蓬蓬的头发，胡子也很长，穿得很朴实，大有不修边幅的风度。他是平大农科毕业，说话很诚实中肯。他说蒙古人的生活迁徙无定，逐水草而居，一切教育、实业、政治等计画，都无法实施，补救的办法，只有把蒙古人的生活由游牧改为定牧。他又说，实业处计画将来把蒙地划为许多实验区：宁、绥的羊很好，划为羊的实验区；新、羌的牛很好，划为牛的实验区；西蒙的马很好，划为马的实验区；东蒙宜于农业，划为农业的实验区。在各区中各负责研究，加以改良，同时输入各国的改良种，以培殖新种。关于森林方面，他说，从前蒙地森林很多，因为蒙人只知砍伐，不知栽植，所以到现在一颗〔棵〕树木也看不见了。除乌兰察布盟、青海等蒙地，因迷信关系禁止砍伐，尚保存外，其余都没有了。蒙旗沙漠遍地，造林不但可以调节水量、气候和点缀风景，而且还可以防止沙漠的侵蚀。关于矿产方面，蒙地宝藏丰富，各矿从来没有人开采，所知道的有煤、铁、云母、水晶为最多。但因为蒙政会经费无着，一切计画都在停顿中。

委员长云王

下午经秘书厅第一科长的介绍，赵君和我（第一科长作翻译，李君没有去）、刘副官、苏科长五人同去拜会云王。他的办公包就是在我们住的包的后面右侧，包内陈设得很精致，中间装着一个暖炉。包周围用很精美的花绒围帐围着，正面有一个好像宝座似的坐褥，座前放着一张七八寸高的红地金花的长桌子。我们递了哈达之后，云王坐在正面，赵君和我坐在右边。陪我们来的三位职员，在进门口的地毯上，对着云王很恭谨地单脚跪下，情形非常庄严。我和赵君摊开两足坐着，似乎觉得有点失敬。

云王的年纪约有七十岁了，穿着蒙古红袍，头上戴着尖顶蒙帽，脸色红黑，已现出许多皱纹，两目精灵而有神采，手提连珠，不时嗅着鼻烟壶，不大说话，人极和善。我们稍谈了几句应酬话后，就觉得没有什么好说，看见几位陪我们来的人老是跪着，觉得很对不住他们，再谈了几句话，就告辞了。

云王的生活很简单，每天诵经念佛，对于事情不大管问，听说一切事情完全由秘书长德王主持。德王素负雄才伟略的盛名，为青年派的领袖，现在蒙政会的职员十有八九都是青年，将来蒙古倾向如何，恐怕全在他的身上了。

蒙政会的成立，最初本由德王等发起，在白灵庙召集各盟、旗的代表开过一次会议，要求中央给蒙古以自治权。因为条件的问题，曾经发生过许多的争执。自中央派黄绍雄到绥远白灵庙各地调查，并负责切实商讨后，蒙古地方自治政务委员会于是正式产生，以白灵庙为会址——初拟以庙为办事处，喇嘛不允，故在庙的后山张了几十个蒙古包为临时办事处——由各盟、旗派出代表二十八人组织委员会。委员会之下分两厅（秘书厅、参事厅）、四处（保安处、实业处、教育处、民治处），各厅、处之下各分若干科。此外还有一个独立机关：财政委员会。

蒙古有很多特别的情形，与内地非常隔阂，俨然形成两个世界。民国以来，无论在政治上、经济上、社会上，内地都起了不少的变化，但蒙古没有受过些微的影响，人民还是过着游牧时代的生活。这种情形，不但关内人对于他们不了解，就是政府有很多事情也不明了。我们曾听到他们对于中央说了许多不满意的话，最重要的是经费问题，在蒙政会成立时，中央曾答应每月拨款十万元作经常费，后中央以财政支绌，减为三万，但三万也并未依数发给，由四月成立至十月，仅拨了三万元。会中职员由委员长以至各科长、科员，每人每月只给生活费十五元，因此一切事情都在停顿中。还有一个是对于中央政策上的不满意。他们说，中央对蒙仍沿袭满清的宗教羁縻政策，不思以教育的培植、经济的建设来改造蒙人的生活，历年想利用宗教的领袖做幌子，以统治蒙人。他们最后说，现在只有蒙古人自动起来救蒙古，改造蒙古。（附注：自蒋委员长到绥后，每月经常费三万元已照拨。）

土匪

十月二十九日　上午到河东吃饭，见饭庄中有七八个蒙政会的职员在谈论土匪的事情。据说有一大帮土匪由察东窜到武川，昨晚在叉叉将绥远军队一连人包围，现两方尚在相持中，结果如何，仍未知悉。叉叉就是在我们来的路旁的一个村落，一到这村，便入蒙地。我们听了不觉有点着慌。他们都劝我们小心，打听了确实消息，方可回绥。

　　饭后回包，见阿尔弼吉呼书记官带了二十几个穿着蒙古长袍、荷着枪的蒙古兵，坐在汽车上整装待发。询问他们，才知道近日土匪骚动，德王昨晚回庙，途遇土匪折回王府，现来电请派人前往接迎，土匪的猖獗，可见一斑。

　　绥远的土匪多是贫苦的老百姓和各次的溃败军队。政府当局剿匪很积极，可是成绩却很微。第一，因为这里的老百姓精骑术，好游猎，既善跑，而又精于枪法，军队往剿，实非易事。第二，地方辽阔，土匪出没无定，军队的数量有限，势难同时包围兜剿，于是一如小孩子的捉迷藏一般。第三，交通不便，军队的粮运艰难，土匪则无须多带粮食，随处可任意掠取，马乏了，可任意选换老百姓的马，这样同军队比较起来，就便宜得多了。第四，各省区或县治因行政区域关系，不相谋和，而失连络，察东的军队来了，他们（土匪）窜到绥北去；绥北的军队来了，他们又窜到绥西去；忽而蒙地，忽而察边，各行政区的交界地，就是他们逃奔的最好孔道。况且蒙古草地，苍茫数千里，一望无垠，人烟稀少，土匪大可任意驰骋无阻，所以名为剿匪，实则赶匪。第五，现在各地的土匪大半是孙殿英的溃兵。他们的组织一如军队，枪支齐备，中间还有机关枪等武器，每股有三五百人，一时恐难消灭。土匪问题，实为开发西北的一个急待解决的问题。

蒙地巡礼

　　二十九日又记　　午后一时，由蒙政会商借郭王（某旗王爷，现任蒙政会委员）的汽车往附近各地观察。同行的有：蒙政会秘书、实业科长和一位科员。车多经山路、沙滩、大草地，司机是两个穿着蒙服的蒙人，技术颇好，上坡过浜，运用自如。离白灵庙数十里，四围尽是一望无垠的荒凉草地，诚为一天然牧场。车行数小时，始见一二蒙古包。包前养有很高大的蒙古狗，性凶狠，见汽车来，随车追吠至数十丈始回。远地中有时望见一两队羊群、牛群。车经过有一小河浜的草地，面上含土极深，很适宜于种植。后至一地，见有三蒙古包，车停于包前，由秘书引我们进包，大家围坐在正面和左右两边，后又来了完全着蒙服的一位老汉，两位妇人和两个小孩子，于是把包挤满了。据同行的人说，此包的主人同他们很熟识，刚到外面去，我们可以随便坐谈。他们说了，便用蒙古话大谈起来，我一句也不懂。有一位女主人在包中的火炉烧奶茶，她左手拿起一块块的干牛粪，右手用铁钳转夹进炉内烧，旁边另有一个铁线制的小炉，炉内堆满一块块的粪灰，据说是用来热茶或取暖的。蒙地没有煤木，普通完全以牲粪作燃料，从前我理想中以为一定很臭，其实烧起来没有一点儿气味。

坐谈稍久——所谈的自然离不了本地风习，女主人以奶茶、奶皮子和炒米款客。这三种食品既不甜，又不咸，尝不出一点味道。但我为好奇心所驱使，每种都吃了不少。

临走时，在包外遇见一位年轻妇人，穿着红袍、长靴，头上包着布，耳环阔约二寸，垂至下巴，作成圆形，由左耳垂下，挂至右耳，环中嵌着许多种东西，脸色黝黑。我说这未免太难看了。他们说，蒙古女人都是粗大、黝黑的，要想找一个像内地那样白脸、缥致、袅娜的佳人，那简直难于登天。

包侧套着几匹马，另有几大堆牲粪，据说是预备作过冬用的。

我们辞了主人，上了车，绕至东边的一个山去。实业科长说这山有铁矿。我们下车登山探视，见铁石毕露，一望而知其为铁矿了，成分极高，平均当在百分之六十以上。转过山顶，又有一山，实业科长说产煤。山下有沟，是从前探矿人挖掘过的。

车回庙时，已六点多钟了。在饭庄吃饭，与各职员畅谈本地风光甚欢。

晚上又有一蒙政会职员来包坐谈，对政府发了许多牢骚。至十二时始寝。

蒙古人的生活及社会概况

蒙古人自成吉思汗至今，仍过着游牧民族的生居，在政治上仍为部落时代的封建制度。满清时，虽在名义上有多少改变，而实际上并没有什么不同。

蒙民性诚实，生活纯朴，喜骑马，嗜烟茶。平日娱乐很少，生活颇觉干燥，所以佛教的出世思想很容易接受。

衣　蒙古人的衣服好用红、紫、黄三种色布。普通无论男女，都穿宽大的长袍，腰部用布带束起，睡时将带解去放下，便和衣而睡。袖窄而长，冷时放下，作御寒之用。手提连珠，腰带间左边挂烟荷包，右边挂刀箸，靴长齐膝，旱烟管则插在靴勒中。男女仍拖着长辫子，但妇人没有缠足的。我初时分不出男女，后来有人告诉我，蒙人男女无大差别，但女子必穿耳，好戴种种耳环。蒙人习惯，衣服一着起后，从来不加洗濯，也不加修补，食后指上的油腻，随意涂在衣上，所以蒙人的衣服没有不脏污褴褛的。

食　蒙人的主要食品为羊肉、牛奶、茶、面。每天吃茶二次，吃饭一次。吃茶时有三种主要食品，一是奶茶，二是奶皮子，三是炒米。奶茶用砖茶冲牛奶和少许盐做成。炒米是用糜子米炒的。奶皮子的制法：将鲜奶熬滚稍久，火熄，奶冷后，面上凝结成一层皮，这便是奶皮子。奶既取了皮，余下的奶汁，还可以作奶茶或制奶饼用。奶饼的制法：将奶汁烧熬，至水分蒸发后，便凝成饼块。

以上是蒙人吃茶的情形，至于吃饭，就是吃面与肉。他们吃面与北方人吃面条面片一样，但吃肉的方法完全不同。他们吃的肉都是羊肉，猪、鸡等简直没有，牛肉也很少。他们吃羊肉，并不加以泡〔炮〕制，没有炒、蒸、烩等花样，只放在水中煮熟，稍加一些盐，便每人分给一块，用刀割来吃了，所以蒙人身上必带有刀箸。也有将肉用火烤烧吃的，这叫做烤羊肉，他们吃得津津有味，我们觉得如同嚼蜡，这大概是习惯使然。

有人说："羊是蒙古人的生命。"这话是不错的。他们吃的是羊肉，穿的是羊皮，住的是羊毛毡包。蒙人牧畜以羊为最多，其次是牛、马、驼、鸡、鸭，猪因不便于迁徙，没有人养。他们不操农业，所有面、糜子完全取给于附近的汉人；菜蔬、水果多来自内地，价值高昂，他们是吃不起的，也没有人售卖。他们喜欢吃茶，实因茶能助消化。

住　蒙人以牧畜为生，居无定处，所以不住房屋，完全住蒙古包。这地方的草吃完了，便拆了包，用骆驼背着，赶了羊、牛、马到别处去了。

包是圆形，圆径约一丈余；周围用木枝互架成许多╳字形，支撑在地上，高约四尺；顶上用细木枝摊成圆形，斜斜直上，好像一个圆馒头。包内高约五六尺，顶的中央开有一洞，以便通烟，洞口上有一块布，以绳系牵，作开盖之用。包的外面依着原形被以毛毡。门口南向，约三尺左右，入门时须曲着腰，然后可以进去。包内中间置放火炉、铁锅等东西，其余周围的地上都铺以毛毡。包内没有台、凳等用具，白天席地而坐，晚上全家大小同睡包中，一黑就睡，清早起来，普通很少燃灯。包内外所用的毛毡都是妇女自织的，制法：将羊毛摊摆成长方形（或正方），用东西压实，然后叠上两层或三层，用白线缝成很密的各种简单的图案，间也有用各种线作边缘，加以点缀的。

风俗习惯

蒙人男女社交公开，女子一至十六七岁，即与男子结识往来，无所谓贞节。我们每与蒙人谈到内地男女关系的尊严的时候，他们无不咄咄称怪。凡过路旅客，一受接待，也同睡一包，无分男女。未嫁的女子生育小孩，也有继承遗产权。结婚以后，有夫之妇，可随意与其他男子往来；有妇之夫，带别的女子回包住宿，妻亦不以为怪。在性的方面，可以说绝对自由。然而因为杂交的关系，蒙人多染有花柳等性病，这也是必然的结果。

蒙人有早婚的风习，男子至十七岁多已完婚，女子常比男子大两岁。妇人的头发分成两组垂在前面，未嫁的女子，发束一组垂于脑后。

蒙人以牧畜为主〔生〕，普通见面时第一句必先问"牛、羊好吗"，然后问安主人。论人贫富，以其牲畜的多少而定。性好客，遇远客至，必奉以茶、奶皮等食物，住留久暂，完全听客的自由，蒙人从无逐客的习例。遇上宾，则以全羊款客，先牵羊至客前，客人同意，然后杀宰，将整羊烤熟，主客围坐，各以刀割吃。

进门时普通习惯：凡从包的左边（或右边）进来，须从包的左边（或右边）出去；反之，便以无礼视之。包内佛堂前不能坐人——多用木箱藏起，我有一次进一蒙人包中，不知这习惯，以为是衣箱，在旁边坐下，同行的人以目示意，在耳边偶语我以此例，我才移坐他处。还有，凡进包时，如持有手杖或棍，必须放在包外，不得带入；否则，便同以猪肉送礼给回教徒一样，认为是一种侮辱。

蒙人早起，没有洗脸、漱口、擦牙等习惯，有些与汉人接近的，或倒一些旧茶或水在手心，随便擦擦，以腰带拭干，便算完事。普通终身不洗浴，加以衣服的褴褛，更觉脏污。有病时，不延医吃药，只请喇嘛念经。人死后，将尸骸弃之山野，任鸟兽啄吃，埋葬视为不祥之事。凡生恶疮等病而死，始举行土葬（自然没有棺材），大喇嘛死时，则用火葬，将其骨灰，以瓶存之庙中，留为纪念。

内蒙人口减少　内蒙在清初人口约一百万，至现在不但没有增加，而且减少，听说现在仅有三十万人左右。人口减少的原因，照我所知道的，归纳起来：第一，蒙人多当喇嘛。满清想利用宗教政策，以消灭蒙古民族，规定蒙人有男子二人，必须以一人出家当喇嘛，有五人的必须以三人当喇嘛，当喇嘛的人越多，生产额便日渐减少。第二，不讲卫生。身体与衣服脏污不堪，疾病自然丛生。第三，因杂交关系，花柳病流行，影响于生育。第四，迷信宗教，病时不知医治，只延喇嘛诵经解灾，死亡率因而增加。

政制　蒙古的政治组织以旗为单位，每旗的领袖叫做扎萨克，汉语即旗长，也就是王的意思。蒙人对于扎萨克非常尊崇，扎萨克执政的地方叫做王府。他处理旗内一切的行政事务，同时又是一军区的指挥官，其位是世袭的。旗属的土地为该旗王公所有，这完全是一种封建制度。旗之上有盟，盟有盟长及副盟长。但盟是一旗或几旗的集合团体，不能直接干涉各旗的行政。在某旗内有关于盟中的事情，须会同该旗扎萨克共同处理。至各盟则各自独立，不相统属。

旗民对于王公有工役的义务，对旗中有兵役的义务。旗民在该旗的土地内，得自由迁徙与放牧，不加限制。外旗牧民非经该旗扎萨克允许，不得任意移居。

宗教　蒙人完全信奉喇嘛教。满清入关以后，就利用科举以愚弱汉人，利用宗教麻醉政策，以消灭强悍的蒙古民族。清代在各地敕建大小召极多，都是规模宏伟，有如王宫一般。并规定优待喇嘛的种种条例（如免工役、兵役，召属的土地免纳税赋等）。蒙人对于大喇嘛奉之如神。闻某活佛至绥时，蒙人求摩顶的途为之塞，有些连活佛走过的足印，也铲回家去，当作宝贝看待。普通蒙人包中必奉有佛堂，颈上悬挂佛像，手提连珠，行坐念佛，其迷信宗教之深，于此可见。

郭王

　　十月三十日，天气颇温暖　下午往见郭王。他是锡林郭勒盟苏尼特左旗的郡王，身裁高大、体魄健壮，通蒙、汉、藏文，对人很诚恳豪爽，穿绉纱棉袍，束着腰，穿长靴，脑后拖着辫子，完全是个蒙古王公的装束。包中装有火炉，烧着马粪，颇觉温暖。我们所谈的多是牧畜和实业的事情。据说他们将来计画成立一个蒙古实业公司，吸引外来（指内地而言）资本，以发展蒙地的各项实业。在谈吐中似乎表示不愿意外来的资本独自营业，侵入到蒙地去。

　　晚上到汽车公司探听消息，拟回绥城。据今天经这路来的人说，土匪已窜往别处去了，路上很安静。司机说，这一次车本来有四个搭客，因前天闹土匪，有三个都不敢去，现在只有一个搭客，如果我们三个人愿去，共有四个搭客。他询问我们的意见，我们因绥远还有事情，就决定明天起程。正谈到这里，屋外闻有汽车笛声，有人来说，德王回来了。我们很欢喜，现在已八点钟了，于是托刘副官与德王约于明晨会见。

德王

　　十月三十一日，包外华氏表十四度　今天风刮的很大，寒风透骨，水一倒地，立刻凝结成冰。这是我们到白灵庙最冷的一天。

一早起来写了一些日记，刘副官就来包约我们去会德王。他的办公包就是在我们住的包的后面的右〔左〕侧。

德王年约四十左右，穿着灰色长袍，束着腰，拖着长辫子，身材魁梧，目光闪烁，一见便知道他是一个很勇敢、果断、自信力很强的人，虽与蒙政会一班职员对他的描写相差很远，但却不失为一位富有才干的有为人物。他包中的炉烧着马粪，布置稍比云王住的简单些，右边堆着很多中文的书籍，中有《元朝全史》十数册、《元代外史》一册、中文洋装《俾斯麦》一册、《地方自治》一册，及其他线装中文书一二十册，书架旁边挂着成吉思汗的遗像。这像比我们住的会客包中的小些，想是缩影。从这各方面看来，德王对成吉思汗的敬仰可知。我们进包时，见有三个人坐着谈话，但他们对德王并没有见云王那么讲究礼式。他们都是盘坐着，不过献东西给他，仍下跪呈上。听说德王的思想很新，头脑很清楚，极想致力于改造蒙古社会的工作。

我们坐在包右，德王坐在包左，还有几位坐在近门口的地方。德王同我们谈话时，操着一口纯熟的北平话，语中多夹着许多成语。我们问他对国际上所采的态度，他说："我们应以复兴中国为目的。决不会向日，也不会倾俄，从前政府对于蒙古全不理会，我们现在只有努力埋头去干。"谈话时，因为常见有人进来，我们知道他刚回来，事情一定很忙，最后再谈了一些关于实业的事情就告辞了。

吃肉吃坏了　我们由德王的包出来了，跟刘副官到河东吃饭去，河旁已完全结冰了。

我们到这里，什么都觉得新奇有趣，可是吃饭却有点受不住了。我们每餐都是吃羊肉、羊肝、羊腰等，总之完全在羊的身上想法，没有一点其他的肉类和菜蔬，弄到二个人的肚子都吃坏了。

李翻译大泻，赵君肚痛，我今天也觉得不舒服。每餐见了肉就怕，不愿意吃。但这里没有菜蔬，白菜由绥远运来，每斤卖三四毛钱，比羊肉贵几倍，也没法买到。我们起程时问熟识情形的人需要带备什么食品，他们异口同声说"带青酱（酱油）、白米"，其实照我的经验，最要紧的是带菜蔬水果。

今天我们只吃了几个烧饼，不大敢吃肉。炒鸡子今天才尝到，觉得非常可口。刘副官替我们叫了五个菜，结果没有吃过。

回到包中，听说德王来过一次，因我们不在就走了，等一会他再来包会晤。我们已决定今天回绥，于是开始整装行李。

德王、郭王等五人来包。德王说今晚请我们吃饭，我们以回绥辞谢。他最后以提倡开发西北及向关内报告蒙政会工作、破除彼此隔膜相嘱，我们也以共同努力相勉。据自"满洲国"成立后，日人时时想向西蒙伸张势力。日人之到察、绥各蒙地考察及活动的很多，他们似欲由东蒙而伸展到西蒙去。蒙地千里无人烟，不但谈不到所谓国防，就是外国人跑了进来，也没有人知道呢！

下午一时，搭汽车赴武川。同行的除我们三人外，尚有一个商人和三个喇嘛。大家沿路留心探望，各人都现有惊色。有两次见驼队和轿车从前面来，司机便停了车，探问路上的消息，至说很安静时，始继续前进。

下午五时，安抵武川县城，大家喜形于色。过了这一段路后，由武川至绥城的路上很安静，行人络绎于途。我们下了车，拿了省党部的介绍信到县党部去，他们殷勤招待，晚饭吃了许多菜蔬，觉得非常可口，当晚在党部歇宿。

武川

武川县城是在一个小山上，远望过去，房屋由山麓斜上，直至山顶。在车上，全城一览无遗，约有二百余户，除极少数的几间砖房外，完全都是土房；城垣也是土墙，高仅过人头；城门同普通房屋的大门口一样大小，汽车勉强可以通过。

绥远受匪患最深的为山北的固阳、陶林和武川三县。民十六年与十九年，武川城曾被土匪攻陷，两次将驻防军包围缴械，连年加以兵燹旱灾，老百姓穷苦不堪。有钱的人，更乘人之危，放债高利，为各地所鲜见，借银十元，每月利息一元，有的还不止此数。

全县人口约十五万，以农业为主，牧畜为副。因为地广人稀的原故，小农也有地三四顷，中农有地一二十顷，大农有地数十顷至百余顷。地价：上地每顷一百元，中地每顷六十元，下地每顷仅二三十元。普通每顷负担：赋税约五元，附加摊捐五六元，水田好的每年每亩也有负担至一元的。

武川种地不灌肥料，用息土法，一年或两年将地分区互相轮流种息。因天气寒冷，农作物只有小麦、莜麦、荞麦、马铃薯、白菜等数种。种粮平均每亩收获，好的一石，中等五六斗，少的一二斗（每斗二十六斤）。粮价：小麦每石（二百六十斤）五六元，莜麦每石二三元，荞麦每石一二元，马铃薯每元二百余斤。

该县矿产以煤、铁为最多，煤各地均产，但开采完全用土法，没有抽水机，一挖至有水，即不能采，又另挖他沟。煤质很劣，且不耐燃烧，普通每元能买七八百斤至一千斤，最好的也不过两三个子儿一斤。余第四区出产水晶，第二、第四两区出产石棉。

武川县有小学五所（三男二女），各区也有小学设立，但没有中学，也没有报馆。

回抵绥城

　　十一月一日，晨，华氏表五度　塞外的风味，我们直到今天才领受到了。我们出了县党部到县政府去，朔风凛冽地吹着，稍为放松一下脚步，连人也被吹倒，脸和两手吹得好像刀刺般的难受。我们三人——赵君和我，还有一位郭委员——放下了皮帽，缩着颈，身斜越向前，一步一步挨移前进，谁也不敢张口说一句话，风吹过来是吃不下去的。一直至进了县府门口，大家才伸了一口长气。

　　"这就是西北的风味了。"赵君摇头说道。

　　"冷的时候还没有到呢，现在才是旧历十月呀！"郭委员说。

　　"这里最冷在华氏表零度下几度？"我问。

　　"最冷时降至零下二十几度。"郭委员答。

　　这县署同普通房屋没有什么分别，里面是半泥半砖的两排平房子。会客厅约一丈来见方，土炕已占了大半，我们就坐在炕上。席县长向我们说了许多县中的情况，最后说，这里最好能开设一家钱庄，以救济农村，取利三分，老百姓当倒拜地下。我们要今天回绥城，稍坐谈了一会，就回至党部用饭。

　　上午十一时，由武川起程，沿途安静，下午二时，回抵绥远城。

《新中华》（半月刊）
上海新中华杂志社
1935 年 3 卷 16、19 期
（王芳　整理）

蒙古旅途印象记

[苏俄] 柯麻亚木 著　　刘洪河 译

本年三月中旬，我拟由北平回到莫斯科去。在这里，我有两条路子可走：一条是由此间经过天津、上海、海参崴，乘黑龙江或西伯利亚大铁路而返，另一条则是由蒙古经过库伦、上乌金斯克，再乘西伯利亚大铁路而返。说起来，我个人是喜欢游历的，在可能的范围以内，总希望选择一条新的路子去走。关于西伯利亚大铁路，近三年来，我已走过了六次，此次遄返，如再经此熟悉之路而行，实在有点感不到兴味。本来，我个人是抱了一个主义，在旅途上于可能范围之内，总要利用绰余的时间，去从事关于新的或未曾到过的地方的考察。因是之故，虽然我曾屡次的在西伯利亚大铁路上往返，然而，我对它却永远没有发生过眷念之心。

这次回莫斯科，我决定要打蒙古经过。我要继一九二〇年冬天（此时蒙古共和国在远东劳工大会上初次呈现其红军的旗帜）再到蒙古去拜访一次。实在说，蒙古在亚洲是一个唯一的由自己创造的独立共和国家。虽然在远东尚有一个中华民国，然而，因彼方在兴起之时，实际上是不能称其为独立国的。可是在此时，中国正呻吟于世界各帝国主义铁蹄之下，而蒙古已经由国民革命党统治起来，成为了一个完全独立的革命共和国家。是时，彼已自行解决了捐税政策问题，同时，也消灭了外债，在经济自治方面，也不再受中国的干与了。诚然，苏俄对于蒙古革命是给予了一个极大的激动，不过，中国处在帝国主义政治之下，就是没有苏俄给予蒙古广大利益的良好影响，任谁也是不能阻挠蒙古革命的发展与民族幸福的成长的。

根据上述蒙古之一般的情形，我决定要对蒙古人民的生活再加以访问。为了达到此种目的，在三月十五日，我便从北平到张家口去。在张家口我住了两日，准备下了一切远足旅行的用具，并且，买了一些特别的衣物，如皮大衣、肥大的袜子、皮靴，以及鞋套等东西。当我初次穿上此项衣物时，显得特别的笨重与不雅观，觉得有点不能行走似的。可是，后来习惯了，此项衣物在冰冻的路途上，倒觉得有点舍不得了。

三月十七日早晨，我带着一些随身的物品，偕着一个同伴和一个汽车夫，便从张家口出发了。这次我们应当□带的必需品，计有床铺、食品，以及盛肉的罐子，并且还带了许多的汽油。在路上，我们知道是能得到食品与憩宿，只不过燃料（指汽油）的获得是不可能的。头两天，是在内蒙古广漠的平原上走，其间有沃野，有山丘，田地殊佳（迨至稍远之森林地带，其地势则较逊），只是土人所居住的房屋殊为少见耳。综计，关于生物，在我们这两日的行程中，只遇见了一批骆驼队。

在蒙古沙漠与平原中，很少见宽阔的大路，即或有之，亦殊鲜堪以注意者。这里所最为引人注意的，辄为山丘。此项山丘直接贴近路旁，汽车行驶其间，亦颇觉有味。在此段路途上，我们并没有为河流与桥梁所阻，仅仅在张库汽车路上，碰到了两条不大的溪沟（在距张家口不远是有一条大河的——雅格河）。从张家口到最近的电信台去，所有的路子，完全是崎岖的山坡，此项山坡斜路，汽车行走着是感到非常的困难。直到后来，走到了蒙古草原地带，这种路子才算看不见了。可是，当走到内蒙古与外蒙古交界的地方，汽车又感到了一种非常的不便，原来这里有一条延长数里的河流，行走起来，亦殊困难。惟有一点，此河的两岸，风景如画，颇使人神往。于此，我觉得骆驼好像是生长在热带的国家（埃及或阿剌伯）一般，其实并非如是，它们只是在气候不很寒冷的蒙古地带而已。

在去库伦的路上，我们看见有一队一队的骆驼在群相竞走，亦有一大堆的骆驼，解去重载，啃着硬草，在路旁休息。骆驼这种牲口，在供给品缺乏的沙漠的国家是很有利益的。它能在水草缺乏的条件之下，负荷重有五六百斤的货物，行走许多的日子。在蒙古沙漠中，骆驼队是一种通常的普遍的交通工具。虽然此项骆驼队不若汽车来得敏捷，可是，汽车也有很多的不便，第一它是不能在沙漠中行走（除非携有大量的汽油）的。再从另一方面观察，汽车固然较骆驼队迅速，且能于限期内将货物运到，可是，在价值方面，就不如骆驼来得便宜了。计：五十匹的骆驼队共值二千七百五十元到三千二百五十元（按当时之中国之现洋计），而一辆较好的汽车便值三千元到五千元。同样，五十匹的骆驼队可以运十吨以至十二吨半的货物，而一辆汽车却只能运两三吨的货物。这样看来，骆驼在运输上实有一个很好的地位，假如在沙漠中，要能有一定的地点——水草区饲喂，关于长途的运输，更是汽车所望尘莫及。

还有，汽车运输是需要很昂贵的汽油，我知道从张家口到库伦之间，所消耗的汽油，共计十个比当（Bidon，俄国容量名）。这个，如易之骆驼，便一点也不耗费，至多也不过付与拉骆驼者以相当之代价耳。

中国当局曾计划修筑一条从北平到库伦去的蒙古大铁路。此项计划，在一九一二年袁世凯为中国之大总统时代，孙中山先生主张最力。厥后，冯玉祥氏于此项计划，亦颇思进行。同时，在此期间，俄国亦建议从西伯利亚大铁路之伊尔库次克车站，向蒙古修一条支路。缘西伯利亚与蒙古关系至密，特别需要一条铁路线使之联络，故此项拟议早晚必得实行（果然不出柯氏所料，刻闻苏联当局业已兴建此路矣——译者）。不过，内外蒙古，在文化与商业方面是非常的不发达（尤其是外蒙古），将来此项计划实行，起初在企业方面是得不到利益的，于此，在远东商业之发达上，必须赖西伯利亚大铁路，予以调剂。

在苏俄的影响之下，蒙古的进展比中国还来得快。这个，我在前面已经说过，一个独立的国家，是不受外资的限制的，同时，倒可利用外资，所以，蒙古关于工业等的发展，是非常的有希望。虽然目下所拟议的铁路尚未建成，但此项计划在不久的将来终有实行之日。

在内蒙古与外蒙古的交界地带，有很多的高山成为两国（？）自然的屏障。我打这儿经过时，在不远的地方，看见地面上堆有很多的岩盐，同时，一般蒙古人们正在从事于开掘。于此，我们可以得知，开掘岩盐与从事游牧为蒙古实业中最主要的两个部门。

我们到了外蒙古，第一次所见的，便是蒙古共和国的乌得电信台。这儿，土地非常广大，我们净在平原的地上便走了有二百里的路子。说起来，这儿的土地是非常肥沃的，随处都可以种植小麦，并收获干草。从此，再前行便到了山地，在此山地的路上，我们曾看见许多野的山羊与其他的畜牲。

过了乌得一百二十里，我们被停在了蒙古的旷野中。这日我们宿在了这儿，夜间残酷的东北的寒风恕〔怒〕号着，着实令人可怕。这里的蒙古人大部都是游牧之民，他们在旷野中均搭有各自的天幕（俗称蒙古包——译者）。这些天幕的样子呈圆钟形，都是由粗糙的皮张与坚韧的皮带所扎成。在天幕中没有较大的进出口，只在幕顶的中间留有一孔，以备幕内烟气外冒，幕下也没有什么垂击〔系〕物。通常蒙古人只在地下铺以羊毛，而于其上就寝，床只是很少见到的。他们的火炉是用几根铁条搭成，铁条下生火，铁条上放一三足架，以为烧烤肉食之用。至于他们所用的燃料，是以干燥的畜生之粪便充之。在幕中，当其将幕顶之孔闭住时，则幕内充满臭烟，如将该孔打开时，则又冷气逼人。我初次在该幕中睡下，夜间共被冻醒了五次。所以一到了翌日早晨，我便起身出来，去观沙漠中的日出。实在，这里的日出真是一幅奇景，一片无垠的图画在我的面前展开着，煞是好看。在此时间，我倒觉得来到了这儿很幸运，这一幕渺茫的奇景，足可以抵偿了我所冒的危险。按此地，中国人叫作"汗布察"。

蒙古地方的名称是很难记忆的，因为一个地方常常有好几个名称，例如中国人所叫之"张家口"，外国人则叫"克尔干"，而日本人又叫"朝喀考"，同样，中国人所叫之"库伦"或"喀乌伦"（Kaulun），外国人则叫"乌尔夏"（最近苏联又将库伦叫作"乌兰巴套尔〈哈套〉"，详后文）。

那天早晨我们离了蒙古人的天幕，便又向着蒙古的原野走去。当走近叨林（另一名又叫达伦（Tairun），此乃系译音不同故也——译者）附近时，地势陡的又变成了丘陵起伏的状态。在些丘陵之中，我们看见了一个很大的山谷，山谷中养着很多的马匹。同时，在这儿更有一座高大的叨林山，山矗立云霄，雄伟异常，如从山坡攀登，可直达山峰。

在叨林路上停有很多的汽车，我们在这里待了半天，便想开驶前去。本来，我们打算无论如何今天要赶到库伦（叨林距库伦只三百里路，半天到达是不成问题的），就是熬一点黑也不在乎。不料，因为路上雨雪泥泞，此项计划并没有成功，殊为遗憾。原来，在这里所聚集着之许多汽车，都是因为不能行走才停住。其中，甚至有已等到了第五天者。据说在前三天，曾有一辆汽车载着五个乘客，不顾人们的劝告，硬要到库伦去，结果听说是误走入了雪窟，不知现在下落怎样。

在叨林也有一座电信台，徼幸从这里也可以向外发布消息。这天天气很好，不过，听说在距叨林三十里的地方，又在落着大风雪，汽车依然是不能前进。这样看来，我们得在这里耽误一礼拜，不知何日方能动身。综计在这里共停有十七辆汽车，一个个都在望洋兴叹，徒唤奈何。后来，万般无奈，大家才开了一个临时会议。在这会议中我们决定了另走他途，先到距库伦三十五里的哈尔钦达巴去。于此，有一个布利亚特人愿作去此路的引路者。此人名叫巴达麻沙包夫，对于俄文、蒙文、中文以及英文都是精通的。他是在库伦一个英国的企业机关中作事。他劝告大家走较南边的一条路，并且，走时都应携带着机件，于早晨天气良好时便行出发。计预定我们出发的路线，先从较左的巴音阿利克山坡上穿过，直向汗塔哈尔巴与海达米胡杜克两地驶去，越此两地，再前行则到达哈尔钦达巴矣。

这条路子是巴达麻沙包夫于三月二十七日建议出来的，此时，我们都在诚挚的准备着动身。

在我们的临时会议中，又决定了大家公摊二百元公款，作为大家旅途上的公共费用。计此项钱款，中国乘客应摊一百元，其他俄国、英国与别国的乘客共应摊一百元。待此项钱款凑齐后，在三月二十八日，大家便准备齐全，由巴达麻沙包夫充当旅行团的首领，实行首途就道。在路上我们又组织了两个"旅途通信"与"旅途防卫"的机关。在"旅途防卫组"中，是由苏达道克答诺夫岛利充当组长。岛利在库伦是一个执有最高权利的分子，他与我是在叨林相识的。看他的举止是一个最和霭〔蔼〕的知识阶级中的蒙古人。他对我说，他有一妻一子，并且还有许多财产（计马五六匹，羊一百只，牛五六头，骆驼八匹）。可是，到最后，他又给我解释说："我可不是一个资本家。"总之，根据他的申述，我们可以断定他是一个半无产阶级的小布尔乔亚中的分子。

有次，当我们的汽车停在靠近他的家下时，他很客气的款待我们以"馎馎"（按此项馎馎系由蒙古土产之麦粉与牛油做成，食之虽硬，但滋养却很大）。

我们这次的行程是非常危险的。在路上并没有一定的路线，只是向着原野漫行。引路者所做到的，也仅不过是何处没有水沟，何处不能使汽车陷入雪窟，至于前进的路线，他也是说不定的。

比较着说，头一天我们算进行得很为顺当。这天我们是宿在了房塔哈里塔地方，在这里我们又重新住了一次天幕。说起来，这次在天幕中，虽有八个人拥挤着睡，然而却觉得非常的痛快。

过了头一天以后，我们便遭到了很大的困难。途中，雪是堆积如山，我们曾几次陷入到深的雪沟，无法拔足。后来，在艰困万分之中（头一辆汽车曾两次跌进雪沟去）加倍的努力，才算从雪沟中爬了出来。可是，这之后，我们又碰到了山地，汽车行驰之困难依然不减于雪地，至多每小时只能行一五—二〇里的路程。

到晚上的时候，我们走到了距哈尔钦达巴二十里的地方，这里路途依然难行（只十五里的雪径，我们便走了半天）。本来，今晚我们打算达到哈尔钦达巴，但是大家因为太乏了，故决定在途中（旷野）憩宿一宵。这晚我在汽车上睡得很憩〔甜〕很熟。虽然在经半点钟以后，我的汽车夫米洛色夫，为了怕汽车内放热器的结冰，将机器（燃烧机）转动开，发出"轰轰"的声音，可是我半点儿也不曾听到。我是足足的睡了七个钟头。次晨，太阳光线照在了汽车上，我觉得很热，原来放热器内的水已经沸腾了。要说旅行者在雪地上露宿，这一次还算是最大规模的呢。

我们的汽车是停在一条狭窄的山谷中，在这里头向前驶行是非常不便。后来，走了几码以后，我们便把汽车拖出来，又在山路上去走。以前有人告诉我们说，哈尔钦达巴的道路很为良好，但在现在，经验告诉我们，这话是不正确的。

　　以前又听说哈尔钦达巴是怎样怎样，其实在实际上并没有什么特别，远望去也不过是具有几个不大的天幕罢了。此后，在我们走到距着哈尔钦达巴较近时，我们便派了一个兵丁去通知当地我们的同志，但是他（我们的同志）并没有如我们所期望给我们送了马匹来。于是我们便又前行，这样过了数里之后，便到达了哈尔钦达巴城。这城里，积雪之深，迥异寻常，汽车如不加力开驶，简直是寸步难行。于此，我们回想起来，假设要不走岔路的话，恐怕早已来到了此城。

　　在此城我们没有停留，便又开始前行。迤越过了两个山坡斜路之后，我们就到了土拉河的山谷。在此山谷中，我们遇着了一辆党部所派出的载着汽油的迎接我们的汽车。随着这汽车，经过了半点钟，我们便到了蒙古的首都库伦城附近。在这城的近郊，为了征收捐税，建有十二座小房子。我们企待着于此项税捐问题解决后，即进城去，不料该关卡机关，如在乌得一样，令我折回中国，不许进城。于此，使我殊为诧异，后来从我们同伴中，借得一苏联的旗帜，才准时进了城。

　　在土拉河山谷的左面，是松柏叠翠、高耸入云的博格多乌拉山。此山是被认为冬夏常青的山，山上的松柏，即连干枯者，也一概禁砍伐。同时，在此山上并生长着许多的野草，草间各种野兽杂居，其中具有珍贵价值之皮毛者很多很多。然而，为了保护此山，其间的野兽也一并列在禁止捕杀之内。刻此项禁令，自蒙古革命以后，业已废弛。年来，蒙古一般贫民，攀赴山上去砍伐枯枝者，时或见之。

　　库伦位于土拉河山谷之滨，周围没有高大的山脉，仅仅在东一片绵延的丘陵。土拉河这个山谷是一块荒芜不毛之地，地下满铺着大圆石（漂石）与鹅卵石（小晶石），仅仅有一不大的地方兼可培植植物。现在，库伦的名称叫作"乌兰巴套尔哈套"，就是"红色英雄城"的意思，此名称系于革命后所改。于今，我来到了这蒙古共和国的都城，当然不能不发生一些感想，尤其在这亚洲各国民族杂居的所在。第一我所感到的，就是在各街衢的尽头，都呈现着活泼的气象。许多蒙古人都在熙熙攘攘，从事着各自的业务。乍看起来，此城似乎有点单调与乏味，其实，在人们五花八门的关系上，却非常有趣。这里的语言，南腔北调，极不一致。人们的衣饰，更五光十色，无奇不有，如有着印度式者，中国式者，俄国式者，日本式者，以至当地游牧民式者，简直不一而足。说到居室，更是多采取综合艺术的建筑，例如喇嘛的寺院，便是集综合艺术的大成。

按照居民的分布，在乌兰巴套尔哈套（库伦）是分成了许多的居民区，例如中国区（系中国商人所居住，其中开设有许多的店铺）、布利亚特区、蒙古区，以及喇嘛区等都是，计在这许多区中，以喇嘛区最为富丽，其中居有很多的蒙古老喇嘛，并且，在该区附近还有一座高八十尺的寺院。说起来，这座寺院（也可以说是塔）是因博格多盖根喇嘛患眼疾而建，其院址系在山坡之上，如登其顶，可俯瞰库伦全城，诚壮观也。这区的范围以内，纯粹供喇嘛所居住，商店与货栈是一概不许设立，其中仅仅有六七个喇嘛庙镌着他们祖先尼考（Nicco）的圣像。

库伦的塔与寺院给与了我一个深刻的印象，它们使我回忆起了我的少年时代。那时，我正在一个佛教的寺院中研究中国古典中的孔子与孟子。当时，那插着熏香的香炉，燃着乳香的香案，以及金黄色或乌黑色的喇嘛像与佛像，使我陡然想起了半世纪以前在古老寺院中的景况。虽然现在的博格多寺院是金碧辉煌、油漆一新，但当我走到他们的祈祷所，看见两三对喇嘛焚香膜拜时的情景，依然使我发生出一种过去的深长的印象的回忆。同时，当我走进博格多寺去，看见他们从各方所募集的钱财，以及那辉煌的大门（牌楼）——价值共在三十万元以上，使我又明白了该寺院的主持人盖根，实在不亚于一个大资本家的剥削者，说起来，从他的被废到他的死亡止，这其间，恰是蒙古共和国成立、劳苦群众解放的时期。此期间的事迹，都曾在他的眼中经过，这很可以给他一个良好的教训。现在，博格多寺院是被党部的学堂所占据了，在这学堂内有学生数百人，我曾亲眼看见他们围着大火炉子，静坐读书的情形。他们——这般蒙古青年，所读的书籍都是马克斯与列宁的教本，这使我受到了很大的感动。质言之，蒙古民众的组织是大大的改变了，一般喇嘛的地位，都低降了下去，他们都成为了蒙古民众中的第三种人。现在，一些年青喇嘛都已转变，只有那些老喇嘛们，尚墨守成规，不肯接受新思想。计这些老喇嘛们，从其工作的意向说，可以分为下列三种：即从事西藏的鉴赏者，中国古典的研究者，与古代医药的研究者是。按他们这些人，都很崇尚中国的医药，对西方的科学非常漠视。其实，中国的医药也自有它的好处，日本人便常以科学的方法研究之。

蒙古喇嘛，以至布利亚特共和国的喇嘛，在其肩上都负有很重的担负。以前，他们也曾想培植民众，开拓自己的势力，可是当博格多盖根喇嘛被废以后，改建了蒙古共和国，则他们的权威便大大的低落了下去，时至而今，在蒙古的这般宗教的昏庸老朽们的消灭，只是成了时间的问题。返观既往，喇嘛在百数年以前，是很为威赫的，他们对于蒙古的统治，是以传教的方法维系之。如果谁对他们的教不服从与屈服，便是大逆不道，在来生一定得不到好的结果。现在，统计起来，此项喇嘛教徒，在蒙古与布利亚特共和国者，尚有四百多人（多成小的团集，分散于各地）。他们的一切制度，还都仿照往昔，其在教育方面，也仍然沿用鞭笞的方法，以教育其子女（按教规，他们是不准结婚的，但在实际上那只是具文而已）。这个，在蒙古革命的前四年，是随处都可以看得到的。

从俄国革命军起，以至到战胜白卫军（帝国保皇党的军队）止，其间在蒙古发生了很大的变动。缘在俄国革命战争时，喇嘛是拥护帝俄的白卫军，而蒙古一般复兴的青年，则拥护苏联的红军。结果，是红军战胜，因之蒙古也起了革命，产生蒙古独立共和国。这次共和国的总统为蔡琳窦德。他是一个国民党员兼外交家，属于蒙古知识阶级的一个平民。

蒙古革命共和国在国民革命党领导与俄国同志协助之下，造成了一个清明廉洁的政府。按照以往的条约，蒙古与苏联是具有很密切的关系，所以，这次红色（蒙古）共和国的工人与农民，便都很快的都走向了苏维埃化的路子。现在，该共和国正在努力建设，一般人民都得到了一个很好的地位。

蔡琳窦德总统，与军事委员林深、蒙古国民党首领达穆巴窦德、青年联盟主席亚达穆巴，以及其他的委员等，共同协助之下，在政府方面做出了很大的功绩。其政府的组织系于总统之下设有七个委员，此与一般资本主义国家的委员制，颇形相似，至于立法与行政机关，则由上议院与下议院执司之，计上议院之委员（代表）为三十人，下议院之委员为八十四至一百人。总括起来说，蒙古的政体系仿照苏联中央执行委员会的形式而组织，其党权在国家统治方面，也是高于一切的。同样，在不久以前，蒙古党中也发生了右派的分子，不过，此派分子旋即肃清。刻蒙古党部的势力非常膨胀，同时，在国家纪律与劳动组织方面，也表现出了很大的成绩。

现今蒙古政府最重要的事业，便是国家合作社的造成。刻蒙古境内共有九十四座合作商店，仅只在库伦一城之内，每月金融的流通，便有七十余万元。说起来，在城市合作社中，有一肥皂制造厂，厂人数仅不过五人，然而其每日的产量，却有三十个普特

（俄国衡量名）之谱，其生产率诚也不小。其余，在蒙古境内，并有一个国家银行，此银行刻正谋货币之改造工作，预料在不久的将来，蒙古将有自己之货币出现（现在蒙古之货币多赖中国与墨西哥之现洋进口）。

在矿物方面，蒙古有许多有价值的自然产品（如金、银以及其他质分佳良的矿产等）。同时，并有很多的水源，此项水源，如能善为利用，于蒙古的进益，定大有帮助。然而，可惜蒙古对于此项事业，尚未能悉行注意及之，是可憾耳。

蒙古为了发展本身的商业，曾拟有种种的计划，以期改善从库伦到上乌金斯克的交通。可是，直到现在，即连从张家口到库伦的一段也算在内，尚都是以骆驼队为主要的运输工具。至于在河流方面，当夏天五六月时，色楞格河是很可以利用的。它可以使库伦与上乌金斯克及特洛伊次考萨夫斯克取得联络，同时，于库伦附近又可造成一牧畜业的中心（以豢养牛马为最便当）。

关于农业，在库伦以北有一带很大的广谷地，那儿长有很丰富的小草与供牲畜食用的水草。

复次，最近听说，关于喇嘛教，蒙古政府又在实行一种新的国民政策，凡属喇嘛教徒，一律褫夺其特权，同时，政府与党部更将喇嘛之团体悉数解散，务使其完全消灭而后已。

此外，蒙古政府更对现存之喇嘛课以重税，或将其全部之财产充公。在教育方面，亦将喇嘛之学校接收，由政府与党部直接办理。同时，更对学生学业加以重视，在可能范围内派赴苏俄留学，以求深造。还有，最近政府更颁布了一道法令，凡属喇嘛教徒，一概禁止其自治机关。这样一来，蒙古境内的喇嘛教，恐不久即将绝迹矣。

总而言之，蒙古政府为改善人民生活的状况，提高社会与文化的水准，是不惜一切牺牲的在努力向前迈进。

此后，到了四月十二日，蒙古共和国为我准备下汽车，我便离开了库伦。途中经过了两日，就到了特洛伊次考萨夫斯克。说起来，在特洛伊次考萨夫斯克的途上，真是一段危险的行程。我们在路上所走的完全是连绵不断的雪径，汽车曾几次又陷进了泥泞的雪沟去。同时，这次因为要打伊罗河与色楞格河上经过，故我们的汽车又曾驶过许多的桥梁（其中以最后的一座桥最为危险），所以，直到达到了布利亚特共和国境界的特洛伊次考萨夫斯克，我们才算松了一口气。这之后，我们从特洛伊次考萨夫斯克再起身前行，穷两日的功夫，才算到达了上乌金斯克。

最后，我谨向在旅途上予我以协助或热情的蒙古国民党，特洛伊次考萨夫斯克当局与上乌金斯克当局，深深致谢。

十二，七，一九三五年译于北平

本文译竟，尚有三点，须向读者声明：

一、本文系刊于数年前苏联所出版之《布利雅特之生活》杂志中，在时间上说，或有许多地方，与目前之蒙古，稍有出入。然就其实质上观之，此文实为研究蒙古之一种不可多得的材料。

二、本文作者系一苏联分子，其所为文，当然一秉其国家之旨趣为立场，故其言词与论调，在我们读着，或许有点扎眼。然而，我们未始不可以旁敲侧击，而窥见苏联对于蒙古意向之所在也。

三、本文虽题名曰《蒙古旅途印象记》，然就其所涉猎之范围观之，多属实际问题，故称其为硬性之论文，亦无不可。

译者附识

《新蒙古月刊》

北平新蒙古月刊社

1935 年 4 卷 2、3 期合刊

（朱宪　整理）

由定远营至西宁塔儿寺①

黄举安　撰

一　定远营三周记

第一节　阿拉善的史略及其疆域

阿拉善旗（定远营）为汉时北地郡的西境，及武威、张掖二郡的北境地方。到了晋代，为前凉张轨、后凉吕光、北凉沮渠蒙逊等地。唐为河西节度使地，当广德初年的时候，被西番所占据。到了宋朝景德中年，复陷于西夏。元朝属甘肃行中书省。明朝末年为蒙古额鲁特种所据，直到现在。

和硕亲王为元太祖之弟哈布图哈萨尔的十九世孙拜巴噶斯，顾实汗之兄，因无子，乃育顾实汗的儿子巴延阿布该阿长什为己子。后来自己生了两个儿子：长子鄂齐尔图，号车臣汗；次子阿巴赖。巴延阿布该阿长什，号达赖乌巴什，有子十六，居于西套蒙古者十二，其长子，名和罗理，号巴图尔克滴隆。康熙十六年的时候，准噶尔部用兵，戕杀了鄂齐尔图，袭夺了西套蒙古，时和罗理以逃奔幸免于难，和罗理于康熙二十九年乃上书请求给以牧地，清

---

① 下文均作"塔尔寺"。——整理者注

庭〔廷〕准之，划给以甘州、宁夏边外的地方与之。到了三十六年，和罗理以所部屡叛，请援四十九旗之例，编制佐领，授札萨克，封号多罗贝勒。雍正二年，和罗理子额附阿宝，以功晋多罗郡王，他的次子罗卜藏多尔，于乾隆十五年与郡主（娥掌公主）结婚，授多罗额驸马；至乾隆二十年，封青海的"柴达木"，讨回有功，晋和硕亲王；四十七年，诏世袭罔替，迄至现在的"达礼札雅亲王"，犹尚世袭。

阿拉善在河套的西面，广阔约七百余里，牧地当贺南山西，龙头山北，东至宁夏直至黄河下游，东与鄂托克、杭锦旗为界，南与凉州、甘州毗连，西至古尔鼐，接额济纳土尔扈特界，北逾戈壁沙漠，接札萨克图汗部，自为一旗，内无盟与部的设置，为一独立旗。

第二节　阿拉善的现状

阿拉善（定远营）为漠北唯一城市，它在宁夏的西部，仅距二百四十里途程，是筑于雍正八年（见兵部侍郎通智、大理侍〔寺〕正卿史于《定远营土神词〔祠〕碑纪》有云"雍正八年夏，余课工来兹，思及土地有维持社稷之责，城内西北高阜处，土五色，爰择斯地筑祠"等语），城皆土质，但较包头的土城高，并且美些，环周约千五六百尺，仅辟东、南两门，西北高阜受山的限制而不能出入。城内居民约二百来家，王府及延福寺皆在城内东部，甚为庄严华丽，城内多是满、蒙人，汉人多居南关外的大街。商店仅四五十家，余多为手工业的谋生者。定远营的商务过去本极发达，然以近年受不景气的影响，皮毛价格日渐低落，因此蒙人购买力量为之大减，商号也不断的倒闭；市面凋零萧条，不如过去那样的繁荣了。当十八年的时候，旗中曾发生过一次推倒王公革命运动，所谓革命，亦不过是受人的利用罢了，时被国民军门致中部，将城内抢得尽尽的走了，老王爷在北京竟气死了；现在阿旗的达礼札雅亲王，那时由北京赶回，用一种敏捷的手段，将乱事敉平，但是元气亦因之损伤得可以，据说到现在还未得恢复。

在这里，机械工业是幻梦，仅有些落伍的手工业者，如织绒毡的呀，织毛布口袋，其他如木匠、铁匠、铜匠、裁缝等等，商号较大的如祥泰隆等数家，所谓京广杂货店的，虽然比较的富有，但是仍不能买到寸尺土地，所住房屋都是租的，一旦你将旧的房屋培修得精美些，主人便要增加房租，否则，便请你搬走，所花培修费用，主人是不负丝毫责任的，这也是受欺的地方。但是也有一种特色，不能不向读者报告，在此地经商的都是甘肃民勒〔勤〕县人，这里的经济权全操在他们手里，并且在该旗招赘者很多，据说从前被招赘者，王府给以若干牛、羊与骆驼奖励之，而近年因为被招赘者太多，所以现在已无牛、羊给与了。只要完备入旗籍手续，就算你是蒙古人，而也有负当差的义务了。这里的人民较为活泼而不呆笨，这大概蒙、汉合配的关系吧。我深深地感到政府应该培植和教育他们，我相信这样一定可以建筑了一道心理长城巩固边防，因为阿拉善旗为内外蒙古的要塞。

这里（定远营）教育极幼稚，严格点说，还没有教育，全市仅有两个私塾，教师是冬烘先生，抽鸦片烟，做儿童的模范教师是如此，所给与儿童的印象可想见了。儿童读的是四书五经，每校约三十来人，当我离开定远营之后，王爷府创设了一所民众学校，很希望能够创造些新的光明。

市内一切仍保旧制，每日早晨五时放炮三响，鸣大号，这是催促人民起床工作的信号；午时鸣炮三响，告述劳动者休息午饭；晚至七时头炮，九时关城，不准出入，正是人们休息欢聚的时间。

现在达王爷正励精图治，积极改进，当作者在旗之日，王爷曾三令五伸〔申〕禁止在街上便溺，因蒙古人有随地便溺之风，余如烟、酒、娼，亦为严禁之例。该旗的政治组织，札萨克以下，设政务处，主持全旗政治事项（官额以满籍为多）；次为典仪处，管理全旗四季祭典；再次理事官厅，管理全旗诉讼事项，兹列表如次：

札萨克（王公）	政务处	护印协理台吉一员
		记名协理台吉一员
		管旗章京正副二员
		梅零章京正副二员
		参领正副四员
		左领八员
		饶〔骁〕骑校八员
	典仪处	三品排坛达一员
		四品排坛达一员
		五品排坛达一员
		三品典仪员一员
		四品典仪员一员
		五品典仪员一员
		巴各二十八员
		（为区长或村长之意）
	理事官厅	设总管达拉古一员
		（管理诉讼事件）
		书记若干人

第三节　阿拉善社会底阶级

阿拉善旗（蒙古各旗亦然）社会底阶级，我们从宗教上分有黑人（俗人）和喇嘛的区别，但喇嘛之中有佛爷喇嘛（呼图克图），有大喇嘛（王公、台吉之子）、平民喇嘛，亦有黑喇嘛（笃

信佛教而带发念经的老弱黑人）之别；再从政治上来区分，则有
"札萨克"、"台吉" 等贵族阶级与平民（奴隶）之分，而贵族之
子永为贵族，"奴隶" 之子永为 "奴隶"，因之很显然的而形成了
两大阶级，即压迫者和被压迫者、剥削者和被剥削者的两大阶级。
凡是各王公领域内的 "奴隶"，都要供他们的驱使，每月轮流到王
府应差，有时远出输运，或当兵往各地戍边，一切生活，如衣食，
概由自备，无事遣散回家，无论男女老少如是，倘若土地有重分
〔行〕分配之事件发生，而 "奴隶" 亦得随土地而变动。蒙古的王
公有无上威权，忠实 "奴才"，得着王爷欢心的时候，可以随意赏
给一些土地，倘得不着王公欢心的 "奴才"，终身亦无立锥之地
的。那里的 "奴隶" 如像土地财产一样，时被王公们平均，或按
股瓜分，不过我相信，时代的巨轮，一定会〈有〉冲破这阴沉的
古垒的一天的，何况以前鄂托克旗的蒙人，已经有假教会势力来
作抗差的运动了呵！

第四节　王府陵园一瞥

　　二十四年三月二十七日的那天，温和的阳光，射遍了大地，在
内地的人是正穿纱穿绸的时节，而在沙漠中的定远营，正着夹衣，
可是没有绸衫又无夹衣的我，仍然穿着离开南京时江安西先生给
我的一件旧棉袍，虽然热得难受，可是又不能不穿；因为要访问
这里的民情风俗，和参观古迹，而不得又不冒暑出游。当出定远
营东门的时候，远远即望见一片阴郁参天地丛林中，参杂了不少
高大庞皇而庄严的瓦屋，黄瓦的颜色在阳光映射之下，亦甚美丽，
此时不禁而忆及北平故宫。初到此地时，余疑为喇嘛的僧院，据
达礼札雅亲王说，这里是他的祖坟，复承镇国公塔旺策林的指示，
说第一座森林，正深处即老王爷与郡主合墓，直至第四墓，方为
最近新坟。我们要求参观，承蒙许可，等到了墓处，为外墙所阻，

不能进，嗣由正面跨木棚而进，适遇守陵的人，导我们直至正殿。初以为当中是有不少碑记，不料进后四望，满屋荒凉，除一些蝙蝠粪外，了无他物。复至殿后，即为昔日荡平柴达木回鹘之乱的罗卜藏多尔王与郡主之墓，墓高约二丈，为圆形，上涂红色，远望之如日球，墓建于约二丈余宽的四方块的石层之上，墓前有石刻香炉和花瓶之类，此外无他。其中值得我们凭吊的，仅是些松柏，它矗立于沙漠之中，更显出它们的威严，长青的可爱，笼罩在功盖漠北的蒙古英雄骸骨之上。喂！昔日光荣，而今安在？

嗣由陈谷人先生摄影数幅，继往参观二、三、四院，其建筑样式与设备全同，惟树木有幼老之别。

按蒙人死后多置诸深山，或放于沙窝之上，任凭禽兽啄食，只有少数喇嘛及王公有用火葬者，坟墓则非王公不可的。

第五节 四和园的一瞥

三月三十日午后，偕刘、王、陈诸人出城游玩，先至西〔四〕和园，途中一条大道，旁植柳树和白杨，多得成荫，嗣经旧城而至四和园。闻四和园系现达王爷的四伯父所建，内甚宽敞，约数十亩，我们进内参观，房屋均毁，屋顶尽撤，仅存颓而未倒的墙壁，壁上图案犹存，然以未倒的墙根推测，可想见当时设计之精巧与建筑之伟大，实在是沙漠中绝无而仅有的建筑呵！踏过一些颓墙，而跺入花园，园中亭台水榭与书斋无不齐备，沙丘上又建了一些婉〔宛〕如蚯蚓似的短墙和山石，可是现在都败颓了。只有参差的树木，和一股如玉带似的细流清泉，矗立在前面的贺南山，叫人留连吧了。那时桃花已经含苞待开，而地上满铺着一层碧油油地绿毡，而李树亦笑盈盈地将要开放，真有"北风一起，八月飞雪；春风一夜，千树梨花"之慨。

据说，四和园的略史是这样的：四王爷死后，身后只留老妻，家颇富有，嗣被强人杀害，劫其所有，而府中甚为凄凉冷淡，几有不敢住人之势，人谓屋中时有鬼怪出现，且有出外扰乱抓人之说，人民因迫于王府淫威，不敢有所举动，即族中亦有主张毁其屋者，终未果，嗣以十八年旗中有变，又受客军的扰乱，人民即乘机而折〔拆〕毁之，盖此伟大建筑，不幸地就这样送掉了。

二　由定远营至平番途中

　　四月十五日（星期〈一〉），行八十里。刚在阿拉善休息三周，今日又要度沙漠生活，真的有趣，早上六点即开始准备，因为骆驼太多，约三百余头，所以直延至十二时过十分方才出发，时有几个小朋友，和一个喇嘛，他们和我相洽，临行承他们来送行，出城后，我说："朋友，请了吧！送君千里终离别！"当时见他们的脸上很有难色，生离死别，人之常情，于是硬着心肠和他们握别了。但我终于难舍他们的真诚厚意，当我回头再望时，人影不见了，仅见些含羞初放的桃花，和那新披上战袍的柳树，将这座沙漠中的古城点缀得十分可爱，尤其是东北角上矗立的城楼，不久连这些也消失了，骆驼开始驮我到更沉寂的天地中。驼铃响着，大家很沉着的前进、前进。

　　十六日晴，行六十里。饭后十一时始出发，仅行五里许，即入沙漠，并遇暴风甚烈，平地沙行如大西洋里的凶〔汹〕涌波澜般的奔流着。沙碛击于面上有如针刺，目不能睁，我无法应付，只得倒骑骆驼，背前面后，倒别有风味的。

　　至一沙丘，冬青花已开，甚鲜艳，并见有数丛如梅花似的粉红艳花，枝枯花茂，蒙人谓此为甘梅花，味香数里，在沙漠中实为不可多得的珍品。又于途中拾柴驮水，忙个不休，因为今晚住地缺水缺柴。今晚住驴子山（蒙语为山根达赖），距此十余里有井六个，俱为蒙人牧畜喂水的地方。

十七日晨六时起，饭后十时出发，途中整整走了八小时，而未见一棵树木，更未见一户人家，仅见一座庄严的庙宇，名"乔多谷惹"，遥望僧房一片，中有经堂佛殿，闻有僧众三百余人。

是晚住头到湖。今日行七十余里，此地距甘肃中卫仅一百二十里。此湖周围约百余里，为太古时代一大湖泽，现已干涸，惟中心处尚有一塘水，味咸苦不能饮，所饮之水须往十里外汲取，由驼运回。憩时天未黑，乃往附近一汉商家闲谈，商号"荣盛魁"，总行在阿拉善，此为分号，在此售米面及烧酒等日常用品，面一元买十斤，米每元买十五斤，酒一元买二斤半，但蒙人无用现洋购买者，多用皮毛互相交换，闻近年皮毛价格低落，销路日减，此地买卖亦不如从前了。

十八日天气晴爽，十时始出发，行六十里，直至午后五时始息，所经尽是寸草不生的沙漠地。

复经二道湖、三道湖，湖中有一片白色的静水，那微波在日光掩映之下是多么可爱，湖边上铺着刚出芽的绿色嫩草，我见了之后，犹如在茫茫海洋里，发现了岛屿一样的快乐！闻今晚住地仍缺水，故在这儿驮水。住于哈热窝包（黑色窝包之意），因此地有冬青及下八格诸草，夏日甚茂，而冬日干枯，远望之地黑如漆，故名。途中带来之水，不论烧茶或煮饭，均不放盐，其味甚咸。

途中遇着数人乘骡迎面而过，闻系由大泾县（甘肃属县）来，往定远营贩阿片的，据云大经〔泾〕每两价仅三四角，而运往定远营可售七八角，且蒙境因路多易避，更可避免卡税。但是不知害了多少人哩。

近日来，同行者嘴唇皆破，血流不止，疼痛非常，且饭后多肚胀难过，但我很安好。今日走过一个大沙漠（舍格里斯），意为括〔刮〕大风的山之意，但当我们过的时候，天晴无风，单衣可过，但遇到了风，就非穿皮衣不可，这也是一个奇迹。

十九日，晴，十时半出发。至一沙丘上百花开放，煞是爱人，其中最香者为干枝梅花，其他各花，虽没有这样香，但也是鲜艳得很，这真是造物者与我们旅行沙漠的人造下的一个自然花园呵！

途中遇着数百骆驼，有的由西宁塔尔寺回蒙古的，有的由兰州驮麦子到阿拉善的，有的由西宁驮羊皮到包头的，他们真的熟〔热〕闹，据说走此路可以免却关津税卡（仅在定远营上一次），并可解决骆驼草的问题，因此沙漠亦为通商大道。

今日仅走五十里即住，因前面有个大沙漠——乔格里斯——非一日是走不完的，所以住在这里，明天将有更大体验了。

二十日行九十里。九时五十分出发，行数里，至阿拉善旗征税处，有人家数户，中有一个蒙古包，墙系土砖所砌，房顶为蒙古包式，此为第一次所见，我以为此正可代表由蒙古包进化到砖屋阶段的一个建筑物。再进即入广大的沙漠，我在驼背上望之，沙丘连横，直如暴流，愈走愈高，沙峰亦愈多而且高大，闻上流有八十余里宽乃至百余里的。竟日在沙丘之上，盘旋至正午，日光直射，而沙上热度遽然增高，目击概系一片黄沙，且无一苗青草可以润目，更无所谓树阴，同伴者皆感口干、舌燥、头昏，但又无法避免，只好勉力支持。可是同行中的蒙古喇嘛，且下驼步行，徒步渡此大沙，询其原因，彼谓喇嘛若能徒步过此大沙漠，则胜于念过十五遍皇经，盖皇经长约十余万言，念一遍，功德无量，何况念十五遍呢，这倒是个奖励的方法哩。

当沙的中央处有一突起沙丘，上有班禅窝包一个，我因好奇心所驱，下驼爬上沙丘，高约半里许，包为树枝所插成，高约丈余，宽亦约丈，树枝上挂有牲畜的毛及制钱等物，此皆为当地蒙人春秋祭时所挂，而藏人过此，则又酒羊祭祀，据云此为第六世班禅由藏经新疆、甘肃赴北京时，过此亲手所置云。

走出沙漠以后，入了一个无垠大的青草原，那时的愉快，简直要发狂。高处有破房数间，现已无人居住，人谓此系阿拉善税收处，在民十六被匪抢劫，夺其所有，今将该税局退回大沙漠以内，闻现在每驮抽收三元。至六时住于"扎罕夺鲁"，此地有井七眼，故名。当下骆驼的时候，头昏眼花，饿渴难受，但又不能如内地那样方便，下驼即饮，还得自家拾粪，勤务取水、撑帐房，在这沙漠中没有旅行过，真是够受啊！

二十一日晴，十一时起程，因昨日大家感到疲乏。今天的道路，沙碛渐少而石子路不断的呈现。当草原未尽之际，至一泉水之旁，蒙人下驼竞相取水，时我肚饥，取一干饼而食，欲饮水，但是未敢骤饮，仅撮八卦丹少许于口中，借以生津止渴。

午后约四时，至蒙汉界碑地，下驼观望，碑上字迹已模糊不清，碑的前面写的是"道光二十九年闰四月二十日陕甘制台布政司……"，背面书"中卫、皋兰……诸县筑立，嘉庆六年旧界跨南民地"等字。继入一山峡，深约十余里，峡口有房数十间，均为废墟，想系昔年戍边军营住地，据云此地名"石头草子"（蒙语叫雀龙屋出）。出峡后至一草原，地名"白洞子"，一片寂沉无声之草原，被我等数十人及三百余只骆驼，扰乱得灰尘大起，满谷皆声，未几，骆驼皆放下重担，好像刚脱法网的人一样，成群结队的往旷野中食草去了，而牧童们如指挥官一样，领着一队羊群纷纷回家，烟雾四起，雀鸟还家，这真是一幅天然画图呀！

今日二十二，天气阴，早晨匆匆食毕，问昨晚鸣枪何故，伴云"此地为蒙汉交界处，纵横宽广千余里，双方均无力到此保护行人，因之时有小股土匪出没于其间，余等因人多枪众，驮子亦多，故昨晚虽有二人前来探视，但终无如何动作"云。至十时出发，天气甚冷，非着皮衣不能御寒，余以为南方现在穿绸衫且执扇时，今此地犹着皮衣，南北气候之差如此。后将平原走尽，显呈两座土山，宛拱如卫勇士，继之复来几个土山，有如军营，时两旁之山同时出现，好像排立两旁欢迎队伍一样，真有趣极了。道旁瞥见边城业已倒塌将尽，中有营房多间，想系昔日戍边驻地。由这些遗迹，可以知道我们的祖宗，对于边陲的设置周密，抚今追惜〔昔〕，不胜凄然。今后希望有志的热血青年，多到边疆游历，视察国防现状和边疆人民生活状况，以视察所得，以图将来巩固边防，解决边疆人民生活，推进边疆社会进展，提高人民智识，否则殆矣。盖边疆存，中国安；边疆危，中国殆！边疆之与内地，犹之唇与齿，皮与毛，所谓"唇亡齿寒"、"皮之不存，毛将焉附"？

前行四十里至"三眼井"，因此地有井三个，故名，为甘肃平番县属。此地有住户三四十家，有娘娘庙一座。此地人民筹神演戏，昨日始毕。庙侧有大塞一座，俨如城池，闻系昔日游击军官驻节之所。同时遇着一个王姓小贩，贩卖布匹杂货，叩以生活情形，他说："现在每亩规定要八元，每亩仅能打粮五斗（五百斤），每斗仅值三元四五，每亩地年仅得十六七元，如种大烟，每亩可收六十两，价值三十元，两相比较，种烟较强，故植烟者多，而吸者亦众。目前一元钱可买十五斤细面，黑面能买二十斤。"嗣后到达一个山峡，而路愈走愈狭，这明明的象征着道隘崎岖，步步维艰！山虽小，而狰狞面目和凸胸露臂的姿势，真令人畏惧！午后六时到十字路，据云今晚即住此。今天走七十五里，闻此地有匪，于是晚上各个帐房派人守夜，回忆在蒙境时昼夜俱无畏惧，然而到了汉官辖境之地，终是不能那样放心了。

二十三日。今晨九时即出发。十字路有一二十家住户，人皆鹄面鸠形，颓废不堪，妇女多缠足，其足之小，可与山西妇女的足相伯仲。步入十字路处，东西皆山，而南北甚长，峡宽数十里，阡陌相连。此皆为昔日熟地，目前已皆荒芜。询其原故，因苛税繁征，负担过重，致迁徙者甚多，且因十七八九年的天灾，及马仲英之人祸，此地人民死亡流离者几尽，至使田地荒芜，良田都成丘墟，良可慨焉。尤可叹者，童山濯濯，赤地千里，未见一树。

途中遇一黄羊群，我乃下驼负枪赶上，约跑里许，始追及，但连放两枪未中，黄羊虽奔跑疾速，然亦自己技术不精。

潭中行约四五十里，而入一山峡，名"新洞湾"。峡中居民数十家，皆辟山坡而耕。过斯地时，农人正忙犁地播种，闻此地农人皆因潭中久旱，辟山地而耕，因山上雪化，可以浸润，可免旱灾。出"新洞湾"口，下山坡后，隔二里许，有黄羊一群，余即荷枪前往，连放三枪，又一只未中。至六时半，抵松山潭。是夜即住宿于松山之下。茶后，余即往土人家（番子）买羊，并欲借观其牲畜概况。甫至圈旁，即见有死羊数只，死牛一个，然色已陈腐，虽此地天寒，但亦有臭味。余进院门，见其主妇在家，乃询以此地情况。她逐一回答，彼虽为番妇，但其汉语甚清〔精〕。时余乃乘机导以牲畜死后当应远藏，以免传染之害。语始毕，她带笑的说："你们住一宿，还怕臭么？但是我们不怕臭哩。"余复再三劝导，她始终不听。今后怎样改良西北牧畜，余以为必须先作宣传，否则即有力量，亦不易推动。

二十四日，阴晴。昨晚寒冷，俨如隆冬，观寒暑表已降至零下二度。今晨起身出幕，满地白霜。饭后征求任邦、铁文之意，四出访问乡情。因今日在此休息，明日始行，于是我三人，随身带一勤务，即直奔松山城。途中观雪景，且踏雪甚快！想安居内地人们在此春夏之季，哪能有踏雪机会。按此松山潭为清朝牧马之区，潭甚宽，据当地人云，步行一日，常不能出其境，可想见其地之宽广。此地土肥草茂，诚一良好牧场，且中有细流一道，皆为山中积雪所化，牲畜饮此足矣。但余以为此地可以农牧并重，可使民食不购诸他方，因此地今昔皆为牧场，畜粪遍地，且腐败草叶及根干均为绝好肥料，地虽潮湿，然高处可种，气候虽凉，然一季可收，想定无问题。余在途中正这样想的时候，适遇前方有两个番妇，一在地中犁地，一在播种。我的计划，她们早已实行了。

嗣至"西番堡"，进一人家，主人问何事来？勤务答曰买马（因我们不懂土语）。彼乃出一枣梨色马。体小而敏捷，身亦健，要价二百八十元。复迎余等入室款待，一切礼节与汉人无异。然彼等亦满口汉语，甚为流利。家中桌凳用具，样样俱全，这里番人的生活已有些文化的味儿了。

按松山潭在兰州北部，属平番县，中有一土城堡，内番汉杂居，约数十家，居民职业牧畜、农商俱全，食粮潭中产额有限，年纳草头税一次，牛、马每头五角，而羊则以十头合马一匹计算。

二十五日（星期三），天晴。十时起程，行约四十里，至平城铺，瞥见沿途荒芜的熟地甚多，房屋也有倒塌。据云此为十六年匪乱，人民几被杀尽，复因十八九年之天灾，因是而形成今日之惨象！

嗣入一山峡，山坡、山麓亦多开垦。中有人家十数户，私塾一个，一人家门联云"提倡国货"、"挽回利权"。余以为这两个口号要他们才配喊！因他们衣、食、住，全系国货，且多系一手造成。今日走八十里，直至日落而仍走不出峡，于是住于峡地。此地名"善马厂"，当到时，柴水俱无。是时我和任邦、铁文共携一毛袋前往拾粪，勤务们负取水、撑幕之责。我们在山之腰路之旁，拾了一袋干牛粪饼，约历二时，负薪而归。时因肚饿口燥，头晕眼花，不能背负，三人互换多次，始回幕。而勤务携回之水甚混浊，不能饮，询其原因，此为三十余丈深的井水，舍此外，无他水可取。盖此地井水概非泉水，然当夏日大雨之际，山上积水流下，停于大道上时，人民用车绞于井内存储。每家有数井，皆深数十丈，系将此井用涸，再启他井。此地人民生活如是，借此可以推及其他。

二十六日晨，匆匆食毕，九时即乘驼前进。走尽善马厂山谷，而入十里沟。沟为白沙土质，被水冲成。此地距平番仅十里，出沟后即望见平番北门。城外人家稀少，而附近民房亦很有限，颓园丘墟，触目皆是。据谈此城于十八年间，国民军驻斯城时，曾被匪众围困，年余未下，因之生民涂炭，强者被迫为匪，或往他乡，老弱溺于沟渠，而妇女则大遭蹂躏，在战争未止之两年间，人民生活无着，饿死者过半。目睹遗迹，可想见当时情形的惨烈，目前虽较平靖，但其生计，仍艰苦异常，因是人民竞以种烟，惟利是图，犹之"饮鸩止渴"。问农民曰：每晌〔垧〕地（合二亩半）种烟可割百两，能售五十元，除纳十余元税外，尚可得三十余元，种小麦每晌〔垧〕能收八斗，每斗仅值一元五角，共得十二元，尚不足租税，故种烟者众。当此国难重重、民族危殆之际，自救犹恐不暇，何能堪此饮鸩止渴。呜呼！危哉西北，危哉中国。

嗣经大岔沟及杨家坎子诸地，悉为垦种，其面积之坪〔平〕坦宽广，较新洞湾为优，土质亦肥，且无积雪泛滥之患，惟民饮之水甚艰，余见其积水池有如南方的滥泥坑，臭气难闻，即有井，亦甚浅，水浊难饮，然此皆为夏日之积水，此地雨水之缺，可想见矣。

余自离开蒙境以来，已历数百里，然终未见有森林，除极少数农民家中有一二株树木外，几不多见，今后开发西北与建设西北，然此亦为重大问题之一，不可忽视。

是日行八十里，午后住新站，距牌楼沟十五里，因天晚不能再进。闻此地为清末送递公文官吏换马之所，沿途并筑有台站，每隔五里有梅花形土堆五个，十里筑高约二丈余之大土堆，此地人有"五里梅花十里墩"之谚。当时交通虽称不便，然其路程不问不〔可〕知，倘此记号毁后，今后恐更难知途程。

二十七日晨十时出发。当至牌楼沟的时候，我因在驼背上看《新生活运动总纲》，未及注意，而骆驼受惊，忽然一跳，正集中全力读书的我，即由骆驼背上摔下，幸而在京受过几天军训，借势跳下，幸未受伤，但是骑骆驼，务必小心，因为它见了个小鸟也要惊的。

走过牌楼沟，而入大沙沟，长约二十余里。出沟再入"马莲潭"，此地街市虽小，但正蓬蓬勃勃地在发展，正在造新的商店和民房。市的背面就是"马莲潭"，中要渡过一河，此河即大通河，河身虽狭，而水甚急，据云当时渡船每次仅能载四五个骆驼，像我们这样大队到此，起码得要一两天；可是现在好了，交通便利了，因为在去年修了座"中山桥"。桥的构造是这样的，水面浮以木舟四个，用铁绳系于两岸，舟上横以木柱数条，梁木上再钉以板，甚为稳妥，宽约七八尺，长约数丈。

过桥后即沿河岸的乱石中前进，行些时候，到了田陇之间，正在工作的男女唱着山歌："行路的人呵！下马来到我家休息一回再行吧！""把马牵过来！我俩一同去吧！"初由沙漠中到此的我，感想无穷。

今天走八十五里，直至七里新店时，太阳已落，人畜均疲，于是憩。据说，此地亦于十六七年遭匪乱，居民骡马牲畜全被牵走，十八九年复遭天灾，因之人民死亡流离几尽，以至田园荒芜，庐舍为墟。现在由虎口余生之人民，与军队合作修渠，现已有七里渠，荒地始得耕种，将来也许会慢慢的兴旺吧。

距宿处只隔一江的姚街，以产陶器名，畅销于甘、宁、青及阿拉善诸地。

三　由平番至西宁

二十八日（星期六）晨，天阴欲雨。十时上路，行约十余里，入山峡。时雨至，我无雨具，只好以皮衣作雨衣了，被包则无法顾及，任凭雨水冲淋吧。

今日所翻的，系有名的冰口大山，几天天下雨。当下山之际，雨太大，路亦太滑，骆驼不会走这样的滑路。没有法子，我们只好住于山坡上，前后没有人家，时衣被尽湿，且柴水俱无，在没办法中由蒙人去驮水，同行中驮有柴的大家分烧。大家在幕中，说些宽心话来自怜自慰，以度此困苦的一宵。

二十九日，晴。昨晚柴薪已罄，今早由勤务向别人借来一些，仅够烧茶一锅，我们三人各吃糌粑一碗，惟铁文不会捏，仅喝两碗清汤。晨九时动身下山，山系白沙质，已半干，且好走。下山后，复走一峡，中有"青海交通委员会"建筑之桥，长丈余，宽数尺，甚为坚固耐久。出峡即至"老鸦城"。此地有一老鸦峡，长约数十里，峡中山石尽系乌色，而峡口有古城一座，故名"老鸦城"，现已被水冲去过半。市上有居民数十家，且有"留人小店"及"交通委员会分局"。出城后，见途中林木丛生，沟渠纵横，麦田青青，居民院中及院旁皆植有桃、李、苹果等树木，花正怒放，遍地野花亦妍放争美，经昨晚之困难，益觉愉快。经过高庙镇而至乐都县，是夜乃住于东关外的"东湖公园"。当中虽无花草，但森林甚密，且有警士看守，临河甚近（湟水），此亦为数月来未曾住过的佳地。

今日行八十里，因早上仅食糌粑一碗，至歇时，腹饥饿甚，乃偕任邦、铁文前往觅食，至一清真饭馆，大嚼一顿，耗洋一元半，此亦为上路以来的第一次美餐。

　　饭后进城参观各处，刚至城门，即被阻拦盘问，嗣经许多口舌，方得进城。

　　乐都虽为一县城，然犹不如南方一个市镇。按乐都县古为湟中地，汉神爵间，始置破羌、浩亹、白土等县，三国因之；晋废破羌，后凉置乐都郡，北魏孝昌间，改乐都郡为西都县；后周复改西都县为乐都郡，而废浩亹、白土二县置龙支、广威二县；唐改乐都郡为湟水县，改广威县为化隆县；五代改湟水县为湟州，改龙支县为廊州，改化隆县为米川县；宋改湟州曰邈川城，而廊州、米川县俱废之；元为西川境，明为右千户所；清雍正三年，置碾伯县，民国因之，迨至十七年，又改为乐都县，十九年四月，峡外二十一堡，另设一县，名曰民和县。

　　三十日（星期一）晨起身后，偕任邦等三人，偕往饭店早餐，共食一吊七百钱，系吃饱〔包〕子。约十一时才出发，沿途风景与昨无甚差异，盖皆为山峡故也。嗣入互助县境，熟地与森林稍差于乐都。自杏花园下去，中有一段路甚险！因左河右山，山皆悬崖绝壁，路身甚狭，余在驼背上实在心惊胆怯，只得咬紧牙关，勉强而过，设一不慎而坠，则自成泥浆无疑。后至白马寺的途中，复经一悬崖，更险于前者，此路系在河中，崩溃的石层，裂而未下，俨如张口将欲吃人的野兽，但我们终于鼓着勇气而度此险道。是日仅行五十里，即住于白马寺的河畔。居民数十家，汉、回、番杂居，但其房屋多为番人所建，汉、回住所，皆租于番人之手，租金不一。斯地有小学一所，系回教促进会所办，学生数十人，为回、汉、番子弟。此地之番人，已与汉、回无异，文化水准亦高。

　　白马寺，系一古刹，凿于山腰之上，内分数层，遥望之，有如彩画，甚美观；据云迄今已有千余年的历史，为昔日释迦佛弟子喇千佛在此所凿，彼死于此，弟子等乃建寺纪念。山下有古石佛一尊，何代所凿，不知底蕴，惟所奇者，全山皆系砂石，惟刻佛处是青石且坚固，特记之，以俟他日来者，作详细考察。

五月一日（星期二），天晴，约十时由白马寺出发。当未动身的时候，任邦赶来，因他昨晚回家，今晨赶来，余心中不禁有感，未审何年何月何日何时，才得与亲爱的人儿见面，因为我是个孤独者。

午后三时，抵西宁飞机场，忽逢大雨，浑身皆湿，今日仅行六十里。约四时进西宁东关，居民排立观望，有一小孩见余至跟前，大叫"阿洛"（番子称呼），余不禁破颜一笑，其时市中人皆乐，此亦为旅途中的一乐事。因我自入蒙古后，风尘满面，外衣甚污，并骑的是骆驼，故被小孩误认为番子。本拟住宿城中，以便剃头沐浴，然因其他关系，仍住于城外，后因城外无宽厂〔敞〕地方，竟住南关外南山寺背面的"义冢"中，陪死人睡觉，倒也有趣。

按西宁县在汉为西平郡，魏、晋因之，后魏为鄯善镇，因为乐都郡，隋为湟水县，唐分置善城县，五代为青唐城，宋、元皆为西宁州，明为西宁卫，清雍正三年为西宁府，置西宁县，民国成立，府缺裁撤，而县仍存旧名。

二日晴。晨五时即偕铁文进城剃头沐浴，直至十一时，方动身赴塔尔寺，沿途无景物可记。午后五时，抵塔尔寺，寺四周环山，寺筑于低凹地面，僧房无数，金瓦画栋，美观非常。按塔尔寺为佛教圣地，亦为黄教始祖宗喀巴降生之所，其规范之伟大与庄严，除西藏三大寺外，无与论〔伦〕比。寺建于明代洪武六年，中经火焚及历代改造，而今僧房已增至三千余间，僧众亦有三千六百余人，庙址约占三百余亩。中有八十四个"格儿娃"（为活佛公馆意），每"格儿娃"有活佛一人，共八十四个，但中以阿嘉佛（传说系宗喀巴父亲转世）和兴萨（传云为宗喀巴母亲转世）声望最大，俨如青海境内之达赖、班禅，而其职权最大的是治台，其治台又系各个活佛轮流，但以学识丰富且以能孚众望者为适宜。

　　塔尔寺以大金瓦寺为最著，亭台楼阁，高插云霄，尤以屋顶反映日光，光芒射目，不能久视，雄壮庄严。小金瓦寺则立于侧，较逊于大金瓦寺，但亦庄丽可观。大金瓦寺藏有金佛万尊，说者谓能偿还庚子赔款而有余。大金瓦殿中有木质大塔一座，高约十丈，周围约十余丈，塔内所藏即"宝贝树"，塔尔寺之命名，即基于此。由塔内"宝贝树"根，伸长于廊外阶前，长一株"宝贝树"。凡临塔寺者，皆能目见。树枝上多现藏文字母，诚属奇迹，其故，作者迄今犹未知之。该殿四周围墙，皆为琉璃砖所砌，其色皆为绿色，俨如水波，光润可爱，砖上亦有藏文字母，然此想系昔日烧瓦时所作，无甚奇异，字迹系由无数若针孔大的白点形成。

　　此外寺前有八个古塔，有人谓当有清时代罗布藏丹津叛乱，塔寺喇嘛附从者多，雍正派年羹尧率兵平乱，至此而杀八个呼图克图，以警戒僧众，后人筑此八塔纪念之。但据寺上年高喇嘛谓我此说不确，塔中所藏者，乃"宗喀巴"之父母昔日牧畜时之帐幕、锣锅及其一切所用什物云。不知孰是孰非，仅录之，以供读者参考耳。

　　　　　大中华民国二十四年八月六日于西宁塔尔寺脱稿

　　黄举安先生，藉〔籍〕西康，毕业于中央政治学校蒙藏班，于边事独具卓见。前曾纠合同志，创刊《康藏前锋》，且负主编之责。去年经班禅大师召往，现居塔尔寺，不久将至藏。今文所纪，为由阿拉善至塔尔寺情况，纪述详实，资料珍重。

　　　　　　　　　　　　　　　　　　　　　　　　　编者

《开发西北》（月刊）
南京开发西北协会
1935 年 4 卷 3、4 期合刊
（王芳　整理）

从归绥到百灵庙

沈昌焕　撰

四月二日在晨光熹微中，从归绥匆匆出发往百灵庙去。汽车刚开出归绥二三里，就是一片荒凉，几十里望不见一点人烟，慢慢的黄土原野，被往来的铁轮马车和驴车所压，年深月久，逐渐成了一条天然的双轨的路线。一路上遇见不少载着煤块的大车，由骨瘦如柴的马负着在那深陷的故辙里前进，大半个车轮没在沙土里面。偶然经过一两个小村落，居民都带着惊奇的神情站在门口张望，这些地方六七岁的小女孩，已经都把脚缠成三寸金莲，看她们那种寸步难行的模样，真使人觉得可怜。车慢慢的爬上了大青山的山道，就开始前后左右的颠扑起来，要不是后部有双轮的军用汽车，怕它绝对跨不过这崎岖的山路。徊绕着山峰，经过顶险峻的一段时，仰望可以看见危崖之上有"化险为夷"四个红字，这是九年前吉鸿昌部驻扎此地时所修的大路，打这儿过的人至今还感念他们的好处。

连一接二的越过了好几个山顶，我们就在四面都是削〔峭〕壁的深溪之中，车轮同大石子和冰块相撞，进行非常迟缓。有些地方山凹里的冰块已经融化，和山顶上冲下来的雪水，汇合成急湍，宽的地方有二三丈，我们又不知它的深浅，也只得冒着险冲过去，两旁的水花飞溅起来，倒也觉得别有一种趣味。

山麓旁，很零落的有几所矮小的土屋，墙上东倒西歪的写着

"留人小店，茶水方便"，这些都是为往来山路旅客所设的客栈了。

正是大家觉得颠扑不能再忍受的时候，就进了蒙绥交界的武川县境。按绥省的情形，凡是已经设立县治的地方，都归绥远省政府管辖；至于没有设立县治的地方，则完全由各蒙旗负责。从武川县再往北去，就都是未设县治的地方，因为地势的冲要，武川就变成了很重要的所在，绥省派了许多精锐的军队镇守于此。

过了武川县，是一片高平原，全无阻碍，但是人烟稀少，荒凉的情形，更胜过归绥一带十倍，每隔一二百里，才看见一两个土堡。直到逼近百灵庙的时候，才见一小队蒙古驻军，在远远的招呼我们停车，上前来检查旅客。我们同行的人见他们服装奇异，又是彼此言语不通，恐怕有什么意外的麻烦发生，不免有些担心，岂知他们却十分和气，只向各车上略略张望，就挥手放行。

远远望去，百灵庙的全景已在目前，快下山的太阳照耀着庙顶上金属的装饰，反射出五光十色万丈光芒，真是金璧〔碧〕辉煌，美丽无比。

达到了盼望很久的目的地——百灵庙——时，心中有说不出的愉快，同时还有一种很大的感想。平时在内地的人——尤其是在南方——说起内蒙古，就好像是在海角天涯，不知有多远似的，我国人又向来是安土重迁、没有出远门和冒险的习惯的，所以对于边疆都视为畏途。偶然有少数到边疆去的人，他们回来以后，又往往言过其实的大吹大擂，说得到边疆去如何辛苦、如何危险，好像非如此不足以自高其身价；没有去过的人，自然很容易受他们的欺骗。我们受了这次经验，觉得到内蒙古去是一件很平常的事，从绥远城去，不过十小时的路程，就是从北平出发，也至多两三天就可以达到；路上虽然比不上坐平沪通车和总统轮船那样舒服，但也决不像一般人所说的那样险阻艰辛。

历来蒙、汉两族间的感情不能调和，边疆上文化的不易进步，都是因为彼此闭关自守、不相往来的缘故；现在边疆的问题一天严重一天，如果要媾〔沟〕通边疆和内地的文化，要融洽各种族间的感情，要彻底的解决边疆问题，都非先有密切的往来不能成功。到边疆去并不是很困难的事情，深望在内地的同胞们不要再裹足不前！

转载《华年》第三十五期

《新蒙古月刊》

北平新蒙古月刊社

1935 年 4 卷 4 期

（张鑫　整理）

从北平到归绥——西北纪游之一

沈昌焕　撰

　　近年以来，开发西北的呼声，叫得非常热闹，政府当局一方面提倡移殖内地的人民去开垦边省的土地，一方面鼓励私人和团体到西北去游历和考察，社会上研讨西北问题的团体和出版物，更是风起云涌，从今年春季起，平绥路局又有西北旅行团的组织，真可算得盛极一时了。在这种潮流激荡之下，挂了考察西北开发边疆的招牌，到西北去逛的人，一天多似一天。"开发西北"渐渐成为最时髦的名词，同时"到西北去"好像是顶可夸耀的一件事情。明明是一个旅行的团体，却遍〔偏〕要打着考察的旗号，我怀疑这些人到西北去，究竟是考些什么，察些什么，世人都欢喜以考察自居，真是既可怜又可笑。记者在春假中参加了一个团体到百灵庙去，这次的行程是从北平出发，经过长城、大同、云冈、归绥，最远到百灵庙，因为时间的匆促，各地都未久留，仅是走马看花而已。在十天的时期中，观察自然不会很深刻，所记的又不免挂一漏万；现在不避肤浅和挂漏，略为记一些沿途所见和感想，贡献与想到西北去一观塞外风光而没有机会去的国人。

　　三月二十八日清早八点，火车从北平西直门出发，九时三刻就到达南口，同行的人都下车散步或在站上买些零物。这儿山势的雄伟，在南方已经很不容易见到。南口是长城主要关口之一，前年国民军抵敌苦战就在此地，远远望见铁路右侧，高树着国民军阵亡将士的纪念碑，卫国忠魂，使人肃然生敬。过了南口，就是关沟，这一段是平绥铁道全路中角度最高的一段，向北开的火车，到这儿必须改用特大号的火车头，在客车、货车的后面，向上推行；火车慢慢的被顶上山头，又经过了三个山洞，才到青龙桥，三个山洞之中，要算居庸关山洞是最长，经过的时候达五分钟之久。

青龙桥车站布置得很洁净，站台右边立着工程师詹天佑公的铜像，像旁还有一所小亭，亭里的石碑上刻着詹公的行状。平绥路是中国自力经营铁路中的最早的，当时为建筑此路，詹天佑先生废寝忘食，工作至危崖绝壁、深壑巨溪中间，经四年的时候，才完成这巨大的工程，使今日旅行的人如此便利。平绥路的筑成不能不归功于詹天佑先生，可惜这一条铁路不很发达，国人知道它的很少。

长城最险峻雄伟的一段——居庸关和八达岭——就在青龙桥一带，所以春假中各地来游长城的人，成群结队都在这儿下车；攀登长城，有的人喜欢骑一头小驴，但多数是支着手杖步行的，有些上年纪的人坐着藤做的山轿上去，倒也很安全舒服。离铁路不到一里，就有一个关口，上面隐约可以看见"居庸北镇"四个大字，这是进出长城的要道，老远就看见一队队的居民，赶着马车、驴车和驼群，络绎不绝的来来往往。据领路的人说，在这关口的上面，相传有一块"望京石"，天气晴朗的时候，站在上面，可以远远望见北京的城头。可惜那日天气不很好，不能证明这种传说是否可靠。长城的奇伟，必须要攀登以后，才会感觉到。在山下远望，不过像一根细长的带子，一条蜿蜒的长蛇，人工的建筑虽然伟大，毕竟和天然的山峦相陪衬起来，自然不小也小了。爬到上面一看，雄伟的城墙，高度大约有三十多尺，厚至二十尺以上，并且每隔三十六丈有一座高大墩台，真令人叹为观止！古人为了抗御强敌保卫疆土，牺牲了不可估计的心血和金钱，建造起如此空前绝后的巨大工程来。但是后世的人怎么？我们非但不能爱惜保护这先人的遗业，如今连国社的存亡，都危在旦夕了！我不知道在万里长城上听话盒子、吃三明治的游客中，有没有想到这一点的。

火车从青龙桥再开行，穿过了一个一千一百四十五公尺长的八达岭山洞，就到了一片广漠的平原，四野都是青绿色，路旁有不少将开未开的红白色小花，一条小河旁边，密密的排着一些农家的小屋，真想不到塞外风光之中，会有起江南的意味来，原来这就是所谓"康庄大道"的康庄了。康庄以北，又过了两三个大站，天渐渐的黑起来，再也看不到什么沿路的景物。离绥远还有十多个钟点，车上是又黑暗又拥挤，只得在车声轧轧中和同伴谈天，来消磨这漫漫的旅途。在饭车上遇到蒙古地方自治政委会的赵那苏图先生，和他畅谈关于内蒙自治和民族团结各种问题，当即告诉他想到百灵庙去参观，承他允许与蒙政会接洽招待之事，所以很感谢他的盛意。

平绥铁路车的简陋，真是出人意料，就是头等车里也没有电灯和卧铺，二等车差不多是武装同志的包车，饭车则又小又不干净，三等车如何自然不问可知了。听说现在铁路当局加意整顿，只有特别快车还比较的整齐些，三等车也挂有卧车，这倒是他路所没有的一个特点，不知道确不确。

晚上，气候忽然大冷，车上又没有生火，五六十个人蜷在车厢里，冻得发抖；走道上都堆满了各人的行李，简直连动都不能动一动，只得闭着眼睛低头小睡，半夜里醒来，只见车窗的玻璃上已经盖着一片片蒸气凝成的冰花。

《华年》（周刊）
上海华年周刊社
1935 年 4 卷 18 期
（朱宪　整理）

归绥一瞥

比得　撰

　　绥远是我国塞北的省份，素来国人都目为荒漠之地的，所以当我未到绥远的省垣归绥之前，总以为归绥一定是极度的荒凉、破碎；且每吃必为羊肉，每喝必为羊奶。可是到达归绥之后，才晓得想像与事实略有不同。归绥这儿，不但北平的菜肴可以吃到，而且还有英、法的大菜，味道也不逊于上海霞飞路上的罗宋大菜。喝的哩，牛奶固然有，外国牌子的咖啡也多得很。我住的绥远饭店里，隔不了三二天，绥远傅主席就会请新来的慰劳团吃西菜。几角钱一客的西菜，经常就有四道菜可以吃，还有咖啡、水果。一块钱一客的西菜，菜色就相当的丰美了。住的哩，绥远饭店虽不能与上海的上中等旅社相比，可是也有铁床，也有西式家具，四块钱一天的房子还有浴盆、抽水马桶，以前听说到绥远只有土炕可睡，现在可就不尽然了。最使我感觉兴味的，当推绥远饭店里的有声电影场。这电影场是利用饭店的大客厅改成的，地板固然没有高低的分别，以致后排观众的视线给前排观众的头颅挡住了；墙壁也没有特殊的设备，以致从胶片上发出来的声音很为模糊，可是银幕上攘来熙往的景物，倒也看得非常之明晰。

　　不过，上说的繁华景象，只是归绥全部景象的一小角而已。归绥的大部分，还是相当的荒凉、破碎的。居民住的，还大多数是泥堆的屋子；吃的，还大多数是花卷（即馒头）、羊肉。在归绥的近郊看一看，则满街满巷都是披着肮脏透顶的老羊皮袄，戴着破裂的皮帽，据说乡村里的农民，他们的生活更非我们所能想像的。他们除寒穿皮袄、暖穿布褂之外，就永年不再掉换衣服了，其实哩，要掉换而他们也没有可掉换的。吃的则为糜子磨后做成的糜子饼，饼中一小部分是泥沙，一大部分才是糜子。不过，就完全是糜子吧，而糜子的味道与滋养也是次于玉蜀黍的，自然不敢跟白面与米饭比拟了。农民们也有吃白面的机会，那就是逢遇庙会的时候，可是这种机会实在不很多哩！

归绥因为是绥远的省垣，所以也是全省的军事、政治、文化、商业的中心。最高的军事机关，如三十五军总指挥部；最高的政治机关，如绥远省政府、建设厅、民政厅等，完全是在归绥的新城里。归绥中学、归绥师范则在旧城里。商业的繁盛区域，也在旧城的北门大街、大南街上。如归绥的大皮店三胜玉、大旅社绥远饭店、大菜馆右丰轩，以至于照像馆、布店、西药房、南货店、电报局、邮政局、中华书局，都围绕着这两条大街。

归绥的旧城原名叫归化城，系明万历中忠顺夫人三娘子所筑的，新城则建于清乾隆元年，地址在旧城的东北五里，从旧城到新城的省政府，趁洋车需四五十分钟，车资自一角至一角半，从旧城出了北门，向右跑去，不久就到了两旁垂柳的大马路。马路非常的宽敞，不过不是士敏土筑成的，而是完全的泥土与石子。我们在这马路上踏过，泥土就跟着棉鞋飞扬起来了，所以每当早晨或黄昏的时候，便可以发见许多卫生夫役担水在洒地，这种情形，我们在北平也是常常可以看到的。

踏完了这泥土马路，过一道石桥，进入新城的西门，再穿过新城西门里的长安门，就是省府前的大马路。路旁有耶稣教堂，有国货陈列所，有"防共自卫团"训练所。走不上几步路，路旁就有一口水井。井沿是一大块的石块砌成的，取水的人就站在这石块上，把水桶吊下井里。因为归绥的天气已渐次的寒冷了，所以滴在井沿的水，都早已凝成冰片。

省府的外表全刷的红色，式样是旧式的，但看来也非常的庄严宏大。门前踱着二个擎枪的卫兵，还有一个捎着一把大刀，这该是绥远的特色了吧？进入了大门，右旁是传达处。站在传达处的门前，就看见一个大院井，有二棵百年的大树。院井的左旁是交际组、阅览室、会客室，右旁是公告组、宣传组，当中是办公厅，乃傅主席办公与举行会议的地方。再向后面走去，就是秘书长室及其他的办公室了。自绥远战事爆发以来，省府的办事人员确是忙碌透了，现在是星期日也须到府办公。那些从各省各地来绥的慰劳团，拥挤着那狭小的会客室，招待慰劳团的工作，全归新成立的晋绥剿匪总指挥部军民联合委员会办理。该会的主任委员潘秀仁君，是从前的绥远省党部的负责人，绥远省党部给日本人强迫取销了，潘君便在剿匪总指部工作。潘君是绥远省人，胖胖的个子，年约四十开外，说话的时候态度很和蔼，不过，在另一方面看来，他确也是一位老于世故的人。现在关于慰劳、捐款，一切对外的事都由他管理，也是绥远一个重要的人物。

讲到归绥的胜迹，要推那四个招提了。招提是庙的意思，现在也有人简写为召。四个招提之中，以舍力图召为最宏丽。舍力图召创建的年代未详，但清康熙三十五年西征时曾驻跸于此，且行重修，而赐名曰延寿寺。寺中大殿前有一额，书"阴山古刹"四字，阴山即是大青山，在归绥的北背，过大青山可至百灵庙、武川等地。该寺院中尚有一藏经的白塔。白塔与大殿的建筑都是极辉煌之至。次为小召，汉名称崇福寺，在舍力图召东百余步，清康熙三十六年创建的，为康熙西征准噶尔凯旋驻跸之地。寺内尚挂有康熙的甲胄，但已锈黑不堪。从小召西走，即为五塔召，清雍正五年建，十年赐名慈灯寺。寺内有五塔，都是炼砖筑成的。

正中的塔上，朝南的一块砖，上面有佛脚印。最后的一个召，是在城西南隅的大召，汉名为无量寺。寺的大门口悬着"九边第一泉"的扁额，泉就在寺门前，现在是改为玉泉井。传说当康熙骑马至此，马因口渴，乃以蹄抉地，地忽涌出泉水，故赐给这名称。以上的四个招提，每一招提中都有数百喇嘛，他们终日念经，很少与外界人士交游。而这四个招提全都是在旧城里。

　　归绥因为是绥远的军政、文物的中心，故为适应这环境，妓院也应运而生。不过，在以前绥远也并不是完全没有妓院，与绥远接近的山西省大同县，就是出产妓女的地方。归绥的妓院约有六家，三家在城西，三家在城东。在城东的较为著名：这地点因为有一条平康里，故名平康里街。三妓院中以吟香阁的生意顶好。绥远妓院的规则，跟北平、大同的都差不多。如果不在妓院过夜，只需一块钱，便可以有妓女伴着你谈天、调耍。院里还供给你香烟、瓜子、糖果。你再带三二个朋友同去，也没有什么不可的。但今夜你既已叫了这个妓女，第二夜还是不能不叫她的，只要你跑入妓院时，院里的人早喊着你叫过的妓女的名字，于是她就来了。如果你第一次到那里的，他们就带你到一个简陋的房子，然后喊着"瞧大堂"，妓女们便一个个地跑进房里来，待到你瞧合意为止，瞧合意了，那位幸运的妓女就带你进入她自己的房子，那是较为布置得整齐的房子。

十二月十九日

《汗血月刊》
上海汗血书店
1937 年 8 卷 5 期
（朱宪　整理）

归绥一瞥——西北纪游之二

沈昌焕　撰

　　挨过了二十三小时的长途，在第二天早上七点钟就到了离北平一千二百四十里的归绥。所谓归绥，是归化和绥远两个城的总名，归化城又称旧城，是距今三百年前，明朝万历年间所造的，为归绥商务的中心，比较大一些的买卖，都在此处。新城只有二百年的历史，是清乾隆元年（一七三六）才建的，在旧城的东北五里。从旧城到新城，中间有一条很宽阔的马路可通，路的两旁种满了整齐的大树，绥远省政府就设在新城，所以它是绥省政治的中心。现在省政府的计划，想把归、绥二城打成一片，所以近年来凡有新的建设都建筑在两城的中间，这不能不说是一个良好的办法。

　　到归绥去的人很多，但多半是去游览名胜古迹的，关于这一类的记载，外间发表得不少，所以记者此次所记比较的偏重在新的建设方面。

　　在归绥，最使人感动而印象最深刻难忘的，要算是"烈士公园"了，公园的大门是一座三开的白石牌楼，正中横列着"烈士公园"四个蓝字，一进门就可以看见一座高约六七丈的白石墓碑高耸云表，碑文是"华北第五十九军抗日阵亡将士公墓"，这墓碑的基础是立体式的，面对着一个周围四五十丈的大圆池，气象十分庄严。后进还有一个纪念堂，壁上都挂满了烈士的相片；全园占地大约数百亩，四周种满了各种花木，中间累累的烈士冢，为数何止数千。到这儿来游览的人，无不很严肃的脱了帽子行敬礼，一种凄凉悲痛的情景，至今还在心头！

　　像绥远这种地方，工商业的落后是不可讳言的事实。商业萧条的情形，但须在归化城最繁盛的大街上走一趟就可以看出来，向来生意最盛的大饭庄，如今倒闭歇业的十有六七，其他的买卖也到了很难维持的局面。东北事变发生以后，从东三省被挤出来的人，在平、津一带大都市里既找不到生活，逐渐移往察、绥是他们唯一的出路。他们到绥远去并不是消费者，他们是为谋活而去的，在已经衰落的局面下，再加上一层尖锐的竞争，情况自然更不堪设想了。工业方面，倒还有些生气，因为近年来省政府很努力于提倡培植的缘故，例如绥远面粉厂，现在附设在电灯厂内，开办仅两年多，成绩已经斐然可观。此外开办最新而规模比较大的当推绥远毛织厂，此厂由官商合资经营，资本三十万元，是今年才开幕的。主要出产品如毛呢、绒毡之类，都是价廉而物美。据管理人说，该厂因为限于资本，机器尚不够应用，深望国人热心提倡，向这方面投资。本来这种事业最能挽回权利，是很值得提倡鼓励的，可惜有力量的人没有远大的眼光，都裹足不前。

　　从绥远毛织厂出来，已是正午时候，大家走进一家馆子去吃饭，这儿的馒头是像土一样的颜色，有腥味的牛羊肉以外，别的什么也没有，有几位吃〈不〉惯牛羊肉的同伴，竟呕吐不能下咽。真是平时多一种习惯，出门就增一分痛苦！

　　饭后继续参观了几个文化机关。绥远的文化水准很低，人民的教育更谈不上普遍，所以文化和教育的设施，也是建设绥远的主要问题。在归绥除了几所公私立的中小学以外，本年二月间又开办了一个绥远省立图〈书〉馆，馆址是新盖的，但规模并不大，现在每月的经常费仅有四百五十元。民众教育馆设在九一八纪念堂的后面，在建筑之中，大约不久就可以开幕。对于人才的培植，有所谓乡村工作人员训练所的设立，初中毕业程度的人，就可以考入，训练的时间暂定为六个月，毕业以后都派到乡村去服务。最后参观的是赛马场，场址有几千亩大，高高的看台和白漆栏干都造得很整齐，每年十月间（大约是双十节）举行大赛一次，参加比赛的马有好几百匹，都是绥省各地的名产，但这种比赛和上海的赛马不同，绝对不含赌博的性质。赛期一到，就万人空巷，各地来看的多至十余万人，是一年里最盛的一个集会。赛马场后面还有一个溜冰场和球场，是公共体育场的性质，为大众运动而设的。可惜人民为生计所迫，没有运动的余暇；即使有一些时间，也因为缺少受相当的教育，没有运动的习惯，所以那地方好像是很久没有人迹到的荒地一样！

第二天，为了接洽到百灵庙去的汽车，又在归绥住了一宵；好容易借到了汽车，却没有开车的人，这儿连驾驶汽车的人也是很缺乏的。

那天下午在省政府主席傅作义氏的茶会席上，傅氏谈起绥省行政的两种困难：第一是人才和钱财的缺乏，第二是各民族调和的问题。

绥远一省的税收，实际上还抵不上江南的一个一等县，没有充分的经济力量，而空言建设，是绝对不能收效的。人才的缺乏，更是非常严重，因为绥省地处西北，气候既寒冷，生活又艰苦，行政人员的待遇更十分菲薄，有才能的人都不愿前往，以致许多事业都因为没有人才而不易改进。关于这一点，我们认为并不是绥远一省的问题，而是整个中国行政制度不健全的弊病。在地方政府方面则人才和钱财都感到缺乏，在中央则骈枝机关重床叠架，冗员充斥而行政效率不见增加；再看看中央和地方政费的比数，就不难看出这种病源的所在了。

关于民族融洽的问题，绥远省内汉、满、蒙、回、藏各族的人民都有，在已经设立县治的地方，居民以汉族为多，各民族间相处也比较长久，生活上的习惯已经没有什么显著的差别，所以还能够相安无事。可是在尚未设立县治的地方，各民族的生活习惯，相差仍是很远，行政上就不免有许多困难；任何设施，都要避免刺戟民族的情感，使他们能融洽相安。这倒的确是当地的实在情形。

　　两天来和当地各界的谈话中，知道绥省的黑色恐佈〔怖〕，已经到了不容忽视的时期。人民因为赋税的不胜负担，全省头二等的田地差不多完全改种了鸦片，出产一多，吸食自然非常便利，街头巷尾，挂着"清水上烟"的招牌，供人吸食鸦片的地方，随处都是。茶坊酒肆里也都预备着烟具，供客吞云吐雾；亲友间的往来，也非敬烟不足以表示殷勤。据说现以〔在〕绥省吸食鸦片的人，约占全省人口的百分之四十以上，这是何等惊人的数目！我们在绥远观光了两天，对于居民刻苦勤俭的习惯，当局努力建设的精神，真是万分的钦佩；可是这致命的黑色恐佈〔怖〕，一天不把它铲除，任便你如何努力建设，怎样刻苦勤俭，都是白费劲儿，决不会发生效果的！

《华年》（周刊）

上海华年周刊社

1935 年 4 卷 19 期

（朱宪　整理）

边蒙记游

徐图之　撰

昨年冬，以事至陕西榆林，得暇辄就蒙古人杨辅臣君习蒙语，今春自觉于蒙语已略解一二，乃决计更赋西行，以偿夙愿，适有世界旅行团维·卡特尔、妥福诺夫二君由内蒙抵榆，坚请同作甘肃、新疆、印度之游。维氏为罗马尼亚国人，妥氏则系一白俄，二人皆不谙华语，沿途备受困难，余嘉其志，乃允伴渠等至花马池后，即仍折而向北［多斯］。计自榆林出发经甘肃、宁夏边地而入内蒙，遍历鄂尔〈多斯〉，独行伊克昭盟七旗之地以达包头，复由包头经绥远、察哈尔以返北平，只身驰骋沙山瀚海者，凡二阅月，只以气候过寒，且乏同伴，对于农林矿诸富源，未能详加考察，深觉虚此一行。兹就沿途所见所闻之事，追纪其概略，俾后之游边蒙者，聊资参考云尔。

一　由榆林至宁条梁镇

榆林地接内蒙，北瞰河套，南蔽延绥，与包头、宁夏，成鼎足之势，扼塞北交通枢纽，在昔为边防重镇，故明季延绥巡抚驻节于此，清设府治，民国改为榆林道，并设镇守使署，今二者胥取销，仅称榆林县，陆军第八十六师司令部驻城内，仍不失为陕北行政、商业、教育之中心也。城垣长五里、宽二里，有街三，大街宽三丈，楼阁巍峨，有旧京风味。人民来源至为复杂，推考厥由，一因明代〈成〉化年间，改榆林堡为榆林卫，当时驻戌〔戍〕兵卒，率由各处抽调够〔移〕徙而来，迨后悉成为土著，一因明末李自成屠城，几至靡有孑遗，乃迁近边军民于城，故人民之言语，南腔北调，冶于一炉，其习俗亦可谓集南北之大成。榆民素以强健服从著称，其在军伍者，尤能奋勇力战，故在明季有骆驼城兵之目（榆林城墙半踞驼山之巅，故昔时土人亦称骆驼城，今蒙古人仍呼为脱密吐轧讨（阿麻拉色），意即骆驼城），在清代亦推为劲旅，民国以还，从未参加内战，作战能力如何，无从推测。

榆林有中等学校三，即陕西省立第六中学、女子师范、陕北共立职业中学，以职业中学设备较为完备。该校备价值三四万元之毛织机器，有纺织、制革等工厂，分纺纱、机织、染色、地毯、制革、皮件、皮靴七科，每年经常费约三万元，该校为井岳秀（现八十六师师长）所倡设，闻刻又由井氏之筹划巨款，添置机器，堪推为西北数〔数〕一数〔数〕二之职业中学，其使命在养成工业人才，于开发西北前途，关系至巨也。榆林有通俗图书馆一所，《上郡日报》一所，主笔景岩征君为前榆林道尹，旧学淹博，该报有边情介绍、西北文献二栏，颇多精采，系孙士英所发起，每月经费约一千元，由井岳秀氏供给，又该报与天津《大公报》通声气，因《大公报》主笔张季鸾氏系榆林人也。

榆林四面沙漠，无农业可言，牧畜事业，素来发达。工业以羊毛地毡为主要品，旧式羊毛加工业，亦甚活泼。商业以皮毛、茶马之交易为大宗，榆人全恃与蒙人贸易，故边客业特盛。平、津洋行在榆设有采办庄十余家，每年输出羊毛约一百五十万斤（二十两秤），紫羊绒二十万斤（十六两），驼绒十万斤（二十四两），就中以紫羊绒最为名贵，驼绒次之，羊毛最劣，在天津羊毛市场称之为榆字套毛，每百斤约值二十元。榆林每年有骡马会四次，每次有马约数千匹，皆来自内蒙鄂尔多斯郡王、乌审、鄂托克诸盟旗。评价向不公开，率由牙郎与卖买两方从中说项，讨价还价，皆于袖里以手指表示之，初来是处者，见此袖里乾坤，莫不称怪焉。

榆林城内，入夜即寂无人声，更无夜市可言，闻井岳秀氏自任镇守使迄今，每夜亲出查街，遇有游民、地痞、窃盗及军士之不守纪律者，即立加拘捕，且风雪之夕，亦出查如常，是以宵小绝迹，道不拾遗。居民家家供佛，佛高不盈尺，泥塑、木雕、金铸，种类不一。说者谓前代胡骑入寇，妄事屠杀，糜〔靡〕有孑遗，独供佛之家，胡人即弃兵纳头摸〔膜〕拜，不复杀戮劫掠，后群相仿效，以期仰仗佛面，保全身家性命。此说虽似不足深信，然至〔而〕亦颇有趣味。妇女善哭，时见有少妇于户外坐羊毛毡上面墙而哭者，哭词清脆可听，且谐声合拍，可谱弦管。夫哭必在户外，必坐毡上，必面墙，且能成调，斯其哭显为有计划的，而非有所动于中而发矣。诘之土人，谓古时孟姜女哭万里长城，即类此犹，然乎否乎，亦姑妄听之而已。榆林吸鸦片向来公开，盖寓禁于征使然也。闻某兵营中有马数匹亦有烟瘾，殊为向所未闻。榆人擅骑术，有蒙人风，每日夕阳西下，郊外军民男女，往来驰骋，无异津、沪赛马场情状。此为榆林之大概情形。余于三月廿九日由榆林出发，出西门，涉榆溪，遥见高台耸〔耸〕峙。台名镇北，砖砌，计三重，下层有小门，匍匐可入，门有题额，文曰"向明"，为有明万历年间徐宗潜所创建，中有砖级备升降。台顶平，长宽十方丈许，高约十丈，登其上可远眺数十里，古人设此，盖所以备瞭望及指挥者，今则倾圮不堪矣。台之四周，黄沙连天，一望无际，远视则尘烟蔽目，浩浩无恨〔垠〕，近视则风沙动荡，状如波纹，游人际此，辄生怀想乡关之念，勇于进取者，则益增乘风破浪之志。台之两翼及南侧，有故垒残迹，为前代戍〔戍〕

卒驻守之所，今亦颓圮糜〔靡〕遗，仅土冈数处，供吾人之凭吊而已。台北数十武即为新长城，又名边墙，东西横亘，远通晋、陇，宛若长蛇，虽已倾圮，而颓垣断续，遗迹犹存。沿边墙设有无数砖墩，中间互距约百步，每墩方两丈、高五丈，中空，分三层，可驻兵十余，周设枪孔及望眼，土垒雉堞，绵互〔亘〕数千里，设置罔不如斯，盖古人所以防胡人内侵而资守御者，亦即所谓内长城是。系明代所筑，非秦人所创，其工程虽不敌万里长城，然亦堪惊叹矣。边墙以北，旧为胡地，尽属平沙，蔑险可恃，吾人于此，可以想见古人之愚，盖兵数有限，防线太长，偌大长城，分兵戍守，即以陕边一隅而论，亦非数万人不办，况掌握不便，指挥不敏乎。孙子曰"无处不备，斯无处不弱"，此之谓也。清代蒙人内附，边患全消，故边防废弛，迄未整理，今东四省已丧，西陲亦正汲汲〔岌岌〕可危，边墙且已全部倾圮，苟不另谋善策，一旦有事，殊堪忧悬。私见所及，应远设骑哨，近处则分驻重兵，时时作战斗之准备，有事则如遽骑哨之法为切实迅速之报告，庶指挥有一定之计划，作战有一定之趋向，兵力团结，决胜当不大难。以榆林为陕北用兵中枢，总预备队驻之，府谷、神木、横山及三边各分遣部队，附以若干骑哨，以备侦察传达，如是兵虽分而不弱，此为战术上待机阵地之原则所活用者，或可供边防上之参考也。

　　出榆城十里，有河二，东西横流，中间相隔二十余里，土人谓为头道河、二道河，其西有红石峡，石崖对峙，状皆绝壁，壁凿题字甚多，如"中外一统"、"汉蒙一家"、"榆溪胜地"等句，悉前代名人手笔，字大逾丈，笔力遒劲。有庙巍然据崖腹中，多石象〔像〕，雄浑精巧，疑为鬼斧神工。崖上有亭翼然，俯瞰榆溪，有如白练，远眺衰草中牛、羊、驼、马，颇足怡心悦目也。前代榆林文武官员，时来此赋诗饮酒，亭中题壁诗，及今犹有存者。

迤北一里许有李继迁墓匿石桥下，无迹可寻，防仇人之掘发鞭尸也。桥有二，相隔数武，榆溪经其下，水势奔放，恍若怒马，其力足以圮〔圯〕走拳石，亦巨观也。由桥西行，沙冈起伏，其最低处，芹河流焉，《山海经》有云"诸次之山，诸次之水出焉，其水东径榆林塞，世又谓之榆林山"，疑即指此，然无所谓芹河者，岂以其小而略之欤？余昨年冬，渡无定河（奢延水），凡所历者，皆黄流而揣〔湍〕怒，与黄河无殊，《禹贡》威名之曰逆，非无谓也。何〔河〕以产芹菜得名，其近处有芹亭，今颓然无可观矣。河滨地可耕可牧，近岁杨猴小股匪不时出在〔没〕其间，居民财物、粮食，洗劫殆尽，故穷苦已甚，为从来所未见，虽妙龄少女，亦仅破表〔衣〕蔽体，身无完衣。农牧之事，多妇女操之，包头缠足，容貌与蒙古女人相似，其善骑亦不亚蒙人，小脚妇能骑马，若在内地，不将叹为观止乎。夜宿于茅坑，该地归属蒙古乌审旗，今归榆林，有农户三两家，均汉人而蒙古化者，所居为泥涂之土房，栋梁皆用柳条束成，似甚坚固。是处除草地外，多柳树，居民之燃料与建筑，胥利赖之。

　　翌日仍循边墙外西行，整日所见，尽属黄沙，古人谓为不毛之地，良为不诬。狂风时作，沙尘扑面，痛不可当，同行诸人，莫不边离若在深雾中。午后天色稍阴，余等虽身御重裘，犹觉不胜其寒，不意气候变迁有若是者。其时四马并辔，加鞭狂骣〔骤〕，期以御寒，既而汗透重裘，周身发热，马匹流汗，且淋漓欲滴矣。入夜宿于海溜士河地方之农家，该处旧亦为蒙地，风俗习惯，一如茅坑所见者。屋内燕子旧巢星布，询之屋主，谓入夏燕甚多，是因河干多柳之故欤。燕与柳特相爱恋，古人燕柳并题，今始领会其义，谓沙漠无飞鸟则大诬矣。该地男女对余等甚觉惊惧，盖维、妥二君黄发碧眼，余又身御西装，且余等皆操英语，自难怪其然也。

平明即由海溜土〔士〕河出发，有路二，北系赴定边大路，无投宿处，南系赴蒙古鄂尔多新〔斯〕乌审旗之台吉府大路，故由南路行，是晚即宿于台吉府。台吉为蒙古之官名，系二品顶戴之公爵，蒙语为"达宿落起诺引"，佐王爷处理政务者也。其地名"濑泥淖尔"，将至时，道路皆小径，不能并骑行，遍地小柏丛生，高不盈尺，根出地面，隐显起伏，限制马足不能自由疾行。蒙人祭祀，焚柏叶以代庭燎，亦甚清香。闻其北附近某地产菌特多，称为口蘑，甚为名贵。初致〔至〕彼地时，遥见柳织藩篱，俨如户壁，有五六骑驰骤〔骤〕旷野，甚足怡目，余等之马，苦行多日，值兹夕阳西上〔下〕之时，马力已殆尽，相形之下，愈觉其迟钝不前。及抵台吉府，见有怒马弈〔奔〕驰者，则台吉率其女公子等作狩猎之游也。马皆裸体，不备鞍具，蒙古男女皆善骑术，可见一班〔斑〕。余在榆林已就蒙人杨辅臣处询知蒙俗，及见台吉，入其第为礼致〔至〕敬，一如蒙俗，始不贻笑。蒙人常礼多请安，状类鞠躬拱手，并互道"好"字（阿麻拉色）。其束带率坠红绿刺绣之烟袋于腰之前部，内实鼻烟壶，与人相见，于拱手鞠躬时，即互易烟壶，纳诸鼻际以为礼。笃信神佛，大门前树一高木，状若旗杆，富者则上冠以空心金属顶，将经咒藏之顶中，贫则无之，仅于木上悬黄白布，上书经咒文字而已。入室时，马鞭必须放置户外，窥其意，似视鞭为不祥之物，倘携入室内，恐鬼怪随之而进，故摈诸户外云。番犬如牛犊，凶猛异常，非皮鞭不足以击退之。蒙人死后多弃尸体于旷野，任犬吞食，故犬见生人即思扑而食之。余等午间过一蒙古包时，有犬三四只，齐向余等猛扑，虽拍马狂奔，犹被追及，余乃狂呼"那海"（狗也），由蒙妇出呼止之，幸免于难。维卡特尔曾出手枪击之，犬亦不惧，维氏谓奥、法之警犬，亦无此凶猛云。入台吉室，见陈列品皆红黄杂色，甚华丽，中悬宣纸及乌审大喇嘛照像，有一巨炕，上覆羊毛地毡,并置倭桌,余等皆踞炕环坐,与秦、晋北部所见述〔近〕似,以木材缺乏,气候严寒故也。台吉陪余等坐,俄顷其二女捧盘进,陈四碟于桌上,并设杯箸碗碟,食物一为"酸奶子",一为"老单子",一为酥油,一为燥〔炒〕米,味极酸腥,酥油似白脱油,当可夹面包烘食,但蒙人无面包,乃将酥油溶解于砖茶中,并放多量食盐与燥〔炒〕米,苏杭住久者,忽然尝此,诚感觉难言之苦也。蒙人食品,除此外,以牛羊肉为主体,宜其精神饱满、躯体伟大也。台吉之二女,头饰红珊瑚贯珠帽,两鬓垂腕粗巨辫,沿耳而下,可及胸次,二乳隆起,具时代美。蒙女多衣红蓝黄紫色绸布,冬季则率御皮旗袍,腰束赤带,足穿长靴,与男子无异,以沙行便利,且便骑马也。绝无缠足恶俗,疾行户外,翩翩若惊燕,若飞鸿,其活泼之态,令人生爱,惟腥臭不可近耳。男女之界不严,当时有胡生边客亦自榆林到彼处,娴蒙语,与台吉之二女喜〔嬉〕笑体〔打〕骂,状极雅谑,而台吉不为怪,且女子皆不避外客,甚至对客便溺,亦不知羞。俄顷,台吉以羊背子进,系全羊一只,用清水烹成者,无调味,半生熟,盛以矩形斗大之木盘,每人执一小刀,割而食之,蒙人非款嘉宾,不轻设此。余欲不食,恐失主欢,只得割一小块,纳诸口中,然盘旋口中,往来咀嚼,咽之不下,哇〔吐〕之不可,惟有与维、妥二君睹面默笑耳。食毕各持粗纸一页,拭上油腻,平民则并纸亦不用,率拭之于光板子皮袍上,故其皮挂〔褂〕光可鉴人,古民穴居野处、茹毛饮血之状态,不意今乃列眼前焉。

四月一日稍进早餐,即辞台吉,骑马就道,沙山瀚海,状一如昨,天气犹似隆多〔冬〕时节,连日途中,未遇一人,戈壁两岸,风荡河流,马迹人踪,刹那即灭,无道路可寻,惟方向是依,时虽有太阳当定〔空〕,仍莫辩〔辨〕东西南北,无地区地物之比较与识别,致人多迷离恍惚,即惯走胡地者亦罔不为之昏瞆。时或天阴，狂风大作，往往驰骋终日，回旋返于原地而不自知，是故旅行沙漠中，非携带指南针、地图及时计、风镜等物不可，他其〔其他〕水壶、干粮、帐幕，亦属必要之物。午后天色陡变，始则风沙扑面，振振作声，耳为之满，面为之痛，致不明赶〔方〕向，欲暂避大风，又苦无村舍，中心惴惴，进退维谷，只见狂风逐沙，平地起浪，若万马奔腾，虽名画工，亦难状其险象。幸风势稍平，相识进行目标，薄暮即投宿于乌审旗之西关府。西关府名"绰克图瓦齐尔"，余等于客房少待片时，绰氏即迎余等入后庭，见崇屋峻楼，兽镮狮钉，栋梁户牖，多施红绿金色之绘画，其庄严华丽，俨如王者居。入其室，则几案等物，完全以础石为之，光采夺目，宛如土制，中悬慈禧及光绪宣统像，桌上佛像罗列，均为金属所铸，其他古玩亦多，如入清宫然。绰邀余等入座，一声道好及互换烟壶之后，余即以粗浅之蒙语自述来意。绰氏操蒙语甚快，余几不能解其什一，所问非所答〔所答非所问〕，殊难久谈。移时具餐，挂面以羊肉，虽亦粗粝，然较之昨日之食诸台吉者，容易下咽多矣。绰氏状甚雄伟，虎背熊腰，耳可及肩，皮肤黑甚，颇使人畏。其地无学校、商铺，交通迟滞，知识闭塞，头脑至为简单，清政府以佛教羁縻〔縻〕之，垂三百年而罔替，遂成今日人口稀少、梅毒猖獗之现状，蒙古民族前途，危险一〔不〕堪设想。

四月二日由西关府而折而南行，约四十里达马厂，其地衰草绵亘，一望无际，为天然锦织畜牧场，遥〈见〉牛、羊、驼、马什百成群，在马背诵《敕勒歌》"天苍苍，地茫茫，风吹草底〔低〕见牛羊"之句，心神为之一快。余等在马厂蒙人家用膳，膳毕相率出游，见有二女乘马驰旷野中，转瞬间俱渺，莫知所之，移时忽见群骑奔腾自西而东，尘飞沙起，恍若神骥来自云雾中者，虽津、沪跑马场中，亦不多睹。俄而突见二女飞骑杂群马中以俱来，一若飞将军从天而降者，"静如处女，动若脱兔"，二女有焉。夜宿于二女家，二女招待余等甚殷，大有一见钟情之意。余在上海住亭子间三年，房东小姐从来未对余交谈一语，今二女睹面生情，频频表示其爱慕之意，余不禁为之受宠若惊也。

四月三日由马厂起程，蒙二女骑马导余等六十里，临别时，依依不忍即去。本日天气晴爽，更行六十里达宁条梁镇，其地为陕北定边县属，居民皆汉人，民风朴实，勇敢善骑，惟什九信天主教，故教堂林立，神甫威势，可将〔埒〕王公，推究其原，以地处极边，官吏压迫，土匪劫掠，无可伸诉，遂投身故〔耶〕教，倚为谨〔护〕符，近年入教者，有加无已，为丛殴〔驱〕雀，祸胎难贻〔除〕。该镇四面环沙，高逾屋瓦，大有城市尽被堆没之势，春冬二季多大风，故窗牖多砖泥半封，用以屏敝〔蔽〕。农事不发达，大部以畜牧为生，炊事以牛、羊、骆驼之粪代薪炭，颇碍卫生。该地薪煤均无所出，即牛粪亦多来自蒙地也。商务以皮毛、食盐为大宗，京、津洋行，多派人于此收买皮毛，工业以羊毛地毡及旧式羊毛加工业为最发达。镇中驻有八十六师兵士一连，学校仅有小学一处，蒙人来此交易甚众。西班牙、法国之传教士约有八九人，为宗教而牺牲一切物质文明之享受，来此绝塞之区，其精神良堪敬佩。窃以为今日欲言开发西北，必须具备传教士之精神与毅力，始克有济，彼在高楼大厦中倡言开发西北者，殆缘木而求鱼也。

二　由宁条梁镇至乌审旗

四月五日，余等在宁条梁休息一日。维、绥〔妥〕二君，由宁条梁向西南入甘肃境，拟经新疆、印度以返欧洲，余以未作世界旅行之准备，同时阮囊羞涩，因决计别维、绥〔妥〕二君，并辞退榆林所雇之向导，单身匹马，向西北出发，行六十里抵澄川。

该地为鄂尔多斯鄂托克旗所属，有天主教堂一所，甚阔大，中有教士数人，法国籍，居民皆蒙人，笃信天主教，俗尚尽同汉人，其本来宗教，已被天主教取而代之矣。澄川东北有故城，甚广阔，中空无居民，相传为唐太宗所筑，殊不足信，余因未带掘地工具，对此古城遗址，只得望望然去之。四周草地数百里，为天然良好牧场，惜于庚子之役，以其地蒙汉居民焚毁教堂，杀戮教士，致起交涉，由陕西省派马队统领刘少韩北上交涉，遂将数百里之沃壤，作为赔款之代价，其时省方以为边外草地无足重轻，而鄂托克旗及伊克昭盟当局又不爱惜，而国家阴受其害矣。现时三边民众，因与教堂发生水利争讼，有人倡言收回失地运动，余以其有关国家土地之得失，对于割地经过与现时争讼情形，特加调查，兹述之如下。

　　教堂属地约有二百方里，有教堂数十，著名者有小桥畔、堆子梁、志泥堂、澄川堂等教堂，教友有纯属蒙人者，有纯属汉人者，有汉蒙混杂者。教堂所在地筑有土塞，俨如城郭，且有快枪、机关枪、大炮，遇有土匪，教友阖家迁避其内，以故匪不得入。教友耕牧其地，纳水草钱于教堂，一切教友间之争讼，事无巨细，皆服从教士之处决，有人谓为"西陲之租界"，实为不诬。考其占地之经过，言人人殊，大约因仇杀教士而起，当时曾责成就地赔款，蒙古王公因无款可赔，遂割地作价，故现时教堂，当执有买地红契、让水合同、放水规则、谕帖、地图、定边县告示、委员布告、道尹布告等文件。据法国传教士梅济鼎语余，谓于光绪二十七年，备价（实非真正备价，乃赔款之一部）银六万四千两，买到蒙人鄂尔多斯正盟长鄂托克贝勒"喇什札木苏"及其司官奇莫特多尔计拉什、德勒克尔等名下生地三块，一名红柳河东地，一名草山坡地，一名定边堡补杜滩地。仅定边堡补杜滩地一处，计有地二万五千亩，当时教堂以该地毗邻定边堡所属之八里河下游之地，欲利用八里河下游之水，恐上游截用，遂威迫利诱与下河头赵国桢等六人订立让水合同，并强令安边分府将此合同于光绪二十七年九月十六日布告示众。光绪三十二年，与下河农民发生争执，复由教堂请求安边分府订立上游放水规则，嗣后，时起交涉，民国七年、十三年又诉诸法院，迄今犹未解决。窃以水利争讼，乃属枝节问题，根本上应从收回失地入手，三边人民之倡言收回失地运动，力量微薄，且外间知者甚鲜（《大公报》于本年三月间曾略有布露，惟所云与事实相去太远），私见所及，第一步，须请舆论界从事鼓吹，同时要求政府避采〔采取〕有效之处置办法。呜呼！沙漠之地，帝国主义者于四十年前已注意及之，吾人于东北四省丧失之后，始言开发西北，不已晚乎。

四月八日至鄂托克王府。由澄川向西北行三日，抵鄂托克〈王〉府，连日所见，尽属平原，水草良好，土地丰腴，沙漠不多，无汉人杂处，亦未经开垦，故牲畜繁殖极旺，牛、马、绵羊、骆驼之类，遍布原野，牲畜较乌审旗硕大，气候甚佳。宿蒙人家，膳宿皆不索费，惟谙华语之蒙人甚少，余除平常饮食时与彼等勉操浅近蒙语外，几无可谈之话。该旗富源较他旗独优，如甘草、盐湖、咸〔碱〕湖称为三宝，面积约七百方里。喇嘛庙大小计之，不下四十所。该旗王爷名札木苏（名甚长，犹忆其末三字为札木苏），有自备汽车一辆，可驶行包头、宁夏，并装有无线电话收音机一台。牧畜事业以该处为全内蒙之冠，土种牛、马、绵羊，亦较他处为优秀，若更就其地设立新式牧畜种场，输入英美优秀绵羊、瑞士山羊作杂种及优种之繁殖，则获利可操左券，且可为改良西北牧畜事业之根据地焉。该旗南接陕北之三边（即定边、靖边、安边），北接包头，西邻宁夏，东与东胜县交界，全境平坦，土质坚厚，可通行汽车，交通上非无法可想也。

由鄂托克向东南行，三日抵乌审旗王府。乌审旗贝勒名特固斯阿木固龙，日吸鸦片，昔年曾被逐至榆林，居一载，由榆林镇守使井岳秀派队送还乌旗。其弟三，一系喇嘛，一在弱冠，一仅五岁。其妹清秀如苏杭女子，沙漠中所罕睹者也。乌审所产之马，身躯不大，而善走，为蒙古马之冠，闻昔年有人以乌旗走马一匹售之沪上，某外人得之，在跑马厅中，称霸者亘数年之久。此外牲畜，俱不如鄂托克远甚。

三 由乌番旗至成吉斯汗陵园

余因未带干粮，又不惯蒙人食品，故决折回汉人住地，再图西行。四月十日由乌东南行百里而达"马哈葛帝耶"，夜宿一蒙古包中，翌晨平明行二十里，发觉时计与指南针遗失，乃拨马回蒙古包中寻找，幸于炕上得之，是日因虚走四十里，故不能多行，夜宿马孙块里邪，其地为榆林属，有汉人住焉。乃于农户以一元购得米数升、鸡二只、蛋二十枚，饱啖一顿，翌日将余食负之而行。四月十五日抵各纳昭，为郡王旗所属之大庙，榆林井岳秀氏有书为余介绍，讵活佛阿克旺已至章嘉宣化使处，仅由小喇嘛出招待。有喇嘛五六百人，率黄袍红巾，识西藏文，能识蒙古文者则百不得一，是诚可谓忘其本矣。喇嘛多自备蒙古包，马匹、食粮，亦概由其在俗时之家庭中送来。蒙古当喇嘛，一切与常人无异，惟不能正式娶妻生子而已。蒙古妇女恒喜与喇嘛交合，期降生活佛，故各纳昭诸喇嘛蒙古包中，留宿之妇女甚多。是项妇女日间在庙之四周旋转，口中念念有词，每至庙门之正中，则叩一头，厥状甚为可笑。诸喇嘛见余至，环列余前，群相问讯，见余能写蒙文，则各面面相睹，自叹勿如。翌日由活佛之妹夫送余四十里外而别。下午一时许，抵郡王旗。余投刺往谒，阍者出语余，谓王爷之幼子有病，不便接见。余旋即离郡王旗，更行六七十里，抵呼宋尔图地方，此为榆林至包头必由之路，人烟稠密为沙漠中所仅见，牛羊遍野，草木繁茂，俨然江南春色也。夜宿一农人家。汉人在此耕牧者甚众，惟多系穷不聊生之贫民，备受蒙人之歧视与压迫，重以杨猴小股匪之劫掠，人民竟有以黄米疗饥而不可得者。蒙古王公习俗，每不喜接见生客，以生客来自远方，有带入鬼怪之危险，故恒托言儿女有病以拒绝之。闻前数年阎锡山为怀柔蒙古王公计，曾派员赠送礼物与郡王旗，郡王纳其礼物而拒见阎氏所遣之委员，只得狼狈归晋覆命，迷信陋俗若此，吾人对之亦无可如何也。四月十六日，由呼宋尔图起程，向北行四十里，达巴彦淖尔，系一小湖，湖水已解冻，水深，作澄碧色，湖之四周，衰草茫茫，望之如雪，与杭州西溪芦花无殊，亦塞外特有之风光也。更北行六十里，抵额金合罗，成吉斯汗陵园，遥遥在望矣。陵园位于土丘之上，分前后二部，前部有土房十余间，后部有蒙古包数十。守陵蒙兵导余入一较大蒙古包内，地上铺猩红色羊毛地毡，兵士将地毡揭开，则千古无匹、势凌欧亚、民族英雄成吉斯汗之银棺，赫然在目矣。银棺长约六尺，宽二尺，高二尺余，外镌极精细之花纹，杂以蒙古文字，叙大汗生前之威风战绩。入另一蒙古包，则大汗生前所喜爱兵器环列其中，蒙人呼之为"博克多"，意即纪念品。纪念品中最可注意者即为古代之马鞍、铜鞭、火箭、箭囊、铠甲及钟鼎等物，古香古色，令人想见大汗之伟大。马鞍、铜鞭、铠甲，俱较现时所见者大数倍，以此器物推测大汗之英姿躯体，则至少当身高丈余，腰围四尺，余恐大汗及大汗之马，决无此巨大，然何以使用此巨大之马鞍、铜鞭耶，岂后人伪造以夸大之耶，是则考据学者之分内事也。陵园每年于旧历三月二十日举行盛大之祭典，自三月十六日起至二十五日止，此旬日间，蒙人争集于此成千累万，即外蒙古亦不乏来致祭者。闻祭品中最特别者为纯白色之活马。马立祭台前历数日夜，由一人管理之，人马俱不得大小便，并不得行动，祭毕将白马宰杀，割成千万小块，分赐与祭臣民，蒙人将此细块马肉，谨慎携归煮汤，阖家共饮，以为可邀神佑焉。在祭祀期间，榆林、山西等地之边客及北平珠宝商皆带物品来此与蒙人互市，蒙人亦在此期内作如疯如狂之歌舞，并开场聚赌，闻郡王旗每年可征收此项捐税数千金。伊克昭盟亦于此期内举行盟会，讨论一年之政务，是以七旗之王公大臣，靡不参与也。余本思在此小住，参观盛大年祭，因日期尚远，只得交臂失之。考成吉斯汗即元太祖，讳铁木真，当中原宋宁宗之季，崛起于斡难河源，以其部众四出征伐，东括满洲，西极里海，南并回疆，北攻俄罗斯，灭国四十余，杀人五百万，国土跨欧亚，威望震全洲，欧洲之拿破伦、亚历山大，亦无如彼之伟大。所谓民族英雄，大汗可谓千古一人矣。大汗之殂落，当中原宋理宗宝庆三年八月（民国纪元前六百八十五年），在征金道中①。史载卒于六盘山，盖在黄河大套以内，属鄂尔多斯境界，以其明年三月奉安。其陵寝地点，历史记载，不一其说，有谓实葬于库北山上，而此处之陵寝系其衣冠冢者，但亦缺确实之证据，诘之蒙古人，甚有以成吉斯汗陵墓中为金兀杰〔术〕者，更属可笑之甚。据一般人之考证及《蒙古秘笈》之记载，终以鄂尔多斯左翼中旗（即郡王旗）之额金合罗为可信，额金合罗之义为圣地，而伊克昭盟之名亦从此产生，可知必先有陵园，后有地名。陵园附近有错落之蒙古包甚多，为典守陵园之"达尔哈特"所居，原有五百户，素居于斯，牧于斯，有典守之职责，无报酬之给付，每年仅向各旗蒙人募化祭银若干，供祭祀之需耳。此五百户之"达尔哈特"，及今存者已稀，但仍能克尽厥职也。至主管陵园之责，则在"吉

---

① 原文如此，此处金应为西夏。——整理者注

农"，吉农为一种特别爵秩，重要之蒙旗如阿王、沙王、云王、德王皆兼吉农者也。

四　由成吉斯汗陵园至东胜县

四月十七日上午十时许由成吉斯汗陵园出发，行八十里抵一小村落，遂投宿于一蒙人家。余本思迁道准格尔旗访协理台吉齐文英氏，闻齐氏尚在该旗东南百里许之"神山"，遂决计中止。闻准格尔旗与陕北府谷第六区附近，于民国二十一年发现土龙骨，最初为山西保德县人所发现。此种龙骨系上古时代之大脊锥〔椎〕动物受地质变化而淹〔掩〕埋地下者，其头骨及身骨所占地位，长约三丈以外，系爬虫类动物。每一牙齿之直径约四寸，长约八九寸，更有一种名排牙者，在掘出时其上下牙相对排列，重约十余斤，近有外商派员在该处收买，以排牙骨价值最高，每百斤三十元，零牙二十元，至周身骨粉，每百斤三四元。现保德人来此掘发者甚众，每掘出一只，其头之周围必有数十只发现，其状若群相争食然者。龙骨用途，当地人知者甚少，惟知有止痛止血之功能已耳。

准格尔旗近岁曾发生剧烈政变，内地报纸，从未披露，兹特拉杂书之。准格尔旗协理台吉那森达赖（其秘书长为绍兴章经国），自被齐如海于二十一年二月间刺死后，即有纠纷。同年五月四日，齐如海参加成吉斯汗年祭，时住居准格尔昭之二喇嘛即那森之弟，乘机联络贝子军官齐文英谋刺齐如海，因事机不密，事先被其发觉，如海乃立刻绕道归整部卒，赴要溢〔隘〕防堵，作先发制人之计，齐文英亦率部队进驻纳林一带，旋即开火。齐如海亦蒙人，虽曾毕业黄埔军校，颇知战略，然其亲信将官，已倾向齐文英，乃败退山西河曲，未及渡河，即被齐文英部卒捕获，杀之于河边，并割其左耳归队报功。齐文英及二喇嘛乃大捕刺那森人犯十余人，皆处以极刑，协理台吉一席，遂由齐文英取而代之。现时准格尔贝勒尚在幼龄，齐文英即教之吸食鸦片，冀彼终身不得过问旗政。齐文英智勇兼备，兵力亦强，杨猴小畏之而不敢犯其境。最近齐文英又有杀死与刺那森案有关系者多人之事件发生，绥远当局，多不直之云。

四月十八日平明饭罢即上马，在途中见有衣服鲜明、身负弓箭者十余骑，胡笳喧闹，状甚奇突，就而诘之，始知系迎娶新妇。闻蒙俗男女恋爱，极度自由，因自幼同牧旷野，嬉戏玩耍，豪无拘束也。婚姻大多数须经父母之命，媒妁之言，不拘行辈，不论亲疏，各方同意后，即由乾造下聘礼，通常以马二匹、牛两头、羊二十头为聘仪，富厚之家，则财礼不拘，类皆以绸缎各九匹、牛马各九匹及金银珠宝等物为纳采之品。结婚仪式与内地悬殊，先由冰人送聘礼于女家，及期，新郎胡服戎装，背负弓箭，跨马直奔女家，另有少壮男子十余人亦跨马负弓，壮其行色，达女宅后，女宅特闭门不纳，必俟随从诸人再三央告，始开门延入（浙东金华旧府属亦有此俗），设筵款待，每席有全背羊，是为"全羊席"。筵罢新妇于炕上面墙而坐，新郎则跪其背后，频频询问其小名，是名"讨小名"，其时有类女嫔〔傧〕相之女子多人，咸乘机向新郎恣意调笑，跪一二小时后，新娘始含羞说出小名，新郎之目的方算达到，是夜新郎即宿女家。翌晨新妇骑马出户绕屋三匝，即随新郎往男宅，男宅亦故意闭门，由女方从人央告后方邀入。由男宅方面之人将新妇蒙头红布揭去，亦经恣谑，然后举行典礼，举行时，在室之前方置一桌，上置弓箭、羊骨，桌旁升火一盆，火焰愈高愈吉，新郎、新妇齐对火跪拜，祷告神明，继拜佛龛及亲友，有喇嘛在旁诵经作乐。礼成后，大开筵席，亲朋狂歌乱舞，更阑始休，是夕新郎必率新妇同卧于草栏中，冬季则居蒙古包内，但亦卧于草上。另由善词令之老妪作伴，为双方关说一切，其用意盖恐新妇害羞或思念父母也。翌日新郎、新妇即分别操作，悉如常人。余沿途宿蒙人家，皆与屋主夫妇儿女同卧一炕，无男女之别，但亦无不良之行，盖一家仅有一炕，不得不尔也。四月十九日下午四时许抵东胜县。县城在羊肠濠，是夜宿于东胜县政府。

五　由东胜县至包头

东胜县位于绥远省西南，其地在汉时属西河，唐设东胜州，辽时复置，明筑东胜城，后被烟〔湮〕没，旋即成为伊克昭盟之札萨克、郡王两旗游牧场。清季创办绥垦，郡王旗首先输将，札萨克旗继之，东至准格尔，西至乌审、鄂托克，南至牌界，北至杭锦旗、达拉特旗，自光绪三十年至三十三年，共放地一万一千余顷，赋税六成归蒙，四成归县。其地势逶迤活鸡图沟而上，自清季康、雍迄光绪，迭次展界至新旧牌子地。当垦政未举时，人民讼诉，南赴陕北神木、榆林，北赴晋之萨拉齐厅，垦务督办大臣贻谷始以草莱初辟，有人民八千余户，未便使其无所归属，爰拟于板素壕地方增设理事通判一员，奏请裁撤山西碛口通判，以原有俸薪为设治经费，以其地为前明之东胜城，即名曰东胜厅，旋因垦界划疆，乃移驻羊肠濠，民国元年改厅为县，二年晋、绥分治，属绥直辖。自民九至民十三，地方土匪蜂起，县署及巡防营舍，皆被土匪焚毁，所有档案、粮簿均成灰烬，前任县长武尔公系蒙古人，以境内治安困难，自行移居包头，赁房办公，因之又成无政府状态。匪势亦益炽，人民死亡流散，已垦土地，日就荒芜，而历任县长接事卸事，均在包头，概置县民于不顾。民十九东胜县长王文泉奉绥远主席李培基之命移治于羊肠濠，筑城建署，逾年而成，民二十一至二十二年杨猴小股匪盘踞县境，人民又相率逃亡，今统计全县户口，不满四千家，赋税全年不满七千元。该县鸦片烟遍地皆是，每年由绥省当局责成县长征税九千元，款由省府派委员提去，近年人民无力种植鸦片，但烟捐仍不稍减，县长垫款已达八千元之巨。县长王文泉系河北人，曾任包头市公安局长，蔽〔敝〕裳败履，若在内地，任何人皆不知其为县长也。据云自到任迄今四年中，薪俸尚未领到半数，且日日与土匪周旋，匪去后，则代省府向民众索烟捐，至地方庶政，则无从办起也。该县共有初级小学一所，学生十七人，校长兼教员者一人，每月经费十九元，城内除县府职员十余人、警察五六人外，绝无其他居民。

　　四月二十二日离东胜，蒙王文泉君派保卫团骑兵护送，出城六十里，即达拉特旗地，更行六十里抵达拉特旗，夜宿旗公署。达拉特札萨克贝勒名康济民，习气与汉人之贵公子无殊，恒住包头，抽烟、嫖妓为乐，有自备汽车。余投刺欲谒之，讵谓尚在北平雍和宫来〔未〕归，后由前次来首都之伊克昭盟代表那森德勒格尔出任招待。那氏操国语甚流利，且通华文，吐谈风雅，思想甚新，蒙古王公大臣中不可多得之新人物也。那氏对章嘉及盟〔蒙〕旗宣化〔慰〕使公署，甚不满意，言时示余以蒙旗宣化〔慰〕使公署训令，训令系蒙文，着各旗各贡马一头、大洋七十元、缎子一匹、羊毛织造地毡一张，并严令于文到之日即须派员送去。那氏谓蒙旗宣慰使之使命，在宣达中央德意，解除蒙民痛苦，今下车伊始，即横加需索，宣化之谓何，解除痛苦之谓何。那氏继乃述其改革蒙旗政治、宗教之主张，曰改革蒙旗政治，应首先谋政教之划分，并制定法律，不得强令人民削发为喇嘛。其次应由中央通令制止白〔各〕蒙旗开垦，因垦区之拓展，即为牧场之缩小，而在蒙古，农之利不如牧之利，事实已昭示吾人，当无可疑者。教育制度，应仿南京晓庄师范之组织。实业方面，第一步应改良牧畜方法与改良畜种；第二步组织畜产联合运销机关；第三步，创办制革、制乳、毛纺织等工厂。商业方面，现受秦、晋边客剥削太甚，应组织消费合作社。保卫方面，不在省方派遣军队，仅求政府以相当代价发给枪支子弹，充实人民之自卫能力。并云军政部去年曾有以枪一千五百支换蒙马一千五百匹之议，后蒙旗方面已将马匹募集成功，军政部前议因绥省政府之反对不克实现，渠深为遗憾云。是日南京参谋本部边务组所组织之蒙古旅行团适亦抵此，该团团员共十二人（即徐剑若、黄楚三、陈启湘、陈镇波、黄朝岗、丘秀亚、卢子蔡、常荫森、李才德、李聘初、向荣、龚选登），由包头渡黄河后乘大车二十辆，拟责成达拉特旗派马及骑兵护送。该团诸君群向余询问蒙俗蒙语，亲匿〔昵〕有如故人，晨间乃共摄一影而别。

《津浦铁路月刊》

浦口津浦铁路管理局

1935 年 5 卷 1、2 期

（朱宪　整理）

平绥沿线导游志略

赵叔雍　撰

一　游历发凡

游事概言

人生少好游观，壮习汗漫，此固不易之理，然而寒暑纷乘，人事孳乳，自少壮以及于老废，其能事游观者，竭毕世之力，亦止数十春秋。约而言之，可析为三期。于求学治事之余，抽暇揽胜，此为第一期。求学治事，与游历相需以行，此第二期。若更进于三期，则已寓学问、事功于游历之际，举足登程，无一不有所学，即无一不足资为用，此盖极游历之能事，而亦为善取其长者矣。尝试言之，洙泗弦歌之余，春服初成，浴沂舞雩，啸咏以归，夫子之道，所以诏其弟子者，盖为第一期。至太史公所谓读万卷书，行万里路，陟太华，浮湖湘，以恣其心胸，长其学养者，斯为第二期。乃若亭林先生之遍游禹域，以为事登陟者，当先有经国体野之心，卒于纪要方舆、郡国利病，一一笔之于书，则是学问之出于游历，为第三期者，彰彰甚著。矧于今日，科学昌明，举凡一切文物风土之探讨，乃至地质土宜、林泉动植诸端，几无一不赖于实地之研讨，亦即无一不赖于游历，盖不仅供啸咏之资，长浩然之气而已矣。

余之游历观

余南人也，长养于海上，自幼而壮，耳所接，目所见，廛市之喧嚣，在人视为锦绣万花之谷者，而余则徒滋厌诟，亦遂益以发余浩汗之思，于是求学之余，即事蜡屐，治事之隙，从事长征，而要亦不能逃于前述之三期。溯忆初上征途，但安游乐，多在苏杭，海宁之涛澜，广陵之烟月，一一收入眼底，置之襟袖，归途追省，乐至无艺，然此则第一期舞雩浴沂之遗也。迨及涉世，佣书问业，四方闻问，交至沓来，于是少感见闻之不足，亦知游历之足资证引也，则北赴滨江，南走粤海，上泛江汉，一方理其所业，一方亦用为自娱，而长白山之葱郁，匡庐之幽胜，亦遂得畅为领略，恣事涉历，而余之治事，亦遂不更封于故步，此则相需之殷，已涉于第二期。更者进而言生产，言建设，微觇政事，渐察簿书之无济于实用，则知游历之有裨于学识，遂益缒幽凿险，风尘三丈，视同香云之暧叇，短径盈尺，等诸大道之康庄。客年浮沤江浙，足迹所经，几四十县，归而略识稼穑之艰难，亦少知齐民之要术，自揣菲薄，大胜畴昔。今岁则又以西北沃野万里，亟待董理，言开发者，日有所闻，而微生一粟，初未尝投足沧海。旋更得读瑞士学者斯文赫定博士长征诸作，以为异邦人士，犹能不畏险沮〔阻〕，寝馈其间，余又何敢后人，不为一试。因之决意先循平绥线，涉其崖略，天假以缘，得偿斯愿，亦知后之来者，当什百倍于今兹，而余得先探其胜，则又引为至乐之事，此盖撰述游程之微意，欲与世人所共恣欣赏者也。

游事之标准

言游涉者，必先言导游之具，利其器者善其事，此不易之理也。今言准备，凡有二端：一为生活之所资，一言学业之所需。夫吾人日处都会，任所需求，挥手即至，而游历则异是，如一纸一笔之微，村镇间或不易致也，一伞一履之微，山林中即无自来也。再至于塞北穷荒，深山大薮，则水火亦辄非易有，故言旅行者，宜视其所之而预为之备，多则道途辇运，至属艰费，少又患其不足。准备之际，当以极经济而极所需者为先，此则在生活上之惯习，人各有好，未易强同，要当特加之意，未可忽焉者也。至学业之所需，亦同于是，涉足都会，当地之舆图，无不可得，至乡里则有待于探讯矣。若山薮之间，林壑复绝，人烟尚少，何自得之，则不能不事前挟以俱行，否且终无可得。若更进而言科学上之仪器，不必刻意求风雨表、高下衡度器，即寒暑表、计算尺之微，在都会触目皆是者，至此亦万不获见。故治学问者之旅行，尤当视其所学，预为之戒，否则亦终于看花走马，不能有所幸得，此学问上之所需，更宜再三致意者也。

旅行纪载

　　旅行之纪载，所以传经行之所得，而笔之于书者也。游涉登临，人所共知，而所以为学业上之探讨者，其揆不一。有治地质者，有治人文者，有言农商者，有言风土者，专家所著，条举目张，蔚为宏篇，所具法度，无待赘陈，至于日常游记，虽多泛言山水，乃至野老渔樵之闲话，可惊可泣之遗闻，均为大好之资料。然作者学必有所专，则游记必偏重于其所学，有所偏重，则又必多所忽略。详略之际，本难断言，然窃以为纪载旅行，一则用以启迪来者，一则用以备供考订，无论其所专诣如何，而有断不可忽者在，作者处今之世，浮烟涨墨，仅可供为行文快意之资，万不能即视为定价收名之作。凡所谓不可忽者，愿为指陈，与好游者一商榷焉。

甲、经行之里程　旧作游记，多不计里，然宇内名山大川，连绵横亘，往往周遭千里，若但言方位，忽程里，则后之来者，将曷所投止乎？

乙、经行之时间　凡事预则立，矧在江表山林之际，寸晷尺璧之需，游记言时间，则来者有所遵循，或按之而兼程以行，从容以赴，均可一一计画；否则跋涉之间，萍踪浪迹，又安所得知，此为作者自资考证及来者有所指南计，均不得轻加疏忽者也。

丙、交通之方法　我国地大物博，山水程遥，因地制宜，舟车各异，在筚路蓝缕者，缒幽凿险，已感不易，既知之而不笔之于书，宁不自暴其功力，矧在作者？着墨止有数行，而后来者之拜赐，何止金针法乳，故居今日而撰述游记，应详其交通之途径（自何城何邑，取何道，至何城何邑，涉何水，至何山何林），乃至交通之器具（由某处乘火车至某处，转舟水行至某处，换肩舆至某处），以公之于世人。

丁、村镇名之不可忽略　尝读前人游记，言某处山水者，即述其佳胜，或概括言之，自某郡某邑入山而已。不知入山之途孔多，捷径不过一二，内地方言各异，探讯维艰，所最关重要，足供识途者，不在郡邑，而在村镇，往往到达一地，一境之内，村镇数十，举其概要，无济于事。若一知村镇之名，则野老田夫，俱能示以津途，不致迂回绕道矣。

戊、各地之概况　游屐所经，不论其为城乡山水，既加笔记，要当各述其概况，举凡地势之高下，天时之寒燠，民风之淳浇，物产土商之聚散，宗教之派别，虽不能详，万不能置之不言，庶后来者得循之而益求精深，或觇之而知所兴废。此中含蕴者至广，未易胪陈，要视作者之见闻为定耳。

己、当地之沿革　中国数千年来，陵谷变迁，郡邑兴废，比比皆是，读史者固乐道之，而乡邑志乘，亦多详载无遗。本来史学、舆地，两者不可偏废，今既涉足其间，要当识其大者，知成周之际，所隶何州，秦汉而还，改归何郡。人文史事，于以交证，则事半而功倍，亦且足资旅行考古之乐也。

庚、当地之金石艺文　金石纪载，一寺碑、一桥记之微，亦可以订证史事，觇风观俗。至于艺文，固多泛陈光景之作，然先贤之所凭眺，陵谷所或流迁，建置之有兴废，大而国史，小而图经，所不易遍检详陈者，往往于题咏之中，获睹其事，即或模山范水之词，日常所不经意者，迨一朝侧席其间，坐对真赏，静致清娱，亦足益发思古之幽惊，倍增流连之乐趣。是以纪游者，如有所得，即宜兼采，未容忽诸。

辛、野老田夫之稗语　我国以宗族主义立国，一椽之庇，世守所在，歌哭于斯，故游屐所经，至于穷乡僻壤，订古搜奇，无书可致者，往往田夫老农，一语道破。其说固多鄙倍幽渺之词，不足率以取信，然一言之中，往往亦足以启发而有余，亦有在纪游者视为无足轻重之词，而读游记、治某种专学者，觇之而大裨于实用，省其躬行实勘之劳，俾益事半功倍之利。故游踪所及，田野所闻，要当度其当否，量为采用，不可以其不学而尽删之也。

壬、写景主于纪实　游记多言山水之胜概，然所记亦贵于翔实，若言山，当计其高度如干尺，即不然，亦当谓约历山径若干级，不得以连峰插云为尽其美也；言水者当志其湖流之广袤深浅，即不然亦当约言绕行如干时，水深没篙顶，不得以涛澜溯湃为穷其景也。又山石有色泽之分，在写景者多述一二语，而治地质学者，或即可循以研讨之先路，水道志经过之迂回，而言水利者即足资为浚修之借镜，凡此固不足遽语于体国经野，然读其书者，裨益多多矣。

癸、当地之观察　游人客子，于其经行之所，既撰游记，无论为专写景物，或兼述人事，要必有其观感。本来欲于旅中求得学问，舍科学之研寻外，即在于人文、地文观察，游者千百，撰述汗牛，必有精义，足裨治道。两山当阳，孔道如矢，人或徒志游屐之危，而有心者以为此便攻守。黄沙千里，长流一曲，人徒赏其雄奇，有心者又或以为当务垦牧。此在游记，固非尽人而能言，然有所见闻，则必有所兴起，笔之于书，以备致用，又宁非孤怀微尚之知所寄托乎？

二　平绥路史略

敷设缘起

　　平绥铁路，实合前此分段兴修之京张、张绥、绥包而言之，名为平绥，实已超越绥远，而至包头，惟仍沿用其旧名而已。初在光绪二十九年，全国举行新政之说，甚嚣尘上；而维时京奉铁路，已经筑成，有利可图，因之有商人李明和，呈路矿总局请承修京张铁路；盖其时路政方兴，国定干线之说，固尚无规定，即官办商办，亦均未有准绳也。然李氏终以无可着手而止；然官方因之亦益憬然于北京、张家口间之关系重要，遂于光绪三十一年四月，定行官办，由京奉路（即今北宁路）余利项下拨付工本；董其事者，为陈昭常总办及詹天佑会办而兼总工程司。至三十三年八月，工程即将告竣，陈氏他往，詹即继任总办，遂呈请展至绥远。迨宣统元年七月，奏准办理，是时本路已略有盈余，足征业务之发达，因即拨为展修之需，其不足之数，仍由京奉提拨。当时主张展筑，本有二说：一由张库大道，直通库伦；一由张口经大同而抵绥远；筹划再四，终于定筑张绥一线。然库伦直至外蒙，毗连俄国，其重要实不亚于绥、包，惜当时人力才〔财〕力，均不足以并举，否则张库早通，外蒙亦必不致有背叛民国、拥号称尊之

举，可以断言，此则路政关系国防，为最足惋惜之一事也。宣统
元年九月，议定兴工，中以政治更张，民国肇建，每作每辍；直
至民国九年一月，始通至平地泉；十年五月一日，全线始行通车。
既以由绥远而包头，为程不过百余公里，且该地可由黄河水利，
上溯宁夏，关系于运输者甚大，因之复有展修包头之议；由交通
部及路局测勘兴工，全路至民十二年一月二日竣工，随即通车，
此平绥敷设经过之大略也。再由包头，西溯宁夏，或自平地泉，
北达滂江，均属路务之重且要者；是以民十四年二月，由部局派
员测勘，冀再展筑。计由包至宁者，并已利用兵工，筑成至五原
一段之路基，当时且以着手开工，而后来政治嬗变，遂又延搁。
至今开发西北之说，为举国人民所提倡，逆计观成，当不在远。
倘此路更成，则西北之运输，固已与腹地相通，其为便利，何可
胜言。所愿有志之士，急起而图之耳！

路线约况

平绥路现所经过者，绵亘燕、晋、察、绥四省，经过十九县
（宛平、昌平、延庆、怀来、涿鹿、宣化、万全、怀安、天镇、阳
高、大同、怀仁、丰镇、集宁、凉城、武川、归绥、萨县、包
头），实则察、绥各县，多为内蒙盟旗所改设者，故此路实兼为内
蒙最重要之交通干路。今约略述其里程如下。

里程　由丰台至张家口凡二百〇一公里；由张家口至丰镇二百
二十七公里；由丰镇至平地泉计八十二公里；由平地泉至绥远一
百五十八公里；由绥远至包头一百四十八公里；合之为八百十六
公里。合北平环城支路及宣化、大同两支路计之合二十公里，总
为八百八十六公里。

方位　干路自丰台而历北平之前门、西直门，迤西北以抵张家
口，复折西南向（因北向即为赴库伦之大道，南向始至赴内蒙绥、

包者）以抵大同；由大同又转而北向以至平地泉；此则为全路最高之处，惟其险峻不逮南口远甚耳！由平地泉又由西而微南，以抵于绥远；再由西偏北，以抵于包头；自丰镇抵包头，凡南北五易其方位，始达于包头，盖定议勘工之际，不知费若干之苦心矣。

地势　全路大势，由东南以入于西北，渐入高原。其行于平原者，约占十之七八；行入山岳间者，约十之二三。全路坡度，为百三十分之一。惟南口岔道，岗岭重叠，峭壁参天，最为险峻。原测居庸关一段，度越关沟；初拟建大桥，傍山直上；然行车之危险，且不可胜言；终经詹天佑氏之测勘，开壁〔辟〕山洞，先后四处，共长一千七百二十七公尺。路线绕山腰以行，蛇曲半径，有小至一百九十公尺；而坡度有在三十公尺内，竟高至一公尺者；掘山凿崖，或至三十公尺，筑堤亦如之，其工程之险峻，可以想见。而青龙桥方面，以 V 字形调车，尤为不得已中之方法。然全路建筑，率以国人董理其事，初无外人，实为我国路政建筑史上最光荣之一页。而现兹以萨县附近一带，夏季有时为山洪所漫灭，即青龙桥之险处，目下货运增多，亦感不便，故又有改修之计画，正在进行，倘一旦得成，则全线交通，必更多便利矣。至于高原方面，以十八台为最高，海拔超过五千公尺；次则阳高附近之聚乐堡，亦四千公尺；迤西萨、包等处，则近四千公尺云。

运输　我国西北部，物产富饶，人所共喻；然以交通不便，运输维艰，故发达亦因而迟缓；自此路一通，遂得地利之胜，大为开发之源，如输出之杂粮、胡麻、菜子、面粉、皮毛、牲畜、煤、咸〔碱〕、药材，输入之杂货、盐、铁、布、茶、烟、煤油、家用品，均其最著者也。开路之初，人民不知交通工具之便利，运输尚少起色；民国以后，万商云集，最近局务改良，尽力扶植工商事业，遂以益形旺盛，月有增加。至沿途经过各城邑，多为曩者汉唐以来内外交通攻战之地，故古迹名胜，随地有之。向来国人，不事游历，所仅得见于古人之诗歌篇什者，至今均可一一亲至而躬践之，故游客亦特繁盛。最近路局，业务孟晋，于游客方面，亦极为注意，即如北平、大同间，以云岗之胜迹，每星期均有来回专车，无不客满，可以知之。循兹而往，其客货运之发达，可以断言，无俟赘陈矣。

三　沿线游程

导言

平绥路以丰台为起点，经过北平市区，而至旧京兆之宛平县以至昌平县，此为该路发轫之始基。倘言游览，欲探全线之胜，自应以丰台为言。然今之探胜于平绥路者，多自北平西直门起，因北平为人文汇萃之区，北宁、平汉各线之焦点，故不得以北平，专为列入平绥游程也。且北平附近，如环城各门，以及西黄村之通西山八大处，清华园之通清华朗润、颐和诸园，清河之通明景帝陵，沙河之通妙峰山、汤泉山，平绥均有车站，交通便利；然今之由北平游历上列各地者，以今之交通工具，日益发达，多乘车马，由马路径往遨游，而不必定取径于该路，故兹亦不为列入；而以昌平、南口之十三陵，为本路导游之起点。至本路各站，因汉唐以来，战守各殊，古迹比比，几于无论任何小站，均足为学者订古之需，文人流连之地；然汶汶一身，遍游全线，亦复势有所难；故本篇纪游，即以余所身历之尤认为有历史、政治、文化、农工者为限，未容虚构，以实吾词；后之来游者，一方为余纠谬订误，一方为余补阙拾遗，何日能以全线所经过，躬至实践，而合纪游诸篇，为一专集，俾于蜡屐之间，尽稽古之意，则尤余所欣仁厥成者也。为书缘起，以代初基，分述于右。

余此行承平绥路局沈局长之厚谊，惠款有加，且得平绥局秘书谭篆青先生、考古兼国剧名家齐如山先生、金融家贺雪航先生，乃至谭、齐两先生之公子辈，同车以行，诸君多夙好，学问渊博，西北情况，述之如数家珍，良足为余此行之导师。公子辈青年求学，长于撮〔摄〕影，复能任劳，途中得其臂助者不少；回忆前者鲰生求学，酣嬉之事，趋之恐后，而足迹不离乎苏杭，平原大漠，更未尝一涉遐想者，真复令人愧死。沿途复承各界友好以及路局各段段长之照拂，均应致其谢意。在沈局长刻意局务之余，更欲多致国人，前往省觉；故客年尝约北方学术界诸名宿，纵游全路，归而分有所记，辑为丛书，以为喤引；余则浪迹江湖，近所深嗜，退而撰述，自信言之不文，且建构宗教，为游西陲者所必加研讨，余复绝少潜心；迨归途至燕京，举所不知者，又质之朱桂莘先生，承其详为指示，始得悟入；凡此名师益友之所言，均为短简斜行之资料，未容掠美，先具于斯；其有疏漏，则余记诵之不精，或初稿所未备，余又敢自承其谬，而有待于此后之证订者也。

游程第一

昌平　　南口　　十三陵　　居庸关　　青龙桥

史略　　北平在河北省之北部，本《禹贡》幽、冀两州之域；周代为燕召公封国，秦时为上谷郡地，汉唐时迄为幽州，惟隋代尝改为涿郡耳。宋时为燕山府，辽时称燕京，始为都会。金代为中都，元世祖迁城于中都旧址之北，改为大都。明初则为燕王藩邸。永乐间，拓建今城，称为北京，置顺天府及大兴、宛平二县。前清入关，一因其旧。民国改顺天为京兆区。至国民政府成立，迁都南京，遂改为北平市。平绥路由此而西北行，越旧大兴境以至于昌平。其地在汉晋为军都、昌平二县地，北魏置东燕州，仍

治昌平县。隋后，废郡置县。后唐迁治曹州，未几，又迁于白浮
屠村。金元皆为县，明景泰间，改昌平为州治，前清因之。民国
复为县治。再前为延庆县，延庆于汉、晋、魏时，均名居庸县，
唐以后置儒州，名撰〔缙〕山县，元为龙庆州，明隆庆初改今名。
再前怀来县，在秦、汉、晋，均为沮阳县，亦上谷治地。北齐、
周、隋为怀仁县，唐为妫川郡，辽为可汗州。金废州为县，宋时
改今名，元沿之。明设卫，而清复之为县治，此平绥河北境内沿
路史略之大概也。

　　游程　由北平西直门，凡行五公里许而过清华园，即今清华大
学所在，又五公里许而至清河。其地有明景帝陵寝。按史，明景
泰七年营寿陵，八年，上皇自北还复辟，废帝，薨于西宫，以亲
王礼葬此。迨成化十一年，始复上尊谥曰景帝，所以不与葬于十
三陵也。且明代诸王公主，凡夭殇者，亦多葬此。而清河之源出
玉泉山以入榆河者，汇流于此，因以名县。上有石桥，工作坚固，
逾此十公里而至沙河。明永乐中，尝建行宫于此，为谒陵驻跸之
地。嘉靖十九年，又筑城环之，曰巩华城，今城废，即为沙河之
镇城。而沙河至此，有南北二流，明正统间，分建二大桥于两河，
至今称为巨观。更行九公里为昌平县，即十三陵所在，而百泉之
泉源，以至翠屏山下之九穴泉名九龙池者，均可纵游。再九公里
至南口，有龙虎台、驻跸山、狄梁公祠诸古迹。而十三陵本在昌
平境，以火车来游者，由南口为更便，故为游者所必经，凡至十
三陵者，必取道于此。再前为居庸关，地势险峻，居高临下，今
城为洪武间徐达所建。又上谷八里有小城曰上关，合之南北二口，
即昔人所谓居庸险塞，为关四重者是也。其地有云台、仙枕石、
李凤姐墓诸古迹。云台传为元武宗时建为太后祝福者，塑像极多，
崇基数丈；仙枕则巨石在深涧中，为明代出征班师奏捷时所渤刻；
李凤为武宗于大同所纳妃，随驾至此，殁于关外，即葬其处，土

人谓为白冢。再前三堡则崖石洞口，有镂刻极精之石佛，魁梧奇岸。惟此间不停车，过客多于车中一觇其胜。更前即青龙桥，由南口至此，行十八公里矣。为平绥施工最难之一段，亦即詹天佑君苦心设计之 V 字转折，为西人所赞许者。游客至此，多于调车之际，下站徘徊，以志景慕。由此十一公里至康庄，则路渐平坦，其地有奇泉寺，传为辽太后之养鹅池；而佛峪口汤泉观相去不远，景物尤胜。更十一公里而至怀来，则有螺山及酿泉井。其地擅林泉之雅，为北郊所罕见。再行十五公里而至土木，则有显忠祠，足供凭吊。再七公里至沙城，则有祷雨辄应之老龙潭。再八公里许而至新保安，则有明沈忠愍公之表忠祠，以及世传黄帝会诸侯合符于此之釜山。更十五公里至下花园，则蚩尤涿鹿之故城，俨然可考。而鸡鸣山尤擅一邑之胜，时有不远千里，以事登陟者。再十公里至辛庄，十四公里而至宣化，则镇国府威远楼、镇虏台诸遗迹，赫赫均在，可为吊古者摩挲之资，由此更前以迄于张家口矣。

南口　晨八时，平绥车以西直门发轫，濒窗外望，一瞬已抵清华站。可以望见清华园及燕京大学之水塔，位置于山明水媚之间。颐和园佛香阁，亦在云中眼底，遥黛可掬。再过即清河，远山隐约，足以醉人。而由北平至汤山之汽车道，亦即在路轨之次，夹道榆柳成阴，葱翠可挹，此盖由平至密云之交通大道，故往来车马亦络绎不绝。再前为沙河，即前清北路同知厅所驻，为燕北重镇。河流不广，近见村落，小桥颓庙，位置篱落之次，绝似江南风景。又得远瞩巩华城，想见前明仪仗千官之盛。妙峰山则隐约于云外，云随山静，静息以观，真乃日长似小年矣。沙河之两大铁桥，均可望见。而村落中大车往返，童稚围坐，笑语声喧，疲骡上道，摇尾于泥途村径。老人策鞭，趺坐车厢，正与数百年前，同其闲适；乃同人则乘火车，风驰云卷，其间相去，不可以道里

计，而合之于一刹那间，亦快举也。车行一小时，即抵昌平。望
见天寿山，群峰如拱，气象峥嵘。为忆朱氏，起于淮上，力征天
下，竟臻治平。而成祖能见其大，移鼎燕云，用以控制北地，斯
立数百年之国祚。于今沧桑屡易，国号共和，此前代帝王之陵寝，
虽仅足为吊古者之瞻徊，而论勋策略，实亦不可以等闲视之。虽
降至崇祯帝，煤山殉国，犹得分抔土于长陵之左也。此地亦产烟
草，与关东种、易州种相同，北方人士，颇多嗜之者，故产量亦
佳，负贩运载，亦土著谋生之一利。时距车轨少远，已见山峰，
拔地连天，排闼直来，盖塞外大青山，由包头迤逦而东，迄于山
海关，此其支脉，陡起绝地者也。土人以其产狼，又谓之狼山。
车行至此，遂已抵南口站。将至站前，青杨高峙，北方本多松、
柏、榆、柳，而松柏有时，树色较暗，白杨亦辄多萧萧之致，惟
此青杨，则终岁如滴翠，最足为山村之点缀。及抵站，同人下车
纵览。其地所产水果，若柿、若梨，均为名产，柿大如瓜，甜而
无核，经冬不坏，盛行于平、津市上；至梨则佳种曰红宵梨，结
实不大，绿皮中微露红色，甫经采取，未必可口，而历久益甘，
故次年在正二月间，最为人所赏嗜，沿站市贩，无不手一筐以求
售。南口有旅馆，布置甚佳，足以投宿。其地无可流连，惟游十
三陵者，则取径于此，较昌平为便。故来南口者，多为作十三陵
之游，旅馆驴、轿均便，倘能逗留一宵，时间较裕，游览益周。
否则以早车行，九时二十分至南口，薄进飧食，乘轿至陵，即于
当日晚车，亦能回平。故休沐假期，结伴而来者，更复云集。旅
馆为平绥路所经营，其于驴、轿，咸有定价。且一切由旅馆经纪
之，游人如欲携茗或面包就陵餐野者，旅馆亦可代办，诚为便利
之尤。凡作北方之行者，不可不一至其地也。

　　十三陵　由南口至十三陵，往返约五十里许。位置所在，群峰
拱墅，为太行山之干脉，峰峦极挺秀。中为平原，河流横贯，周

广数十里。环山凡十口，其正南即甬道所在，石坊丰碑、华表翁仲，排列长至数里，均以白石镂刻，精胜异常。诸陵咸有享殿，而成祖之长陵，为最宏伟。游人至此，限于时间，亦多仅游览长陵，足以概其余矣。长陵享殿，朱垣黄阁，松柏参天，正在中峰之阳。前为棱恩门，门内为殿，殿长约二十丈，宽至十丈，凡九间三十六楹，楹均楠木大柱，几于两人，始得合抱。殿后北上，即为宝城，其墓穴之所在也。由隧道上登，周围约二里许，气势万千，较之南京孝陵，不可同日而语。诸陵前为总神路，又为门，门有牌楼，楼南为红门，门内为拂尘殿，殿外为石碑坊。各陵宝城正前为明楼，楼前为石几筵，又前为棱恩殿，门外为圣碛〔迹〕碑亭；为神库，为神厨，为宰牲亭，现者各殿，多陈旧，亟待修葺。而长陵独巍然，似创业者之精神，依然尚在。至诸陵序次，则中为成祖帝后，曰长陵；其西为仁宗帝后，曰献陵；献陵东为宣宗帝后，曰景陵；景陵西为英宗帝及二后，曰裕陵；裕陵西为宪宗帝及二后，曰茂陵；茂陵西为孝宗帝后，曰泰陵；泰陵西南为武宗帝后，曰康陵；景陵东为世宗帝及二后，曰永陵；康陵西南为穆宗帝及二后，曰昭陵；昭陵北为神宗帝及二后，曰定陵；裕陵东南为光宗及二后，曰庆陵；永陵东为熹宗，曰德陵。至崇祯之思陵，则在西口外。殉国司礼监太监王承恩同缢煤山者，亦附葬于此。至建陵之始，则为太宗永乐七年。初遍相山谷，久不得吉壤，礼部尚书赵羾，始以江西青鸟术家廖均卿至昌平，得基于此。其地土名东黄土山，因立陵，遂改称为天寿山，相沿至今，终清之世，祭享不绝。

居庸关　车自南口开行，地势耸峻，遂换车头，陆续上阪，而其山势，亦愈迫愈近；断垣废堞，随地可见，则内边长城之歧支也。车过东园，山道益窄，长城即在山巅，举目可接。一瞬即至居庸，关在山下，有路上通，可由之上行，以观全山之形势；冈峦起伏，云海霞蒸，乃至探李凤墓，拓仙枕碑，访云台古迹，均足使人徘徊而不忍言去。惟此地无轿，故即游居庸，亦以自南口径赁肩舆，较之由此步履之为便也。车行过此，即入山洞。沿轨左有土路，大车往返，自北平至此，与车并行，则向来之通京大道，为关内惟一之交通要径。时已春残，平市相去仅六十余公里，丁香、海棠，已在怒放，而此间杏萼，犹未全舒。回忆昔人马后桃花马前雪之说，信非虚语。而旅游之能为旧说疏证，盖为不虚此行者矣。山石苍黑，仅有浅苔，无树木，而野花浅枝，闲在车道之侧，亦似畏寒瑟缩，不敢恣放者。此地在长城外边之内，内边之外，名曰关沟。亦以山水冲激，在重峦叠嶂间，故往往为小流断涧，净淙有声，亦使过客，别生雅趣。土路之右，均板屋，或为人家，或为村店，在车道未通以前，此店为来往者所必投，贸易亦佳，近则垂垂废矣。村中亦有剧台，是日适有报赛者，村人围观，弥以为乐。更前断溪大石上，有摩崖"雄镇燕关"四大字，更前小山之上，有一石刻人像，或指为杨六郎之造像，则未必可信。傍崖雕佛像，事极寻常，而幽、冀以宋、

居庸关山村

辽相持者甚久，故村人于一事一物，一神一像，必托之于杨家将中之人物，不足据为典要也。更前即抵青龙桥，止于站旁，迎面当前，即为峭壁。盖车路至此，且折坂而下，正即驰名建筑之 V 字轨交叉处也。

　　青龙桥　站台有詹天佑君铜像，所以崇其造路之功迹。站旁即有驴轿待赁，定价无许争议，游客称便。下车就轿，循山道以登

长城，一转而至叭哒岭。其关口榜题"居庸分镇"四字，迨至半岭，由长城之一亭墩，循梯步行，迨至其巅，即为长城之驰道。依山高下，或平坦，或台级，有多至数百级者；而每三十六丈，必置亭墩，以供烽燧之需。亭墩亦必有梯级可下，又由旁门可通山路，此则古代行军之法，所以便于兵士之升陟者也。一登其巅，风来习习，万山皆在足底。而断垣残壁，缭绕曲折，萦回漫衍，天空日熠，峰顶云横，直足使人发思古之幽情，追心于数千载以上，快心悦目，无逾于兹！而久处城市之人，能一涤烦襟，揽兹伟景，其为振奋，更不待言。同人流连久久，仍以原道回站。车即开行，经西拨子而至康庄，一涉康庄，即为坦途。渐过怀来，乡人耕田扶犁者云集。渐至土木堡，山脉蜿蜒，冈阡断起，山足虽有村舍，而沙遮尘掩，石断云连，已渐有塞外之风光，而榆树尤为苗茂。乡人为之语曰："沿路榆槐，一寸成材。"盖榆木固可供用，而榆根尚可和蒿〔高〕粱为榆皮面，以供馈食，绝无所弃也。车过沙城，永定河已在眼底，此间名产为煮酒，沿站售者甚多，酒冽而甘，游客亦每嗜之，多就沽焉。再过为新保安，其地产蒜最肥，盖晋北种之所移植，而稻田、菜圃，比比皆是。前站为下花园，杏花百余本，斗艳争姿，枝干甚老，未省为辽金时所遗否耳？此地产煤，随处皆有土窑，盖鸡鸣山之附近也。煤矿公司，规模尚好，以高架铁轨运煤，工事似甚发达。再过鸡鸣桥，在洋河之上，前即辛庄，逾此而至

青龙桥詹公铜像

青龙桥长城奇观

于宣化。

游程第二

张家口　赐儿山　元宝山　买卖城　朝阳洞

张家口向为北边重镇，盖自明清以来，不仅有军事、商业上之关系，而于殖边驭藩，尤为数百年来视为枢纽之要地。其地在长城外边，逾边即为塞外。往日中国本部与外蒙库伦之交通，端以斯口为互市之大路，而由晋、绥至北平者，亦多假道于此。故张口之商务，本亦极为繁庶，民国以来，初改察哈尔为特别区，十六年后，改为行省，与中国本部，一体为治。而省治即设于此，为万全县，故近兹张口状况，初不视曩日为逊色。惟外蒙既经叛背，商业、交通，亦未恢复，故互市贸易，则大受其影响，然国人之对于蒙疆北地，未能忘情，且进怀恢复之志者，则当自身往实践为谋恢复之张本，而一时之未能涉足唐努乌梁海、科布多、阿尔泰者，亦当最近至张口一行，以略觇塞外之习尚、风光于万一。且即置政治、商业不言，徒为游观之计，张口亦殊足使人一顾，扩雄情于万里之外，置瀚海于襟袖之间。所愿后来者，望风兴起，勿图以一登青龙桥，即自命为已探长城之天堑可也。

史略　张口初属直隶之万全县，为关内外分疆之所，关外即蒙古境矣。自有察哈尔设立，遂划入察境省治。按张口在汉为代郡北塞，后汉为乌恒〔桓〕、鲜卑校尉之治所，北魏以来，隶柔远、怀荒二镇。辽时属归化州，为乙室部所居；金时设柔远镇，渐改抚州。元为高原县，后升为兴隆地，为上下两都之通衢。明于宣德四年，筑张家口堡，即今之下堡。万历四十一年，复筑来远堡，即今之上堡，开马市以与蒙古通贸易。清于光绪廿八年，中俄条约中自辟商埠。而平绥路告成后，车站旁复有新辟之市街，东隔清水河，有桥可通，为上下堡往来之孔道，连接外边长城。边口凡二，一曰大境门，一曰小境门，均咽喉锁钥之重地。

　　游程　平绥路之由北平至张口者，日有特快车、快车，及区间车，故交通至属便利。距北平二百公里，车行约七小时许可达。自过宣化，即涉张口。宣化本为明代北顾要塞，经营至盛，武宗且亲巡出塞，于宣府设行在，名镇国府，遗趾〔址〕犹在，气势峥嵘，足供游览者勃然生镇远之思。过宣化八公里而至支路之水磨，有恒山寺、石峰、观音诸洞之胜。再十四公里而至沙岭，亦名断云岭，足资远眺。更八公里而至宁远，九公里即至张口。张口贸易蕃庶，市衢宽广，电火照耀，旅邸峥嵘，初不似穷边绝塞也。其最大之旅舍曰华元，即在站次，而人力车至多，且亦迅洁，与平、津者无异。今自张口而四通村镇，并有长途汽车，然在市内游观者，初不需此。车站建筑，亦极宏丽，站外即为怀安大街、福寿大街，商市甚盛。有戏园二，一秦腔，一京腔。市场一，曰怡安市场，视北平东安、西单诸商场，具体而略微。至市上之售卖口蘑者，鳞次栉比，列廛尤众。盖蒙古来口蘑，均由此而转运关内。此地价格亦特廉，每斤最佳者不过四元，故游客至此，多购之携归。又药材肆之售参茸，口蘑肆之兼售葡萄干，均为北方名产。葡萄干出晋北，绿色无核，胜于舶来品，价之最昂者，每斤不及一元，大可辇归，以为梨栗之需。又次则洋货铺面极多，举凡电灯、文具、照相、留声机之属，无不毕具。而此间烟禁未严，土膏店亦间有存者，榜曰售卖国货，想政府迟早，必有统筹禁止之策，指日可待。

张家口外长城

又制毡亦为此间名产，实亦不昂。本来我国地大物博，无处无精产，特以运销不良，遂不能遍及全国，亟待提倡耳。市内面积不

广，可资游览者，赐儿山、元宝山、朝阳洞，及买卖旧城数处，
兹分述之。穷一日之力，赁一人力车，费一元许，即可尽得其
胜也。

　　赐儿山　由车站以人力车行，过清水河桥，桥为新式建筑，颇
雄伟，过此即为东关街，街市颇盛，民居亦有高其闬闳者。再过
为西关街，即多土屋，皮货庄亦多，发售口货，以德源兴号为最
巨。清真寺亦多，足征此互市之地，蒙人喇嘛以外，回缠亦多也。
远望已见横山，宽而不高，绵亘不绝。山上有破屋数处，错落山
凹间。盖清时蒙人每年进贡兽类，用充上方治庖者，多于此山熏
炙以进，故此屋宇，均为若辈投宿治庖之处，此亦言考古者以不
可不知。车行之路，已甚修平，而所过关沟，均极雄伟，此关沟
即属长城之外边。出关即为塞外（长城本有数道，历代修茸，重
叠围环，要之分为里外二边，此其最外之一道）。地渐高陟，登临
一望，山虽不巨，而四面环抱，张口市镇，正在山中平坦之处，
炊烟万井，气势饶庶。及乎赐儿山足，别有汽车道，正在兴修，
可达寺前。山足以上，路极平，不必撰杖，迤逦易登。循山至寺，
先见省产陈列馆（时正在陈列，不数日即可公开展览），廊庑四
绕，为一新式之建筑。又上为一三面亭，题"教稼亭"额，即于
一面绘后稷像于墙前，似人为巨伟，以黄色涂眉宇间，及于面部，
大髭满额。手持嘉禾一株，首加草冠，身表老农之衣，足御蓝布
鞋，旁题"教民稼穑的后稷"七字，不知何所本而致此。更上十
余级，别为一亭，制与稼穑相等，而无悬额，壁间平绘伏牺、神
农、周公三像。伏牺居中，虬髯赤身，腰披树叶，以为文身之具，
头双尖，如双峰之驼，双手捧八卦盘；神农像在左，则虬髯紫色，
手持药草而赤足不履；周公厥像最肥硕，似大腹贾，头御平天冠，
朱袍。虎头靴，手中执圭，面有须五绺，含笑似作迎人之状。此
我国先民之历史，所以绘而资后人之景仰者也。更上即寺门，门

外有戏台一，额曰"山水怡情"。其旁别有小庙一，以祀五圣者，门帖曰"秦穆公敕封五道，汉高祖恩赐将军"，而书楹帖者，误祖为租，令人发噱！寺门不大，题云泉寺横额。计由车站至此，仅六里许，故游客以人力车者，半小时许，即可到达，弥复称便。

迨进庙门，殿虽不大，而布置疏落，殊有逸趣。惟访碑所得，其最远者，不过嘉庆间物，殊不足以餍人欲。小殿三间，绘金刚像两壁，更进为别一拱门，门嵌周大烈石刻楹联，文曰："故里春残，来看张西山万壑；京华酒醒，听云泉磬数声。"① 跋曰："丁巳秋，复辟事定，浙中兵事将起，欲归不得，自念衰庸，与时无补。出监张家口税务，税署在张西赐儿山下，暇辄登临，憩云泉寺中，撰书此联，以寄一时踪迹。戊午八月，湘潭周大烈识。"盖近人之雅善操觚者也。入门左有真武殿，雕塑精严，以九龙为椽饰，及于藻井梁柱，工细特甚，大似大内之雨花阁。更进为一园，园中有柳，偃蹇土池边，不止合抱；其一枝已枯毁，塞砖瓦其中，而别一巨干，绿荫扶疏，生意盎然，斯足为异。讯之寺僧，谓此已数百年之神物矣。柳在中庭，庭北即正殿，而其东为一小石窦，天生如阜，初不高。窦中有二泉，相距咫尺，然一则探手微温，一则坚冰不溶，冬夏皆如此，信为异事。窦上土阜，即阜为亭，依山结廊，循石通径，仅十余级，已至亭上。而所凿石级，各绕以阑，每阑隔为柱头，柱头上琢石为花果鸟兽之形，虽不工而别具奇趣，以视芦沟桥之一百四十柱，柱各一狮者，固不可同日而语，然于边城，见此奇工，亦复可喜。山石起伏，自兹而上，虽不邃，而凿石者因势陂陀，建阁立舍，备具林泉之趣。禅房花木，已届三月，嫩绿成阴，足备游客之登临休息。外此别有药王殿、

---

① 原文如此，疑有脱字。——整理者注

福婴佑儿诸殿，报飨匾额，已满悬无隙地。山石间有刻诗一首，为光绪间谪戍之安维峻所作，安氏当时以反义和团，问戍赴口外，直声震天下，而侠士大刀王五，以素不相识之人，治装为助，又匹马以护其行，为蓟北健儿所盛传之故实，贴传至今，啧啧称美者。诗曰："为览云泉胜，山中我亦哦〔峨〕。石湫传怪□①，洞府〔佛〕赐儿多。老树森阴壑，屏风束〔束〕大河。得闲三载戍，长剑倚天磨。"跋曰："和志伯愚都护诗，光绪乙未春陪志都护游，陇南安维峻和，而志之原诗，不可觅得，殊复怅怅。"逾此更由曲径而上，则为三圣、太清、老君、灵霄诸殿，均有塑像，依回绕山石以登陟，结构不大，弥能以雅胜多。就中尤以灵霄为最高，两壁且有壁画。更一殿为忠义祠，以祀关圣者，中祀像作冕旒状，四壁绣关公事谊各图，均据《三国志演义》而为之，如草船借箭、水战庞德等，画手尚旧，然已剥落不堪。绕出山半，则有一洞，洞不大，略似平西之秘魔崖，中祀送子观音，依山面作门楼，以当殿屋，或即赐儿山之所祖。其地亦适当二水洞之上，有此水洞寒温之异，更有山穴送子之像，宜其山以赐儿传矣。山游至此已毕，均在寺中，则仍至中庭。就庭左小亭，治茗少息，水即中庭之泉源，自水洞而出，亦芳洁可口。游览既毕，遂下，仍以人力车行。

元宝山　元宝山在大境门外，地为西沟，以山形之微似银锭，故以名山，山上无所有，到此纵观其形势，不值登览，然大境门则雄关扼险，虽处今日，五族一家，汉蒙已无所分其畛域，而前代商业、政治之历史，转可于此觇之，为治学者所不宜忽诸也。由赐儿山下，经市衢，过省府民厅前，即可至大境门。途中有大

---

① 此处之"□"为原文所有。有资料作"久"字。——整理者注

牌楼，一面书"皇极清夷"四字，一面书"边关重镇"四字，盖清季所立。其地市衢尚整好，商肆亦繁盛，招额多兼用汉、蒙、满文。而以此地为马市，故兽医亦沿途可见。迨至大境门，有兵士荷枪为守卫，门外即二郎庙，现为公安局所用以抱关者。关门至宏伟，出关即为山沟，水流潺潺，出诸峡间，潺潺有声。而非山洪暴发之时，水势本不猛。村人往来市集于此，一如市衢。此地名坝西街，盖即通库伦之大道。盖自明入清，中外之藩篱至严，即在清代，蒙古已经内附，而清廷之限制蒙人，亦极严酷；蒙人除王公、国师请领凭照以外，不许一人私越入关，而一切互市，即立买卖城于关口。蒙人驱牛马、牲畜、皮货，至于其地，汉人亦携茶砖、杂货以及什用之品，与为交易。抱布贸丝，几于不假货币，以物易物，盖古人日中为市之风，所仅存者矣。是以关外西沟，旅肆林立，均以供蒙人之旅食携货求售者。汉人之来者既多，亦复麕集于是，而此地之商肆，遂以大盛。且此为通外蒙库伦捷径之所由，较之杀虎、古北，近便十倍。故客商均云集于此，

此则对蒙古之说也。更言对俄国者，中俄陆路通商，由库伦以至北平，已数百年。北平旧于王府井大街有内馆，安定门外有外馆，所以转输而内运者，所出亦仅此一途。故张口盖为绾毂之区，而所谓运输之道，可以并七车前进，亦为大道之定

张家口元宝山

式。今之游览大境门、西沟者，虽不及见蒙俄交易之盛，然熙来攘往，毂击肩摩、屋宇鳞比之迹象，犹有存者，足供研寻，以为治学之助也。

离大境门五里许，有一巨石，孤立河中，河旁有村，曰孤石儿村，石刻孤石儿路数字，无年代可考。惟地名不类汉语，所称路，必为元时所刻。又附近石壁，有康熙十八年重修碑记一通，惜其字迹漫灭，无从深考。石颇大，为一完整之巨块，兀立山涛中，气极雄伟，游人如得余时，并可一观其胜。

买卖旧城　张口为蒙俄之买卖城，互市于此，所谓上下铺者，即指此而言。大境门之内，别有来远堡之上铺，土人谓之圈子里者，其建筑又别有不同。圈子即指城圈而言，以别其所居之为蒙人也。建于明代，传之清朝，其地中为一广场，场外四周，均建楼屋，栋宇重重。南北两端，其一为大庙，适依丘陵之高处，俗称四台庙；南端则为一大戏台，为商肆、会馆中人集资所建，于此宅居庙庵以外，别有土城围绕之，即所谓圈子是也。土城有门，上题"永顺门"，逆计当时，庙为蒙人之信仰而设，楼居廛市，均供蒙商，广场中即为交易有无之地。父老相传，蒙人不许越境一步，犯者置诸重典，即所携粮食不足，由城内购置，亦仅以篮篓，由城缒下而致之；汉人除互市者外，亦不许与蒙商相交通，此其限制之严，摈斥之深，畏而远之之意，可以想见。迄于今日，合五族以建国家，共肩兴亡之责，非独一扫数千早〔年〕来宗藩之积陋，为国家之光荣，亦且为蒙人，申其郁勃之气，使跻于平等。游客至此，揣侔以观，盖不待言而自明矣。

张家口朝阳洞

朝阳洞　洞在地藏寺，即官道之旁，为一短峰之下。循级而上，不过十余步，入门即为正殿，中祀千手千眼观世音。四壁彩绘十方幽冥事迹，新而尚精，北方殿宇，无不有壁画，特新旧精粗之不同，有待辨赏而已。殿后别有一殿，即在洞内，而雕梁画栋，间以云彩，上于隙处，通光朗列，前加拱门，骤入视之，几不知其为已入洞中。中祀地藏皇菩萨，旁列十殿阎君，均有塑像。洞深约三四丈，广二丈许，藻井、屋角，率以雕塑之云海璎珞为饰，且绕柱均雕漆龙形，绕柱拿蟠，跃跃作势，生动异常。虽占地不大，却极华美。洞中一门之隔，而寒威乍凛，同人以三月中旬来游，似与洞外殿中，气温有夏秋之别。洞外正殿旁，则有偏殿三间，以祀仓圣，中又为孚佑帝君殿，殿外更有便屋数椽，本可供游人之遨翔者，近则邑中用为积谷治事之所。偏殿前界有卉木，而无乔柯。正殿外广院间两旁有碑亭，合庋五碑，多已漶灭。考其年代，远至于康熙，近迄于嘉、道，足知此寺之旧已经毁灭，重修以后，未必为旧观矣。

客之来张口事游览者，山水、城市之胜，可供蜡屐，大率尽于上述。于是同人亦重上征车，发轫前进。平绥路之由平而张，本为北行，以至于关口。然由张前进，则又折而西南。至丰镇始出关，故车行却转而南向。夹轨初为土陂，行十七公里而至孔家庄。沿路多白杨，然多作红色，则以此间土燥水干，天寒而不宜于苗茂，故多作嫩红之色，为南中所罕有。其地有碧天洞之楼阁，野狐岭之峻拔，更十六公里而至郭磊庄。有鱼儿山、洗马林诸名区，前进则为洋河三汇之燕尾河。远望白腰山，如衣之有绶带，盖已至柴沟堡矣。玉皇阁亦为堡内胜地，越此行二十公里许而至西湾堡，土地肥美，村墟四集，屯田之利，自不在小。土著均以板筑土屋，土性坚软，初无渗漏之虞，而龙洞、慈化二寺，为此间明代之伟构。更行十六公里以至永嘉堡，亦明代筹边所设之重镇。玉泉山高十余丈，有瀑布，见称于人。更十八公里以至天镇，则已由察哈尔，而入于山西境内。天镇之盘山，古松最为驰名，而城内慈云寺，为庚子时光绪帝西狩所曾驻跸，自唐以来，号为巨刹。更进十四公里至罗文皂。十五公里至阳高县。有西岩、云门诸山，积雪经夏不融，其地势高寒特甚，故风力亦特大。更十五公里至王官人屯，十四公里以至聚乐堡，十二公里至周人庄，十六公里至大同。则同、张间之途程，已经行讫，作者于此，将别述大同事矣。

游程第三

大同　华严上下寺　善化寺　曹公庙

大同为西北交通孔道，又适将为平绥路之中站；且南至太原，可由汽车以入雁门关，同蒲铁路，已经分段告成，一旦畅通，则更为晋省南北绾毂之所在。其地物产既丰，古迹又多，要均于历史及艺术上，胥有莫大之价值。是以言实业及治考古者，莫不接踵前往。且云岗石窟，驰誉世界，又为吾国美术上之国宝，欲往游览，舍此莫由，故大同且因云岗而盛传于人口。惟是游踪所及，或多假道以赴云岗，而不及于大同，实则多作半日之勾用〔留〕，留〔用〕以瞻览北疆之胜迹，为游客计，莫便于兹。大同城郭不大，其可周览者，或一行而尽。然就订古考艺事京之，则华严上下寺、善化寺以及曹公庙，均足使人流连忘返。此在往游者之各探其胜耳，兹详述之，用导先路。

史略　大同自古为北地重镇，春秋时为戎狄所居，战国时分属赵、秦，为云中，为代郡。汉为雁门郡平城县。魏时隶新县。北魏属代郡，而道武帝宅都其间。迄孝文迁洛阳，前后将及百年，维时营宫室，建宗庙，立社稷，且于云岗凿石窟，故于佛教艺事之东渐，实大有关系。是后在唐为云州，置大同军节度使。石晋时，沦入契丹。辽、金时均为西京大同府，元时则为大同路。明、清改府治，民国后废府为大同县，现兹城郭，为明洪武五年徐达任武职时，因旧土城而改建者。周凡十二里，迨明景泰间，又增筑此小城，凡六里；天顺间，筑东、南两小城，各周五里，于是城外四周，均有外郭，若女城。现者攻守之势既异，战术亦与古不同，而城隍遂失于修缮，然在揽胜者观之，则固不失其为古趣，益足令人黯〔悠〕然神往矣。

　　游程　大同车站有人力车，随地赁坐，价初不昂，论时计值，每日约一元，亦与平、津相同。车站左右，多货栈、仓库。盖晋北粮食、煤矿，胥由是而转运吐纳也。须臾，车入北城，曰玄冬门。入城，路基甚广，但土路经雨，弥患崎岖，外人所经营之首善医院，巍楼高峙，院即在内城之左。内城则有城楼，亦经战事而颓毁逾恒，前有横额，曰"云中锁钥"，城内民居，尚称蕃富，栋檐或有雕刻龙彩者。此间官署，以今之骑兵司令部为最巨，盖昔之总兵衙门，为明初徐达所营缮。同人往谒其主者，因得纵观。门广宇宽，有巨石狮四对，制作奇古。濒墙有高亭二，分据左右，用备瞭望。广场中亦有左右二碑亭，为清嘉庆四年所立，一为明代历任之镇总题名，一为清代之总兵题名，均足为存古之大好资料。出署由大街而至钟楼，破败特甚，古趣盎然。此近城之中区，为贸迁最盛之地，因以游华严上下寺、善化寺（别详下节），为之流连者经时。然后至四牌楼，四牌楼在城之正中，临此一望，四城均在眼底。其东曰和阳街，西曰清远街，南曰武定街，北曰永泰街。然后由东门而往观明制之九龙壁，盖明藩封之照壁，高近五丈，宽将二十丈，上嵌九龙，蟠曲生动，均以琉璃瓦为之，栋檐拱柱，率为瓦制，约与北平北海所有者相同。壁前立木栅以卫之，游者就栅内窥，所以资保护也。街市中新建筑，则以山西之省银行为最伟。此间城楼城垛，飞檐平矮四注，翅角翼然，虽极颓废，愈形其古，研治建筑史者，无不认为足供探讨。城内酒食肆数处，有为山东馆，亦有本地风味者，最驰盛誉，即为久胜楼，相传即明代之梅龙镇酒楼，武宗巡幸，于此值李凤者。又或谓梅龙镇实在丰镇，则无自寻其沿革矣。同人往游，薄酌于此。入门为一大院落，四面均客座，其正屋有楼座，拾级可上，朴拙异常，屋矮而深，楼亦浅晦，此则前明建筑民房之遗制使然也。城外可游览者，西则云岗，东则曹公祠，分述于次，备省览焉。

华严寺　此寺在城之西南隅，自辽、金以来，号为巨刹。至明代始析为上下二寺，殿屋结构，纯属金源，下寺斗栱梁柱，犹存唐代之遗风，而其壁藏天宫，胥系海内孤品。海会殿亦为辽制，外观简洁，而纯净逾常，细考之，见华严及善化寺，均有辽、金建筑，弥足珍异。而上寺之画壁，更为海内所罕见，直足使游者至此，惊喜交集也。

华严寺正殿凡九间，《辽史》称建于清宁八年（历西〔西历〕一〇六二年），实则先于清宁，已有此寺，辽特为之增建。其或云自唐代修建，则徒存此说，无由以事实考订矣（详见梁思成君之《大同古建筑调查报告》）。嗣是而还，大同为辽宋争战之地，乍兴乍废，直至宋败，辽有其地，信佛益坚；一岁中至饭僧三十六万人，一日祝发至三千人，可以知之。迨辽末，西京陷金，重罹兵劫，寺亦多化灰烬。就寺中碑记观之，犹可

大同上华严寺壁画

知其崖略。后金熙宗时，始又重修，补建教藏，元时又一度兴修，明、清仅略整葺，嗣此而愈益式微，以迄于今，此其大概也。

寺中以正殿为最伟，题"薄伽教藏"。薄伽为世尊梵名。殿为辽建，在中国为旧传木构建筑物之第六位，可以知其珍贵。寺趾今已缩小，迥非昔比。下寺入门，为一院落，其前已改建学校，供弦诵之需，而正殿在正中平台之上，高十余级，全体作凸字形，左右为钟鼓亭，又有镫炉、幡竿诸品，均为后制。殿则阔五间，深八架椽，中设砖台，以供佛像。其前两翼特出，平面似凹字形，

沿壁为壁藏，而天宫楼阁，则飞跃于窗上。所有斗栱檐柱，多可取订于宋李明仲之《营造法式》，亦有因而变通者，而壁藏之脊，垂脊角脊，均以直线为之，垂兽角兽，张吻衔脊，姿态奇古，绝非明、清之所为。殿内有彩画，或写连续之花纹，或为飞仙之人物，原为旧制，而屡经修葺，渐失其真。佛像在中台三间，各置如来像一躯，四隅分列金刚，如来前杂置大小佛像，或结跏趺，或蹲足，或立或合掌，或扬手，姿态不一，其有合掌微笑露齿者，尤为罕觏。诸像除补立少数外，有三十一躯均辽时所立，衣具璎珠，身仰微欹，亦有袒胸细腰，长裙飘带，手足位置，适如其分，极合投影之能事，雅丽超绝者，一见即知为受西方艺术之影响至深。而像上之帽式，有如王冠，有似汉官翅帽之旧，有如毗卢，有如耀星，光怪陆离之际，极蓄衍流利之能事。即佛像之莲座，亦有飘绶映拂其间。世尊像之背光，左右外缘，亦饰以飞仙，而外侧之火焰，内侧之纲目花纹，均存古致，火焰更柔和雅蒨，使人览之，有翛然之思，视明以后者，迥不相侔矣。

　　壁藏沿四壁而设置，下层为台基，外绕重台钩阑，上则横直以排列经匣，其上覆以斗栱腰檐，复于平座上设天宫楼阁，有角楼行廊等建置，缭以钩阑。此天宫楼阁，即现存之神龛，而殿后窗上，悬天宫楼阁，以圜桥使与左右两壁相衔接，极玲珑美丽之胜。盖纯乎其为辽时建筑之雏型，可与宋时营造法式，相互参证者也。

　　海会殿亦辽时所建，面阔东西五间，其阔间、深间之比例，与薄伽教藏相近似。门内有香炉，后为砖台，左右两翼，突出如凹字形。此台外，沿左右墙，复各有砖台一列，以奉佛像。中央砖台上，前部各列金刚一躯，左右次间者，跌坐台上，而无塑壁，只于像后设背光。至两墙砖台，各设罗汉九像，面貌衣饰，均不得与教藏所奉者相并论，必为明以后所补塑。殿内有二碑，均明人制作，初于考订无大关系，存而不论。

　　大雄宝殿，在今之上寺，或谓仍为辽建，实则兵燹之后，当为金时所复建。殿基甚大，前有月台，设石级二十，级尽有坊，顶为梯级形，两侧左右，为钟鼓亭；坊后为香炉经幢，八角形，按之亦辽物。殿极大，而光线不充，中五间，筑砖台，供世尊五像及胁持诸像。左右台二列，多置罗汉十尊，而沿墙复列二十三台，各度座像，墙上则为壁画，三面均满，世尊、胁持，多似薄伽者，神采眉目，璎珞背光，别饶古致。罗汉之衣帽、飘带，栩栩欲活，至旁侍者则仰身作势，又如出土之陶俑，短衣窄裤，手势灵妙，意态柔和，饶有西域之风味。即甲胄之士，亦与常制不同，盖雕塑艺事，已力趋写实之一流，故衣皱带纹，虽在小处，不少苟且。女侍像则赤足者为多，亦有头插梳篦，胸抱稚孩者，大都胸微挺起，帽如后冠，盖不徒以庄严取胜，而兼以艺术求工矣。

　　壁画固非原来之旧，而必有旧本可循，固〔故〕虽非名手之遗泽，已为国内所罕见，颇足供游览者之瞻谒。以在殿内，彩色如新，且下端署塑工董安之名，则出新修补绘者之手。全壁三面，分为如干区，所绘均释伽应化事迹，华严法海诸图，所绘极细，各分间架，山水林木，掩映生辉。有极巨之坐像，背光火焰，斜行侧出者，有一区而分为如干小图，间以云彩图案者；亦有一区而绘小佛像数十百尊者；设色配景，多以山水亭阁，位置得宜，错落有致。每像上均有背光，光外复有云彩，内再间以佛像，其观世音一区，跌坐海波中，一胡床置之波上，龙女前跪，而波涛汹涌之间，莲瓣上各坐佛像。其大像之背光，多至数层，青红互间，杂以金色，恢诡至不可逼视。亦有分断为连环形者，侧出斜飞如散发形者，亦有止画圆光，而光下不画佛像者。约言之，此虽不敢断为旧制，然人天供养，出于丹青，流传中土，此固极不易见，无论为释教之善信，乃至游子所经过，凡来斯一观，均足生其赞叹，未容等闲忽之。游大同者，慎勿以浮光掠影视之可也。

善化寺　寺在城南，俗名南寺。初建于后唐，毁于辽，重修于金太宗。其重修之碑记，犹在寺中，足资订证。明代亦屡事修葺，至清康熙间，寺僧又于兵燹后再度重修，而乾隆以后，日就零落。前本有壁画六十余间，今仅大雄宝殿内，尚余一部，余则均不可考。此寺榛荆互塞，燕雀巢梁，在考古者以建筑于辽、金，加以重视，若徒事游览者，则必望而却步，故今亦仅涉其崖略而已。

寺内初为金刚殿，次经东西配殿、三圣殿，而至于大雄宝殿，殿在台上，作长方形，前附月台，惟不似华严寺基之崇伟。台设二十级，级顶为牌坊三间，左右各六角亭一，以庋钟鼓，盖明时所建。殿阔七间，深阔为三与五之比度。殿外脊吻，以屡经修葺，均为清制。殿内设平棋藻井，外檐彩画，剥落至无可循览。而拱头尚有如意头，或绘写生华，藻井有龙凤莲华，均为明制。殿内设砖台，台上每间中央，各列世尊像，下承莲座，上饰莲瓣、火珠、柿蒂、狮首等，制法雄健，狮首张口蹲足，应为辽物。而佛像姿态凝端，衣纹流丽，左右胁侍立像，权衡失度，确属辽型。循东西壁，复有砖台，置佛像各十二尊，即护法二十四诸天像，其姿态不一，而东壁之六手观音，最为完美。至殿内画壁，则碑称为康熙时所绘，亦极艺事之大观，殿内可言者，如斯而已。殿外旧有文殊、普贤阁，文殊阁毁，仅存普贤，虽极颓坏，少存辽制。普贤像虽屡经重装，犹存古趣，其侍立之像，亦与正殿者相仿佛，应出同时。三圣殿规制甚古，内供佛像，中为世尊，左右为菩萨，如来侧尚有胁侍二尊，而佛台前部，又微突出，供如来小像及胁侍，墙背

大同久胜楼

则供韦陀，殿角供关帝。外此东西朵殿及配殿，非寺之主部，不

复更赘。

曹公庙　车出城东门，门楼尚翼然，出城即为河神庙，逾庙循阡亩间行，车可直至河滨，盖为玉河之支流小汊。玉河本出塞外之葫芦海以入长城，经武周川南入桑干河者。支流本有土基一桥，乡人之僦居桥次者，乃拆断之，以利人之涉河者，可由背水而过，借博微资，此其不顾公德，弥堪痛恨。然涉河之人，衣羊皮袴，能负行人，往来于寒水冰流之际，处之弥安，其能力亦殊不弱。在昔纣王刖涉水之胫，自属苛暴，倘遇斯辈，则双胫危矣。一笑！背河者每人

大同曹福祠

约酬以二三十枚，乡人更无需此数，然背河者穷晨夕之力，亦庶可致温饱。逾河为一小平原，行不半里，即见一小阜，阜上庙宇翼然，此实北斗阁，惟乡人以曹福为习知之人，附祀于此，故转以曹公庙传耳。

庙前平地上，别有一观，虽非元明旧构，而层楹翼然，台基甚高，下通以门，基上筑屋三间，缭以短垣，中拱似凸字形，中屋亦微拱，檐角翘起，屋平广，位置山林之间，弥多逸趣。门题"玄都观"，此在道家，以观为习静之所，源于古之京观，以占地高而言之，所谓大人化京观，小人化虫沙，亦即其义，于三代成周之际，本为治政刑人之所，期于共见而共闻，后来乃几以专属于道家之建筑。然道家之建观，后又庇之平地，有观之名，无观之实（如玄妙观等，以广伟为重，而不以临高为主），此犹古之遗意，是可嘉也。

观前为一墓，甚巨。碑题光禄大夫都督任公，惜无年月名氏可考，而屃赑甚伟，自系清代之巨卿武职。玄都观次，即北斗阁。阁前有戏台，栋宇彩绘尚新，盖乡人用以报赛，至今不衰。至北斗阁，占地既广，凭临小阜，愈进愈高，气势亦佳。由下至上，凡数十级，门外缭以短垣，门内即小殿，塑四像；二牵狮，一降龙，一伏虎，制作出于近人之手，一览便知，然尚不失为精整之品。门前题"北极灵宫"额，别于正殿榜方额"北极玄天"四字，所以祀北斗星君者也。正殿在一平基之上，左右各有碑记，一为明代嘉靖，二为清代康熙、嘉庆、咸丰，均纪兴筑之役。原有钟鼓亭，飞檐四注，制度古朴，今钟存而鼓废，则移碑于废亭之中。

正殿甚伟，中塑北斗星君像，像座砖制，上为飞檐二层，顶设藻井，斗栱细密精致，允为近制中之佳品。北斗像手提一剑，身披玄袍，帝有侍立而持旗伞者，又有捧印而手文书者。像后为大绣屏，绣牡丹花，初非旧制，神龛前置大香炉，炉外向作乾、离、巽三卦，炉侧置大铁花瓶一对，左右分立，高与人齐。沿墙亦设砖台，左右各六座，座有塑像，凡温、马、朱、火元帅、邓天君、毕元帅以及刘、赵、庞、水元帅、辛、张天君，合十二像。北斗像高朗凝重，意亦端静，元帅诸像，则制作似少逊。

正殿之后，别有一殿，规模略逊，题"三天坐殿"，为明万历时人之篆书。正中祀真武大帝，在神龛中，沿墙别有左右三砖台，台亦各有塑像。壁有壁画，面南左右，分绘真武二像，跣足玄袍，至东西向各分为横十一格，高五格，栋桷间别增二格，合之左右，都一百二十二格。每格咸绘真武应化事迹，且均加题识，志其行谊，色彩笔意，均非良工所为，徒存画壁之制度而已。三天坐殿之后，基趾益高，左右环抱，循基为级，拾级三十余磴，以至其上，别为一殿。殿较矮陋，仍祀真武，像玄色便服，跣足，抱手加膝上，亦无冠冕，供张之具，亦甚简陋。殿后即为一三层之高阁，阁小而耸，窗小梯窄，如碉堡形，循梯可上。此阁不过方三丈许，一梯以外，下层别无长物。土人谓此为《南天门·走雪》曹小姐之妆阁，则赝言不足考也。其最上层祀玉皇大帝，中有小龛，龛列神位。中为玉皇，左右尚有他位，均道教诸神。四壁各有窗一，其小如窦，与建筑绝不相称，无足言者。亦有壁画，出之俗工之手，凡涉历华严寺者，已叹观止，不必更加经眼矣。

由此仍以原道，出正殿，至广院间，东西庑均各有小殿三间，其东为三室，中祀财神，塑像不大，亦与常见之款制相等。其右即曹公像，所祀为《南天门·走雪》之义仆曹福，像白须，冠巨冠，张口露齿，作微笑之态。旁有二像，一衷曲〔赤面〕者持九莲杖，一青面者半跪献帛，以夹侍之。后有壁画，均记曹福掖持女公子渡险走雪，乃至成神诸事迹，均出说部，附会传闻，形之丹青，上下凡八幅，像后壁上，有衣蓝袍之大像，有背光，八仙伛偻，作起迓之状。其左为观音殿，亦为画壁，多紫竹林等应化事迹，亦分区格而画之。盖晋北祠殿，莫不尚画壁，故无论精粗美恶，必有此以为点缀，而新制者终不若旧制之精，则亦无可讳言者也。其西三室，正在衡宇，则合之为一室，榜题“土府至尊”殿，即土地祠。中砖台上塑一老者执圭冠冕而坐，前又置鲁班祖师之神位牌，横额曰“尊居九垒”，两侧有二小像，奉金帛以献之。后壁画花为屏幔，两旁又画飞龙潜跃之态，逆臆当时，必更合祀龙神于此，今龙神之位，已不可见，而所画犹未破壁飞去。道教本多神教，老子、韩非同传，本不足为异也。

游览既毕，仍以背河者背负而涉水以过，循河以人力车行田间。村道不广，仅可通行，至玉河旁，有铁牛一，立台上，台不高，牛已破损，而角权腹健，形象弥复古拙。盖明代所建，牛腹有字，可以证之，土人则姑神其说，谓此牛甚多，逸去止存其一，实则以牛镇水，卒也为水冲刷而去，事极寻常，初不必纬之以神话也。循河更行，绕北郭之东门，门有明万历重修碑记嵌之壁间。行约三里许，仍归车站。访数百年寺院之宏基，尽片日间游观之能事，亦足使软红十丈中来者，游心骋目，叹为得未曾有之胜也。

游程第四

云岗　石窟　建构

云岗石刻，为北魏时所雕建，距今已一千五百年。不仅为东方文物艺术所罕觏，亦且得谓为宇宙间之奇观。是以世界订古之士，无不远万里逾梯航以来游，而考订之书，欧洲、日本，胥有专著。返视宗邦，舍正史上片段之纪载，以及《水经注》外，仅散见一二家之游记，殊可愤叹！最近学者辈出，考据艺术之学，亦咸今胜于古，因之云岗亦遂受人之重视，褆被往观，日繁有徒。余弱而好弄断瓴残甓，视同圭璋；况此名区，久为神往，得探其胜，实偿平生之大愿。特述游程，略兼管测之所及，用为导游之需。邦人君子，其速兴起，一为瞻谒，不敏愿更拥彗以为先驱矣。

史略　云岗在武州山，距大同西三十里，所营石窟，为北魏拓跋氏遗制，盖千五百年于兹矣。云岗为旧堡，名以堡传，本属左云县，民国最近，始以之划入大同；而取道往游，亦以大同为便，故今不更赘左云之名矣。

初，魏太安初，有师子国胡僧五人，奉佛像至京师，谓所历各国，诸王均请其摹容造象。又沙勒国僧赴京师致佛钵及画像真迹，盖僧昙曜尝以复法之次年（按魏太武皇帝尊道屏释，焚毁寺塔，至七年后，因病又信佛法。又二年"安兴〔兴安〕元年"帝崩，子文成即位，更兴佛教。时为西历四百五十二年，于是昙曜适来，余僧亦至，均事佛至笃。所谓复法之次年，实即兴安二年）至京师，帝事以师礼。于是奏帝于京城西武州山凿山石壁，开五窟，各建一佛像。高者七十尺，次六十尺。又皇兴中构三级石塔，大小均石制，高至十丈（上文见《魏书·释老志》）。按之则知云岗石窟之经营创建，实始于是时，而所谓五窟，就近人梁思成君所考订者言之，即为今兹西部之五窟。盖以此五窟之平面方面观之，互相联属，自成一统系。而其像容，又最富于异国之情绪，与他洞不同。洞内刻小龛小佛，而不及于应化事迹；且塔与装饰之花纹，与他洞亦不同，种种订证，认为就中开凿最早者也（西部之上列五洞外，尚有无数龛洞，以刻法言之，较后于中部之偏东四洞，而又较早于中部之偏东诸洞。此所举之五洞，即现存之五主要洞窟）。

至中部主要有九洞，或谓其第一洞为孝文帝建造以纪念其父献文帝者，时代仅亚于西五洞，则文献难于考订，仅可传疑待订而已。偏东诸洞，仍富于异国之情绪，偏西者则渐涉流美，近于龙门伊窟所刻，已为后建，盖无疑义。惟偏东者又有太和铭字，则观成或较在后耳。

东部主要者凡四洞，而尤奇者为未竣工之第三洞，传为昙曜之译经楼，规模之大，为各洞之最。且此洞各部在洞顶崖上，并凿塔相对，塔后又有小洞一行列，均为他洞所未有。或谓是时孝文帝已在龙门，别建百窟，或谓系隋时所刊，其说均无佐证，未足据为信史也。

游程　自大同至云岗凡三十里，中修车路，而夷险不一。往游者可乘汽车或人力车，乃至乘骑，汽车时间自省，人力车则较平易，而乘骑较省。余所经行，则以人力车，途程所历，可得而言也。汽车往返十余元，可坐十余人，人力车约一元半，乘骑亦等是。

早九时，同人以人力车离车站，入大同城之北部外城，而入内城。北城外远山重叠，横云带巘，侵晨远望，清气迥绝。车站旁多粮食行以至旅店，有专供喇嘛住宿者，且特标巨书于壁间曰喇嘛留宿，以事招徕。渐车入内城，所经城楼，已经兵事而垂垂毁矣。渐又出西门，门前即土路，路基甚广；两旁疏树布阴，绿林遮地，北方见此，殊非易易。地势则渐远而渐崇，车路陂度，则高低不一，惟尚堪车行耳。道旁村舍错落，多以板筑，范木为型，实土其中，土干去板，坚固无匹。路中所见之关帝、龙王庙，规模虽在，颓败异常。村中亦有筑土堡以防匪患者，路政失于修理，有时康庄可行，有时又泥泞差池；然其土性，含沙较多，故骤雨之后，亦一向便干。况气候奇寒，晴亢经岁，土著多披裘，不加缘饰，已为蒙人所同化。其地多野鸽，遍野弥望，翱翔为乐，载运则多驴骡，负儎不绝，则多近地土矿之煤产也。沿山濒河，即武州河，河不广，而水流甚激。山湍下流，汇纳山谷，漭濡溯湃。车道循山河以行，自城凡行二十里，而至观音堂。堂依山面河，筑阁较高，前有戏楼，楼前有三龙碑一，视城内之九龙碑，具体少微，而制式均古，必为同时之工物。碑为蓝地，龙作黄色，蟠拿作势，下有水纹，中一较小。旁柱檐栱，均出釉制，尚属完好。惟顶脊久经风雨，微遭剥蚀，尚无损于观瞻。过此山河，又多循断崖以行。崖边有大书深刻之佛字，不知出何人手笔，虽不工，然极壮丽。河身亦多浅旱，水来则挟黄河而俱下。山旁多土窑，其村舍建筑，多作圆拱形，均石制，所以省木料也。山外亦有烽燧遗台，想见当时北防之重要。再前循山，须越河两渡，水小时，车仍可行，若山洪暴发时，则停止数日；然山洪势散，亦不能久涨长流。逾河时或以牲口大车，更为安稳。越河即见武州山，石窟即在半山。山作环抱形，多为斧劈巨纹，足征风化之裂〔烈〕，又辄经水患，一望可知。及至山趺，已及见半山均多空穴，亦为象窟。其中空者，或遭盗窃，或为风蚀，惟濒山者，穴均不大，望之不过四五尺许，此必当时私人石作之所为，而非巨窟经营之一部。及抵正窟，则巍然佛殿，五层巨制，炳曜目前，楼阁屡现，华严弹指矣。庙为顺治八年总督佟养量所建，范石窟于庙内，因窟之高度，施栋布宇；因之主要诸窟，为寺所蔽，或为人所诟病。然因之窟佛，得免于风化盗窃之弊，亦未始非佳事矣。庙气概万千，而废坏特甚，连绵数殿，有已就倾圮者；有将倾圮而不可以登者，亦有断砖残瓦之仅存者；然游人至此，志在观窟像，而不在殿宇，故亦无加之意者。

寺旁为今之山西骑兵司令赵承绶（字荫甫）之别业，筑于高陂之上，与庙相平而相连，凡平屋七八间，参以西制。明窗净几，前有花圃，布置楚楚，雅人韵致，实为擐甲攻坚中不可多得之才。且赵君公其屋于游人，委其事于僧祝，客有至者，

大同观音堂龙壁

均可就而茗坐投宿，是其不私所有，更为难能者矣。石窟之在寺旁主要者，东、中、西约分三部，均在山半，联属相衔，不过二里许。游客约略搜奇，历二小时可以尽之，合之人力车程，往返约五小时，一日殊颇充裕。若云考订研精，自非旦夕之力所可儿，则可就寺僧，假馆赵氏，以穷奇而治学也。

　　石窟　石窟之位置，由东徂西，为一大排列，均在山趺。其各石窟之造象，大约每一窟有主要之像，而窟旁上下四周，又无不有大小佛像。乃至应化事迹，藻井雕饰，瑰奇怪诡，不可言状。而就中较大较为整齐之诸窟，像身多敷以土垩，辉以金碧，虽光彩曜目，而观者摩挲考古，转或患其失真。至未经修饰者，虽甚剥落，然容饰未加修垩，反而逼真，可供学者之研讨。此盖在游者之因意为匠，见仁见智，初不足以强一其心理者矣。

溯中国之有刻石造象，由来已古，汉代迄今，流传不绝。然以汉代所作之古劲一派，与六朝所作之生动柔和一派，相互较量，即知由前而后，意匠不同。其间衍遵〔嬗〕之迹，固非一二语一二处所可定测，然前后之间，云岗必足以为承先启后之钮，可以断言。以云岗刻石中，所发见之非中国旧有款式者，比比皆是；且有明袭西汉、希腊之古典宗派者，有渗以印度之佛教美术派者，不难鉴别而得之。即持以与五十年后之龙门造像相比拟，亦正有其不同之处，故谓之为承先启后，实非虚假之词也。

云岗石窟，其窟制西部五洞，平面或椭圆，或扁圆，亦各不相同。像身之容貌衣褶，显有中印度之流派。至中部诸窟，则前面多为长方形，而后则仍各为形体，初不一律，此足为雕刻技作中渐进之明征。而东部诸窟，则刻成较后，其佛象之背光火焰，极其和柔，与西部之古拙者，殊不相类。即胁侍菩萨之头饰，亦极繁复，花纹亦柔圆，而下开隋唐之先绪。至西部偏西诸窟，以至中部偏西诸窟，及于崖壁外之大龛，其年代均较在后。盖云岗工程，前后历年至久，始获告成，故其刻工之与年俱变，亦属事理所可能。今兹躬行实勘，游者于欣赏艺术以外，更可深之以学力，以确定其渊源，是于吾国之艺术历史，必可多所发明，企以俟之。

石窟制作，始于佛教，源于印度，无待闲言。然其平面较为复杂，且窟内多有柱廊佛塔，与吾国所刻，又所不同（我国石窟，新疆、燉煌，均其较古者）。云岗中部，辄为前后二室，以方形与长方者为多，当属燉煌之遗派。惟西部之椭圆、扁圆，何以独异于此，则昙曜开窟之初，又必为径传印度之款制可知矣。

建构　石窟款制，约如上述，若再就内部各部，缕析言之，则窟内有实质石柱之塔，四周雕佛像以追模印度之支提塔者（燉煌亦有之）；又有以石柱雕成楼阁式之塔形，檐柱斗栱，无一不具，而再浮雕佛像于门栱之中者。且塔之上屋，面阔与高度，递上递减，使外观稳洽，此实为中国构造木塔之款式，今云岗用之，足以兼证当时木塔之遗制，是其于我国建筑史上之创获，又可多一事证，宁非至重且要者乎（魏时木塔盛行，《魏书》屡有纪载）。且塔之构建，款式本多，诸窟浮雕各塔中，有上方下圆，相轮五重者，三层平面方形者，五层及七层者，就中除圆顶一种以外，几均为中国楼阁式。夫塔源于印度，而楼阁则为中国之建筑，递上递减，亦中国楼阁之款制。今塔既因佛教而移植于中国，然其款制，乃又与中国固有之楼阁，合而为一，此实足为中国与印度建筑离合之明证。在其初期，端赖云岗以传世，大足为研精斯道者之考订者也。

至于诸窟佛像浮雕，多先刻一宫殿拱门，而以佛龛置诸拱中。又则浅刻应化事迹，纬以建筑之檐柱。其浅刻花鸟，诡奇异致，虽无当于建筑上之制度，而其艺术之超凡入圣，直有令人仰睹诸天威仪之感。而雕刻柱面，下丰上杀，辄多遍刻花纹或满琢佛龛者；亦有承以台座，绕以莲瓣及忍冬花叶者；斗栱有刻兽头相对者，其为渊源希腊、印度诸旧式，绝无闲言。惟屋顶为四注之式，椽多筒瓦。屋脊用鸱尾为两端，角脊以凤凰为雕饰，或加火焰，犹留汉石刻之遗风。而佛龛拱门，有内缘作龙形，外缘作宝珠形者，则为印度式。有为五边拱者，而拱面分格以雕飞天及璎珞垂幔者，则是参中外之制度于合一，又其明证。阑有万字式者，为六朝以来所常见。藻井或分格，或不分，且多依窟式以分之，初不求其整齐一律。所雕者，多莲花及飞仙；或参用，或互用，飞仙多因形立异，谲奇活泼，手中多持有法器、乐器。约言之，有为湿褶衣裳而露其双趺者，则为印度式。有短衣长裙，裙绕足复张，飘展四散者，则与汉刻之鱼尾托云，显为同制。至其最精最美者，屈膝前进，裙裾生动，回翔翩集，望之欲去；而衣带云彩，于无意有意之间，又似有图案之可循，则必为晚出愈精之品。盖冶中印之艺技于盈尺之间，一窟之内，多至不可胜数。宜为来游者所欢喜赞叹，而穷年累月，不易竟其研讨之功者也。

雕饰花纹，用为模式者，多足证其来自希腊，经由波斯以东来。盖云岗之前，为吾国旧传所未有，而云岗之后，又成为中国所习见。承先启后，适于其时，更足为学者研精东西建筑沟通之史料。其尤著者，如回环之忍冬草，每环成组，环中再镂以花纹。夫佛教之莲瓣，即源于希腊之忍冬，久有定论。惟在中国，释教日昌，莲瓣模雕，随地可见，而此椎轮大辂之忍冬，转就湮灭，其少少遗存者，仅此云岗，宜为后人所珍视。外此璎珞花绳诸式，均为间接传入之希腊旧制。兽形固中国旧有鸱首、饕餮之遗风，而刻法却参以西洋之风度；且自此而还，即为中国艺术所应用，在此北魏之际，竟得其嬗衍之阶段，宁非大可重视者乎。

佛像有大至数丈者，小不及尺者，满坑满谷，无由胜计。其中部各窟，多经丹垩，饰以金彩，其石工制作，遂不易尽窥其真迹。而东西诸窟，金彩已残，真身毕睹，然除数像以外，又多患风化，仅留残影，未易谛观。约而言之，其较为严整者，多有印度气息，在在示人以抚刻之精工，而不敢谓为超脱。有较生动者，则于威仪之中，仍能显其翛然尘表，神彩欲流，使人一望而羡慕不已；则是超凡之致，萃于雕镂之工，化境之神，穷于斗室

云岗石佛寺大佛

之内，其为精到神胜，非瞻谒者莫由尽其真。而秃管零缣，更无由张其美，斯则留待游览者之躬亲目省者矣。

云岗石佛寺

云岗石佛寺石刻

结言　云岗石窟之玲异，散见上述。要言之，游客之为释教来者，睹此威仪，必生恭敬欢喜之心；为学艺来者，于此可以得无数之美术建筑史证。即徒事纵观者，置一身于一千五百年前，而得摩挲观览，其可以发思古之幽情，饫真灵之胜赏者，又岂寻常行役之可企及。是以瀛海士女，无不排日往观，平绥路局，为发扬古迹起见，每星期更有游览之专车，自北平径驶大同，往返不及三日。饮食车马，均为戒饬，实尽导游之能事，可为纫佩。抑更有进者，吾国治金石之学，旧好言文字，而略艺事，故云岗之名，以文字罕传，遂不及于伊阙。实则论时代，论雕式，无不视伊阙为古丽。惟阅时既久，风水为灾，纵之以盗窃，不免凌夷，所愿言学术，负保守之责者，更进谋整治之方。先修平其道路，再全之于风化（今西人有特制之油膏，涂于石身，可免侵蚀），而附近之民居，有当使其移徙者；窟前之寺宇，有当急谋修筑者，亦一一克期举措；则此蔚然之国宝，必可长留于天地之间，又岂仅供游子之览省摩挲而已哉。

游程第五

归绥　召庙　无量寺　崇福寺　延寿寺　五塔寺　青冢

绥远离北平六百六十八公里，为中国本部与内蒙接壤之要区，亦为内蒙由游牧而转入垦牧之镢基。其于商务、农事，关系之重要，不可胜言。盖稽古以还，中国与蒙古，多以长城为界限，天险之不足，则以人力之长城辅之，其对邻疆之闭关政策，实非上着，无俟讳言。后虽屡得屡失，亦无一劳永逸之可言。明清以来，贸易较盛，而限制之道，出于常轨，此岂足使远人慕义望化。所幸清代，合蒙古于板〔版〕图，而中外之界限以泯，然其防娴〔闲〕之道，初未少废，内外蒙有识之士，于今类能道其详也。民国肇造，五族一家，共和政体之下，以平等立制度，而数千年来所衔恨切齿于所谓外族者，至今乃荡涤瑕秽，一廓而空之，宁非盛事。自兹以往，更言农事，言建设，而有志者复荷耰锄以务农，实收河套百害中之一利。更进而规划为特别区，以提挈政务。迨民十六年，国府成立，几经研讨，复改特区为行省，而一切政治，遂更易推行。然内蒙之组织，如盟旗制度之相因存留者，亦于以未废，因知政治与事实之相互兼顾，有不可畸轻畸重者在也。最近主席傅宜生氏，来守是邦，一切建设，既极孟晋，而治安尤佳。人民得安其生，得乐其业，以视曩昔，日有加胜。故流亡渐集，廛市益盛，因知一手一足之烈，其能恪共厥职者，乃至于如此，行见绥远之前途，为未可限量。国人竞言开发西北，首重得人，余足迹初履兹土，敢以观听所及者，先为喤引，再详游事。

　　史略　绥远城属归绥县，即今绥远省治也。归绥于汉属云中郡，后魏之际，且尝建都于此，号盛乐城。隋时置定襄郡。唐置单于都护府。五代后，入于辽，置丰州天德军，属西京道。元为大同路，明宣德间，筑玉林、云州诸城，既又为蒙古所据，明人称曰谙达，驻牧建城，即今之土默特旗也。旋谙达来附，封之为顺义王，因名其城曰归化，俗名旧城，亦曰三娘子城，蒙古名为库库和屯。迨清康熙西征，内蒙诸部，均来倾附，因以贝勒岳脱驻其地，又置都统、协领诸官以统之。雍正元年，又设文官同知缺。乾隆元年，别建绥远城于归化之左，俗称新城，合称之即为归绥。六年，置绥远道。民国后，改将军为都统，称特区，又规划各县治，而政事日有起色。民十六后，改区为省，政体与内地同之矣。此间地属高原，距海面三千二百余尺，是以空气较燥，通常四月解冻，夏间凉爽，八九月最为温和，十月后遂感寒冷，而一日间早晚之气候，凉燠亦异，则大陆气温之通例，然无妨于游侣者也。

　　游程　自大同西北行，凡十三公里至孤山。其所以名之者，以平野孤峙，不接他山，一峰独起，故又曰神山。向时边城贸易，亦多聚于此，今交通便利，盛况转减矣。更行七公里而至堡子湾，旧为大同边关，为晋、察分界之处。其地有祁皇墓、方山之胜，所谓祁皇，盖为北魏皇后祁氏。方山亦北魏高祖所经营之寿宫。现尚有遗迹可寻。又站东十九沟村，泉水洋溢，极便农田，桃杏满山，春时绚为异境，非塞外所可见。更前十五公里为丰镇，则歧〔岐〕王山、得胜口诸胜在焉。唐代乾符间，李克用奔安史之乱，即尝次军于此，而得胜口别有狼烟台遗迹，所以守关者。乱槛颓梁，犹能登陟，思古之趣，油然而生。至灵岩寺则在镇之东北麓，循九十九级以至山巅，负山面水，高临云外，诸山送青，一楼迓紫，真令远客萧闲，有天际真人之想，为游览者所不可不至也。更行十六公里而新安庄，八公里而永王庄，十二公里而红沙坝，十四公里而官村。凡此均土寒地瘠，民贫产少，故几无农商之可言；惟官村有古冢及旱海，为内地人士所罕觏。旱海周逾百里，深仅二三尺，水由陂下，积为浅淤，含盐质。海旁为鄂博山，足资凭眺，为北国之雄观。更前二十公里而至苏集，十二公里而至平地泉。其地于民国初年，开办商埠，渐设集宁县。盖此间为内外蒙之孔道，可以东达多伦，北通滂江，西至归绥，掌握枢钮〔纽〕，惟斯为便。故当时又有平漭铁路之计划，将图由漭江发轫，以直赴库伦，与张库线为犄〔掎〕角之势。荏苒岁月，居俟无及，外蒙发难，终至不可收拾，未始非人谋之不臧也。更前进十五公里至三岔口，十二公里至八苏木，地势愈趋而愈高，则气候亦愈行而愈寒。再十二公里抵十八台站，则为平绥经行中最高之地。盖高出海面且五千二百英尺，而与北平较，高五千英尺，宜其凛冽严寒，狂风不息，霜欺雪集，终岁无休时，虽盛夏亦往往如此。因之游客于此，多不下车，而村民农牧之徒，亦极少见，荒寒寥阔，徒见其气象之清肃而已。进十四公里而至马盖图，十三公里而至卓资山，七公里而至义丰村，七公里而至福生庄，地势已少偏南，气候亦较融暖。其地依山凿石，有广室数楹，为喇嘛寺，俗称佛爷洞，以驻锡者之尊为佛爷也。洞虽不巨，梵呗无辍，蒙藏僧侣，潜修其间，已足窥见黄教流泽之所遗。惟依山部署，尚无藏式之建构，足壮观瞻耳。更前进十五公里至三道营。其地有虎伏山，以山多虎患，故用之为名。层峦叠嶂，势殊险狞，登者绝少，仅供当地之樵苏。更行十三公里至旗下营，其地仅平顶山足资娱赏。然入夏则繁花烂锦，届秋则枯黄砂碛，惟以气地温和，故农产甚茂；而药材之如黄芪、防风诸品，尤为佳产。更十八公里至陶卜齐，十六公里至白塔，均多农事，弥望阡渠。其地在康熙西征时，曾经驻跸，然亦无遗迹之易考；但辽时所建之白塔，则仍巍然于云中，高二十余丈，凡七层，周三十六步，塔基之崇，于可想见。且建筑精丽，雕刻斗栱之属，视北平之天宁寺，更为整严。凡言建筑，言古迹者，不可不一往临存之。自白塔至归绥，凡十七公里，炊烟万井，道路修平，土堞层楼，即为省府之治所矣。

绥远城外大道

召庙　绥远之行，市衢采风以外，所足流连者，莫过于诸召，召蒙语为庙宇，亦读曰昭，若内蒙伊克昭盟，译之即为大庙盟也。绥远以地连内蒙，黄教特盛，故召庙亦多。更为西藏式，不似北平雍和宫之以雍正青宫所改建，虽奉喇嘛，已非藏式之旧（关于藏式建筑，及西藏黄教，另详次章）。兹述绥游，故先举召庙，以标斯节，再涉市衢之盛，合为一章云。

车至站次，即近归化。归化为旧城，有人力车，洁净迅速，与平、津所有者相同，价亦略等，一日约一元。以人力车入归化城，地大路宽，修整如砥，夹道榆柳，高至寻丈，令人生江南春树之思。下车就道，一转折间，已见比国人所经营之医院，闳壮无匹，殊为此间新式建筑之冠。再行则绥远之毛织工厂，已在目前，占地甚广，机声隆隆。讯之当地人士，知此为公家招商家所办，现方开机，将图推进，目前产量不多，而成绩绝佳。本来西北为天蕴之宝藏，但求济之以科学，深之以人力，必可收百什之利，俯拾即是也。更前为一跑马场，有地数百亩，平坦广袤，适如其用。盖锻炼身心，无过于骑术；而西北健儿，尤以产马之名区，视骑射为故常。是以此场之设，可供比赛，亦可供习骑，法良意美，初非博弈之可比。场次夏屋巍巍，为省立图书馆，落成未久，尚待布置，而百城之胜，已可比拟而得之；与赛马场为邻，正合前人春夏读书、秋冬射猎之谊。图书馆街前，有九一八纪念堂，亦新式建构，堂广，座可容千余人，足为本地集会之用，经之营之，已将竣工。更前即为绥新公路之发轫站，绥新运输，仅此一线，时通时续，已经多载。最近幸获通车，利赖者多矣。此路计长五里许，为归化与绥远新旧二城之通道，故土名新城马路，由此一转，而入于归化旧城。旧城仅一北门，南门已废，此地亦如张家口之为买卖互市城，与蒙人交易者，故商业向称繁盛。旧城之街市，欣欣向荣，西式楼屋，以及旧京建筑，触目皆是。饭庄亦佳，余所治餐之麦香村，即其特著者。现兹省府，更锐意整顿，开辟展拓，因之广衢连逵，气象益佳。绥远商场在无量寺外，列廛无数，百物咸备，大致如北平之东安市场，胜于张口者多多。九边第一泉，为此间水源所在，即在寺前。相传康熙西征之际，驻跸于斯，马渴无所得饮，奔此而泉水大涌，全军赖以存活，故康熙御题"九边第一泉"以嘉之。今泉上覆以瓦亭，祀以龙王，即康熙以来所馨香不废者。城内取水，均集于斯，无论天候之晴雨，水终不竭，因之居人，亦益神其说。余征车过此，亦为流连，一往觇之焉。

　　无量寺　寺在大招街，周约数里，珠林梵宇，错落掩映。蒙语曰伊克召，伊克，训大，即大寺也。盛时有喇嘛千余人居之，近亦数百人。然四周房屋，已多赁之贾人，故庙宇仅大殿、偏殿等数重而已。其建筑已为西藏式，然此等建制，由藏入蒙，更由蒙古而至绥远，移步换形，其轮廓已微异于纯藏建筑之五当召等；而正殿部署，门楣轮奂，则兼采汉藏，可得而言。盖纯藏式多用直方形，而此则雕栱流丹，飞甍萃碧，所用之木材，略多于砖垩，此其一望而知为参错藏汉者矣。入寺展省，正院甚大，即为正殿，殿甚高伟，惟门首以上起重檐，故不见其轩朗。殿门则作凹字式，门列巨柱，前置巨香炉。大门朱桼，上雕梵文，书用金字，以示威戒。重檐翼然，同于小楼，范以阑槛，更施窗隔。屋顶则用釉瓦，飞檐外向，中置相轮为法器。两旁屋脊，均同于内地之寺宇，置龙吻蹲鸥，为之缘饰，无藏式之可言。门楣奂彩，率用朱漆，斗栱虽简，而每行均梵书经典，置之梁上。大殿凡二重，日常深扃，以喇嘛一人司启闭，余此行得请于治事者，启而观之。外殿直通屋顶，故特伟，略如雍和宫之立佛大殿，惟仅有四角，得沐余光，晦暗万状。外殿凡设三座，中座较大，以便主持诵经之所需。座上咸饰以璎珞，宝幡长丈余，绣佛像，自栋及地，笼之座间，飘拂悬悬，似香云之暖霴，诡丽间，别有天地。地下铺锦氍毹，多黄蓝二色者；又皮毡垫于氍毹之上，均整方形，以供喇嘛之起坐，此则由蒙古包中席地之风尚而来也。法器如干种，多乐器，厕列殿中，喇嘛诵经，即用此器。大殿之后，即为后殿，视大殿为略小，而晦黑过之。中有立像三，祀三世如来，金身灌佛，初非黄教梵天之偶像，盖同于印度式者。佛像前亦作大木龛，龛柱饰以抱龙，飞舞生动，镂金焕朱，意匠甚精，制亦朴茂。两旁复有护法、胁侍诸神像，壁间亦有壁画，均教义佛像。其塑法微杂以西来之风度，知此盖由印而藏，由藏而展转入于蒙绥，已略杂以藏式，非纯印度之艺事矣（此即详辨于云岗游程，不更赘）。佛像前中供六角大油镫〔灯〕一事，用为长明之需，又置曼陀及油果、茶米、杂供诸品，均为藏制。更前别一小案，则皮金光明镜三，曼陀以象宇宙人天，而明镜则示佛义。后殿之外，即为僧舍。殿背无海山诸装饰，惟一小梯，可以上行。梯窄黑，由之而至重檐之内，拾级登楼，豁然开朗，则已至檐外，即于屋顶。上为平底，如近制之水泥，四周短垣，覆以釉瓦，角为龙形，与金饰锡利〔刹〕相辉映，往往间以梵文，即藏字之一体。绥远地高广，气清寒，登斯楼者，俯视城阁，别有凌云之思，令人心魂俱爽，何止回向之一念而已。

此寺建筑，渊源有自，然于时代言之，初非甚古。且几经修葺，幸获完整，一切仅当以康熙断代为言，归绥来附，源于有明，而康熙西征之行，慑之以威，怀之以德，遂益坚其内向。康熙亦更多兴筑，以奉大法，此其维系人心，折衷于政教之际，为大有心人也。

蒙古犬高大悍猛，非同常种，班禅国师驻锡时，曾携数头，以数人伺之，旁人不得近也。国师西迈，寺中犹存一二，日紫而饲之，系诸别院，同人震于神獒之名，欲往一观，而守者不之许。谓少不慎，即遭横噬，于是废然始返。临行，犒导者以一元，欢喜赞叹。亦见蒙人男妇之前往瞻谒者，络绎而来，盖此召正殿，非时不启，今见重扉洞开，均来虔礼矣。

崇福寺　寺在小召街，蒙古语谓小召曰把甲召，亦归绥之名寺也。寺拓于清康熙间，为康熙出征获胜班师之后，驻跸所修。盖康熙西征，得力于内蒙各盟旗者不少，故辄为建召，以收蒙人之心。崇福虽曰小召，而规模亦甚伟丽，大致与无量寺之大召相等。正殿前门楣，镂木藻井，精整逾恒，工妍无匹，足见当时物阜财丰，非后兹所可及。又正殿前有碑亭二，分峙左右，为康熙出征准噶尔之纪功碑，用汉、番、满、蒙四体文书之。煌煌巨制，书刻均精。大意绳其远征之武功，而归之于修庙，亦犹无量寺之所由兴也。庙中正殿，布置壮严，然亦残败特甚。其所供祀者，亦同于大召，不更絮述。质言之，黄教体制，自有其宗风，此虽不及百灵庙、五当召之气势，然初至边城者观之，亦已十得七八，可资启发矣。

此召庋有康熙出征时所习用之甲胄，计战盔、镤子连环甲，及战裙、战靴。甲甚细，以锁子为之，为兵刃所不易及。战裙则黑色，悬以钢片，靴绿皮所制，上用之品，体制为特崇。同人属主者取出谛观之，伟逾恒人所习御。知康熙体干之修，膂力之盛，盖甲制奇重，非负重者不能荷而戴之也。旧时战术，以冲锋陷阵为长，摧枯拉朽为得，故重勇力，宜康熙之以此制胜。若在今日，军器已非矛矢，衷甲亦难避敌，时异事异，观于此而且益信。微闻人言，有来客瞻视至此，为假用之，以摄一影，亦足尽聊以自娱之乐矣。

　　延寿寺　循小召西数百步，即延寿寺。蒙语谓之锡拉图召，壮丽无匹，盖光绪十三年被火重建者也。门有巨坊，题"阴山古刹"四字，为雍正甲辰王某所书，作草字，凌云飞舞，极有古趣。因知此寺之立，必在前明，但未稽载籍，莫由正订其兴建之确时耳。正殿体制，一如大召、小召，殿前左右，亦有二碑亭，同为康熙御制碑文，四体书，分庋二亭，亦四十二年间征准噶尔回銮时所立，述三十五年锡拉图呼图克图奏请重修事。正殿甚广，中悬巨额曰"能仁显化"，殿凡二重，益见其高朗，前殿为主持卓锡之区，后殿则塑五佛像于中龛。左右壁又各立像十，幽冥胁侍，一一可辨。而像均印度流传中土之款制，与黄教诸殿所祀者不同。壁上有彩画，精而不工，盖光绪重建时所补。立像之后，别有经橱，绕墙位置，内庋藏经全部一百〇八部藏文经典，向日流传于内蒙、察、绥者，为数不少，然以典守不职，部署为难，更有不肖者之盗卖，有力者之豪取，因之即喇嘛寺中，求得全部，已不可得。向知热河有之，而现亦不可追诘，今绥远之藏有全部，无丝毫缺失者，要仅此完帙，宜其珍护非常，不肯轻于出示也。屋顶外向，中为大相轮，两端有金饰宝幢，幢旁复有金饰之舍利伏兽二，分置于相轮之左右，则黄教之遗制，而土人谓此即锡拉之转音，则讹言不足信。盖藏建喇嘛寺往往有之，不仅于此。余循正殿而后殿，布置亦如大小召，继仍就原道，下楼别绕至西院，即为其偏殿。另一院落，在大殿之右，为平室五大间，院落亦广，前有院门，可以与正殿相离合，则其住持呼图克图燕居之所也。入门瞻谒，中三间为正室，部署井然，仍置矮座锦垫，及法器二三事。呼图克图率喇嘛三数人，诵经其间，壁悬佛像及哈哒如干方，所绘多黄教之威仪。东壁立一小龛，祀佛像，前置供品，别有插纸花于瓶者，此纸花亦藏制，中有经文，大抵如江浙念佛之宝塔点心经纸，所以示其虔诚者也。东向一室，有高炕，及巨案，所以款远客、惠嘉宾者。炕置黄绒呢垫，乃至氍毹之属。案陈果饵，同人少息于此，喇嘛为进茗，而呼图克图诵经不绝，往即观之，所诵为《法华经》，藏文横书，极工整，而边题汉字曰"法华经"。又记其几卷几页，均出手写，乌丝为阑，白宣为楮，藏文印刷者极罕，虽经典，亦多出传钞，其存于寺中者，宜为精本。诵经以藏音，应以鼓节，大致如雍和宫中所闻。此呼图克图，既已受封，自亦转世，故僧俗亦均尊之为活佛矣。西向小室，亦供佛，陈设视后殿所见，具体而微。然壁悬山水巨幅，及缂丝哈哒甚精，引导者谓班禅国师来时，即居于此。时陈设更华，国师行，主事者屏而藏之，今所日用者，犹非极品焉。

绥远舍利图召

卓尔齐召　此召在锡拉图之东南，车行不及一里，已至其地。院基较小，残败之余，令人观之无欢。召亦康熙时建，盖达尔班卓尔齐以一人之力经营之，至嘉庆间，呼必尔罕，驻锡其间，即为主持。遂奏请设札萨克一员，常驻于此，为管理诸寺之领首，至今沿而不废，然其寺已式微矣。

五塔召　在市街之东，蒙语谓之为塔布斯普尔罕召。前殿视大小召为小，建造年月，未易详考，特乾隆间尝为重修耳。五塔合为一崇基，在后殿之后，为一砖基。前有蒙汉榜书，其汉字之额，题"金刚座舍利宝塔"，入门分屋为中、左、右三室，室均不广，且甚晦暗。中座设佛像，率以砖造，初不用木，亦无梁栋。盖以砖作拱形，承塔为基者也。左右二小室，有小窦，仅通微光，各置小梯。拾级缓登，盘旋而上，凡二十余级，以至基面，五塔赫然，均位置于平顶之前。中一略大，四面者略小，大者方广丈许，均实心，内庋舍利，则不可见。其式一如藏制，亦大略似北海所有，特较小耳。塔下有小基，塔作胡芦半截形，顶上又置相轮，复于轮上为幢顶。相轮铁制，塔基则为石刻，中座崇高亦丈许，分为七层，每层均有飞檐、翚角、斗栱，艺极精巧，以彩釉瓦为面，至塔基之四向等方面上，中塔分七层，四隅者分五层。每层均精刻佛像，且按其地位匀列，以定像刻之多少。最上一层五像，二层六像，三层七像，四层五像较巨，六层九像，七层则为三大像。像基横列，则别雕三像，其南向者中为赤足双趺圆范像一，左右为立像垂鼻形像二，像身并有宝瓶，雕镂极细致。各层佛像之外，均以云彩缭绕之，亦间有不刻佛像，而雕大相轮者。雕二佛像相向者，二飞马者，二狮形者，形制不一，均古朴可喜，文质均茂。而四周琢石为莲瓣，以承座基，浅刻尤蒨雅绝伦。至四角较小之四塔，第一层三像，二层四像，三层五像，四层六像，五层则中为一像。两旁有胁侍二像立侍之，佛顶均作圆光。每像间凿小柱雕花以为区画，像上别有梵文细书一排。其佛像之较大者，则间以璎珞云彩，盘回曲折。第五层下，亦承以莲座，座上亦刻梵经，按其雕法，为由于印度之款制，而不挟以西方希腊、波斯之风度。其年代亦不能在朱明以上，然雕琢之精整，像容之端凝，有非后来俗手所可几及者。且数百年来，一无损坏，尤足珍贵。藏制召与塔连，绥远多召，独少塔，此则以塔著，宜游客至此之珍重瞻回而不忍言去矣。

五塔召

青冢　绥远附近，可资游览之处，如沙溪、怪园，要为人所共知。然终不如汉昭君之青冢，令人闻之而神往也。其地在城南廿余里，以黑水城南，地多白草，终年枯槁，而此冢独青，古以为名。实则冢多青黑礁石，石隙生草，多不能掩石之青褐色，故以青冢为名，未必冢草独青。文人故作狡狯，用神昭君之说，积习使然。且包头亦别有一青冢，至今无定说以断其真伪，则从而青冢之可耳。冢为大高阜，已似一小山，高十余丈，阔广数十亩。今有汽车道，可由车站或城中，径赴其处。汽车行约半小时可达，人力车则须二小时许，土路平直，过黑水河，已建桥梁，盖此路为绥远南向交通所必经，不仅以达青冢而止也。途中村落无多，放牧者来往田间，络绎不绝。将至冢前，已惊土阜之高岸，车行直可抵冢前而止，除碑记外，一无建筑。惟地上碎砖釉瓦，俯拾可得，因知旧有台殿，已仅剩瓴甓，外此且无可踪迹矣。阜高而陂，浅径冯陵，村童稚子，一跃即上，且有东西两路直登冢顶。顶上亦更无建构，惟作大平顶而不锐，斯其所以异于山阜者也。墓前列八碑，自左而右，第一为马福祥所题，前作擘窠隶书，后为之记，谓清初张文端（鹏翮）使俄时，著《行程录》有云"归化城南青冢，高二十丈，阔数十亩。冢前石虎双列，白石狮子，仅存其一，制作精工，必为中国所制以赐明妃者。又地有绿琉璃瓦，委沙砾中，是其享殿之遗，今来守土，因为重立碑记"云云。盖民国时马曾任绥远镇守使所树也。第二碑题"汉明妃冢"四大字，旁又有满洲文，题镇守绥远城将军兼管右卫归化城土默特官兵提督宣大三镇绿营官兵归化城副都统统辖土默特蒙古管理绥远官兵宗室祥康，分巡归绥兵备道兼旗民蒙古事务富珠礼，兼署归化城统制清水河通判齐里屯诺尔布台立，按其碑阴，则为道光十一年立，且有满人升寅之题诗，陋劣可发一噱。其起首云："乾坤毓秀无遐迩，半出簪缨半床笫。才貌岂足定闺贤，总视大节知臧否。"其谬妄已可概见，兹不具录。第三碑为李培基任绥远职时所题，前书"昭君青冢"四字，后题一诗，无可采掇。第四碑前为题字，款则道光十三年署理分巡归绥兵备道大同府知府长白珠澜，碑阴题绥远城粮饷理事同知阿克敦布立。第五碑为吉鸿昌所题之懦夫愧色四隶书。第六碑为军人李廷玉之题诗。第七碑为满人耆英题诗，草书，跋云与爱堂侍郎同观立。第八碑前为雁门冯曦之植树记，阴为李厚基及当时同官僚从之题名。流览至此，曜灵西斜，驰车而返，乃不能不追思于二千年前胡笳马上之神情也。

绥远城外昭君墓

游程第六

乌兰察布盟　　蒙古自治政委会　　百灵庙

　　乌兰察布盟，为西蒙游牧三盟之一，去北平几及千里。东界察哈尔，西界外蒙之三音诺颜部，南界伊克昭盟，北界外蒙之土谢图汗部，东南界归绥县境，东北界锡林郭洛盟，盖由归绥以北至库伦，西至新疆者所必由之径。且其地饶有水草之利，与戈壁不同，故农垦日丰，辟地日广，实为西北之沃野。大阴山当其南部，河套之利，由伊克昭盟而至五原、临河一带，所谓百利一害者，独伊、乌二盟得之。是以国内之言开发西北者，最早厥为经营内蒙，移植放垦，事在前清光绪间。清廷以贻谷董其事，然贻既不能善体蒙情，又不能实事求是，因之被谴问罪。迨夫民国肇造，合五族为一家，又改绥远为特别区，既改省治，开垦设县，日有进步。然盟旗之制度，仍复存在，县治之近归绥及平绥路者，多已从事垦植，而较远偏于各旗者，依然其为盟治，且依然其为游牧。夫由游牧而改放垦，但为地力所许可，自不妨逐步推行，俾得尽利。然国家之牧政，关系于民生、军事者亦甚大，势难偏废，自必谋统筹之道，而后可以两全。久居中原本部者，往往知垦胜于牧，然一至盟旗，少觇游牧之情况，又必不肯即尽舍牧而言垦，此其中必先确定计划，按步推施，务使汉蒙人民，交受其益，然后可以于国家有利无害。余之此行，足迹北向，仅至百灵庙，因不敢谓为即知蒙事。然道途观感之所及，与夫耳熟所已详者，述之以告久居本部之人，俾人人得略识其崖略，用为研讨之初步，不其可耶？为述旅程于次。

　　史略　乌兰察布盟凡分四部六旗，东北为四子部落旗，西南为喀尔喀右翼旗，又西为茂明安旗，又西南为乌喇特前、中、后三旗。全盟土地，北界瀚海，南迄大阴山，为一东西向之椭圆形。河流较多，宜垦宜牧，且多矿苗。四子部落，在汉为雁门郡及定襄郡北境，晋为拓跋地，唐属振武军，辽属丰州，金属西京，元属大同路，明代入于蒙古，盖元太祖弟哈巴〈图哈〉萨尔之十五世孙昆季二人，同游牧于呼仑贝尔，又传而为弟兄四人同牧之所，故合之曰四子部落。清代开基，以纳降编为四王子〔子王〕旗，又以从征有功，授鄂木布氏为札萨克（即管理旗务者），驻乌兰额尔济坡，以此旗两〔西〕有乌兰察布湖，故即因以名其盟焉。茂明安部之史略，同于四王子〔子王〕旗，惟在汉属五原而不属雁门，其世裔则为元太祖之第十四世孙锡喇奇塔特氏，有子三人。其长子多尔济，号布颜图汗，子车根承位，号所部曰茂明安。清天聪七年时，车根降清，编之为旗，其子遂受封为札萨克，世袭罔替。乌喇特部在秦为九原郡，汉初更之为五原，渐废郡名，后魏置怀设〔荒〕镇，唐为中西两受降城地，辽为云内州，金仍之。元属大同路，明时为蒙古所据，盖元太祖弟哈巴图哈萨尔之十五世孙，曰布尔海者，游牧于呼仑贝尔，号所部曰乌喇特，以长幼子及孙曾分领其众，故有中、前、后三旗之分，亦于天聪七年降清。顺治五年，从征〔五年〕有功，封各旗长镇国公、辅国公，故三旗亦俗称曰中公旗、东公旗、西公旗。喀尔喀旗右翼（因左翼在喜峰口外，不在一地，故不具载）为元太祖十五世孙达延车臣汗之后裔，初达延居外蒙之杭爱山，有子七人，号喀尔喀七旗。嗣后族繁而衍为东、中、西三路，立三汗以掌之。康熙三年，以同族仇杀，遂移左翼于喜峰口外，其右翼则为格将〔埒〕森札札赉尔之第三子，再传而为外蒙土谢图汗之祖。其后嗣有于顺治五年降清者，遂编为此旗，相沿至今，迄以未替。合之即为乌兰察布盟，盟长云栋旺楚克王，亦即内蒙自治政务委员会之委员长，于内蒙关系至巨之中心人物也。

　　游程　同人游程，初至绥远，得见全境民物之殷填，诸召之古迹，咸叹为得未曾有，乃进而思观光于内蒙盟族〔旗〕。绥省傅主席，殷殷见厚，又承以军用汽车相假，于是即定翌日早行。计由绥至乌盟，自以百灵庙为中心。且蒙古自治政务委员会，即在庙左，又为内蒙自治发号施令之所在，因之余决策即至百灵庙，盖黄教威仪，及政情民俗，自不难于此行，得其一二也。同人咸以为然，即备行装，亦知北地苦寒，则咸挟重衾，厚其衣履。又恐道中不易得食息之所，则少携糗糒，车少人众，更不敢多挟不急之物以自累，则去取之间，又无不慎重将事。亦知自归绥至百灵庙，计程三百七十余里，车行且八小时，则相戒昧爽而兴，侵晨即发。迨夫翌晨，车来，同行者并有全国经济委员会勘路工程司陈君，尝作蒙行，能为先导，可获南针，中心尤慰。八时廿五分，即登车发轫，先由归绥之北门，渡河而前，水流不深，浅揭即渡，军车过之，如履平地。迨一出北门，黄埃四合，浓阴障天，盖已塞外之风光，迥异于城内之晚晴高树矣。军车所行者，为北通之官道，察其辙迹，可并行七大车，此盖驲道旧制。凡七车并行者为大道，次五车，次三车，以至于一车。以行车之多少，分道路之广窄，七车大道，所以由归绥而内蒙以迄于外蒙之正道也。且行且远，村落渐稀，阡亩如故，而马群已时时来往。牧人一鞭在手，驱之牧之，别成异境，游牧生活，已见其端倪。大阴山本在归绥北境，连绵横亘，望之如在目前，而实则相距二十余里，且地势由卑而崇，行不十五分钟，回头望城市，已在足底。大阴山以分南北者，其北多为盟旗草地，南则农垦之区，然远望则山固不高，将届山趺，乃益形其峻岘，似无隙路之可通。斯则游子行程，所最感兴会者，于无路处觅路，此乐所谓花明柳暗，将于山穷水复处求之也（北方人谚语云，看山跑断马，盖以山在目前，似可一蹴而至，乃乘骑登山，虽穷马力，亦未易即至，余于大阴山，弥具此感）。迤行二十余里，至一村，居民庶茂，且有油酒什物，以至大车旅宿之小肆，则其为坝口村，盖大阴山为绝大之分水岭，小路以通山之南北者为坝道，此则曰蜈蚣坝，以状其蜿蜒之势。其在入山之口者，村曰坝口村，所以便行旅，宜其较有生气，且多设肆招徕旅人者也。由坝口村再前上坝，仍近十里。坝依山绕谷，迂回盘旋而上，有循大道之旧者，有新来所补筑者，以大石为基，短石为阑，范于山坳间。路随峰转，水送溪流，激湍不深，而路弥窄陡。然以余所经行，若杭徽路之老竹林，永丽路之丽水诸车道，则又似此为险峻。惟道广而夷，故徐徐行来，似无此险，若计其高度，则视此何啻倍蓰。坝因山转，岩崖外之溪流，俗名坝滩，水初不深，挟泥沙以俱至。自坝下至坝顶，约高十五华里，均依水凌山，绕道周折。盖山势自西而东，峻嶒无可攀渡，惟循水经行，始得此道，因而辟治，用以通车骑，舍此且无他途也。迤抵坝身，复有村曰灞底村，板筑仅三五家，然有村庙，有戏台，车行至此，小息上道，逾山上坂，涉坝而上，按之已行一小时，盖九时卅五分矣。迤上山道，两峰嶕峣，陂度较陡，地均细石，间以砂砾，弯曲磐〔盘〕陀，下临绝壑，山石作灰白色，与云天相掩映，微露噍杀之气。而诸峰突峙中，又有作红砂石色者，与青白相映带，同在咫尺间，别具异致。车道尚广，半山亦有平夷之处，迨至十时四十五分，始至山巅，盖已上山行十五里矣。荷锸诸工，平夷道路，三三五五，不绝于途。远望一峰，石脊上有碑穹然，土人谓为焦赞墓。窃意宋辽之际，杨氏战迹，多在晋北，何以焦赞，独远陟大阴山，葬于此间？亦或土人传疑之说，或有景仰其人，而为之立碑封祀者，则不可得而详之。同行者有研治国剧之学者，初欲停车越岭，一觇究竟，终以道艰时废而止。须臾登最高处，曰顶庙，凡居民数十户。视山下诸村为贫瘠，然稚子环门，萧然环堵，天壤之间，团蕉之内，亦初不改其欣欣之乐也。下望坝涧，广约五尺，层冰未融，时盖阳历四月中旬，为余南中人见之，颇足致异，足见夏虫之不可以与语也。车行时初无风过，然砂土已随尘扬起，空气中少感干燥，且似杂以骆驼之气息，此于未尝先至塞北者，固不能知。然在老于行役，及久治史家言，熟悉西北情况者言之，则此气息弥颇不恶；壮夫之志，应在四方，马勃如香，穹庐在望，为江南人士所不可多获之机缘，似宜更加珍视，不可忽诸者也。犹忆畴昔旅燕市，偶过西直门，见驼铃列队，徐徐而行，已为神往，今得于此间，以驼为旅行之良伴，不其更可引为欣慰乎？须臾，车行已过阴山，至其北部，山色益苍黑，石亦陡起，似于地广天宽之中，树雄奇挺怪之势，苍凉悲壮，不待言喻。且北向都无新枝，已成蛮石，远望得见列树，且复诧为奇观。气候不同，物随土异，在一瞬间事，亦云奇矣。将下坝道，右壁有吉鸿昌摩崖四大字，曰"化险为夷"，盖当时吉氏驻军此间，曾以兵工督路，路乃以成，车行较便，故为纪岁月，勒石书之。坝身至此为止，车遂由崇山而下，下坝即为溪河，在两峰之间。汽车即就河面而行，盖河身本不深，终岁厚冰，至夏日亦仅阳面之受日者，溶解一半，其阴面者依然凝冻，故车行河面，亦可谓之行于半冰半水半泥半砂之上。又河身本为山溪，水向不巨，然偶有山洪冲激之时，则乱石碎片，亦辄由高而就下，沉淀于砂泥之中，荦确在所不免。质言之，此路虽已通行汽车，然坝下实无车路，不过驰骤于平原、山道、溪涧之间耳。冰河山涧，延亘十余里，汽车有时就岸濒山，有时直揭浅水，远望大车，蹒跚行于河中，程途自缓，而平稳异常，款款之情，仍如数百年前之风度。大车上童稚二人，一老翁为御，童稚衣红紫之色，小发垂辫，神采奕奕，一见即知为蒙古民族，享天真之趣，于活泼之中。更进为一小村，即在山谷之下，冰河之旁，民舍十余，老幼环集，且有兵士三五人，亦在村舍。就而讯之，盖有维持治安及监修路工之二职。村舍均土屋，半似汉式之板筑，半又似蒙式固定之土包，盖交通孔道，为蒙汉二族所往来，宜其建筑之亦难折衷而无定制矣。屋后短垣，围空地以饲骆驼，屋外即已出冰河之范围，大阴山至此已完。其地曰红山口，口外即为草地，而山谷断峰之间，满布草屑，则游牧多年，积草为风吹而渐渐扬簸以遍布者也。红山口有居民百余家，范土为居，连村聚族，自成部落，以事农牧，草地一望无垠，远处微见浅山映带，恰似横云，车行地上，绝尘至速。晌午十二时，见一土城，车就城而止，则武川县城，为车行休息治膳之所。溯自归绥至庙，三百七十余里，行至此将百里，费四小时，则以绝岩渡壑，历时较多，而此后之二百七十余里，所费亦仅四小时。可知道途之艰夷，有关于行旅者綦重且要。武川城不广，仅一街，四面范以土墙，有南北二门，门首驻兵，车至略加问讯，即放入城中。城内县署、学校、商店，均在此街，而旅肆之兼治餐者，以义盛源为最，同人即饭于此间，蔬肴鱼肉，无不咸备，盖自归绥辇运而来，以供过客，营业至佳，座常客满，同人薄治杯酌，果腹少息。于一时四十五分，重上征途，则草地砂碛，穷极望中。浅草如茵，横沙绝野，天地之大，覆载所容，至此乃具瞻其辽阔，使人胸膈，于以顿舒。草地间有牧者，驱牲放草，坐以偃息，似入画图。而野牛黄羊之属，驰骤奔腾，不受羁勒，尤有野趣。更前有土墙，中为营屋，知为保商团之总部。保商团者，蒙绥保卫行旅之团兵，所以护货拒匪，成绩斑斑，实惠加于商人者也。过一小河，即见蒙古包三五，错落岸滨，游牧之民，逐水草以居，于此可见。更前浅陂之上，为一召，建制不大，而气象峥嵘，据称班禅国师赴蒙时，亦尝注〔驻〕锡。召之附近，又有村落，自此更一百八十里，细草扶轮，夕阳映骑，至五时四十五分，而百灵庙赫然在望矣。

蒙政会　百灵庙建筑雄伟，于山陂浅绕之中，夏屋连云，殊为丽景。方其将至也，有蒙兵二人，以枪就车，略事讯问，即尔放行。庙旁为大村落，亦有旅市油酒果铺之属，同人下车，即往浏览。亦以车行八小时，下车徐步，少少舒散也。庙前村次，有蒙古包十余，即蒙古地方自治政务委员会所在，方离绥时，承宜生傅主席厚意，电此间乞为招待，因即投止。政会招待处赵汇川先生，殷勤致词，延入包内。蒙古包之构制，圆顶上窄而下丰，高约盈丈许，而四周则杀至六尺许。周围以毡呢为之，顶露隙以透天光，且用资炉烟之外泄，至其顶之有红色如意形为花纹者，则其体制为较崇，所以别于常人，如政委会有二十余包，参差间列，惟云王、德王数包有之也。包前悬木揭，作汉蒙两体文字，曰委员长室，曰秘书长室，曰秘书室，曰第某科科长室，曰保安处，曰教育处，曰电报处，各以名制，不相淆紊。同人所投宿之包，则常日用为招待及会期用以开会者也。其情况足为矜式，因缕述之。包有门，门甚低，凡两重。外为半空之花门，可以外望；内则朱漆小双扉，可以严蔽，门上并镂金彩。入门即为毡席，布之地上。包形绝圆，咸列厚毡，毡上更置小毡若干方，供坐息。惟入门之客，无需卸履耳。蒙人起居饮食，均在包中，而此则供招待，不治烹膳，故特清洁。包正中置铁炉一，此烧煤，有烟突，由顶外向。至常包则置火盆以烧驼粪（驼粪晒干或结块，烧之绝无恶臭），四向之坐毡，均绕炉陈列。毡前各有小案，高一尺许，似琴桌。其南向正中，则置一炕，炕高与案齐，盖特座也。炕有炕儿，如北方家庭所习用者，上悬德王秘书长相片，英俊奕奕。至座毡之与幕墙，相隔亦各六七尺，可供偃卧。包内支木柱，外系绳索，大似马戏场之客座。盖蒙地多飓风，风大则建筑不能过高，故包以幕制，寻丈为止。又蒙人多逐水草以游牧，为迁徙便利计，故木柱绳支，迁时一手一足之力，去杙拔绳，一二小时，即可束而载之。又蒙古多用骆驼，包以毡制，故尽一驼之力，即可负之而趋。其所以为构制之定则者，正即合于其地之便利，势所必然也。入夜用烛，制以驼、牛之油，亦间有用煤油灯者，则不恒见。辇载而来，求之非易，值自倍昂。同人至此，已六时，天将就暝，不及遍观，则入包进茗。与赵君汇川，畅谈蒙事，其关于政委会者，要以增进蒙人之福利，巩固国家之边防为主，语重心长，不及备纪，当别为文以尽之。至关于人文建制之尤有兴会者，今略记问答，用存其真，以助游侣之一得。

蒙古地方自治政委会

问："先生蒙人，赵为汉姓，敢请述其渊源。"

答："赵为族姓，世居逈东之呼伦贝尔，叶叶相承，数百年矣。"

按赵氏于徽、钦北狩之际，宗支随辇北行，人数极多，渐即聚族此地，此赵君建姓之始。至随高宗南渡者，又蕃衍于江浙间，亦即吾宗著谱之渊源，同为仙源之衍派，玉牒之支脉。盖其与余为同宗，天涯相见，宜其倍觉情亲矣。

问："先生汉学湛深，而尊名应用蒙汉文字，敢询其由。"

答："蒙古本名，为赵那苏图，其义盖吉祥之词，迨至就学北平，因题汉名，曰福海，字汇川。至所学，则在北平学校及国外所求得。"

按赵君系北平高等警官学校毕业，又尝赴国外游学，为高才生。宜其学养兼富，迥不犹人。

问："蒙政会何以设立于此间？"

答："蒙古地宇辽阔，合内外蒙言之，几似中国之本部合数省而一之。即仅以内蒙论，百灵庙犹为最适中之区，以各盟旗交通之适中便利，故立会于此。"

问："百灵庙之历史，可得其详乎？"

答："百灵庙之兴建，在清康熙间，方其征准噶尔班师时，屯军于此。据称某夕，康熙已就睡，忽闻有妇人弹琴之音出诸山谷。次日遍求之，而不可获，因于山谷间，获一泉穴。又康熙纵览此间形势，四面山谷合圆而中有旷野，绕山又有河流，循山成一弧形，其由西而东者，水东流，至由东而西者，水亦西流；前为女儿山，后为小姑山，盘旋衔接，按形家言之，为龙头龙尾形，故康熙惑于形家之言，特于此兴建筑以研其王气。此虽神话，而父老相传者如此，亦足见清代帝王家天下之心，与秦始皇之凿金陵相同矣。迨庙成，则迎大喇嘛居之。庙工极伟，历传勿衰，直至民国三年间，张敬舆（绍曾）与外蒙古作战时，庙遂遭毁，战后重修，殿宇一新，而已逊昔日之物力矣。"

问："此间之垦务如何？"

答："此地一带，多为草地，而非戈壁，故尚宜于耕植。然草地上积砂亦多，则均自北向戈壁，经风飞扬而来者。代远年深，愈积愈多，且深入于地底，故虽有河流，无解沙厄。草地长草，亦不过寸许而止。地因肥沃，而垦者则务须加意，故农人之耕地也，必俟天热炎夏之中，其时飓风较小，砂不南侵，则可垦地而插秧于阡陌之间。如非其时，垦不及耨，方翻土而风砂又至，则前功且已尽弃，遑论其他。至于土质之肥，自以河套为第一，但有水流所及之处，无不年有三熟。乌盟距河较远，又在大阴山之北，已较逊色。然以国人务农者之勤于开发，亦多化瘠土为沃壤。惟鄙人窃有进者，国家牧政，亦为当务之急，若尽化游牧为农垦，亦不免收桑榆而失东隅之弊。故如何调酌于垦牧二者之间，且使蒙汉得互永相安，共同迈进，则中央与守土者之责职，亦蒙民所极欲欣佇其成者。溯自前清光绪以来，言开垦者，实繁有徒，至今成绩，亦殊不恶，发扬光大，端赖诸君子之提创指导了。"

问："内蒙盟旗之组织，愿闻梗概。"

答："内蒙各盟，自元代以来，多为元系之宗支，衍派袭爵。惟清代则有时略予增并，盖原有各盟，其势力较强者，或不为清廷所喜，则分之以孤其势。又从征有功者，亦非升任，不足以旌其功，故盟旗间有变更。至盟下设旗，则为清代之体制，盖八旗制度，源于满洲，今用之蒙古，分一盟为左、右、中、前、后诸旗，亦以外示崇蒙，与满洲同其制度；而阴实化整为零，亦以孤其势也。"

按清室之于蒙古，所以钳制之者甚深，无论军事、政治，使蒙人难于改进，借以安其反侧之思，蒙古有识之士，类能道之（略见本文附载之蒙古政教略）。即如百灵庙为乌兰察布盟，而旧日西蒙，仅锡林郭洛盟与伊克昭盟，此盟即由两盟中划地以建立，事在康熙征准噶尔后，班师以进奖有功者也，举此可例其余。

问："此间之商况如何？"

答："蒙古为游牧生活，故商业除大批驼运至甘、新以外，绝少廛肆。至人民必需之品，则多于庙会，举行互市，亦有自内地携布匹什物来求售者。庙会几于时时有之，而百灵庙则以六月廿五日所举行者为最大。四方辇运而来者，络绎于途，要均家用之品。足资日常之需者。"

问："蒙文蒙语，易于学习否？"

答："蒙文蒙语，均以字母为主，自元以来，渊源均见于著录（别详本文附载之蒙古政教略）。而蒙文书籍，则流传不多。且书多聚于北平之清宫，间有散在廛肆者，至蒙人研习，多资于父老之传习，以及手钞本，此亦教育未即普及之一端也。"

问："旧知成吉思汗祭陵盛典，可得而闻乎？"

答："蒙古至今之各盟，多为成吉思汗之宗支，而蒙人对之，尤深敬仰。故每年于其纪念日，各盟各旗，无有不齐集陵前，致其敬礼者。陵在伊克昭盟鄂尔多斯旗，其封葬所在，至今人莫得而知之。惟平屋数间，陈列其生前之甲胄、马鞍、枪械，于纪念之日，供来者之瞻敬而已。至所谓纪念日，系夏历三月廿八，初非其生卒之日，而为其出师之日。据传大汗屡次出师，均未获胜，按之则神师所为指定，胥属黄道，大汗为之大怒，又遇出兵，特自选以黑道日戒师首途，此行竟获大捷，所向无前，以成大业。因之告其子若孙曰，后世欲纪念余者，即以斯日为纪念日可耳。迨大汗殁于六盘山，正即在黄河套中。其地为鄂尔多斯之左翼中旗，应即为今处，惟蒙人向例，不封不树。而大汗以毕世之勋威，即世以后，传疑自多，因之有谓秘其陵寝者，又有谓建陵之际，尽杀其役夫者，固均不足为信史也。"

按伊克昭盟之名，汉译伊克为大，召为庙，即大庙之意义。而所谓大庙，即指成吉思汗之陵寝而言之，顾名思义，应知其无所谓秘闻。惟我国之治史学者，向凭传臆，绝少躬亲，故多存其疑词。迨六十年前，西人之游蒙古者，遂以获见，既而元史、舆地诸学者，若桃源张蔚西，武进屠敬山诸先生，先后前往，于是旧闻秽说，一扫而空之矣。

同人与赵君谈，所闻之卓然可纪者，略具于此。于是治餐，初意其为蒙制也，而赵君以内地之饮馔见饷，讯之则近兹交通便利，蒙古亦多得绥远北运之蔬菜，故所食初不仅于酪浆毡〔膻〕肉矣，为之大快。饭后少息，已逾亥正，即宿于毡上。炉火熊熊，尘沙万里，一轮皓月，三度清筇，此景此情，诚非软红中人所易得而领略，为之魂梦俱清。迄于翌晨七时许，同人有先起者，往观包外所悬之寒暑计，则为寒下十度，应知深宵中或尚不及此，时为夏历三月十五，气温如此，亦为平生所罕经，应附著之。

百灵庙　百灵庙，一作白灵庙，又或作贝勒庙，汉文则曰广福寺。占地周约四里许，在塔儿珲河之西（河东为商场），此河即环山回折者。山有九道，形家谓为九龙口。庙正在山环平地，屋不甚崇，而面积广，气势伟，朝旭凌空，照耀胥宇，益呈异彩。庙有正殿数重，更围绕殿外，有喇嘛住房二百余，均喇嘛之私产。而庙中各殿宇，合之可为一大庙，四中庙，十小庙，则本旗之公产也。沿庙四周，有白塔十一座，规制亦大，几与北海琼岛所筑者相等。惟在平地，而位置错落，置诸万山之中，尤形壮丽。住房二百余，绕殿分列，规制井然；四壁直立，虽不高而弥整饬，正似今日所谓之立体规范也。殿中多立图腾（即幡竿之高者），图腾以金葫芦顶为标，以绣幡为旗，而殿屋之上，复多于檐端脊顶，立金镶缨羽宝幢之属。于是金光灿烂，遍于山谷间，愈形其焕发之致，使人望见，胸襟雄伟，不待赘陈矣。

百灵庙

百灵庙之建筑，多平顶，墙为垂直平方式，已同藏制。然多用木料，及于殿上亦仍有布瓦，而屋脊立幢幡者。屋外多垩红色，则已为由藏入汉之变风，非真正藏式，然其款制，固已迥异于北平之雍和宫及绥远之大召、小召矣。黎明起，匆匆晨飧，即至庙省视，甫及庙前，已见殿宇宏开之盛，大殿在正中，左右有二偏殿翼之，均缭以红色之短垣，垣内有小枝，上插纸花，缤纷高出墙外。盖蒙民对于天生神物，多所崇祀，即一树之微（蒙地因树少而特以见珍），亦复如此。有疾病，有所讯，辄往祷祀，愈即悬纸花为报飧，积之多则缤纷如碎饰，亦似内地之因树为神，悬灵字绸额于树梢也。又山陂上多聚石为堆，亦多插纸花其间，此石堆即为鄂博，盖所以表后土之尊，奉之如神者。每一山之主峰，必有大鄂博，聚石块而立之以幡竿，则此后行道之人，来必叩谒，且或上纸花以飨之。即或非主峰，而在山陂之缘，官道之旁，亦必有人，立石为鄂博，盖立此者以为一人之力，不足以修造庙宇，则立此于先，用表致敬之义，而庙侧为尤多。庙前别有小殿二，甬道之前，则置巨炉燎香，时在清晨，已有男妇，至此顶礼。按例妇人不得居于庙周十五里以内，故其至庙顶礼也，必朝来而晚归，往返行六十里外，而来者不绝，足见其诚敬（近兹内地之来游者，各界咸备，于是内地女界，始得通融而宿于政委会或附近客寓，少变旧制矣）。方入大门，正殿之外，为一大空院，四周绕以长廊，作四合式。廊端有小室，亦有空庑，庑作半阑，阑上置皮制如鼓、如旧式大角镫〔灯〕者数十事，循阑排列，漆作殷红色。其外向有小木柱横列，以供人之推动，亦为黄教法器，盖推轮即等于诵经，亦修持功德之一，故辄见有蒙民专来推转者，初不出声以诵经也。空院中则设图腾二竿，高二三丈，上为金顶，顶下置绸制之幡旗，式狭而长，由竿顶直下，至于离地二三尺许，当风悬悬。

百灵庙活佛讲经座

蒙民或持旗尾，小立徐行，或即凝神目注，观风之吹幡，亦并为功德，等而次之，即望见此幡，已同习诵，按之正为立塔之义，同源异流也。

　　大殿当前，仅二三级，即登堂基，远视初不甚高。其南向正面，仍凹入为轩形，前列排柱，巡檐瓦椽之下，间以绣缘，如家庭所用之帐幔。镂花错采，以五色绸为之，高尺许，其制于南中，为绝未前见。而当风拂飚，亦极有异趣。凹处上作平顶，即于排柱之次，有小梯可以上登，为一阁，足资远眺。细按之，不足谓为殿宇有两层，而仅得谓为重檐之外，留此地以建小阁而已。殿瓦为彩釉所制，飞檐直脊，脊顶中作相轮、宝瓶等花饰，而四角斜檐，内地殿宇之多置龙头鸱尾者，此则或立宝幢，或立羽竿，涂以金漆，镂以梵文，似镜似矛，不一其致，则纯然其为藏式之遗矣。入殿为经堂，深广而晦黑，则仅推南向及重檐间，可得微光耳。殿门朱漆，上列大兽镮，殿门常扃，非特客不启，蒙民之来顶礼膜拜者，不得入殿，即于殿门外跪拜起立，以首抵镮，抚摩而敬礼之，用示诚肃。沿门四周，乃至椽角，均作细字之梵书，及梵式之图案画。殿内则为诸喇嘛诵经之所，自殿门至于北向抵壁之处，率以长毡为地衣，行行比列。毡前置矮案，巨栋合抱，咸作朱红色。四壁均有彩画，画佛像，精而不超，则近时所为，无足语于雅道，但存其饩羊而已。藏寺最前殿多为诵经堂，堂中必设正座，以奉大喇嘛呼图克图，即俗所称之佛爷者。而佛殿转在经堂之后，人或多以为异，实则因黄教以呼图克图为能转世，即是活佛，故活佛之起居，必据大殿之正，各黄教寺宇，固无不如此也。然非活佛及呼图克图专至讲经时，则闭而勿用，他僧亦不敢擅用。有时亦有喇嘛数人，习静诵经，则席毡而勿据正座。惟诵经必用法器，钲鼓齐鸣，以赴节焉。诵经堂后，隔之以门，门辟即为后殿，视正殿为小。而奉像之所，明洁过于前者。南向设佛龛，龛有两层，后为三世如来像，前为宗喀巴像。如来像虽衣褶风度，不同印式，然亦不作梵天诡异之相；宗喀巴像则俨然高僧，戴毗卢帽，金身赫然。如来像左右有胁侍立像，宗喀巴像则趺坐，视如来像为小，而端正且又过之。胁侍立像之左右，别有青面像二，则梵天之遗式，所以护法，如内地寺中之有哼哈二将及金刚神，故特作勇猛强悍之态。龛制作尚精，亦雕为栋檐诸式，似一屋宇。至东西两壁，则别列小龛无数，每龛一像，均作金身，趺坐其间，盖似内地寺院之有五百罗汉也。龛前置大供桌，上陈金花（纸制黏金）两大瓶，油果数盘，上悬大镫〔灯〕，燃油为长明灯。大桌前复一小案，则置一曼陀其上，曼陀为锡制，以示乾坤幽冥之十方十界。圆外空中，并于空处置黍米等以实之。此殿亦有四柱，每柱咸雕盘龙为饰，壁上空处，则悬影绘之佛像，亦有黄绸蓝绸之哈哒巨幅，盖蒙民礼佛，多以此为敬，亦犹关内人民，往往绣一神袍，加诸像身，为报赛敬礼之资。佛像多出于山西代州人所绘，按黄教威仪，绘梵天诸像，以及三世如来观音等像，颇涉奇趣。彩笔工细，年销蒙地数千幅，咸得厚酬，故代州人以为世业。各庙中亦无不具数百幅者，而新旧不一，款制亦异，各有所本，亦似各不相袭。余于黄教，粗窥大义，末由一一为之订证，良用怅然。此殿之后，别有一殿，则为喇嘛常日所习用者，与设像之殿，相去数十步，中通以廊。其殿门外亦作凹字形，如正殿之制，惟体制少杀，双扉亦朱色，巨书梵文。门启，则数十喇嘛，正就地据小案进晨餐，每人牛乳一器，酪油一器，炒米一大碗，中座略高，大喇嘛据其上，所进诸品，亦与众同之。食前亦诵经，如常仪。百灵庙之正殿，三重略如上述，而此外别有偏殿及梵天所传之黄教各殿，乃至呼图克图及大喇嘛等宴息之所，夏屋重重，不可胜述，时亦未易遍谒之也。

绕庙均喇嘛之所居，鳞次栉比，数十百所，其款式大致相同。余入内观之，则每宅有门，各不相同。门内为一小院，院中正屋三间，均外向。其中间为供佛之所，东则炕室，以备卧息。炕沿窗倚墙，可住二人，空其中，以便笼火而取暖。西向则堆置什物，兼供起坐，布置亦有楚楚者，亦有不甚整洁者。大门之次，并有东西二小室，一室似门房，兼庋燃料；一室则厨房，为治餐之处。所谓治餐，亦仅庖庽之外，少置黍米、油果其中，为糇糒耳。喇嘛在此，每人一室，亦有合二人为一室者，晨兴入庙，即于庙中三餐，餐后除诵经外，绝少操作（其掌理事务之人，自各有职务）。至暮即归来就卧，故不得谓之为家，而仅得谓之为宿舍而已。喇嘛有年事极幼者，甫近十岁，已随众修持。盖蒙人信教极笃，家有二子，则舍其一于寺中，亦以地瘠难得以养，入寺则寺中为之供张，庶可少省。故喇嘛之数，每庙辄以千百计，而游牧

之人，转以渐形其少矣。然喇嘛虽多，终日琅琅诵经，亦多有和
声以赴，而不通蒙藏文字者，此则宗教末流之弊，各地皆然，固
未可以独责诸蒙古者也。

百灵庙后之鄂博

循览既毕，行至庙外，于白塔之次，见有巨炉。本焚香者也，
而乱纸满之，随意得其写经数纸，已用西纸钢笔，亦有黄楮而用
石印者。在昔燉〔敦〕煌古窟，所发见者，为六朝前物，自为考
古鉴赏名家所珍秘，而余乃于此间，得最新钢笔之写经，其乐乃
亦不减于伯希和氏之获燉〔敦〕煌石窟，因携归什袭而藏之。

蒙古男妇之别綦严，守旧之风弥笃。各盟旗王公札萨克家人之
福晋，常日深居，不甚外出，而人民之家族妇女，则又与男子操
作相等，非但劳力，足为敌体，即面目衣饰，亦复不易遽辨。盖
操作于平原广漠之间，历时较多，淋炙则自然枯槁，而宽袍博袖，
椎发为辫，男女又相从同，故益不易分别。惟有时妇女，于发上
披一红绸，庶几一见可知，若非此者，必加谛视，然后可以知之。
此又旅行蒙古者所不可不知，而又极不易知者也。

百灵庙全羊席

同人在庙内外，历两小时有半，于是即上归程。以九时登车，仍遵来时之原路，于十二时五十分抵武川。小息传餐，二时十五分，再行上道，六时归抵绥站。计由绥至庙，前后甫四十六小时。而得至此名区，谒此大召，旷观天地，俯察方舆，亦殊足以自豪，有志之士，曷不起而着鞭，毋令同人，专美于前也。

游程第七

萨县　包头垦牧　磴口　转龙藏　五当召

由绥远而西行，将至包头，必取径于萨拉齐。萨拉齐本粮产所生积，为西北种植之名区。而黄河之水利，河套所受之裨益，萨县一带，独能沾溉有加；是以言西北之农垦生产者，不必尽指萨拉齐，而萨拉齐实为其中心。盖黄河自高而下，奔腾澎湃，至此一转一折之间，始有停泓之势。西北地质本厚，所难者即无水利，河水倘可资利用，则农产自因而茂旺，势所必然也。中原地大物博，数十年来，以农业为立国之基。乃迄于今日，辄有粮匮之虞；初非粮匮也，种植之不能尽地力，与夫交通之不能利运输，有以致之也。开发西北，产量增加，又益以目前平绥运输事务之日益孟晋，则必有畅行之一日。必使畅行，而后中国可以言粮足。是以有志之士，近多作西北之行，将欲有以观其地利者。愚非言种植之人，亦不能尽省交通事业之奥蕴，独是斯行之后，望见阡亩纵横，农作盛旺，而不能不欣然以喜。窃愿推此谊以劝来者，于游览云岗、涉足归绥之余，偷一日之闲，至此盘桓，必有因而奋起其经营之志者，馨香祝之矣。

　　史略　萨拉齐于汉属云中郡，盖西部都尉之治所也。前汉并置咸阳、犊和二县，隶诸云中郡。其所辖境，更及于五原郡之固阳东部。迨后汉末，沦废入胡；北魏时，为怀朔镇之南境；肃宗时，为置广宁郡，以石门、中川二县属之。隋开皇四年，置油云县，隶于云州。二十年，又东徙云州治所于大利，县城遂废，归入金河，隶于云州。唐调露初年，置云中守，筑城于单于府之西北二百七十里，即今县治所在。辽于其西，置代北云朔招讨司，初改为云内州，设柔服县。建开远军节度，迄开泰八年，又置宁人县，属于西京道。金时仍为节镇，并改宁人县为镇治。皇统元年，置裕民县于境东，寻废。大定十九年，复改置云川县，隶西京路。元初，省云川。至元四年，又省州治，隶大同路为下州。明代复得其地。清因之而设同知镇之。光绪十年，改为抚民同知厅。二十九年，析县西之大余太别立五原厅。民元设县治，以迄于今兹焉。

　　游程　平绥车以晨间出发，行逾十八公里而至台阁牧站。站旁南望，黄河如砥，已类似大漠，而不同于草地，亦为南人所罕觏。因之农事亦闲，再行十六公里而至毕克齐站。道旁于砂碛之前，即见草地繁殖，树木葱茏，一望而知为宜农之所。车道自归绥迤西，少折而南，轨基似较高。其于北面之阴山也，尤似密迩。一轨之隔，南为良田，北为砂碛，间以草地，初无一树，情势悬殊，并呈眼底。其地有广化寺，在阴山五素沟，距站约十五里。建筑宏伟，有前后二寺。前四重而二层，层各七楹，吹斯巴大喇嘛居之。循石级以至寺，百余级而升其殿宇，盖在半山陂洞之前也。喇嘛数百人，终日礼诵。阴山少树木，而此间独松柏茂密，则以附近有水源在，否则亦无自建寺而集数百人以传餐矣。更行十四公里而至察素齐，其地因西河槽之所经，集民为市，市街较广，商务亦较繁。民居千余家，且其地大沟东沟，产煤极富。居民以土法开采，每日合得十余万斤，足以外输。是以虽在僻乡，尚多贸易。更行十七公里而至陶思浩，亦以老虎沟之煤，以及大湖中之鲤鱼，足以维持当地之生活。更行十七公里而至麦达召，其地有寿灵寺及辽时萧太后之遗冢。寺结构甚巨，佛殿数重，咸有壁画，且谓旧藏有辽时萧后所用之兵器，今已遗落，不可得睹。所谓遗冢者，即在殿侧土丘一堆，亦有谓为疑冢者，状似浮屠，无由确订〔定〕。再前十八公里，遂抵萨拉齐，此间农事，有足资于游历者矣。

　　垦牧　车抵萨拉齐，土城似堡，古趣盎然。站旁有轿车、驴骡备赁（轿车即短辕之犊车，为北方所习用者，车身平直，上有布蓬，前有辕，辕前为轭，二牛驾之以行，车厢可平坐二人，亦可一二人坐辕前，谓之跨辕）。县城围十余里，城楼翼然，其东曰泰来门。城中建筑，以关帝庙及城隍庙为最伟，盖来此多系河北人之营垦者。房屋建筑，大抵与河北省内地相似；且商人之与蒙民交易者，除指定之买卖城外，此亦其一，故商人较多，渐渐落藉〔籍〕为土著。即关帝、城隍庙，亦多为商力所合建，现兹民居虽繁，而空地仍多，足敷垦牧大量之需。以此间农事丰产，每种必余，谷贱间有伤农之岁，而农人亦多合家尽力，少雇佃工，竭其能力，每家所垦者，不过数十亩至于百亩。因之余地犹多，足备外来投资者之开辟。至耕植于斯者，以物力之廉，每月得一元，每年得十二元，即可卒岁，闻者每以为异。实按之，莜荞每元可购七十斤，一人食之，足资两月之需，是每月供馔，半元为已足。

更半元为衣为住，庶可应付，初非虚语。故家给人足之说，难于都市，而转易于村邑求之。且此间教育甚佳，全县之小学，至百余所。天主教之势力，积渐以来，亦兼事拓殖，且造教堂，置电机，故僻乡城村，多有用电灯者，则自教堂发电者也。

至于经营垦牧之组织，亦有一二公司，而以华北实业公司为巨擘。离站六里，为其总公司所在处。自筑土墙，建制犹沿旧堡之式。轿车、乘骑，均可直达其处。入门，沿墙均平屋，其左为治事办公之室，更入为同人职员之宿舍，乃至牧厩工舍，鸡埘豚栖，以至畜骆驼饲马之所，无不具备。沿墙则设更道（更道即在平屋顶上，可以通行，用资瞭望，兼事守卫者），四角则设箭垛（箭垛即角楼，所以居高临下，凡城郭无不有之者），墙边则置枪炮眼，以便外放。且公司雇用巡士，给以武器，故游匪、散勇，一不之惧，而后可以言畜牧，言生产。此行承经理李君，一一导观，仰见其经营之苦心，培殖之得宜，而后知西北农事之尚可有为也。公司所有耕地，有在附近者，有在民生七渠者，多赁工自耕之，亦有径放租于农夫，俾其耕植而收其粮者。民情既淳，天时亦佳，丰获自在意中。惟所虑者，农夫虽以十足之岁成，然粮多而交通较远，则价贱而外售为艰，故供食则有余，言利则不足。水利之好，或无补于谷价之廉，此其最有关系于民生，应为言开发者所当特加之意也。附近草地亦佳，故畜牧亦茂。自公司至

萨县民生渠

于村民，多蓄骆驼、牛、马、羊之属；或操作，或剪毛，毛多外运，至张垣转津沽以销行及于海外。近对畜种，亦每加改良，愈

益演进。信能匪踪告绝，民获生息，则事业之宏开，自在意中，可为参观者告慰无疑也。

磴口　车过萨拉齐十四公里许，而至公积阪，盖蒙语屋宇之译音也。其地产硝盐及煤炭，又石灰沟出石灰。煤窑数十家，多以土法开采外运，亦能少获盈余。再前十五公里而至磴口，车未抵站，已见山间之沙尔沁召，朱楼天半，气势壮伟。蒙地极少树木，而阴山至此，独多矮松，岩溪之中，间以青翠，青翠之杪，蠢以层楼，信为异境，足资胜赏。至林木之间，隐然见有大道，即通外蒙之路，以备客商行旅者也。车道以南，则黄河已在眼底，巨浸〔浪〕滔天，远桅历历，不知置身于平原之表，而似江海之滨。夫黄河自上流而来，挟弥天之势，至此曲折，始可少蓄其势。河流踞〔距〕站仅一千二百英尺，而磴口之南海子村，即为水驿，有舟舫可以上溯五原、宁夏，下通托克托城者，故以水利言之，磴口实占其要着。民生渠总闸，亦建于此间，离站不远，可以步行纵观。所惜河流时有漫溢、改道之事，即如民生闸成后，河亦小改其道，急流横湍，迤南而行，遂使此闸，末由率如初意，能尽其宣泄之功。而黄河之水势，大小亦每岁不同。近如干年，其势较小，灌溉之利，土著或谓已不如前。是以竟此渠工，实大足资研讨，非片言所易折，留俟专家可耳。同人下车，少少一览，遂更进赴包头。迨抵包头，则平绥路之车道，已为终点，而沿途所见之大青山，亦至此戛然以止，四望似均浅陂平原，无复峻嶒屏障之势矣。

包头　由磴口至包头十五公里，计平绥全程，至此已八百十六公里矣。车站新建，雄伟异常。站前为马路，可通汽车，而人力车与平、津相等，在站迓客，每日约银币一元。由马路以入城，长五里。城内建筑，犹是旧制，盖自咸丰以后，内地来者渐多，始集而居此，依山筑城，其位置在山腰与平原之间。凡东、西、南三门，惟以街市多系河沟，故夏秋山洪暴发之际，往往不免于漫溢。房舍亦间虞荡柝〔析〕，故其建筑，不主高宏，而主坚实。且多斜檐半出者，则以风势北来，非此且易遭吹损耳。建筑在西北诸郡，独推精胜。旅舍曰包头大饭店者，设备尤佳，传餐亦美。内地食品，往往可以致之，为穷乡绝塞之间，所未易逆臆者。盖此间饶有水利，黄河即在其南，是以菜蔬鱼鳖，不可胜食，转与江南之水乡风味相等，不似在胡沙千丈之间也。城内工商、交通事业，均极发达。汽车之通五原而宁夏者，日必有之。外此粮庄、药材，以至毡织事业，无不熙往攘来，蔚成都会之风。至可供游览者，近城有转龙藏，较远有五当召。至城内公共教育馆所藏之郭大将军戟，则清康熙间物，徒足以供鉴古者之一度摩挲而已。

　　转龙藏　出包头东门数十步，半山有寺，曰龙泉寺，即转龙藏所在。寺占地不广，而清胜宜人。寺前有水池，冽可见底，终年不涸。绕寺即石阑，阑前置石琢龙头三，水自龙口下注，无间冬夏，足供居民之需；因之包头饮料，几皆取给于是，以车来载水者，亦络绎不绝于途，盖取之无尽，用之不竭，正与清风明月，同其为无尽藏也。寺门在半山，登陟亦仅十余步。前有横额，书"小南海"三字。更进为一牌楼，外向题"银床玉槛"，内向题"环带金墉"各四字。牌楼虽晚近所建，而斗栱、檐均简朴，与内地者款式少异。檐为平出之势，尤少经见。入门为一院落，院内为正殿，而殿外有轩，轩立四柱，以支四角，不似普通庙宇也。斗栱亦简，近于古制。内祀神像，中为观音，雕饰不精，无可言者。庙后小径，可通山巅；山本不崇，行三百步，已至其顶。有废炮台一，则西北边防军驻屯时所建，今已颓废。然一览则金城在望，四顾无余，黄河襟带于其前，客家错杂如鳞比，雄伟清奇之致，兼而有之，大足以畅人之心目。城内屋宇，民舍则土制为多，斜顶平檐，檐梢多以砖琢花为缘饰，上覆以瓦。包头附郭，足资浏览，惟此名区，故来游者亦众。迨万家灯火，则取径归城。步行城区，见旅舍无数，而多以省藉〔籍〕相标，如河南留人店、晋北留人店等，用示区别。此间回教盛行，藏教亦多，故商市招贴，多于汉字外，兼及回、藏、蒙文，而所售哈哒、法器以及回教清真饭亦多。离城十五里外，即为黄河，亦有村落，曰南海子。汽车行阡亩间，并可往观，惟渔家及牛皮船，傍岸林立。黄河则汪洋无际，与天一色，无足流恋也。河道本通宁夏，舟船可达，然水有深浅之不一，而逆流上行，更感困难。暑中水畅，可行汽船，若令舟子操舵楫，则往往须半月始到宁夏。自车路畅通，少有舍近就远者矣。城内织毡之厂十余家，制作均精。其售价以若干线为标准，佳者一百六十线乃至二百线，每方尺价约一元五至二元。款式、图绘，均臻上选，购者亦多。其染色、纺织之工场，虽规模不大，要多井井布置，与平、津间者相同，勿更赘陈矣。

　　五当召　五当召离包头九十里，汽车可直达，此为内蒙最伟之黄寺，来者不可不往观之。盖其制建，率用纯藏式，游者可以持与拉萨等量齐衡也。汽车来回，匆匆一览，有五小时为已足。若欲少加流连，兼以订古，则穷镇日之力，始足畅观。雇车于城内车行，随时可得，往返约三十五元，为大客车，可载客十余人。惟该处无食品，逗留过午，应略备饼饵，斯亦要着也。

　　晨起七时三刻，以汽车出东门行，取道河沟。河身宽广，不过半里，夹岸均土山，并不高崇。河底尚坦平，间有砂砾，初不为患。而土山重叠，有如削壁者，有小径仅可容单车者，树木灌生，隐现于壑中。河沟强半已干为河床，其有水者，亦为浅冰，汽车碾冰而过，绝无险状。土山之次，仍有煤窑，土法开采，骆驼载运，不绝于途中。逾土山则为草地，与乌兰察布盟地相近似。闻之当地人云，河终年常涸，即山洪之来，亦仅三五日，爆发阻车，而山洪分流较易，一过数日，即可交通，仍无阻碍矣。砂石随路有之，多寡不一，则山洪来时，挟泥沙以俱下。草地亦见有羊群之在放青者，一蒙媪司之。渐行二十里外，土山后更见石山，作大斧劈皴纹，盖一望而知为多年冲刷所成者。山势相互环抱，或开或闭，忽近忽远，环抱间则河床、草地，参错比列，罫界井然。如是行一小时许，至于河身之尽处，亦即回峰之合处。忽见碧嶂当空，松枝高出，与先行之旷野，气势迥异，则已将至五当召矣。再一转眼，碧嶂之后，房屋翼然，即为寺宇，正在山隙。盖其地势高迥，已为三面环山，而寺适据其主峰之下，于前又有重峦叠嶂，为之屏翼。故山穷水复之中，一刹那而见夏屋崇基，更令游客为之惊心。省其不仅尽风物之奥衍，亦且占地势之要津，与防务盖大有关系者焉。

此寺由来已久，而康熙时亲征准噶尔回部，乘胜班师，驻驾其地，又尝一为重葺，因之轮奂更伟。征战之事，详见史家言，不更具述。惟是愚臆所侧〔测〕，康熙之征回部也，先必结好蒙古，而蒙人亦颇深内附。因之跸道所经，辄多修建藏寺，此其以宗教佐政治之推行，彰彰甚明。史传屡见蒙盟之从征有功，因叨爵禄者，班班皆是。则知当日康熙固尝以蒙攻回，而回据新疆北路，蒙在其东，则联蒙以固西防，亦为必然之事实。即如五当召，建兹杰构，拓此宏基，喇嘛至数千人之多，则其建寺之初意，亦必有连于军政。盖回部远在万里以外，一时制胜，反侧堪虞，则以防御之事，属诸蒙古。因庙僧为兵士，部勒得当，防守有方，宁非上策。故尔因地之宜，据此山坳，背不至于受敌，腹又得所屏嶂，计出万全，实占胜着。迄于今日，五族一家，蒙回同此国家，征战已成陈迹；而游客来此，于蹑屐访碑之外，更试一穷其形势，则二百年前之战史，已隐约出没于山水之间，再进征其掌故，必可思过半矣。

十一时至五当召，已见殿屋，错落纷披。由半山至于平地，大殿中峙，最形高胜；前后数层，或大或小，跃出云外。图腾凡四柱，均在门前广场间，视百灵庙为尤伟。殿宇作朱红色，而四旁僧舍，则咸作白垩。屋系四方形，正周垂直，小窗无数，望之于整洁中，别具风格，此即纯乎其为西藏式，不同内地之建制者。而自山跌，以至半山，七八十所，上下参列，正似在海面远望香港。盖其建筑，颇近西洋，且似海滨逭暑，山足避寒之精舍。盖因其屋不甚高，而平顶直线，上有烟突，旁出轩楹，小窗罨映，鳞比栉次也。召前山侧，石堆为都〔鄂〕博，亦甚高崇，上插纸花，几已遍布，均为蒙民报赛之所具。同人至此，下车即有喇嘛前来导游，由偏院以至于正殿，盛意可感。今吾笔亦随此喇嘛之跬步，而徐徐书其所见矣。

五当召全景

　　下车先至休息之室，即此纷错平顶白垩之僧舍。此等建筑，外表甚整洁，而其内乃湫隘晦黑。盖屋本不大，划之为数小室，每室又三面均炕，仅一小窗，以通光风，宜其不足。炕上置毡毡，俱作龙凤黄、五彩形。正中则有炕桌，上供梵书，为一大木牌，髹朱漆而作金字于其中。既入座，喇嘛即进茗果。茗中多酪味，则以喇嘛辈平日甘此如饴，积久而蔚成此味。至客室之次，即为喇嘛之卧室。每室约广一丈，长七尺许，炕亦倚墙三面，以供三人之睡所。上有一窗，其小与客室相同。每屋约三四间，即于甬道中，设炉治膳作茗，台之为庖室。其所食多油米、牛酪，因之触鼻均乳酸之味。至其所自备者，则为干酪饼，与汉制大抵仿佛，盖亦自包头饼饵铺所购致，以供嘉宾者也。治餐亦有时作饭食，一大锅即庋于甬道之右，积骆粪煤槐，以备炊爨。至喇嘛衣衫，内多为棉制之背心，长及于膝，有背胸而无双臂，多作紫、红等色。外则加以宽袍，再不足者，则以絮衣实诸背心之外，更且温暖。此地有祁寒而无盛暑，故避寒甚于却暑，终年如此，无多更易。至喇嘛多只能作蒙语，其通汉语者，舍支宾外，不过数人，而此数人，亦仅能会意，未容畅谈。是以问以宗教生活诸端，往往不能竟其词令。寺内现有喇嘛，仅四五百人，大逊往昔。以亭克呼图克图掌寺事，亦所谓转世之佛爷也。惟其年高，又不愿轻出，似退院之僧。则一切寺院事，多责之于所谓三少爷者。其人精明强干，治事有方，颇得寺僧之信仰，有欲往谒者，喇嘛多愿转介，而三少爷亦辄亲自延宾畅话云。

五当召喇嘛诵经齐集阶前

方同人至寺参谒之时，亦常见妇人来行敬礼，因讯之喇嘛，据称此亦圣地，循庙十五里以内，妇人不得支帐居宿。因之来进香者，必且晨来午退。此间妇人衣着与蒙妆相同，耳悬大银镮，面目鬓黑，衣紫袍，系腰带，足御录〔绿〕皮靴，则与男子相同。其入庙也，虔敬无匹，有跪于门首而五体膜拜及地者；有入庙顶礼者；有即在殿门之外，抚门镮以资祈福者。至其入庙之顶礼者，更必肃必恭，以跪以拜。且拜起之后，多于香案之角，碰额以示其诚敬，然后却退外出者。余此行所见，络绎而来者已十余人，为之前记于此。

由僧舍以入于正殿，甫数十步。正殿位置较高，然十余级已至殿基。见一喇嘛，立殿角拍手不休，掌声殷然，盖所以召集喇嘛之为午课也。殿门有立额，题"广觉寺"，分书汉、清、蒙、藏四体文，合之于额上。其殿仍作凹字形，前有广场，场基为石台，缭以矮阑。中设石座，喇嘛辄即于石台上诵经，以大喇嘛领之。殿外立朱红大柱，作正方形。门亦红漆，殿不甚高，然有重檐，因之仍可升诸楼阁。殿内较明畅，则以其构造之法，殿之前部有平台，可以通光线，故不似绥远诸召之晦黑。殿中布置，仍以毡条为地毡，中设大讲座，用备呼图克图之需。左向则为金装之宗喀巴像，朗润祥和。四壁均作壁画，所画均佛象，结跏趺坐，金色有背光，间以云彩、璎珞、法器，佛像所绘，其帽制用藏式，而非印度式，不似宗喀巴之以僧帽（俗称元宝帽）也。佛身所披袈裟，多画飘绶，披拂四散，饶有逸趣，正与云岗石刻，有略略相似者。又虽为坐象，而不承以莲座，亦不见其双趺，但隐约云彩间，垂二飘绶于外而已。又壁角有绘猴王象，谛视之，俨然为俗传《西游演义》之悟空偷桃图。藏教渊源梵天，本属多神，此亦必有所本，不能以意为之者也。殿顶缕栋翼为数层，不立斗栱，正如西洋建筑之于上隅划线，漆均金色，刻花纹为极细之梵书方胜，均有普录法度之可循。至转角之处，则栱承其椽，又壁隅栋顶，多悬绸绫，或红或黄，以及水红诸色，当作檐帏，高不过尺许。缤纷陆离，以为之缘，至藻饰于屋顶者，多正方形之云龙团鹤，与内地宫殿之制，差相近似。

五当召喇嘛诵经

由此出而西向，邻殿殿门，视正殿具体而略简。门亦作朱红色，惟其上绘倒悬之人像，散发垂手，两足翘然，至于楣际，漆作白色，为状绝奇。又于楣次绘佛画，作骷髅形，喇嘛即谓之为哈哒，实则藏教之一像，初非祈福报赛之哈哒也。入殿，南向有数像，其中坐为一千手千眼三头像，狞怖异常，下承莲坐，为红黑色杂绣所成。像后亦有背光，作火焰陆难之势。像凡三头，头上加头，以次递小，最上则御地藏毗卢帽。两侧又饰以长角翅，奇诡不可方物，其像似作猛兽形，张口而獠牙分露，两目之间，后有一目，略如习见之王灵官。其千手中，各持法器，有似乐器者，有似法物者，亦有持一人头者，亦有手一锁钥者。讯之喇嘛，则云此是佛像，而不能举其所由（参阅下章西藏宗教建筑略记）。亦有谓即为如来佛者，莫衷一是。此像之次，复一黑色诡异之像，张口伸舌，帽檐雕塑人头为缘饰，其上复为一小金顶，项间亦遍悬人头，全身甲胄，里〔黑〕色。其旁则一蓝面金身者，亦悬人头，衣制不可尽举。手中有持钢叉者，有持枪若刃者，有持伞者，各不相同。盖藏教本属多神，而中国所习见之封神、西游诸说部之神怪，亦多出自彼间，故其像饰，亦至诡戾。且其所祀之神佛，亦多出于梵天，而不源于印度，故藏寺各殿，像随神异，非专研其学者，不能一一为之鉴别，述其渊源也。诸像前设巨案，均陈供品，为糖果、饼饵及祈献之纸花、股香、水碗，各式咸备。案前别一小案，则中置一铃，又有大香炉，旁置二洋磁瓶，则为孔雀羽毛，炉前立一铜镜，物为新制，有汉、藏两式文。汉文曰"福如东海"，又一大铜盘，平列向上，内置米，即曼陀者是。

此殿建筑，虽属立体，而垂直线由上迄下，微微外向，前作平顶。顶隅又有楼，其两端则树立金戟，上饰羽毛，类于军器。此盖西藏军政，均统于宗教，故一切宗教威仪，均兼军政之表现也。又其楼顶，别有复阁，又如重檐，仅及平顶之中半，故自前仰观，不易得见。而拾级登楼，则一转已至平顶之上，可以纵览。亦有分为三层者，则中一层最低，仅在大佛像胸项之间，可以内窥，正如云岗大殿之楼廊。而上一层则较崇，深隐于平顶之上，其绕佛项之楼廊（佛像大，故由平顶以径至崇基，所谓楼廊者，或止前半有之，或有全绕佛像者，而阁楼重檐，则辄在佛像之后），多围以短垣，俾可即而内观。至其殿角由下斜上，亦多于斜栋镂花纹藻饰，方圆相间，烂若繁星，古朴有致，大类今日西式房屋之所谓线脚者。窗外则多缘以一粗黑之边线，望之如巨框，亦颇美观焉。

广觉寺之正殿，于诸殿中为最伟。其殿中布置，已详于前，不更觇缕。至二层则前为广檐外向，内即重檐，重檐中亦立朱红之巨柱，外向者四。柱上饰以雕彩，而横栋上，于立柱处即作梵文，其上又别有列椽，椽上始为上檐。而所漆之色，上檐、列椽与广檐，分作绿、黄、青三色，部署设宜〔置〕，盖见其轮奂之美。至广檐之下，大柱之上，仍列排椽，书金色梵字，整齐严净，悠然为之意远。重檐之内，其南向者，并有壁画，仍作诡异之佛像。中一倒悬者，与偏殿殿门所绘者，弥相近似。至重檐绕佛像，前后适成正方形，外向建构，略如旧制之复阁。镂金错采，红檐青椽。而其内向之四隅，则漆金、黑二色。夫以纯金纯黑，与朱彩晖映于尺寸之间，其为别趣，有不可以言语所方物者。至后隐之楼阁，适在重檐之后，其高正与重檐相同，而广则迥倍于前。南向适当佛身之后，有廊宇而不设窗棂，轩豁四露。三面均垩壁，壁上亦各有彩绘，所绘均本寺之风光景物，池沼园囿，山水木石，虽非名手，极为工整。至画中人物，则有趺坐堂皇之大喇嘛，有行围射猎之清兵，有闲居高坐之大将，有千官鹄立之威仪，画虽不精，然极工细。盖所以耀声光于绝域，奋神威于边疆，以图慑伏强藩者。按图于院落殿宇之外，有大围墙，沿山溯河，气势雄峻，而今兹则邈不可见，足见沧桑之多故矣。在兹重檐之上，别有矮屋二层，所以通于平顶者，类于升陟之过道，亦不得不谓之为屋也。

至正殿南向之门，实为正门。游者由广觉寺榜题之门行，则为其东门，而正门视东门为尤宏敞。门据崇基，凹字形，于前列有八角之大柱四。柱内为轩，轩中始为殿门，兽头巨镮，垩以金漆。缘门框则绘以花藻及细书梵字。门次东西二墙上，则彩绘四天王，威勇神诡。背后咸以火焰作佛光，而四天王外，复绘十方世界图。图作圆形，一神环抱此圆形，似魔似神，适以两手两足，合绕如弧，而圆形即当其中。圆形内画分若干格，每格分绘帝王、武将、文人，以至羽族、鳞毛、化生之属，又厕以水火熠熠之状，所以示十方世界，无不在此圆像之中，而环抱之神，又必为司命之神可知也。十方世界之衡宇，则绘楼阁图，栋屋无数，重叠辐凑，而不作人像。度其用意，必以示优婆世界之无量建构。南向正壁，至此分折而东西向，东西各有小室，所以置梯级，俾于以登轩，而上至平顶者。小室左右，又各有彩绘，中作大背光形，下承莲座，而座上光中，初非佛像。一为大令箭一，一为大字梵文一，各以花纹绕之，宛曲围绕。轩顶划为藻井，井格中多书梵文，以及龙、鸟诸彩绘，而殿门上阀阅之处，则易阀阅外小兽头，雕琢峥嵘〔狰狞〕，又别有诡丽之小神像，排列其间。由轩外向，则为崇基，基前铺石为台，循阶下台，即至平地草场，立图腾巨幡之处。台下阶前，则立庋设栅，内置皮制转轮四，形如八角悬镫，下有小扶手，可以持而推之，所以供转经者之需。附近居民，乃至不远数十里而来致敬礼者，入殿之前，多先推此绕转，以当念佛，亦藏教之制度也。距正殿阶下约百步，有一树园，缭以短垣，有门可通。入门则乱花杂树，错落有致，如内地之果园。园中无殿阁，但一亭。亭三面为槛，一则为壁，壁前设基座，座上塑三像，均喇嘛装，以背抵壁，半在壁内，半则外向，亦颇罕见。像作金装，披金色尖顶风帽，合手作施法之状，趺坐于莲花上。像容纯正平直，风范俨然，非诡非怪，盖必此寺前活佛示寂以后，追塑于此，正似南中佛寺之有祖师堂，故一切已脱梵天之制。亭虽不大，而为汉式建筑，有椽有栋，均施彩漆，朱碧相间，其承尘则为白绸，而不用泥刷之平顶，斯为少异于常制耳。

正殿、邻殿之旁，均为僧舍，已如上述。循山升降，陂陀诘曲，而人行之道，则依陂缘草，铺沙砌石，平稳异常，初不艰于步履。遥望半山高处，亦多有亭阁诸构，掩映林樾间，但不伟岸，仅以点缀景物之需。而正殿之后，半山高处，正在山屏之中，则别有一殿。俯临正殿，正抚其脊。此殿虽不及正殿之崇宏，然其体制，则与正殿相同。殿前亦有平台，南向亦为轩槛，轩前为正门，两侧为耳房，以升诸平顶之上。殿中南向，为一大像，金容如满月，披黄风帽，趺坐莲台，此当即本寺开基之第一代呼图克图，亦即本寺之所谓活佛者也。像身极大，故仍有重檐四绕之。上覆以黄绸宝幢，后塑背光为屏蔽，金容肃整，朗润穆静。檐上悬佛像彩画无数，东西向则为大橱，橱分三十格，每格内均供金身小佛像，容貌都与正坐者相同。而每格均有小门，门上多覆以玻璃。大活佛前有供桌，上置大曼陀，以及茶果、炒米之属。此殿虽亦陈旧，而重檐外无转楼，无浮廊，故光线由重檐直至殿上，似较绥远诸召为明朗。至由耳房拾级，以至重檐，则杂陈法器、什物，又数小盒，傍四壁以供佛像，无足观也。

此寺殿舍，外壁以石块建筑，用石灰黏之，外再白垩，而痕迹俨然。亦有再用小石子布壁间而后垩白者，亦有垩作浅黄之色者。至平顶则南向多设相轮，其相轮之制，各殿亦不一式。约略述之，有如铜钟，上作葫芦顶而下承莲瓣者；有作圆形之相轮而外绕花纹者；有于相轮之左右，树二金塑神像，相去不远，而各手一金练以示系此相轮者；有于相轮之旁，作二金幢者；有相轮不作圆轮形，而为一大花篮，花叶离披，缤纷威蕤者；有于花篮两侧蹲金兽，相对峙匍伏者；有相轮中不作辐格，书一梵字，而两金狮据其左右者，各具意象，未易尽穷。至檐角则多植金幢及羽戟为饰，亦有戟上不饰羽缨，而立三义形，下垂铁环，因风震荡，以代铃铎者；有于檐次作横列之"亞"字形，书之椽头者，凡此雕饰，初非内地寺宇之可得见，亦非印度寺院之制。盖由梵天之豨犯教[1]，而又参以印度之佛教，教义既博而杂，则其建构亦遂因之凌杂，非专治其教义者，且徒惊其神异，而末由名之，理固有然也。

亭午之际，正喇嘛聚诵经文之时。是日天气清朗，喇嘛三队，群集于平台之上，都一百卅二人。陆续集合，分为三组，每组均席地围坐，作大圆形。中有领组者，坐于南向小石基之上，领组者发声，则众和音以随之，喃喃如在雍和宫中，惟未用法器大钹

---

① 后文又作"豨叭教"。——整理者注

等乐耳。诵经中亦有作恩恩吁吁等长声者，亦有时停诵而鼓掌者，亦有于鼓掌后群作呼噪之声者，亦有时起立徐行，分三组为四组，环绕步越者。此种藏教之威仪，初未详加研讨，故不能尽其指要。诸喇嘛中年岁不一，有五十许以上，乃至十四五龄之童子，披一紫衫，中坐组长则威仪凛然。诵经约一小时，侍者即为分别进食，牛酪、茶米诸品，各一碗。食后再诵，又一小时，始分散各归。此其午课，为同人所适逢其会，而得躬预其状者也。同人遍游此寺，自十一时抵寺，省览周详，而余尤致意其建构及佛像，无殿不往，亦无处不笔之于书。至下午四时，始约略竣事，归而撰此，犹并不能详尽。若专研宗教之名家，乃或精于建筑之工师，往参其地，必更有创获，什百倍于余之走马看花者，敢以俟之，且更愿得读所著，用为此文纠缪补遗之资，用为切磋砥砺之导矣。

纪载第一

蒙古政教略纪

窃夫今之言开发西北者，震耳欲聋，其所谓西北者，当指陕、甘以及察、绥、宁、新诸省以至蒙古、青海而言之。余斯行所及，但在察、绥、内蒙，故不敢侈言青、新、甘、陕事。然就察、绥言之，则久已改制行省，一切政务，首与内地相同，已详前章，无俟更赘。至内蒙固依然其为游牧之生活，可以开发者甚多。然事贵因地而举，因人以成，今于纪游之际，愿陈其地文、人文之略，以为昌言开发西北者之津逮。

幅员　内蒙游牧，在河北省之西北，计六盟二十四部，曰哲里木盟，曰卓索图盟，曰昭乌达盟，曰锡林郭勒盟，曰乌兰察布盟，曰伊克昭盟，部繁不备举。更有旗群十二，称内札萨克，面积约三十二万四千方里。迤东曰东四盟，迤西曰西二盟，东四盟以濒热河，有随东三省以俱陷者，故内蒙西盟之关系重大，更不待言。

山川　蒙古山脉，均自中亚细亚而来，阿尔泰一干，入外蒙为唐努乌梁海、杭爱、肯特诸山。昆仑一干，入内蒙为祁连、阿拉善、阴山以至于兴安岭，高峰绝壑，几同天堑，今之平绥路，自张〈家〉口至包头，盖无时不见此山也。河流自以黄河为最大，先自青海、蒙古入甘肃，又从宁夏出长城，经鄂尔多斯旗，至白塔东，分而为二。又一支为萨哈齐克，均沿山南行，至乌喇特部，后合而东流，又别纳支流，而至于包头，又东而至归化，再入长城，此即河套，地最膏沃，足宜垦牧之名区也。外此湖泊亦多，鱼、禽、盐、咸〔碱〕，出产亦富。

气候　蒙古为沙漠，平均高出四千尺。外蒙多沙漠，内蒙则多草地，故气候严寒，而早晚不一，日中或热至八九十度，日落后，即盛夏亦可降至十度。盖日光、山脉、沙漠，胥有关系也。

种族　稽古以来，种族均为匈奴。自元代入主中夏，又退处戈壁，略有可考，要分为五：一喀尔喀种，多为元代后裔，居于内蒙；二额鲁持〔特〕种，居于青海及科布多者为多；三乌梁海种，即唐努乌梁海之土著；四唐古忒种，即西藏人；五突厥种，即回回族。内蒙人口约八十万，有与满、汉各族杂居者约二十万。

历史　蒙古居中国之北部，民性强悍，物力维艰。得其领袖，辄为汉族之边患。若成周以来，所谓猃狁、匈奴单于、胡、柔然、突厥、回纥等，均指此而言。直至元代，入主中夏，置上都等路于漠南，和林中书省于漠北，分封宗支，而蒙古始与中国本部合一，元败退以后，则又拓其势力，西征几及于全欧。迨有清入关，又有其板〔版〕图，直至民国肇建，合五大民族，以组中华民国，而从此复为一家，更无所谓藩属敌国，此亦仅开千古之局者也。

世系　蒙古之成大勋，立大业，始自元世〔太〕祖成吉思汗，故言世系即自之而起。元族本居于敖嫩河及克鲁河间，凡二族，一尼伦族，有二十姓，一多儿勒斯族，有十六姓，其先或谓为西藏大汗，为丞相所逐，遂至蒙地，累传而至成吉思汗。

语文　蒙古本无文字，多用畏兀语，即回文也。元代盛时，尝封王子于土耳其、罗马，遂挟其文字以归。至世祖时，又由藏僧怕克巴取藏文改为蒙文，以字母合拼音，谓之托忒字。沿用至今，而语言犹因地变音，未能统一。

阶级　蒙古人约分三类：一王公台吉之为贵人，言其袭爵或有官职者也；一僧人，以蒙人笃信宗教，故喇嘛最多，而自成一特殊阶级；一奴隶，即王公之厮养贱牧，为主人之私产，至平民字样，于蒙文中不易得确切之词。往者记中华民国成立之际，条教布告，译为蒙文，直译为中华汉人国，竟有悖于五族共和之制，忧时之士，窃焉以为不可。又汪衮甫公使则谓曩蒙人译中华民国为中华奴才国，则尤可哂者。盖蒙古文字本简单，复无平民一级，宜其难于词令也。

礼俗　蒙人以笃信宗教，故见面时均递哈哒，以示尊敬。又屈于清代之礼节，故相见多请安。婚姻则杂宗教以及尚武之遗意，先供佛，后馈牛羊。人死则多卜天葬，以尸供鸟食，此与苗族有相同者，盖均原始生活时代梵天教之遗也。衣服多元制，以水少不能尚洁。而刀匕火石，随身携带，亦犹上古之遗风。食则牛羊肉，牛羊乳酪。住则毡包毳庐，所以便于取携。用为游牧，娱乐则骑马、摔角、狩猎，亦地利之所限耳。

农商　蒙古虽地宇辽阔，而交通则全恃〔恃〕台站，现可通行汽车，驰骤草漠，便利多矣。天产甚富，金银铜铁咸具，而尚弃利于地，农业则近始言开垦，亦多汉族往为之，蒙人只知牧畜而已。商亦多汉人，以晋北、河北经营者为多，贸迁有无，向者每获大利，近以外蒙背叛，牧事凋残，亦复大不如前矣。

教育　蒙人尚武功，言牧畜，而不及于文治。且游牧逐水草以居，更难施教，故无所谓教育也。清代惧其反侧，除王公外，禁与汉通，又不许其学习中国文字，以闭塞为固边之计。数百年来，学识益退。清时仅京城有咸安宫三学，以授蒙藏人汉学，何云普及。近自民国以来，始特提创蒙人之教育，优予待遇，然亦止限于少数而已，有志之士，其速图之。

宗教　蒙人笃信宗教，故本节所纪较详，其所奉者，为西藏教之黄教。盖西藏本有豨叭教，为梵天之遗，绝对之多神教，犹是图腾之旧。迨唐元宗时，藏王以人至印度求法，归而参佛法陀罗尼于其间，以成新西藏之密教，而即今日之喇嘛教。传至元代，世祖欲借信仰以安奠民心，故又力加提倡。会是时喇嘛教放姿无度（即红教），而圣僧宗喀巴氏出，以改良为己任，立黄教，守戒律，而人民之信仰益深。世祖亦奉之为国师，于是红教之势力寝衰，今蒙古所行，均黄教也。宗喀巴氏卒于明永乐间，其授受之详，亦有可言者。

宗喀巴氏，既立黄教，又受元代之尊崇，遂合政教为一。其云喇嘛者，喇训上，嘛训无，其意犹云无上也。宗氏之死，传之于二大弟子，一曰达赖喇嘛，一曰班禅呼图克图（呼图克图略次于喇嘛，相沿至康熙十二年，始晋班禅为额尔德尼，与达赖相等），分治前后藏政教各务。俗称活佛，而以普通黄教僧侣曰喇嘛者，实尊施之而已。维时蒙人虽信黄教，然蒙古未有喇嘛之降生，直至阿巴岱汗之请，大慈迈达里呼图克图，始降生于外蒙，而为哲布尊丹巴呼图克图。初，顺治七年，有土谢汗部图格根者，两次入藏，从达赖受佛法，达赖始赐之以呼图克图之称。此为外蒙之第一世呼图克图（呼图克图，即能转世之喇嘛高僧）。故外蒙亦政教合一，与西藏同。至内蒙之有呼图克图，则起于康熙卅年，康熙亲赴多伦诺尔，迎达赖第五代之大弟子章嘉来内蒙，建汇忠寺以居之，是为内蒙有章嘉呼图克图之始。此则或由于康熙之雄谋大略，窥见蒙人之信仰，而特有以羁縻之者。故内蒙政教，即不合一，政归清廷，教归章嘉，势力远不相侔矣。

蒙古之呼图克图，其初转世生于蒙古，蒙人利其地位，于弥留之际，多所劫夺，每酿祸端。且有未至死后之转生，而立一生于呼图克图之生前者，谓之化生，则争端更多。传至第七代时，清廷有鉴于此，遂用金瓶掣签之法。凡喇嘛示寂，在其死后所生之小儿中，凭托神话，举出十二人，谓为转世。渐渐减至三人，则以三人之名，置之金瓶之中。于西藏寺中，抽签举定，认为活佛之转世，迨定名后，即授以经典，辅导教治。至十六岁，正式任之为呼图克图（按西藏达赖、班禅，亦均用此制），使回蒙古，而蒙人以转世降生，不在蒙地，而远在西藏，间致不满焉。

呼图克图之在蒙古，其宗教上之地位，本最优越，无可僭称者。然清廷一以其势力之寝强，一以蒙民之尊礼，则又思分其势力，于是除内蒙章嘉、外蒙哲布尊丹巴以外，别予一种职衔之呼图克图，以宠僧人之效忠于国家者，而别加封号于其上，如敏珠呼图克图、察汗达尔汗呼图克图之类，而宗教之名誉，遂日以广。蒙人之信仰，亦日以分，延至民国，仍所不废，此中盖关系于政治者，甚大且切也。

至于呼图克图中，自以哲布尊丹巴及章嘉为最高，其次则为受职者、职任者，均以喇嘛而获呼图克图之封号，且一获此封，便可转世。迨后愈封愈多，内蒙已有数十人，而蒙人以笃信之故，亦均目之为佛爷，因之蒙古每大庙，必有一佛爷之驻锡矣。次之则为诺门罕，为堪布，为绰尔济，均僧侣之高位任事者也。

蒙人治游牧，居无定所，然以信仰之尊，及清廷扶植之力，故对黄教，极加钦崇。雍正时，并以京师所居之潜邸，改建雍和宫，以示好于黄教。又以山西之五台山，目为圣地，招内蒙章嘉，卓锡其间，用坚其内向之诚，而于蒙古，则又觅善地，建大庙宇以崇呼图克图。故蒙古人民，率为游牧，而其寺宇，则宏丽逾恒，位置于黄河白草之间，气势峥嵘〔狰狞〕。惟蒙古素无建筑，而黄教又来自西藏，故一切建筑，均为藏式。间以清廷入关，与蒙古交通频繁之影响，故亦微有参以中国式之建筑者。关于此节，为研讨建筑之专资，不及备举，但于后叙躬游百灵庙及五当召记中，撮其崖略而已。

行政　蒙古行政之组织，要可分为盟或部。盟有盟长、副盟长以治之。盟下有旗，亦有特别旗之不隶于盟者，则有札萨克以治之。盟长、札萨克，多王公世爵，而佐治之者，则为台吉，旗下有佐，设佐领，佐领下有催领，上有章京，以任官守。又有地广不宜设盟旗者，分设群以专供游牧。此其行政组织之大概也。王公多元代子裔，世世袭封，清廷、民国，相继因之，现约分六种：一亲王，一郡王，一贝勒，一贝子，一镇国公，一辅国公，则清制之旧。王公亦有闲散无职者，坐仰禄糈而已。盟长不力，得以中央之力更易之，而别任闲散王公，以为之继。

原夫盟旗之设，均为清廷之制度。在清代以前，蒙古本为部落，至元世祖始振挈而一统之。元亡，又复其旧，惟元裔子孙，多得爵地而已。迨清廷定鼎，始设此制，一便管理，一示与满旗同等，用示怀柔。而外蒙仍有少数沿部之名者，每盟三年一集会，宣示政务，盟长之设，本属任贤，不必尽为王公，而日久积重，遂多为王公所世袭。盟长、札萨克各有府第，以便治公，而盟旗亦时有改变情事，如今之乌兰察布盟，即康熙时由伊克昭盟及锡林郭勒盟所分出者，一不〔以〕旌其有功，一以孤其势力也。

蒙人男子成丁，即纳丁口税于盟旗，服兵役者则免之。蒙兵又强悍，善马术，故清廷始终畏之，而加以怀柔。如蒙人之不许越境入关，三年造丁册之毋许遗漏，会盟时之派员监视，征战时之调用兵丁，均于积极消极之中，示其防娴〔闲〕之策。又辄分大部为小旗，以孤其势力，宠以武职世衔，以坚其内向。又分设都统以相铃制，综以理藩院，以资监督。盖驾驭之道，无往而不尽其极。近至民国以后，五族一家，同为主人，此事始废，蒙人之卓具智识者，亦自知之，无庸更赘也。

外蒙背叛　外蒙地远，非清廷所易控制，向主怀柔，粗能相安。宣统末叶，驻库伦大臣三多，办事操切，而俄人劫持活佛，因之遂起变端，逐三多，自号独立国。迨事成之际，活佛又见逐于青年党，并封号而且不易维持。民初之际，复思内向，愿已无及。中俄之间，为蒙事而屡多折冲，陈箓、徐又铮，先后欲以口舌、武力，制胜其间，卒以内国未能奠定，功败垂成。迨俄国革命，苏俄修好于我，加拉罕与我明订之民十三条约，信书旦旦，申明外蒙为中国领土之一部，尊重中国之主权。而是时国内又酣于内战，无人负收边之责，俄亦遂仍加以阴助，事发至今，几于不可收拾。数百万方里之领土，资为外人所利用，宁非痛心之尤！国人今日日言开发西北，倘能舍眉睫之陕、甘，而兼以雄睨外蒙，使其设法翻然来归，则其功在国家，曷可胜言耶，企而伫之。

内蒙自治　自日人并吞东省，手造所谓伪满国以来，又因得热河而侵及内蒙之东部，于是内蒙六盟，亦遂残缺不全，蒙古有志之士，奭焉忧之。锡林郭勒盟副盟长德木楚克旺，遂于民国廿二年十月在乌兰察布盟，召集各盟旗代表，开会以主张高度自治。在德王之意，自治即所以自卫，实为当今自强之要图。惟蒙古地较贫瘠，人民文化低落，亦无庸讳言，故一蹴而几，事非易与。且蒙古王公，内向已久，年高硕望者，向又不好指陈时政，因之硕望，遂不免较奢。迨夫中央令派黄绍雄、赵戴文亲赴百灵庙，与诸王公开诚披沥而后，因之有蒙古地方自治政务委员会之设置，以乌兰察布盟盟长云端旺楚克任委员长，锡林郭勒盟副盟长索诺末拉布坦、伊克昭盟长沙克都札尔布为副委员长，德木楚克旺为秘书长，并各盟旗官长，闲散王公，以及中央委员等共二十四人，合组委员会，而事即大定。云、索、沙、德四王，均并世之贤豪，富有毅力。从此百废待举，庶政以兴，捍卫边疆，固不仅蒙民之福利而已也。

纪载第二

西藏政教建筑摭言

草昧之世，鸿荒初辟，榛榛狉狉，无所谓教化，更不足语于宗教、政治也。迨后生民较多，聚居图存，原始之民族，由草昧而入于图腾纪，则一切均已在草创之中。所谓宗教也，所谓政治也，乃至建筑也，三者均相因而生，相互而立。凡欲研治西藏之宗教建筑者，当自此以溯其源，语焉不详，节次以存其梗概，具于下文。

鸿濛初纪，水流溢泛，原始民族，虽愚下而其求生存则一也。求生存当先得生存之所，则必先据高原，然后可以得食而获栖止。又其于生存所必需，端赖水火二者，盖先渔猎而后言耕牧，言渔必求之水，言猎必先焚草辟莱，即至于耕牧矣。亦必得水而后可以言耕植，得火而后可以言伐山，是以初民之性，有所崇祀，必自水火始。此即后世蛮荒拜水拜火之教，传自图腾之纪者，所由昉始。引而申之，又为初民见其所以为神异者，即从而崇祀之所自兴也。

高原之地，日拓日广，人民生齿，日增日繁，于是初民渐渐聚族同居，而攘夺之事，于以兴起。盖供者有限，而求者孳多，自非攘夺，不克图存，因攘夺而自然及于攻杀，亦即非攻杀无以自存也。既事攻杀，则崇胜斥败之风，以及兼并吞略之风，均为事实所演进，于是人民之信仰，信仰胜者，欲集中人民之信仰者，亦必兼并人民之信仰。兼并云者，并存之而为之领袖也。维时图腾之纪，各信其所信，上自水火，下及生物，迨崇胜之际，则所信者已由生物、水火而转及于不可知之神道。其所为神道，既于攻杀之中求常胜，则必为诡异之状，立战胜之名，各是其是，以资号召。而事兼并者，战力既伟，智力亦佳，则更广宗教之力，集各是其是之诸神道，而后立一更伟之神，以率此诸神，存诸神所以坚各部落之个信，立大神以隐然自居于首领，并存不悖，而贯以自尊之意义，此多神教之所由兴，而多神教在多神之中，又必有一大神以为之渠魁之所由起。此盖自图腾纪而转入于部落时代之梵天信仰，所必由之津逮，惟其以尚武而崇胜也。神道之容像，多伟岸犷悍，乃至饰以骷髅，佩以兵器，惟其诸神之外，别有大神也。梵天教宗中，又必立一特伟之神，统于诸神之上，此亦即藏教诸神之荤甲，流传讫今，在所不废之百神诡异，渊源有自矣。中国造字，多有意义，其云梵天之梵字，意指燧古。梵者或云就焚字而假借之，明乎梵天纪时之犹以火焚山伐草，用图竞存，所以示其为初民之生活。至后此专指为西方佛教，则于义隘矣。

　　部落以相争而竞存，则必有攻有守，于斯时也，则自进治攻守之具。至其所以言攻守，最要厥维两者，一择有水草之地，可以供食；一择高原之地，可以远瞭。高原之不足，则更进而谋其上者，于是即造碉堡。碉堡之制，可得而述焉，堡凡数层，由下而上，由丰而杀，所以避风灾也。下层广，以畜牛马，以设风车，所以事畜牧，兼便汲水也（碉堡实兼民用及军用，故多在有泉水之处，此中演进，又不知其若干年矣）。上层则为祀神之所，亦以为同族集议之所，守户居宿之所。其最上一层，则专为攻战上防守之用，兼为有事时召集同族之便。此碉堡之所以有小窗穴，便外窥而可深藏，又为后来烽燧之始。夫自部落至今，历年久远，而全世界之建筑，实均自此以出，不能轶于例外。今西藏之寺曰召，召者，碉也。其建筑为垂直立体式，其内可以供民宿，其平顶可以供望远，其窗穴小可以外窥，而深隐，则古代碉堡之迹象，贻传迄今之较易迹识者也。

建筑随人群之进步，而款制日异，而雕镂日繁，藻饰日盛。于是希腊、拉丁，各因其地，各因其才，别立规格，非复如藏寺之可由以见碉堡之渊源矣。至印度之塔，则犹其晚出者，夫中国塔字，从荅加土旁。荅者，象形而兼会意之字，以口代储品，上则以所为人行以蔽之，合而为荅字，假借以为问答之答。按其造字之始，非专为对问之词也。且印度佛教，初至中华，现所存者，以洛阳白马寺为最早，而其塔则作正方形。所以作正方形者，从井而起，盖初民以降，最重水，汲井得水，始能图存。于是一切以井为准则，即造掩蔽储品，兼以远瞭居宿之碉堡及塔，亦无不为正方形。迨后演进而为六角形，为八角形，广其基础，锐其高层，仍可为祀神瞭望、居宿防守之用，则建塔之能事始毕，而其所以致用实同。迨后佛教遂以之专为宗教上之建筑，其与召之同源于碉堡者，莫非一理，彰彰甚明。至于喇嘛寺之塔作"亞"形者，亦是别有所自，按之盖出于渔者之筌箸。夫初民智识简，而又不足以胜工事，故但得所居左右之竹木，编为筌箸，筌箸亦象形而兼会意之字。竹示其原料，令示其款制，初民用之以捕鱼，用之以储物，乃至死后用之以敛尸，屈曲而委之，正如今之以大盒提携什物者，一举而数善兼备。藏教之创获最早，而进化较迟，故至今其所为塔，犹存筌制之遗，正如召之与碉，去古虽远，渊源尚在。至此外民族，积如干年之心力，制作日精，其所以去于古者亦日远，转不易见其嬗衍之迹矣。

　　夫在我国，于古有立社之说。所谓社，亦即招致部落初民生活演进之一节。若有人焉，为部落之长，雄才杰出，则物色得高原之地，先立一石以为设社之初基。其所以择高原者，俾易为人所共见，而又可以避水也。迨选基既定，则其部落乃至附近之居民，多来会于此，或辇运山石，或出其储材，或徒助以劳力，乃至委以珍器（南京长干寺之建也，倾城士女，无不投珍宝其间，以资祈福，亦犹古时合力立社之遗意）。亦如今于田间陇畔，乡人之建一土地神祠，而近郊农夫，咸来助足成之。即未有神祠之设，而乡人惊一石一树之神奇，将欲建构村庙，力有未逮，则先悬一有求必应之神幡，于此树此石，以示之先河。后来之人，或即因而建庙，或不建庙，而即于以求祀。复悬若干报赛之文字于其旁者，在古代立社之意，首事者既以为议事之所，复用为合部祀神之需，立石为标，群从至而辇石运材，亦即今藏教鄂博之初基。最先至者立石以示有神，后至者投石以神其神，惟于古政教不分，力征则兼任政教之领袖，故社以人事而兼神祀。迨后政教既分，则鄂博遂专为宗教上威仪之一节，而不更及政事。以迄于今兹，即图腾宝幡之设，亦正如悬帜树巅，用以集中部民。及乎后此，仅书经文，用代礼诵，则同乎其为政教分离以后，沦为宗教所专用而已。

　　初民生活，有存于洪水初降之高原（中亚细亚，地势较高，聚族最先），而建筑发轫之始，亦自即在此高原之上。乃至碉堡之所由兴，繁衍四向，向西为埃及之金字塔，东为中国之京观，南为印度之寺宇，亦均自此以起，其拓殖之迹，有可于方位上求得之者。试观夫地势以言之，聚族而居，中亚细亚之占地有限，则不得不力图四出，拓植谋生。而洪水渐降，则可占之地，亦日以多。其东向者则渐至亚洲而为中国民族之初祖，故中国之建筑，多重东向。而又承拜火部落民族之后，火为离德，厥位于南，则又重南向。其西南之一脉，则渐至欧洲，或赴印度，是以印度佛教，多重西向，而立西方乐土之说。至于中国京观之筑，固与碉堡为同源，然有云大人为京观，小人为虫沙者，则率初民移植时代，旅行经验之谈也。京之为言，训大也，古时为爬虫时代，蔓衍于水陆，与人争地，则名之曰鲸鱼，以示其为巨鱼。而其时地域，多在高原，洪水初退，尘沙万丈，即如今兹之沙漠。一日有飓风挟沙石以俱来，则鲸必失水而死。迨风退沙散，则埋鲸之处，且蔚然为一大丘，于是引申其字，谓之曰京，亦且足为京观二字假借之初训（观者用以瞭远，大丘之上，占势既高，因而营建，自可四望，故谓之观）。至大人为京观者，以言大队行役之人，猝遇飓风，全队覆没，则亦如鲸之失水被埋，聚辎重骸骨而为大丘，为一京观也。小人为虫沙者，则小队或一二人之长征，为风砂所埋死，正与虫之埋沙相同，故曰为虫沙也。明乎此者，始知中国京观之所由筑，实出于初民高原之碉堡，而京观二字之所由训，即所以述上古初民时代行役之不幸。至于以京观为立政令，祀神明之所，则渊源者，更不待言而自知矣。

　　夫初民部落之有碉堡，事攻守，为世界建筑之荦甲，无俟更言。然最初之碉堡，势不能兼容当地率数之居民，而居民亦自不能永永其为风栖露宿。则私家建筑，自与碉堡相辅而起，其形制之可以碉象而求之于今日者，亦端为今蒙藏游牧所居之包。包制实亦同于碉堡，惟小仅足蔽一家之数口，轻便足以随时携置，因游牧而四迁。盖其时初民生活，已渐渐进化，且于狩猎之外，亦渐涉于畜牧之途，故包亦可谓之为具体而微之活动碉堡。试观夫包之立，在先于中必有长竿，即碉堡立标帜以号召居民之遗意，无窗隙则所以防外来之侵袭，中置火盘，则为奉祀爟神之所，而兼足以治庖炙。迨后包之构建，益趋便进，故今之蒙藏诸包，有不立柱于中者，有以毡皮为幕者，然其大体，则依然犹是，无改于昔时。即于政教分离之后，庙宇为宗教所专，而藏式各召，立图腾以为柱，设石块于中以供大喇嘛之所用，他人毋许亵渎之者，亦均其遗带之班班可考者矣（五当召即有石座）。

建筑之道，晚出而愈精，且又有教义、气候、地势、材料之关系，故由原始民族时代，进而为各部落之所建，则其款制，亦且各别而不同。即如藏教，以曼陀为法器之珍品，曼陀上有内外二线，中线以内，示宗教、政治上之惟吾为尊。中线外则十方世界，所以示各种宗教乃至部落之为我兼并而臣服者。故其建召之制，亦即本此教象。占地阔大，垣落重重，内为殿宇，外为僧居，再外始为毳幕，为游牧者之所栖集，此其建筑衍进之有关于教义者也。至藏中承中亚细亚之山脉，继洪水冰块纪之余，又多大风，且大陆气候，中午奇热，气压亦低，故其建筑，宜乎广而不宜高耸，宜晦黑而不宜光亮，此则有关于气候者也。至于人民生活，惟水是需，故建召必近泉源，而又以避风之故，多择山谷，庶可久支而不蔽，因之诸召多于殿前，设崇基平台。其喇嘛所居之教在庙旁者，屋不大而循陂错落，又多环山以筑之（五当召即其一例），此则有关于地势者也。至材料之关系，更为重要。土石于山谷之间，俯拾可得，且板筑炼灰，较木工、金工为简易，故藏寺建筑，多以土石、砖瓦为之，而所用之木材，不过窗棂、梁柱，且亦有并此而不用者（如五塔寺及喇嘛塔，往往以实心砖瓦为之，用砖作圆栱，而不施梁柱，归绥之五塔寺，即其一例）。即用木材矣，然施于窗棂之细工，非其所长，故建造较陋，而窗框多仍以砖垩为范。即其施于梁柱者，以森林之故，虽不难致，而亦不施细工，故梁柱特伟，初少藻饰。至埃及、巴比仑，则富有艺术之天才，故其建筑，则转而精于雕刻，此其关于材料，不言自明。即舍寺宇而言民居，宗教与政治，于原始图腾以至民族社会之际，莫不先有公共之建筑，而后始及于私人。私人之建筑，其所同风于寺院，以及所受气候、材料等关系者不待言，此亦今日中西民屋建筑异流之要因（如庙宇为方形，则民居虽小，亦多方形。正殿居寺院之中心，为最要部分，则东方式之厅堂，亦复如此，可见一班〔斑〕）。即至今日，立体式之新建筑，高至数十层，而立体式即为藏式之孳乳，高耸又出于碉堡之遗，变本而加厉。由此循省，则大千千〔世〕界，无论中外古今，建筑为何种款式，均可得其同源之征象。且如再进一步言之，则建筑之一部分，有自印度而输入中国者焉（寺塔等），有由埃及、巴比仑而输入印度者焉（装金及雕刻细工），有波斯、埃及之西洋派径至中国而别于印度所来者焉（云冈石窟，即有此类藻饰），又有自中国而回输于西藏者焉（藏召之用中国龙凤藻井），凡此不胜枚举，有志之士，亦足以条举而缕分之者也。

若夫专言宗教，则其演进邅〔嬗〕化，阶段亦至显然。燧古之初，惊其神异而不能明其理，或从而畏敬之者，即加以信仰。所谓拜火、拜水之所由，亦即图腾纪时之宗教萌芽时代也。迨后则民智较优，而设想各异，凡其思想之所及，即从而神之，从而信仰之，不假深思，凌乱复杂。如其时之重攻守，则立武士之神（今兹藏教所祀，多作纠纠勇猛之像者），惊生殖之力，则立生殖之神（今藏教所祀之欢喜佛），游牧之始，初得耕牛之力，则立牛神（今藏教所祀牛首之像），又合此三者，而为牛首人身之武装欢喜佛。凡此诡异之状，实出于个别部落之理想，于是恢诡权奇，纯至不可方物。梵天时代承图腾纪之后，其宗教演进之情势，盖为如此。迄于今兹，所以存其统绪而尚可追溯其形象者，惟藏教为仅有之，此研治藏教者所不可不先探梵天之源也。

世界之有宗教，释、道、耶、回，乃至于吾中国之儒学，细加研索，实亦无不出于梵天之遗。中国最初，有混沌、饕餮、穷奇诸名号，传说稽古，无可确证。而殷商以来，相习用之，至用为藻饰器物之需；铸一钟鼎，制一餐具，无不以兽头为饰，兽头即衍自混沌、饕餮也（后来建筑，屋脊尚有鸱首兽头之饰，亦源于此）。此类名号之所由创建，正亦初民心理之各就所思而神之者，宁非合于梵天宗教思想乎。儒学集成于孔子，孔子问礼于老聃，老聃所掌者柱下史，亦即夏商之遗制。孔子既就询之，且又沿其损革而为之说，散见群经，历历可考。夏商人权舆神权，多相淆杂，则孔子之所得于老子者，实即此学统，更无疑义。惟孔子之学，重教育而轻宗教，重性理而略制度，化人于人伦日用之间，而不作鬼怪奇诞之说，故亦更不立宗教之名。然其所承，固出于梵天之遗也。佛教由释迦牟尼佛创之，而印度实先有婆罗门教，婆罗门为多神教，直接梵天。释迦氏一廓而清之，惟佛是崇，正如耶稣教之代天主而兴，似为一神矣。然仍立无量数之佛号，乃至韦陀、金刚、阎罗及护法诸神，依然不脱梵天诡异之体制。惟以佛统诸神，以一尊统群祀而已。道教则本主清净无为，独修潜炼。然自汉张道陵以来，已立神祇之名，为多神之教，迨元代邱真人处机西游而后，所受于西藏、印度之梵天遗制，熏而陶之者日深，则其所立之神道，亦日以繁衍，不可胜数。其经典则亦多窜取佛教之轮廓，从而增损之，于是益超于梵天多神之途。试检《封神传》、《西游记》两说部，均为元代以后之撰述，其所涉道教诸神，多有与藏教所流传者相同，可以知其相互之迹矣。外此即至今日云、贵之苗、獞，亦各有所信仰，而所祀有大神，有小神，难于遍考，要亦均为梵天之遗。至于西方，自以巴比仑、埃及为文化最早之区，然其直接之于梵天之拜火、拜生殖诸端，固在流传，而即人首狮身之金字塔大神，亦何尝不与中国之饕餮、穷奇，为梵天所同衍。即天主教树立偶像，设造天造地之奇谈，像有飞天者，有裸身者，而统之于天主圣母，则仍自梵天以一尊而统多神之所出。迨其后耶稣教起，更革天主教之制度，不立偶像，然仍不废其造天造地、亚当夏娃之遗言，正如中国孔子之于夏商，因革增损其名物，略而不谈。而其学术思想上之系统，固明明出于夏商之遗，依然其同为梵天一脉。即晚出之回教，摩罕谟德为一神教矣，然所言者仍有死而复生之托词。凡兹神话之自来，即为梵天宗教之遗绪。至西藏则以地近高原，本与中亚细亚相接壤，而民智较逊，故步自封，故所遗传于宗教上之威仪、名号、像塑，尚处处留其梵天之本迹，而绝少进化。牛首人身之武士，光怪陆离之神像，乃至欢喜佛等等，一因旧贯。惟是唐代贞观间，藏王又遣使至北印度求法，归而又参以印度之佛教，于是为西藏立正式之豨叭教，亦即今日藏密之渊泉。夫立如来佛为教中初祖，即不废多神，则是政教合流之际，雄主以兼并争长自况也。尊如来而不废梵天之旧，光怪陆离之诸神，则是民之所好好之，不欲遽为更张，以失人民向有之信仰也。迨元季明初，圣僧宗喀巴氏出，复因旧制而立黄教，正即如乘天主教之疲而有改立之耶稣会，起而代之。然宗喀巴氏亦知率废旧章，必为人民所不悦服，亦仅可因势以为利导。于是严僧侣之制，广教义之深，只能因革其间，而未容改弦易辙。然豨叭之习惯，已少加纠正，未始非进化之一征。其最显而易见者，莫如班禅、达赖之二大弟子，统绪相承，以免本教道统之相互侵杀。后来立宗喀巴氏像于诸寺，像饰金身，圆姿满月，不更为诡怪之态，以绝世而骇俗，庶几少进于文明矣。至于宗教之以金为庄严之饰，盖亦有故。本来中亚细亚高原，为文明导源之地，一切政治、宗教建筑器用，由之以兴。分而四衍，次之即为埃及，埃及之文化，发达于早世纪时，亦固人之所共知。埃及濒尼罗河，尼罗河产金，因之埃及神祀乃至器用之属，多以金制。迨后交通频繁，东西人民之智识，相互共进，于是埃及金饰之制，又流入于印度。印度佛教，正在廓扫婆罗门之诡异，遂专以金色表示佛教之璀璨庄严，统于一尊。其后西藏求法于印度，佛教又流传至于中土，而金色几专以指示佛教。迄于今日，然佛教固仍未能尽废护法诸神之异容怪态，以独异于梵天派之婆罗门之陋习也。

西藏宗教，既直承梵天，而又参以印度之佛教，迨西藏并于中国（唐代即有公主，下嫁藏王，清代西藏更列入版图无论矣），又转而受中国之熏习（如雍和宫为藏教，然又祀关圣，谓其为护法神），故藏教中所包括者，至为繁富。而宗喀巴氏以还，创立密乘，更见其精深博大，此则非凡夫浅人如不才者，所得而缕述之。所幸今兹交通便利，藏地大师，辄来内地传法，而吾国人士之潜心于此者亦日多，有志研讨者，可得问津之所。余兹篇所述，则不过追溯其渊源，初非细研其教义，乞读者恕其疏陋，少宽时日，当别举所知，用为诸君子陈之耳。

《旅行杂志》（月刊）

上海中国旅行社

1935 年 9 卷 8—10 号

（李红权　整理）

蒙古旅行散记

张佐华　撰

一　旅蒙动机

自辛亥以还，内蒙方面，即呈危机四伏的状态，像一九一二年呼伦贝尔的独立，哲里木盟札萨克旗的变动，一九一三年西二盟的响应外蒙，一九一六年巴布札布的窜入郑家屯，以及一九一七年的富兴阿占据呼伦贝尔，一九一九年的达乌里组织全蒙临时政府等种种举动，都大为引起世界的注意。不过这种运动，纯系贵族阶级为主动，而以拥戴活佛、可汗与满清皇室为唯一目的，和平民并没有发生若何关系，所以，也不曾有什么大的成功。

但自一九三一年九一八事变发生、东北三省沦陷之后，内蒙之一部，如哲里木盟、卓索图盟、昭乌达盟地方，也相继沦陷于日本。日人利用蒙人为傀儡，改建伪兴安省，分为四个分省（即通称之东蒙），并企图向西蒙侵略。一部分蒙古王公鉴于情势之危急，遂于二十二年七月二十六日在百灵庙召集内蒙全体长官会议，决定实行自治，合锡林郭勒盟、乌兰察布盟、伊克昭盟、察哈尔部、土默特旗组织自治政府，脱离绥远、察哈尔两省政府的管辖，直归中央节制。嗣后几经蒙古各王公相互磋商，并由中央派员调查指导，始于民国二十三年四月二十三日在百灵庙成立蒙古地方自治政务委员会，自此百灵庙遂成了内蒙政治的中心了。

自蒙政会成立以迄现在，已将近一年半了，蒙古的危机不但没有因为成立自治政府而稍减，而且还一天比一天地加深。现在我们都知道西北问题的严重，可是，我们也应该知道蒙古在西北占有极大的面积，如果蒙古问题解决了，西北问题可以说是解决一大部分。因此，年来国人对于蒙古问题极为注意。

作者在暑期里，得一个机会到蒙古去旅行，我们一行八人从北平出发，在绥远、察哈尔两省要地，都有勾留。在蒙古，总计旅行十一天，内蒙自治中心的百灵庙，不要说是我们第一个目的地，就是素称内蒙自治第二中心的德王府（西苏尼特旗），我们也走到了。又因为我们预先有友朋的介绍，所以承蒙古地方自治委员会那方面，给与我们许多的方便。我不敢说这次旅行有怎样大的收获，但在这短短的十一天当中，时时刻刻是提供我新的材料，为我从前所没有知道、没有见过的。这里作者把在蒙古所得的印象，概略地记述下来，给读者一些蒙古真相，在这蒙古问题严重的现在，也许不无小补吧。至于有关蒙古问题的专题研究，作者拟分门别类的另草论文发表。

二　赴百灵庙途中

我们于七月四号早晨乘平绥车去到绥远。在归绥——绥远的省城——我们考察了三天，便在八号启程去百灵庙。百灵庙在归绥西北方四百里处，有汽车可通。我们预先请准了省政府给我们派一辆汽车，会同也要去百灵庙旅行的江亢虎博士及省政府特派从行的蒙务组组长陈玉甲先生，一同前往，因是此次旅途中，颇不寂寞。

因为几天来都落着微雨，八号的早晨天还没有放晴，大家以为今天又不能走了，便计划着在早饭后从事什么工作。九点的时候，忽然接到省政府交际处打来一个电话，说今天可以走了，叫我们马上预备。果然，外面已有些放晴了，我们便赶忙着收拾行李和所携带的东西，像军队紧急出发似的，二十几分钟便一切都收拾好了。大家笑说这生活颇有意思。

把暖壶装上水，我们又胡乱吃点点心，省政府的汽车已经开来了，大家便把行李等物装上车，和江博士见了面，便上车去。

这时天已经放晴了。十点钟的时候，车便出了绥远城，向西北方面前进，路很平坦，两旁都是绿油油的田陌，车跑的很快，两旁的田陇和行树，便像恐惧似的向后闪去。渐渐地我们看见了大青山，而路也不好走了，沿途都是不曾修理的石路，车子颠簸的利害，时常把脑袋碰在车棚子上面。行约四十里，便到了大青山麓。再走便须经过最难通行的蜈蚣坝了。

车在前坝底（因为此地系蜈蚣坝的前底）停下了，这里有几个"留人小店"，外面放着几张桌子，专为来往行人打尖，卖烧饼、油条和茶水。这种铺多是些山西人开的，在那破的土墙上，用着白粉子写着"代县（或其他县名）留人小店"、"茶水方便，干货俱全"等标语，字体不端，更有写着"刘人小店"和"留小人店"的，看去非常可笑，在西北旅途中，这种小店是很多的。

车上足了水，因为坝很不好走，加上昨天下雨，道路很泥泞，必须下去一部分人，才能前行。同行的人下去七位，我留在车上照顾着东西，车便开足了马力前进。坝的坡度很大，更有些地方因为太泥泞的原故，车轮子抓不住地，只看车轮子疾速地转动，而车身竟一步也不前进，于是便须在后面推送，才能走动，有好多地方都是这样通过的。车行二十里，到了坝的最高峰，向四面看，山峰重叠，沟涧层层，极自然的奇观，我们便在这里休息一会。许多行路人，都肩着包袱，拿着手杖行路，还有许多很笨的牛车、马骡等运货的队伍。骆驼在途中并没有看见多少，只有两三个一队一队地通行。沿途没有树木，这些童山遍长着青草，远远地可以看见牧童放羊。从绥远到武川有电话可通，电线杆子既不是洋灰的，更不是粗木，乃是一棵一棵粗如手腕的枯木。这足以证明西北是缺乏木材的，可是在另一方面，是表示内蒙随处可以种植树木，可惜无人培植。

人们都上了车，便又向前开驶，经过"化险为夷"的石刻处，稍停休息。大家到石刻处看看，知道这条路还是民国十四年吉鸿昌所修的。

石刻处对面有一座关帝庙，红红绿绿地油饰地倒很新鲜。中国人真迷信，千百万人走的道路不知修筑，而偏肯出钱来修庙宇。

从关帝庙出来，摄了几张影，便重上汽车。我们以为过了"化险为夷"的地方，总该好走了些，殊知车子的颠簸，更加利害，并且时常要下车推着汽车前进。

以后便是下坡了。下坡更是难走，好容易一步一步地下了山城之后，已经在这条长约四十来里的蜈蚣坝上废去了五个多钟头的功夫了。

我们又看见了广漠的平原，和长在平原上面的植物。两个汽车夫已经累得满身大汗，而我们的脑子也被汽油熏得有些昏昏然，我们一致地提议休息一会。出了汽车，吸着新鲜的空气，我们的精神为之爽然。

稍息之后，我们又开始了前进，虽然道路依然颠簸，但比较山路好的多了。只有五里的途程，便到达武川县城。城已破坏不堪，城门洞中却有两个兵守卫，因为我们坐的是省府汽车，所以没有经过检查。城内的街道很窄，没有几家大商号，仅像内地的一个市镇，城内正由驻军修筑道路。

进城之后，我们便在一家所谓"车马大店"的门口停下，到里面去打尖，没有什么好吃，本地出产的黑面条，加上几块肉，要费一角钱，其他食物也都很贵。我们胡乱吃些喝些，便在炕上休息了一会。

我乘休息的时间，同几位同伴，去访问该县县长。由他的谈话中，我们知道武川县城旧名"可可依力更镇"，民国元年改县为武川。全县面积东西宽约四百余里，南北长约八百余里，总面积约八万余方里。全县人口约十五万六千余人，已耕地约三万顷，人民是蒙汉杂居的。财政方面，田赋一项每年可征收四万余元。至县地方机关经费的来源，多由田赋附加、杂税及杂捐等项。关于支出方面，以用于行政者为多，当十分之一。关于教育，因经费困难，所以极不发达，全县初级小学仅十三处，初级女子小学两处，高级小学两处，共十七处，而学龄儿童全县男女总数有五千八百余人。除入学儿童三百二十余人外，尚有五千五百余儿童失学。如按百分法计算，则全县失学儿童占学龄儿童总数百分之九十三强。至于师资方面，因待遇较薄，所以极难聘请优良者，初级小学教师月薪最高者二十元，最低者十五元，高级小学教师，最高者三十五元，最低者二十八元。教育经费的来源，多由附加捐税抽收。因教育落后，所以人民对于国家观念和民族思想异常薄弱。县内农作物，以小麦、莜麦及荞麦为大宗，矿产以石棉产量最富，以石花沟村论，每年可出十万余斤。其他药产产量也极富，如大黄年产十五万斤，黄芩年产十万余斤，多运销于平、津两地。

因为时间的短促，我们不曾有较长时间的谈话。从县府出来，我们看见有几家住户的门前悬一红灯，灯上面写着"清水净烟"数字。在门旁更写着像"记事详明，香草美人"和"呼吸间烟云学化"等联语，有的富于幽默意味，有的不知所谓。我很奇怪，一打听才知道都是鸦片烟馆。绥远鸦片是公开的吸食，公开的运种，以是人民吸食者日众，实为西北前途的一大障碍。

往前走，道路平坦了，但全是一片荒原，除了长着一些草，或种植一些鸦片外，极少看见种植五谷。越往前走，荒地越多，这充分地表露出来，西北是多们〔么〕广大呀！

行约七十里，到了召河（召为蒙语庙的意思，此河一过，便到了蒙古地方了。当内蒙自治运动尚未成功前，这条河是尽〔禁〕止汉人通过的，尤其是女人）。河不怎样宽，岸上长着高二三尺的草。当汽车渡河，将达对岸，不料车轮陷着了，不能走动，我们齐下汽车，顾不得水湿，大家用力地推，好容易才推走了，但走不到数十步，又在前面的河道陷着了，无论如何推送不动。后来幸经该地保商团来了三四十人，各持绳子、木杆，拉的拉，推的推，经过一个多钟头，才算出险。这时太阳已经西沉了，西天边还残留一片一片的彩云。在我们推车的时候，没有觉得寒冷，可是当我们停止动作的时候，却觉得寒如晚秋，好在我们都带有棉衣，便都换上了。

每个人都费了好大的力量，大家休息一会，我便和保商团的一位弟兄闲谈，知道此地还有汉人商家数户，一过召河，便没有汉人了。召河商家以鸿记粮栈为最大，作买卖粮石，兼营油、酒、米、面、酱、盐等杂货生意，并自备碾磨以磨面粉，供给汉、蒙居民食用，年可收小麦三千余石，每石平均四元五角。蒙地商业，多由该号经营。

我们忽然听见有羊群的啼叫声，向北看，在一个高丘山，孤孤地立着一个蒙古包，旁有羊群，几个蒙古人在羊群中穿来穿去。这是我第一次见到了蒙古包，为了好奇心的驱使，我们便把汽车开到蒙古包旁面，看他们正在挤羊奶。一个蒙古年青妇女带领着两个小孩在工作着，另一个男子在旁边选择要挤奶的羊。因为我们还要往前赶路，不多耽搁，便又前进了。

这里是一望无垠的旷野，汽车在绿的草地上往前疾驰，我们看见几群野马，无羁无绊地，自由自在的嘶叫。塞外草原的晚景，真是另有一番气象。

没有阻碍地前跑，突然地，有如火车放汽似的在车后部喷出一股白烟，车停住了。两个汽车夫下来察看，知道后轮坏了，于是着手取换，这样又耽搁了一时有余，才得换好，可是，太阳已经沉下去了。

车在黑暗中开行，不料才行数十伍，车头的两只巨眼又坏了。没有别的法子，只有由一汽车夫卧在车铦上，拿着手电灯探路。车行的速度，慢慢地减低了，打听汽车夫，知道还有一百七八十里地呢。

就这样地在黑暗中爬行，只看路旁长着很高的草，和天空上的繁星，别的全都被黑暗所吞食了。

已经是夜里十一点多钟的时候了，陈组长突然很高兴地指着前边的灯光说："看，那边的灯光便是百灵庙。"可是，车一转弯，又看不见了。我们盼望着到那灯光那里，却不料发现在我们的车子左右，不时的有手电筒照射。陈组长说那是蒙古哨兵，车仍在黑暗中慢慢地爬行，前面有两三个手电灯一齐向我们照射，这情景很像到了前线。这样又走了二十几分钟，车走进了百灵庙的河东。这里是百灵庙的商业区，车停在善后局的门前。陈组长让我们到屋里休息，并由善后局给我们煮面条充饥。蒙政会的稽查，很客气地向我们盘问，我们告以来意，他们便向河西蒙政会的秘书室报告去了。过了半点多钟回来，说已经给我们预备了一个蒙古包，叫我们过河西去。于是，我们便乘原车到河西，江先生则暂留河东。一堆一堆地蒙古包，静静地立在塞外的荒野，这便是内蒙自治中心的百灵庙了。

把我们领到最讲究的那一个作为会客室的蒙古包里，由该会秘书丁我愚、王警中二君招待。因天已经十二点多钟，所以不曾多谈话，便让我们休息。这里并给我们预备几盆水、四盘点心和一壶茶水，使我第一个感到的，便是蒙古人的诚恳，招待是那么样的周到。

　　很高兴，在今天能够领略到另一种生活。进到包里边，一种膻味刺激到我的鼻子，不过，这一个包比较是很好的了。为了好奇心的趋使，我也不顾旅途的疲倦，便把我们住的这个蒙古包来一个详细的观察。

　　包为圆形，四周围墙高约四尺，包的直径长约十二尺，极像内地的麦草垛。包的骨干是用粗如手指木条所编成的，四周围墙的柳条互相交叉成斜方形，顶上则突出如伞，包盖的木条不成斜方形，系一端接于围墙，另一端集中在直径一尺五寸长的圆圈上，有如圆径的集于中心，上面的木条都涂着红色，里面衬以黄色哈哒，围墙也用黄色哈哒，不过在上端却嵌着红边。门是木制的，有门框，门高三尺四五寸，宽约二尺，所以进包的时候必须弯腰。地下铺着两层厚约五分的白毡子，在毡子上面，又铺着九块红褥垫，计左右各三方，上面三方。包的中心有四方木框，在木框的外面左右方各放着两个高约一尺五寸的红桌子，在上方放着一个二尺来高大点的红桌子。木框的里边空着。在包的最里面上方，放着一个高约一尺的床，上面陈列着成吉思汗、云王、德王和蒙政会全体大会的像片。在床的左方，放着一个无线电收音机。包内的陈设大致如此。外面呢，敷着三重厚而粗的白毡子，毡子外面更用骆驼毛所做成的绳子在上下左右捆缚着。正当中的那个圆圈是蒙古包的天窗，上面盖着一块毡子，系着一根绳，可以自由的启闭。晴天的晚上，躺在蒙古包里面，可以望见天上的繁星。这种生活，谁说不是别具风格呢！蒙古地方很高，无线电的天线，高约一丈，便可以收到南京的广播。

蒙古包观察完了，便把行李铺上，准备睡觉。大地是静静地，蒙古包的天窗正在开着，我仰着头，看繁星闪着眼，不知不觉的便入睡了。

三　德王印象记

读者如果稍微留心于蒙古问题，一定很早就知道，蒙古自治运动，是德王酝酿的，蒙古自治政府（即蒙古地方自治政务委员会）是德王一手所造成的，而今后蒙古自治的推进，也端赖德王一人去维持。以是，德王不但关系蒙古本身的前途极大，就是对于整个西北边疆，也占有相当重要的地位。自然，作者并不是英雄主义崇拜者，但我们也不能否认一个领袖会给群众以一极大的影响，尤其是在那停滞在游牧生活的半原始的蒙古社会里，是值得我们注意的。作者此次旅行蒙古，因为在事前承友朋的介绍，得以较多时间接近德王。统计起来在百灵庙与德王谈话三次，宴会一次，在德王府宴会一次，平均说起来，每次都在一点钟以上，对于德王印象较为深刻。此外更得蒙政会的朋友们，告以德王私生活很多。为了便利叙述起见，合在一起介绍于关心蒙古问题的读者，想也是很愿意知道的吧。

德王（德穆楚克栋鲁普）为内蒙锡林郭勒盟西苏尼特旗扎萨克（即旗王），兼署锡林郭勒盟的副盟长，今年三十四岁，为蒙古王公的佼佼者。蒙古地方自治政务委员会成立后，德王任蒙政会的秘书长。幼年时曾在山西受过新式教育，虽身为王公，但喜与知识阶级青年接近，他深感于过去的蒙古民族，该是多们〔么〕一个强大的民族，而现在竟衰弱到这种地步，他又感到西〔东〕蒙（即辽宁、热河、黑龙江境内之蒙古）的沦亡的前车之鉴，而国人及政府对于蒙古则似不注意，地方政府更格格不入，而且时常由于误会而起冲突，所以，他以为要想保存蒙古，不再为西〔东〕蒙第二，惟有依赖着自己，因之，这便是德王很早便有向中央政府要求高度自治的动机。不过，因为德王还是一个年仅三十余岁的青年王公，其声望和号令，还不能及于全部，所以经过长时间的奔走联络，始得各王公的同情，因有民国二十三年四月二十六日的内蒙自治政府蒙古地方自治政务委员会的成立。

我们先说德王的思想。德王的思想，很是前进的，精通汉文、英文和蒙文，对于世界情势尤为注意，是一个常谈墨索里尼、希特勒和斯大林的新人物。我们第一次会见德王是在九日那天的上午。因为昨天睡得太晚了，加上旅途的疲倦，所以第二天醒的太晚。从蒙古包出来，太阳温和地照射着，空气是那么样的新鲜，远的山、近的水、庄严的百灵庙、诚恳天真的蒙古人，和那一堆一堆的蒙古包（蒙政会现无会址，即设于百灵庙的北山坡上，有五六十个蒙古包），都给我一个新的启示。

时间已经将近九点钟，蒙政会的职员们都上班来了。好多好多的东北同乡，都在会里服务，他们早就知道我们来，一批一批地来我们这里谈话，由故乡谈到祖国，又谈到蒙政会和蒙古的前途。我们都感到千里之外遇故人的那般喜欢。是的，我们同是有家归不得的人，在千里之外的荒原里，能够相逢，确是"人虽不亲，土还亲呢"，我们都合着泪谈着故乡与祖国。

江亢虎先生也迁到这里来了，住在后面的那个蒙古包里。江先生对我们说："很好，我们又过一过原始的生活。"江先生在会过德王之后，要我去为他们摄一个影以留纪念。就在这个时候，我非正式的见着德王，穿着绿色绸子夹袍，戴着小帽，留着发辫，红红的脸庞，一对精神十足的眼睛，一看便知道有着一付健康的身体，和健康的头脑。我当和德王作一简单的谈话，并且说我们一会儿就叩谒王爷（在蒙古这样称呼他是高兴的）。他连着用很流利的汉话向我说："很好，很好，我们很欢迎你们来。"于是德王便和江先生立在蒙古包前，握着手，微笑着，我为他们拍了一张照，遂回到我们包里，准备去谒见德王。

由蒙政会交际科锡科员引导我们谒见，德王亲迎于蒙古包外，寒暄后，乃入蒙古包内，这便是蒙政会秘书长的办公室了。里面的设置很讲究，包的中央置一地桌，上有水壶、茶碗、书籍等物，两旁有四个小桌，地毯上面还放着红垫子。包的中间上方，也放着一个床，床的左面是书架，有中、蒙、英文书籍约百余册。床的右方是橱柜，上面摆着碗盏等物。德王还不肯坐在上座，乃坐在右方，我们坐在左方。说明了此次旅行的动机和目的，并请他们，予以方便、帮助以后，便开始了以下的谈话。

"王爷此次努力于蒙古自治运动，可谓劳苦功高了。"

"哪里的话。"德王操着一口流利的汉话，微笑着说："我们感到外蒙所受的痛苦，和东蒙失陷以后，西蒙日濒于危急。那时长城战争爆发，中央无力攘外，不得不谋自救办法，故在二十二年六月在百灵庙召集蒙民会议，决定合锡林郭勒盟、乌兰察布盟、伊克昭盟、察哈尔部、土默特旗，脱离绥远、察哈尔两省政府的管辖，组织自治政府，归中央直接节制。几经请求，乃于民国二十三年四月二十三日正式成立了。"

一个蒙古兵给我们每人斟一碗奶茶，德王让我们喝，我喝了一口，有一种形容不出来的味道，简直喝不下去，德王笑着说：

"喝不惯吧?"接着他又说下去：

"内地同胞很误会我们，疑鬼疑神的。其实我们要求高度自治的运动，很简单的，是在我中央统制指导之下，以谋蒙汉民族的大联合，以保全蒙古民族的存在。加以近年以来，省县政府和盟旗时有恶感，绝没有合作的可能。这样如果我们没有一个组织，没有一个表示意见的机关，很容易被外人利用，所以我们要求自治。现在纵然有外人来威胁利诱说：'你们要独立呀，你们要组织政府呀。'我们也可以答覆他说：'我们已经成立了！'若不是有此组织，也许此地早就变了色，而有所谓'蒙古国'出现了呢。"说到这里，他停了停，用他那锐利的眼睛向我们扫射了一周，像在征求我们的同意似的。我们也觉得德王所说的，也确有几分道理，不由地称赞了一句：

"是的，保存中国西北边疆，全赖王爷了。"

德王微笑了笑，又说：

"唉，蒙古在前清的时候，与中央还很接近呢。不管清廷的出发点如何，他们总还不曾把蒙古放在一边不理。可是，一到了民国，我们随从中国也有二十多年了，什么利益没有得着，我们自己的土地还被人家占去了好多。以前说的明明白白地开垦蒙古荒地给我们钱，可是，竟一文也不给，而土地的所有权，反来也没有了。不但这样，现在〔还〕我们不〔还〕要受亡国奴的痛苦呢。"

德王说到这里，真是不胜感概，接着便说了好多关于农垦的意见。也许是因为吃过去屯垦的亏太多了的原故吧，所以，不主张蒙古农垦。我们正在高兴的谈着，忽然有一个头戴红缨帽的蒙古人进来，向德王说几句蒙古话，然后德王对我们说：

"云王来了。"

"那好，我们再谈。"我们这样说着，告辞出来。我第一次对德王的印象是，德王确是蒙古王公中的英俊者，蒙古的处境困难，已经像前面所写的。德王的头脑很清楚，他知道中国和蒙古有着数千年的历史关系，所以，虽然受那许多痛苦，还是倾心的中国。

×　　　×　　　×　　　×

就在这一天晚上七点钟，德王就在我们住的那一个蒙古包里为我们及江亢虎、陈玉甲诸人洗尘。德王以外，还有一位秘书厅第四科科长、国民政府立法委员卜音达赖先生作陪。这是我第二次会见德王。德王与卜音达赖坐在下手，江亢虎他们坐在上首，我们分坐在左右两方。蒙古的风俗，全羊是敬恭敬人的酒席，他们恐怕我们吃不惯这个蒙古菜，所以在没有上全羊以前，还上来许多汉菜，很丰满的用牛羊肉所做的菜。在这塞外的蒙古地方，还能得到这样盛大的宴会，我们实在感激的很。席间我们谈话很多，是关于蒙古风俗习惯，和百灵庙的风景古迹。席间还有酒，德王给我们每个人敬一杯酒。我们也都回敬一杯，德王的酒量很不错。一会儿菜上齐了，一个蒙古兵，头上戴着蓝顶子的红缨帽，身着黄马褂，足着靴子，手中持一方盘，内盛一只全羊。那一个蒙古兵先把羊头及羊尾割去，放在西北方，德王说这是先供佛的，然后就要送上来。德王看着我们微笑说："还是拿下去割开吧。"他的意思是恐怕我们不惯于这样吃。于是那一个蒙古兵便把全羊割成一片一片的，装在盘子里送上来。我夹一块尝尝，还是半生不熟的，很难咀嚼，更有许多肉是带着血丝，因为这是蒙古最敬的菜，我们也不好意思不吃，只有囫囵吞枣似的下咽。我看见别的同学也是那样吃，当我们的目光相遇的时候，都会心的微笑了。我心里想，菜是最敬的了，可也是最难吃呢。

我们的谈话慢慢转移到国际问题。德王的思想很好，他说："我们不希望任何的国际战争发生，我们也不存着依赖别人的心，唯有我们自己努力，才能达到我们复兴的目的。一九〇五年的日俄战争发生了，与中国有什么利益？以往的历史证明了，依靠别人是没有用的，唯有自己努力。"他说完了又向我们补充一句："你们是丢掉了故乡的人，你们也不要存着依赖心和侥幸心，要想收复东北，唯有靠着生在那块土地上的三千万民众。"

德王这一套理论很正确，是的，我们不能再存着依赖心和侥幸心了。

　　每个人都吃了一个很饱，一直到八点半钟才散席。德王把无线电收音机开开，令人把桌子、凳子搬到外面来，大家一边坐着喝茶，一边听着广播报告长江水灾的新闻。我们在这停滞在游牧生活的草原地带，还能听见这新时代产物的无线电收音，可谓矛盾已极。江博士比喻这和形容西北天气"抱着火盆吃西瓜"一样地可笑、有趣。

　　上弦月亮已经升到中天，几块灰白色的浮云在天空中像风筝似的飘扬着，月姐儿散下来的银灰色的微光，照在一堆一堆静静地立着的蒙古包上，是那么样地富有诗意。加以从百灵庙里传出来的胡笳声，山那边蒙犬的狂叫声，更显得塞外的凄凉，有时真令人想像这是到了战场。

　　到十点多钟的时候，我们才尽欢而散。

×　　　×　　　×　　　×

　　我们还想深入蒙地去考察，听说德王日内即返西苏尼特王府开年会，于是，我们也想到那边去看看。我和其他两位同学，便又去谒见德王。

　　说了几句客气话以后，德王好像见着亲人一般地又向我诉说他的苦衷。他很感觉不安的是国人的不谅解他。最后说到中央："中央也总是不谅解我们，譬如此次我们要求高度自治，真是费了九牛二虎的力量。我们看一看外国人，苏联对于外蒙古，每年肯拿出来一百万卢布去充实外蒙的军备；再看日本，对于东蒙又是积极去经营，像修筑铁路、训练骑兵、开发资源等。固然啊，他们有着他们的野心，有着他们的目的。惟独我们中央，对于还不曾失去的西蒙，却丝毫不加以注意。这么大的一个机关，每月只给我们三万元的办公费，还不能按月拨给。所以蒙政会成立一年多了，看不到有什么新的建设，新会址的建筑费，中央本已答应拨给十二万元，但到现在却仅发下三万五千元。现在我们已经决议由职员欠薪捐出建筑。真不明白，中央对于蒙古为什么这样不注意，也许他们以为蒙古迟早是别人的，何必白费钱。"德王说到这里，真有些愤慨了。

"不过，现在中央对于蒙古已经加以注意了。"作者插进一句去说。"中央因为感到过去对于中国边疆不注意所受的打击，所以现在特别注意了。像对边疆教育费的拨付，蒙藏学生在内地求学的优待，以及蒋委员长的亲巡边疆，都是中央注意边疆的明证。内地同胞也有同样的感觉，所以开发西北的声浪普遍了全国，有各种会社团体去研究这个严重的问题，也有公私的人们来到西北考察。"

我们刚刚谈到这里，适德王要进餐，我们遂把愿意到王府去的意思说过，德王带着微笑和我们说：

"可以，不过在那里可有日本人啊。"

"日本人？"我的脑海里又是一个新的启示，但又有什么关系呢，于是我说：

"没有关系，只要王爷允许我们去就可以。"

于是我们便辞出。

×　　　×　　　×　　　×

德王已定于十二号下午回王府去了，我们决定同去王府，因为知道那里的年会，还有外宾参加，恐怕没有多的时间去谈话，因之在这一天的上午，我们又全体去谒见德王，这次谈话的中心问题，是怎样复兴蒙古。德王可以说是身系内蒙存亡的领袖，他的意思当然有注意的必要，现在把谈话的要点写在下面。

"蒙古在过去本来是一个很强大的民族，不过现在是衰落了。我们考察蒙古民族衰落的原因，不外蒙民教育落后。至其不讲卫生和迷信喇嘛，也都是人民没有知识所致的。所以现在要想复兴蒙古民族，第一得开发人民的知识。蒙政会计划的工作，以发展教育为首要，其次才是政治的改良和经济的发展。不过，因为本会的经费不足，所以在过去一年中没有什么成绩可言。今后我们要注意于蒙古建设事业的发展。

"对于蒙古的教育计划，本会拟于本年内在新会址成立蒙古师范学校、蒙古模范小学，以及蒙古文化教育馆等。对于各旗教育，也积极地加以扩充，务期各旗均设小学校一处。

"其次是关于牧畜事业的改良，蒙古一向是游牧民族，然而近年来牧畜业却远不如从前了。今后我们想改良牧畜种，注意牧畜的卫生，像以美利奴羊配羊种，以荷兰牛配牛种，以伊利马配马种等。

"对于蒙古人的卫生方面，我们也积极的注意。现在本会已由北平方面买来三千多元的药品，拟以一部成立蒙古卫生院，另一部分发各盟旗，以为治疗之用。

"对于政治方面的推行，本会计划设法提高人民对政治的兴趣，先成立蒙古自治讲习所以训练自治人才，不过对于本会的组织是不能变更的。

"关于产业的开发和资金的流动，本会计划成立蒙古生产合作社，以集合群力，利用科学方法，经营各种生产事业，如设牧场、农场、工厂等；成立贸易合作社，以统制蒙古贸易；成立信用合作社，以唤起蒙古对储蓄之兴趣，并流动蒙古金融。

"关于交通的改良，拟建筑公路，成立驿站，多设电台，以期完成广大地域的交通网。

"总之，复兴一个民族，并不是一件容易的事情。我以为蒙古民族前途最大的障碍，便是人民没有知识，这是一切不上轨道的原因。因此，今后要想复兴蒙古民族，必先开发人民的思想，这是最紧要的一项工作。"

谈至此，本可告一段落，我忽然想起来成吉思汗时代蒙古的武功是多们〔么〕样的伟大，而骑马、射箭又是蒙古人所最擅长的，因而想到了为什么德王不谈一点军备的事情呢，乃问：

"王爷，对于蒙古的军备方面，有什么新的计划吗？"

"我们不想有多大的武力。"德王听见我问这样一个问题以后，沉思了一会，这样肯定的说。"请想想整个的国家没有办法，只蒙古一部分能有办法吗？并且蒙古地方广大，少数的军队不够用，多了不但经济不许可，还要遭外人的注意。这是极不经济的，舍本求末的事情。倒不如先开发人民的知识，人民有了知识以后，能够用新的方法去开发富源。这样，有了钱又有了知识，才能谈到其他，对于军备也是这样。现在我们仅有一个保安队，约四百余人。最近还想成立一个保安教导队，以训练蒙古的保安人才。这便是我们的军备计划了。"

这次谈话的时间太多了，而所得的收获也很多，尤其是对于德王的思想。于是我们乃称谢告辞。盘着腿坐在地下的时间太久了，我的腿都有些麻了。

× × × ×

在德王府参加了年会和祭脑包典礼以后，我们预定第二天（七月十五日）早晨就回百灵庙去，再由百灵庙返绥远。因为德王非留我们多住一天不可，情不可却，遂又留下一天。在十五号的晚上，德王特设宴为我们辞行。

席设王府的客厅里，这是蒙古仅有的建筑物，和内地的瓦房相同。里面的陈设，也极汉化，墙上还悬挂了许许多多的清帝题字。席间有蒙政会的顾问敖景文君作陪。这回吃的是汉席，听说所有的菜蔬还是从千里外的绥远带来的呢。我们更感激德王的殷勤的招待了。席间喝的是青梅煮酒，谈话便由刘备煮酒论英雄谈起，慢慢地转到日本那方面去了。日本在此地设有特务机关，设有无线电和医院，日本的飞机也时常来侦察，内蒙的危机已暴露无余了。我们向德王探询意见。他说：

"有什么法子呢。整个的国家都没有办法，我们又怎能办呢？而且人家来到此地，听说是得我们政府的许可的。

"惟有自己努力了，我们从根本上来，一点一点地向前去努力。"德王又表示他复兴民族的决心。

话锋又转到了国际局势，由国际局势又转到了日本对华新政策。德王的消息也很灵通，他非常担忧我国政府答应日本开发华北经济特权的要求。就这样由东谈到西地谈着，已经都吃好了，便又喝了点茶，我们向德王致深切的谢意，并即辞行。

× 　　 × 　　 × 　　 ×

以上是作者对德王的印象记，这里再说一说他的私生活，也许是读者所更愿意知道的吧。

前面已经说过，德王是西苏尼特旗的旗王，是锡林郭勒盟的副盟长，又是蒙古地方自治政务委员会的秘书长，乃是身兼三要职的王公。就中以蒙政会的事务最多，因为一个新的机关，必然有许多新的事业去实行。虽然，蒙政会在秘书长之上，还有着云端旺楚克委员长、索诺木喇布坦及沙克都尔扎布两副委员长，但在实际上负责任的，却完全在德王一个人的身上。他常川住在百灵庙蒙政会的蒙古包里，努力的工作。蒙政会的一切事宜，他都要经手，甚至于换一个听差的，也必须得着他的许可。他每天的工作时间极长，然而他的精神却永远是振作的，一副微笑的脸，时常出现在人们的前面。他一些王公的架子也没有，任何蒙政会的职员，都可以直接向他报告事情，他尽量地采纳底下人的意见。他每天六点钟就起床，到附近去散步，也许骑骑马，放放枪。可是晚上却须在十点多钟才能就寝。他住在蒙古包里，一切的生活都是典型的蒙古人生活。不过，他好穿汉人的衣服，但极朴素，作者曾看见他穿的鞋子，已经破了。他还留着一个发辫，据说是为了要维持他在蒙古人中的信仰，才没有剪去。

他是一位多才多艺的王公，他善骑马，他善射箭，也还喜欢歌唱。德王骑马的技术，是我们所能想像得到的，因为每一个蒙古人对于骑马都是擅长的。至于射击，距离二百米达远，德王能用快枪在一块石块上，打成一个梅花。对于音乐，也极嗜好，尤其是那首可汗歌，更来得纯熟（作者按，歌辞详后），同时于英文、汉语操的都很流利，汉字写的也极好。在作者的记念册子里，德王题蒙汉合璧的字，是"民族精神"四字，可见他对于民族精神的注意了。是的，他还希望恢复成吉思汗时代的民族精神呢。

我们知道，蒙古人是最迷信不过的，不知有多少事情，都因为迷信而不能去做呢。譬如蒙地的矿产是非常富丰的，但因为蒙古人迷信"风水"，认为地方挖坑与风水有关，所以不准开矿。不但如此，就是种树、养猪都在禁止之列的。因为种树要挖坑，养猪猪会用嘴挖坑的。所以作者旅行蒙地千余里，没有看见一只猪，树木仅在百灵庙一带还有几枝。那末，德王怎样呢？德王是不迷信的。这里有几个例子可以证明他是不迷信的。他主张开蒙地富源。所以在百灵庙地方栽〔栽〕了三百多棵树，并拟试采附近煤矿，卒因喇嘛的反对，开采煤矿之议遂作罢。德王又认为喇嘛是迷信之基，所以在去年强制旗内一部分喇嘛还俗，要把他们编成军队，惹起了很大的反对，终于没有行得通。实在因为喇嘛教的在蒙古，有着根深蒂固的基础，一下子就把许多恶习铲去是很困难的。然而德王的精神和思想，我们却可以从上面的两件事情知道一二了。

×　　×　　×　　×

关于德王的生活情况及其思想，尽止于此。这里应当提出一个问题，就是现在有许多许多的人，都误解德王的要求自治，是别有背景的，是为外人所利用的。在事实上，内蒙腹地的德王府，又有着日本的特务机关、无线电台和医院，实在德王也难脱瓜李之嫌的。日本人要利用他，这是不可掩蔽的事实，而德王会不会被日本人利用，却是另一个问题。我们以为这是当前蒙古的一个严重的问题。对于这个问题，我们绝不能从片断的去观察，这就是说，我们不能因为日本人要利用他，便一定说他别有背景。

拿现在的环境来看，德王是不会被外人利用的，其原因可以分为下面几项。

（一）德王现虽为蒙政会的秘书长，但德王的号令，还没有及于全蒙的力量，所以他即使有向外之心，也未见能够得着多数的同意。

（二）为了个人的利益，如果德王能够服从中央，还可以保持他世袭的王公制度。如果一旦外向，虽然一时的声价较高，但以后恐怕要影响了个人的利益和地位。东蒙各盟旗的扎萨克不都改了总管制了吗，总管制是不能世袭的。

（三）东蒙是前车之鉴。当东蒙叛服伪国的起初，各王公还有相当的权利，而现在简直成了一个傀儡了。如果服从中央，他的权利不但不能稍减，而且还有了保障。

有以上的三个原因，所以德王是不会外向的。不过，天下事有些是环境逼迫成的，所以我谨以至诚提供我政府一点意见，为了保存华北，必须保存西北；欲保存西北，首在巩固蒙古；欲巩固蒙古，则必须改造蒙古的环境。对于蒙古各王公宜设法使其团结一致；对于蒙旗与地方政府的冲突，须极力避免。为了整个国家民族的利益，不妨予蒙人以许多便利。对于蒙古的新事业，务促其发展，并竭力协助，万不要存有像德王所说的"也许他们以为蒙古迟早是别人的，何必白费钱"的思想，则仅存的西蒙，还有保存的希望，而蒙人也决不至外向，如果没有一个傀儡去协助敌人侵略，敌人纵然有侵略的野心，也还得费相当的事呢。

四　百灵庙巡礼

自从民国二十三年四月二十三日蒙古自治政府之蒙古地方自治政务委员会成立于百灵庙以后，素不为国人所注意的百灵庙，遂成了内蒙自治的中心了。在这一节里，作者把内蒙自治中心的百灵庙的概况，介绍给读者们。

百灵庙的形势，非常险要，真是山环水绕，自古便是兵家必争之地。当年蒙古民族英雄成吉思汗远征时，曾经过此地。清康熙亲征准格尔的时候，也在此地作战，至今在百灵庙西五里处还有康熙营的遗址。民国初年张绍曾督绥，外蒙内窥，也在此地作战，百灵庙的原始建筑物，即毁于此役。

在蒙政会还没有成立的时候，此地仅有一个百灵庙，内有喇嘛二百余人，别的便什么也没有了。自中央准予内蒙成立自治政府后，内蒙王公一则因为此地形势险要，与内地交通还便利，二则追念成吉思汗，思以继续其遗志，所以特选择此地以为会址。当蒙政会成立之初，本来都住在庙内办公，后来因为喇嘛的反对，乃迁在原野，立上五六十个蒙古包，当作蒙政会的临时会址。蒙政会成立后，百灵庙遂一变而为蒙古的政治中心，于是，商业也接着发达了，在河东遂有几家商号设立，邮政当局也在此地设了一个三等邮局。汉人在蒙政会供职的也有很多，而汉人旅行的也不少，加以蒙政会的职员，百灵庙这地方遂有七八百人口了。

每天的早上除了从百灵庙里传出来喇嘛吹的胡笳声以外，现在又加上了蒙古保安队的军号声，和"一、二、三、四"的军操声了，白天里便是蒙政会的职员忙着办公，晚间是胡笳的鸣声，伴着蒙犬狂吠和野马嘶鸣，凑成了颇富诗意的交响乐。

这里我们可以看见穿着西服革履的人，也可以看见穿着破污的红色、绿色袍子的蒙古装。虽然是一个军人，但还是穿着长袍，留着长辫，佩着蒙古人特有的刀子、筷子和碗。穿着虽然在夏天，也还用两层毡子的皮靴子。他们都很天真的、快活的，虽然都是很大岁数了，但仍然像小孩子般地打闹，他们都很诚恳天真，两个蒙古人走路的时候，一定要像夫妻般的亲亲热热地携手或者是抱着走。蒙古人是不会客气的，看见我们便打招呼，也许要进到我们这个蒙古包里来。

这地方也有很多名胜和古迹，十一号的早晨，承蒙政会秘书王君警中引导我们到百灵庙附近的地方游览，并详加解释，现在我介绍给读者。

（一）巴特哈尔山　就是环绕在百灵庙地方四面周围的山，汉意为固关的意思。当年成吉思汗远征过此，看见此地形势极为险要，有如固关，所以有此名。此山共有九个山头，都有路可通，蒙人名之为"九龙口"。我们登巴特哈尔的山上，向百灵庙俯视，形势的确是险要。如果在每个口子都守以精兵，外方是很难攻入的。这一个山上长满了绿草，没有一棵树，但矿质却很丰富，露在外面的有煤、铁两种矿苗，煤矿在南山，铁矿在北山，听说附近还有石棉矿、金矿和锡矿，因为蒙人迷信的关系，所以都不曾开采。

（二）百灵河　就是顺着巴特哈尔山麓流的河流，自西方入口，南流，会由南方流来之水，折向东流，又向北流，仍由西方出口，整整绕流一周。百灵河是德王命名的，原名叫"稍小河"。从前有人向成吉思汗建议，在此地建都，成吉思汗说此地形势固然险要，但嫌"稍小"一点，因此该河名为稍小河。

（三）百灵庙　百灵庙原名"鸿鳌寺"，又名"达尔罕贝勒召"，建自清康熙时，已经有二百多年的历史了。据说，康熙亲征准格尔的时候，有人报告说此地在一百年后，将出女皇帝，遂建此庙以镇压之。因该地是在达尔罕旗，该旗的扎萨克是贝勒，所以名为贝勒召。"召"是蒙古话，就是庙的意思，德王以康熙扎营于此时，曾说过"百灵相助"这一句话，加以"贝勒"和"百灵"的声音相近，遂改名为百灵庙。庙的建筑非常伟大美观，完全为西藏式，有正殿三重，配殿各两重，内有喇嘛千余人，都是无所事事，惟每日两次念经而已。

（四）女儿山　在百灵庙正门之前约半里，小山孤立，有如屏蔽。当年康熙亲征准格尔，在康熙营扎营时，听见此山夜间有女子哭声及吹箫声，疑在一百年后，将有女皇帝出现，遂建一庙以镇压之，而该山遂名为女儿山。

（五）康熙营　在百灵庙西北方五里许山腰处，面南，营为三角形，内可容二千余人。康熙亲征准格尔时，曾屯军于此，故名，但现在仅有乱石砌成的颓垣，没有别的古迹可言了。

（六）蒙政会的新会址　蒙政会经第二次全体大会中，金以为长此在蒙古包中办公，极为不便，且百灵庙地方稍嫌窄小，遂经决议迁移会址至百灵庙西北约十五里地方，那尔泰山之阳，百灵河之北。该地四面环山，绕以流水，中为平原，东西长约十里，南北长约八里，形势极为险要，而风景宜人，堪称蒙古的苏杭。因蒙古地方多沙漠，绝少树木，而该处则有天然森林，更有形如人工堆成的小山（即那尔泰山），那尔泰是"太阳照您"的意思，七月九日江亢虎博士游此山，特命名为光临山，德王也极赞同。关于建筑费，预定为十二万元，中央已拨四万元，建筑材料，现正由平、津方面购运中。现在已在新会址先建房屋百间，以为暂时办公处所。正式开工自九月一日起始。此地不久即将成为蒙古的新都市，内蒙的自治中心了。他们计划在该会址的中央为政治区，蒙政会即在此区办公。西部为文化区，在该区内设立蒙古师范学校、实验小学以及蒙古文化馆等。东部为军事区，驻扎保安队，并成立蒙古保安教导队。南部为商业区，设立蒙古贸易合作社、信用合作社及商店等。北部为工业区，设立出产合作社以及牧畜场等。西北方及东南方有两处天然森林，即辟为两个实验新村。该村直隶于蒙政会，以团结蒙政会所属员工实行新生活，并以所得经验为建设各盟旗新村的矩范（新村计划详后）。

（七）奥伦斯木城　在百灵庙北六十里。因距离太远，加以是日天阴欲雨，所以没有去观光。据云，该城现已颓废，惟内有许多十字架，更有蒙、汉文碑各一，年月已认不清了。蒙文碑的大意是，当年回人曾在此地杀了二千多蒙古人，留此纪念。汉文碑已经中断。现在有一个比国的传教士正在研究此城，据他说，此城恐为元代所建，十字架的来源，恐系景教。按景教传至中国系在唐代，至元时乃不见，此为一新的发现，该比传教士正在研究中。

百灵庙地方的形势以及名胜，有如上述。我们想不到在这塞外的荒原里，竟有许多外国人的足迹。日本人不必说是有好多好多的来到此地的了，其他像英、美、比、俄等国人，也常来蒙古考察、旅行。我们在百灵庙的时节，就有比国传教士二人、美国农部所派植物采集团六人（内有二人为白俄），他们留在此地已经半年以上了。我们不能不钦佩他们的精神，同时，我们自己也不能不抱愧。为什么自家的领土，自家的人不去注意呢？

五　蒙政会一瞥

蒙政会是一个新生机关，它负有保存、发展蒙古的最大使命，作者愿将蒙政会的现状，向读者们介绍一下。

A　蒙政会的组织

蒙古地方自治政务委员会，是二十三年四月二十三日在锡林郭勒盟百灵庙地方成立的，其组织有如下表：

蒙政会	秘书厅　下分文书、会计、编译、庶务四科
	参事厅
	民治处　下分三科
	保安处　下分三科
	实业处　下分三科
	教育处　下分二科
	财政委员会

此外在秘书厅之下，还附设一个无线电管理局、一个无线电总台，及无线电分台十处。在保安处之下附有保安总队，下分四个中队，每队兵士一百余人。更附有稽查处，有官兵共十二员。在实业处之下，附有汽车管理局，现有汽车七辆，并有一建设委员会。在财政委员会之下，附有征收局，及征收分卡。

B　蒙政会的委员

根据国民政府二十三年三月七日所颁布的蒙古地方自治政务委员会的《暂行组织大纲》第四条的规定，蒙政会设委员九人至二十四人，由行政院呈请国民政府任用，并于委员中指定委员长一人，副委员长二人。兹将该会委员名单列下：

委员长云端旺楚克，号吉农，为乌兰察布盟盟长。

副委员长索诺木喇布坦，号松农，为锡林郭勒盟盟长。

副委员长沙克都尔扎布，号占魁，为伊克昭盟盟长。

委员如下：

1. 德穆楚克栋鲁普，号希贤，为锡林郭勒盟副盟长。

2. 阿拉担鄂齐尔，号宝珍，为伊克昭盟副盟长。

3. 巴宝多尔济，为乌兰察布盟副盟长，乌拉特中旗扎萨克。

4. 那彦图，号钜甫，为外蒙亲王，行政院高等顾问。

5. 白云梯，号巨川，为中央执委，蒙藏会委员。

6. 克兴额，号指南，为中央候补执委，蒙藏会委员。

7. 康达多尔济（即吴鹤龄），号济民，为哲里木盟驻京代表，蒙藏会委员。

8. 杨桑，为锡林郭勒盟副盟长。

9. 恩克巴图，为中央监委，国府委员。

10. 卓特巴扎克，号世海，为察哈尔部保安长官。

11. 贡楚克拉什，为察哈尔部镶白旗总管。

12. 达里扎雅，为阿拉善旗扎萨克。

13. 图布升巴雅尔，为额济那旗扎萨克。

14. 荣祥，号耀宸，为土默特旗代理总管。

15. 尼马鄂特索尔，号冠州，为察哈尔部明安牧场总管。

16. 依德钦，号规成，为军事参议院参事。

17. 郭尔卓尔扎布，号受天，为锡林郭勒盟苏尼特右旗郡王。

18. 托克托胡，号永安，为乌珠穆沁右旗协理。

19. 潘第恭察布，为乌盟四子部落旗扎萨克。

20. 那木济勒色楞，为哲里木盟副盟长。

21. 阿育勒乌贵，号献廷，为卓索图盟副盟长。

除以上各委员外，在二十三年三月至四月间，青海各盟旗，也加入蒙政会，乃由国府加任索诺木旺济勒、尔沁旺济勒、索那木达希，及达希那木济勒为委员。蒙政会委员，遂增为二十八人。

C　蒙政会的职员

现在把蒙政会的重要职员姓名列下：

秘书长，德穆楚克栋鲁普。

秘书，丁我愚、陈绍武、赵文如、关荫南。

民治处处长，沙拉巴多尔济。

实业处处长，阿拉坦额尔济。

教育处处长，富阿龄。

保安处处长，托克托胡。

财政委员会主任委员，萨音巴雅尔（即包悦卿）。

参事长，吴鹤龄。

D　蒙政会所辖的各盟旗

蒙古地方自治政务委员会所辖区域为五盟、一部，共七十二旗①，现在把各盟旗的名称写在下面。

（一）锡林郭勒盟（在察哈尔省）：乌珠穆沁左旗、乌珠穆沁右旗、浩齐特左旗、浩齐特右旗、苏尼特左旗、苏尼特右旗、阿布噶左旗、阿布噶右旗、阿布哈纳尔左旗、阿布哈纳尔右旗。

（二）察哈尔部（在察哈尔省）：商都牧场、明安牧场、左翼牧场、右翼牧场、察哈尔左翼正蓝旗、察哈尔左翼正白旗、察哈尔左翼镶黄旗、察哈尔左翼镶白旗、察哈尔右翼正黄旗、察哈尔右翼正红旗、察哈尔右翼镶蓝旗、察哈尔右翼镶红旗。

（三）乌兰察布盟（在绥远省）：四子部落旗、茂明安旗、喀尔喀右翼旗、乌拉特前旗、乌拉特中旗、乌拉特后旗。

（四）归化土默特旗（为独立旗，在绥远省）。

（五）伊克昭盟（在绥远省）：鄂尔多斯左前旗、鄂尔多斯左中旗、鄂尔多斯左后旗、鄂尔多斯右前旗、鄂尔多斯右前末旗、

---

① 实际列出了六十七旗的名称。——整理者注

鄂尔多斯右中旗、鄂尔多斯右后旗。

（六）阿拉善霍硕特旗（为独立旗，在宁夏省）。

（七）额济纳旧土尔扈特旗（为独立旗，在宁夏省）。

（八）青海右翼盟（在青海省）：霍硕特前左翼首旗、绰罗斯南右翼首旗、绰罗斯北中旗、霍硕特北右翼旗、霍硕特前首旗、辉特南旗、霍硕特东上旗、霍硕特南右翼中旗、霍硕特西右翼前旗、霍硕特西右翼后旗、喀尔喀南右翼旗、土尔扈特南中旗、霍硕特南左翼末旗、霍硕特西左翼后旗、土尔扈特南前旗、察罕诺们汉旗。

（九）青海左翼盟（在青海省）：霍硕特西前旗、霍硕特北前旗、霍硕特左翼旗、霍硕特西后旗、霍硕特南右翼后旗、霍硕特南左翼后旗、霍硕特北左翼末旗、霍硕〈特〉南左翼中旗、霍硕特西右翼中旗、土尔扈特西旗、土尔扈特南后旗、霍硕特南右翼末旗、霍硕特北右翼末旗。

E　蒙政会办公处所巡礼

读者看了上节所说的蒙政会的组织，或者要意想到他们的办公地址，是多么样的伟大庄严，然而事实上竟出人意料之外，他们都在蒙古包里办公，一共有六十几个蒙古包，委员长、副委员长、秘书长及会客室的蒙古包比较大些，也比较清洁些，其余各厅、处、科都是中等蒙古包。

十一号的早晨，由蒙政会秘书厅秘书丁我愚君引导我们到各厅、处、科去参观。我们先到秘书厅，是一个比较大一些的蒙古包，里面有几张床，中间放着两行汽油箱子，在箱子上铺着白布，秘书厅的人们，就在这汽油箱子上办公。寝室、饭厅、办公室都在这一个蒙古包里。蒙政会以秘书厅的工作为最忙，我们去参观的时候，几个秘书正在忙着编译公文呢。嗣到各处、科，都是较小一点的蒙古包，包里边没有床、凳子的设备，就把汽油箱子放在地上，人们便坐在地上办公。在保安总队部的前面，虽然也是一个蒙古包，却也像内地军队司令部的卫兵室，插着黄色旗，挂着值星官的牌子，摆着惩罚士兵的黑红棍子，可是这些东西和一堆一堆的蒙古包，是极不和谐的。

在各厅、处的下面，还有一列十六七个蒙古包，门是面向西方开着的，那边是住着各旗驻会的参议。

无线电管理局、无线电台、汽车管理局和稽查处等机关，都在百灵河之东，那里是在百灵庙的商业区，还有许多土房子，这些机关便都在这土房子里办公。

F　蒙政会积极进行的工作

蒙古地方自治政务委员会成立以来，已经是一年多了，过去该会只作许多准备工作，现在此种准备工作，业已就绪，今后该会即以全力进行各项事业。目前急须举办者计有下列六类十二项：（一）关于推进自治者，为蒙古自治讲习所。（二）关于保安者，为蒙古保安教导队。（三）关于生聚者，为蒙古卫生院及蒙古实验新村。（四）关于教育者，为蒙古文化馆及蒙古师范学校。（五）关于发展经济者，为蒙古生产合作社、蒙古贸易合作社，及蒙古信用合作社。（六）关于交通者，为蒙古公路管理局、蒙古电业管理局、蒙古驿站管理局。以上十二项业经蒙政会第二次全体大会通过，并积极进行一切，兹将其计划摘要述之如下：

（一）蒙古自治讲习所——以训练各盟旗现任公务员，及培植自治人才为宗旨，设学员班及学生班。其组织设所长一人，承蒙古地方自治政务委员会之命，综理所务，并设教务长一人、专任教员三人至五人、兼任教员若干人、专任译员三人至五人、兼任译员若干人、管理员一人或二人、事务长一人、事务员二人或三人、书记三人至五人。学员班学员由蒙政会分配名额，通令各盟旗，就左〔佐〕领以上现任公务员选送，讲习期间为六个月，期满再招。所有期满学员成绩合格者，均发给证书，由蒙政会分发原送各盟旗服务。其成绩优良者，并得令尽先升用。至学生班学生，则由蒙政会分配名额，通令各盟旗就下列各项资格考送：1. 年龄在二十岁以上、三十岁以下，身体健全者。2. 在初中以上学校毕业，或具有同等学力者。3. 品行端正，无不良嗜好者。4. 具有身家或妥实保证者。学生班的讲习期间为一年，期满再招，所有满期学生成绩合格者，均发给证书，由蒙政会择其成绩最优者留会任用，其余均分发原送盟旗任用。如有盟旗声请多予分发者，得酌量改分。该所经费，由蒙政会筹备一半，并请中央补助一半。

（二）蒙古保安教导队——以培植保安人才并保卫蒙政会之安宁为宗旨，设三中队及一干部训练班，其编制与内地军队相同。至各中队队兵由蒙政会分配名额，通令各盟旗就下列各项资格选送；1. 年龄在十八岁以上、二十五岁以下，身体强健者。2. 品行端正，无不良嗜好者。3. 具有身家或妥实保证者。计划先招第一中队，过一个月再招第二中队，再过六个月招第三中队。其教练期间均为一年半，每队期满均另招一队补充之。所有期满队兵，均发给凭照，由蒙政会分发原送各盟旗服务。如有盟旗声请多予分发者，得酌量改分。至干部训练班学生，则由蒙政会分配名额，通令各盟旗就具下列各项资格者考送之：1. 年龄在十八岁以上、二十五岁以下，身体强健者。2. 资质聪颖，通晓文字者。3. 品行端正，无不良嗜好者。4. 具有身家或妥实保证者。训练期间为一年，期满再招，所有期满学生成绩合格者，均发给证书，由蒙政会分发原送各盟旗服务；如有盟旗声请多予分发者，得酌量改分；其有志上进、才堪深造者，并得保送中央相当军事学校肄业。其经费由蒙政会筹拨一半，另请中央补助一半。

（三）蒙古卫生院——以办理公共卫生及诊疗疾病为宗旨，其组织为四部一队：1. 事务部。2. 公共卫生部。3. 诊疗部。4. 药剂部。5. 巡回医队。设院长一人，承蒙政会之命综理院务，并设下列各员，分任各项事宜：主任五人、医师五人至十人、药剂师一人或二人、助产士五人至十人、助理员五人至十人、护士六人至十二人、事务员三人至五人、书记一人至二人。巡回医队分为若干分队，并划各盟旗为若干巡回区，分别办理公共卫生及诊疗疾病，其经费由蒙政会筹拨一半，呈请中央补助一半。

（四）蒙古实验新村——以团结蒙政会所属员工实行新生活，并以所得经验，为建设各盟旗新村之矩范为宗旨。村址已裁定新会址之两森林区，风景宜人，堪称蒙古的苏杭。其村民为：1. 凡服务于蒙政会与所属各机关之员工，及其所携眷属，除有特殊情形，呈经蒙政会核准者外，均须居住本村。2. 前项以外人民，呈请蒙政会核准者，亦得居住本村。该村以村民大会为最高权利〔力〕机关，其决议事项由村长呈经蒙政会核准后执行。村设村公所，置村长一人、村副一人或二人，均由蒙政会就村民中遴选派充，秉承会命，综理村务。预计村中设备极为完善，除住宅一项得由村民依照规定请准私建外，其余均由村公所建设管理，计有公共宿舍、礼堂、宾馆、食堂、浴室、商店、菜圃、积谷仓、饮水井、小学校、体育场、阅报室、游艺室、公园、村路、厕所及其他必要之设备等。此村不日即开始兴筑，除新村外，更建筑饭店一所，以便各方旅行人士。

（五）蒙古文化馆——以发扬蒙古固有文化，并输入现代新文化为宗旨。该馆设下列六部一队：1. 总务部。2. 图书部。3. 博物部。4. 体育部。5. 艺术部。6. 出版部。7. 游行讲演队。设馆长一人，承蒙政会之命，综理馆务，并设下列各员分任各项事宜：主任六人、队长一人、事务员二人至四人（事务部）、管理员二人至四人（图书、博物二部）、指导员二人至四人（体育、艺术二部）、编译员五人至十人（出版部）、讲演员五人至十人（游行讲演队）、助理员十人至十五人、书记六人至十人。该游行讲演队，分为若干分队，并划各盟旗为若干讲演区，分别游行讲演，并办理本馆委办之关于发展文化各项事宜，其经费由蒙政会筹拨一半，并请中央补助一半。

（六）蒙古师范学院——以养成各项健全师资，推进蒙地教育为宗旨，规定每年招生一班，并酌量情形，增设下列各科：1. 简易师范科。2. 乡村师范科。3. 幼稚师范科。4. 特别师范科。每届招生由蒙政会分配名额，通令各盟旗保送具有法定资格或同等学力之学生，试验合格者入学肄业。学生修业期满，实习成绩合格者，发给毕业证书，由蒙政会分发各盟旗相当学校服务，其有才堪深造者，并保送国内外学校肄业。此外更计划附设初级中学及补习班，以为各盟旗小学毕业生升学之地，并为升入本校各科师范之预备。又设蒙古实验新村小学，以为学生的实习机关。其课程标准，除按教育部规定外，应酌授蒙地相宜的各项职业学科。其组织如下：设校长一人，承蒙政会之命，综理校务，并设下列各员分任各项事宜：教务主任一人、训育员二人至五人、主任教员每科一人、专任教员每科至少二人、兼任教员若干人、事务主任一人、事务员三人至五人、书记三人至七人。该校的经费由蒙政会筹拨一半，并呈请中央补助一半。

（七）蒙古生产合作社——以集合群力经营各种生产事业为宗旨，设一部三场，为总务部、牧场、农场、工场。设社长一人，承蒙政会之命，综理社务，并设下列各员分任各项事务：主任一人、场长三人、技师若干人、事务员二人至五人、助理员若干人、书记二人至五人。其主要工作，牧场先求马、驼、牛、羊等畜产的蕃殖，以后次第改善其品种。农场应注意森林园艺的实验及推广，并讲求已垦地方农产物的增加和改善。工场先设缝纫、印刷、土木等当地应用各科，以后次第增设组织制革、炼乳等加工当地原料各科。此外更应劝导各盟旗普遍举办适合当地情形的生产合作社，并对各社尽量协助指导之，但不生统属关系。该社的开办费，由蒙政会筹拨一半，并请中央补助一半，其经常费由蒙政会发给，其收益也解归蒙政会。

（八）蒙古贸易合作社——以输出蒙古地方各项出产物品，输入蒙古地方需要各项物品为宗旨。设总务、输出、输入三部。设社长一人，承蒙政会之命，综理社务，并设下列各员分任各项事务：主任三人、事务员六人至十五人、书记二人至六人。其主要工作为对于蒙古地方出产物品，随时规定平允价格收买，尽先供给蒙古生产合作社所需原料，其余运往外埠销售，并在外埠采办蒙古地方需要的各项物品，运入蒙地销售。此外，应劝导各盟旗举办贸易合作社，并对各社为充分的联络，但各社的资产应当完全独立。该社得在有关城市设办事处或办事员。其资本由蒙政会筹拨三分之一，呈请中央补助三分之一，招募商股三分之一，其经常费由营业收益提拨，但在营业还没有发达以前，得请蒙政会酌予补助。

（九）蒙古信用合作社——以奖励储蓄，活动金融为宗旨，设下列四部：1. 总务部。2. 储蓄部。3. 流通部。4. 证券部。社长由蒙政会派充，综理社务，各部设主任一人、事务员二人至四人、书记一二人。储蓄部办理储蓄事宜，凡蒙政会及其附属机关的员工，均须按月提出其薪俸的若干储蓄于该社，至去职时得将储款本息如数提出。至此项储蓄的成数，由蒙政会规定。至蒙政会及其附属机关的公款，均应存于该社，各盟旗官民的公私款项，也得储蓄于该社。流通部承办蒙地汇兑，并依照规定办法以存款借与蒙地官署或人民。证券部得按资本及储款总额的半数，发行代用券，以通行于蒙政会所属各盟旗为限。该社在各盟旗及有关城市，得酌设分社或办事处。其经费由蒙政会筹拨三分之一，呈请中央补助三分之一，招募商股三分之一，其经常费由营业收益提拨，在营业未发达以前，得请蒙政会酌予补助。

（十）蒙古公路管理局——以兴办蒙地公路、便利运输为宗旨，设下列三课两队：1. 总务课。2. 工业课。3. 业务课。4. 汽车队。5. 骆驼队。设局长一人，承蒙政会之命综理局务，并设下列各员分任各项事务：课长三人、队长二人、局员五人至十人、技术员二人至四人、书记二人至四人。凡蒙政会及各盟旗间之公路，应由经过地方关系机关共同修治，克期完成。其汽车、骆驼两队，须为有定期的往来，并须于经过路线相当地点设置车站、骆站，以利旅客上下、货物起卸，各站所在地盟旗官署，须予以充分的保护及便利。该局的筑路费由蒙政会及各路经过地方关系机关分担，并得请中央补助。其经常费由蒙政会发给，其营业收益，须按月解归蒙政会。

（十一）蒙古驿站管理局——以办理蒙古未设邮局地方之驿站、便利通讯为宗旨。社长之下设总务、通讯二课，课长二人、局员二人至四人、巡查员二人至四人、书记二人至四人。各盟旗公署所在地未设邮局者，一律由各该盟旗设置驿站，称为某盟旗驿站，并由各该盟旗派定站长，驿差员负责传达各项文书，站长由本局加委，受本局的指挥监督。各盟旗地方除公署所在地外，有设置驿站必要时，由各该盟旗增设之，称为某盟旗某处驿站，余照前项办理。本盟旗经费由蒙政会发给，各盟旗驿站的马匹、房舍由各该盟旗拨给，其薪工杂费等项经费，请中央补助之。

（十二）蒙古电业管理局——以办理蒙政会及各盟旗专用的无线电报、广播电台、电灯、电话及其他可由地方经营的各种电气事业为宗旨。设局长一人，承蒙政会之命综理局务，下设：1. 总务课，置课长一人。2. 工务课，置课长一人。3. 无线电台，置台长一人。4. 广播电台，置台长一人。5. 电灯厂，置厂长一人。6. 电话厂，置厂长一人。另外有局员六人至十二人、技术员六人至十二人、书记六人至十二人。该局在各盟旗及其他有关地方分设无线电分台，并直接管理之，但各分台须受所在盟旗及所在地长官的指挥监督。对于各盟旗自办的电灯、电话及其他可由盟旗经营的电气事业，应指挥协助之。其经费由蒙政会筹拨，但开办费，得请中央补助之。

六　在百灵庙

在以上几节里所不曾写过的我们在百灵庙的生活，打算在这一节里加以补充。

A　谒云王

云王是蒙古地方自治政务委员会的委员长，是乌兰察布盟的盟长，九号的午间才从王府来到会中。我们在下午三点多钟的时候，看百灵庙的喇嘛们都行完了谒见礼之后，遂请求谒见，仍然由锡科员引导。云王今年已经六十七岁了，但精神矍铄，面带红润，仅因腿有毛病，步行须用人扶持。最近从北平方面购来一辆洋车，较远的路子，便用以代步。我们进到云王所住的蒙古包里，他让坐后，并进奶茶。云王不通汉话，由锡先生翻译。寒暄后，略说我们考察西北的动机和目的，并请他们协助，随即辞出。

云王是一位好好先生，沉默寡言，信佛，日惟诵经，对于政事多不过问，一切都由秘书长德王代行，迭次呈辞，都未获允准。听说现在又向中央辞职了。实在，云王的年岁的确太高了。

B　我们的日常生活

从到百灵庙那天夜间起，我对蒙古人的印象，一向是极好的。在他们的脑子中，不曾煊〔渲〕染着什么虚伪、狡猾等等都市人们的恶习，他们的诚恳天真，是内地人所不及的。我很早便听见别人说，到蒙古去旅行，可以走到哪里，吃到哪里，住到哪里的，而今我证明了这句话是确实的。在百灵庙我们住了三天半，在这三天半里，我们受着蒙古人的殷勤的招待。每天起来后，便有两个听差为我们倒洗脸水，收拾蒙古包的内部。洗完脸以后，我们便在附近散一散步，回来，已经给我们预备好了四盘早点、一壶茶。吃完了早点之后，我们便分头进行我们的调查工作。至十二点钟的时候，为我们预备午餐。午餐是白米和馒首、五个菜、一个汤，都是极丰满的，并且都是汉菜，全是从绥远带来的。吃完午饭之后，便又送来一铁筒小粉包香烟、一壶茶。午饭后，又进行我们的调查工作，早〔晚〕饭和午饭差不多，时间在下午六点钟。晚饭后便是我们自己的时间了，找蒙政会的职员去谈话，或者是写信、记日记等。太阳一落，便放送广播，静静地听一听消息，听一听音乐，我们觉得这种生活非常好，我们真有些不愿意离开百灵庙。

C　一个热烈的欢迎会

七月十日，又是一个雨天，同学们开玩笑地说："龙行有雨。"真怪，我们到哪里，哪里就要下雨。上午十点钟的时候，蒙政会在最大的蒙古包里开会，欢迎我们和江亢虎他们，另外还有两位替美国农部采集标本的雷卓志父子（Boerick，俄人），到蒙政会职员四十余人，都在蒙古包里一排一排地坐着，是那样的拥挤，前后左右都不能移动。因为在蒙古包里需要光线，所以将天窗打开，和露天集会没有多大区别。外面的雨下得很大，雨点子由天窗飞进来，落在人们的身上。人都到齐了，也没有举行什么仪式，大家都坐着，便开会了。

首由德王致简单的开会词，略谓："今天本会开会欢迎江博士及东北大学考察团。诸位都是热心边疆事业的人，而本会系属草创，一切都不完备，以后的事业，也是千头万绪的。这要请诸位不客气地给我们指教了。"

接着便是江博士的答词。江先生首先对蒙政会致深切的谢意以后，便陈述他十几年来在海外的工作，和所得的印象，最后勉励蒙古人要保持并发扬蒙古固有的文化。以后便由作者代表东大考察团致简单的谢辞，希望蒙古人努力，不要再蹈东北的覆辙等语。最后由江先生介绍雷卓志父子说："雷博士是俄国人，因不容于现政府，乃至美国，现任美国纽约博物馆美术主任，研究美术。现在他以私人的名义发起了一个运动，那就是在战争期间，对于美术馆、博物院、图书馆等文化机关，像红十字会似的，不准予以破坏。现在签字加入的国家，已经有了二十二国，中国驻美公使也正向中国政府请命。他们是父子俩，来到蒙古已经五六个月了，是专为采集植物标本、研究草种的。"介绍毕，即由雷卓志博士发言，由江氏翻译，兹将大意录下。

我们虽然语言不同，但都有一个共同的心理，那是尊重过去的光荣。在我所著的书中，有好多关于中国和蒙古的事情，我都是尽量地表扬。对于中国和蒙古的希望也极大，对于中国和蒙古的和平建设，我更愿予以有力的帮助。最近蒋委员长所提倡的新生活运动，这和中国和平建设前途很大。听说此地也要建设起来一个新都市，这是可能的，愿尽量予以助力。和平建设最紧要的是必须具有坚苦卓绝的精神……诸位在不知不觉之中，得到许多同情，世界人类的进化，都要靠着互助合作的。诸位要拿互助合作的精神去战胜困难，以建设和平。现在我发起一个和平运动，是向各国请求在作战的时期，不要毁灭图书馆、博物馆和美术馆，现在签字的，已经有了二十二个国家，中国也在考核中。有了和平的保障，重要的遗产，才不至于因为战争而毁灭呢。此次来到蒙古地方，是受美国农部的委托，到沙漠中考察植物的生活状况。……最后我向诸位说，土地的荒旱固然是危险，但是人心的荒旱则更危险呢。我希望诸位都有一棵〔颗〕不荒旱的心。

雷卓志博士讲演完毕后，遂自由发问，有的问："日俄战争能否发生?"有的问："日美战争能否发生?"这很可以代表蒙政会的人们，也很注意于国际问题。江先生答覆说："日俄战争的发生，只是时间问题，至于日美的冲突，现在还谈不到。不过诸位要注意，无论谁和谁发生战争，与中国都是不利的。一九〇五年的日俄战争，不是给我们一个很好的教训吗。中国现在不要依赖别人。"继江先生以赠绥远省政府的三多来赠送蒙政会，他说："我说的三多是：（一）多凿井；（二）多移民；（三）多种树。"因此而引起来一个大辩争。蒙政会的人们差不多都反对"多移民"（即开垦），他们仍然要保留游牧生活。他们自己说，他们吃"移民"的亏大极了，过去内地移民开垦，就是强占蒙古人的土地，并不像在东北开垦还给蒙古人以代价。这给蒙古人以一极不良的印象。最后江氏说："游牧生活固然要保存，但进步的农业生活也要发达，然后社会才有进步。总之，宜于牧畜的地方，固然要去牧畜，但宜于开垦的地方，要去开垦。"这样才结束了这一个辩争。

散会，已经是十二点多钟了，每个人的腿都坐麻木了，我们又冒着雨回到我们住的蒙古包里。

D　塞外月夜听歌声

我们很早以前就知道蒙古的音乐是悲壮的、庄严的，同时也是幽雅的，而今来到蒙古地方，很愿意听一听蒙古音乐，乃由蒙政会的秘书丁我愚先生找几个善于音乐的蒙古兵来奏唱。大家共围坐在蒙古包前的圆桌旁，除了我们八个人以外，还有江先生他们，和蒙政会的职员五十余人，可谓盛极一时。

十一日夜九时左右，上弦月已经悬在高空，天是蓝蔚蔚地，没有半点浮云，冷风与明月伴着我们，蒙古包也似乎在一行一行地倾听着。野犬停止了狂吠，喇嘛庙的喇嘛也不再吹他的胡笳了，大地是静静地……这塞外夜景就够迷人了，更有这么一个音乐会，我们真以为是到了世外桃园。

参加演奏的是六个蒙古兵，他们都持着乐器，规规距距〔矩矩〕地坐在下首。首先由丁秘书解释了乐器。有一个兵是拿着"马头琴"，这和内地的三弦琴一样，不过琴上站有一马头，弦子则用马尾做的，发音悲壮。另外有两个人吹笛子，两个人拉四根弦的胡胡。

第一曲是新制的，名为《欢迎班禅歌》。先也是有一段前奏曲，发出和谐而幽致的音调，其后是齐唱，有的时候也分着唱。我们虽然听不懂是什么意思，但那悦耳的歌声却把我们迷住了。

第二曲是《情歌》，歌声更为和谐，是一问一答的，有两个人发出男子的粗声，另外有两个人发着女子的细声。我想这一定是在游牧的时候，男女挑情时所唱的。

每一个曲子都是很长的，两个曲子唱完了以后，差不多已经过了三十几分钟了。我们方面推李国栋同学回敬一曲，曲名《我们是开路的先锋》。首由李君略述此歌大意，由蒙政会某科长翻译。当李君歌唱的时候，四周的蒙古人都是侧耳倾听着，也许他们正在欣赏着这时代的歌曲吧。

以后又由蒙古兵共唱一《军歌》，那音调的雄壮，真有如万马奔腾。其意为赞美古人大勋伟绩。最后又唱了一首庆祝歌，散会时已十一时许了。

按蒙古民族本来没有什么文化史册之可言，至于喇嘛教的经典，也不能尽蒙人都知道，所以，能够表示出来蒙古人的精神的，只有从传说和歌曲，这两件可以说是凝结蒙人的要素，也是蒙古人哀乐的寄托。所以蒙古人最嗜歌曲，每当工作之余，往往手舞足蹈，或唱柔情之曲，或唱悲壮之歌。兹录汉译蒙古军歌《可汗大威》一首如下：

一、可汗如太阳，高高坐东方。威德之所被，煜为天下光。

部属如草木，小丑如冰霜。草木日以长，冰霜日消亡。

太阳有出没，可汗寿无疆。

二、惟我大可汗，手把旌与旗。下不见江河，上不见云霄。

天下无修罗，地亦无灵祇。上天与下地，俯伏肃以齐。

何物蠢小丑，尚敢当马蹄。

三、狮子夜吞日，可汗朝点兵。兵符一声下，千里不留行。

壮士得兵符，中夜起秣马。秣马望天明，长啸天旗下。

四、美人送壮士，手把黄金卮。朔风傈〔栗〕以烈，凛凛倾城姿。

美人语壮士，此去无濡迟。生当立功名，死当随鼓旗。

无为作降虏，令我无容仪。壮士附手笑，何用多言为。

我有大宝刀，砺志与相期。怅望日以方，而今乃得之。

跃马一扬鞭，去去不复辞。白马溅赤血，少女施胭脂。

壮士赴战场，还以新婚期。

五、马首入刀林，死士吞生人。马首尘埃舞，生人驱死士。

嗟彼土室人，智短神以昏。上天天无梯，入地地无门。

我命如猎犬，尔命如孤兔。急走不及墓，战场风猎腊。
吹到衣凄凄，嗟彼土室人，勇士女啼儿。

七 到西苏尼特旗王府去

十二日的午间，蒙政会正式通知我们在今天下午两点钟的时候，到德王府去（即西苏尼特旗王府）。于是我们忙着收拾我们很简单的行装，把暖壶装满了水，便静静地等着出发。

蒙政会的大汽车，从河东开来两辆，一辆便停在我们这蒙古包的前面，另外一辆开到后面去了。我们把所有的行李都搬上汽车以后，我们便也上了汽车，心里想，王府距离此地还有六百里，最快也得半夜才能到达。

人们上齐了以后，把汽车开到后面去，又上了六个蒙古兵。他们都穿着蒙古人的服装，头上戴着白顶子、蓝顶子的红缨帽，脚上穿着皮靴，衣服的颜色不是红的，就是蓝的，都是那么样地脏，一种毡〔膻〕味就够人闻的了。然而浮在他们脸上的微笑，充分表露他们诚恳天真的举动，却又不能不令我想，蒙古人还是不曾被恶社会所煊〔渲〕染了呢。因此，讨厌他们的情绪也少了。这六个蒙古人之中，有一个是十五六岁的小孩子，有一个四十岁以上的老头儿，另外那四个人都是二十几岁的壮年。他们是德王的卫队，携有捷克式七九步骑枪两枝、轻机关枪一枝，蒙古人的所特有的强健的身体，他们都有。那一个大汽车载有几位蒙政会的职员，和二十几个蒙古兵。德王从蒙古包里出来，来到车前看一看，他说他过一会就去。他又用蒙古语向车上的人们说了许多话，车便前进了。

我们这辆汽车的驾驶员是一个蒙古人，车一过百灵庙的河东，便向东北方面的原野飞似地开起来了。我们坐在车上，冷风强烈的吹向我们，两边都是绿色的草，只有汽车轮子所压的路子，是一道黄色，蜿蜒在这广大的草原里，好像一条长蜿〔蛇〕似的。汽车飞奔地前进，又好像一只小船，在碧绿色的海洋中飘〔漂〕流似的。不到十几分钟的功夫，一同开出来的那辆汽车，已经看不到了。

有时我们开到一个小丘的顶点时，也可以看见后面的那一辆车，像小船似的前进着。

六个蒙古人天真地互相开玩笑，那一个小蒙古人汉话说的很好，他便做了我们的翻译，知道他们是到王府参加祭脑包大典去的。那一个年老的人会唱歌，另外几个人是掼跤的选手。我们要求他们给我们唱蒙古歌，不料他们却也叫我们给他们唱歌。这样他们一曲、我们一曲地交换着唱，一些儿的疲倦也不曾感到。

人们都说蒙古是一个游牧民族，但在蒙古的旅途中，却不曾看到多少牲畜群。广漠无垠的草原里，时时地只看到二三十一群一群的牛和骆驼，羊还很多，有二三百一群。至于村落住家的蒙古包更是少见，可见蒙地之广大和人口之稀少了。

唱乏了，便静静地坐在车上，听汽车前进的轧轧声，身子被车颠簸着，更像在海中旅行。行约两个多钟头的时候，过了一个已经涸了的河，便到锡林格勒庙。汽车上足了水，没有休息几分钟，便又向前开始〔驶〕了。

旅途中没有什么新鲜事物可以记述的，只是不时地有一群约一二千那样多的黄羊，在大地上疾驰。这东西极怪，无论如何，它们非要从汽车的前面跑过道那面去不可。几个蒙古人又猜起拳来了，很有意思的嘴里唱着"五鸡陶手打个来对"，和"……前英儿会"等谐和的小调，也像汉人似地伸出几个手指头来猜着，输了的时候，便打手心，这是他们在汽车里的娱乐。

四点多钟的时候，经过新地，这是蒙古中已经开垦的地方，种着麦子，像很茂盛，这是我们在蒙古地方第一次所看到的五谷。车也没有停，便一直向前边开驶，又走了一个多钟头，便到了沙拉莫勒庙。当汽车停下来的时候，便有五六十个蒙古喇嘛来围着汽车，用惊奇的眼光看着我们。下车之后，我给他们拍了一个照片。车夫上足了汽油，添足了水，大家都活动活动腿脚，又继续我们的行程。打听他们，说是还有三百多里地呢。

又行三个多钟头，到了保斯泰地方，也是一个喇嘛庙，这时太阳已经跑到西天边了，天气有些冷，大家下车把棉衣服换上。几个蒙古兵放起枪来了，他们的射击技术都很好，距离有三百多米达以外的草堆，他们都能打得很准确。

又休息了十几分钟，我们便又前进了。忽然，天上拥起了几块很浓的乌云，慢慢地散开了，不久便落了几点雨，"龙行有雨"的话，便又被我们提起来了。很幸运的，下了一会儿便停止了，在南方的天空中，现出一条虹，是那般的美丽，大家都愉快的欣赏着。

阴雨渐渐地散开了，远望着那暮霞，有的像山，有的像水，也有的像鱼，而金红色的太阳在里边衬着，放射出来强烈的金光，再配着无垠的原野，真令我们沉迷在大自然的怀抱里了。

太阳沉落到西天以后，大地便被黑暗所吞食了，代替太阳值班的，是上弦的月亮，很尽职地升到了东天，衬着碧蓝色的，加杂几朵白云的天空。银灰色的光辉，散在夜行的汽车上，照着它不停地向前爬行。这塞外的夜，这清爽的天气，美好的环境，一切都不是内地所能见得到的。

夜里十一点多钟的时候，我们到了德王府，我们被让到两个特为我们预备的蒙古包里休息。把行李打开之后，便随便吃了些点心。一切都和百灵庙又不相同了，听差的是一个不懂汉话的蒙古人，一切都靠着手势传达我们的意见。蒙古包也不如百灵庙那边的讲究了，现在是夏天，可是一柜子牛粪，却依然像陈列品似的在蒙古包里陈列着，真叫人心呕。点心是油炸的面饼，不能下咽，水又是那么样地咸，这才是深入蒙地呢。

本来还给我们预备饺子吃，告诉我们过一会儿就可以做好，我们因为天已太晚，身体又特别疲倦，便谢绝就寝了。

八　在德王府

到德王府的第二天（十三日）又是一个雨天，正好，可以休息休息我们疲倦的身体。这一天除了在王府附近看看以后，什么地方也没有去。

王府的建筑，完全像内地的一个大住宅，但没有院墙，全都是高大的瓦房，在外面却搭了七八个蒙古包。

这里是蒙古的腹地了，米饭不适口，菜也非常少，早晨的点心是由粗的白面用油炸了的，水像盐水那么样的咸，住的蒙古包又是陈设着一柜子牛粪，我们算深深地体验到了蒙古人的生活。

晚间此地无线电台金台长、报务主任王先生，及西乌珠穆沁旗筹设无线电分台的赵先生来访，他们都是东北同乡，在这数千里之外遇到同乡，当然是非常快乐。从他们的谈话中，我们更进一步地知道了蒙古的危机，真是这一句话："不到蒙古，不知蒙古之大；不到蒙古，也不知蒙古之危。"距离王府之北五里的地方，便有某国设立的特务机关、无线电台和医院。他们设立这些机关的目的，当然是不问可知了。不但这样，某国的飞机，还时常飞到此地来侦察，和散放传单来呢。昨天（七月十二日）就有一架飞机来到此地低空飞行，并且散放传单，一种是一幅画，上面画着一个父亲领着一个小儿子赴庙会，小孩子的手里拿着一个"满洲国"的旗帜，父亲说："好孩子别闹，爸爸领你去庙上买小车。"

在画的上端，更写着"匪患除，农夫乐"六个大字。另一幅画是题着"日、满、蒙联合起来"的口号。由此可见某国人对内蒙已经着手侵略了。他们又告诉我一个骇人听闻的消息：西苏尼特旗是在察哈尔境内，察哈尔省政府为办事便利起见，特派特派员二人常川驻在此地，自从某国设立特务机关以后，对于这两位特派员，时常以冷眼相视，更于前五天对该二特派员下最后警告，令彼于二日内离开此地。这两个特派员，遂在前天离开此地回察哈尔去了。同时某国人对于我们这一个考察团，也予以很深切地注意。他们曾问过德王，德王回答很好，说我们是来看祭脑包的热闹的。我们感到在此地也不自由了。

西苏尼特旗这次年会，还请了好多外宾，有英、美、德、法、日、瑞典等驻平武官三十余人、外国的新闻记者五六人，中国方面有军分会代表二人、政整会代表二人，都在今天到齐了。听说在明天祭脑包的时候，日本还派两架飞机来庆祝呢。

十四号一个整天参加蒙古最大盛典的祭脑包典礼，在下节里有一个比较详细地叙述，这里先不去谈它。

十五号是一个晴天，给我们一个很好的机会去观光一下德王府附近情形。早饭后我们便拿着照像机向王府西二里的班禅行宫方面走去。一路上有很大很大的粪堆，是蒙古人惟一的燃料。路上我们遇见一个喇嘛，很和霭〔蔼〕的向我们打招呼，并且引导我们到他的住所去，仅有一间屋子，里面陈设着佛像等物。虽然我们的语言不同，但用手势也可以表达一切。他很诚恳的招待我们，给我们奶皮子吃，给我们奶茶喝，但都因为不习惯，而不能接受他的盛意。从他的住所出来，他很注意我拿着的照相机，我遂给他照一个像。他看我要给他照像，便从屋子里头搬出来好几个椅子，叫几个别的喇嘛，和我们中的两个人合摄一影。当照完了的时候，他立刻就向我要照片，我费了好大的力量，方解释清楚再过十几天再寄给他。于是由他引导到哲喇嘛庙，这一个庙是清光绪三十三年建筑的。从哲喇嘛庙出来，到快要竣工的班禅行宫。班禅行宫是三年前班禅来锡林郭勒盟时，蒙古人给他建筑的，历时三年，现在只油饰一下便好了。听说一共花了二十几万元的建筑费呢。

从班禅行宫出来，回头走，过了王府，便是兵营，有两个兵在外面站岗。往北去拜访无线电台金台长等，他们住在一所新建筑的房子里，谈约一点钟才告辞出来。电台的西面便是旗府，电台的北面二里多，我们已经可以望得见的那个建筑物，便是日本所设立的特务机关、医院和无线电台了。我看到那些建筑物的时候，不禁地伤心起来。

晚六时，德王为我们设宴送别，其情形已经在《德王印象记》那一节里说过了。

九　祭脑包

"祭脑包"是蒙古人春、夏两季举行的最大祭礼。脑包是藏文"多寿"的意思，系用许多石块堆的，位于山顶或道旁，在石堆的当中，立着一个木竿，长短不同，木竿的顶端绕许多方布，布上写着藏文，中系龙、凤、马、虎、狮五兽形的印。据说是祝畜牲的安全，同时也祝人一生的精壮如五兽，并各事如意。脑包的完成，完全是许多蒙古人的合作，凡是登山或行路的人，都有拾一块石头放在脑包上的义务，因此脑包的堆子一天比一天地大。

前面说过，祭脑包是蒙古的惟一大典，不但这样，他们更利用祭脑包这一个机会，讨论盟旗一切应兴应革的事宜，所以，蒙古人对于这一个典礼，极为重视的。

祭脑包的日子本来是五月十四日（旧历），因为在这个时候，此地的草还不茂盛，不能供给参加典礼的牲畜食用，所以延长一月，改为旧历六月十四日（在国历是七月）。在这一天的早上，天空中便满布着阴云，看来要落大雨，然而，这一个祭礼，是不能不举行的。很早便有汽车向脑包方面出发了，天气是很冷的，我们都穿着很暖和的衣服。七点钟的时候，我们便乘大汽车向脑包处出发。

西苏尼特旗最大的脑包，在王府西南方十几里的地方，汽车在草原上飞快的驶行，不过三十几分钟，便远远地看到了立在高约二十几丈的山上的脑包，以及山下立着的帐棚、人物和马羊的活动。

汽车停在帐棚前面，我们被让在里面休息。许多外宾也都来了，他们都拿着照相机，收集他的照相材料，女人也有七八个，但不曾看到日本人。

帐棚里的布置是这样。里面的那一端，放着一块长垫子，在垫子的上面，有一个桌子，桌子的上面放着几盘蒙古点心，像奶皮子、奶豆腐、奶饼等类，两旁一边放着两块红垫子。我们坐下之后，便有一个蒙古兵为我们每人斟上一碗奶茶。奶茶是我早就领略过的，那几块点心，尝了一尝也都不能下咽。这样在帐棚里面坐着，颇觉无趣，走到外面，雨已经下了，但还不大，许多人在这广场上活动着。一队蒙古兵，前面打着两个黄旗子，上面是汉蒙合璧的"乌滂守备队第一队"的字样，衬着兵士们所穿的灰色长袍，完全蒙古装，肩着新式武器，缓缓地前进，配上戴红缨帽、黑马褂的军官，令人回想起二十几年以前的旗兵。

遇见了政委会的代表，相谈甚恰〔洽〕，一位是调查处主任周雍能君，一位是保君健博士。我从他们的口中，知道了好多关于别来很久的故都和学校的消息。

祭礼就要开始了，人们都往山上爬，我们也就随着众人走，外宾的女人是不准上去的。

　　登上了小山之后，便看见了一个最大的脑包，圆圆的，高有一丈，直径有三丈。在脑包的周围放着许多羊头、羊身的祭品，前面二三十位喇嘛正在念经，在喇嘛的中间立着用刀、枪、箭、战袍等物立成的东西。据说这是代表成吉思汗的，再前面便是香炉了。

　　天依然阴着，微雨是停止了，人们都往脑包后面跑，我也随着去到后面，看见山下有一队兵正在爬山，前面引导的是德王，戴着红缨帽，穿着黄马褂，骑在马上的姿势很庄严。渐渐地爬上来了，德王下了马便到脑包的前面主祭。许多王公都随着德王立在脑包的前面，由司仪喊口号，行三跪九叩的礼，然后德王自己又行了礼，便坐在地下。德王时常带着微笑，向来宾群中扫射，像有一种难为情的神色呢。以后叫来宾也参加祭礼，都是坐着，每人给一个盘，盘子里面盛着枣及果品、点心等物，由德王领导，高高地把盘子举起来，左右地连喊带幌〔晃〕，来宾不知道什么意思，也随着幌〔晃〕那盘子。喇嘛念完了经以后，便听见远远地有小孩子的呼叫声，大家便都立起来观看东方跑来一行骑着马的、穿着红绿色衣服的小孩子。慢慢地走近了，看他们都赤着足，骑在马身上，原来他们是参加赛马的选手。

　　这一队骑马的小孩子，先骑马绕着脑包走三周，然后下马走到脑包前，以头接触脑包的石头，然后是参加祭脑包典礼的人们，在地下拾起来小石头，向脑包上抛，又散了一阵面粉，祭礼便算完成。

　　大家都离开了脑包，就等着在这里午餐了。我往北面巡视，那是预备午餐的地方，没有什么炉灶，只用石头、土等物堆成，上面放上锅，煮着全羊，我看见蒙古人手里面拿着一个大的铲子，一方面翻动着锅里的全羊，一方面用铲子取牛粪，就这一点也可以看得出来不卫生了。

许多马在原野里闲散着，来宾来回地参观，许多蒙古人在忙着准备午餐。这时候，天也有些放晴了，但黑云还是一块一块地在天空中飞过。

午餐就是在帐棚里面用的，又是这最尊敬、然而是最难下咽的全羊。一个帐棚里一只全羊，另外什么也没有。蒙古人把全羊拿过来以后，给我们找几个刀和几双筷子，蒙古人就把那只全羊放在他们的衣服上代我们割，我们嫌他太脏了，遂自己动手。全羊远不如在百灵庙所吃的熟了，用刀子割，有时候要冒血丝，又没有酱油、醋等味料，更难下咽。我走出帐棚，参观别个帐棚里，几个外国人吃得正快乐呢。

外面又下雨了，我回到帐棚里勉强吃点，因为肚子里觉得有些饿了。

雨下了一阵便停止了，乃举行射箭比赛。这是蒙古王公阶级的比赛，由德王领导着许多王公比射。箭场的距离是十弓，二十丈远，目标是圈把，最外面那一圈是蓝色，射中的，算一圈，第二圈的是黄色，射中的算二圈，第三圈是白色，射中的算三圈，第四圈是红色，射中的算四圈，最里面的那一圈是黑色，射中的算五圈。因为天有风，所以射准的不甚多，德王射的很准确，每次都能射到把子上。天空有一线的曙光，我便就德王射箭的姿势摄了一影。最后德王请各来宾习箭，有几个好奇的外国人射，虽然距离只是二十丈远，但离把子更远。德王说，现在蒙古人对于射箭也只成了一个祭礼的节目了，每年只有两次练习的机会，技术远不如从前了。

射箭比赛这一个节目完了后，接着便是骑马比赛了。这一个节目完全是为蒙古小孩子预备的，参加比赛的年龄从七岁到十三岁。蒙古人善骑射，这是大家都知道的，射箭的技术远不如从前，但骑马的技术比从前更进步。五十多儿童选手，在祭完脑包后便骑着马，到离距五十里以外的地方，听候这边去人告诉他们开始赛马的时候，便飞奔的向这边跑。他们骑的很快，远远地便听见他们的喊叫声，红衣、绿衣的人，像贴到马身上似的电驰一般地前进，手里来回摇动着鞭子，使人惊奇他们的技术。自出发到目的地，只半个钟头，第一名到第十名都有奖品，大家都向前列的小孩致贺。

骑马比赛完了以后，他们便准备掼跤比赛，叫我们到帐棚里休息。

在一点多钟的时候，忽然听见有嗡嗡的飞机声，我们走到帐棚外面去看，远远地看见有两架飞机向这边飞来，我们知道一定是日本的飞机来到了。果然，这两架飞机飞到我们的头上时，更作低空飞行，红色的圆日头，已经被低下的人们看得清清楚楚了，这时我心里面有说不出的难过。飞机低空飞了三周以后，向东面飞去了。不到半个钟头的时候，便来了十几个日本人，有的穿着洋服，有的穿着中国服装，还有的穿着蒙古服。飞机是降落在他们的特务机关那里。他们都拿有照像机和手枪，他们先访问德王之后，便在会场里巡视了一周。

三点钟的时候，开始掼跤比赛，我们所有的来宾，连日本人在内一共有六十多人，被让在一个大的帐棚里。里面有坐位，有桌子，上面还陈列着点心。德王和其他王公则在另外一个大帐棚里，四周围着守备队、喇嘛和参观的蒙古人。

参加掼跤比赛的选手，都是平民阶级的蒙古青年，他们有一副结实而强健的身体。比赛开始，一面出来一个选手，他们都光着头，穿着有铁钉子的马甲，绣有红白大花的套裤，裤裆用一块又宽又长的白布扎着，脚穿着黑皮靴。这套奇特的服装，有如内地过年所贴着的门神。他们都用一种特别的步蹑出来，先是跑，跑到中央后，便换一个又跳又舞的步度，跳到德王的帐棚前，很规距〔矩〕的站上，作一个揖，两个人便开始摔跤。他们的力量很大，有的继续了二三十分钟还不分胜负。这样一对一对的摔着，由这里而剩下十个人，便算是胜利者了。优胜者均有奖品，每人一块大洋、一块茶砖、一方蓝色的哈哒。

摔跤比赛继续了三个多钟头才完，以后便是赛马得奖的小孩的父亲，骑着马领着小孩，向德王致谢辞，并对于马的来源给一详细的叙述。一直到下午七点钟，大典才告完成，大家便又坐着汽车回到王府去了。

十　回归途中的感想

七月十六日的早晨五点钟便起来了，收拾好了行李，吃完了饭以后，便又坐汽车回百灵庙去。路上我们感觉到回百灵庙，好像是回家一样的高兴。因为在王府的时候，有许多使我们不得自由的环境，还有不合口胃的饮食。当天下午四点钟就到百灵庙了，我们仍然住在原室。

在百灵庙，我们又住了一天，在七月十八号的早上，便乘蒙政会所备的大汽车回绥远去。路上的情形和来的时候也差不多，但在回归途中，我却想到了蒙古的前途。

蒙古的前途是蕴藏了无限的危机，这可以从两方面讲：第一是蒙古内在的危机，那便是蒙古人的知识落后；第二是蒙古外在的危机，那便是帝国主义者的侵略已经积极的在进行着了。在旅蒙动机那一节里，作者曾经说到蒙古在今日中国边防上的重要，无论怎样说，蒙古是中国的领土，蒙古人是中国的国民，我们不能不注意赶快设法消灭蒙古的危机。怎样消灭呢，我以为一方中央应积极辅助蒙政会施行复兴蒙古的工作，尽力提高蒙古人的智识，开发蒙古的产业；一方中央和地方政府对于蒙政会以及蒙古王公，应努力合作，力避冲突，务使蒙古与中央完全立在一条战线上，才能应付外来的侵略。

　　"不到蒙古，不知蒙古之大；不到蒙古，不知蒙古之危。"这是我旅行蒙古所得的最大印象。我感谢蒙古人给与我们的许多便利，同时我也代替蒙古人请求我中央政府及全国同胞不要忘了那危机四伏的蒙古，不要抱着"蒙古早陷落在外人手中"的心理，这算作我对蒙古人招待我的回礼了。

十月四日于东大追述

《新亚细亚月刊》

上海新亚细亚月刊社

1935 年 10 卷 4—6 期

（王芳　整理）

横断绥远记

程化　译

原文载四月号《东洋》，其中关于绥远的土地、物产及开垦经过情形的叙述，颇多可供参考的地方，因移译以饷阅者。

译者附志

肥沃的河套——民船约二万零六百余只

五月二十五日晨六时五十分，从榆林出发，走了四十华里，到达吉尔召。此地被黄河分为两部分，那边便是托克托县，形成一大弯曲，就是所谓河套。两岸土地肥沃，便于灌溉，黄河沿岸各处的肥沃程度，恐怕没有再超过这一部分的了，所以自古有"黄河百害，惟富一套"的一句俗语。

据船夫说："每当阴历五六月之交，由宁夏到包头的民船航行不断，这种民船，积载力最大的，约达三四万斤，大概可以分作甲乙丙丁四种：甲种船的积载力在二万五千斤以上，计有二十九只；乙种船的积载力在一万斤以上，计六七十只；丙种船的积载力在五千斤以上，计三百五十六十只；丁种船的积载力在千斤以上，计二万余只。驶船者有三万户，在船上生活者约十三四万人，加上造船的工人，如木工、锻冶工、竹工、肩夫、苦力等，直接、间接倚靠船业吃饭的人不下六七十万之多。由宁夏到碛口（山西河曲）间，共有船场百七十六处，其间船户、仓库、苦力等，自然也都有。近几年来，因为河上时常有土匪出没，加以内地税卡重重，载货常被扣留，损害不赀，所以，业船的人，只能维持衣食而已。具有积载能力一万斤的船只，其建造费每只自七八百元至一千元不等，二万斤以上的需要二三千元。原料一半是杨木和柳木，船身细而长，每只约需铁钉三四千个，所以俗语说"船漏三千钉"。板与板之间，以桐油、石灰、麻丝夹杂其内，船主差不多自己都有修理的能力，每年必须修理一次，修理费用大概相当建造费的十分之一，大船船主的妻子，全在船上生活，船与船相遇的时候，彼此的态度，都很诚恳和蔼，决没有互相骂詈甚至举篙相打的事情，这也可以说是北方人度量宽大、风俗纯朴的一个左证。

从吉尔台〔召〕向东北行，百余里到珠帘寨，珠帘寨以东沙漠中，有著名的哈拉养赖盐池。再行九十里到小口，停船过夜。

新桃源之五原——米产之富，超过内地二三省

二十八日朝五时，解缆东行，浓雾弥漫，什么东西也看不到，只有篙船相碰和水浪激荡的声音，传进耳鼓里面来。再行六十里到齐口，又五十里到大渠口，又五十里到二渠口，又四十里到三渠口，又三十五里到四渠口。

大渠口以北百十二里，是五原县署的所在地。五原县署建于光绪末年，落成后不多时，国体变更，因为该地地位偏僻，人口稀少，加以城垣还未修好，所以多年以来五原县县长向住包头，不过到时支薪而已。自民国六年以后，汉人住此开垦者，日渐增加，很多小康之家来时都是赤手空拳的贫民。他们醵资建筑城垣，要求县知事常驻该地。迨民十以后，便形成了要冲，住民陆续增多，

荒凉的五原，现在居然变成热闹的城市了，城内人家约有二三百户的样子。

　　五原是达拉特及杭锦二旗的领地，地势较河西为低，高出海面三千六百尺至三千七百尺，位当黄河的弯曲部分。地质一部分属于冲积层，一部分为山地性，四面山岭围绕，北有阴山，南有横山，黄河流贯其中。此地自古即富有水草，两汉和匈奴就因为此地肥沃，所以互相争夺。不过，究因地广人稀的原故，土地未能尽利。现在各处的沟渠，往来纵横，水利开办后，耕地相连，米、粟、豆、麦等农产物都很丰富。今日的五原，大非昔比，鸡犬鸣，桑麻种，不啻国内一新武陵桃源，在此从事开垦者多属陕、晋的贫民，间或也有蒙古人。

　　三渠口以北的兴隆场，是五原物产的集散地，交易的繁盛，数倍于县城，北自阴山南麓，南至西拉布理多泊，东自远布素多，西至比河，南北千余里，东西二千余里，皆为灌溉便利之地，宜于种稻。如用科学的方法经营，其富力可以凌驾内地二三省以上。

踏入内蒙——五谷丰饶

　　清初蒙古人禁与汗〔汉〕人交易，并且禁止汗〔汉〕人入境，因之，这一部分肥沃土地之开垦，是近年以来的事。汗〔汉〕人最初来至此地，大概在乾隆年代，光绪年间，长城以南的贫民，陆续来至此地开垦，垦民日见增加，虽大官亦不能制止。以后乃命赔谷处理蒙旗开垦事务（光绪二十七年，张之洞等连名奏请变法自强，其中有谓："蒙古人民之生活，原以游牧为主，惟近数十年来，由于蒙古人民之贫困，加以防御强邻之东侵，不得不变更以往政策"云云），使蒙古王公，将土地开放，准许开垦，渐次在蒙古各府、厅、州、县设立垦务局、办荒局、垦牧公司、农务公司等等机关，一面劝诱蒙古王公开放土地，一面募集汗〔汉〕人，奖励开垦。以后洮南、辽源、朝阳、建平、阜新、靖安、开通、醴泉、安辽、武兴、肇州、开鲁、赤峰、绥东等府、厅、州、县，于光绪三十年至三十四年间，上述机关，都相继设置了。

内蒙古的实际开垦，以光绪三十二年左绍佐、岑春暄〔煊〕等的奏请力量居多。彼等所奏请的开垦地方，库伦、科布多、西藏等处，也包括在内，在法令上有："所有蒙地，均予征收，改为官税，一切征收方法及期限，应先与蒙古王公妥议，然后施行。"惟贻谷非常贪婪，借开垦为名，行搜刮之实，所有人民开垦的土地，一律没收入官，然后贷给人民，抽收重税。这样，蒙古人既失了原有的土地，汗〔汉〕人借得的土地也被攫去，于是蒙人和汗〔汉〕人一致起来反抗，尤其是蒙古人，误认开垦进步的结果，将夺去他们的生活资料，甚至有殴打开垦人的事情。外蒙方面，对于办事大臣的调查，也拒绝了。到宣统二年，把从来一切禁止开垦蒙地的法令，统通废止，实行迁移内地人民，开垦蒙地之买卖担保，蒙古人募集汗〔汉〕人开垦等等办法，自此以后，内地人民才得以自由开垦。

河套的物产，以豆、麦、高粱为大宗，米次之，小麦、粟、胡麻、马铃薯又次之。一亩地的产额，多者一石另七八斗，少者六七斗。小麦为寒地的特产，河套一带也很多播种。胡麻油和豆油，多供给山西、陕西北部人民的灯火之用，住民夏季从事耕作，冬天作榨油的工作。树木则榆、柳、杨、杉、桦各种都有，特以红柳为最多，干用以作牧羊场的栅栏，枝可以编造笼筐等物，用途甚广，相当南方的竹。

午后七时到达卓里克图，泊船休息，这一天的行程计二百七八十里。下水船很快，和汽船差不多，上水船比下水船要迟缓五倍的样子。此地有六七十户人家，是一个新成的镇市，开垦以前，是荒凉无人的地方。

踏入绥远——采取甘草之利

二十九日，舟行二百八十华里，宿小坪。五原、包头间，冯玉祥的军队修筑了汽车路，因之，交通尚称便利。据说二三十年后，进步的结果，这荒凉的平原，必能匹敌江南。绥远是内蒙三区之一，其境界：东接察哈尔，南连陕西、山西，北和外蒙古的土谢图汗及三音诺颜部为邻。此地在汉为云中郡，在隋为定襄郡，唐置大都护府，辽置西京道，元改大同路，民国三年始划为特别区，设十四县、一统〔设〕治局。蒙旗有乌兰察布盟四部六旗，伊克昭盟一部七旗，土默特部一旗，察哈尔特别区有察哈尔部八旗，锡林格勒盟五部十旗，热河特别区有昭乌达盟八部十一旗，卓索图盟二部五旗，加以奉天省的哲里木盟四部十旗，合成内蒙六盟二十四部四十九旗。

绥远人口约一百八十万，其中汉人占百分之六〈十〉，多系从陕西、山西、河北、山东等省而来，他们那种勤苦耐劳的精神，是为南方人所不及的。蒙古人性情骠〔剽〕悍，缺乏技巧，可是，脑力的强大和眼光的锐利，却在汉人以上。可惜，误于教化，知识低下，所以风俗习惯，还带着未开化的民族的遗风。

三十日晨五时半出发，行二百华里到独流口，此处住民约百余户，河岸上有集市，停船等候税卡检验。午后四时再向东行，约六十华里，到达布素太。此处是左翼后旗的领地，趁着等税卡检查的时候，和幸生一同登陆，见有商店五六十家，其中从事盐、石灰、药材等项交易的，占二三十家，这些东西都是当地的土产，药品以甘草、大黄、黄花、山豆根为大宗。汉人募集劳动者，上山采崛甘草，一日可采三四斤乃至七八斤，所获的利益，颇不为少。

墓前竖立着三块石碑，题"汉明妃冢"，旁边还题着一首诗，诗是：

> 闺阁堪垂世，明妃冠汉宫。
>
> 一身归溯漠，万里靖兵戎。
>
> 若以功名论，几与卫霍同。
>
> 人皆恐远嫁，我独羡遭逢。
>
> 纵使承恩宠，焉能保始终。
>
> 至今青冢在，绝域赋秋风。

这就是著名的王昭君墓"青冢"。塞外多白沙，和空气相映的结果，呈现着黛色，所以这地方的山，叫作大青山，河叫作大黑河，汉明妃墓叫作"青冢"，也是由此得名。从前有人说塞外的草是白的，仅明妃墓上的草是青的，所以呼为"青冢"，这，全是出于诗人的穿凿附会，自然不足凭信。自从杜工部为她咏诗以后，这地方更为著名，我对于明妃的观感也和古诗相同。

大黑河在墓的东北，相距二三华里，波光荡漾，加上青山绿草，和这千古的美人相对，确也有些诗意。塞外有明妃墓三座，其一在察哈尔凉县，其一在河西达拉特旗，不过这两个都是明妃的衣冠冢。午后返寓，更奋余勇登鹤鹕山。山在城西北一里多地，高约一千尺，山顶有圣母庙，每年五月，参拜的妇女很多，仅赛钱一项，已足供庙里面十名住持使用不尽的了。

军事商业要地之张家口——工业的发达

六日午前搭乘平绥路，越过长城，进入山西境内，经堡子湾、孤山到大同车站，我们由梦中惊起。车停二十六分钟，再向东北开行，到大同。大同是晋北的重镇，北魏拓拔氏的故都，地跨长城内外，位当平绥全路的中点，东出天镇，西越杀虎口，北越得胜口，足可控制绥远，所以在明代的时候，视为防御北敌的要地。此地富有石炭，以口泉出产最多，从平绥铁路每年运出二百万吨之多。东北的白登山，也有古迹，是汉高祖被匈奴冒顿单于围困的地方。此外并有扬惠的塑像和许多石佛，以及真武庙、华岩寺等等古迹，因为时间匆促的原故，不曾下车一游。

七日午前六时到张家口，乘人力车至东大街投宿华元旅馆，宿费每人每日一元六十钱。张家口，一名张垣，北有长城，东西高山相对，从来以此为由内地通达蒙古的要口，同时，也是有军事、商业价值的一个重要地方。清代对于此地，极其重视，民国三年辟为商埠，上下两堡合并，成为一市，约有一万余户。主要的交易，为兽皮、兽毛、胡麻等物，运往苏俄的华茶，先从此地经过，再运到浦盐。早饭后，赴教会访问戴君，日本领事馆和美国领事馆都在长安街，不想在这偏僻的地方，也可以看到美丽的建筑——西洋的物质文明。

七日，游马家梁石佛寺及元宝山，午后伴同幸生到公合公司，买了两匹回绒，该公司的资本银约六七万两，与锦泰亨、兴泰隆等，并称为张、库间的五大商店。将内地的砖茶、绸缎运至库伦，交换回绒、麝香、狐皮、羚羊角、鹿茸等物而归。张家口、库伦间的交通，极称便利，两地间的汽车公司，有新华、富有、美利、美通、福山、利益等十余家，单身乘坐者车费七十元，随带物件三十斤以内不另取费。张家口有很多的工场（场名略），因为时间的限制，不能一一调查。此地设备最完善的，要推卫生事业，有卫生队及察哈尔清洁会社的组织，会社是由官商合办，专从事粪除秽物，对于公共场所及私人住宅，都兼并顾及，其他各省如仿照办理，住民当能获得很大的利益。说到教会，新教最占势力，旧教较差，教堂有三处，救世军二处，并圣书会、博爱医院等团体，信徒五百七十二人。商埠地的主权，完全操于华人之手，日、美两国侨民都有，各置交涉员一名，当交涉之冲。日本侨民，多一半经营商业，张家口是国际侦探的根据地，对于北边的内外蒙古，两边的甘肃、新疆、山西、陕西等处地理、矿山的探查，英、美人都有同样的企图。

《西北向导》(旬刊)

西安西北向导社

1936 年 5、6 期

（丁冉 整理）

绥远视察记

撰者不详

北平通信

自察北伪匪军联合先后犯进绥东、绥北后，记者为明了前方真相起见，特于上月二十四日离平，赴平绥沿线作实地考察，其间经过大同、丰镇、集宁（平地泉）、红格尔图、绥远、包头、百灵庙等地，并分访各地军政要人，时历一周，昨始返平，兹将此行所得报告如左。

伪匪实力

记者于出发后，即分别探询伪匪兵力。据悉，自德王扩充蒙军盘据察北六县后，王英匪部继之开往，最后伪军李守信部，亦由多伦开到。伪匪集甚〔中〕察北后，伪军李守信部，蒙伪军德王部，匪军王英部，分鼎足对立，李部编为第一军，辖尹宝山等部，号称四师，共约万人，分驻商都、化德、南壕堑、大青沟（即尚义）一带，尹部驻商都，李则时往来于南壕堑、大青沟间。德王辖伪蒙军包悦卿、卓什海、木克真宝等蒙古保安队，人数不过万人，大部在嘉卜寺、百灵庙等地。德王本人，常往〔住〕嘉卜寺，时乘机飞往百灵庙指挥一切。王英则率张万信一师，金甲三、马玉田二旅，及手枪团、卫队团等约七八千人，驻统领地一带，亦号项〔称〕四师，该三部西自百灵庙起，经土木尔台、红根图、大盐海子、兴和以北边区，盘据南壕堑、张北、崇礼之线。

集宁防固

伪军在察北布置完竣后，以尚义距兴和数十里，商都距集宁不过百里，集宁乃平绥线重镇，又为晋、绥两省枢纽之点，数月以来，无时不在欲图一逞，以断平绥交通，我方官兵据报，以守土有责，遂加意防范，伪匪绝难得逞。

进犯失败

上月初旬，匪以时机已至，一度进犯兴和，为守军李师高团击退。月中，匪伪军更集中步、骑、炮兵一千余人，进犯商都以西，陶林以北红格尔图（即红根图）。我赵承绥骑兵，傅作义、李服膺等部步兵，分别应战，激战凡三昼夜，伪匪军更以飞机助，至第三日，卒被我某军射击准确之炮队击落飞机三架，至是，伪匪全部退去，当飞机受伤下降时，该地军民睹况称庆，傅作义将军，特奖洋千元，用示鼓励。据悉，匪此次进犯计划，系图由红格尔图西犯乌蓝华，经固阳直奔包头，一面另图由商都向九台、十台、十一台一带数百里内无人烟之处窜过，直达武川，而取归化；另以一队由南壕堑佯攻兴和，以图牵制国军兵力，我国军兵士，虽于冰天雪地，日食炒米，而精神振奋，士气旺盛，与匪伪交战，毫不觉苦。

傅氏镇静

　　傅作义将军，以身为绥省主席，且兼三十五军军长，一切概亲自主持，自剿匪军兴以来，态度镇静安闲，身衣上将军服，终日不解，一面忙于调度军事，一面勤于酬应，而态度自若，毫无倦容。当计划攻百灵庙一役，二日未眠，故面部已稍瘦，至绥远地方，在军事未发动前，人心微觉恐慌，匪扰并击溃后，人心反见安定，地方一如平日，毫无战事状态，金融、交通极稳定。惟对旅客则盘查甚严，自大同至绥远一带火车中，时有宪兵检查，对旅客姓氏、来历，均详加考询，以防奸细乘机混入。

赵承绥谈

　　记者于过集宁时，访昭〔晤〕骑兵军司令赵承绥。据谈，本部数年来驻防晋绥边境，土匪进犯，官兵异常愤慨。本月十三日，本人由绥随傅主席赴平地泉，得悉察北伪匪有图一逞之势，时我军最前线即为红格尔图，而该地驻军，又仅两连，当电令团长转饬该部死守，并限于十二小时内排除万难，派队增援。十六日，匪果以三千名之步兵来犯，目的在攻下平地泉，图断我交通，于是激战开始，直至十八日拂晓，匪更向我主力阵地进犯，并有匪飞〈机〉四架助战，经我炮队击落三架，且更将匪全部击退。同时以百灵庙伪匪盘据，绥北、绥西，时感受威胁，二十三日，乃集中本人骑兵师、傅主席步兵、王军长补充团，于当晚九时起，大举进剿，至翌晨九时，遂将该庙完全收复，匪在该庙囤积年余之军用品、食粮等，悉为我军获得。此乃将士用命，深明正义之结果，今后誓当继续努力为国图强。

王靖国谈

记者于到绥后，适王靖国亦到归化，当即投刺晋谒，略志所谈如下："本人奉令接长十九军后，因军部设于太原，所属七十师，大部则驻绥远，故年来不时往返晋绥间。绥疆防务，已责成田树梅旅长负责，此次在并得闻百灵庙伪匪有向我进扰准备，当即启程遄返，尚未到绥，更闻百灵庙已收复，快慰非常。本人因有与傅主席待商事件，故先来绥，日内即前往绥西处理军务，并视察屯垦区。本年垦殖情形尚佳，此去更将计划来年垦务工作"云。

李服膺谈

记者于归途中，在大同下车，访晤军长李服膺，承发表谈话如下："此次匪伪西犯，本军在守土御侮之原则下，固抱定'有匪无我，有我无匪'之决心，誓必抗战到底。敝部虽于我阎主任及傅总指挥整个指挥之下，将犯兴和之匪伪击溃，红格尔图之役，亦虽由敝军之一部参加，然效命疆场，原属军人本分，乃荷各界人士，殷殷访问，并承全国父老热诚慰劳，益使鄙人感愧交集。况据报匪伪现正集结兵力，拟作有计划的大举西侵，可见边患正殷，过去各役之小胜利，尤不足以挂齿，此后惟有激励将士，益加戒备，以期力固边防，稍慰国人之望，借尽军人天职，并盼全国人士随时督促指导"云云。

百庙现状

我国军于二十四日晨九时完全克复百灵庙后，绥主席傅作义二十五日晚宴平、沪、陕及东北各地慰劳团，席间谈及百灵庙事，一部慰劳代表，即席提议，拟前往视察并慰劳各将士。傅当谓赴庙之交通，坑坎极为困难，尤以天气严寒，恐各位不胜其苦，但如必去时，省可陈备车载乘，各代表闻悉，决不顾一切，断然前往，并定次晨（二十六）启程。省府旋派定交际处处员陈植琚，随同照料。二十六日晨七时，随率省府所备大汽车一辆到绥远饭店。车为敞棚式，加盖帆布棚，内装毡毯。九时许出发，车离饭店时，直四〔向〕西北而去，行的〔约〕二十余里，过蜈蚣坝，进入大青山，气候为突转寒，又以势高低，车行极感困难，各代表虽衣履单薄，但仍振作精神前进。因车上有棚遮掩目光，故途中所见甚少，沿途积雪甚深，由绥到庙，虽称三百六十里，但以口外里难〔数〕，均未正式丈量，实有四百余里之多。一行于下午三时到武川，县长杨维兴、驻军旅长孙兰峰、参谋长袁庆增等，出面招待，当承邀往县府午餐。饭后继续北进，至七时许，行抵二份子地方，驻军师长孙长胜、副师长孙维明出迎，孙以天晚，尤以气候酷寒，恐前往不便，欲请各代表下车休息，各代表恐次日不克赶回，决缓〔续〕前行。孙师长为沿途安全起见，特用无线电通知驻军，以红绿灯为信号，随时准予通过。车行未久，天已昏黑，沿途兵卡检查甚严。由二份子至庙仅六十里途程，因错路绕出百余里之多，直至夜十时半，始行抵庙。驻庙之团长刘景新，当招待各代表等下榻于前之特务机关原址，该室一切设备，整洁如旧。刘氏旋令预备白面大饼、咸菜，相与狂嚼。饭后，刘将俘虏及反正之匪数名唤来，各代表分别询以为匪经过及作战前后，至午夜，方行休息。各人因天寒，又无行装，多鹄坐或绕行室内，直待天明。二十七日五时许，全体同至庙内参观，庙四围有喇嘛所住小白房屋千余所，四面皆山，庙即建于广场之偏西地区。七时许，刘团长并为备马十数匹，供各代表乘赴东西两山头参观战场。战地内遗弃之匪尸及死马等，遍地皆是，尚多未及掩埋，蒙古当地之狗极猛烈，故人马尸身，多半为其撕嚼，残缺不堪。各山头上之匪方遗弃工事，均为以石砌成者，一行于九时返庙。因匪方飞机，每日十时来庙轰炸，一行到庙之一日，尚有四架前来掷弹，全部同人，遂于九时乘原车就归途。斯日较来时，风尘尤大，黄沙扑面，痛裂肌肤，迄晚八时许，始返抵归化。查百灵庙地当绥省西北，为军事重要地带，如落于匪手，绥垣实时时感受威胁，匪亦以该庙为西下包头、南扰绥远之根据地，匪数次攻绥东兴和、陶林未逞，更以全力集中该庙，以为进展要地。我当局因该庙在军事上如此重要，故早有收复该庙之决心，经傅作义主席积极筹划后，曾于二十二日下午〈下〉佯攻令，匪伪方得讯，彻夜整备，因未见动作，以为我方无出攻能力，遂不介意。待至二十三日，我军以两路前进，另出奇兵一路，联合步、骑、炮兵同时动作，向庙之各山头猛进。庙前之山口，大有"一夫当关、万将莫敌"之势，我军奋勇猛扑山头，失得达十数次之多。至次晨（二十三）五时许，我军备装甲二辆，导载重车十辆，向正面冲进。各车上有兵士十人、二十人不等，各持机关枪射放前进。斯时，我骑兵之绕进部队，亦于晨七时占据优势地位，联合冲进，匪伪至此，遂大不支，乃向东北方溃逃。我军冲进庙后，装甲车之驾驶者，二人已死一人，载重汽车十人，已死六人，伤二人，每车上之士兵，亦有伤亡六人或八人者。时匪尚有一部未及逃出，均被俘虏。我军参加斯役，计有赵承绶之骑兵孙长胜师、傅作义部孙兰峰之不足一旅人数，我军到庙后，另派步兵一部追击，匪临行时，放火纵烧一部汽油及军用品等。

巩固庙防

总计是役，匪在庙年来堆积之军实，均被我方夺获，计有汽油三平房、面粉数万袋、奉天造六五子弹无算、枪械六七百支，及无线电、情报、文件等，不计其数。匪伪之营房及各办公室内，一切布置，一一仍旧，枪支衣服尚有挂于墙上未动者，其事前未曾料及我军之奇袭情况，可见一斑。傅氏在颁布进攻令时，因随时能〔听〕候前方情报，彻夜未眠，复得匪伪有五千人西来接援之情报，益加注意，直至二十四日上午，接到克复百灵庙电报后，心乃大安。(转载《申报》)

《边疆半月刊》
南京边疆半月刊社
1936 年 1 卷 7、8 期合刊
(赵志斌 整理)

包头河北新村与中政分校

胡匡正　撰

　　记者于四月初为在内蒙紧急消息危迫中一看西北实况，首途往察哈尔、山西、绥远百灵庙旅行。两年以来，自己便打算用一年工夫，到西北各地实地调查一下，我的计划是首先沿平绥铁路，沿途在八达岭、土木、宣化、宁远、张家口、阳高、大同、平地泉、绥远、台阁木、萨拉齐、包头各处考察，由包头沿五临乌大道至五原，五原至临河，临河至乌拉河，然后沿乌拉河西行，入宁夏省境，至西磴口，循黄河南行，经百子地、河拐子，至平罗，而达宁夏省城，看塞上天府，而黄河百害，只有一利之河套，亦可大半视得。由宁夏至皋兰，皋兰至平凉，可沿陇海线道，至西安，登华山，出潼关，至洛阳、开封，一瞻中原胜地，看盛国雄光，然后复沿平汉路到正定，由正太路到太原，北越雁门，经右玉县至归绥，再折回张家口，沿张库大道往库伦，此程将近万里，徒为时间限制，到现在还是一个理想，但此次能在内蒙局势如此紧张、消息离奇中，得至察、绥、晋三省，数年打算能实现小半，也可谓幸事。

　　此次往察、晋、绥考察，我有几个目的：第一，"察东"在现在已或为一个悲观的概念，然而察东究竟入何程度；第二，"匪"窜山西，两方之战略、"赤匪"所采之方略和所处之地境，及真正企图何在，山西实况如何，我都想知道一点；第三，边疆之危，危至何程度，西北之荒凉破蔽，其荒凉疾苦情形又如何；第四，内蒙现状就电讯观察，极尽迷离之能事，不如自己亲身往百灵庙一看究竟；而最重要者，第五，开荒凉，去危机，攘外安内，所靠者还是"人"，所以我到西北去一看究竟尚有可令人放心的"人"否，可令人在辱风耻雨声中，能有一两件值得略为高兴的事否，前者本刊皆有长文叙述，现仅就此点向内地读者介绍包头河北移民新村，和中央政治学校分校包头简易师范。

当记者未至包头，即闻人言包头有段承泽先生以个人力量实行开垦移民工作，这很动了我的好奇心，何以在"开发西北"、"边疆危机"喊得如此利害的时候，计划如此之多，口号如此之响，何以听不到有这么一个人，当时我便决定去看究竟。一到包头后，即借得一辆运货汽车，车板太脏，便干脆站在汽车上面。四月中，包头还仍奇冷，风吹刺骨，又下细雨，记者等又无伞，淋雨迎风，先开到黄河口南海子，由南海子至河北新村。

南海子在包头之南约十里，汽车路尚平坦可行，但有几处水流凹地，既不能修平，以致截断水道，又没有造桥，汽车一上一下，在污泥中溅过，颇为费事难行。一路平原，天苍苍野茫茫，荒黄苍劲，即在包头城外，大半仍是原始地，未耕种。车近南海子，路狭窄，泥滑难行，只得下地来走，一步一滑，如不带手杖，不知已摔了多少斛〔筋〕头。南海子为黄河口岸，绥远河运以黄河为主，其他河流渠道，仅资灌溉，无益运输。黄河上起兰州，下迄山西河曲，均可通舟，自包头之南海子，可以上通宁夏磴口，共九百四十九里，中间尽属沙河，河面甚宽，船行无阻，由磴口又通至兰州。自南海子下行，直达山西河曲县，所以宁夏、山西货物，均由水道至包头，由包头即可沿平绥铁路运出。黄河运输期间，自清明前后开河至冬至前十余日封河，至多为八个月，所以南海子上货起货时间，以七、八、九月为最热闹，四月间荒无人烟，只见土屋数十家、烧饼果子铺一家、破庙一所，如非响〔向〕导者指示，我几乎决不会想到这便是为西北货物大转运地包头南海子。

站在浅搁在黄河水滩之"高邦船"上，只见黄河滚滚，水势正往上涨，细雨疾风，天灰水黄，滑泥烂浆。这里色调最简单，一个"黄"字即可代表，地是黄的，天是灰黄的，水是黄的，屋是黄土盖的，泥浆也是黄的。高邦船船长四丈至三丈八尺，宽一丈，深三尺，底平，两头尖形，宽约二三尺，吃水二尺，上水每日行四十里至五十里，五人拖揽〔缆〕，一人撑〔掌〕舵，遇急流则合数船人夫轮流拖揽〔缆〕，载重上水可二十担，每担二百四十斤，下水可八担，为黄河交通利器。

南海子逗留约半小时，河中尚见不到行船，冷落无人，连狗亦看不见一条，于是仍站上汽车，开向河北新村。

车向河北新村，因为凹处太多，走行困难，有一处简直不能动了，汽车开足码〔马〕力，驰向斜坡，只见前轮急转，而后轮不动，未曾上坡，又滑了下来，经过一个多钟头，想尽方法，才绕道走过，然而越向前，路听说越难走，同时我们又据云段先生时常在包头城内包头饭店办事，便干脆决定转返包头饭店，沿途到各校参观，到了包头饭店，段先生又回去了，此时天色已晚，包头城中尚有几处未参观得，便决定明晨再去。

当天晚上，段承泽先生赶到车站相晤，名片上印的是"河北移民协会干事长"、"包头县河北村村长"。段先生，号绳武，河北省定县人，曾任西北军师长，个儿很大，身体胖满。当时在座者有西北考察团五十余人，段先生即席对河北移民新村略作报告，结意谓建设新村，主要问题在经济和肯干人才。记者因当时人数甚多，未得作详细询问，只除略询及段先生过去经历外，还请教河北移民新村的目的如何。段先生似未曾料到记者有此一问，沉思有顷，说目的是"以贷款方法施穷苦救济"。段先生这个答覆，使我分外高兴，感到诚朴又〈可〉爱，何者？因为像段先生如此致力移民工作，正可大作漂亮宣传，移民目的大可效法时贤所为，从农村破产到复兴农村，从人口过剩到人口剂调，从开发西北到充实国防，以及西北富源如何如何，西北土地如何如何，西北危机如何如何，经济建设又如何如何之类，而段先生竟不会如此，所以使我感到意外。记者听段先生对河北新村作详尽报告后，认为已可不必去了，至此反而觉得河北新村非去不可，一看究竟，便和段先生约订明晨到河北村参观。

第二日晨七时，与友人等四人坐轿车向河北新村出发，天阴黄，雨已停，但时飘小雪，轿车木轮，马拖，只可坐两人，坐在里面两腿要伸直平放，车行深土灰中，其慢无比，冷风迎面吹，脚极冷，真冻僵了。河北新村在包头城外东南十二里平绥路轨旁，车行有二时多，才好容易看见土墙一座，车夫遥指即河北新村。抵村见段承泽先生已经迎在村口外，当先同往段先生私寓小息。路中记者详细观察，觉得非常整齐清洁，有条不乱，房屋约二十座，土墙土顶，空地甚大，全村占地约一百亩，周围围以围墙，围墙四角各设碉堡一座，村内有工厂，有学校，有公庙，孩童三五在捡草堆，甚活泼。段先生私寓也是土屋土顶，一排四间，记者等在书室小座〔坐〕，室内书籍大都有关西北问题，土炕上并堆有毛衣毛裤甚多，并标有价格，每件二元二角，是本村妇女制品，编织不粗，记者当叩以过去情形、现在实况和将来计划。

段先生曾任西北军师长，在军队服务时期，对移民事业便感到很大兴趣，便决心卸去职务，专心来西北开垦移民，实行志愿。移民第一批系在廿二年春，共三十户，大都是段先生同乡或亲戚，但这班同乡、亲戚最初仍抱的是依附高戚做官发财心理，到包头后方知大谬不然，多失望而去，所以第一批是失败了。第二批即现在所有者，系廿三年十月黄河水灾惨重中，段先生亲自去灾区宣传，在灾民中选出一百户、三百余人，由平绥路移来，现尚存九十五户、三百一十二人，段先生自己为村长，现有田六十顷，系完全由私资购置，每顷价格自五十元至二百元，每户分田五十亩，少丁自十六岁至廿岁可领十亩，田地已开垦者将及三分之二，经费大半由段私资垫付，贷给垦民，不收利息，而河北省政府亦补助有三万余元，将来发展至何程度，则完全随经济情形而定。据段先生意思，移民建设新村，应当完全不必和政府发生关系，以免移民事业的公文化和移民机关的衙门化，人民移来以后，只要安居乐业即可以。记者对此两点曾贡献一点意见。记者以前在东北，见日、韩人在拓务省策划统制，南满铁道经济供给，和关东军撑腰之下，向东北有计划有步骤的移民，感到非常可怕和佩服，移民应当是国家的事业、国家的政策，应当以全力作整个的有系统的经营，私人虽可建设一两个小村落，但如此即言移民事业，究竟相差太远。中国边境情形如此严重，西北地位如此重要，只求人民可安居乐业——虽然安居乐业已大不易，究竟未免离移民真义甚远，所以记者向段先生建议，以段先生之在军队中经验、社会上之信仰，不如效法东北以前之黑龙江及吉林之屯垦军办法，要求政府积极设施，向西北边荒大量移民，以军法部勒、训练移民，使可担当国防上的任务，而由段先生负全责。当然这是一件浩繁难重的工作，非一两句话之可解决，但记者觉得，如真言移民，这比较还是一个具体的办法。

　　在室中坐谈约大半小时，记者见段先生事务甚多，便起辞出，由段先生引导全村参观，在段先生宅外共摄一影（见本期铜板）①。

　　————————

　　① 图片模糊，从略。——整理者注

全村皆土平屋，有武训小学一所，学生二十余人，课室一间，记者等进内时只有学生七八人，均起立致敬；工厂二所，一所为纺织厂，有纺织机十多架，一所织地毡，都是村中妇女副业；马棚一所，公厕一所，其他均为村民住宅，每家占房一间至二间。记者等并蒙段先生给新蒸黑豆窝窝头一个，四人分而食之，村中普通食品为高梁〔粱〕、油面，黑头〔豆〕窝窝头算是珍贵食品，为段先生府上所食。至此参观已毕，记者等蒙段先生送出村外，村外又有小土墙一座，内种疏〔蔬〕菜等，系村中儿童工作者。

出村后，因为河北新村即在平绥路轨旁边，四人便沿铁道步行回站。河北新村整齐清洁，秩序极佳，记者对段先生这种抛却都市亨〔享〕乐生活、在西北荒凉中刻苦硬干，感到非常敬意，中国现在能说者多，能写者多，而能干者却绝无仅有，在西北遇到段承泽先生，实觉有空谷足音之感。

附简录《河北移民新村组织规章》：

一、本村暂定村民为一百户，每户授田百亩（据段承泽先生云，现授每户田五十亩），并另置村公田十顷、学田五顷、村基五顷。

一、本村以村民大会为最〈高〉机关，有选任、罢免保甲长及创制、复决村公约之权。

一、本村以村公所为村政执行机关，公举保长一人，负执行全责。

一、为谋养成农民高尚人格、良好习惯，并运用合作方式，发展全村经济起见，得导〔遵〕照政府法令，应事实之需要，次第成立左列各会各社：

子　信用合作社　　丑　供给合作社　　寅　运销合作社
卯　利用合作社　　辰　自卫团　　　　巳　教育委员会
午　监察委员会　　未　调解委员会　　申　自治会

　　酉　良心省察会　戌　村民大礼堂

　　附则一

　　本村初创，诸多不备，凡关于保甲长及各会各社负责人，除移民实际能担任者外，甲长及各会各社委员等，在移民贷款末〔未〕偿清前，概由移民协会派人代理之。（下略）

附《河北移民实施办法》简录：

　　一、移民选择　大略为：

　　甲、二十岁至四十岁。

　　乙、先由各该县按格挑选，再由本会派员复选。

　　丙、男子须能举重百斤。

　　二、移民运输办法　大略为：

　　甲、选民决定后，集合于指定上车之车站，由运输委员会负责率领，向垦区出发。

　　乙、沿途注重选民之安全与秩序。

　　三、移民初到垦区安置办法

　　甲、由包头出发时，即将各新村之移民按各垦区容纳数量，分编完妥，即各直赴各新村位置。

　　乙、在村基附近，先预备临时住所，再于村基内，分配宅基，打坯盖房，倘到垦区时间较晚，应先下种，再急行盖房。

　　丙、三年内完成建设计划。

　　四、土地授与及经营办法

　　移民到达垦区，已将临时住所安定后，即按户授田，初年可令其自由组合之每甲为小组耕作之单位，施行开荒，第二年后可任自行独立经营，贷款还清后，即完全变为自耕农。

　　五、贷款筹集及保管办法

　　（一）贷款筹集

　　1. 志愿贷资于灾民作生产救济者。

2. 由本会请求省政府扶助或与同情此事之团体合作。

（二）贷款之保管及支付

由本会与债权人共同组织保管委员会。

六、贷款分配办法

1. 以移民一户、垦地一顷为标准。

2. 土地、牲畜、农具及一切器物，由各购买委员会购买，按抽签法分给。

七、贷款偿选〔还〕办法

甲、不收取利息之还款办法

由第二年起分四年偿清。

第一年偿还一成，第二年偿还二成，第三年偿还三成，第四年偿还四成。

乙、收取利息之还款期限延长办法

1. 息额在四厘以下者，得将还款期〈限〉延长一年。

2. 息款在六厘以下者，得将还款期限延长二年。

3. 息金得随本金于每年秋后同时交付之。

在包头给我印象极深、认为有极大的意义和作用，除河北新村外，还有中央政治学校包头分校简易师范部。

包头中央政治学校分校简易师范部，是专为蒙人弟子设立的学校，该校目的系在造就教育人才，回蒙古任教，提高蒙古文化程度，但记者认为这与蒙汉感情的联络交换、中央对蒙政策设施，和中央对蒙古向心力量的引植上，有极大的意义。记者去时已下午五时，该校学生正准备集合晚餐，当由张校长引导参观，晚餐前先在操场集合（见本期铜版）①。该校系蒙汉文兼授，早餐前集

---

① 图片模糊，从略。——整理者注

合时由教师教授四五个蒙文和汉意，晚餐前集合时再向每个学生考问记熟没有，记者当见教官由竹筒中抽出竹签一根，每根上面刻有一个学生名号，叫至前而答问，被问者约三十余人，大都答得很流畅。蒙人初来时有时不明汉话——该校一切均用汉语讲授，据陈教官云，随班听讲经过半年后，即可自由听讲，可见蒙人天资并不拙笨。食堂有两个，晚餐为油面汤下黑面、芥菜，学生都吃得津津有味。此间生活极刻苦，即只饮食，恐亦非南人子弟所可忍受。学生生活一律军事化、纪律化，塞北苦寒，床上所垫者也只军用毡一件，上蒙白布，盖被一件，令记者生寒薄之感，整齐清洁，非普通学校之可比拟的。该校现有师范两班、小学三年级三班，每月经费三千元，教职员十八人，师范学生有八十人，小学部一百人，内女生五名，女生最大者十四岁，最小者八岁，学生大半由蒙古王公保送，少数是招考录取的。学生都脸色红润，身体健康，而女生更驯实聪慧可爱。记者分别和该校高初年级学生谈话，他们对国家、民族、汉蒙关系及政治信仰，都有正确认识，现在将学生成绩两篇抄录于下：

蒙古民族的危机

王玉玺

在二十世纪的中国是很危险的，尤其是在五族中的蒙古更是危险，如果我们蒙古人不努力求学的时候，恐怕最近将来也是被外人灭亡的，可是东蒙已被日本帝国主义占去，外蒙也被俄帝国主义侵去，现在只有内蒙一部分，危险到万分，但是我们这一般青年赶快努力前进，恢复我们固有的地位，复兴我们的蒙古民族。

青年的自觉

曹振年

堂堂的中国，原来是个强大的国家，但是，到现在因为不能自强，所以是很弱的了，因此野心勃勃的日本，趁着这个时候，就来到东四省开枪，打死许多商人和居民，占领许多商号，这种现象，真是空前未有的惨剧，令人痛心到万分。现在是我们生死关头、千钧一发的地位了，却不能睡入梦的了，倘长此以往下去，要有亡国灭种的危险。我们血气方刚、生气蓬勃的志士们，应当抱定卧薪尝胆的精神，做人民的先锋，为国家的中坚，和日本决一死战，求我们最后的胜利，为国家而牺牲，为民族而奋斗，抱有打不倒日本誓不成人的决心，这样将来总有成功的一日啊！

全校校基不大，房屋约三十余间，电灯尚未装设完全，校楼高书"亲爱精诚"四字。

大概汉蒙之间，本无恶感可言，中央如能在精神上多多扫除心理上的隔阂，物质上略加援助开发，所费者小，而收效极大。蒙人朴质可爱，蒙人而不能用，甚至蒙人而不能向心，这是政府的辱败。记者在绥远蒙政会听总管荣祥对蒙古过去及现状报告，谓蒙人不负满清，这句话令我极感动。蒙人本如璞玉，璞玉如有污色，我们应当负这个责任，在蒙古如此情势、汉蒙如此关系中，正如蒙古小学生所谓"东蒙已被日本帝国主义占去，外蒙也被俄帝国主义占〔侵〕去，现在只有内蒙一部分，危险到万分"，看到包头简易师范，看到少壮蒙古青年，听见蒙古青年谈论意见，真觉有说不出的感动，这是一批复兴中国的伟大力量，谨祝蒙古少壮儿女们健康！

《真理评论》（半月刊）

北平真理评论社

1936 年 7 期

（李晓晶　整理）

平包纪行

维直　撰

一　几句楔子

　　年来国难日深，疆土日蹙，东北四省既相继沦亡，而西北诸省又摇摇不安；因此，举国忧时之士，始集中其目光于边防问题，而一向所被人忽略之西北诸省，现在亦成为国人注意之焦点！平绥路在前年创办之"春假西北考察团"，减价售票，鼓励内地人士到西北参观，沿至今年，仍照例举行，法既良而意亦至善，在稍有时代意义的青年，莫不欲踊跃参加，借以明了西北真实情况，以作将来对国家民族求报效之准备。在此种意义中，此次前往察、绥一带观光之旅行团，余亦竟能作其中之一个。归来，虽说不上对西北有深刻了解，但愚者千虑，必有一得，在个人，很愿意将此行所目击之各种情况，极忠实的介绍给国人。深知此次考察同人，率多别有怀抱，将来记载西北之文字必多，然智者见智，仁者见仁，因其所注意者不同，其所得之印象亦必异，以此而互输〔论〕所见，更可作他山之攻。余一向即对西北之政治、经济、社会、民生各状况异常关切，此次能实地观察，自必对此多所留心，至于名胜古迹，则只记其大略而已！窃以名胜古迹，乃静态现象，虽经数十百年而不变，此等记载，自不乏骚人墨客，漫挥其优闲之笔，至社会动态，则瞬息万变，昔是今非，既到西北，似宜多所留意，贡献国人，以作万一参考，庶几不负此行也。至文字之工拙与否，则非余始愿所欲计及。

二　北平朝发

据平绥路局规定，西北考察，分为两次。第一次于四月六日出发，十二日返平，这时，本校的春假期已经完毕，但无可如何，只好请假前往。在五号下午，我与雨林、匡正到路局将票买好，晚间略事整理行装，翌晨五时，即起身同赴前门车站，俾至，则为考察团预备之专车两列已升火待发。余等至车时，车中仅二三人，俄顷，旅行同志均纷纷齐集，车为之塞。据路局随车指导人朱君告我，此行共六十八人，分七个学校，而天津南开大、中学人数，则已超本团人数之半。南开团体中，女同学又居多数，她们尽都身着短服，精神奕奕，彷佛表示着她们刻苦奋斗的精神，并不亚于我们，而挽救国家民族的责任，也愿意大家来分担。只这一点，已使人非常敬佩。车从七时出发，到西直门后，路局再将预备好的一列卧车挂上，我们才各自将铺位找好，作为暂时的归宿。未几，车过居庸关山洞，约一分钟，读龚定庵说居庸关文，常想念其奇伟险要之观，今至此，车从山洞中经过，反不能窥其全豹，诚一莫大恨事也。出居庸关山洞后，再过山洞二，最长者约三千八百余公尺，此段路基甚险，车行颇迟，俾至青龙桥，则已十时四十分钟矣。

三　长城放歌

过居庸关后，即已丛山叠翠，万壑竞奇，巍峨雄伟的万里长城，亦呈现于吾人之前。两峰对峙，逼近成一狭谷，长城即由山巅蜿蜒而下，直达谷底，诚有"一夫挡关，万夫难开"之概，余私念：此即吾辈先人用以防胡者，今则如何？国防线已退至国土腹心，思之不禁黯然！未几，车停于青龙桥车站，站旁詹天佑先生之铜像巍然屹立，多有人在此拍照。余与两位胡兄，则策杖缓登长城。长城颇宽，直径约二丈余，上铺砖石，异常平滑，余三人挽手共登，行极迅速，俾至陡峻处，反撒手彼此狂奔，仅作三次小憩，即奔至山巅，斯时，气喘欲绝，口张几不能闭，余等相视大笑，因以狂□，顿觉满腔冤抑，至此时始一倾吐也。余对长城曾留心考究，其宽与高各二丈余，雉堞〔堞〕以下，纯用长五六尺、宽厚各尺余之巨石砌成，惊叹当时科学尚未发达，如此巨重之石条，一一运至山巅，不知用何方法，且建筑至今，历二千余年而不圮颓，更足使人惊服，因此知我中华民族，伟大聪明之概为何如？降至今日，何以茸塌如此！睹景增怀，不胜感慨。下山时，道旁卖石块者颇多，余等择买花岗石、水晶石数块以归，归后在车上午餐，车于午后二时始往张家口前进。

四　张垣纪要

车至怀来、宣化均未停，引为深恨，惟自车中眺望，见黄沙漠漠，一望无际，田野间树木亦甚寥寥，状甚苦瘠，所谓塞外风光者，今始一得领略，地质如此，无怪胡人时欲南侵中原也。车至张家口附近，土地始渐肥渥，且多水田，树木亦渐多，居民以黄土筑墙，黄泥盖顶，屋既矮而狭，与内地之瓦屋迥异，想系塞外风猛，不如此不足以当朔风也。晚八时车抵张家口，即停驰。是晚，余等宿于车上，据路局朱君谈，车在张垣当停一日，翌日午后四时始离张，故余等以时间充裕，态度颇闲适。在车上晚餐后，余与胡兄等即进城观光，因不熟路径，乃雇洋车三辆，导余等在各繁盛街市游览。沿街灯光辉煌，建筑壮丽，马路及市面亦非常整洁，最繁盛处，大有北平王府井大街的风度，尤其城外的清河铁桥，工程既伟大，形式又美观，与上海苏州河铁桥相比，亦不见有若何轩轾。此外，繁华都市中所具有的戏院、影院、饭店、妓馆等，亦无一不备。总之，张垣之繁华，实高出吾等想像之外。返车时，已十一点钟，据同行罗君告我，省府曾派人来接洽，明午省主席张自忠氏，拟假察哈尔大饭店欢宴余等，因同学辈均未在车，已漫应之等语。余私忖，张氏如此客气，亦一有心人也。因身体过疲，归来即就寝。翌晨，省府又派人来，重言欢宴余等事，且拨汽车四辆，供余等游览之用，余等甚感谢，全体均面允，分乘汽车，往各地参观。

张家口昔称万全，原为直隶属县，民十七正式成立察哈尔省时，始划入察境，且为察哈尔省会。明正德间，与乜〔也〕先人开马市，即系辟地于此，初犹仅圈门一区，后则逐渐推广，而有今日上铺、下铺及口外馆之别矣。清康熙时，蒙古内附，中国统一，乃更立大境门以示跨〔夸〕耀。今大境门犹巍然存在，城门上有高维岳书之"大好河山"四字，观之不禁唱然。余等乘车先到城外各名胜地方游览，首到赐儿山，山半有察哈尔物产陈列室一所，内陈列各种手工艺品、农产品、皮毛、药材、矿产等，琳琅满目，美不胜收，物产之富饶，并不减于内地，触绪增怀，更念及高维岳大好河山四字，几欲堕泪！山巅有寺曰"云泉"，栋宇宏壮，佛像尊严，颇多清雅静穆之趣，寺前有二泉，曰冰洞、水洞。冰洞者，云经年均结冰不化，水洞则隆冬亦不结冰，寺僧开洞门验之，冰洞果隆冰突起，水洞则浊泉如胶质，二洞相距仅三尺，亦一奇迹也。登赐儿山南面一峰，俯瞰全城，迤南则万山丛踏，极目无际，想即阴山支脉之管岑山脉也。下山后即到元宝山、大境门、朝阳洞各地游览。时已十二时，乃驱车到察哈尔饭店应省府之约。察哈尔饭店极富丽堂皇之致，口外有此，非人所能想像。入席，系西餐，省主席因事果未来，出席者为省府马秘书长及过教育厅长，两氏皆热忱致词，大意谓：国事如此，望彼此共同努力，我辈（指发言人）在此苦撑，尤望诸君作为后盾。末谓：察省甚安谧，一切环境，不如内地谣传之甚，望诸君以此转告国人云云。末由各校代表答词，宾主均尽欢而散。午后，参观各学校、各机关及公园等。学校与各机关，精神、秩序均好，公园亦颇整洁，惟有一特点，即到处均写有"孝弟忠信礼义廉耻"等字样。公园中木牌上，且画有俗传之二十四孝图，而"孝弟忠信"等字，则几无处无之，想察当局救察省之道，即在此也。

　　张家口北通库伦，南达津沽，西接归绥，东连辽碣，形势极称扼要，故不特为内外蒙与内地贸易中心，且亦为军事上重镇，今则已矣！单就贸易而言，亦不如往昔之盛。在大境门外，余曾访一与蒙人贸易之商号，曰吉庆祥者，叩其营业现状，谓自外蒙隔绝后，贸易额竟大减，往岁贸易额约十万元，今降至一二万元而已。张垣贸易种类，以内外蒙之皮毛、牲畜、药材，及内地之茶叶、布匹、杂货为大宗，近则洋货侵入，大有取国货而代之趋势。

　　车于四点钟开驰，余等遂急急归车，对张垣走马观花，犹未得一较深刻之了解，良用怅然。

五　云岗冒雪

　　车离张垣，渐近黄昏，沿除〔途〕山脉连亘，河水浑流，山上积雪犹厚，间与白云掩映，混为一色，诚有如《儒林外史》所描写者云"分不出哪是云，哪是山"，此景殆绝似也。车至大同，时已九时，据当地人云："现以军事吃紧，城中九时即戒严。"时天复阴雨，郊野多泥泞，余等无处可行，乃卷〔蜷〕伏车中，晚餐后，即至车中闲谈。此行朝大同学，皆余旧友，旅途聚会，更觉相得，谈宴之间，意志非常舒畅，虽堆聚车中，亦不觉其苦也。

翌晨，八日，六时许即起床，仰头外望，见雪花飞舞，弥漫平原。据路局朱君谈，往岁到云岗者，多用汽车，此次军事倥偬，汽车多驰赴前线，以故改乘洋车。余等早点后，洋车六十余辆，已密排于火车两旁矣。是时，雪下愈密，天候亦愈冷，在平时气候本已和暖，余此来，着一春大衣，至此冷不可当，田君克成乃以冬大衣畀予，始稍解战栗之状。登车后，出城西门，齐向云岗出发，洋车辗侧泥泞中，为状殊苦，至难行处，余等均下车步行，雪纷纷堕衣袂间，倍觉有趣。同行女同学，亦皆在雪花缤纷中健步如飞，令人叹服。

云岗在大同城西三十里，即武周山之云岗堡，元魏建都大同时，与云岗接近，文成帝好佛，乃广招僧侣昙曜等，大镌佛像于云岗。《魏书》称云岗石刻始于兴和〔安〕（公元四五三年），终于太和（公元四九九年），先后共四十六年。但据《清一统志》引《山西通志》记载，则谓石刻始于元魏神瑞，终于元魏正光，历百年而工始完。二说年代颇有出入，不知孰说为是，今并存之。

余等绕武周河——又名十里河——西行，河水湍激，然水深处冰块犹厚，大者高三四尺，宽十余丈，水从冰凌下冲过，钟钟有声。行约三小时，始抵石窟，窟外岿然一亭，甚华美，登其上，侍者亟延入内小憩，叩之，知为赵司令别墅，专设此以招待游客者也。据《魏书》载，石窟凡十，曰同升、光灵、镇国、护国、崇福、童子、能仁、华严、天宫、兜率等十寺，今洞名多已湮没，可考者五佛、大佛等寺而已。余等到各洞观览，见佛之最大者，高七十余尺，次六十尺有奇，再次约五十余尺，此外则小佛罗列，或坐或立，以亿万计，所有石洞皆依山傍崖凿成，其工程之伟大，固足令人咋舌，而雕刻、绘画、建筑之精美，更使人有观止之叹，我国在千三百余年前，其艺术造诣之深已如此，诚足使人溯回往古，追念来兹！余等限于火车行程，对此伟大精美之艺术宝库，亦只能走马观花作三小时之勾留，殊深怅惘。返城后，即驱车参观上下华严寺及九龙壁。华严寺之佛像、壁画均极精美，九龙壁乃琉璃砖所造，亦极庄严宏丽之致。参观毕，与两胡君同到久胜楼午餐，相传久胜楼为明正德戏李凤姐处，世传之《梅龙镇》剧本，即系指此。然此楼矮小破旧，类似近数十年物，正德旧游地，恐实非此处也。此外尚有汉高帝被围之白登台，辽萧太后梳妆台等古迹，皆以时间过迫，不及观览。

　　大同在春秋时为赵国云中郡，在汉为代郡，在北魏为拓跋珪故都，明清为大同府治，历代皆为军事重镇与管毂南北的大都邑。然今则城堞〔堞〕倾圮，街市破碎，颇呈衰落之象，余等绕城一周，竟无一街市马路，当大雪之后，满街泥泞，污浊不堪，所谓模范省之城市，竟使人如此失望，殊可慨也。大同土地多贫瘠，反不如张家口附近膏腴。人民食粮，以油面、白面为大宗，闻白面为高等人家食品，普通则均食油面，每银一元，可易油面七十余斤，故生计极为简单云。

　　归车时，已八时许，九点三十五分，车离大同西进。

六　绥远勾留

　　火车彻夜开行，翌晨七时许，车抵绥远。

　　绥远为绥远省会，由归化、绥远二城合并而成，故今人亦有称绥远为归绥者。归化城原名库库河屯，明时始入版图。绥远城在归化东北五里，系清乾隆时所建，两城东西相望，平绥车站恰居其中。普通称归化为旧城，绥远为新城，旧城雉堞〔堞〕已倾圮，仅余城门，新城则完好无恙，且甚雄伟。

抵绥时，天仍微雪，余与朝大陈君，乃冒雪驱车入城，先至省府，晋谒傅主席及询问百灵庙近况，盖朝大边政系及余与胡兄等，均欲赴百灵庙一行也。至省府，先与杨组长谈后，得晤曾秘书长，相谈约一小时，意气甚洽，傅主席时往军部，未得晤及。曾秘书长且慨允假汽车四辆，供余等游历之用，当又嘱交际主任尹先生偕余等同行，俾作指导。出省府后，往访百灵庙蒙政会办事处主任，未值，乃偕尹先生返车站，与同学等出发参观。

绥远名胜有大招、小招——蒙古呼寺宇为招——及舍利图招等寺。余等先参观舍利图招，清康熙曾驻跸于此，赐名延寿寺，大殿上有额曰"阴山古刹"，殿堂系西藏式构造，宏丽庄严，颇称壮观。俄一七十余之喇嘛至。余并喇嘛立，王君与余摄一影。旋又至小招，结构与舍利图招相若，为康熙三十六年所建，时康熙西征准噶尔，凯旋时曾驻跸于此，大招据云甚简陋，因未及往。余对绥远名胜，所获甚少，而对社会现象，反可约略介绍如下。

1. 工业　绥远之唯一机器工业，即为"绥远毛织厂"，该厂系官民合办，资本二十万元，内有职员、工人百余人，出品系毛绒、毡毯及呢绒之属，货物品色颇佳，所出呢绒与军政部制呢厂出品相埒，上等毛毡，几与哈尔宾〔滨〕出品不相轩轾〔轻〕，惟以规模较小，出品价格稍昂，余曾询各货价值，毛毯上等者十八元，次亦十四五元，呢类每码约四元。此等物类，欲输入内地倾销，固不能与洋货竞争，然当地住民或蒙古平民，又根本不敢作此等享受，因之销路颇成问题，将来欲求推广，则在主持者之如何力求改进耳。除毛织厂外，尚有手工业之栽绒毯工厂数家及手工业之毛布工厂十余家，栽绒毯工极精美坚牢，惟价值稍昂，毛布则甚贱，贵者三四毛一尺（二尺宽），贱者仅一毛六七分。此等工业，设能加以改良，实有无穷发展希望也。

2. 建设　绥远建设非常进步，其街市之整洁划一，马路之宽敞平滑，与内地大都市无异，各商店洋楼高耸，壮丽宏大，入夜霓裳灯辉煌，直与北平之王府井大街比美。新城有"九一八"纪念堂一所，为傅氏主绥政后所建，结构宏大美丽，可容三千余人，且可作剧院及影院，其样式之新颖，较之内地大剧场，实有过之无不及者。堂外横额上，原题有"九一八纪念堂"六字，今则以"睦邻"之故，致将此六字刷去。以此知现状下之绥远同胞，爱国情绪与"九一八"之创痕，亦只能刻之心头，不能形之笔墨矣。九一八纪念堂对过，为省立图书馆，亦为傅氏所建，规模虽不十分宏大，但内部颇整秩，洋装及线装书共约三千余册，在边远省份之绥远有此，亦属难能可贵也。此外有公园一，亦整洁雅观，公路则有由绥远到百灵庙，由绥远到托克托县，由绥远到五原、临河、乌拉河段等，现绥远有克利、吉农、利民及绥新长途汽车公司四家，均为民营，绥新路且可由绥远直达迪化，交通极称便利。此外，关于水利方面者，则有萨托民生渠，及各县水利机关。关于垦务方面者，则有绥远垦务局、绥区屯垦督办公署。关于农林方面者，则有农村合作事业指导委员会，与建设厅属下之林业试验场三所。关于邮电方面者，则有邮局四十五所（包括代办处在内），有线电报局十一所，无线电报，则仅省府有一百华特之双波无线电台一座，电话则有官民合办之归绥电话公司一，及省办之长途电话公司一，长途电话，全省皆可通用，且能直达北平。

3. 教育与文化　绥远教育，在边远省份中，亦可谓相当发达，计全省省立中学共七个，省立及县立小学，则达六百四十个。在绥远城内者，有省一中、省一师、中山学院、职业学校、女子师范学校等五个中学，及省立小学五所，社会教育所一处。各校余等皆曾参观，学生之成绩、秩序，与学校之办事精神，均甚良好，较之内地中学，实有过之无不及也。此外，绥远有日报四家，以绥远日报社为最大，其他三家，规模较小，日出一小张，类似北平之小报。而关于社会教育之民众阅报处，亦所在皆是，因此观察绥远城之文化程度，似已在水平线上也。最惹人注意者，即各机关或公共地方之白粉墙上，均大书有"努力救国"、"团结救国"等字样，或者有"集中力量，共救中国"等字样，与张家口满贴"孝弟忠信"之口号迥然不同。余于此等地方非常留心，盖此虽细微处，实足表现当地执政者之意识形态也。

其他政治、经济、社会及内蒙情形，此地未遑缕述，后当撰专文以讨论之。

当余等参观各名胜地方毕，时已午后四时许，午前余晤省府秘书长曾厚载氏时，即约余等午后四时于省府茶会，且云省主席将语〔与〕余等面谈。届时，省府又派交际主任尹绍伊先生相邀，余等乃同赴省府，而傅主席作义已先候于客厅，延余等入客厅时，一一与余等握手为礼。入座，傅氏居主位，与余等恳切致词，各校代表答词后，余亦最后答词，详述余等此来之目的及使命，傅氏在余致答词后，乃继续发言谓："余本不愿多谈，惟诸君既抱如此宏愿，使我深为感动，中国外患虽迫，但若能集中全国力量，始终不懈，则国事未有不可为者"云云。语多沉痛恳要，在掌声雷动中，各皆作一极沉重坚毅之表情。散会时，各同学均请其签名，余亦请其题字，傅氏题余手册云："集中力量救中国！"余颇受感动，且于此更足征知傅氏之作人精神矣！

散会后，各校同学均齐赴绥境蒙政会，应康王及荣总管之约，盖午前余与陈君为纲曾往接洽，约于午后六时茶会也。到会时，荣总管已先至。荣氏为归绥土默特旗总管，现又兼蒙政会教育处长。按蒙制，王公乃系世袭，总管则为人民拥戴推选而来，以此知荣氏在蒙民中颇有德望。就席后，荣氏致欢迎词，详述汉蒙历史及成吉斯汗之伟烈，并对清人愚蔽蒙人之政策多所批评，末谓：

"现政府已彻底改变对蒙之政策及观点，蒙古同胞，殊深感激，今后蒙古同胞，亦愿团结一致，共救中国。"且又谓"蒙人文化虽属落后，然犹如一张白纸，未有旧染之污，此后之进化如何，则在负责者之如何领导"等语。其语意颇有力量，学浅〔识〕亦甚渊博，诚蒙人中之杰出人才也。未几，康王亦至。康王未发言，仅慰问余等数语，继为各校代表致词，散会时与康王、荣总管合摄一影。

散会后，各校同学均纷纷返车站，余等以日间事忙，未及观五塔招，此时已近黄昏，乃挽省府尹先生偕往，至则庙门已扃，因就街衢中浏览五塔矗立于暮烟云影中而已！

归车时，已十点钟，是夜车停绥垣，因日间过度奔驰，疲乏不堪，归后即倒卧车中，不知东方之既白。

七　包头一瞥

翌晨，七时车由绥远出发，十一时二十五分车抵包头。

在绥包途中，凭车闲眺，见漠漠平原，极目无际，将近萨拉齐站时，则九曲天堑之黄河，已蜿蜒从天而降，车至磴口，见浩浩洪流，泛溢两岸，南北数十里地均为黄水浸没，据列车长朱君语余云："往岁黄河亦于此时发潮，惟不如今年之甚，现水势犹猛，已酿成巨灾矣！"余闻言，为之黯然。

车抵包头后，胡、陈两君进城至田旅长处接洽汽车，未几，车来，余等即乘车往观"河北新村"，未果，乃至南海子。南海子乃包头之黄河码头，岸旁舶〔泊〕柏木船数十只，有两小汽船，云为阎绥靖主任所置，近岸有民房数十家，大都是"黄土筑墙泥盖屋"，或亦静待黄河泛溢时之冲涮也。返城时，已四时许。

包头城墙系黄土筑成，城周约四公里，依山傍崖而成。过去原为萨拉齐县辖境，称包头镇。民十二，平绥路通车至包头，始成立"设治局"，民十五始改为一等县，二十一年设市政筹备处，现则房屋栉比，楼阁槎〔嵯〕峨，马路平滑，洋楼高耸，蔚然为西北各省之商业中心矣！

返城时，仍乘田旅长派来之汽车。

进城后，余等即参观王靖国师长主办之民众实习学校，计儿童班四、成人班一，两者均小学性质，其三年级正系作文课，题为《二里半游记》，盖二里半即黄河岸也。余问一小孩："黄河发源何处？"彼即起立应声而答："巴颜喀剌山之北。"以此知包头文化水准并不见劣也。其次，参观省立第二中学，该校为男女合校，不另分班次，余等至时，女生十余人，同在一自修室中，埋头写读，颇现莘〔辛〕勤之状。全校分四班，计百四十二人。每月经费千四百元。校长刘和义氏，谨厚诚笃，似富于办事能力。末至其图书馆参观，约有洋装、线装书二千余册，惟线装书十分之八均《皇清经解》。余笑问："贵校学生尽富于读经兴趣耶？"管理员笑不能对。然从其大体评价，学生之表情及精神，与学校之管理与设施，均称良好。其次，参观中央政治分校之简易师范班。该校有师范生八十人，小学生百人，全系蒙人子弟，大多数由蒙古各王公保送，少数则由招考而来。学生待遇，系完全官费，衣服、书籍、食膳皆由学校供给，管理方面，则系严格军事化，因此，学生行动，皆严肃整齐。

学生中以土默特旗人为多，乌、伊两盟人次之。土默特汉化已久，子弟多不习蒙语，每日晚餐前，必使不熟蒙语者习蒙语二三句，至不熟汉语者，亦如之。未几，该校晚餐，余等入食堂参观，桌上玉麦糊一盆，每人分舀一碗，佐餐者仅小菜一碟而已。余等有所询问，皆起立作答，至汉语未熟之蒙古学生，说话口甚吃，状亦憨直可爱。

该校过道旁，有学生揭示处一所，上贴该校校闻多张，所有文字，多系学生作品，中有感慨时事之文字二则，读之使人兴奋，余爱不忍释，因记于日记册中，今特抄录其原文如下，或亦可借此以认识蒙古同胞最近之觉悟心理也。

一　青年的自觉
曹振华（注一）

堂堂的中国，原来是个很〔强〕大的国家，但是，到现在，因为不能自强，所以是很弱的了！因此，野心勃勃的××（注二），趁着这个时候，就来到东四省开枪，打死许多商人和居民，占领许多商号，这种现象，真是空前未有的惨剧，令人痛心到万分。现在是生死关头、千钧一发的地位了，却不能睡入梦乡了！倘常此以往的下去，要有亡国灭种的危险！我们血气方刚，生气蓬蓬〔勃〕的志士们！应当抱定卧薪尝胆的精神，做人民的先锋，为国家的中坚，和××决一死战！求我们最后的胜利，为国家而牺牲，为民族而奋斗！抱有打不倒××誓不成人的决心！这样〈将〉来总有成功的一日啊！

注一：曹振华，小学三年级生，土默特旗人。

注二：××系我所改。

二　蒙古民族的危机
王玉玺（注一）

在二十世纪的中国，是很危险的，尤其在五族中的蒙古，更是危险。如果我们蒙古人不努力求学的时候，恐怕最近将来也是被外人灭亡的。可是，东蒙已被日帝国主义占去，外蒙也被俄帝国主义侵去，现在只有内蒙一部分，危险到万分。但是，我们这一般青年，赶快努力前进，恢复我们固有的地位，复兴我们的蒙古民族。

注一：王玉玺，小学三年级生，土默特旗人。

　　吾人读上列两段文字后，不但了解了蒙人之文化程度，并不低落，且能深深意识着蒙民之爱国情绪，如何沸腾！此等子弟将来学成，回教其蒙人子弟，较之汉人灌输文化，有百倍之效力，政治分校设置于此，可谓有极深刻之了解与认识。但以吾人观察，此等学校，范围太小而校数亦太有限，因之在短期间内，不能收宏大之效用，若对边陲欲收团结互助之效，则非扩大此等教育不为功也。

　　至南大街，参观杨再兴戟，戟长二丈许，重约二百余斤，上镌有"记名简放提督军门镇守山西大同等处地方统辖雁门三关总镇都统衣冠勇巴图鲁马"等字样，或又称郭大将军戟，今又有"巴图鲁马"等字，似为清人，未知孰说为是。

　　出城后，往观转龙藏，又称龙泉寺，寺前甘泉一脉，蓄之以池，再由池内流至崖下，崖畔刻三龙头，泉水从龙头喷出，终年不竭，城中殷实居民，多取此水作饮料。山上有庙一所，名玉皇阁，仅泥像数尊列破屋中而矣。归来，日已曛黑，乃约同好至一饭馆晚餐，吃长二尺余之黄河鲤鱼二条，肥嫩之味，大可与安庆之埘〔鲥〕鱼比美。晚七时，路局第七段段长康燮宸先生约余等茶会，比至，则同行全体已在座。康为主席，来宾除余等外，有河北村村长段承泽先生，康与各站站长，对平绥路各种情形，均有详明报告，段则详述其成立河北村之经过及目的。盖所谓"河北村"者，系段氏将河北人民移殖于此，聚群而居，另成一新村也。村距包头约十里，规模完善，可谓全从惨淡经营中得来。余叩段氏殖民之计划及现状颇详。段颇有毅力，过去曾为孙馨远氏之师长，今能埋头于此等事业，亦属难能可贵。惜移民问题，非私人事业，欲求内地人口调节，边疆充实，国防巩固，则非政府在整个政策下大规模移殖不为功，今政府未注意及此，仅段氏个人寄其性之所好，亦不过徒增人之羡佩而已！于此，反增人之太息。

包头有绥区屯垦督办办事处一所，督办为阎锡山氏，代理督办为王靖国师长。据垦务处人谈，垦务计分三期，一为兵垦期，二为民垦期（指汉民），三为蒙垦期，现正实施第一期中，故为兵垦，任垦者有两团两营，与十屯垦队，每队九十人，垦地多在五原、临河等县，现已垦地三千余顷云。

包头据河套之中枢，通蒙、新之大道，铁路东达北平，民船西通宁夏，并有长途汽车直抵兰皋，论其形式〔势〕，不特屏蔽本省，且为秦、晋诸省之保障。论其商业，凡黄河上流及内外蒙古之货物，莫不萃集于此，故年来市况，蒸蒸向荣，现有住民一万二千余户，人口七万七千一百余人。工业则有电灯与面纷〔粉〕厂一、毛织厂一、甘草制造厂一、毛毯厂二十三家。商家计分十业十六社，商号千余家，多北平、山西人。出口货则以皮毛、牲畜、药材、粮米为大宗，进口货为绸布、棉纱、茶糖之属，出口最多时，每年至二千万元，现则减至八百万元矣。

交通则有有线电报局、无线电报局、邮局、铁路，汽车道有包乌、包五、包固、包东各段，且更有欧亚航空公司之航空站，故交通之便，为西北诸省冠。

教育亦颇发达，有省立中学一、政治分校一、铁路学校一、小学二十余所，一般学生程度，并不见劣。

总之，国人要深深认识，现在的包头，无论在政治上、经济上、国防上，均为西北诸省唯一的重镇，万万不可忽略。

十日晚，车宿包头。

八　归途拾零

十一日晨七时，余等即起床，返平之车，在午后四时开驰。余与陈君为纲，拟先到绥远接洽赴百灵庙事，乃搭十一时车赴绥远。抵绥远时，已午后四时，余等访晤百灵庙蒙政会办事处亢主任于绥远饭店，亢对余等赴百灵庙事，始终以未得百灵庙回电为辞，余等询及德王近状，则谓现住滂江，窥其意，似暗示余等不必前往者，然词句间则仍表欢迎，谓："君等展归程五六日，准可赴百灵庙也。"别亢后，欲赴省府，以时间过迫，未及往，乃于电话上向杨组长询谈百灵庙近状。杨谓："今日傅主席欢宴日本来宾，余作陪，不及面晤君，当另派一人来。"余等返车站时，果有省府杨调查委员候余等，杨劝余等不必前往，因近来路途不靖，省府难负安危之责，且一二日内日本来宾亦将前往，此中更多不便等语。余等已默契此中玄机，寸心痛楚如割。

　　时已七时余，返平专车已抵绥，余等知赴百灵庙无望，乃登车转告同人，闻言多呈沮丧之色，杨委员亦随余等登车，至则省府与军部又派秘书及樊军法官来，向余等殷殷致慰。八时，车离绥远，与省府诸人握手为别，不胜依恋。是夜，酣卧车中，翠〔翌〕晨醒来时，车已驰过大同矣！十二日午，车抵张家口，凭窗眺望，楼阁依然，景物含笑，如遇故人，汽笛一声，又与张家口挥手为别，怅惘者久云〔之〕。沿途凭窗遥望，左则田畴平芜，黄沙漠漠，右则雪山万里，绵亘无际，铁路蜿蜒平铺，车行如在画图中也。

　　归途得识同乡王玄晖、陈子和、李夏云三君与赵婉和、斯雅姗两女士，虽系初逢，谈吐亦甚相得，尤其赵女士落落不群，使人敬佩。

　　车次青龙桥，南开、辅仁各同学，纷纷嘱余签字，借此以留纪念，余多以"团结奋斗，共救中国"相互勉。

　　未几，庄严雄伟之长城又兀现于吾人眼前，余下车瞻仰低徊，不忍与之骤别。过居庸关时，乃探头留意饱览，见两峰相夹，竟成绝谷，往古铁路未通时，诚一"一夫阻关"之天险处也。今关内上下均有城牒〔堞〕，然已圮坏，居民数十家，尚杂居城垣中。

八时，车抵正阳门，与同行者一一握别，不胜怅惘，彼此均有相见恨晚而又相别太速之感。

归后第三日，爰摘其足资记录者记之如此。

一九三五、四、十四，于故都参议院

《真理评论》（半月刊）

北平真理评论社

1936 年 7 期

（赵志斌　整理）